上海建设年鉴

（2014）

中共上海市城乡建设和交通工作委员会
上 海 市 城 乡 建 设 和 交 通 委 员 会　编

文匯出版社

图书在版编目（CIP）数据

上海建设年鉴. 2014 / 中共上海市城乡建设和交通工作委员会，上海市城乡建设和交通委员会编. -- 上海：文汇出版社，2016.5

ISBN 978-7-5496-1722-7

Ⅰ. ①上… Ⅱ. ①中… ②上… Ⅲ. ①城市建设－上海市－2014－年鉴 Ⅳ. ①F299.275.1-54

中国版本图书馆CIP数据核字(2016)第064713号

上海建设年鉴（2014）

编　　著 / 中共上海市城乡建设和交通工作委员会
　　　　　　上海市城乡建设和交通委员会
责任编辑 / 乐渭琦
特约编辑 / 郑　红
美术编辑 / 胡　鹰

出 版 人 / 桂国强

出版发行 / 文匯出版社
　　　　　　上海市威海路755号
　　　　　　(邮政编码 200041)
经　　销 / 全国新华书店
照　　排 / 上海未寅文化传播有限公司
印刷装订 / 江苏省启东市人民印刷有限公司
版　　次 / 2016年5月第1版
印　　次 / 2016年5月第1次印刷
开　　本 / 889×1240　1/16
字　　数 / 650千字
印　　张 / 33.5（插页16）

书　　号 / ISBN 978-7-5496-1722-7
定　　价 / 258.00元

2013 年上海市卫星影像图

上海晨曦

AURORA

大团镇 11km
石皮泐港
2km
200m

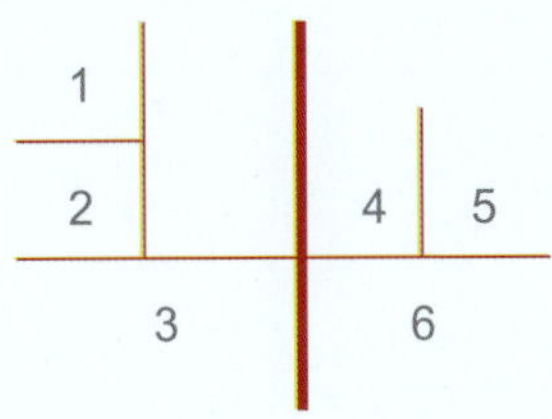

1. 大芦线航道整治一期工程桥梁工程
2. 大芦线航道整治一期工程航标及内河交通安全标志配套工程
3. 大芦线航道整治一期工程航道生态景观工程
4. 大芦线航道整治一期工程集泊区的服务区域工程
5. 大芦线航道整治一期工程护岸工程
6. 大芦线航道整治一期工程航道绿化工程

热烈欢迎各界朋友莅临
光明乳业华东中心工厂参观指导
光明乳业
BRIGHT DAIRY&FOOD
光明乳业华东中心工厂——世界最大乳品单体工厂
光明乳业华东中心工厂——世界最大乳品单体工厂，投资14.21亿元，总占地面积155,079m²（约232亩），总建筑面积126,463m²，设计能力：生产线62条，日产量2600吨，酸奶1200吨，巴氏奶700吨，UHT奶700吨，年产量60万吨。
The East China Central Factory of Bright Dairy is the world's largest monomer dairy firm with total investment of RMB1.42 billion, total floor area of 155,079m² (232mu or so), total building area of 126,463m² and designed capacities including 62 production lines, daily output of 2600 tons, yogurt of 1200 tons, Pasteurised milk of 700 tons, UHT milk of 700 tons and annual output of 0.6 million tons.
光明乳业

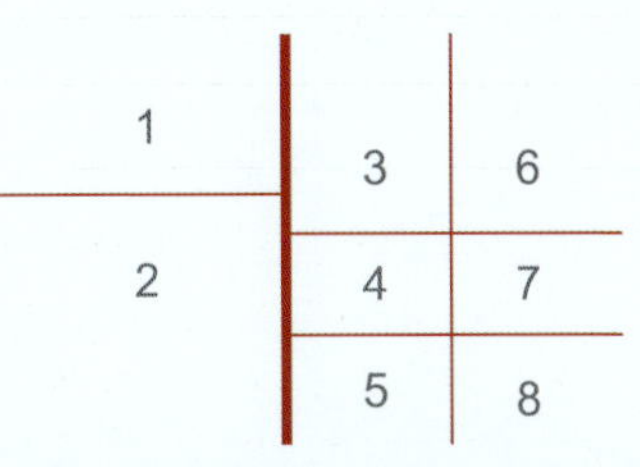

1. 光明乳业日产 2000 吨乳制品中央自动控制技术生产线技术改造项目－实验室
2. 光明乳业日产 2000 吨乳制品中央自动控制技术生产线技术改造项目－办公大楼
3. 光明乳业日产 2000 吨乳制品中央自动控制技术生产线技术改造项目－生奶预处理车间
4. 光明乳业日产 2000 吨乳制品中央自动控制技术生产线技术改造项目－物流车队
5. 光明乳业日产 2000 吨乳制品中央自动控制技术生产线技术改造项目－生奶缸
6. 光明乳业日产 2000 吨乳制品中央自动控制技术生产线技术改造项目－酸奶灌装间
7. 光明乳业日产 2000 吨乳制品中央自动控制技术生产线技术改造项目－收奶站
8. 光明乳业日产 2000 吨乳制品中央自动控制技术生产线技术改造项目－锅炉房、汽修间

6号楼

1 5
2 4 6
3 7

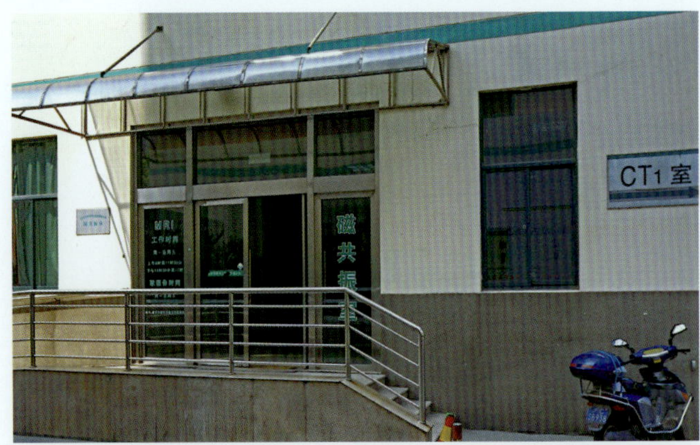

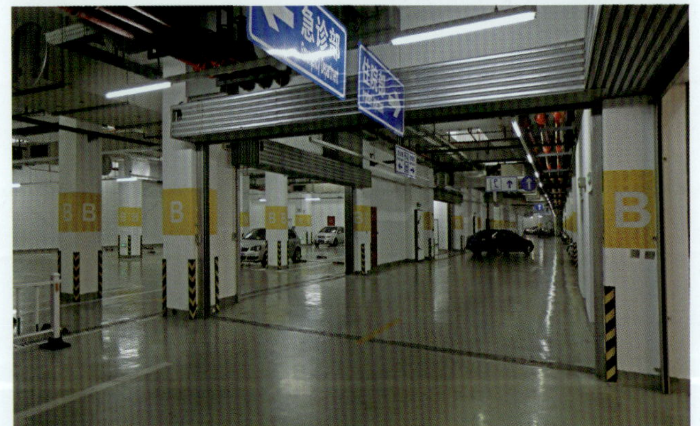

1. 复旦大学附属中山医院青浦分院工程门诊部
2. 复旦大学附属中山医院青浦分院工程高压氧科楼
3. 复旦大学附属中山医院青浦分院工程急诊楼
4. 复旦大学附属中山医院青浦分院工程行政楼
5. 复旦大学附属中山医院青浦分院工程磁共振室
6. 复旦大学附属中山医院青浦分院工程地下车库
7. 复旦大学附属中山医院青浦分院工程住院大楼

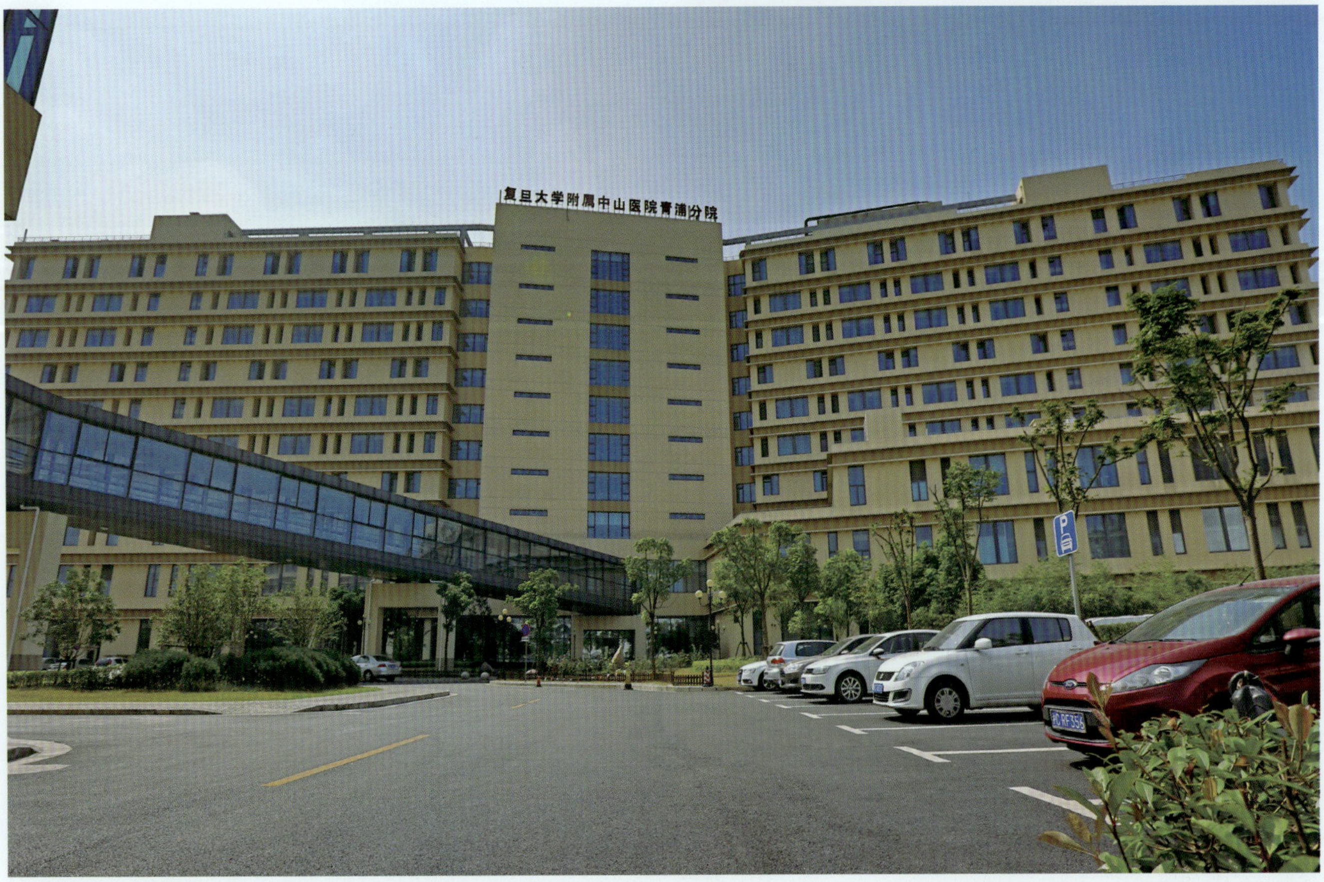

1. 上海市第十人民医院内科病房综合楼项目工程 10 楼内科病房
2. 上海市第十人民医院内科病房综合楼外貌
3. 上海市第十人民医院主入口
4. 上海市第十人民医院会议厅
5. 上海市第十人民医院内科病房综合楼项目工程 3 楼学科建设文化长廊
6. 上海市第十人民医院内科病房综合楼项目工程 18 楼会议室
7. 上海市第十人民医院车库

上海市第十人民医院
门诊部
同济大学附属第十人民医院
TENTH PEOPLE'S HOSPITAL OF TONGJI UNIVERSITY

10
本电梯此层不停

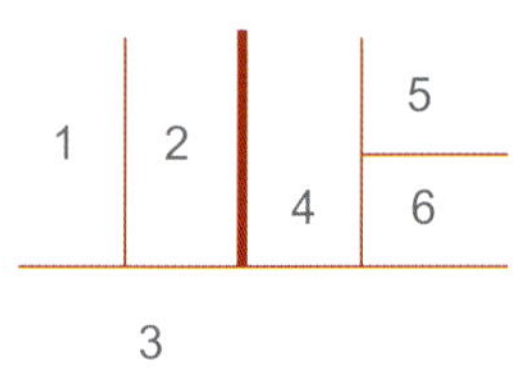

1. 老港再生能源利用中心焚烧主厂房垃圾进料通道
2. 老港再生能源利用中心
3. 老港再生能源利用中心风能设施
4. 老港再生能源利用中心滤液处理设施
5. 老港再生能源利用中心控制室
6. 上海环境院检测工程师正在对老港再生能源利用中心区域的环境空气进行检测

上海师范大学附属中学
High School Attached to Shanghai Normal University
停

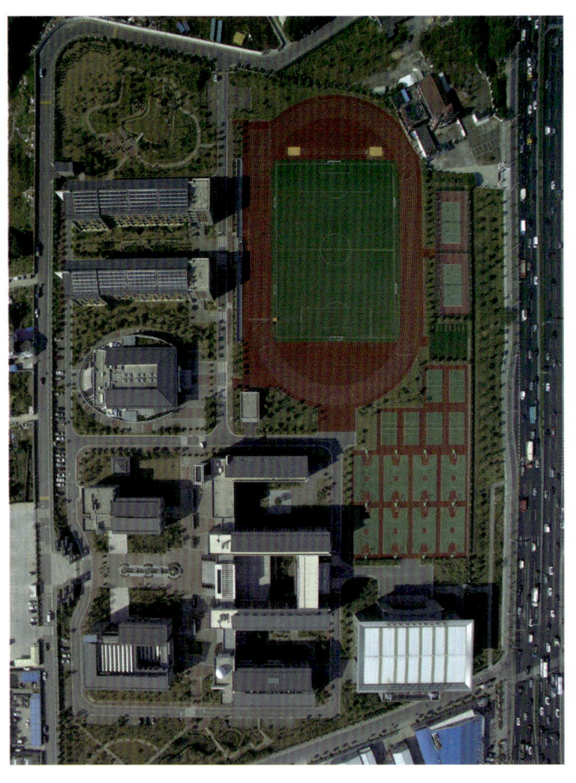

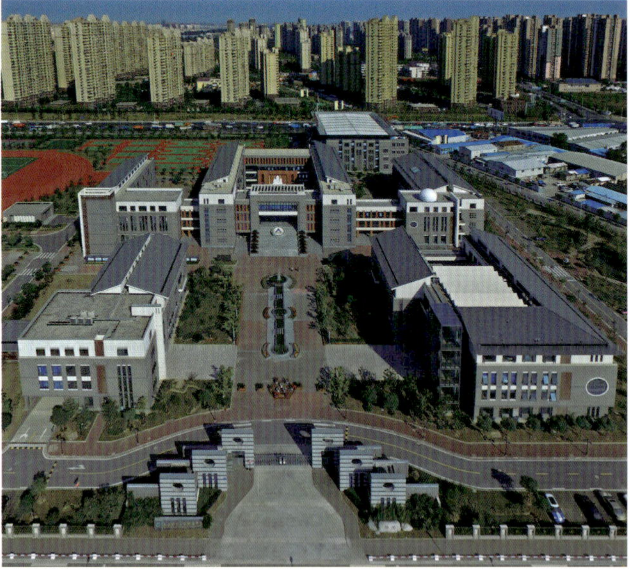

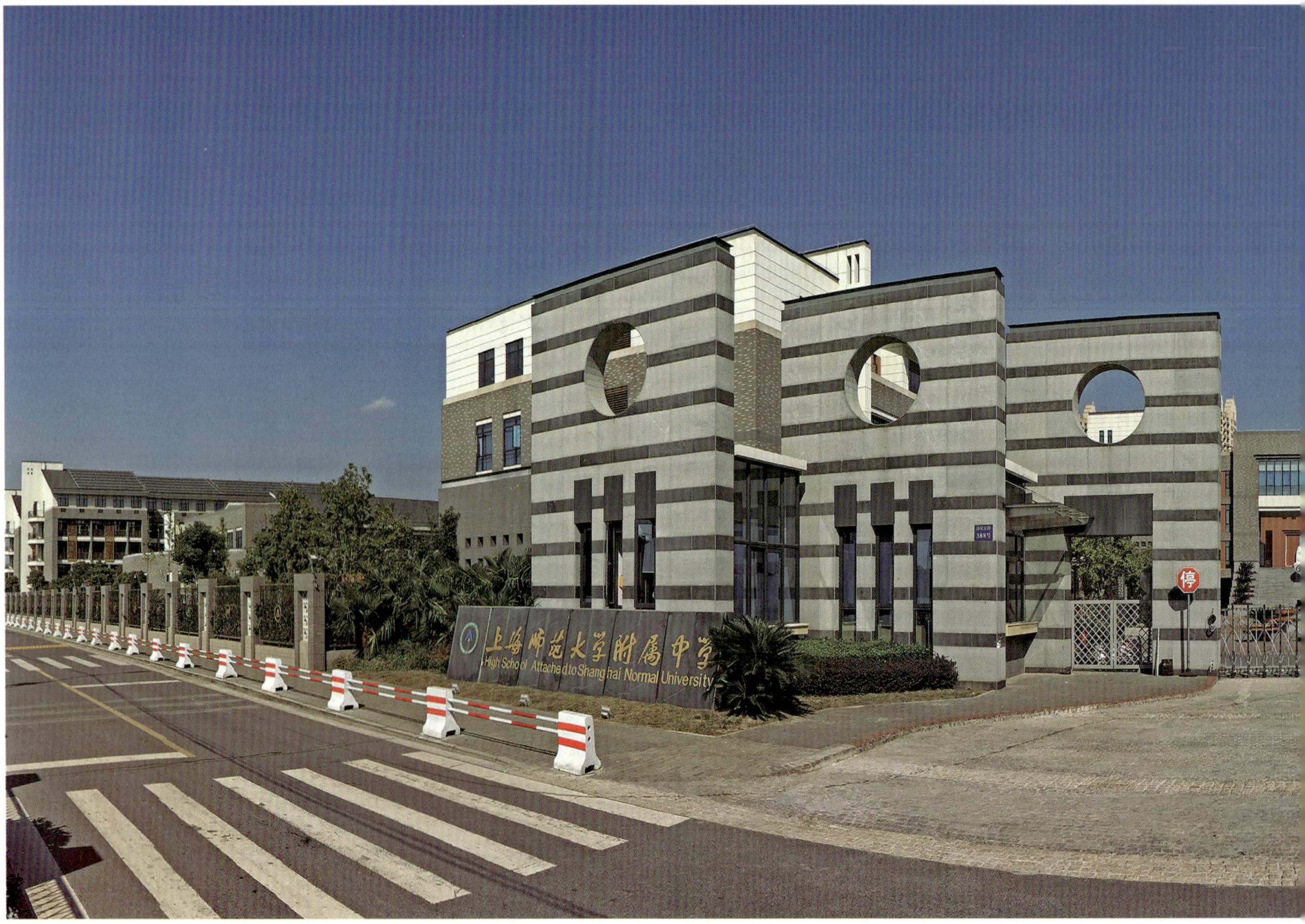

1 2 4
3

1. 上海师范大学附属中学鸟瞰
2. 上海师范大学附属中学教学区域
3. 上海师范大学附属中学大门
4. 上海师范大学附属中学安装太阳能设施的学生宿舍

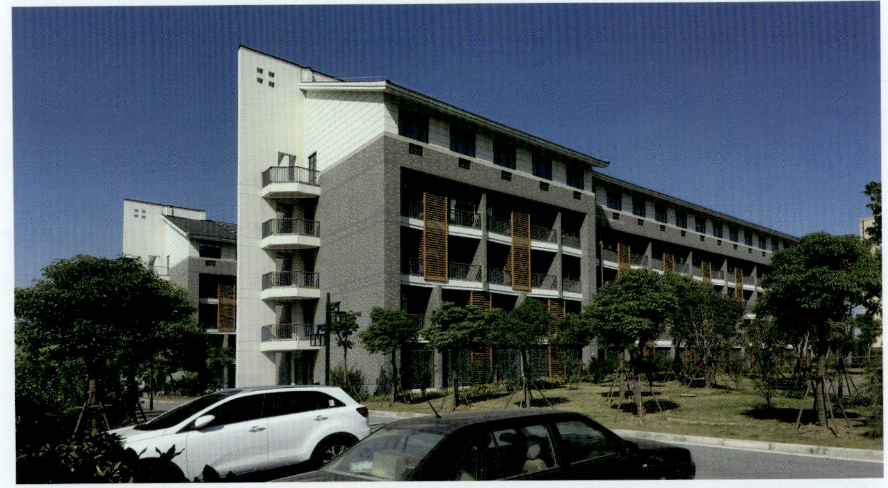

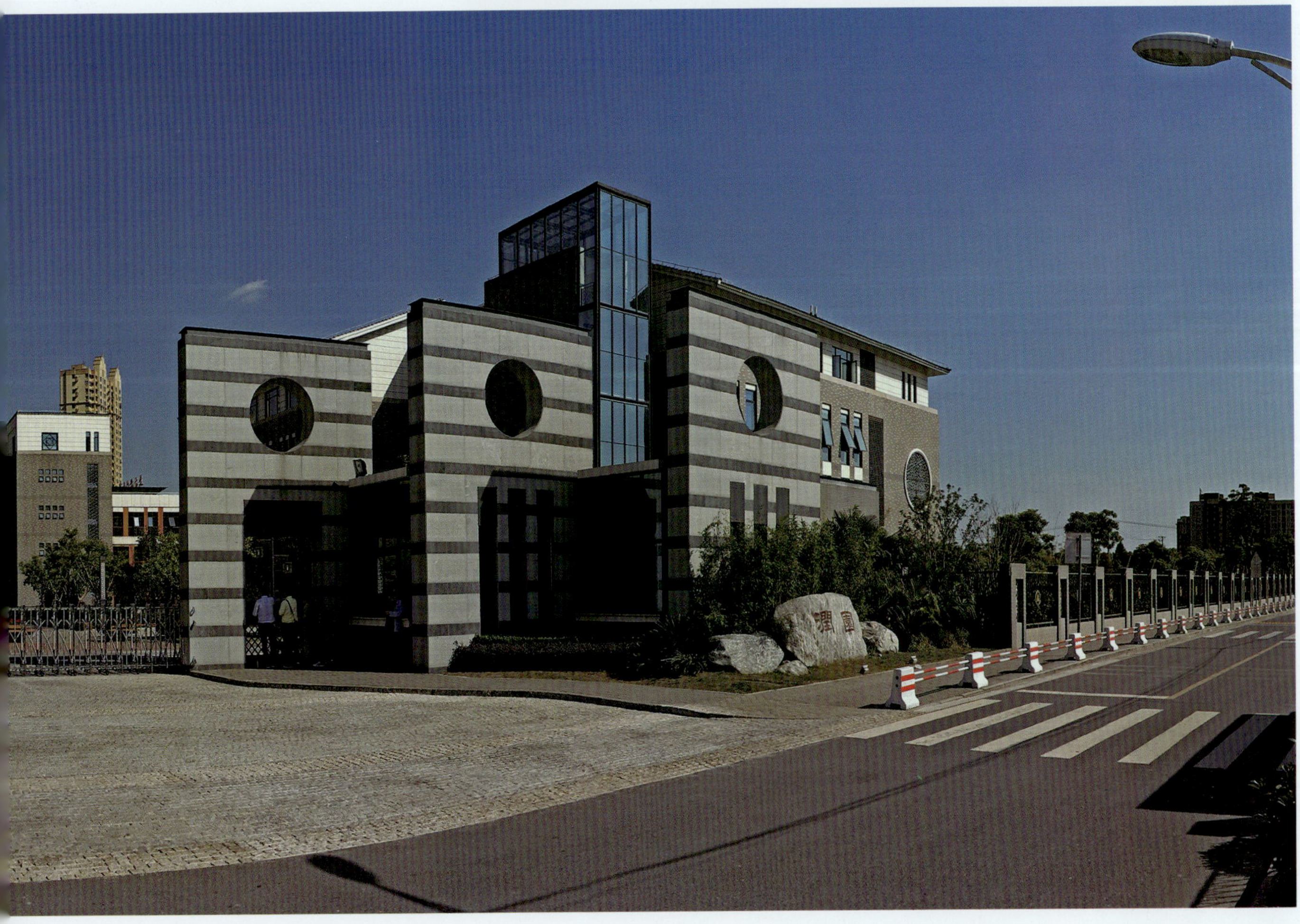

自助借还流程图
Self-Checkout Process
借书流程
还书流程

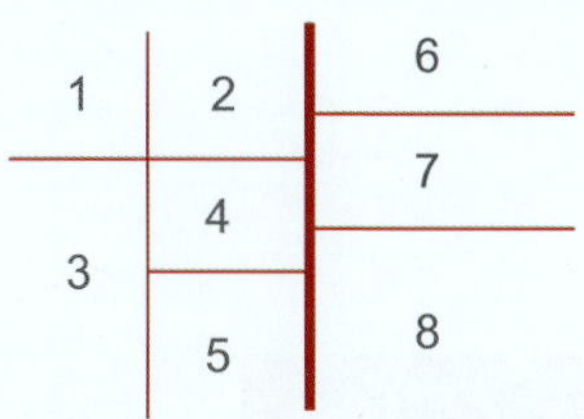

1. 嘉定图书馆普通文献借阅区
2. 嘉定图书馆视障阅览室
3. 嘉定图书馆阅览室
4. 嘉定图书馆特藏文献阅览室
5. 嘉定图书馆自助图书馆
6. 嘉定图书馆少年儿童图书馆电子阅读区域
7. 嘉定图书馆电子阅览室
8. 嘉定图书馆鸟瞰

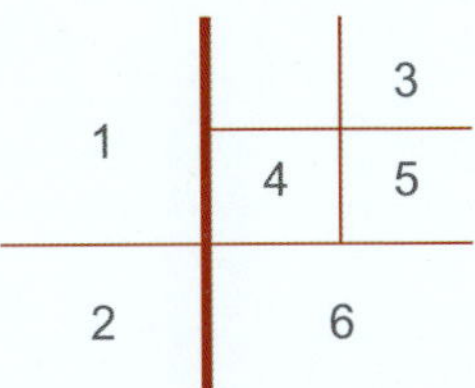

1. 上海儿童艺术剧场绿地雕塑
2. 上海儿童艺术剧场外貌
3. 上海儿童艺术剧场小剧场
4. 上海儿童艺术剧场电影放映厅
5. 新建成上海儿童艺术剧场儿童戏剧长廊
6. 上海儿童艺术剧场小剧场

1	
2	4
3	5

1. 广场公园音乐广场改造工程下沉式音乐广场
2. 广场公园音乐广场改造工程地下车库
3. 广场公园音乐广场改造工程新建的公厕
4. 广场公园音乐广场改造工程原地下民防工程的人行出入口
5. 广场公园音乐广场改造工程应急避难所通道

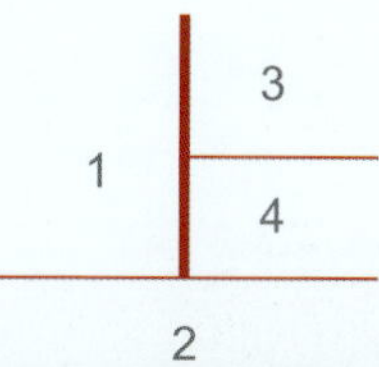

1. 轨道交通 12 号线一期东段工程大连路站内与 4 号线换乘通道
2. 轨道交通 12 号线一期东段工程金海路站 3 号出入口及风口机组
3. 轨道交通 12 号线一期东段工程复兴岛站
4. 轨道交通 12 号线一期东段工程江浦公园站候车通道

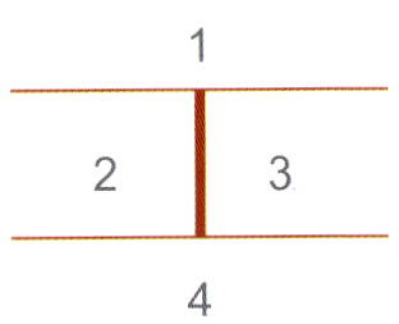

1. 上海西郊国际农产品交易中心
2. 上海西郊国际农产品展示直销中心
3. 上海竹园污水处理厂污泥处理中控室
4. 上海竹园污水处理厂污泥处理工程上海竹园第二污水处理厂区全景

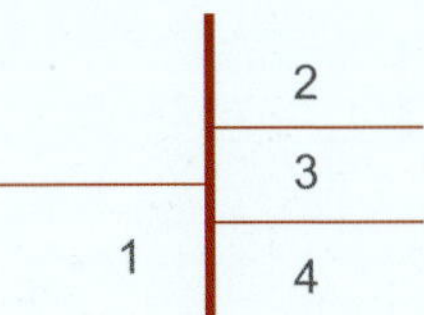

1. 上海新地标安义路嘉里中心建成
2. 闵行文化公园一期
3. 北蔡鹏海绿地竣工
4. 浦东新圆苑保障房落成

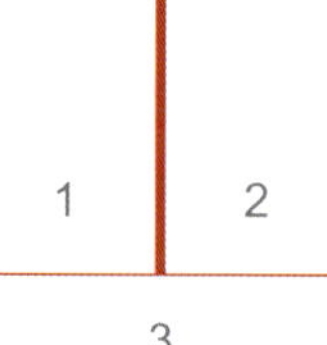

1. 金山国家绿色创意印刷示范区瑞时创展公司
2. 金山国家绿色创意印刷示范区盛通时代印刷公司
3. 入驻上海复星医药金山生物医药产业基地的上海凯茂生物医药有限公司

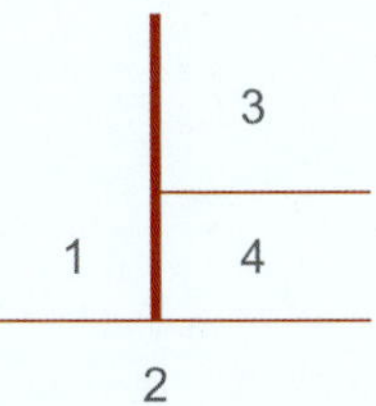

1. 临港新城环湖一路 13 年建成
2. S26 嘉松中路收费站
3. 洋泾港改造工程
4. 洋山深水港主航道正式实行双向通航

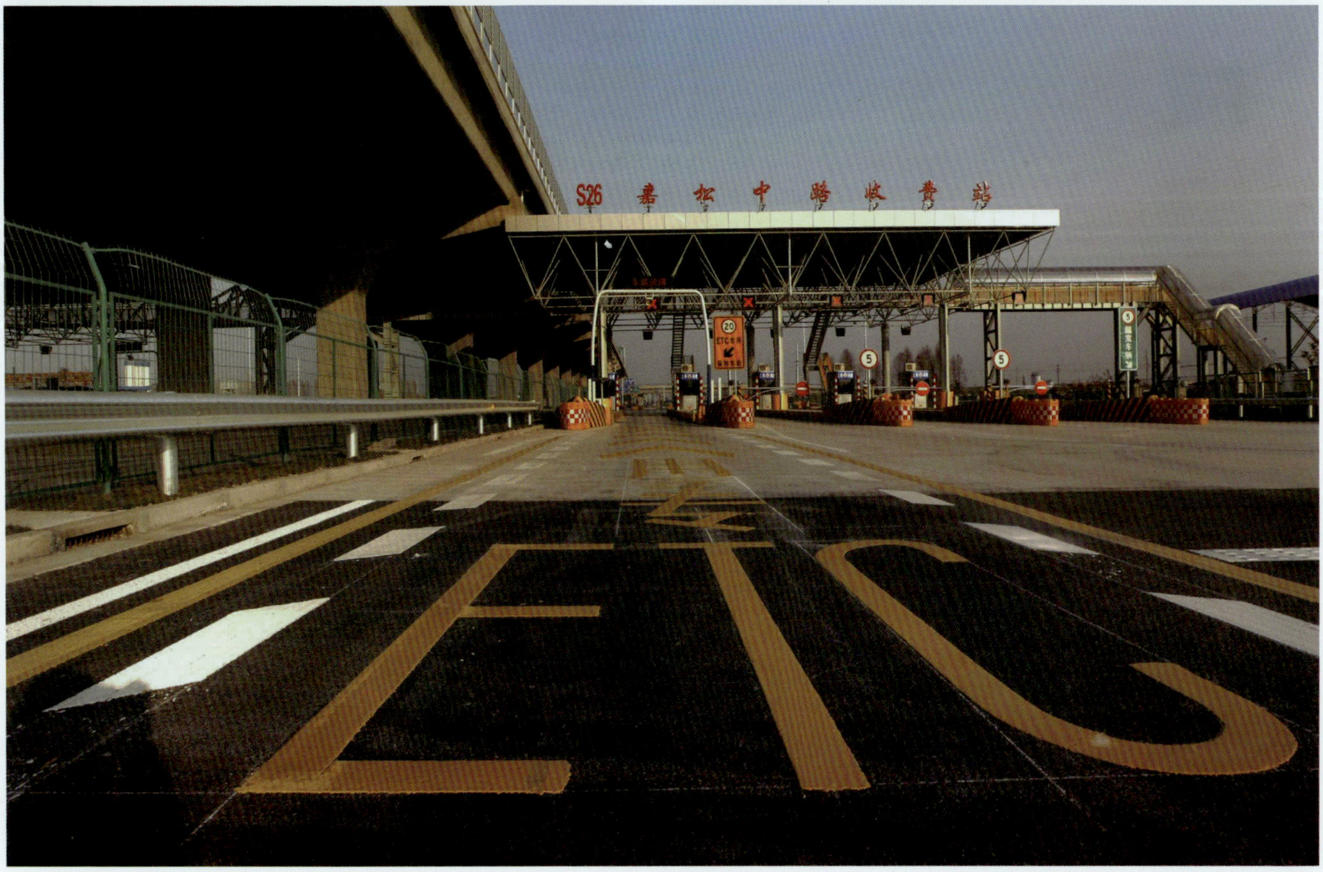

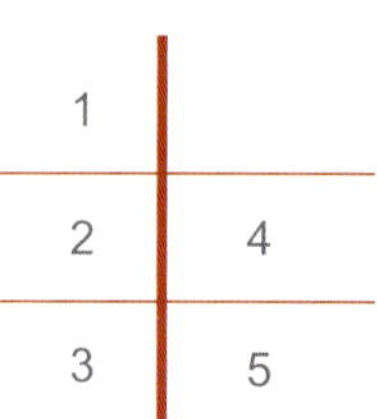

1. 下盐公路新建工程（林海公路交叉口）
2. 芦恒路综合客运交通枢纽
3. 配套轨道交通 16 号线鹤沙航城站的公交换乘枢纽
4. 胶州路（武定路－安远路）道路大修及积水点改善工程
5. 江宁路桥可变车道启用

《上海建设年鉴（2014）》
编辑委员会

编写说明

一、《上海建设年鉴》是中共上海市城乡建设和交通工作委员会、上海市城乡建设和交通委员会组织编写，上海市、区县两级建设交通系统各局、直属单位及相关政府部门协作参与，以记录上一年度上海城乡建设、城市管理、交通运输及相关行业、企业发生的重大事件及重要情况为主要内容，对外公开发行的大型资料性、工具性年刊。

二、本年鉴编写保持上部年鉴的体例和风格。全书由综合、主体和附录三部分组成。综合部分设市情概貌、特载。市情概貌介绍上海的基本情况资料；特载刊载上海当年度政府工作报告、统计公报及其他重要内容。主体部分基本按城乡建设、城市管理、交通运输及综合管理等相关内容，分门别类予以排列、记载。附录部分设当年市建设交通委大事记、相关法律法规政策目录选载、相关资料及数据统计。

三、本年鉴主体部分由栏目、分目和条目三个结构层次组成。全书设19个栏目，每一栏目依内容需要，设若干分目。栏目之首设“综述”，分目之首设“概况”，条目以事件设，一事一条。条目为本年鉴之主要记载形式。同时辅以图片、表格及相关资料。

四、本年鉴编写坚持对历史负责、对后人负责和客观记载、不作评价的原则，对年度发生的重大事件，尽可能予以如实、公正地记载、避免不确定因素和不确切数据。

五、本年鉴以赠阅为主。由于诸多原因，本年鉴编写周期较长，其中部分内容转引自有关资料、文献、书刊。原作者如未收到稿酬，可直接与《上海建设年鉴》编辑部联系。

六、本年鉴编写过程中得到上海市、区县各级领导和上海建设交通系统各局、直属单位，以及广大热心人士的大力帮助，在此一并表示感谢。

目 录

市情、概貌

特 载

一、城乡规划、国土资源

二、重大工程

三、市政建设

四、绿化市容

五、环境保护

六、水务管理

七、房屋管理

八、城市交通

九、港口航运

十、铁路运输

十一、民用航空

十二、邮政事业

十三、海洋海事

十四、国际航运中心建设

十五、建筑建材业管理

十六、城市综合管理

十七、科研工作

十八、区县建设

十九、政策法规

附 录

市情、概貌

(一) 地域
(二) 行政区划
(三) 人口
(四) 水文
(五) 气候

(一) 地域

上海市，简称沪，别名申。地处东经 120° 51′~122° 12′，北纬 30° 40′~31° 53′，位于太平洋西岸，亚洲大陆东沿，中国南北海岸中心点，长江和钱塘江入海汇合处。北界长江，东濒东海，南临杭州湾，西接江苏和浙江两省。是长江三角洲冲积平原的一部分，平均高度为海拔 4 米左右。陆地地势总趋势由东向西低微倾斜。以西部淀山湖一带的淀泖洼地为最低，海拔 2~3 米；在泗泾、亭林、金卫一线以东的黄浦江两岸地区，为碟缘高地，海拔 4 米左右；浦东钦公塘以东地区为滨海平原，海拔 4~5 米。西部有天马山、佘山、薛山、凤凰山等残丘，天马山为上海陆上最高点，海拔 98.2 米。海域上有大金山、小金山、浮山、佘山等基岩岛，大金山海拔 103.4 米，为上海境内最高点。全市总面积 6340.5 平方公里，东西最大距离约 100 公里，南北最大距离约 120 公里。大陆岸线长约 211 公里。在北面的长江入海处，有崇明、长兴、横沙、九段沙等岛屿。崇明岛为中国第三大岛，由长江挟带下来的泥沙冲积而成。

（二）行政区划

今上海地区，吴淞江以南，公元751年（唐天宝十载）析嘉兴东境、海盐北境、昆山南境之地置华亭县。1277年（元至元十四年）升华亭县为华亭府，第二年改为松江府。至清代，松江府辖有华亭、娄、上海、青浦、金山、奉贤、南汇7个县和川沙抚民厅。吴淞江以北，1218年1月7日（南宋嘉定十年十二月初九日）设嘉定县，后又析出宝山县。长江口的沙洲，907年左右（五代初）置崇明镇，1277年升为崇明州，1369年（明洪武二年）改为崇明县。

上海城市，源于吴淞江下游的渔村，1267年（南宋咸淳三年）前成镇，镇因黄浦江西的上海浦得名。1291年（元至元二十八年）析华亭县东北、黄浦江东西两岸的高昌、长人、北亭、海隅、新江5个乡置上海县，1292年设立，为松江府属县。1927年7月设上海特别市，1930年5月改称上海市。1949年5月27日，上海解放。全市划为黄浦、老闸、新成、静安、江宁、普陀、邑庙、蓬莱等20个市区和新市、江湾、吴淞、大场等10个郊区。1958年1月，上海、嘉定、宝山3个县从江苏省划归上海市；10月，设立浦东县；11月，川沙、青浦、南汇、松江、奉贤、金山和崇明7个县从江苏省划归上海市。1960年1月，设立闵行区和吴淞区。1961年1月，撤销浦东县。1961年3月，浙江省嵊泗列岛划归上海市。1962年5月，上海市嵊泗列岛划归浙江省。1964年5月，撤销闵行区、吴淞区。至1964年5月，上海市辖有黄浦、南市、卢湾、徐汇、长宁、静安、普陀、闸北、虹口、杨浦10个市区，以及上海、嘉定、宝山、川沙、奉贤、南汇、松江、金山、青浦、崇明10个郊县。1980年10月，设立吴淞区。1981年2月，设立闵行区。1988年1月，撤销宝山县和吴淞区，设立宝山区。1992年9月，撤销上海县和原闵行区，设立新的闵行区。1992年10月，以川沙县全境、原上海县三林乡和黄浦、南市、杨浦3个区的浦东部分，设立浦东新区；撤销嘉定县，设立嘉定区。1997年4月，撤销金山县，设立金山区。1998年2月，撤销松江县，设立松江区。1999年9月，撤销青浦县，设立青浦区。2000年6月，原黄浦区和南市区撤并，设立新的黄浦区。2001年1月，撤销南汇县，设立南汇区；撤销奉贤县，设立奉贤区。2005年5月，宝山区管辖的长兴乡、横沙乡划归崇明县管辖。2009年4月，撤销南汇区，其行政区域范围划入浦东新区。2011年5月，原黄浦区和卢湾区撤并，设立新的黄浦区。至2013年底，上海市辖有浦东新区、徐汇、长宁、普陀、闸北、虹口、杨浦、黄浦、静安、宝山、闵行、嘉定、金山、松江、青浦、奉贤16个区，崇明1个县；共辖有98个街道、108个镇、2个乡；有4024个（比上年底增加110个）居委会、1610个（比上年底减少3个）村委会。

上海市行政区划情况（截至2013年12月31日）

区县名称	街道数	镇数	乡数	居委数	村委数	街道、镇、乡名称
浦东新区	12	24	—	829	371	潍坊新村街道陆家嘴街道塘桥街道周家渡街道东明路街道洋泾街道上钢新村街道沪东新村街道金杨新村街道浦兴路街道南码头路街道花木街道川沙新镇合庆镇曹路镇高东镇高桥镇高行镇金桥镇张江镇唐镇北蔡镇三林镇惠南镇新场镇大团镇周浦镇航头镇康桥镇宣桥镇祝桥镇泥城镇书院镇万祥镇老港镇南汇新城镇
徐汇区	12	1	—	306	—	湖南路街道天平路街道枫林路街道徐家汇街道斜土路街道长桥街道漕河泾街道康健新村街道虹梅路街道田林街道凌云路街道龙华街道华泾镇
长宁区	9	1	—	184	—	华阳路街道新华路街道江苏路街道天山路街道周家桥街道虹桥街道仙霞新村街道程家桥街道北新泾街道新泾镇
普陀区	6	3	—	245	7	长寿路街道曹杨新村街道长风新村街道宜川路街道甘泉路街道石泉路街道真如镇长征镇桃浦镇
闸北区	8	1	—	211	1	天目西路街道北站街道宝山路街道芷江西路街道共和新路街道大宁路街道彭浦新村街道临汾路街道彭浦镇
虹口区	8	—	—	226	—	四川北路街道提篮桥街道欧阳路街道广中路街道凉城新村街道嘉兴路街道曲阳路街道江湾镇街道
杨浦区	11	1	—	307	—	定海路街道大桥街道平凉路街道江浦路街道控江路街道殷行街道长白新村街道延吉新村街道五角场街道四平路街道新江湾城街道五角场镇
黄浦区	10	—	—	189	—	外滩街道南京东路街道半淞园路街道小东门街道老西门街道豫园街道打浦桥街道淮海中路街道瑞金二路街道五里桥街道

区县名称	街道数	镇数	乡数	居委数	村委数	街道、镇、乡名称
静安区	5	—	—	72	—	江宁路街道静安寺街道南京西路街道曹家渡街道石门二路街道
宝山区	3	9	—	350	108	吴淞街道张庙街道友谊路街道庙行镇罗店镇大场镇顾村镇罗泾镇杨行镇月浦镇淞南镇高境镇
闵行区	3	9	—	408	136	江川路街道古美街道新虹街道莘庄镇七宝镇浦江镇梅陇镇虹桥镇马桥镇吴泾镇华漕镇颛桥镇
嘉定区	3	7	—	153	146	嘉定镇街道新成路街道真新街道马陆镇南翔镇江桥镇安亭镇外冈镇徐行镇华亭镇
金山区	1	9	—	88	124	石化街道枫泾镇朱泾镇亭林镇漕泾镇山阳镇金山卫镇张堰镇廊下镇吕巷镇
松江区	4	11	—	185	86	岳阳街道中山街道永丰街道方松街道九亭镇泗泾镇泖港镇车墩镇洞泾镇叶榭镇新桥镇石湖荡镇新浜镇佘山镇小昆山镇
青浦区	3	8	—	97	184	夏阳街道盈浦街道香花桥街道赵巷镇徐泾镇华新镇重固镇白鹤镇朱家角镇练塘镇金泽镇
奉贤区	—	8	—	107	177	南桥镇庄行镇金汇镇柘林镇青村镇奉城镇四团镇海湾镇
崇明县	—	16	2	67	270	城桥镇堡镇庙镇中兴镇新河镇三星镇向化镇绿华镇建设镇陈家镇竖新镇港西镇港沿镇新海镇东平镇长兴镇新村乡横沙乡
合计	98	108	2	4024	1610	

（三）人口

至2013年底，上海常住人口2415.15万人，其中外来人口990.01万人。上海户籍人口1432.34万人，比上年增加5.41万人，其中男性711.93万人、女性720.41万人，性别比为0.99 ：1。非农业人口1289.58万人。全市户籍数527.52万户，平均每户人口2.7人。户籍人口出生数10.89万人，出生率7.62‰，死亡人数11.67万人，死亡率8.16‰。人口自然增长率–0.54‰。年内全市迁出6.06万人，迁入12.12万人，机械增长6.06万人，机械增长率4.24‰。全市户籍人口密度每平方公里2259人，常住人口密度每平方公里3809人。户籍人口期望寿命82.47岁，其中男性80.19岁、女性84.79岁。

（四）水文

上海市地处长江入海口、太湖流域东缘。全市河道长度约2.53万公里，河流和湖泊的总面积约619平方公里。河面率约9.77%，河网密度平均每平方公里约4公里。境内江、河、湖、塘相间，水网交织，主要水域和河道有长江口，黄浦江及其支流大泖港、园泄泾、斜塘和太浦河、拦路港，以及吴淞江（苏州河）、蕰藻浜、川杨河、淀浦河、大治河、金汇港、油墩港等。其中，黄浦江干流全长80余公里，河宽大都为300 ~ 700米，其上游在松江区米市渡处承接太湖、阳澄淀泖地区和杭嘉湖平原来水，贯穿上海至吴淞口汇入长江口；吴淞江别称苏州河，发源于太湖瓜泾口，在市区外白渡桥附近汇入黄浦江，全长约125公里，上海境内约54公里，为黄浦江主要支流。上海的湖泊集中在与江苏、浙江交界的西部洼地，最大的湖泊为淀山湖，总面积60余平方公里。

2013年，上海年降水量1134.5毫米（徐家汇站，下同），比常年偏少约3%，降水量年内月分配很不均匀。其中，汛期（6~9月）降水量470.7毫米，比常年偏少约20%；1~5月降水量比常年偏少约10%，6月和9月降水量与常年基本接近，7~8月降水量比常年偏少约50%，10月受“菲特”台风影响降水量比常年偏多约150%，11月降水量比常年偏少约75%，12月降水量与常年基本接近。6月7日入梅，6月30日出梅，梅雨期历时24天。梅雨期间，全市降水量分布不均匀，中心城区188.0毫米，比多年平均值减少20%，其他区县以金山区降水量最大，为282.4毫米，崇明县降水量最少，为156.4毫米。

全年出现较强暴雨3次。8月1日出现局部大暴雨，暴雨主要集中在中心城区，雨量110.0毫米。9月13日出现局部大暴雨，雨区范围主要集中在浦东新区、市中心城区和松江区，最大日雨量是长宁区北虹路地道站的142.0毫米，全市14个雨量站雨量超100毫米。10月6日起，受1323号台风“菲特”影响，全市普降大暴雨到特大暴雨。降雨过程从10月6日0时至9日0时，历时3天，全市累计过程降雨量79.5~393.5毫米，统计的427个雨量站中有99%超过100毫米，其中75%超过200毫米、11%超过300毫米；单站最大雨量是松江工业区站的393.5毫米，最少雨量是浦东新区芦潮港站的79.5毫米；全市平均降雨量242.7毫米。

全市地表径流量约22.77亿立方米，折合年径流深359.1毫米，比多年平均值减少约6.5%。

长江口高桥站年平均高潮位3.35米（上海吴淞基面，下同），比多年平均值高0.01米；杭州湾芦潮港站3.65米，比该站多年平均高潮位高0.13米。

上海市内主要河流水质污染仍以有机污

染为主。根据上海市水文总站监测，水质的有机污染指标大部分在Ⅱ～劣Ⅴ类之间。其中，长江口、黄浦江上游及崇明岛内河水质较好，一般为Ⅱ～Ⅳ类水；大陆片内河河网水质较差，一般为Ⅲ～劣Ⅴ类水。

（五）气 候

2013年，上海地区气温偏高，降水总量略少，日照时数偏多。冬季气温略高，降水略多，日照时数偏少；春季气温略高，降水略少，日照时数偏多；夏季气温异常偏高，季平均气温创1961年以来新高，降水偏少，日照时数略多；秋季气温偏高，降水显著偏多，日照时数略多。全市年平均气温（全市11个气象观测站平均）17.3℃，比常年平均偏高1.0℃，比上年高0.7℃。在地区分布上，中心城区年平均气温17.9℃，郊区年平均气温17.3℃。与常年相比，各地气温偏高0.7～1.3℃。在年内分布上，与常年平均相比，除12月气温比常年同期偏低0.5℃外，其他各月气温均比常年同期偏高，其中7月和8月气温异常偏高，分别比常年同期偏高3.3℃和3.0℃，均创历史同期最高纪录；其他各月气温比常年同期偏高0.1～1.5℃。全市极端最低气温–5.7℃（奉贤地区）；极端最高气温41.2℃（松江地区），创历史纪录。日最高气温≥35℃的高温日数：中心城区47天，比常年多32天；郊区26～47天，南部沿海地区少，嘉定、宝山、闵行、青浦、松江和浦东新区北部地区多。日最高气温≥37℃的炎热日数：中心城区24天，比常年多20天，金山、奉贤、南汇和崇明地区为12～15天，其余地区为22～26天。

全市平均年降水量（全市11个气象观测站平均）1092毫米，比常年平均略偏少8%。各区县年降水量885～1201毫米，东南部的奉贤和浦东新区南汇地区降水量较少，都在895毫米以下，西北部的嘉定地区降水量最多，其余地区的降水量为1061~1173毫米。与常年平均值相比，宝山和松江地区降水量与常年持平，嘉定地区比常年偏多5%，其余地区降水量均比常年偏少2%~27%，其中奉贤和浦东新区南汇地区分别偏少25%和27%。全年平均降水日数111天，比常年平均偏少19天，其中日降水量≥25毫米的大雨以上日数9天，日降水量≥50毫米的暴雨日数4天。地区分布上，金山和嘉定地区暴雨日数6天，中心城区5天，浦东新区南汇地区暴雨日数最少（2天），其他地区暴雨日数3~4天。降水量在年内分配上，与常年同期平均值相比，5月降水量与常年基本持平，2月、6月和12月降水量偏多12%~44%，10月降水量异常偏多3.3倍，其余各月降水量偏少19%~79%。汛期（6~9月）全市平均降水量417毫米，比常年同期偏少32%，比上年同期略偏少29%。

全市年日照时数（全市11个气象观测站平均）2012小时，比常年平均值偏多157小时。各区县年日照时数为1607~2227小时，奉贤地区最多，中心城区最少。与常年相比，中心城区和浦东新区南汇地区分别偏少84小时和41小时，其他地区偏多33~320小时。2月、5月和6月日照时数比常年同期偏少15~57小时，1月、10月和12月比常年略多1~2小时，其余各月比常年偏多34~88小时。

政府工作报告

——2014年1月19日在上海市第十四届人民代表大会第二次会议上

上海市市长 杨雄

各位代表：

现在，我代表上海市人民政府，向大会作政府工作报告，请予审议。请政协委员和其他列席人员提出意见。

一、2013年工作回顾

过去的一年，面对错综复杂的外部经济形势，我们在党中央、国务院和中共上海市委的坚强领导下，全面贯彻落实党的十八大精神，高举中国特色社会主义伟大旗帜，以邓小平理论、"三个代表"重要思想、科学发展观为指导，牢牢把握稳中求进工作总基调，紧紧围绕创新驱动发展、经济转型升级，着力稳增长、调结构、促改革、惠民生，完成了市十四届人大一次会议确定的目标任务。

（一）坚持市场导向，坚持以开放促改革，坚持先行先试，改革开放取得重大突破。建立中国上海自由贸易试验区是国家在新形势下推进改革开放的重大举措，也是上海推进创新驱动发展的重大机遇。在国家相关部委共同推动下，我们全力以赴做好筹备工作，贯彻落实国务院批准的总体方案。推动投资便利化，实行准入前国民待遇和负面清单管理模式，将清单以外领域的外商投资项目核准制、外商投资企业合同章程审批制全部改为备案制，实施境外投资备案管理，推行工商登记注册资本认缴制、先照后证登记制。推动贸易便利化，启动海关和检验检疫"一次申报、一次查验、一次放行”联动监管试点。推动服务业开放，落实银行服务、融资租赁、增值电信等领域的一批开放措施。自贸试验区建设全面推开，进展顺利。深入推进浦东综合配套改革试点，一批改革举措先行先试。深化营业税改征增值税试点，将广播影视业顺利纳入试点范围，改革效应进一步显现。启动以市场化、专业化、国际化为导向的新一轮国资国企改革，一批企业集团开放性、市场化重组有序推进。免征部分小微企业增值税和营业税，鼓励金融机构增加小微企业贷款，非公有制经济增长快于国有经济。提高开放型经济水平，完善总部经济发展政策，推动利用外资向文化、卫生、教育等领域拓展，跨国公司地区总部新增42家。启动集成电路产业链保税监管模式试点，举办首届中国上海技术进出口交易会，服务贸易进出口额占全国比重达到30%左右。强化走出去重点项目服务机制，对外承包工程新签合同额超过100亿美元。按照国家部署，推进对口支援，帮助喀什、遵义等地建设教育卫生等民生工程、发展旅游等特色产业，加强与长三角等地区的交流合作，服务全国水平继续提高。

（二）坚持以提高经济质量效益为中心，狠抓经济发展方式转变，经济运行呈现稳中有进、稳中向好的积极态势。全市生产总值比上年增长7.7%，地方财政收入比上年增长9.8%，居民消费价格指数比上年上涨2.3%。着力提升“四个中心”功能，成功推出国债期货、沥青期货、黄金交易基金，推行航空货邮中转集拼、跨境电子商务等试点，集聚中国建设银行上海中心、上海国际能源交易中心、波罗的海国际航运公会上海中心等功能性机构，金融市场交易额达到639万亿元，集装箱水水中转比例提高到45.4%，商品销售总额超过6万亿元。鼓励运用新技术、新商业模式、新制度推进产业升级，加大力度支持现代服务业和战略性新兴产业发展，推动新型显示、高端医疗器械等重大项目发展，制定新一轮促进企业技术改造的实施意见。金融、信息服务、文化创意等现代服务业保持两位数增长，电子商务、互联网金融等新业态和邮轮经济迅速发展，第三产业增加值占全市生产总值的比重提高到62.2%。实施国务院批复的张江示范区发展规划纲要，向张江示范区下放一批审批权限，落实股权奖励个人所得税分期缴纳等支持创新政策。新承担国家科技重大专项任务94项，促进光刻机、重大新药等科技成果产业化，全社会研发经费支出相当于全市生产总值的比例达到3.3%左右。强化知识产权保护和管理，每万人口发明专利拥有量达到20.3件。启动碳排放交易试点，发布实施节能减排地方标准，淘汰落后产能660项，单位生产总值能耗比上年下降3.5%以上。

（三）把社会效益放在首位，推进社会建设和文化发展，人民生活进一步改善。城市和农村居民家庭人均可支配收入分别达到43851元和19208元，分别比上年增长9.1%和10.4%。完善就业服务体系，实施扶持失业青年就业启航计划，依法规范劳务派遣用工，帮助1.1万人成功创业，新增就业岗位60.1万个，城镇登记失业率为4.2%。完善社会保障体系，调整城镇职工社会保险缴费比例，制定实施城乡统一的灵活就业人员参保办法，提高养老金水平，提高城乡低保、最低工资等标准，提高计划生育家庭特别扶助和农村奖励扶助标准。首次向城乡低保家庭和重点优抚对象发放一次性高温补贴，扩大医疗救助范围，开展因病支出型贫困家庭生活救助，迈出解决支出型贫困的第一步。实施新一轮农村综合帮扶政策，提高经济相对薄弱村的自我发展能力。完善社会养老服务体系，新增养老床位5155张，社区居家养老服务对象达到28万人。完善住房保障体系，新建筹措保障性住房和实施旧住房综合改造11万套，基本建成10.4万套，完成大型居住社区外围市政配套项目40个，拆除中心城区二级旧里以下房屋74.6万平方米，各类保障房受益面继续扩大。完善教育、卫生、文化等公共服务体系，新增61所中小学和幼儿园，推行小学“零起点”教学和等第制评价，深化高中学业水平考试制度，基本完成行业高校划转，办学水平进一步提高。积极有效防控H7N9禽流感，推进公立医院改革，推广家庭医生制度，建成健康信息网，建立市民电子健康档案，医疗服务水平继续提高。举办首届市民文化节，组建上海报业集团，建成儿童艺术剧场。举办市民体育大联赛，参赛市民达128万人次，在7个区开展30分钟体育生活圈建设试点，一批品牌体育赛事的国际影响力不断扩大，上海体育健儿在第十二届全运会上取得优异成绩。妇女儿童、残疾人和慈善事业稳步发展，国防动员、双拥、民族、宗教工作进一步加强，外事、港澳、对台、侨务工作取得新进展。加强和创新社会管理，实施居住证积分管理办法，实现人口管理从条件管理向积分管理的重大转变，基本完成协管员队伍整合转制，完善信访工作机制，开展社会治安专项行动，社会保持和谐稳定。

（四）推动建设重心向郊区转移，城乡建设管理进一步加强，环境保护力度继续加大。建成一批重大基础设施项目，轨道交通11号线二期和12号线、16号线部分区段投入运营，运营线路新增99公里、总长达到538公里，天然气主干管网二期等项目竣工运营。强化落实安全责任制，集中开展安全生产大检查，充实街镇食品药品安全监管力量，发布交通发展白皮书，深化拓展网格化管理，开展养护作业市场化改革，城市运行总体平稳有序。着眼于弘扬上海世博会理念、共享城市最佳实践成果，推动设立“世界城市日”。加快建设智慧城市，光纤到户覆盖新增123万户，下一代广播电视网络覆盖新增126万户，公共信用信息服务平台开通试运行。深入推进第五轮环保三年行动计划，制定实施清洁空气行动计划，推进生活垃圾分类减量，环保投入相当于全市生产总值的比例保持在3%左右，主要污染物减排超额完成年度目标，新增绿地1050公顷。黄浦江两岸等重点区域和郊区新城建设有力推进。制定实施城乡一体化发展三年行动计划，推动家庭农场等农业经营方式创新，完成100个村庄、4万农户生活污水处理设施改造，完成1150公里村内道路、910座危桥改造。保持地产农产品有效供给，启动食用农产品市场体系新一轮规划建设，确保主副食品生产供应。

（五）深入开展党的群众路线教育实践活动，着力转变职能、改进作风，政府改革建设取得新进展。坚决贯彻中央八项规定精神和本市30条实施办法，围绕反对形式主义、官僚主义、享乐主义和奢靡之风，扎实开展教育实践活动，政风建设取得积极成效。制定政府职能转变方案，完成部分政府机构改革，推进行政审批制度改革，取消和调整审批事项153项，率先清理行政审批涉及的评估评审。着力提高行政效率，推行无纸化办公，大幅压缩会议、文件、简报，市政府全市性大会比2012年减少50%。推进政府信息公开，深化市级部门预算、决算和“三公”经费预算、决算的公开，首次公开市级行政单位行政经费、部分政府投资项目竣工决算审计结果。着眼于提高公务员依法行政与群众工作能力，改进公务员培训方式，强化责任追究和效能监察，勤政廉政建设进一步加强。

各位代表，过去的一年，我们主动应对各种风险挑战，创新驱动发展的积极效应持续显现，成绩确实来之不易。这是党中央、国务院和中共上海市委坚强领导的结果，是全市人民凝心聚力、开拓奋进的结果。在这里，我代表上海市人民政府，向在各个岗位上奉献智慧和力量的全市人民，向给予政府工作大力支持的人大代表和政协委员，向各民主党派、工商联、各人民团体和社会各界人士，表示最崇高的敬意！向中央各部门、兄弟省区市和驻沪部队、武警官兵，向关心和支持上海发展的香港、澳门特别行政区同胞、台湾同胞、海外侨胞和国际友人，表示最诚挚的感谢！

我们清醒地看到，经济社会发展中存在不少困难和问题。结构调整任务仍然十分艰巨，服务业集聚辐射能力不强，先进制造业发展后劲不足，战略性新兴产业尚处于培育阶段。市场配置资源的决定性作用有待充分发挥，要素市场发展不充分，政府干预过多、监管不到位，企业特别是国有企业的市场主体地位没有完全确立。摆脱传统发展路径日益紧迫，人口总量和结构问题越来越突出，建设用地规模接近极限，环境承载压力加大，雾霾等大气污染问题突出。改善民生仍需加大力度，就业结构性矛盾比较突出，人口老龄化程度加剧，旧区改造难度加大，城乡区域之间差距依然较大。创新社会治理更加迫切，多元化群体利益的协调难度增大，城郊结合部脏乱差等问题凸显，城市安全存在不少隐患，安全事故时有发生，城市管理科学化、精细化水平亟需提高。

我们也清醒地看到，政府工作中还有不少缺点和不足，形式主义、官僚主义、享乐主义和奢靡之风问题不同程度存在。服务群众不够自觉主动，推诿扯皮、敷衍塞责、办事拖拉的情况时有发生。改革创新意识不够强，安于现状、不思进取的问题比较突出，敢闯敢试敢担当的勇气不足。行政效率不够高，工作责任制落实不严，重形式轻实效、重布置轻执行的现象仍较普遍。艰苦奋斗的精神有所弱化，贪图享受、铺张浪费的不良风气依然存在，极少数人甚至以权谋私、贪污腐败。这些问题通过教育实践活动有所改进，但作风问题具有顽固性和反复性，必须经常抓、长期抓。我们要直面问题，进一步从思想认识上深挖根源，在建章立制中强化举措，不断取得作风建设新成效，为推进经济社会发展提供有力保证。

二、2014 年主要任务

2014 年是全面贯彻落实党的十八届三中全会精神、全面深化改革的第一年，是实施“十二五”规划、推进创新驱动发展的关键一年。世界经济仍将延续缓慢复苏态势，但也存在不稳定不确定因素。全国经济仍将保持稳中有进、稳中向好态势，但也有不少突出问题迫切需要解决。我们必须把握大局大势，立足国家战略，更加积极主动地运用改革的精神、思路和办法，不断开拓创新驱动发展的新局面。

做好 2014 年政府工作，要在以习近平同志为总书记的党中央坚强领导下，高举中国特色社会主义伟大旗帜，以邓小平理论、“三个代表”重要思想、科学发展观为指导，全面贯彻落实党的十八大、十八届二中、三中全会和中央经济工作会议精神，认真落实十届市委五次全会的部署，坚持稳中求进工作总基调，坚持创新驱动发展、经济转型升级，以改革统领全局，以提高经济发展质量和效益为中心，持续推动结构调整，持续推进民生改善，持续促进社会和谐稳定，努力当好全国改革开放排头兵和科学发展先行者，为打造中国经济升级版发挥示范作用。

综合各方面因素，建议今年全市经济社会发展主要目标是：重点领域和关键环节改革取得新突破，在自贸试验区形成一批可复制、可推广的新制度，开放型经济水平进一步提升。在质量效益提高的基础上，经济保持平稳发展，全市生产总值预期增长 7.5%

左右，地方财政收入与经济保持同步增长。民生继续改善，社会保持和谐有序，城乡居民收入增长与经济发展保持基本同步，城镇登记失业率控制在4.5%以内，居民消费价格指数与国家价格调控目标保持衔接。国际文化大都市建设持续推进，公共文化服务更加高效，文化创意产业增加值占全市生产总值的比重继续提高。生态环境进一步改善，环保投入相当于全市生产总值的比例保持在3%左右，单位生产总值能耗、单位生产总值二氧化碳排放量进一步下降，主要污染物排放量削减率完成国家下达目标。

今年要重点做好以下八方面工作。

（一）建设中国上海自由贸易试验区，全面深化改革开放。

实现经济转型升级，唯有推进改革开放。要着眼于充分发挥市场配置资源的决定性作用，把改革创新贯穿于经济社会发展各个领域各个环节，先行探索富有活力、更具效率的体制机制。

全力推动自贸试验区建设。其核心是加强制度创新，形成与国际投资贸易通行规则相衔接的基本制度框架。推进投资管理制度改革，及时修订负面清单。创新贸易监管制度，建立货物状态分类监管模式，促进内外贸一体化。深化金融开放创新，在风险可控前提下，落实人民币跨境使用、人民币资本项目可兑换、利率市场化和外汇管理等领域改革试点，促进实体经济发展。推进服务业扩大开放，力争总体方案确定的开放措施全部落地，促进自贸试验区和“四个中心”联动发展。构建事中事后监管的基本制度，建立安全审查机制、反垄断审查机制、企业年度报告公示制度、信用管理体系、综合执法体系和部门监管信息共享机制，提高政府服务管理透明度。建立专利、商标、版权管理合一的知识产权保护机制。完善法制保障，推动制定自贸试验区条例。建设具有国际水准的自贸试验区，意义重大，责任重大。必须举全市之力，落实好这一重大国家战略，充分发挥自贸试验区的示范带动作用。

深入推进重点领域改革。坚持浦东开发开放不动摇，深化浦东综合配套改革试点，实行市场综合监管模式，探索知识产权综合执法体制，深化集成电路产业链保税监管模式改革，继续推进生物医药合同生产试点，突破再制造产业发展的制度瓶颈，完善城乡公共服务体系，推进陆家嘴金融城管理体制创新。继续深化营业税改征增值税试点，将铁路运输和邮政服务业纳入试点范围，提升与全国改革试点的联动效应。毫不动摇巩固和发展公有制经济，深化国资改革带动国企改革，增强国有经济活力、控制力、影响力。探索完善以管资本为主的国资管理体制，建设公开透明规范的国资流动平台，支持更多国有经济和其他所有制经济发展成为混合所有制经济。实施国有企业分类监管，健全国有企业法人治理结构，推行职业经理人制度，促进符合条件的国有企业建立长效激励约束机制。毫不动摇鼓励、支持、引导非公有制经济发展，坚持权利平等、机会平等、规则平等，优化民营经济发展环境，努力消除各种形式的不合理规定和隐性壁垒，激发非公经济活力和创造力。落实小微企业减免税政策，建立覆盖乡镇和产业园区的中小企业服务体系，建成中小企业职工培训公共服务平台，继续帮助中小微企业解决实际困难。完善现代市场体系，加快发展多层次、多功能的商品和要素市场，健全主要由市场决定的价格形成机制，深化投资体制改革，全面推进公司注册资本登记制度改革，强化产品质量监管，建设公平竞争、有效竞争的市场环境。

发展开放型经济，以开放促改革。坚持进口与出口并重，优化关检合作和区域通关合作机制，推进口岸“单一窗口”建设，支持出口加工区向综合保税区转型升级，提升专业贸易平台辐射功能，发展服务贸易、技术贸易、进口贸易和新型贸易。坚持引进来与走出去相结合，发展总部经济和平台经济，引导外商投资新技术、新业态，深化对外投资审批制度改革，加快培育本土跨国公司。坚持对内对外开放相促进，扎实推进对口支援，积极参与长三角和长江经济支撑带发展，推动区域经济合作，加快形成全方位开放新格局。

（二）加快建设“四个中心”，推进产业结构调整。实现经济转型升级，关键在于结构调整。要持之以恒推动产业结构优化升级，提高产业国际竞争力，在构建新型产业体系中实现经济更有效率、更加公平、更可持续的发展。

推进“四个中心”建设，发展现代服务业。积极配合国家金融管理部门，推动原油期货上市、保险交易所建设，集聚功能性金融机构，支持互联网金融等新业态、民营金融等新型机构发展，提升陆家嘴–外滩金融集聚区服务功能，切实防范金融风险。聚焦航运服务业升级，发展航运金融、航运保险、海事法律、邮轮经济等高端航运服务业，争取扩大启运港退税试点范围，支持浦东机场做大货邮转运规模，推动航运衍生品发展。发挥大市场、大流通优势，建设大宗商品交易平台，优化发展现代物流，实施商业转型提速、竞争力提升计划，促进传统商业与电子商务融合发展。推进世界著名旅游城市建设，鼓励信息消费、旅游消费、健康消费、体验消费等服务类消费，带动生产性服务业和生活性服务业加快发展。

促进制造业转型升级。坚定发展战略性新兴产业，注重市场导向、高端引领，创新重大项目和原创性项目投融资体制，推动一批专项工程建设。制定实施鼓励运用新技术、新模式改造传统产业的政策措施，充分利用市场机制，促进钢铁、石化、电子、汽车等行业提升能级。淘汰高污染、高能耗、高危险的落后产能500项左右，推动工业区块转型和高桥、桃浦、南大等区域结构调整。

高标准推进重大工程和重点区域建设。完善重大工程协调机制，提高推进效率。开工建设5号线南延伸、14号线、17号线等103公里轨道交通线，推动在建的65公里轨道交通线加快建设，建成13号线和16号线部分区段，运营线路总长达到548公里。开工建设洋山深水港区四期、沪通铁路、沿江通道等工程，加快建设高速公路、内河航道、机场、清洁能源等一批基础设施。推动世博园区开发建设初显形态，基本建成虹桥国家会展中心，推进迪士尼项目运营准备，深化落实临港地区特别机制、特殊政策，有序推进前滩、徐汇滨江、南外滩、北外滩等黄浦江两岸地区开发建设。

（三）加强科技创新，建设智慧城市和人才强市。科技、人才、信息化是现代城市的先导要素，决定上海未来。要坚持立足当前、着眼长远，把科技创新、信息化发展和人才建设作为创新驱动发展的核心举措，构筑有利于重点突破的制度环境和政策体系。

建立健全以企业为主体、市场为导向的技术创新体系。支持企业主导开展产学研协同创新，引导企业提升创新管理能力，鼓励企业建立具有产品设计、技术开发和系统集成能力的工程化平台。落实张江示范区发展规划纲要，深化股权激励试点，推广大学校区、科技园区、公共社区联动发展模式，更大范围培育具有区域特色的创新集群，为各类企业提供良好的创新创业服务。围绕产业链部署创新链，强化基础前沿研究、战略高技术研究，承接和实施国家科技重大专项，推进实施微技术、高温超导等一批市级科技重大专项。健全财政科技投入机制，加大稳定支持经费的比例，提高资金使用效益。健全知识产权运用和保护的长效机制，为激发全社会创新创造活力提供有力保障。

全面推进智慧城市建设。制定实施新一轮智慧城市建设三年行动方案，继续推进宽带城市、无线城市建设，力争第四代移动通信网络基本覆盖中心城区，基本建成亚太直达海底光缆，确保网络和信息安全。推动信息化与工业化深度融合，促进物联网、云计算、大数据等广泛应用，发展数控机床、工业机器人等智能制造，推广建筑信息模型的工程运用。建设智慧园区、智慧商圈、智慧社区、智慧新城，让更多市民享受信息化的方便与快捷。

培养和集聚各类人才。人是生产力中最活跃的因素，要用人才的活力带动经济社会发展的活力。聚焦重点领域，继续实施国家和本市各类人才计划，壮大领军人才队伍。实施专业技术人才知识更新工程，推进技能大师工作室建设，加快培养创新发展所需要的各类技能人才。培育创新创业文化，建设创新创业服务平台，健全市场化的人才引进机制，营造人尽其才、才尽其用的制度环境，更好地靠事业成就人、靠机制吸引人、靠环境留住人，让各类人才愿意来上海追梦、能够在上海圆梦。

（四）着力保障和改善民生，推动社会事业改革发展。越是经济转型升级，越要重视民生。坚持尽力而为、量力而行，更加关注困难群体，实施基本公共服务体系规划，更好地促进社会公平正义、增进人民福祉。

推动实现更高质量的就业。着重促进高校毕业生、青年人和就业困难人员就业，新增就业岗位50万个。落实创业带动就业政策，帮助1万人成功创业。实施离校未就业高校毕业生就业促进计划，对困难家庭的毕业生实行全程就业服务，继续实施扶持失业青年就业启航计划。鼓励就业困难人员在绿化市容、物业管理、养老服务和农业等领域就业，推进政府机关和事业单位吸纳残疾人就业。加强劳动保障监察，完善劳动关系协调机制。

加强社会保障和养老服务。提高养老金水平，统一城乡居民基本养老保险制度，提高居民基本医保住院报销比例。调整城乡低保标准，全面实施农村综合帮扶，扩大因病支出型贫困家庭生活救助的受益面。积极发展慈善事业。继续完善社会养老服务体系，整合养老服务资源，促进医养结合，鼓励社会力量参与提供养老服务，新增养老床位5000张，为29万名老年人提供社区居家养老服务。

健全住房保障和供应体系。新建筹措各类保障性住房和实施旧住房综合改造5.5万套，基本建成11万套。完善住房保障管理机制，加快大型居住社区配套建设。拆除中心城区二级旧里以下房屋55万平方米，推进城中村改造。严格执行国家房地产市场调控政策，确保住房用地供应，促进房地产市场健康有序发展。

深化教育领域综合改革。促进义务教育优质均衡发展，加强基础教育经费市级统筹，加快优质教育资源向郊区拓展，推动更多中小学提高教育教学质量。完善小学课程标准，改进教学方法，有效控制作业量，减轻学生过重的课业负担，让孩子们有更多时间认识自然、发展兴趣、增强体魄。推进考试招生制度改革。促进高等教育内涵发展，研究制定高等教育布局结构规划、学科布局规划、现代职业教育体系规划，健全高等教育财政投入机制，扩大高校经费使用自主权，推动高校改革人才培养模式，提升协同创新能力，探索建立现代大学制度。促进各类教育开放发展，支持和规范民办教育，推进教育国际化和信息化，完善终身教育体系，满足市民多样化的教育需求。

深化医药卫生体制改革。坚持公益性，继续推进公立医院改革，完善和推广新建三级医院管理运行机制，推动部分二级医院转型为康复护理机构。加强社区卫生服务中心内涵建设，全面实施家庭医生制度，建立健全双向转诊机制。健全基本药物集中招标采购机制，试行部分药品带量采购。完善医保总额预付政策。强化卫生信息化应用。鼓励社会办医，启动实施第二轮中医药事业发展三年行动计划，加强公共卫生服务和健康城市建设，提供多层次的医疗卫生服务。

促进群众体育和竞技体育协调发展，深化体教结合，全面推进30分钟体育生活圈建设，扩大体育场馆公益性开放，推进崇明国家级体育训练基地建设，办好市第十五届运动会。继续做好国防动员、双拥、民族、宗教、外事、港澳、对台和侨务工作。完善计划生育政策，加强妇女儿童权益保障与儿童安全防护。

（五）促进文化繁荣发展，增强文化创造活力。文化是城市软实力的重要基石和集中体现。要围绕国际文化大都市建设，以激发全社会文化创造活力为中心环节，深化文化体制改革，加快形成开放发展、联动发展、融合发展的文化建设新格局。

提高城市文明程度和市民综合素质。广泛开展中国梦宣传教育活动，积极培育和践行社会主义核心价值观，弘扬海纳百川、追求卓越、开明睿智、大气谦和的城市精神。深入实施公民道德建设工程，开展做文明有礼的上海人等活动。推进学习型社会建设。落实全民科学素质行动计划纲要。加强文化遗产保护和史志建设，传承城市历史文脉。

提高公共文化服务的质量和效能。构建现代公共文化服务体系，建立政府购买公共文化服务制度，推进社区文化活动中心社会化、专业化管理，鼓励社会力量参与提供公共文化服务、举办重大文化活动。建设世博会博物馆等重大文化设施，强化公共文化场馆公益性使用，继续办好市民文化节、上海书展等活动，推动文化进社区、进地铁、进商圈，让文化更加全面、更加深入地融入市民生活。

提高文化创意产业竞争力。深化国有文化企业改革，降低社会资本进入门槛，扩大影视制作发行等领域开放，鼓励各类市场主体公平竞争、共同发展。促进文化与金融、科技、教育、体育、旅游等融合发展，提升文化创意产业园区服务功能，推进中国工业设计研究院建设，推动网络视听、动漫游戏、数字出版、时尚创意等产业加快发展。建设国际文化交流中心，推进国家文化对外贸易基地建设，支持更多的文化产品和文化企业走出去，在开拓境外市场中增强竞争力和影响力。

提高文化原创能力。弘扬中华优秀传统文化，吸收借鉴国外优秀文化成果，发展城市文化新元素，推出一批反映时代特征、贴近群众生活的文艺作品。完善文化创新综合环境，集聚更多名家大师，鼓励更多青年人才脱颖而出，推动文化发展的主体更丰富、环境更优化、法制更健全、形式更多样、人才队伍更壮大。

（六）加强城市管理与社会治理，维护城市安定和谐。顺应城市发展规律和社会结构深刻变化，转变管理理念，创新管理办法，构建符合特大城市特点的城市管理和社会治理新模式。

城市安全任何时候都必须警钟长鸣、常抓不懈。增强安全发展理念，严格落实企业主体责任、政府部门监管责任和基层属地管理责任，务必做到守土有责，坚决遏制重特大安全事故发生。完善食品药品安全监管方式，加强基层监管网络建设，健全食品原产地可追溯制度。加快危险化学品生产、储存企业布局调整，推进危险化学品经营集约化管理。强化轨道交通、道路交通、高层建筑、建设工程、特种设备、市政公用管线等领域安全管理，加强火灾隐患综合治理，加大防汛基础设施建设力度。完善区县应急管理体系，提升应急联动处置能力。

加强城市常态化管理。聚焦群众反映强烈的无序设摊、违法建筑等突出问题，狠抓城市管理顽症治理，进一步改善市容市貌。统筹基层管理资源，推进网格化管理、大联勤、大联动和“12345”市民服务热线整合互动，构建全方位的问题发现和处置机制。加强住宅小区综合治理，健全物业管理市场机制。加快综合交通体系建设，提高轨道交通网络化运营效率，发展高速公路电子不停车收费系统，推进公交优先道建设和公交线网优化，试点发展快速公交系统，完善城市交通智能诱导系统，加强静态交通管理，努力创建国家公交都市。

加快形成政社互动、重心下沉、注重治本的社会治理方式。坚持以合法稳定就业、合法稳定居住为基准，加强人口服务管理，严格落实以积分制为主体的居住证制度，采取调整产业结构、完善公共政策、拆除违法建筑、整治群租等综合措施，严格控制人口规模。引导和动员群众依法自我服务、自我管理，强化对基层的实有人口、就业保障等信息服务，减轻居村委会负担，让居村委会集中精力开展居民自治、村民自治。探索社会组织直接依法申请登记，引导社会组织健康有序发展。支持工会、共青团、妇联等人民团体更好地团结群众、服务群众。继续探索镇管社区模式。实现社区事务受理服务中心“一口受理”。畅通和规范群众诉求表达、利益协调、权益保障渠道，落实分级分责化解社会矛盾制度，完善大调解工作体系。加强社会治安综合治理，创新立体化社会治安防控体系，依法严密防范和惩治各类违法犯罪活动，确保社会安定有序。

（七）加大城乡统筹发展力度，加快郊区新城镇和新农村建设。建设现代化国际大都市，不仅要有现代化的中心城区，也要有现代化的郊区。坚持城市建设重心向郊区转移，推进新型城镇化，深化农村改革，加大强农惠农富农政策力度，构建城乡一体化发展新格局。

坚持规划引领、产城融合、生态宜居，推动城镇化健康发展。启动新一轮城市总体规划编制，强化规划管理。分类推进新城建设，发展高端特色产业，加强公用设施配套，强化公共服务，改善生态环境，促进新城综合多元发展。加快编制村镇规划，加强小城镇建设管理，深化小城镇发展改革试点，充分发挥小城镇支撑新城、带动农村的独特作用。

坚持因地制宜、尊重农民意愿、突出农村特色，建设美丽乡村。加强农村水环境整治和村庄改造，实施200公里中小河流治理，完成4万农户生活污水处理设施改造，完成100个村庄、800公里村内道路改造，改善农村人居环境。依托江南田园风光，发展乡村旅游。加快发展高效生态农业，建设3.5万亩高水平粮田、25家蔬菜标准园，改造5000亩标准化水产养殖场，保障粮食、蔬菜等农产品的生产供应和质量安全。创新农业经营体系，完善家庭农场扶持政策，发展多种形式规模经营。加强农业科技创新与推广，发展现代种业。制定落实新型职业农民扶持政策，新增非农就业岗位10万个，促进农民持续增收。

坚持城乡一体、规范有序、农民受益，积极稳妥推进农村改革。深化村级集体经济组织产权制度改革，开展镇级产权制度改革试点。完善农民宅基地置换试点政策，将高压线、高速铁路、高速公路等沿线重点区域优先纳入试点范围。坚持和完善农村基本经营制度，全面开展农村土地承包经营权确权登记，鼓励承包经营权向家庭农场、农民合作社有序流转。探索建立城乡统一的建设用地市场，保障农民合法权益。

（八）强化资源节约和环境保护，推进

生态宜居城市建设。生态文明建设是创新发展重大而紧迫的任务。要坚持人口资源环境相协调、经济社会生态效益相统一，加快建立系统完整的生态文明制度体系，更大范围、更深层次推动绿色发展、循环发展、低碳发展。

全力推进资源节约集约利用。探索生态红线制度，完善生态补偿机制。落实最严格的耕地保护和土地利用制度，实施土地利用全生命周期管理，探索土地二次开发新模式，加大违法用地和闲置土地的整治力度，提高土地利用效率和效益。加强节能目标责任考核，推进重点领域和重点单位节能管理，严格落实节能评估审查制度，发展碳排放交易。加快风能、太阳能等清洁能源开发利用，推动分布式供能系统发展，支持新能源汽车推广应用。加强海洋环境保护和资源利用。启动建设黄浦江上游水源改造工程，建成东风西沙水源地工程。

全面加强环境保护。完成第五轮环保三年行动计划。加大大气环境特别是PM2.5的治理力度，全面实施清洁空气行动计划。完成燃煤电厂高效除尘改造和脱硝工作，加快燃煤锅炉和窑炉清洁能源替代，淘汰7万辆黄标车，加强挥发性有机物和扬尘治理。提高环境空气监测预警能力，完善重污染应急响应体系。推动长三角区域大气污染联防联控。继续加强水环境治理，制定清洁水行动计划，加大污水管网建设和截污纳管力度，推进污水处理厂提标改造，提高污水集中收集处理和达标排放水平。制定土壤环境保护和综合治理方案，启动土壤污染治理试点。扩大生活垃圾分类减量范围，推进生活垃圾处理设施建设。加强噪声污染治理。完善环境保护和治理制度，强化源头保护、损害赔偿和责任追究，用制度保护生态环境。

加大绿化建设力度。促进外环沿线产业与生态融合发展，建设外环生态专项，新建一批林荫道，加快老公园改造，启动郊野公园建设。推进崇明生态岛建设。新建绿地1000公顷，立体绿化40万平方米，新增林地2.3万亩，加快构建多层次、多功能的基本生态网络。

做好今年工作，关键还是要加强政府改革建设。按照“两高、两少、两尊重”的要求，坚持问题导向、市场导向、需求导向，推进简政放权，加强管理创新，提高治理能力，最大限度减少政府对微观经济的干预，最大限度激发市场活力和社会活力。

加快转变政府职能，努力把该放的权放开放到位，把该管的事管住管好。深化行政审批制度改革，最大限度减少审批和行政事业性收费，完成行政审批涉及的评估评审清理，对保留的审批事项全面实行标准化管理。加强事中事后监管，落实行业管理责任，探索建立综合监管制度。优化部门职责体系，强化食品安全、安全生产、环境保护等监管职责，把行业培训、行业调研、行业评估等不该由政府承担的职责逐步转移给社会组织，最大限度整合分散在不同部门的相同或相近职责，努力解决政府职能缺位、越位、错位问题。坚持市级机关“瘦身”与基层一线“强身”相结合，将市级机关精简的10%人员编制，充实人口快速导入区和基层一线的执法管理力量。加强事业单位规范管理，推进事业单位分类改革。深化政府预算体系建设，扩大中期预算管理试点，切实加强政府性债务管理，深入开展财政支出绩效评价。探索实施郊区差别化管理，扩大郊区县在行政审批、社会管理等方面的权限，加大财力、资源配置向困难郊区县的倾斜力度，增强郊区县发展自主权。

创新政府服务管理方式。更多运用市场化、社会化、信息化方式提高行政效率。扩大政府向社会力量购买公共服务试点，把为老、助残、济困等服务项目纳入购买目录。充分发挥社会信用体系规范市场秩序、社会秩序的作用，完成公共信用信息服务平台一期建设，扩大信用信息应用范围，加强政府诚信建设。加快发展电子政务，继续推动无纸化办公，下大气力促进部门信息共享。运用法治思维、法治方式改进服务管理，健全公众参与行政决策机制，全面实施重大决策社会稳定风险评估，推广重大决策后评估制度，加强和规范行政执法，全面推行行政处罚裁量基准制度。提高行政透明度，首次公开国有资本经营预算、社会保险基金预算、国外贷援款项目公证审计结果，全面公开市、区县、乡镇三级政府“三公”经费，进一步开放经济数据、公共服务等政府信息资源，促进决策公开、管理公开、服务公开、结果公开。

巩固和发展教育实践活动成果，推动作风建设常态化、长效化。增强改革创新意识，鼓励敢闯敢试。强化责任担当，严格执行工作责任制、项目负责制、行政问责制，试点开展部门履职评估。深入开展基层一线调研，清理不合理、不必要的检查评比，进一步精简会议、文件、简报。严格执行中央八项规定精神和本市30条实施办法、党政机关厉行节约反对浪费条例，严控“三公”经费支出，严控楼堂馆所建设，市政府各部门公用经费和项目支出预算原则上比2013年预算批复数压减5%，有效盘活财政性存量资金，切实把艰苦奋斗、厉行节约内化到政府运行各环节。加强反腐倡廉制度建设，严格执行廉政准则，强化效能监察和审计监督，建立廉政风险预警处置机制，坚决把权力关进制度笼子。依法接受市人大及其常委会的监督，主动接受市政协的民主监督，认真听取民主党派、工商联、无党派人士和人民团体的意见，重视司法、舆论、公众监督。从严管理公务员队伍，推进公务员队伍分类管理试点，拓宽公务员交流调任渠道，在严格教育、严明纪律、严肃管理、严惩腐败中提升公务员队伍素质。每一位政府工作人员都要牢固树立群众观点，感同身受体验群众困难，设身处地考虑群众需求，推己及人谋求群众福祉，通过一件件小事的办理、一件件实事的落实、一件件难事的解决，赢得人民群众的更多信任，获得人民群众的更大支持。

各位代表，新的一年，全面深化改革的大幕已经拉开，创新驱动发展的任务十分繁重。让我们紧密团结在以习近平同志为总书记的党中央周围，在中共上海市委的领导下，齐心协力，勇毅笃行，攻坚克难，为加快建设“四个中心”和社会主义现代化国际大都市、实现中华民族伟大复兴的中国梦而奋斗！

2013年上海市国民经济和社会发展统计公报

上海市统计局　国家统计局上海调查总队
2014-02-26

2013年，在党中央、国务院和中共上海市委、上海市人民政府的坚强领导下，全市认真贯彻落实党的十八大精神，牢牢把握稳中求进工作总基调，紧紧围绕创新驱动发展、经济转型升级，全力推进稳增长、调结构、促改革、惠民生各项重点工作，国民经济运行稳中有进，各项社会事业全面进步，民生保障持续改善。

一、综合

全年实现上海市生产总值（GDP）21602.12亿元，按可比价格计算，比上年增长7.7%（见图1）。其中，第一产业增加值129.28亿元，下降2.9%；第二产业增加值8027.77亿元，增长6.1%；第三产业增加值13445.07亿元，增长8.8%。第三产业增加值占上海市生产总值的比重达到62.2%，比上年提高1.8个百分点。按常住人口计算的上海市人均生产总值为9.01万元。

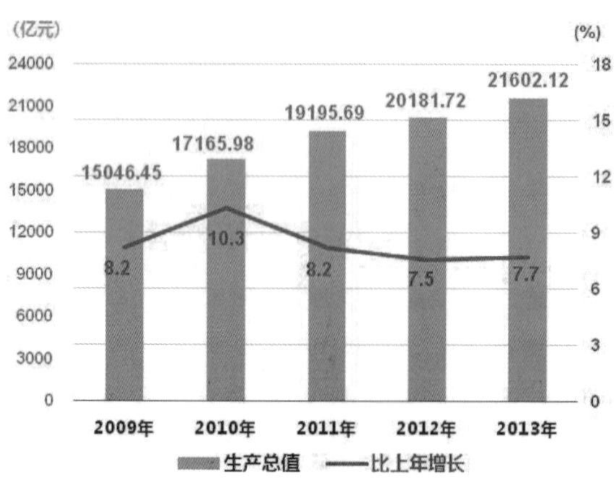

图1 2009—2013年上海市生产总值及其增长速度

在上海市生产总值中，公有制经济增加值10595.36亿元，比上年增长6.9%；非公有制经济增加值11006.76亿元，增长8.4%，其中私营及个体经济增加值5244.17亿元，增长7.8%。非公有制经济增加值占上海市生产总值的比重由上年的50.7%提高到51%。

全年战略性新兴产业增加值2997.5亿元，比上年增长7%，占上海市生产总值的比重为13.9%。其中，制造业增加值1511.14亿元，增长4%；服务业增加值1486.36亿元，增长10.3%（见表1）。

表1 2013年战略性新兴产业增加值及其增长速度

指 标	绝对值（亿元）	比上年增长（%）
战略性新兴产业增加值	**2997.50**	**7.0**
制造业	1511.14	4.0
服务业	1486.36	10.3

全年经工商登记新设立各类市场主体20.2万户，比上年增长8%。其中，内资企业（不含私营企业）3944户，减少5.9%；外商投资企业6566户，增长0.8%；私营企业14.18万户，增长13.5%；个体工商户4.8万户，减少3%。

中国（上海）自由贸易试验区建设启动实施。至年末，区内新设立企业3633户。其中，内资企业3405户，注册资本685.86亿元；外商投资企业228户，注册资本9.8亿美元。

全年地方财政收入4109.51亿元，比上年增长9.8%。地方财政支出4528.61亿元，增长8.2%（见表2）。营业税改征增值税试点以来，试点企业累计达19.5万户，累计减税超过400亿元。

表 2 2013 年地方财政收支及其增长速度

指 标	绝对值（亿元）	比上年增长（%）
地方财政收入	**4109.51**	**9.8**
#增值税	848.47	27.2
营业税	962.72	7.2
个人所得税	355.22	11.7
企业所得税	837.44	3.8
契 税	215.07	47.3
地方财政支出	**4528.61**	**8.2**
#一般公共服务	260.10	3.4
公共安全	226.51	2.5
教 育	679.54	4.7
社会保障和就业	468.01	5.6
医疗卫生	214.92	8.9
城乡社区事务	712.92	13.6

全年完成全社会固定资产投资总额5647.79亿元，比上年增长7.5%。其中，第三产业投资占全社会固定资产投资总额的比重为77.7%；非国有经济投资占全社会固定资产投资总额的比重为65.9%（见表3）。

表 3 2013 年全社会固定资产投资及其增长速度

指 标	绝对值（亿元）	比上年增长（%）
全社会固定资产投资总额	**5647.79**	**7.5**
按经济类型分		
国有经济	1926.89	3.9
非国有经济	3720.90	9.5
#私营经济	1070.65	-1.8
股份制经济	1601.33	12.9
外商及港澳台投资经济	894.47	18.0
按产业分		
第一产业	18.45	64.7
第二产业	1242.02	-4.0
#工 业	1236.35	-4.4
第三产业	4387.32	11.1
#租赁和商务服务业	161.06	6.2
房地产业	2835.09	17.9
水利、环境和公共设施管理业	421.46	23.4

全年居民消费价格指数为102.3，其中食品类价格指数为104.4（见表4）。固定资产投资价格指数为100.2。工业生产者出厂价格指数为98.2，工业生产者购进价格指数为96.5。

表 4 2013 年居民消费价格指数

指 标	指 数（以上年价格为100）
居民消费价格指数	**102.3**
食 品	104.4
烟 酒	100.1
衣 着	100.0
家庭设备用品及维修服务	101.3
医疗保健和个人用品	100.0
交通和通信	100.4
娱乐教育文化用品及服务	100.1
居 住	103.9

全年新建住宅销售价格指数为111.8，其中商品住宅价格指数为114.2。全年住宅租赁价格指数为105.2。

二、农 业

全年全市实现农业总产值325.37亿元，比上年下降2.8%。其中，种植业174.56亿元，下降2.6%；林业9.71亿元，增长4.7%；牧业67.65亿元，下降8.5%；渔业61.55亿元，增长0.2%；农林牧渔服务业11.9亿元，增长9.2%。上海域外市属农场实现农业总产值18.81亿元，增长13.8%。

全年全市粮食播种面积168.51千公顷，比上年下降10.2%；粮食产量114.15万吨，下降6.7%；水产品产量27.59万吨，增长1.4%（见表5）。

表 5 2013 年全市及域外主要农副产品产量

产品名称	单 位	全市产量	比上年增长（%）	域外产量	比上年增长（%）
粮 食	万吨	114.15	-6.7	18.75	7.2
蔬 菜	万吨	384.83	-2.7	—	—
生猪出栏	万头	241.84	0.1	41.67	35.7
牛 奶	万吨	26.53	0.8	6.56	16.0
家禽出栏	万羽	2642.00	-27.6	11.75	—
水产品	万吨	27.59	1.4	2.75	3.5

至年末，全市有1069家企业、4797个产品获得农产品质量认证。其中，绿色食品生产企业151家，绿色食品215个；无公害农产品生产企业911家，无公害农产品4557个。

至年末，全市累计建成标准化畜禽养殖场320家，标准化水产养殖场217家；累计建成设施粮田面积86.5千公顷，市级以上蔬菜标准园107家，面积3.08千公顷。至年末，全市有农业产业化龙头企业288家，农民专业合作社3200家，经农业主管部门认定的家庭农场1893个。

三、工业和建筑业

全年实现工业增加值7236.69亿元，比上年增长6.3%。其中规模以上工业增加值6769.64亿元，增长6.6%。全年完成工业总产值33899.38亿元，增长4.3%，其中规模以上工业总产值32088.88亿元，增长4.4%。

全年节能环保、新一代信息技术、生物医药、高端装备、新能源、新材料和新能源汽车等战略性新兴产业制造业完成工业总产值7743.53亿元，比上年增长1.4%。

全年六个重点行业完成工业总产值21585.91亿元，比上年增长4.5%，占全市规模以上工业总产值的比重为67.3%（见表6）。

表6 2013年六个重点行业工业总产值及其增长速度

指 标	绝对值（亿元）	比上年增长（%）
六个重点行业工业总产值	**21585.91**	**4.5**
电子信息产品制造业	6486.35	-1.8
汽车制造业	4884.08	15.9
石油化工及精细化工制造业	4148.22	8.4
精品钢材制造业	1517.07	-1.5
成套设备制造业	3713.40	-0.6
生物医药制造业	836.80	14.9

全年规模以上工业产品销售率达到99.1%。全年汽车产量226.89万辆，比上年增长15.5%；原油加工量2609.17万吨，增长18.2%；电力电缆154.8万千米，增长46.2%（见表7）。

表7 2013年主要工业产品产量及其增长速度

产品名称	单 位	产 量	比上年增长（%）
乳制品	万吨	48.92	-15.9
精制食用植物油	万吨	104.24	-5.8
原油加工量	万吨	2609.17	18.2
钢 材	万吨	2322.76	-3.2
汽 车	万辆	226.89	15.5
电力电缆	万千米	154.80	46.2
移动通信手持机（手机）	万台	4384.86	2.2
集成电路	亿块	161.38	-3.3
发电机组（发电设备）	万千瓦	2538.84	-12.0

全年规模以上工业企业实现利润总额2415.2亿元，比上年增长13.1%；实现税金总额1815.94亿元，增长11%。规模以上工业企业亏损面为22.8%。

全年实现建筑业总产值5102.84亿元，比上年增长11.8%；房屋建筑施工面积29148.65万平方米，增长7.7%；竣工面积6274.25万平方米，增长20.7%。建筑企业按总产值计算的全员劳动生产率达到41.73万元/人，比上年提高4.4%。

四、批发和零售业

全年实现批发和零售业增加值3533.1亿元，比上年增长7.1%。

全年实现商品销售总额6.05万亿元，比上年增长12.5%，其中批发销售额5.33万亿元，增长12.9%。

全年实现社会消费品零售总额8019.05亿元，比上年增长8.6%，其中限额以上消费品零售额5885.89亿元，增长6.4%（见表8）。在限额以上零售企业中，网上商店实现零售额465.38亿元，增长52.4%。

表8 2013年社会消费品零售总额及其增长速度

指标	绝对值（亿元）	比上年增长（%）
社会消费品零售总额	**8019.05**	**8.6**
#限额以上消费品零售额	**5885.89**	**6.4**
#批发零售贸易业	5401.29	6.9
住宿餐饮业	484.60	1.0
#国　有	377.92	-0.5
私　营	1168.68	-4.1
股份有限公司	528.19	5.9
港澳台商投资	851.93	5.5
外商投资	1017.16	10.6
#吃的商品	1320.68	3.6
穿的商品	764.10	4.5
用的商品	3334.41	8.3
烧的商品	466.70	3.7

至年末，全市购物中心数达116家，其中建筑面积10万平方米以上的购物中心56家。全年购物中心实现营业收入985.45亿元，比上年增长13.8%。

五、交通、邮电和旅游

全年实现交通运输、仓储和邮政业增加值935.06亿元，比上年增长1%。

全年现代航运服务业实现营业收入6321.85亿元，比上年增长2.9%。

全年各种运输方式完成货物运输量91535.07万吨，比上年下降3%。旅客发送量15932.52万人次，增长9.5%（见表9）。

表9 2013年货物运输量与旅客发送量及其增长速度

指标	单位	绝对值	比上年增长（%）
货物运输量	**万吨**	**91535.07**	**-3.0**
铁路	万吨	694.09	-15.9
水运	万吨	46697.00	-7.2
公路	万吨	43809.00	2.1
机场	万吨	334.98	-0.5
旅客发送量	**万人次**	**15932.52**	**9.5**
铁路	万人次	7971.50	18.0
港口	万人次	68.10	2.7
公路	万人次	3720.00	-0.7
机场	万人次	4172.92	5.1

全年上海港口货物吞吐量达到77574.57万吨，比上年增长5.5%；集装箱吞吐量3361.68万国际标准箱，增长3.3%。集装箱水水中转比例为45.4%，比上年提高2.6个百分点；国际中转比例为7%，提高1.5个百分点。上海浦东、虹桥两大国际机场全年共起降航班61.51万架次，增长3.1%；进出港旅客达到8279.18万人次，增长5.2%。其中，国内航线进出港旅客5681.04万人次，增长3.9%；国际及地区航线进出港旅客2598.14万人次，增长8.1%。

全年上海港接待邮轮靠泊197艘次，其中以上海为母港的邮轮167艘次。邮轮旅客吞吐量75.66万人次，比上年增长1.2倍。

年内轨道交通11号线二期和12号线、16号线部分区段投入运营。至年末，全市轨道交通运营线路达到15条，运营线路长度达到538.31公里（不含磁浮线路）。全年优化调整公交线路307条，其中新辟94条。至年末，公交专用道路达到161.8公里。公交运营车辆1.67万辆，运营出租车5.06万辆。全年市内公共交通客运量63.57亿人次，比上年增长2.1%。其中，轨道交通客运量25.06亿人次，增长10.1%；公共汽电车客运量27.1亿人次，下降3.3%。日均公交优惠换乘和老年人免费乘车分别达到253.06万人次和66.57万人次。

至年末，全市拥有各类民用汽车235.1万辆，比上年增长10.4%，其中私人汽车163.38万辆，增长15.6%。

全年完成邮政业务总量258.7亿元，比上年增长35.5%；电信业务总量487.39亿元，增长9%。至年末，全市固定电话用户869.24万户，其中住宅电话512.28万户。移动电话用户3200.65万户，比上年末增加192.35万户，其中第三代移动通信技术（3G）用户1147.4万户，增加399.25万户。

全年实现旅游产业增加值1400.8亿元，比上年下降7.3%。

至年末，全市已有星级宾馆271家，旅行社1302家，A级旅游景区（点）88个，红色旅游基地34个（见表10）。

表10 2013年旅游设施情况

指 标	单位	绝对值
星级宾馆	**家**	**271**
#五星级	家	60
四星级	家	70
旅行社	**家**	**1302**
#经营出境旅游业务的旅行社	家	46
A级旅游景区（点）	**个**	**88**
#5A级景区（点）	个	3
4A级景区（点）	个	44
红色旅游基地	**个**	**34**
#全国红色旅游基地	个	9
旅游咨询服务中心	**个**	**45**
旅游集散中心站点	**个**	**5**

全年接待国际旅游入境者757.4万人次，比上年下降5.4%(见图2)。其中，入境外国人597.59万人次，下降5.6%；港、澳、台同胞159.81万人次，下降4.5%。在国际旅游入境者中，过夜旅游者614.09万人次，下降5.7%。全年接待国内旅游者25990.68万人次，增长3.6%，其中外省市来沪旅游者11368.66万人次，下降1.1%。全年入境旅游外汇收入53.37亿美元，下降4.4%；国内旅游收入2968亿元，下降8%。

图2 2009—2013年国际旅游入境人数

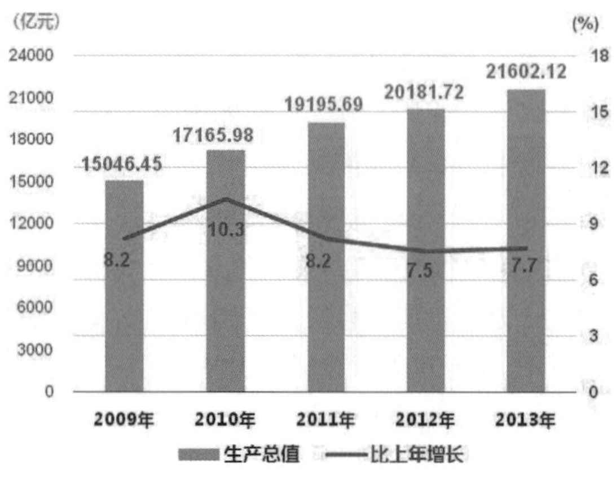

六、金融和保险

全年实现金融业增加值2823.29亿元，比上年增长13.7%。

全年新增各类金融单位116家。其中，货币金融服务单位54家；资本市场服务单位59家。至年末，全市各类金融单位达到1240家。其中，货币金融服务单位564家；资本市场服务单位252家；保险业单位347家。至年末，在沪经营性外资金融单位达到215家，外资金融机构代表处198家。

至年末，全市中外资金融机构本外币各项存款余额69256.32亿元，比年初增加5474.25亿元；贷款余额44357.88亿元，比年初增加3297.46亿元（见表11）。

表11 2013年中外资金融机构本外币存贷款情况

指 标	绝对值（亿元）	比年初增减额（亿元）
各项存款余额	**69256.32**	**5474.25**
#单位存款	41491.55	4068.10
个人存款	23097.35	1572.45
各项贷款余额	**44357.88**	**3297.46**
#短期贷款	13673.51	580.99
中长期贷款	25901.85	2320.45
#人民币个人消费贷款	7700.47	1311.12
#个人住房贷款	5686.28	758.39
汽车消费贷款	1278.30	457.75

全年通过上海证券市场股票筹资2515.72亿元，比上年下降13%；发行公司债3130.42亿元，增长58.6%。至年末，上海证券市场上市证券2786只，比上年增加688只，其中股票997只，减少1只。全年金融市场（不含外汇市场）交易总额达到588.87万亿元，增长20.9%。上海证券交易所各类有价证券总成交金额86.51万亿元，增长58%，其中股票成交金额23.03万亿元，增长39.9%。上海期货交易所总成交金额120.83万亿元，增长35.5%。中国金融期货交易所总成交金额141.01万亿元，增长85.9%。全国银行间货币和债券市场总成交

金额 235.3 万亿元，下降 10.7%。上海黄金交易所总成交金额 5.22 万亿元，增长 48%。

全年原保险保费收入 821.43 亿元，比上年增长 0.1%。其中，财产险公司原保险保费收入 304.83 亿元，增长 12.2%；寿险公司原保险保费收入 516.6 亿元，下降 5.9%。全年保险赔付支出 301.95 亿元，增长 18.1%。其中，财产险赔款支出 162.33 亿元，增长 17.1%；寿险给付 103.17 亿元，增长 17.3%；健康险赔款给付 31.82 亿元，增长 26.6%；意外险赔款支出 4.63 亿元，增长 14.8%。

七、对外经济

全年上海关区进出口总额 8121.37 亿美元，比上年增长 1.4%。其中，进口 3130.08 亿美元，增长 0.9%；出口 4991.29 亿美元，增长 1.6%。

全年上海市进出口总额 4413.98 亿美元，比上年增长 1.1%。其中，进口 2371.54 亿美元，增长 3.1%；出口 2042.44 亿美元，下降 1.2%（见表 12）。按市场分，对欧盟进口 553.92 亿美元，增长 8.4%；出口 362.63 亿美元，下降 7.4%；对美国进口 227.34 亿美元，增长 13.6%；出口 506.5 亿美元，增长 1%；对日本进口 301.7 亿美元，下降 6.7%；出口 249.09 亿美元，下降 0.2%（见表 13）。

表 12 2013 年上海市进出口总额及其增长速度

指 标	绝对值（亿美元）	比上年增长（%）
上海市进出口总额	**4413. 98**	**1. 1**
上海市进口总额	**2371. 54**	**3. 1**
#国有企业	412.02	−9.6
外商投资企业	1518.81	0.4
私营企业	350.93	16.8
#一般贸易	1199.30	14.0
加工贸易	348.27	−6.4
#机电产品	1283.36	−1.0
#高新技术产品	792.40	−3.9
上海市出口总额	**2042. 44**	**−1. 2**
#国有企业	296.98	−8.6
外商投资企业	1367.75	−1.4
私营企业	361.31	6.4
#一般贸易	817.25	3.5
加工贸易	943.80	−7.0
#机电产品	1433.95	−1.4
#高新技术产品	887.13	−2.2

表 13 2013 年上海对主要国家和地区进、出口总额及其增长速度

国家和地区	出口额（亿美元）	比上年增长（%）	进口额（亿美元）	比上年增长（%）
美 国	506.50	1.0	227.34	13.6
欧 盟	362.63	−7.4	553.92	8.4
日 本	249.09	−0.2	301.70	−6.7
东 盟	214.02	2.3	325.24	−9.9
中国香港	167.70	5.0	7.24	−15.2
中 东	75.49	3.3	43.98	5.7
韩 国	62.12	−10.6	176.90	1.0
中国台湾	57.91	1.6	162.25	11.7
俄罗斯	29.90	−8.4	15.91	−20.6

全年新设外商直接投资合同项目 3842 项，比上年下降 5%；合同金额 249.36 亿美元，增长 11.6%；实际到位金额 167.8 亿美元，增长 10.5%。全年第三产业实际到位金额 135.67 亿美元，增长 7%，占全市实际利用外资的比重达到 80.9%。至年末，在上海投资的国家和地区达 157 个。年内新增跨国公司地区总部 42 家，其中亚太区总部 11 家；投资性公司 18 家；外资研发中心 15 家。至年末，在上海落户的跨国公司地区总部达到 445 家，投资性公司 283 家，外资研发中心 366 家。

全年新批对外投资项目 347 项，比上年增长 39.4%；投资总额 43.1 亿美元，增长 32.8%。签订对外承包工程合同金额 108.16 亿美元，增长 4.9%；实际完成营业额 80.69 亿美元，增长 18.5%；派出人员 4337 人次，增长 24.7%。对外劳务合作派出人员 13695 人次，下降 22.9%。至年末，上海对外承包工程和劳务合作涉及的国家和地区达 178 个。

全年举办各类展览会项目 798 个，总展出面积 1200.8 万平方米。其中，国际展览会项目 247 个，展出面积 874.5 万平方米；国内展览会项目 551 个，展出面积 326.3 万平方米。

八、浦东改革开放

全年浦东新区实现增加值6448.68亿元，比上年增长9.7%（见表14）。

表14 2013年浦东新区主要经济指标及其增长速度

指标	单位	绝对值	比上年增长（%）
增加值	亿元	6448.68	9.7
#第二产业	亿元	2262.39	2.4
第三产业	亿元	4155.01	14.4
#金融业	亿元	1253.67	20.6
规模以上工业总产值	亿元	9137.41	1.0
货物吞吐量	万吨	28697.00	5.4
集装箱吞吐量	万标准箱	3058.50	3.6
#国际中转	万标准箱	158.90	32.2
固定资产投资总额	亿元	1679.22	15.4
社会消费品零售总额	亿元	1504.95	11.5
进出口总额	亿美元	2496.08	4.0
#出口总额	亿美元	958.25	2.0
外商直接投资合同金额	亿美元	73.89	1.4
外商直接投资实际到位金额	亿美元	50.33	4.2

全年全区引进跨国公司地区总部21家，累计达214家。年内引进监管类金融机构57家、股权投资及管理企业324家、融资租赁公司82家和金融专业服务机构121家。

张江国家自主创新示范区建设加快推进。全年向张江高新区下放13类20项行政审批权限。金桥出口加工区升级为国家级经济技术开发区，全年生产性服务业营业收入达到2347.64亿元，比上年增长14.1%。

九、城市基础设施和房地产

全年完成城市基础设施建设投资1043.31亿元，比上年增长0.5%。其中，交通运输邮电通信投资550.42亿元；市政建设投资334.97亿元；公用事业投资47.57亿元（见表15）。全市高速公路网通车里程达到815公里。

表15 2013年城市基础设施投资及其增长速度

指标	绝对值（亿元）	比上年增长（%）
城市基础设施投资	**1043.31**	**0.5**
电力建设	110.35	0.3
交通运输	458.70	-3.1
邮电通信	91.72	-5.4
公用事业	47.57	-15.7
市政建设	334.97	11.0

全市自来水日供水能力1124万立方米，比上年下降1.8%。全年全市用电量1410.6亿千瓦时，增长4.2%（见表16）。至年末，全市家庭人工煤气用户43.4万户，家庭液化气用户330.5万户，家庭天然气用户达到560.3万户。

表16 2013年公用事业主要指标及其增长速度

指标	单位	绝对值	比上年增长（%）
自来水日供水能力	万立方米	1124.00	-1.8
自来水售水总量	亿立方米	24.92	2.3
生活用水	亿立方米	19.69	2.7
工业用水	亿立方米	5.23	0.9
用电量	亿千瓦时	1410.60	4.2
#城乡居民生活用电	亿千瓦时	205.04	9.4
煤气销售总量	亿立方米	5.44	-33.6
液化气销售总量	万吨	39.74	1.1
天然气销售总量	亿立方米	65.82	9.7

全年完成房地产开发投资2819.59亿元，比上年增长18.4%。其中，住宅投资1615.51亿元，增长11.3%；办公楼投资377.18亿元，增长43.5%；商业营业用房投资370.03亿元，增长26%。商品房施工面积13516.58万平方米，增长2%。竣工面积2254.44万平方米，下降2.2%。商品房销售面积2382.2万平方米，增长25.5%，其中商品住宅销售面积2015.81万平方米，增长26.6%。全年商品房销售额3911.57亿元，增长46.5%，其中商品住宅销售额3264.03亿元，增长47.8%。全年存量房买卖登记面积2575.7万平方米，增长78%。

十、城市信息化

全年实现信息产业增加值2216.09亿元，比上年增长10.8%，其中信息服务业增加值1387.88亿元，增长15.1%。

至年末，已建成700处宏基站和300处室内分布系统，覆盖中心城区190平方公里；光纤到户能力覆盖家庭数达803万户，比上年末增加123万户；实际光纤用户达360万户，增加110万户；下一代广播电视网（NGB）覆盖家庭536万户，增加126万户；城市公共区域WLAN接入热点累计达2.2万处，增加5000处；国际、国内互联网出口带宽分别达650Gbps和3500Gbps；各类互联网数据中心（IDC）机架总量达3.4万个，增加4000个；数字电视用户达525万户，增加160万户；交互式网络电视（IPTV）用户达195万户，增加17万户。

全年软件产业实现经营收入2464.9亿元，电信传输服务业700.01亿元，互联网信息服务业835.72亿元。累计有248家企业获得计算机信息系统资质认证，其中1级12家。新增认定软件企业493家，登记软件产品4453个。信息服务业上市企业47家。经营收入超亿元软件企业381家。

全年完成电子商务交易额10560亿元，比上年增长35.1%。其中，B2B交易额8632亿元，增长28.6%，占电子商务交易额的81.7%；B2C交易额1928亿元，增长74.5%，占18.3%。口岸税费电子支付系统入网企业累计44884家，全年电子单证传输量18262.36万张，实现电子支付金额11450亿元，增长15%。全年推广电子账单75万份。发送法人数字证书“一证通”61.9万张；发放社会保障卡58.79万张，累计发卡1364.08万张；中国上海门户网站首页浏览量2261万次，总页面浏览量56000万次。社会公共服务领域信息化建设不断深化（见表17）。

表17 2013年社会公共服务领域信息化指标及其增长速度

指 标	单 位	绝对值	比上年增长（%）
“市民信箱”累计注册用户	万人	427.00	2.5
“付费通”业务平台交易量	万笔	15755.00	43.9
“付费通”业务平台交易额	亿元	99.91	37.5
交通卡销售额	亿元	13.09	−9.0
银行卡交易额	亿元	21403.08	28.9

至年末，数字证书累计发放394.5万张。公共信用信息服务平台面向政府部门和信息主体开通试运行。至年末，公共信用信息服务平台已纳入54家单位的信息，归集信息事项1014个，可提供查询数据2.2亿条。

十一、教育和科学技术

至年末，全市共有普通高等学校（含独立学院）68所，普通中等学校852所，普通小学759所，特殊教育学校29所。普通高等学校、普通中等学校和特殊教育学校毕业生数均有所下降，普通小学毕业生数有所增长（见表18）。全市共有59家机构培养研究生，全年招收研究生4.62万人，在校研究生13.48万人，毕业研究生3.57万人。九年义务教育入学率保持在99.9%以上，高中阶段新生入学率达96.6%。

表18 2013年各级各类学校学生情况及其增长速度

类 别	在校学生数（万人）	比上年增长（%）	毕业学生数（万人）	比上年增长（%）
普通高等学校	50.48	−0.4	13.38	−4.4
普通中等学校	72.63	−1.1	18.76	−1.4
普通中学	59.35	0.5	14.68	−1.5
高 中	15.68	−0.6	5.27	−3.1
初 中	43.67	0.9	9.41	−0.5
中等专业学校	9.23	−6.6	2.76	−0.3
职业学校	3.24	−8.7	1.02	−2.9
技工学校	0.81	−17.3	0.30	平
普通小学	79.25	4.2	13.45	3.9
特殊教育学校	0.47	−4.1	0.08	−11.1

至年末，全市共有民办普通高校21所，在校学生8.83万人；民办普通中学103所，在校学生7.52万人；民办小学178所，在校

学生16.7万人。全市共有成人中高等学历教育学校45所，成人职业技术培训机构725所，老年教育机构284所。全市共有校外教育机构21所。其中，少年宫15所；少年科技站5所；少年之家1所。

全年用于研究与试验发展（R&D）经费支出737亿元，相当于上海市生产总值的比例为3.4%（见图3）。

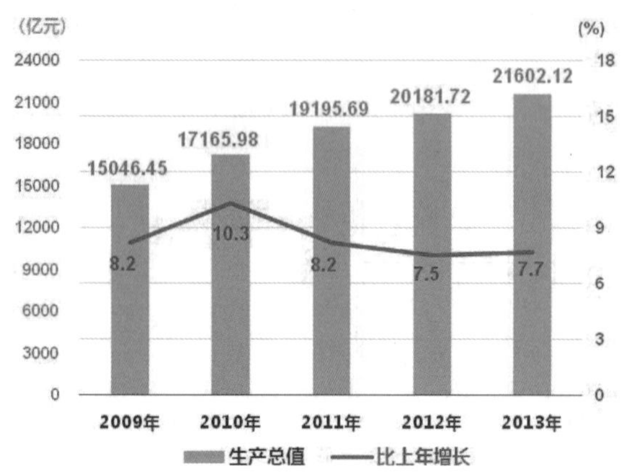

图3 2009–2013年R&D经费支出及其相当于上海市生产总值的比例

全年受理专利申请量86450件，比上年增长4.6%，其中发明专利39157件，增长5.4%。全年专利授权量48680件，下降5.5%，其中发明专利10644件，下降6.5%。全市国家级创新型企业达到15家，国家级创新型试点企业19家，市级创新型企业达到500家。科技小巨人企业和小巨人培育企业共1014家，高新技术企业5140家，技术先进型服务企业298家。年内全市认定和复审高新技术企业1446家。年内认定高新技术成果转化项目709项，其中电子信息、生物医药、新材料等重点领域项目占86.3%。至年末，共认定高新技术成果转化项目9254项。全年经认定登记的各类技术交易合同2.63万件，下降6.1%；合同金额620.87亿元，增长5.5%。

十二、文化、卫生和体育

年内成功举办第三十届“上海之春”国际音乐节、第十五届中国上海国际艺术节、第十六届上海国际电影节、第九届中国国际动漫游戏博览会等重大文化活动；成功举办首届市民文化节，市民参与人数达到2900万人次。实施公共文化服务人员三年万人培训计划，年内培训2600人次。至年末，全市有市、区（县）级文化馆、群众艺术馆27个，艺术表演团体189个，市、区（县）级公共图书馆25个，档案馆37个，博物馆115个。全市共有公共广播节目21套，公共电视节目25套。有线电视用户681.8万户，有线数字电视用户518.6万户。全年生产电视剧53部，共1925集；动画电视7158.5分钟。全年共出版报纸13.16亿份、各类期刊1.62亿册、图书3.37亿册。摄制完成27部故事片。

至年末，全市共有医疗卫生机构4929所，专业卫生技术人员15.64万人（见表19）。全年全市医疗机构共完成诊疗人数2.41亿人次。全市婴儿死亡率为5.73‰，孕产妇死亡率为7.08/10万。

表19 2013年卫生机构基本情况及其增长速度

指 标	单 位	绝对值	比上年增长（%）
医疗卫生机构数	**所**	**4929**	**—**
医 院	所	328	3.5
基层医疗卫生机构	所	4439	—
#门诊部	所	574	7.7
社区卫生服务中心	所	301	-0.3
村卫生室	所	1342	—
专业公共卫生机构	所	116	17.2
#疾病预防控制中心	所	20	平
卫生监督所	所	18	平
其他医疗卫生机构	所	46	2.2
专业卫生技术人员数	**万人**	**15.64**	**7.0**
#执业（助理）医师	万人	5.81	7.2
#医院执业医师	万人	3.46	5.2
注册护士	万人	6.79	7.4

年内成功举办57次国际级比赛和76次国家级比赛。在第十二届全国运动会上，上海代表团共获129.5枚奖牌，其中45枚金牌、48枚银牌、36.5枚铜牌。年内创办市民体育

大联赛，共举办10个大项赛事2669场，参赛市民达128.07万人次。开展“30分钟体育生活圈”建设试点，新建71条健身步道、28个百姓健身房和8家百姓游泳池。

十三、人口和就业

至年末，全市常住人口总数为2415.15万人。其中户籍常住人口1425.14万人；外来常住人口990.01万人。全年常住人口出生19.62万人，出生率为8.18‰；死亡12.57万人，死亡率为5.24‰；常住人口自然增长率为2.94‰。全年户籍常住人口出生10.52万人，出生率为7.39‰；死亡11.65万人，死亡率为8.19‰；户籍常住人口自然增长率为-0.8‰。

全市户籍人口平均期望寿命达到82.47岁。其中，男性80.19岁；女性84.79岁。

全年新增就业岗位60.05万个（见图4），其中农村富余劳动力实现非农就业11.15万个。全年新安置就业困难人员17550人，新消除零就业家庭375户。全年帮助成功创业人数10788人，帮助7051名长期失业青年实现就业。高技能人才占技能劳动者比例达到28.1%。累计有498人和442人分别入选国家和上海“千人计划”。全年共完成职业培训59.67万人，其中农民工29.52万人。至年末，全市城镇登记失业人员26.37万人，城镇登记失业率为4.2%。

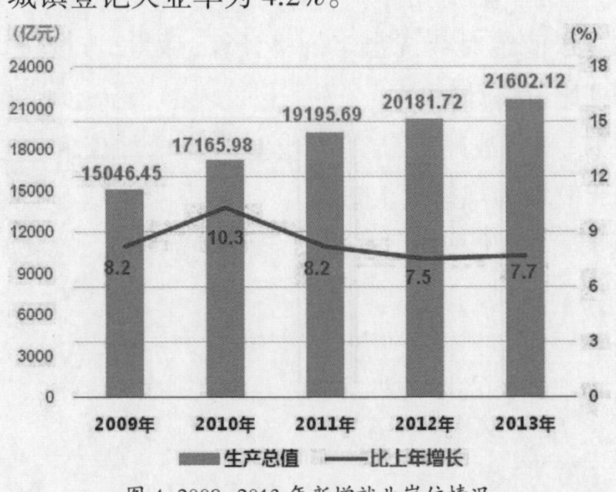

图4 2009-2013年新增就业岗位情况

十四、人民生活和社会保障

据抽样调查，全年城市居民家庭人均可支配收入43851元，比上年增长9.1%，扣除价格因素，实际增长6.6%；农村居民家庭人均可支配收入19208元，增长10.4%，扣除价格因素，实际增长7.9%。城市居民家庭人均消费支出28155元，增长7.2%；农村居民家庭人均生活消费支出13425元，增长11%。

全年新建筹措保障性住房和实施旧住房综合改造11万套，共785万平方米；供应各类保障性住房10.3万套，共783万平方米。完成大型居住社区外围市政配套项目40个，拆除中心城区二级旧里以下房屋74.6万平方米。至年末，城镇居民人均住房建筑面积34.4平方米，折合人均住房居住面积17.5平方米（见图5）。居民住宅成套率达到96.4%。

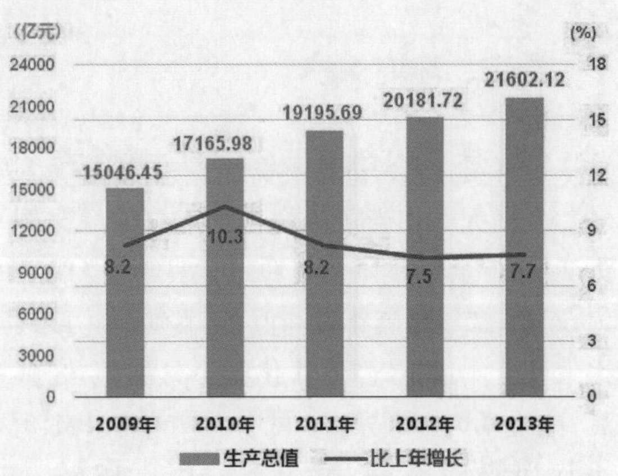

图5 2009-2013年城镇居民人均住房居住面积

至年末，全市共有1342.98万人（包括离退休人员）参加城镇职工基本养老保险，有71.52万人参加新型农村社会养老保险，有8.47万人参加城镇居民社会养老保险。城镇最低生活保障标准从上年的每人每月570元提高到640元，农村最低生活保障标准从每人每年5160元提高到6000元。月最低工资标准从1450元提高到1620元，小时最低工资标准从12.5元提高到14元。

至年末，全市共有1325.5万人（包括离退休人员）参加城镇职工基本医疗保险，城镇居民基本医疗保险参保人数（含普通高等院校学生）达256.4万人。

至年末，全市民政部门共有各类提供住宿的收养性社会服务机构637个，床位11.2万张，其中养老机构631家，床位10.84万张；收养各类人员7.5万人。在全市养老机构中，由社会投资开办的有314家，床位5.4万张。至年末，全市有社区居家养老服务社230家，社区老年人日间服务中心340家，社区老年人助餐服务点533个，服务老年人28.2万人。

全年各级政府支出城镇居民最低生活保障金12.88亿元、农村居民最低生活保障金1.27亿元、粮油帮困资金0.59亿元、医疗救助金1.63亿元。全年向城乡低收入困难群众发放临时救助金7.74亿元；发放一次性防暑降温补贴0.4亿元。年内新办福利企业24家，新安置765名残疾人就业。

十五、环境保护

全年全社会用于环境保护的资金投入607.88亿元，相当于上海市生产总值的比例为2.8%。全年环境空气质量优良率（AQI）为66%。二氧化硫年日均值24微克/立方米，比上年上升4.3%；二氧化氮年日均值48微克/立方米，上升4.3%；可吸入颗粒物(PM10)年日均值82微克/立方米，上升15.5%；一氧化碳年日均值0.85毫克/立方米，下降3.4%；细颗粒物(PM2.5)年日均值62微克/立方米；臭氧日最大8小时滑动平均值达标率89%。全市平均区域降尘量5.8吨/平方公里·月，与上年基本持平。污水处理能力达到784.3万立方米/日。全年清运生活垃圾736万吨，生活垃圾无害化处理率达到94%，比上年提高2.6个百分点；年内新增7016个垃圾分类收集处置试点场所，实现生活垃圾分类居住区覆盖家庭205万户。

全年新建绿地1050公顷，其中公共绿地519公顷。至年末，建成区绿化覆盖率达到38.4%。全年新增造林面积927公顷，森林覆盖率达到13.1%。

十六、城市运行安全和生产安全

全年食品安全行政处罚案件12395起。食品安全风险监测24大类12320件食品，监测208795项次，总体合格率达到94.5%，年食品抽检数达到10件/千人。全年共报告发生集体性食物中毒事故8起，中毒人数184人(无死亡)，中毒发生率为0.77/10万。

全年共发生道路交通、工矿商贸、火灾、铁路交通、农业机械生产安全事故11882起，造成死亡1224人。其中，工矿商贸生产安全事故264起，造成死亡236人；道路交通事故2011起，造成死亡914人；火灾事故9587起，造成死亡73人；铁路交通事故1起，造成死亡1人；农业机械事故19起，未发生死亡事故。全年亿元生产总值生产安全事故死亡人数为0.057人。

上海市统计局
国家统计局上海调查总队
二〇一四年二月二十六日

说明：

1、本公报数据为初步统计数。

2、上海市生产总值、各产业增加值和总产值绝对数按当年价格计算，增长速度按可比价格计算。

3、战略性新兴产业制造业增加值和总产值均为规模以上口径。

4、价格指数均以上年价格为100。

市建设交通委 2013 年工作总结和 2014 年工作要点

一、2013 年工作总结

2013 年是全面贯彻落实党的十八大精神的第一年，也是新一届政府各项工作的开局年。一年来，市建设交通两委围绕市委、市政府的重点工作安排和市领导的总体要求，团结带领全行业干部职工，管建并举，砥砺奋进，全力推动建设交通行业科学发展，圆满完成了全年目标任务。

（一）继续深入推进国际航运中心建设。依托自由贸易试验区，探索航运政策突破。交通运输部同意中资公司拥有或控股拥有的非五星红旗船，先行先试外贸进出口集装箱在国内沿海港口和上海港之间的沿海捎带业务。进一步扩大航运业对外开放，自贸区范围内放宽国际船舶运输企业外资股比限制、允许设立外商独资国际船舶管理企业。《中国（上海）自由贸易试验区国际船舶登记制度试点方案》报交通运输部海事局，并以市政府名义争取交通运输部支持。启运港退税试点评估报告及启运港退税政策扩大试点建议方案以市政府名义报国家相关部委。浦东机场货邮中转业务取得突破，集拼中转启动试点。优化航运集疏运体系，提高枢纽服务能力。洋山港主航道正式实现双向通航，上海港航运营效率大幅提升。加大市财政对内河航道建设动迁费支持力度，推进内河高等级航道建设，大芦线航道一期工程通过交工验收、二期工程启动实施。增强航空枢纽辐射能力，加快推进浦东机场第五跑道及虹桥 T1 航站楼改造项目前期工作，实施浦东机场 T1 航站楼改造。航运集疏运体系进一步优化，集装箱水水中转比例提高到 45.4%，提前实现“十二五”规划目标。完善航运服务体系，创新航运服务功能。推进波罗的海国际航运公会上海中心、波罗的海航交所上海办事处、中国贸易促进委员会上海海损理算中心、国际海上人命救助联盟亚太中心等航运功能性机构在沪设立。上海船员评估示范中心建设已完成概念性方案设计，明确项目土建资金渠道、建设主体、建设规模。营造邮轮经济发展环境，推动邮轮产业发展。海航旗下“海娜”号获批不限航次从事沪台往返航次包船旅客运输，标志着上海至台湾航线常态化运营的初步试点成功。突破境外母公司成立年限等政策限制，皇家加勒比邮轮船务公司在沪设立。加强综合协调，完善航运发展环境。完善航运中心建设推进机制，推动落实自贸区相关政策；研究组建上海国际航运中心建设专家委员会，推动成立优化上海空域结构推进协调小组，建立市建设交通委与海事大学合作机制，提升在航运领域的决策能力。成功举办“航海日”、“世界海员日”活动，开展“航运人讲航运事”系列宣传活动，加强航运文化宣传。加强部市合作，推动邮政快递业发展。国家邮政局和上海市政府共同签署《关于加快推进上海快递总部经济建设与发展的战略合作协议》。《上海市快递企业申请小型货运机动车额度和货运机动车通行证额度管理试行办法》、《上海市城市快递汽车营运技术规范（试行）》正式发布。

（二）全面完成重大工程建设的节点进度目标。投资和开、竣工目标全面完成。全年共调整安排 92 个项目全面推进，完成投资约 1203 亿元；青草沙风电项目、500 千伏输变电工程虹杨站、上海科技大学等 18 个项目实现开工建设；老港固体废弃物综合利用基地、天然气主干网二期等 21 个项目建成投入使用，投资效益得到有效发挥。轨道交通建设稳步推进。11号线北段二期、12号线东段和16号线部分区段建成通车，新增运营里程99公里，是上海地铁建设史上单年增加里程最多的一年，全市轨道交通运营里程增至538公里（不含磁悬浮线路），跃居全国第一、世界前列。市域交通工程加快推进。S26公路东延伸基本建成。虹梅南路－金海路通道工程等项目实现开工，嘉闵高架南北延伸、长江西路越江、S6公路、区区连接道路等项目建设进一步推进。沪通铁路、北横通道、沿江通道越江隧道等一批工程方案进一步优化。明确了G1501大修方案。郊区新城基础设施进一步完善，远郊地区交通出行条件得到改善。重点区域项目建设平稳推进。黄浦江两岸开发工作体制发生重大变化，市浦江办积极履行政府工作职责，推进两岸规划研究工作，启动两岸沿江开放空间连通工程研究，落实两岸土地收储和出让计划，推进浦东高化地区等重点地块动拆迁和收储工作；虹桥商务区核心区基础设施配套、国家会展等项目进一步推进；世博园区地下空间开发及配套有序推进，地下空间开发及配套有序推进，上海儿童剧场投入使用；国际旅游度假区迪士尼项目一期工程及市政配套项目全面展开；前滩地区基础设施配套启动；临港地区一批产业项目全面推进。此外，社会民生、科技创新、产业结构调整、国际文化大都市、生态环保和节能减排、城市运行保障等项目建设有序推进。援疆建设工作进一步推进，在支持受援县住房保障推进、重大项目代建等方面，均取得了显著成效。针对重大工程建设过程中推进困难，探索重大工程建设的新体制、新机制，积极研究起草了《关于进一步加强本市重大工程建设推进管理实施意见》。

（三）认真落实了民生实事工程。全面完成了市政府实事项目任务。推进农村桥梁、道路和村庄改造，100个村庄、500座农村桥梁、1000公里经济薄弱村村内道路改造的市政府实事项目年度目标全面完成。全力推进旧区改造。突破资金等瓶颈，中心城区共拆除二级旧里以下房屋74.6万平方米（占全年计划107%），受益居民3.1万户（占全年计划103%），圆满完成全年目标任务。加快旧改“毛地出让”地块处置，完成33块在拆旧改地块收尾。郊区城镇旧区改造完成20.9万平方米，受益居民3629户。拓宽旧区改造融资渠道，积极研究和探索保险资金等参与旧区改造的途径，积极协调和推进“毛地出让”地块融资。加强市属动迁安置房供应和管理，市属动迁安置房搭桥供应3.7万套。开展农村低收入户危旧房改造，开工2919户，竣工2894户。大力推进保障性住房建设。新建筹措保障性住房和实施旧住房综合改造11万套，基本建成10.4万套。加快大型居住社区配套和外围市政配套建设，完成40个外围市政配套项目，积极引进优质教育、医疗和商业资源，努力提升建设基地内外配套水平。保持适度的公积金结余资金支持保障性住房建设项目贷款规模，积极稳妥发放已获得国家批准的项目贷款，严格按照国家有关政策规定，规范操作，杜绝风险隐患。加大城乡统筹力度。加强郊区城镇化建设统筹指导，不断加强郊区新城、新市镇、新农村基础设施及人居环境建设，推进城乡一体化发展。确定浦东新区新场镇等29个镇申报全国重点镇，开展枫泾镇等8个中国历史文化名镇和松江区泗泾镇下塘村等5个传统村落保护和发展工作，开展南翔镇等全国特色景观旅游名镇、名村示范建设申报工作，实施村庄改造实事项目和农村桥梁道路改造。系统信访形势总体平稳，两委全年受理信访总量同比下降14%。

（四）着力提升了城市管理水平。深化拓展城市网格化管理。《上海市城市网格化管理办法》（市政府令第4号）颁布实施，城市网格化管理法制、体制、机制建设得到进一步加强。研究明确了深化拓展城市综合管理的总体目标和实施途径，在11个区县实现了利用区县网格化平台与12345市民服务热线的有效对接，认真受理市民相关需求，切实落实案件转派、督办机制，提高市民诉求的处置率和满意度。启动“特定区域”环境治理三年行动。在持续保持“重点区域、重要节点、重大活动”城市环境保障水平的基础上，进一步着力提升老旧小区、集市菜场、轨道交通站点、学校和医院周边等市民群众生活出行集中区域的环境质量，全面提升市容环境维护水平。推进环境空气质量改善工作。组织建设工地、快速路保洁两个领域，妥善完成今年来六次环境空气质量重污染预警应急处置。落实《上海市清洁空气行动计划》，部署实施建设、交通、能源等领域共14项工作安排。会同市环保局推进了建筑工地扬尘和噪声的在线监测，有效控制工地的扬尘和噪声，居民的相关投诉有所减少。加强雾霾天气工地扬尘控制，完善了重度、严重雾霾天气情况下通信联络体系和统计上报体系。着手破解城市管理领域的突出问题。按照党的群众路线教育实践活动要求，制定了城市管理领域“8+2”项突出问题的整改方案，落实了整改措施，着手解决公交服务、施工扰民、渣土运输、道路保洁、供水水质、大居配套、井盖伤人、路灯投诉等八方面问题，努力遏制无序设摊、违法建筑两大顽症的蔓延势头。继续开展“夏令热线”活动。共计接听市民来电8.2万余个，及时处置反馈率达到99.8%以上，市民满意度为83.08，化解了一大批市民群众的急难愁问题。在各方的大力支持下，成功推动联合国将2014年起每年的10月31日设为“世界城市日”，这也是我国首次在联合国推动设立的国际日。

（五）切实加强了城市运行安全管理。建立覆盖全行业的安全生产监管机制。成立了市建设交通行业安全生产委员会，发挥大部门制优势，统筹协调建设交通行业的安全生产工作。根据国务院、住房城乡建设部、交通运输部关于开展安全检查的要求，深入开展安全生产大检查。先后开展了建筑材料、混凝土搅拌、平安工地、保障房安全质量等各项专项安全检查工作。强化市政基础设施安全隐患排查。认真贯彻实施新出台的《上海市高速公路管理办法》，开展了高速公路及其它国省干线桥孔的隐患排查与整治工作，完成各类危桥的抢修加固工作。突出越江桥隧、大型地道的运行安全，完成了高架道路沉降观测与结构检测、大型桥梁隧道龙门架检测、越江桥隧和区县桥梁的结构安全抽检工作。加强轨道交通运营安全管理。继续协调推进轨道交通网络运营安全评估隐患整改工作。完成《上海市轨道交通管理条例》的修订，进一步优化和完善本市轨道交通管理体制和工作机制，安全管理的相关法规和标准体系逐步完善。加强燃气安全运行管理。实施改造隐患燃气管129公里，超额完成了年度目标任务，为2014年全面完成338公里的总目标打下良好基础。开展了燃气管道专项排查整治工作。强化了餐饮场所燃气安全专项治理。集中打击了在本市非法从事液化石油气充装、运输、储存、销售等违法行为。此外，组织完成深基坑施工、盾构施工、顶管施工三个现场专项应急方案的研究编制和应急抢险专题培训，成功组织开展了“上海市建设工程事故应急处置综合演练”，进一步完善和更新建设交通委应急资源数据库，高效、稳妥完成了各项突发事故的应急任务。

（六）积极促进了行业创新转型发展。建设行业方面：行业发展环境继续优化，协助完成《上海市建筑市场管理条例》、《上海市建设工程招标投标管理办法》等法规性文件的起草和修订工作。通过开展企业资质动态核查和人员社保信息比对，有效清出了一批不规范的企业，处置了一批作假人员和作假行为。配合上海自贸区建设，对外商投资建设工程设计企业出台了扶持政策，积极推进工程审批标准化和信息化，推进设计文件审查制度改革等。行业技术进步取得进展，加快梳理地方性标准规范，修订完成《建筑抗震设计规程》等6项。在世博会博物馆、世博后续项目、市政设施项目开展了BIM技术应用试点，同步启动了BIM技术应用的相关标准和管理办法编制工作。推进了大型公建能耗监测平台建设，出台了《保障性住房节能设计指导意见》。目前，本市已有绿色建筑标识项目98个，总建筑面积达750万平方米。装配式建筑工作进展顺利，研究出台《关于本市进一步推进装配式建筑发展的若干意见》，首次将采用混凝土结构体系的商业、办公类公共建筑纳入预制装配技术的推进范围中，完成了100万平方米装配式住宅项目落地任务。建设稽查工作体系不断完善，进一步强化了市建设领域稽查工作联席会议建设，全年共查办住房城乡建设部等转批的重要案件31件。交通行业方面：完成新一轮交通发展白皮书修编，明确了未来十年上海交通发展的主要目标和战略。节假日高速公路小客车免费通行平稳有序。本市高速公路收费站实现ETC全覆盖，ETC通行速度显著提高，交易成功率达99.6%。完成42家市属交通重点用能单位、14家区属交通行业重点用能单位能源审计。完成交通行业“万家企业”单位年度考核工作。推进《道路LED照明应用技术规程》编制工作，LED路灯改造试点成效显著。推进道路旧沥青混合料的回收利用，全年共回收道路旧沥青混合料约25万吨。深入研究并制定完成道路养护作业市场化改革方案，积极探索大型枢纽区域道路新型管养模式，建立统一平台对区域内道路养护作业进行公开招标，完善道路养护作业市场的准入机制，引导企业走养护作业专业化、规模化发展之路。环境行业方面：继续推进生活垃圾分类减量试点，静安等5区基本实现全覆盖。“一主多点”末端处置设施布局建设加快推进，老港再生能源利用中心、金山焚烧厂建成投入试运行。突破垃圾资源化利用难点，推动大件垃圾、餐厨垃圾和绿化枯枝落叶等专项垃圾定点消纳和资源化利用。继续推进焚烧发电、填埋气回收利用、生物转化等二次资源开发利用。加大湿垃圾资源化利用技术公关和应用推广。

此外，我们不断加强政府自身建设，完成了66项行政审批事项标准化编制工作；推行无纸化办公，大幅压缩会议、文件、简报；深入推进政府信息公开，主动公开信息958条，全文电子化率达100%；加强行业审计监管，强化了大额资金使用和重大经济活动集体决策的意识，增强了各单位主要领导用好管好财政资金的自觉性，全年完成审计项目118项。

同时，我们必须清醒看到，工作中还存在许多不足，前进路上还有许多困难。特别是建设交通行业改革创新的步伐与中央和市委、市政府的要求还有不小距离，城市管理的科学化和现代化治理水平与特大型城市发展的阶段还不相适应，民生保障和改善工作相对于市民群众日益增长的需求还有一定差距等。对这些问题，我们必须高度重视，切实加以解决。

二、2014年工作要点

2014年是贯彻落实党的十八届三中全会精神、全面深化改革的第一年，是确保“十二五”规划各项任务圆满完成的关键年，也是推进建设交通行业创新驱动、转型发展的攻坚年。中央经济工作会议、十届市委五次全会已经对我国和本市的宏观形势做了全面分析和准确判断。建设交通行业既面临着形势趋好、体制理顺、政策突破等有利条件，同时也面临着深化改革、提升管理、推进建设、改善民生、加快转型等诸多考验。

做好2014年建设交通工作，必须深入贯彻落实党的十八大、十八届三中全会和中央经济工作会议精神，按照十届市委五次全会和市十四届人大二次会议的总体部署，把握稳中求进的工作总基调和创新驱动、转型发展的总方针，以改革统领全局，把改革创新贯穿于建设交通各领域各环节，坚持管建并举、重在管理、综合治理，着力深化行业改革、着力提升管理水平、着力保障改善民生、着力加快创新转型，努力把上海建设成为管理一流的现代都市。

2014 年，全市建设交通工作要重点围绕全面深化改革、提升城市管理、统筹城乡建设、尽力改善民生、加快创新转型五个方面花力气、下功夫、求突破、见成效。主要预期目标是：养护作业市场化、政府职能转变等重点领域和关键环节改革取得突破，建设交通体制机制进一步优化；城市管理领域“8+2”突出问题整改取得阶段性成果，精细化管理和多元化治理水平明显提升；完成 85 项重大工程建设、约 1100 亿元投资，重点区域开发和新型城镇化建设取得新进展；新建筹措各类保障性住房 5.5 万套，基本建成 11 万套，拆除中心城区二级旧里以下房屋 55 万平方米，受益居民 2.4 万户；国家公交都市创建取得新突破，轨道交通在公共交通中的骨干作用切实体现；科技创新力度逐步加大，资源节约和环境友好型行业建设进一步加强。具体任务是：

（一）全面深化建设交通行业体制机制改革。按照“两高、两少、两尊重”的要求，全面深化改革，以改革倒逼体制优化、管理创新、政策突破和行业转型，力争在职能转变、航运中心、养护作业和建筑市场等重点领域和关键环节取得新突破。

一是推进建设交通职能转变和机构改革。按照市委、市政府深化职能转变和机构改革的要求，进一步完善建设交通大部门制改革，切实理顺部门职责关系，着力加强特大型城市的综合性城市管理和一体化交通管理，积极稳妥推进相关机构职责的划转调整。围绕简政放权，进一步深化行政审批制度改革，从“取消、下放、整合、加强”四个方面深化职能转变，最大限度减少审批，着力加强事中事后监管。贯彻落实市领导指示精神，强化城乡建设和城市管理领域战略、法规、政策、规划、资金和信息等统筹协调，加强城市网格化、重大工程、旧区改造、大居配套、公积金管理、黄浦江两岸开发等综合协调。

二是依托自贸区加快国际航运中心建设。发挥上海国际航运中心建设推进小组办公室的协调作用，深化落实《中国（上海）自由贸易试验区总体方案》和交通运输部、市政府联合制定的实施意见，着力提高航运服务软实力，发挥创新驱动、示范带动和服务长江经济带、服务全国的作用，努力探索可复制、可推广的航运发展制度和运作模式。推进制订《上海市推进国际航运中心建设条例》，发挥地方财政支持引导作用，推动实施国际船舶登记制度，发展航运运价指数衍生品交易业务，扩大启运港退税政策适用范围，支持航运金融、航运保险、海事法律、邮轮经济等高端航运服务业发展，吸引航运服务功能性机构等要素资源进一步集聚，推动洋山港实现全天候双向通航，进一步提高上海国际航运中心的资源配置能力和综合竞争力。

三是全面推进养护作业市场化改革。深入贯彻《关于进一步深化本市城市养护作业领域市场化改革的指导意见》及其实施方案，发挥市场配置资源的决定性作用，全面推动和落实道路、绿化市容、水务等设施养护作业市场化改革。进一步开放养护作业市场，打破区域市场壁垒，营造有序竞争的良好市场格局。进一步发挥企业的市场主体作用，积极鼓励养护企业跨区域、跨行业联合重组，推动引导企业走专业化、规模化发展之路。探索创新养护作业管理新模式，积极推动道路、绿化、环卫、排水、河道等综合性养护，全面提升养护作业效率和养护管理水平。

四是优化完善建筑市场管理体制机制。推进修订《上海市建筑市场管理条例》。优化建筑建材行业管理架构，理顺相关管理部门之间的职责关系，进一步健全统一市场、分级分类的建设市场管理体制。深入推进建设工程行政审批制度改革，全面推进审批标准化，分步实施社会投资项目的招投标制度改革，进一步优化审批流程、缩短建设工程审批时限。探索推进企业资质无纸化申报，加快推进电子化招投标，实现招投标项目的全过程网上备案。改革总体设计文件征询制度，优化设计文件审查抽取机制，积极推进数字化审图。优化综合执法与专项执法相结合的执法体制，突出重点加强建设稽查。建立和健全本市建设工程注册执业人员、从业人员信息库，大力推进建筑市场信用体系建设，切实提升建筑建材业管理水平

（二）全力提升城市管理的科学化精细化水平。树立“重在管理、综合治理”的理念，坚持世博高标准，按照“安全、整洁、有序、高效、法治”的要求，强化重心下移、市民自治和社会共治，加强科学投入、科技支撑和法制保障，积极推进城市治理体系和治理能力现代化，努力构建符合特大型城市特点的城市管理和社会治理新模式。

一是全力保障城市运行安全和设施完好。坚持安全为先，把城市运行安全和生产安全放在更加突出位置。加强安委会职能建设，探索出台成员单位安全生产考核制度和责任签约制度，切实落实企业主体责任、政府监管责任和属地管理责任。加强城市防灾减灾的统筹协调，切实强化轨道交通、高架桥隧、高层建筑、地下空间、市政管线等重点领域和重要设施的安全管理。加强施工现场安全管理制度建设，完善施工项目经理和总监理工程师职责管理规定，明确现场安全员、质量员配置要求，出台实施建设工程创优激励管理办法，深入开展建设工程质量通病治理工作，力争使本市建设工程质量安全管理走在全国前列。开展石油天然气、城镇燃气、危险化学品等输送管道安全生产大检查，全面完成338公里燃气隐患管网改造任务。加强市级城市维护专项资金的统筹，健全区县城市维护资金保障机制，完善城市维护配套定额标准。持续推进道路、桥梁检测和技术状况评估工作，加强既有基础设施的养护维修和小改小革，发挥存量设施潜力，使枢纽型、网络化设施充分体现其功能性。

二是深化拓展城市网格化综合管理平台。全面贯彻《上海市城市网格化管理办法》，制订实施《关于深化拓展城市网格化管理，积极探索和推进综合性城市管理的若干意见》，进一步固化网格化管理架构，推动区县网格化综合管理机构落实到位，建立健全市区分工、条块协同、以块为主、条线尽责的市、区县、街镇三级管理体系。在基本覆盖城市化核心区域范围的基础上，进一步拓展网格化的范围和内容，推动网格化管理向居民小区、农村地区和食品药品监督、安全生产监督、公共卫生等领域延伸，逐步实现城市综合管理的全区域、全时段和全行业覆盖。推进网格化管理、大联勤、大联动和12319、12345热线的整合互动，构建全方位的问题发现和处置机制。

三是着力破解城市管理领域的难题顽症。结合党的群众路线教育实践整改要求，认真贯彻落实《关于认真解决城市管理领域涉及群众利益若干问题的实施意见》，继续推进城市管理领域“8+2”突出问题整改，细化实施方案和落实配套政策。巩固路灯、井盖、渣土运输等长效管理机制，规范道路公共服务设施指示标志设置，最大限度降低建设施工对周边居民和环境的影响。切实落实拆违工作责任，聚焦别墅区违法建筑开展专项整治，加强源头发现，强化快速查处，实施综合治理，坚决遏制违法建筑蔓延势头。继续推进高铁沿线桥荫环境整治，开展公路

桥梁桥孔三年专项整治行动，将高速公路桥孔移交属地化管理。总结完善快速处置、托底协调等行之有效的办法，加快建章立制，形成顽症治理的常态、长效机制。

四是不断提升重点区域的市容环境水平。发挥市政市容联席会议的统筹协调作用，以亚信峰会为契机，确保重点区域、重要节点、重大活动的市容环境水平总体可控。继续推进“特定区域”环境治理三年行动，确保完成年度治理任务，健全“特定区域”环境共同维护机制，着力改善老旧居住区、集市菜场、轨交站点、学校、医院等周边的环境面貌。继续实施城市环境综合治理奖励性补贴政策，鼓励区县加强市容环境管理。积极破解“城中村”、城乡结合部等薄弱地区的城市治理难题，不断提高全市市容环境的整体水平。

五是探索创新特大型城市治理的新模式。细化组织保障方案，确保首届“世界城市日”活动成功举办。加强特大型城市管理的顶层设计研究，进一步完善城市管理的体制、机制、法制，强化网格化管理平台支撑效应，进一步加强城市管理跨领域的协调，不断提升特大型城市的综合管理水平。加强城市管理领域综合执法模式的深化探索，推动管理执法力量向基层一线、向城乡结合部、向大居建成区倾斜。夯实城市管理的基础基层工作，加强街镇在属地管理中的牵头组织作用。探索推动多种形式的群众参与和社会自治形式，创新共管、共治、共享的城市治理新模式。

（三）着力加强城乡重大项目建设的推进。坚持管建并举，聚焦重大工程、重要项目、重点地区，加大建设推进力度，推动建设重心向郊区转移，不断完善枢纽型、功能性、网络化的城乡基础设施体系，为构建城乡和区域一体化发展格局提供强有力支撑。

一是强化重要项目的前期储备。结合城市总体规划修编和“十二五”规划中期评估成果，加强重要项目特别是城市基础设施的项目储备，协调落实项目储备研究经费。深化完善北横通道方案并推动实施，做好沪乍铁路、东西通道、南北通道、轨道交通第二环线、浦东国际机场至虹桥枢纽联络线、青草沙和陈行水库原水联络管工程等前期工作，进一步加强重要项目的环评、稳评、交评等综合性评估，推进轨道交通站点综合开发，强化交通对城乡空间布局优化的支撑和引导，研究制定交通规划导则，进一步完善各层面的交通影响评价制度。

二是强化重大工程的建设推进。贯彻落实《关于进一步加强本市重大工程建设管理的实施意见》，进一步完善重大工程项目的确定程序、审批要求、推进模式、考核评价等机制，进一步发挥市重大办在协调推进重大工程建设中的作用，力争“十二五”规划重点项目全部开工。进一步优化航运集疏运体系，开工建设洋山深水港四期、沪通铁路、虹桥机场 T1 航站楼改造等项目，继续推进浦东机场 T1 航站楼改造等工程和杭申线、大芦线二期等高等级航道建设。持续完善轨道交通网络，启动轨道交通 3、4 号线改造，开工建设 5 号线南延伸、8 号线三期、9 号线三期东延伸、10 号线二期、13 号线二期、14 号线、17 号线，力争 12 号线西段、13 号线（长寿路至淡水路）、11 号线迪斯尼段等三段线路土建结构基本贯通，确保 13 号线（隆德路至长寿路）、16 号线（龙阳路至罗山路）两段线路建成通车，全市轨道交通运营线路总长达到 548 公里。优化市域公路和道路网络，继续推进中环线浦东段、嘉闵高架延伸工程，争取启动北翟路快速化改建工程；全面推进周家嘴路越江、长江西路越江工程等越江设施建设；继续协调推进解决区与区之间的“断头路”问题。推进水利防汛设施建设，聚焦防汛薄弱环节，加快推进中心城区排水系统改造、重点河道和泵闸工程等流域防洪、城市防洪、区域除涝工程设施建设，切实提高城市防汛保障能力。推进民生、生态、产业等项目建设，重点推进教育、卫生、文化等一批社会事业建设，大力推进电厂脱硝工程、清洁能源保障等一批生态环境项目建设，继续推进先进制造业、现代服务业、科技创新等一批重要产业项目建设。

三是强化重点区域的综合开发。继续推进虹桥商务区、世博园区、国际旅游度假区、临港地区等地区建设，完成世博轴项目改造，基本建成国家会展中心。发挥市黄浦江两岸开发工作领导小组办公室的综合协调作用，有序推进前滩、南外滩、徐汇滨江等黄浦江两岸地区开发建设，研究启动黄浦江两岸公共空间连通工程，完善两岸公共交通、慢行交通、公共服务等配套体系，进一步提高两岸公共空间品质，打造体现国际化大都市形象的滨江旅游休闲集聚带和高端服务集聚带。

四是强化新型城镇化的推进协调。贯彻落实中央城镇化工作会议部署，结合市委推进新型城镇化的重点调研课题，会同相关部门加强郊区城镇化建设的统筹指导，进一步加强郊区新城、小城镇、新农村基础设施及人居环境建设。继续完善新城重大基础设施体系，促进新城综合多元发展。开展郊区小城镇发展战略研究，制定和完善小城镇建设相关政策和建设标准，加强郊区重点镇建设和管理，发挥小城镇支撑新城、带动农村的功能。研究出台本市历史文化名镇和传统村落保护和发展实施意见。开展美丽宜居村镇建设以及全国特色景观旅游名镇、名村示范建设。深入推进“美丽乡村”建设，继续实施农村经济相对薄弱村村内道路、危桥改造及村庄改造。

（四）尽力实现市民群众安居畅行的期盼。牢固树立群众观点，把改善民生作为建设交通工作的出发点和落脚点，坚持尽力而为、量力而行，努力改善市民居住条件和出行环境。

一是积极有序地推进旧区改造。发挥市旧改办的统筹作用，积极有序地推进旧区改造，着力抓好新启动项目推进和在拆基地收尾，拆除中心城区二级旧里以下房屋55万平方米，受益居民2.4万户，力争完成旧改在拆基地收尾40块。继续推进郊区城镇旧区改造和农村低收入户危旧房改造。聚焦外环周边等城郊结合部和各方反应强烈的地区，抓紧启动普陀区红旗村等11个“城中村”改造试点。稳步推进中心城区二次供水改造，力争完成2000万平方米的改造任务。

二是不断健全住房保障和供应体系。稳步推进保障房建设，全年新建筹措各类保障性住房5.5万套，基本建成11万套。研究完善住房保障准入标准，探索保障房供后管理等长效机制。坚持“以区为主、市区联手”，继续推进大型居住社区内、外配套设施建设，力争外围配套未开工项目全部实现开工、年底累计建成90项。结合住房公积金条例修订，完善本市住房公积金相关政策，继续发挥其支持保障房建设的作用。严格执行国家房地产市场调控政策，促进房地产市场健康有序发展。

三是着力加强城市交通拥堵治理。发布和落实《上海市交通发展白皮书》，细化相关政策实施方案，努力构筑国际大都市一体化交通。试点推进单元规划交通导则编制工作，完善交通影响评价制度。严格控制机动车保有量和使用强度，完善小客车额度管理政策，深化郊区号牌和外地号牌车辆管理、停车管理等政策措施。深入推进国家公交都市创建，强化轨道交通的骨干作用，推进公交优先道建设和公交线网优化，探索发展现代有轨电车和快速公交系统，着力提升轨道交通的运营效率和公交汽（电）车的吸引力。加强货运枢纽规划和网络建设，推动现代物流业持续健康发展。强化交通改善措施的综合协调，通过小改小革等工程和管理措施，持续改善交通薄弱环节。组织做好国家会展中心开馆初期交通保障工作。组织开展第五次综合交通大调查，为综合交通发展规划管理决策提供科学支撑。

（五）加快推进行业创新驱动、转型发展。坚持创新驱动，切实转变粗放型的建设发展模式，着力推进行业绿色发展、循环发展、低碳发展，努力建设资源节约型、环境友好型行业，为建设生态宜居城市做出更大贡献。

一是大力发展绿色建筑和绿色交通。突出绿色建筑、绿色交通、绿色工地等重点领域、重点环节，加大建筑节能和交通节能减排力度。继续严格落实新建建筑强制性节能标准，积极推进既有公共建筑节能改造，加强本市建筑节能综合研究。2014年起，新建政府投资、大型公建、保障性住房项目，以及八个低碳实践区、六大重点功能区域、七个郊区新城新建民用建筑，率先按一星级以上绿色建筑标准建设。继续推动大型公建能耗监测平台建设，出台绿色建筑资金扶持政策，研究制定本市建筑节能白皮书，积极推动建筑垃圾的源头减量和资源化利用。加大交通节能减排力度，强化资金引导和政策扶持，加快高油耗、高排放、高污染车船淘汰更新，在公交等领域推广应用清洁能源和新能源车。

二是全力改善城市生态环境。贯彻实施《上海市清洁空气行动计划（2013-2017）》，确保相关牵头和配合任务的落地。推进全市管道燃气天然气化，力争2015年全面完成。继续加强建筑工地文明施工管理，将扬尘、烟尘等污染防治纳入建筑工地重点监管内容，力争中心城区文明施工达标率达到98%左右。做好第五轮环保三年行动计划的收尾工作，确保固废、污水、绿化、资源化利用等既定任务全面按期完成，积极参与谋划第六轮环保三年行动任务。

三是加大行业科技创新力度。更加重视行业科技创新体制机制建设，推进行业科技进步，加大新技术、新工艺、新设备、新材料等应用。继续推进建设市场管理信息平台、城市管理综合信息共享交换平台、交通综合信息应用服务工程、地下空间信息基础平台等信息平台建设。积极推广装配式建筑，加快推进住宅产业化，制定出台《关于本市进一步推进装配式建筑发展的若干意见》实施细则，完善装配式建筑设计施工和验收技术规范。推进BIM（建筑信息模型）技术应用，在总结部分世博、市政项目试点经验基础上，抓紧启动BIM技术应用的相关标准和管理办法编制工作。

一、城乡规划、国土资源

（一）综述

2013年，按照市委、市政府总体工作部署和重点工作安排，市规划国土资源系统上下围绕中心、服务大局、团结拼搏，扎实推进各项工作，全面完成了年度工作计划，保持了全局工作的连续性、稳定性和开创性，实现了进一步提升规划国土资源工作对上海经济社会发展保障能力的工作目标。

加强规划研究与编制，着力提升规划的引领作用。以启动新一轮城市总体规划编制为抓手，着力提升规划的前瞻性、权威性和可操作性，力求以规划转型引领城市转型。做好上海新一轮城市总体规划编制的前期准备工作，加快推进郊区新城、新市镇总体规划编制工作，加快重点地区规划编制工作，开展上海市轨道交通网络规划及市政交通专项规划，加强历史风貌保护规划研究与编制。

深化土地制度改革创新，促进城市发展转型。探索土地利用全要素、全生命周期管理，研究存量土地盘活利用政策，加快推进地下空间有偿使用，加快郊野单元规划的编制和实施，大力推进郊野公园规划建设，开展农村宅基地调查试点工作，加强土地执法监察工作，加强地矿管理与地质环境保护，加快推进测绘工作。

加大民生项目的规划土地政策支持力度，切实解决人民群众最关心、最直接、最现实的利益问题，突出“以人为本”，加强对各类民生设施的规划土地政策研究，着重解决与人民群众利益密切相关的突出问题。启动全市养老设施布局规划编制工作，开展既有多层住宅加装电梯的操作机制研究，加强征地补偿标准的动态管理和在外过渡被征地农民的安置工作。

推进服务型政府建设，不断提高行政管理效能。加快推进行政审批改革，完成土地执法监察管理体制调整，加强综合竣工验收工作，探索建立市重大工程规划土地审批绿色通道。

（二）城乡规划

【概况】 2013年，以新一轮城市总体规划编制准备工作为抓手，加强规划研究与编制，进一步完善规划及实施管理体系，着力提升规划的前瞻性、权威性和可操作性，努力以规划转型引领城市转型。总体规划管理方面，深入开展总规评估深化和城市发展战略研讨，全面做好第六次规划土地工作会议筹备工作，积极开展新市镇总体规划编制工作。详细规划管理方面，加强详细规划管理机制建设，开展村庄规划编制；加强重点地区规划编制，全年共批复详细规划246项。建筑规划管理方面，完善“一书两证”平台建设，推进建设工程三维审批管理试运行，深化告知承诺制度实施。市政规划管理方面，加强重大市政交通项目报建审批工作，全年累计核发各类交通和市政工程规划行政许可840件。风貌保护管理方面，加强风貌保护规划管理，加强优秀历史建筑保护，开展保留对象与范围扩大研究。

【开展总规评估深化和城市发展战略研讨】 开展了城市总体规划实施评估深化和城市发展战略研讨，广泛听取市人大、市政协、市政府各委办局、各区县政府及各相关领域专家意见，对影响上海未来发展的若干重大战略问题达成了共识、明确了基本导向和策略，为上海新一轮城市总体规划编制工作奠定了扎实基础。

【做好第六次规划土地工作会议筹备工作】 委托国内知名研究机构开展研究等多种形式，积极吸纳各方观点，起草形成了第六次规划土地工作会议核心文件《上海市城市总体规划实施评估报告》、《上海市新一轮城市总体规划编制的工作方案》和《关于编制上海新一轮城市总体规划的指导意见》，于2013年12月23日、27日经市政府常务会议、市委常委会分别审议通过。

【开展新市镇总体规划编制工作】 研究制订了《上海市新市镇总体规划编制技术要求》（试行）和《上海市新市镇总体规划编制审批操作管理规程》（试行），并选取松江区佘山镇、奉贤区青村镇、青浦区白鹤镇和浦东新区川沙镇，试点开展新市镇总体规划编制工作。同时，为妥善处理编制中涉及的集建区范围调整、布局优化等问题，研究探索镇级土地利用总体规划和新市镇总体规划同步研究、同步编制、同步审批的工作机制。

【修改《青浦新城（淀山湖新城）总体规划（2009-2020）》】 2013年6月18日，市政府以沪府〔2013〕13号文批复同意《青浦新城（淀山湖新城）总体规划（2009-2020）》修改。青浦新城是上海西部长三角区域的综合性节点城市，具有“水乡文化”和“历史文化”内涵的生态宜居城市。规划总用地面积约为119平方公里。至2020年，城市建设用地约88.2平方公里，人口规模70万人。

【修改奉贤区《海湾镇土地利用总体规划（2010—2020）》】2013年5月起，开展《海湾镇土地利用总体规划（2010-2020）年》修改工作，于2013年9月获市政府批复。规划修改立足于支持临港奉贤分区产业发展和设施完善，主要针对临港奉贤分区用地进行调整。至2020年，建设用地总规模调整为3802公顷，规划集中建设区增加153公顷。耕地保有量不少于4705公顷（7.05万亩），基本农田保护任务调整为4468公顷（6.70万亩）。

【《轨道交通14号线选线专项规划》】2013年7月，市政府以沪府规〔2013〕155号文批复同意《上海市轨道交通14号线选线专项规划》。轨道交通14号线是网络中重要的市区级线路，对缓解中心城交通拥堵、分流2号线过江客流压力、进一步发挥轨道交通网络整体效益有着重要作用。本专项规划明确了轨道交通14号线的线路走向、设站位置以及附属设施规划选址。

【《S26公路入城段（G15—嘉闵高架）选线专项规划》】S26公路入城段（G15-嘉闵高架）是S26（沪常高速）进入上海市区的接线段工程。经多次专题论证，于2012年9月同意按预可推荐线位启动S26入城段专项规划编制工作，并于2012年11月组织编制完成S26红线专项规划（草案）及开展规划公示，2013年8月完成报审方案。市政府于2013年9月以沪府规〔2013〕196号文批复同意。

【《黄浦江上游闵奉原水支线工程专项规划》】2013年9月，市政府以沪府规〔2013〕204号文批复《黄浦江上游闵奉原水支线工程专项规划》。根据《上海市饮用水水源保护条例》，相关部门将闵行、奉贤取水口调整为备用取水口，2011年青草沙水源地原水工程建成后，松浦大桥泵站可向闵行奉贤等区供水。为加强黄浦江上游水源地保护，提高闵行、奉贤原水供应安全，需在松浦大桥取水口和闵行、奉贤取水口间建设原水管线工程。专项规划主要包括原水厂扩建工程、闸门井、调节池规模和选址布局等内容。

【详细规划管理机制建设】为完善控制性详细规划编制审批工作的法规框架体系，对《上海市城市详细规划编制审批办法》进行了修订，形成了办法草案。制订下发了《关于完善控制性详细规划简易程序管理的工作意见（试行）》，明确了扩大简易程序的适用范围、扩大调整幅度、扩大应用范围等工作要求。完善控详编制年度计划管理制度，严格编制计划准入条件、建立项目分类指导管理制度、控制年度计划总量。

【村庄规划编制实施情况】2013年初，确定了1个部级试点村庄（奉贤区四团镇拾村村）和4个市级试点村庄（奉贤区四团镇横桥村、青浦区练塘镇金前村、金山区张堰镇秦山村、宝山区罗店镇束里桥村），分别针对村庄规划机制、建设用地流转、土地整治、村容村貌改善等不同工作需要展开重点探索。其中，奉贤四团镇拾村村庄规划已经编制完成，并被列为全国28个村庄规划示范之一。在此基础上，研究制订了《上海市村庄规划编制与管理导则（含成果规范）》和《上海市乡村建设（规土）管理导则》，对村庄规划编制和农村地区项目审批管理提出了明确要求。

【重点地区规划编制】 全年共批复详细规划246项。主要类型为：控制性详细规划新编（修编）85 项，控规局部调整 25 项，控规实施深化 109 项，控规附加图则编制和普适图则增补 7 项，控制性详细规划实施方案 20 项。重要项目有：上海市虹桥商务区机场东片区控制性详细规划、徐汇滨江商务区传媒港片区控制性详细规划、黄浦江沿岸 W5 单元控制性详细规划、黄浦江沿岸 W7 单元控制性详细规划、黄浦江南延伸段前滩地区（Z000801 单元）附加图则、上海国际旅游度区结构规划等。

世博会地区。世博会地区红线范围约 5.28 平方公里，年内已完成 A 片区、B 片区、城市最佳实践区及政务办公社区等规划编制审批工作，正重点推进后摊拓展区规划、文博区控详规划、世博轴南端及东侧街坊控详规划编制工作。其中，后滩拓展区位于世博园浦东片区，用地面积约 1.36 平方公里，结构规划和启动区控规即将上报市政府审批；文化博览区位于世博园浦西片区，规划用地约 0.8 平方公里，已完成城市设计方案比选工作。

虹桥商务区。在 2012 年完成虹桥商务区 3.7 平方公里主功能区核心区控详规划编制审批工作的基础上，开展并完成了机场东片区控详规划编制工作，并于 2013 年 10 月经市政府批准通过。同时，会同相关区局推进虹桥商务区拓展区内控规单元编制工作，其中涉及嘉定区、青浦区、闵行区的控规已批复完成。

前滩地区。前滩地区位于浦东三林地区西部，地区总建筑面积约 350 万平方米。规划目标是充分发挥东方体育中心和滨江生态空间的作用，构建以总部商务、文化传媒、体育休闲为核心功能的生态型、综合性城市社区。在 2012 年开展控详规划编制和城市设计深化研究的基础上，市政府于 2013 年 1 月批准了普适图则及附加图则。

徐汇滨江地区。徐汇滨江核心商务区位于黄浦江滨江 WS5 单元的沿江部分，用地面积约 137 公顷，岸线长度约 2.5 公里。在 2008 年、2011 年先后完成黄浦江滨江 WS5 单元控规编制和审批、徐汇滨江商务区城市设计的基础上，以引进“梦工厂”项目为契机，重点推进徐汇滨江核心商务区“西岸传媒港片区”城市设计深化与开发实施方案建筑设计研究工作，并于 2013 年 8 月完成控详规划附加图则的批复工作。

上海国际旅游度假区。上海国际旅游度假区总规划范围约 24.7 平方公里，包括约 7 平方公里核心区和约 17.7 平方公里发展功能区（即协调区）。2013 年 12 月，市政府批复同意《上海国际旅游度假区结构规划》，明确将度假区塑造为具有示范意义现代化“旅游城”、当代中国娱乐潮流体验中心、世界级旅游目的地。

临港地区。临港地区规划建设用地约 150.2 平方公里，控规覆盖面积（含特定区）已达约 127 平方公里，占规划建设用地的 84.4%，基本覆盖集中建设区和近期建设区域。目前正组织开展临港地区总规实施评估，下一步，将在总规评估的基础上，进一步开展主城区深化研究工作。

【《上海市虹桥商务区机场东片区控制性详细规划》批准实施】《上海市虹桥商务区机场东片区控制性详细规划》于 2013 年 10 月经市政府批准实施。机场东片区作为虹桥商务区重要的组成部分，位于虹桥商务区主体功能区内，用地面积约 4.21 平方公里，未来将建成以 T1 航站楼建设领航国际交流、集聚航空总部的最佳商务型城市机场为依托，上海乃至全国的“现代航空服务示范区”。

【徐汇滨江商务区传媒港片区相关控制性详细规划】《上海市徐汇区黄浦江南延伸段 WS5 单元控制性详细规划西岸传媒港实施深化》于 2013 年 8 月经市政府批准实施。西岸传媒港地区东至龙腾大道，南至龙水南路，西至云锦路，北至龙耀路，规划总用地面积约30.54公顷，其中建设用地面积约30.54公顷。规划定位为以文化传媒和信息通信产业为核心，形成具有活力的文化传媒产业集聚区；以办公、会务、酒店、SOHO等多种功能类型满足不同商务人群需求，形成资源共享、富有社区氛围的综合商务区；以多样完善的商业、文化配套设施，形成富有特色的滨水公共活动区。

【南外滩滨水地区相关控制性详细规划】《上海市黄浦江沿岸W11、W13、W15单元控制性详细规划董家渡社区（C010401单元）控制性详细规划重点地区附加图则》于2013年7月经市政府批复。南外滩地区地处黄浦江核心滨水区，且位于外滩金融集聚带内，包括新开河路以南部分，总用地面积约1.6平方公里。其中，东门路以南滨水区和董家渡13、15街坊是本次规划的重点地区，用地面积约0.8平方公里，滨江岸线长度约2.6公里。规划按照“和谐共生、复合开放、宜居高效”的规划理念，功能上强调金融创新与金融服务，空间上强调高度开放与历史沿承，提出四大实施策略，即传承外滩文脉，彰显历史人文风貌；联动滨江腹地，构筑开放空间系统；聚焦金融功能，营造立体复合空间；提升服务品质，引领高效有序生活。

【杨浦滨江地区】《黄浦江沿岸W5、W7单元（位于杨浦滨江地区）控制性详细规划》于2013年7月经市政府批准。

W5单元规划范围东起复兴岛运河、南至黄浦江、西至杨树浦港、北至杨树浦路，用地面积约1.19平方公里，规划总建筑面积约157.25万平方米。W5单元规划以时尚设计为先导，以产业文明体验为特色，建设成为融生态休闲、科技交流、金融商务为一体的复合型滨水功能区。规划形成“一带、三区、双核”的布局结构，包括沿黄浦江空间发展带、时尚文化创意区、科技金融商务区、滨江商业休闲区、国际时尚设计中心及科技交流中心。

W7单元规划范围东起杨树浦港、南至黄浦江、西至秦皇岛路、北至杨树浦路，用地面积约0.59平方公里，规划总建筑面积约65.51万平方米。W7单元规划以文化传媒、商业休闲为先导，以百年工业文明及滨江生态环境为特色，建设成为复合型滨水功能区。规划形成“一带三区、双核驱动”的布局结构，包括沿黄浦江空间发展带、文化传媒商务综合区、产业文化体验区、滨江商业休闲综合区、文化传媒中心及渔人码头休闲商业中心。

【《上海国际旅游度区结构规划》】《上海国际旅游度区结构规划》于2013年12月经市政府批准。上海国际旅游度假区的规划范围为24.7平方公里，包括核心区7平方公里、发展功能区（原规划的“核心协调区”调整为“发展功能区”）17.7平方公里。充分放大迪士尼项目效应，立足构筑上海城市休闲旅游功能核心，将度假区塑造成为具有示范意义的现代化“旅游城”，当代中国娱乐潮流体验中心，形成旅游产业发达、文化创意活跃、消费低碳环保、环境优美宜居的大都市新地标，最终发展成为人人向往的世界级旅游目的地。规划形成“一核、五片”的空间发展格局，即核心区、南一片区、北片区、西片区、东片区、南二片区。规划总建筑规模约700万平方米，包括核心区约200万平方米、发展功能区约500万平方米，用于建设迪士尼直接配套、多样化旅游娱乐和其他带动功能等三类设施。

【建筑规划管理】完善“一书两证”平台建设。搭建了建设工程设计方案三维功能平台；将地质灾评纳人工程规划许可证审批流程；完善了查询统计功能；完善了外网申报平台查询功能；完成了与市公务网中心第二集装箱并联审批系统的集成对接。推进建设工程三维审批管理试运行。印发了《上海市建设工程三维审批管理试行意见》（沪规土资建【2013】8号），完成对“一书两证”审批平台的改造工作和对三维功能平台的建设及模型优化工作。5月21日，三维功能上线试运行，开始对试行范围内的建设工程规划行政许可项目实行三维审批。深化告知承诺制度实施。对2009年5月以来告知承诺制度的实施情况开展评估及研究，制订《在建设项目规划管理中违反承诺事项行为管理办法》的工作。建立健全技术支撑，在审批平台中增设了规土综合竣工验收阶段告知承诺项目跟踪管理信息模块，初步建立了全过程跟踪管理信息平台，为实现建设项目规划管理告知承诺工作全过程跟踪管理及完善诚信数据库做好了技术准备。

【重大市政交通项目报建审批工作】 全年累计核发各类交通和市政工程规划行政许可840件。其中，核发《选址意见书》109件，《规划设计要求》14件，《规划设计方案》72件，《用地规划许可证》70件，《工程规划许可证》市政场站类49件、市政交通类28件、地下管线类341件，行政许可延期142件。主要市政交通设施类项目。沪通铁路（省市界至安亭段）、轨道交通8号线(沈杜公路站–汇臻路站)暨集运系统A线、9号线东延伸、10、11、12、13、14、16、17号线；沿江通道、S2改建工程、中环线浦东段新建工程、虹梅南路—金海路通道工程（虹梅南路段）、S26公路东延伸新建工程、嘉闵高架路南北延伸段；大芦线二期、杭申线航道整治工程等项目。主要市政管线设施类项目。500千伏虹杨输变电工程、220千伏沪东变电站工程、220千伏东煦变电站工程、220千伏古美变电站改造工程、青草沙水源地原水工程金海泵站、南汇支线工程（南汇北泵站）、老港固废综合利用基地垃圾渗滤液应急排放管道工程场内泵站工程等项目。

【加强地下管线管理】 6月份，召开了全市地下管线规划核查管理工作推进大会，明确了地下管线核查规划管理的工作要求。按照《上海市工程管线综合规划成果规范》要求，开展已批管线综合的集中入库工作。加强地下管线跟测和管线数据整合归集，推进全市统一的地下管线信息数据库建设。

【风貌保护规划管理】 全市44片历史文化风貌区保护规划批准以来，探索风貌保护与城市更新的有机协调、确保规划实施成为风貌保护规划管理的重点。2013年，共受理建管项目“一书两证”审批70件，会签各类建管项目22件，包括长宁区国际舞蹈中心、普陀区玉佛寺等重要项目。

【加强优秀历史建筑保护】 对1–4批全部632处优秀历史建筑进行了全面的现状调查、系统梳理、统一格式、更新底版、标注变化、补充完善和勘误校对，制订了优秀历史建筑“一图一表、图表合一”的管理文件，并汇编成《第1–4批优秀历史建筑保护技术规定（修订本）》，于2013年11月获得市政府批复同意（沪府〔2013〕102号）。

【开展保留对象与范围扩大研究】 为进一步做好历史文化遗产保护工作，对上海中心城浦西地区历史建筑的普查，尤其是对里弄、工业遗产等急需抢救性保护的建筑类型进行了深入细致的现场踏勘和调查研究，提出在现有历史文化风貌保护区基础上扩大风貌保护区4个、增加风貌保护街坊134个和风貌保护道路20条。

【城市雕塑管理】 按照市、区（县）雕塑布局总体规划，重点城雕项目建设取得明显进展，年内建设完成9个项目，2个项目正在加快推进。加强城市雕塑建后长效管理，对城市雕塑建后管理的工作内容、要求和监管措施等开展了进一步研究，制订了城市雕塑建后管理的长效工作机制。成功举办“多棱的视线——第三届全国大学生公共视觉优秀作品双年展”、“九省市艺术展”、“画廊联盟展”等3次公益性展览，全年参观人流量达4万人次，月均达3000–4000人次。成功举办了“上海第十三届南京路雕塑邀请展暨海南雕塑艺术展”，展出了海南雕塑家在不同时期创作的50件精美雕塑作品，增进了沪琼两地文化艺术友好交流与合作。在普陀区真如城市副中心以巡展的形式展出了“多棱的视线——第三届全国大学生公共视觉优秀作品双年展”中80件优秀视觉艺术作品。

【地名管理】2013年，全市共审批各类地名567个。其中，居住区和建筑物名称405个，道路名称143个，隧道名称8个，桥梁名称9个，湖泊名称1个，游览地名称1个。积极参与全国第二次地名普查方案的修订完善工作，衔接城市总体规划，积极推进《上海市地名总体规划》编制工作。研究建立地名专项规划与控详规划同步编制、同步审批的工作机制。2013年，全市共完成地名规划方案75个，其中45个已完全纳入控详规划同步编制、同步审批。

【地名公共服务】利用报刊、网络等多种载体及时做好批准地名的社会公告工作。全年共在《解放日报》、《文汇报》上同时刊登17期613个批准地名的公告，并在市规划国土资源局外网和内网同步公告。积极推进地名数据库及地名公共服务平台建设，向民政部积极推荐嘉定、金山、闵行等区作为第二批地名公共服务示范城区。

【市规委会运作】2013年，市规划国土资源局、各区（县）规划土地局共组织召开76次市规委专家专题会议，共审议总体规划、详细规划、专项规划项目以及科研课题79项。其中，市规划国土资源局负责召开23次；区（县）规划土地局负责召开53次，分别为，浦东新区8次、闵行区6次、嘉定区14次、松江区4次、宝山区2次、奉贤区5次、青浦区7次、金山区3次、崇明县4次。

【规划宣传】2013年，上海城市规划展示馆共接待海内外游客23.7万人次（其中享受免票参观4.2万人次）；接待国内外VIP团队492批8419人次，其中一级警卫3批80人次、二级警卫10批138人次、三级警卫33批296人次。继续开展“上海市中小学二期课改学生课外课堂”项目，全年共接待本市50所中小学万余名学生开展课外活动。年内开展“上海科普大讲坛”3次，主题分别为“上海市浅层地热能开发利用管理”、“海上·上海——城市与航海的故事”、“节能与生态建筑”。

（三）土地管理

【概况】2013年，开展“进一步提高土地节约集约利用水平，促进上海转型发展的政策机制研究”，制定了《关于进一步提高土地节约集约利用水平，促进上海转型发展的若干意见》，明确了“总量锁定、增量递减、存量优化、流量增效、质量提高”“五量调控”的基本工作思路，并分别于12月23日、12月27日经市政府常务会议和市委常委会审议通过。基本思路是，以创建国家节约集约用地示范市为抓手，全面落实“五量”调控政策体系，构建特大型城市土地利用“资源、效能、机制三位一体”的全生命周期管理体系，落实最严格的耕地保护制度和最严格的节约集约用地制度，以土地资源利用方式转变倒逼城市发展转型。“总量锁定”，即将2020年规划建设用地规模3226平方公里作为上海未来建设用地的“终极规模”予以锁定，并力争实现“减量化”。“增量递减”，即全市新增建设用地年度计划在2013年的基础上逐年递减。“存量优化”，即优化城乡建设用地布局和结构，促进存量低效建设用地盘活利用和中心城区城市更新。“流量增效”，即缩短建设用地流转周期，提高空间周转指标的使用效率，确保市场供应，实现不增土地增效益。“质量提高”，即适度降低工业用地比重，提高公共绿地和公共服务用地比重，提高土地利用准入门槛，引导土地综合开发和复合利用。

【土地利用年度计划执行情况】2013年，年度土地利用计划安排按照“稳增长、调结构、促转型”的总体部署，坚持和完善统分结合、有保有压等原则，优先确保保障性住房等民生工程，确保重大基础设施和社会事业建设，确保战略性新兴产业项目，支持新农村建设，充分发挥土地计划的调控作用，引导各行业各区县有效用好增量土地，落实保障发展、保护资源和优化空间的目标要求。

【新增建设用地计划执行情况】2013年，国土资源部下达本市新增建设用地计划5380公顷，其中农转用4980公顷（耕地3810公顷）。

2013年，本市新增建设用地计划执行3084公顷。其中市政基础和社会事业用地1302公顷，占使用量的42%；工业项目（包括仓储）用地659公顷，占使用量的21%；经营性项目用地1123公顷，占使用量的37%。

【补充耕地计划执行情况】2013年，国家下达本市补充耕地计划4520公顷，区县通过整理复垦实际完成补充耕地1766公顷，同时市级通过滩涂圈围开发落实补充耕地256公顷。

【国有建设用地供应情况】2013年，累计供应国有建设用地4817公顷。其中，出让划拨住宅用地1005公顷；出让商业、办公土地333公顷；出让工业用地1017公顷；划拨公用设施用地513.77公顷、公共建筑用地657.41公顷、交通运输用地1190.36公顷、水利设施用地62.63公顷、特殊用地37.65公顷。

住宅用地中，保障性安居工程用地合计526公顷，占住宅用地供应总量的52.3%。其中，经济适用住房用地30.7公顷，动迁安置房用地387公顷，中小套型普通商品住房用地87.5公顷、公租房用地20.8公顷。

2013年本市新增建设用地计划下达和执行情况

<table>
<tr><th colspan="3">项目名称</th><th>单位</th><th>数值</th></tr>
<tr><td rowspan="3">土地利用年度计划</td><td colspan="2">国土资源部下达新增建设用地计划</td><td>公顷</td><td>5380</td></tr>
<tr><td colspan="2">其中：农用地转用</td><td>公顷</td><td>4980</td></tr>
<tr><td colspan="2">耕地</td><td>公顷</td><td>3810</td></tr>
<tr><td rowspan="8">执行情况</td><td colspan="2">新增建设用地</td><td>公顷</td><td>3084</td></tr>
<tr><td colspan="2">占全年计划</td><td>%</td><td>57</td></tr>
<tr><td rowspan="6">其中</td><td>市政基础和社会事业用地</td><td>公顷</td><td>1302</td></tr>
<tr><td>占比</td><td>%</td><td>42</td></tr>
<tr><td>工业项目用地</td><td>公顷</td><td>659</td></tr>
<tr><td>占比</td><td>%</td><td>21</td></tr>
<tr><td>经营性项目用地</td><td>公顷</td><td>1123</td></tr>
<tr><td>占比</td><td>%</td><td>37</td></tr>
</table>

2013年国有建设用地供应情况表

用地性质	供地方式	数量（公顷）	备注
住宅用地	出让或划拨	1005	其中：保障性安居工程用地合计 526 公顷
商业、办公用地	出让	333	
工业用地	出让	1017	
公用设施用地	划拨	513.77	
公共建筑用地	划拨	657.41	
交通运输用地	划拨	1190.36	
水利设施用地	划拨	62.63	
特殊用地	划拨	37.65	
总计	/	4817	

【高标准基本农田建设情况】 根据《关于下达〈2013 年全国高标准基本农田建设计划〉的通知》（国土资发〔2013〕66 号）要求，即时组织编制并上报了本市高标准基本农田建设 2013 年度实施方案，明确了高标准基本农田的建设任务、建设要求、建设程序及保障措施。截至 2013 年底，本市共完成高标准基本农田建设任务 79.1 万亩。

【基本农田保护标志牌管护】 截至 2013 年底，本市已共设立基本农田保护标志牌 280 块。为做好已设立标志牌日常管护工作，建立了基本农田保护标志牌巡查制度，并作为重点巡查事项之一纳入土地巡查工作中，做到及时发现、及时修复被损坏的标志牌。

【区县政府耕保责任考核】 2013 年，进一步完善了耕地保护考核办法，重点考核各区县的土地整治、高标准基本农田建设、城乡建设用地增减挂钩试点、设施农用地管理等相关工作，推进耕地保护相关工作有效落实。

【土地整治】《上海市土地整治规划（2011-2015 年）》于 2013 年 2 月经上海市人民政府批准同意发布实施。通过土地整治保障粮食安全战略落地、为农业现代化搭建平台；通过土地整治促进宜居和谐、美好家园建设；通过土地整治实现节约集约用地，拓展发展空间，保障发展。全市 9 个郊区县的土地整治规划编制工作正式启动，各区县 2013 年 6 月底开始向市局上报成果。目前，9 个郊区县的土地整治规划已全部完成。

【郊野单元规划编制】 开展了郊野单元规划编制理论、技术和实施政策的研究。郊野单元规划是统筹农村地区土地利用、空间布局的综合性实施规划。一般以镇域为规划编制单元，主要任务是落实总体规划要求，整合相关专业规划，依托土地综合整治平台，集聚相关政策资源，推进农村地区现状低效建设用地减量化，促进建设用地布局优化和利用效益提升、生态环境改善以及农村经济发展，是破解土地资源供需瓶颈、激发郊区发展内生动力、加快城乡统筹和美丽乡村建设、实现城乡一体化和新型城镇化发展的新途径。

【郊野公园规划建设】 2013 年，在《上海市郊野公园布局选址和试点基地概念规划》基础上，全面启动郊野公园的规划建设工作。开展了国际方案征集，形成了 5 个试点郊野单元规划（郊野公园）成果。全市首批试点推进的5个郊野公园中，嘉北、浦江、松南3个郊野公园的郊野单元规划已获得批复。

【修订规范性文件】完成了征地补偿标准的调整，以市政府名义发布了《上海市征地土地补偿费标准（2013）》、《上海市征地青苗标准补偿（2013）》、《上海市征地财物补偿标准（2013）》。开展了征收集体土地房屋补偿暂行规定实施评估和修订。经评估，决定延长《上海市征收集体土地房屋补偿暂行规定》（沪府发 [2011]75 号）有效期。

【征地房屋补偿规范化管理】2013 年全市征地项目 910 个，征地总面积 3242 公顷，全年共签订征地包干协议 438 份，涉及金额 9.55 亿元。完成结案 356 个征地项目，涉及面积 1050 公顷。2013 年共启动征地房屋补偿项目 97 个，涉及户数 4515 户。发布责令交出土地决定书 42 个，完成结案 3 个。

【土地储备】2013 年 8 月，制定了《区县土地储备规划（2013-2015 年）优化调整与 2014 年土地储备计划编制方案》，组织各区县进行实施。做好 12 个基地的征地动迁收尾工作，尽快完成土地储备；根据历年保障房用地供地计划合理安排相应土地的供应工作；继续做好基地内配套项目认定及该类土地的供应工作。

【存量工业用地二次开发】研究提出建立存量工业用地二次开发机制，包括采取区域整体转型、土地收储后再出让和有条件零星开发等政策引导机制，实行工业用地全生命周期管理和加大低效闲置违法用地处置力度等政策倒逼机制，促进存量工业用地二次开发。在上港十四区和虹桥机场东片区、普陀桃浦工业区分别探索实行单一主体和联合主体区域整体转型模式，按照“统筹规划、公益优先”的要求，优先保障公益性设施，后进行经营性开发，通过存量补地价的方式支持存量工业用地的二次开发。

【研发总部类用地管理】在张江、金桥等特定地区政策探索试点的基础上，研究出台《关于增设研发总部类用地相关工作的试点意见》（沪规土资地〔2013〕153 号）。在保持国家用地分类标准相对不变的前提下，结合上海实际，从新增研发总部类用地分类标准、规划指标和编制程序、供地方式和地价设定、存量土地调整、后续监管等方面明确了管理要求。

【农村集体建设用地流转】积极开展集体建设用地流转配套政策研究，编制集体建设用地流转方案，选择奉贤区四团镇拾村村和横桥村、青浦区练塘镇金前村、金山区张堰镇秦山村和宝山区罗店镇束里桥村等五个村，开展集体建设用地流转试点工作。在前期试点的基础上，探索研究上海市农村集体经营性建设用地使用权流转办法，从流转范围、流转方式和程序、地价管理与收入分配、转让抵押登记管理、土地使用权收回等方面开展研究，引导和规范农村集体经营性建设用地使用权流转。

【闲置土地处置】2013 年 3 月起，组织开展了全市 2011 年已供应工业用地专项清理工作。根据专项调查情况，对各区县逾期未开工项目进行逐个梳理，推进项目开发建设。同时，将 2011 年工业用地利用情况通报各区县政府，暂停相关区县逾期未开工项目排名较前的乡镇新增工业用地出让。全市 2011 年逾期未开工地块完成处置 87 幅（共 293 公顷），预期未开工率由 24% 降低至 6%，有力推进了全市闲置土地处置，促进了土地节约集约利用。

【城乡建设用地增减挂钩试点】截至 2013

年底，累计批复增减挂钩试点项目区 20 个，分布在松江、嘉定、金山、奉贤、崇明等区县；正式下达挂钩置换建设用地指标 9358 亩，挂钩周转耕地指标 7689 亩。其中，2013 年共批准增减挂钩实施规划 5 个，正式下达挂钩置换建设用地指标 1303 亩，挂钩周转耕地指标 1119 亩。目前，15 个项目区已实施建设，共使用挂钩置换建设用地指标 4310 亩，挂钩周转耕地指标 3581 亩。已批挂钩项目区拆旧地块全部完成整理复垦立项工作，其中已完成建设用地复垦 514 亩，建设用地复垦为耕地 480 亩。

【土地交易业务入市前期工作】2013 年，对浦东、黄浦、虹桥、临港等 20 个区县、管委会拟入市的经营性用地进行了入市研判，研判地块总计 299 幅，面积合计 1314.02 公顷。2013 年，共举办了 9 场区域推介会，涉及临港、松江、虹口、金山、宝山、青浦、普陀、南汇新城以及安徽省马鞍山市。累计参与活动的开发商数达到 900 余次，基本覆盖知名房企。通过“上海土地市场网”及手机 APP 建立专属区域推介、地块推介板块。

【土地市场监测与预警】根据国土资源部加强土地交易市场交易动态预测、监测的要求，及时反映土地市场公告情况及交易动态。2013 年，共进行交易预告地块 257 幅，面积 1182.49 公顷，其中经营性用地 252 幅，面积 1150.69 公顷；存在多名竞买人的工业用地 5 幅，面积 31.8 公顷。交易结果反馈地块共 276 幅，面积 1270.66 公顷，其中经营性用地 271 幅，面积 1238.86 公顷；存在多名竞买人的工业用地 5 幅，面积 31.8 公顷。

【土地交易情况】截至 2013 年底，经市场发布出让公告并在 2013 年度成交的土地总幅数为 586 幅，成交总面积为 2147.86 公顷，成交总金额为 22405309 万元；其中经营性用地面积 1259.35 公顷（含保障性用地 387.03 公顷），工业用地面积 888.51 公顷，分别占总量的 58.6% 和 41.4%。截至 2013 年底，共发布转让公告 10 期，共计 12 幅地块（经营性用地 1 幅、工业用地 11 幅）。2013 年 3 月，首次受上海市社会保险事业基金结算管理中心委托组织实施了 4 处 24 套社保房产的公开挂牌转让活动。最终共 16 套房产落槌成交，成交总价约 2502 万元。

【出让合同后续监管】2013 年，编制完成《合同监管工作手册》，进一步提高监管工作的精细化程度。开展对国土资源部“大面积、大房企”（双“16”）项目、高溢价率项目等的重点监管。

【通过国土部检查验收】制定了《上海市集体土地所有权调查登记成果检查验收方案》，检查验收工作由市、区县联合实施，重点检查资料完整性、权属正确性、界线准确性、数据库成果和档案规范性五项内容。9 月底，浦东新区和崇明县代表上海市通过了国土部检查验收，获得了高度评价。目前，本市在办理农转用、土地征收审批，农村土地整治项目过程中，初步建立集体土地所有权凭证管理用地制度。

【稳妥开展农村地籍调查试点】稳步推进宅基地排摸和农村地籍调查试点。一是在全市农村范围内推开宅基地摸底工作。制定了《上海市农村宅基地及其房屋摸底调查工作实施方案》，采取镇村填报，市区逐级汇总统计的方式，掌握全市宅基地建设总体情况。二是制定了《上海市农村宅基地调查确权登记试点村工作方案》，在奉贤区拾村村开展农村地籍调查试点工作。

【基本实现宗地统一编码全覆盖】按照技术准备、示范先行、推广实施、双码运行和成熟并轨五个阶段的要求，研究制定了《上海市宗地统一代码编制方案》，选取普陀区建成省级示范区建设。截至2013年12月底，8个中心城区宗地统一代码编制工作已基本完成。9个郊区县按照急用现行的原则，也实现了集体土地所有权宗地统一编码，进一步推开使用权宗地编码工作。

（四）地矿管理

【概况】 2013年，本市地面继续维持微量沉降的态势，全市平均地面沉降量5.9毫米，与上年基本持平，但局部地区仍存在差异沉降。加强地质灾害应急管理，选择工程建设活动比较集中的重点区域，开展了典型地区地质灾害预防监测和汛期地质灾害巡查。充实调整了《上海市规划和国土资源管理局地质灾害应急救援队工作手册》内容。推进浅层地热能开发利用，编制开发利用规划并进行试点，完成奉贤南桥新城浅层地热能资源详查工作，完成地温监测网建设及地温监测。海岸带地质调查方面，完成年度海岸带地质调查设计实物工作量，启动海岸带地质调查与监测相关课题研究。加强矿产资源开发管理与地质环境保护。

【完善地面沉降防治法规制度体系】《上海市地面沉降防治管理条例》于2013年7月1日起实施，成为我国首部地面沉降防治地方法规。编制完成了《上海市地面沉降监测和防治设施布设规划（2013-2020年》并获市政府批准；出台了《上海市重大市政工程设施及周边地面沉降监测技术规定》；完成了《上海市地质灾害危险性评估管理规定》修订和《地面沉降监测与防治设施设置技术规定》修编工作。

【全面落实年度地面沉降防治计划】 一是完成全市地面沉降监测，以及重大市政工程设施沉降监测网与全市地面沉降监测网的联测；二是落实地面沉降防治措施，科学合理地制定2013年度地下水采灌计划，持续压缩地下水开采量，增加地下水人工回灌量，合理调配地下水资源利用的空间分配，保障了全市地面沉降量控制在预期范围内；三是将地质灾害危险性评估管理工作纳入规土管理工作流程，在土地出让、规划选址等环节告知相关要求，在《建设工程规划许可证》审批中嵌入了地矿预审环节；四是加强基础研究，完成了《地面沉降分区管制关键技术研究》和《深基坑降排水地面沉降防治关键技术及示范工程》2013年度各项工作。

【推进长江三角洲地区地面沉降防治区域协作】 2013年10月25日，在上海召开2013年长江三角洲地面沉降防治省际联席会议，审议通过了《长江三角洲地面沉降防治规划（2014-2020年）编制纲要》和《长江三角洲地面沉降信息系统建设工作方案》，启动了规划编制和信息系统建设工作。

【地质资料管理】 出台了《上海市地质资料信息数据库建设指南（试行）》，全面指导本市地质资料数据库建设和系统开发工作。2013年，各区（县）和派出机构地质资料汇交数量大幅度增加。截至2013年底，全市汇交资料2500余份，收集钻孔资料5.5万余个。累计收集地质钻孔102万个，建立了包括37.5万个地质钻孔、1600万条地质环境监测信息、千余幅专题地质图的核心数据库。2013年，利用“上海地质资料信息共享平台”为495人次提供地质资料到馆查阅利用服务，共提供利用资料1731份次，2892件次。截至2013年底，网上资料目录查询数据库已存资料目录17694条，共享平台网站访问量9万余人次，注册用户达600余个。

【浅层地热能开发利用】 开展了《上海市浅层地热能开发利用规划》的编制工作。结合土地出让，在杨浦区平凉街道12街坊某出让地块开展了浅层地热能应用试点工作；开展了浅层地热能服务于上海国际旅游度假区规划试点工作。完成奉贤南桥新城浅层地热能资源详查工作，共完成野外钻孔11个，总进尺1370米，完成8个孔的热响应试验，室内常规土样测试252件，热物参数测试252组，水质分析11套，完成了奉贤南桥新城浅层地热能资源详查报告的编制工作。完成地温监测网建设及地温监测，完成奉贤中学地温长期监测孔（OT8）、上海青浦四季百果园地温长期监测孔（OT9）。完成崇明农业示范工程、漕河泾开发区科技广场双子楼两个应用工程跟踪监测场的建设工作。完成监测网日常监测和维护工作。完成了奉贤、崇明、青浦和嘉定四个科学试验场勘查测试和试验方案深化工作。

【完成年度海岸带地质调查设计实物工作量】 2013年，主要开展10米以浅区域的地质环境监测和10米以深区的综合地质调查工作，实际完成实物工作量全部或略超设计要求。2013年11月23日，年度外业工作通过了中国地质调查局组织的专家验收，被评为优秀级。

【启动海岸带地质调查与监测相关课题研究】 完成"长江水下三角洲全新世沉积环境和地层演变重建"和"海岸带地质环境监测与预警关键技术研究"2个课题的研究方案编制；完成"上海市后备土地资源潜力评价与开发可行性研究"等5个课题的前期需求调研和资料收集；完成1:5万海岸带地质调查设计编写。

【强化矿产资源管理监督管理】 完成了矿产资源开发利用年检，开采矿种为矿泉水和砖瓦用粘土，其中砖瓦粘土企业30项，矿泉水企业12项。继续进行砖瓦粘土厂矿企业关停工作。截至2013年底，全市关停砖瓦粘土厂矿企业13家，30家砖瓦粘土厂矿企业继续生产运营。

【完成矿产资源补偿费管理】 全年核定、征收矿产资源补偿费计308.80万元，其中矿泉水资源补偿费104.94万元，砖瓦粘土资源补偿费203.86万元。全年完成矿泉水开发利用年报数据统计12家，固体矿产资源企业年报数据统计41家，其中，包含2013年关闭的11家砖瓦粘土厂矿企业。

【加强矿产督察员队伍管理】 2013年，共有部、市级矿产督察员11名，其中，部级督察员2名，市级督察员9名。矿产督察员认真履行工作职责，依法开展矿产督察工作。

【地质环境保护】 一是加强矿山地质环境恢复治理，继续抓好松江采石坑矿山地质环境恢复治理项目，完成小昆山昆岗、辰山（二期）及罗山（一期）采石坑的地质环境恢复治理项目竣工验收工作。二是实施"矿山复绿"行动方案，按计划开展辰山和横山采石坑矿山复绿。三是指导完成《崇明岛国家地质公园发展规划》编制工作。四是开展"世界地球日"宣传活动，组织开展2013年第44个"世界地球日"宣传活动，大力宣传浅层地热能开发利用。五是完成《2013全国地下水基础环境状况调查评估实施方案》编制工作，并协同环保局组织开展地下水质量评价与污染评价工作。

（崔国强）

二、重大工程

（一）综述

【概况】2013年是实施“十二五”规划的关键年，是新一届政府的开局年，市重大工程建设根据市委、市政府的统一部署，坚持“创新驱动、转型发展”的总体要求，突出规划，布局向郊区倾斜、注重导向，发展向区域集聚、聚焦战略，资源向重点转移，全年调整安排92个建设项目。市重大工程建设面对前期工作推进难、热点项目落地难、重点问题协调难，全体参建人员始终以科学发展观为指导，关注热点，确保项目依法落地、注重难点，搞好瓶颈问题破解、把握重点，推动区域项目建设，经各方的支持配合和共同努力，全年完成投资1203.38亿元，占本市全社会固定资产总投资额的22%；上汽集团技术中心自主品牌扩建项目二期工程、大芦线航道整治二期工程、青草沙风电项目、浦东机场T1航站楼改造工程、上海科技大学、500千伏输变电工程虹杨站等18个项目实现开工；轨道交通11号线北段二期、天然气主干网二期、皖电东送淮南至上海特高压交流输电示范工程、上海交响乐团迁建、老港固体废弃物综合利用基地等21个项目建成投入使用；有4个工程评为文明示范工程、有12个工地评为文明示范工地、有98个工地评为文明工地，确保在工程建设中起到“率先垂范”作用；有11家单位评为金杯公司、13个集体评为金杯集体、265名个人评为建设功臣，涌现出一批优秀集体、优秀建设者和优秀组织者，受到表彰，重大工程综合管理水平进一步提升。

【结构与规模】 2013年，市重大工程年初共安排正式项目88项、预备项目30项，年计划投资1192.55亿元，计划新开工项目13项、计划基本建成项目14项。实际投资建设92项目，新开工项目18项、基本建成21项。一是投资建设产业结构优化升级项目28个，占项目总数的31.8%；年计划投资409.57亿元，占年计划总投资的34.3%。主要有中航发动机、民用航空电子产业园、集成电路等战略性新兴产业项目；中船造船、上汽汽车研发中心等先进制造业项目；紫竹新兴产业技术研究院、联影高端医疗设备等科技创新平台项目；上海中心大厦、迪士尼项目一期工程等现代服务产业项目。二是投资建设节能减排、生态环保设施项目18个，占项目总数的20.5%；年计划投资120.05亿元，占年计划总投资的10.1%。主要是长兴岛水系整治工程、崇明岛东风西沙水库及取水泵闸工程、中心城区排水系统改造、老港固体废弃物综合利用基地、竹园污水处理厂污泥处理工程等生态环境设施项目；东海大桥风电二期、全市燃煤电厂脱硝改造工程、崇明燃气电厂一期工程、崇明天然气管道工程、石洞口燃气生产和能源储备项目、皖电东送淮南至上海特高压交流输电示范工程、上海天然气主干网二期工程、青草沙风电项目等清洁能源节能减排设施项目。三是投资建设改善民生重大社会事业项目16个，占项目总数的18.2%；年计划投资358.56亿元，占年计划总投资的30.1%。主要有上海国际舞蹈中心和刘海粟美术馆迁建工程、上海自然博物馆、中国（上海）网络视听产业基地、国家数字出版基地、上海京剧院迁建及上海朵云轩艺术中心工程、上海交响乐团迁建、上海儿童艺术剧场等文化设施项目；保障性住房建设、大型居住社区外围市政配套项目等生活保障设施项目；提升市级医疗设施和服务能力建设项目、中山医院肝肿瘤及心血管病综合楼等医疗卫生设施项目；上海科技大学一期工程、市属高校内涵建设项目、上海体育学院中国乒乓球学院等一批教育事业项目。四是投资建设城市交通重大基础设施体系建设项目26个，占项目总数的29.6%；年计划投资304.37亿元，占年计划总投资的25.5%。主要有浦东机场T1航站楼、虹桥国际机场扩建工程东航基地（西区）二期配套工程、S26公路东延伸、大芦线航道整治二期工程等对外交通设施项目；轨道交通9号线三期工程、11号线北段工程、12号线工程、13号线、16号线工程等轨道交通项目；嘉闵高架南北延伸、虹梅南路－金海路通道新建工程、虹桥商务区会展中心外围配套道路、长江西路越江工程、中环线浦东段等市域交通设施项目。五是预备项目转正及新增项目6个，主要有上海通用设计技术中心金桥基地暨金桥扩能项目、上海世博博物馆、复旦大学内涵能力提升项目、500千伏输变电工程虹杨站、郊区垃圾无害化处理设施项目、虹桥商务区会展中心外围配套道路等。（见表1、表2）

表1　2013年重大工程建设项目结构和投资规模

项目类别	项目数（个）	占总数比例（%）	计划投资数（亿元）	占总投资比重(%)
产业结构优化	28	31.8	409.57	34.3
生态环保节能	18	20.5	120.05	10.1
重大社会事业	16	18.2	358.56	30.1
交通基础设施	26	29.5	304.37	25.5
转正及新增	6			
合计	92		1192.55	

表2　2013年重大工程正式实施项目一览表

序号	项目名称
1	中航商用航空发动机公司产业基地建设项目
2	中航商用航空发动机公司研发中心
3	中国商用飞机公司能力建设项目 （总部、设计研发中心、制造中心、大飞机客服中心、大型客机强度实验建设等）
4	ARJ-21支线飞机批生产能力建设项目（制造和客户服务部分）
5	中航民用航空电子产业园建设项目
6	上海和辉光电有限公司4.5代有源矩阵有机发光二极体面板（LTPS AMOLED）项目
7	日月光集成电路封装测试生产线建设项目
8	909工程升级改造-华力微电子12英寸集成电路芯片生产线
9	郊区县下一代广播电视网建设及有线电视数字化整体转换项目
10	联影高端医疗影像设备研发生产及总部基地建设项目
11	三一上海精机生产项目
12	国药集团奉贤生物产业基地项目
13	上汽集团技术中心自主品牌研发中心扩建项目二期工程
14	徐工集团临港奉贤基地投资项目
15	中船长兴造船基地二期工程（第一阶段）
16	光明乳业日产2000吨乳制品中央自动控制技术生产线技术改造项目
17	上海烟草集团科技创新园项目
18	国家蛋白质科学研究上海设施项目
19	国家肝癌科学中心
20	紫竹新兴产业技术研究院
21	上海自然博物馆
22	上海中心大厦
23	上海国际金融中心（上海金融交易广场）
24	上海国际航运服务中心
25	世博A、B片区地下空间开发及配套
26	虹桥商务区核心区基础设施配套项目
27	迪士尼项目一期工程及市政配套
28	中国博览会会展综合体项目
29	上海横沙渔港核心功能区建设项目
30	上海科技大学新校区一期工程
31	市属高校内涵建设（上海师范大学、上海理工大学、华东政法大学、上海第二工业大学、 上海工程技术大学、上海中医药大学、上海对外贸易大学、上海海事大学等8所）

序号	项目名称
32	上海体育学院中国乒乓球学院
33	华东理工大学奉贤校区二期工程
34	“十一五”提升市级医疗设施和服务能力建设项目 （瑞金、新华、一妇婴、三院、儿童、九院、儿中心、龙华等8家医疗机构）
35	中山医院肿瘤及心血管病综合楼
36	上海国际舞蹈中心和刘海粟美术馆迁建工程
37	上海儿童艺术剧场
38	上海交响乐团迁建
39	上海京剧院迁建工程和上海朵云轩艺术中心
40	中国（上海）网络视听产业基地
41	国家数字出版基地二期、三期
42	保障房建设
43	第一轮大型居住社区外围市政配套项目
44	第二轮大型居住社区外围市政配套项目
45	长兴岛水系整治工程一期（含青草沙周边水系调整工程）
46	白龙港片区南线输送干线完善工程
47	崇明原水输水系统一期工程
48	崇明岛东风西沙水库及取输水泵闸
49	中心城区排水系统改造工程（大定海、新宛平、龙华、庙行、庙彭等）
50	重点河道和泵闸工程（外环西河河道及泵闸，朱泖河、 淀东、西大盈、华新、洞泾港、周浦塘、友谊河、虹口港等8座泵闸）
51	竹园污水处理厂污泥处理工程
52	老港固体废弃物综合利用基地
53	全市燃煤电厂脱硝改造工程
54	皖电东送淮南至上海特高压交流输电示范工程
55	崇明燃气电厂一期工程
56	崇明岛天然气管道工程
57	上海华电产业及能源配套项目 （包括航改型燃气轮机项目、莘庄工业区热电冷三联供项目、南桥新城新能源中心项目）
58	上海天然气主干管网二期项目
59	石洞口燃气生产和能源储备项目
60	220千伏输变电工程（航吉、提篮桥、上川、洞庭、莘东、即墨、上南等7个）
61	东海大桥风电二期
62	青草沙风电项目
63	浦东机场T1航站楼改造工程
64	虹桥国际机场扩建工程东航基地（西区）二期配套工程
65	S6公路
66	S26公路东延伸
67	杭申线航道整治工程
68	大芦线航道整治二期工程
69	轨道交通9号线三期工程
70	轨道交通11号线北段二期工程
71	轨道交通11号线北段（罗山路–迪士尼乐园）
72	轨道交通12号线工程

序号	项目名称
73	轨道交通13号线一期工程
74	轨道交通13号线二期工程
75	轨道交通16号线工程
76	上海西站地下南北通道及配套工程
77	嘉闵高架南延伸（莘松路—联明路）
78	嘉闵高架北延伸（北翟路—G2公路）
79	嘉闵高架北北延伸（G2公路-S6公路）
80	虹梅南路—金海路越江工程
81	虹梅南路-金海路通道（虹梅南路段）新建工程
82	周家嘴路越江工程
83	长江西路越江工程
84	中环线浦东段
85	区与区连接道路（金昌路、宝安公路等50条道路）
86	崇明东滩基础设施开发项目
87	上海通用设计技术中心金桥基地暨金桥扩能项目
88	上海世博会博物馆
89	复旦大学内涵能力提升项目
90	500千伏输变电工程虹杨站
91	郊区垃圾无害化处理
92	虹桥商务区会展中心外围配套道路

【计划投资全面完成】2013 年，市重大工程建设年计划投资 1192.55 亿元，实际共完成投资 1203.38 亿元，占本市全社会固定资产投资总额的 22%。（见表 3）

【计划建成或基本建成项目全面实现】2013 年，重大工程计划 14 个项目建成或基本建成，实际有轨道交通 11 号线北段二期、天然气主干网二期、皖电东送淮南至上海特高压交流输电示范工程、上海交响乐团迁建、老港固体废弃物综合利用基地等 21 个项目建成投入使用。（见表 5）

表3　2013年重大工程建设项目完成投资情况

项目分类	项目总数（个）	完成投资额（亿元）
产业结构优化	29	412.8
生态环保节能	20	121.64
重大社会事业	18	367.16
交通基础设施	25	301.78
合　计	92	1203.38

【计划开工项目全面启动】2013 年，重大工程计划新开工 13 个项目，实际有上汽集团技术中心自主品牌扩建项目二期工程、大芦线航道整治二期工程、青草沙风电项目、浦东机场 T1 航站楼改造工程、上海科技大学、500 千伏输变电工程虹杨站等 18 个项目实现开工建设。（见表 4）

【节点计划全面受控】一是产业结构优化重大项目加快推进。加快了中航发动机、集成电路、中船造船、上汽汽车研发中心、紫竹

表4　2013年重大工程开工项目一栏

序号	项目名称	开工时间（年月）
1	上汽集团技术中心自主品牌研发中心扩建项目二期工程	2013.01
2	上海科技大学新校区一期工程	2013.08
3	市属高校内涵建设	2013.01
4	东海大桥风电二期	2013.09
5	青草沙风电项目	2013.01
6	浦东机场T1航站楼改造工程	2013.01
7	虹桥国际机场扩建工程东航基地（西区）二期配套工程	2013.11
8	大芦线航道整治二期工程	2013.11
9	轨道交通11号线北段（罗山路-迪士尼乐园）	2013.01
10	嘉闵高架北北延伸（G2公路-S6公路）	2013.12
11	虹梅南路-金海路通道（虹梅南路段）新建工程	2013.12
12	周家嘴路越江工程	2013.12
13	上海通用设计技术中心金桥基地暨金桥扩能项目	2013.06
14	上海世博博物馆	2013.12
15	复旦大学内涵能力提升项目	2013.12
16	500千伏输变电工程虹杨站	2013.06
17	郊区垃圾无害化处理设施（闵行、松江、奉贤、崇明、嘉定等5个区县）	2013.12
18	虹桥商务区会展中心外围配套道路	2013.06

表5　2013年重大工程基本建成项目一栏

序号	项目名称	建成时间（年月）
1	中航商用航空发动机公司研发中心	2013.11
2	ARJ-21支线飞机批生产能力建设项目（制造和客户服务部分）	2013.11
3	909工程升级改造-华力微电子12英寸集成电路芯片生产线	2013.12
4	联影高端医疗影像设备研发生产及总部基地建设项目	2013.12
5	三一上海精机生产项目	2013.10
6	光明乳业日产2000吨乳制品中央自动控制技术生产线技术改造项目	2013.09
7	国家蛋白质科学研究上海设施项目	2013.12
8	“十一五”提升市级医疗设施和服务能力建设项目	2013.12
9	中山医院肿瘤及心血管病综合楼	2013.12
10	上海儿童艺术剧场	2013.06
11	上海交响乐团迁建	2013.12
12	上海京剧院迁建工程	2013.12
13	上海朵云轩艺术中心	2013.12
14	竹园污水处理厂污泥处理工程	2013.12
15	老港固体废弃物综合利用基地	2013.06
16	皖电东送淮南至上海特高压交流输电示范工程	2013.09
17	上海天然气主干管网二期项目	2013.06
18	S26公路东延伸	2013.12
19	轨道交通11号线北段二期工程	2013.08
20	轨道交通16号线工程	2013.12
21	区与区连接道路（金昌路、宝安公路等50条道路）	2013.12

新兴产业技术研究院、联影高端医疗设备、上海中心大厦、迪士尼项目一期工程等一批项目的建设。二是重点区域项目顺利推进。强化重点区域支撑作用，加快推进世博园区、虹桥商务区、国际旅游度假区、临港地区、前滩地区建设，有序推进黄浦江两岸开发。三是社会民生项目重点推进。保障性住房、大型居住区配套道路全面推进，大学校区、医院、文化设施等社会事业项目全面开展；四是生态环保和节能减排类项目稳步推进。竹园污水处理厂污泥处理工程、老港固体废弃物综合利用基地建成投用，全市燃煤电厂脱硝改造工程、崇明燃气电厂一期工程、崇明天然气管道工程等项目稳步推进；五是城市运行保障及交通基础设施体系项目有序推进。电力、天然气配套工程和轨道交通、越江工程、道路等项目有序推进。

（二）重大基础设施建设

【概况】2013 年，安排重大基础设施建设项目 45 项，完成投资 423.42 亿元。推进建设坚持枢纽完善、功能辐射、专项投入，为城市安全有效运行提供支撑。

城市对外交通设施建设。浦东机场 T1 航站楼启动改造、虹桥机场扩建工程东航基地（西区）二期配套工程开工建设；S26 公路东延伸年内主线开通；杭申线航道整治工程航道工程完成，铁路和公路桥改建正在积极推进，大芦线航道整治二期工程开始实施；上海西站地下南北通道及配套工程取得阶段性成果，S6 高速公路部分区段具备通车条件、上海城市交通辐射能力将进一步加强。

轨道交通设施建设。11 号线北段工程（罗山路－迪士尼乐园）开工建设，12 号线工程和 13 号线一、二期工程全面推进，轨道交通 9 号线三期工程西线投入试运营、东线前期工作全面展开；11 号线北段二期、12 号线工程东段、16 号线工程建成通车，新增运营里程 99 公里，增强了郊区与中心城区的联系能力。

市域交通设施建设。嘉闵高架北北延伸、虹梅南路－金海路通道新建工程、周家路越江工程和虹桥商务区会展中心外围配套道路实现开工，嘉闵高架南北延伸、虹梅南路－金海路越江工程、长江西路越江工程、中环线浦东段项目建设加快推进，崇明东滩基础设施开发项目市政道路建设全面实施，区与区连接道路基本完成，进一步完善城市路网布局、改善区域交通条件。

生态环境设施项目建设。长兴岛水系整治工程、重点河道和泵闸工程等项目开始实施；郊区集约化供水工程、老港固体废弃物综合利用基地、白龙港片区南线输送干线完善工程、竹园污水处理厂污泥处理工程全面推进；白龙港污水处理厂扩建二期工程、青草沙水源地南汇支线工程基本建成投用，进一步提高城市供水和雨污水处理运行及固体废弃物综合利用水平，改善了上海生态环境。清洁能源、节能减排设施建设。崇明天然气主干网项目、上海华电莘庄工业区热电冷三联供改造项目启动实施；皖电东送淮南至上海特高压交流输电示范工程、崇明燃气电厂一期工程、全市燃煤电厂脱硝改造工程启动实施；上海天然气主干网二期工程、石洞口燃气生产和能源储备项目、220 千伏输变电工程全面展开；崇明北沿风电工程、500 千伏输变电工程新余站、临港燃气电厂一期工程按计划建成投运，进一步提高上海市电力、燃气调峰和应急供应能力，为全面实现上海节能减排目标作出贡献，提升了上海城市环境质量。

【东海大桥风电二期开工】9 月，东海大桥风电二期开工。该工程位于东海大桥西侧 4 号通航孔和 2 号通航孔之间的海域，海域平均水深在11米左右。本期工程装机容量102.2兆瓦，采用的27台上海电气生产的W3600M-116风机和1台华锐风电生产的SL5000风机。年等效满负荷小时数为2333小时，年上网电量为23845.8万千瓦·小时。本项目是东海大桥风电一期项目的延续，二期项目是大容量风机海上应用的示范，对于提高我国海上大容量风机自主研发能力有重要的推动作用。项目建设对于促进上海市节能减排、优化区域能源结构等具有十分重要的意义。

【青草沙风电项目开工建设】1月，青草沙风电项目开工建设。该工程位于上海市崇明县长兴岛北部海塘沿线，青草沙水库南岸，东起长江大桥西侧4公里，至中央沙东侧为止，建于长兴岛老海塘内侧。工程建筑面积约为11111平方米，主要由本项目安装的24台单机容量为2兆瓦的风力发电机组，总装机容量为48兆瓦，110千伏升压站一座。本项目建成后，有利于改善上海能源结构。年上网发电量10028.1万千瓦·小时，与相同发电量的火电相比，每年节约标煤约35098.35吨(火电煤耗按350克/千瓦·小时计)，折合原煤49129.51吨。同时相应每年可减少燃煤所造成的多种有害气体的排放，其中二氧化硫57.91吨、氮氧化物273.76吨，烟尘3.36吨，减排温室效应性气体二氧化碳(CO_2)90313.07吨，灰渣6524.7吨。此外还可节约用水31688.8吨，减少相应的水力排灰废水和温排水等对水环境的污染，从而节省环境保护和环境处理的费用和资源。

【浦东机场T1航站楼改造工程启动】1月，浦东机场T1航站楼改造工程启动。实施上海浦东国际机场T1航站楼流程改造工程，将提高浦东机场T1航站楼的年旅客处理能力，加强完善旅客中转及值机功能，推进浦东机场航空枢纽港建设，完成上海市航空枢纽战略规划赋予浦东机场承运上海航空市场运量的增量部分的重任，全面实现航空枢纽港的功能，强化自身作为长江三角洲地区中心机场的市场地位，大力发展航空物流产业。

【虹桥国际机场扩建工程东航基地（西区）二期配套工程启动建设】11月，虹桥国际机场扩建工程东航基地（西区）二期配套工程启动建设。该工程位于虹桥机场西航站楼南侧，机场跑道用地西侧，申达五路东侧，虹翔三路两侧的II-C（北）、II-H8和II-H9地块内。主要建设内容为：新建运控中心、生产保障用房、空勤用房、IT中心用房等。工程总建筑面积为227133平方米，其中地上建筑面积为165133平方米，地下建筑面积为62000平方米，由南区和北区两栋楼组成。项目建成后能有效解决东航发展中基础设施存在的瓶颈，不仅有利于提高东航的运营能力，更有利于上海航空枢纽港的长远可持续发展，并为虹桥机场东区的升级改造提供一个转移空间。

【大芦线航道整治二期工程开始实施】11月，大芦线航道整治二期工程开始实施。大芦线航道二期工程是大芦线航道的重要组成部分，是通往芦潮港内河集装箱港区的必经航段，也是通往浦东地区规划的干线航道大浦线的必经航段。本项目西起浦星公路桥以西180米处，东至大治河东闸，航道总里程约36.1公里，规划等级为Ⅲ级，主要工程内容为：航道整治工程、跨航道桥梁工程、护岸工程及防汛通道、助航设施等。项目将分五段实施，分别为闵行段、航头新场段、宣桥段、大团惠南段、老港书院段。

【轨道交通11号线北段（罗山路－迪士尼乐园）实施建设】1月，轨道交通11号线北段（罗山路－迪士尼乐园）实施建设。该工程位于迪士尼园区内，线路起自11号线北段罗山路站，沿罗山路、罗南大道、秀浦路、上跨沪芦高速公路接迪士尼乐园环路后，止于迪士尼乐园站。线路长9.2公里，其中地下线1.5公里，高架线及地面线7.7公里。设车站3座，其中高架站2座，地下站1座。换乘站1座，与其他轨道交通线路形成换乘。利用既有隆德路控制中心以及规划的川杨河停车场。

【嘉闵高架北北延伸（G2公路–S6公路）开工】12月，嘉闵高架北北延伸（G2公路–S6公路）开工。嘉闵高架路北北延伸段高架道路南起G2公路立交北侧，北至S6公路，长约6.29公里；地面道路南起曹安公路，北至S6公路北侧，长约6. 46公里。高架道路双向6车道；地面车道双向4快2慢。

【虹梅南路–金海路通道（虹梅南路段）新建工程启动】12月，虹梅南路–金海路通道（虹梅南路段）新建工程启动。该工程北起闵行区永德路，下穿剑川路、东川路，向南至奉贤区西闸公路以南，全长5.26公里。建成后服务于沿线奉贤滨海、南桥新城、紫竹科学园区、闵行新城等地区入城交通，将大大加强南部郊区新城与中心城的联系，缓解A4公路、莘庄立交及沪闵高架的交通压力，对促进郊区经济发展具有十分重要意义。

【周家嘴路越江工程开工建设】12月，周家嘴路越江工程开工建设。工程西起浦西周家嘴路内江路交叉口，东至浦东东靖路张杨路交叉口，长约4.45公里。建成后改善中心城北部地区交通条件，均衡区域内过江交通设施分布，改善集疏运系统，缓解翔殷路越江隧道拥堵。

【500千伏输变电工程虹杨站启动建设】6月，500千伏输变电工程虹杨站启动建设。该工程位于上海市杨浦区逸仙路以东、小吉浦河以西、三门路以南、政立路以北。工程总建筑面积28146平方米，管理用房为地上五层，总建筑面积20000平方米。地下停车库：地下二层，设计埋深10.6米，建筑面积8000平方米。采用逆作法施工。工程建成后，将极大改善上海北部地区电网结构，大大提高供电可靠性。

【郊区垃圾无害化处理设施（闵行、松江、奉贤、崇明、嘉定等5个区县）开工建设】12月，郊区垃圾无害化处理设施开工建设。该设施分设在闵行、松江、奉贤、崇明、嘉定等5个区县。（1）闵行区：位于闵行区华漕镇，总用地面积167亩。餐厨垃圾处理技术工艺路线拟调整为好氧发酵工艺，第一期建设餐饮垃圾处置规模200吨/日设施。（2）松江区：位于上海市松江区天马镇，总面积13公顷。本期工程处理规模为2000吨/日，拟设置四条500吨/日的机械炉排焚烧炉以及配套的中温中压锅炉，设两台18兆瓦的凝汽式汽轮机，配套两台20兆瓦的发电机组，年运行8000小时。（3）奉贤区：位于上海市奉贤区柘林镇楚华地块，占地面积约80亩。处理规模为2000吨/日，年处理能力为33.3万吨。设计两条500吨/日焚烧处理线，配备一套容量为18兆瓦的热力发电系统，年运行8000小时。（4）崇明县：位于上海崇明岛北部滩涂，堡镇港北闸附近，占地52.1亩。处理规模为500吨/日，设计两条250吨/日焚烧处理线，配置一套9兆瓦汽轮发电机组，年运行8000小时。（5）嘉定区：位于上海市嘉定区外冈镇古塘村，宝钱公路南侧约600米处，外钱公路以西，规划郊环切向线以东，郭泽塘以南区域。本厂址西南侧约1公里为江苏省昆山界，西北距江苏省太仓界近2公里，占地面积107.5亩（其中焚烧区101.5亩，综合办公区6亩），总建筑面积40255平方米，日焚烧垃圾1500吨（3条

500吨/日焚烧生产线），年焚烧能力为50万吨，设2台15兆瓦的凝汽式汽轮机，配2台15兆瓦发电机。

【虹桥商务区会展中心外围配套道路全面启动】6月，虹桥商务区会展中心外围配套道路全面启动。该配套工程主要包括S26东延伸入城段、诸光路地道及区属道路。（1）规划六路（诸光路－涞港路）新建工程：该工程从诸光路至盈港东路，作为中国博览会会展综合体项目的主要通道，是适应区域交通需求，改善交通条件的需要，完善市政配套设施，其建设十分必要。（2）青浦区诸光路（会卓路－区界）道路改建工程：该工程从会卓路至区界，支撑虹桥商务区开发，形成对外联系通道，满足会展交通需求。（3）崧泽大道（诸光路－涞港路）新改建工程：该工程从诸光路至涞港路，是服务于会展的周边环路重要组成部分，是青浦重要的东西向交通走廊，客货运兼重。（4）盈港路（涞港路－华徐公路）新改建工程：1、盈港路三期（西郊大公馆－涞港路）新改建工程，从西郊大公馆路至诸卫路，贯通区与区对接道路，加强青浦、闵行两区联系，为虹桥商务区，国家会展中心服务；2、盈港路六期（华徐公路－西郊大公馆）新改建工程，从华徐公路至西郊大公馆路，为中国博览会外围配套"三纵五横"主干路系统的重要组成部分，满足会展交通需求。（5）涞港路（崧泽大道－盈港东路）道路新建工程：该工程北起崧泽大道、南至盈港东路－规划六路，位于闵行区与青浦区交界处，按面积划分，闵行区占2/3，青浦区占1/3。全长1.3公里，规划红线宽度为40米，道路等级为城市支路。作为国家会展中心的重要配套道路，与徐泾中路、诸光路、崧泽大道组成了会展外环路系统。（6）天山西路（区界－G15）。（7）蟠龙路（崧泽大道－沪青平公路）。（8）华徐公路（北青公路－崧泽大道）。（9）S26东延伸入城段：工程范围西起S26公路／G15立交、东接北翟路高架／嘉闵高架立交，全长约7.08公里。地面道路北青公路工程范围为西起华徐公路，东至华翔路，全长约4.23公里。全线设置G15、诸光路、嘉闵高架三处立交。（10）崧泽高架新增匝道：在崧泽高架主线收费广场东侧增设一对平行式上、下匝道，全长约1公里。（11）诸光路通道工程：工程北起金丰路北青公路交叉口，南至诸光路崧泽大道和会展环路交叉口（上层匝道），全长约2.8公里。地面道路以蟠龙塘为界，分别位于闵行（蟠龙塘以南约1.0公里）、青浦（蟠龙塘以北约1.8公里）两区。主线地道拟采用单圆盾构双层敷设方式，双向四车道。地道上层全长2800米，下层2526米，盾构段1390米。

【竹园污水处理厂污泥处理工程建成运营】12月，竹园污水处理厂污泥处理工程建成运营。工程位于上海市浦东新区沿塘路北、上海航道局疏浚船舶基地以东，合流污水一期排放口以西地块。本工程占地面积约5.83公顷(包括远期工程用地)。主要建设内容包括：脱水污泥接收，仓储及物料输送系统；污泥干化系统；污泥焚烧系统；余热利用系统；烟气处理系统；半干污泥储存仓库及输送系统；生产用水处理系统；除臭；以及厂区总体布置、道路交通、供排水、蒸汽供给、消防等配套工程。本工程主要解决竹园第一污水处理厂、竹园第二污水处理厂、曲阳水质净化厂和泗塘水质净化厂等四座污水处理厂产生的污泥出路问题，实现污泥的减量化，并为污泥的资源化提供了条件。

【老港固体废弃物综合利用基地建成投用】6月，老港固体废弃物综合利用基地建成投用。该基地主要由老港再生能源利用中心、老港综合填埋场一期项目、老港固体废弃物综合利用基地内河、老港固体废弃物综合利用基地垃圾渗滤液应急排放管道组成。（1）老港再生能源利用中心：工程位于上海市浦东新区老港固体废弃物综合利用基地东南角，0号大堤以西，宣黄公路以北。工程总建筑面积49805平方米，用地面积约159898平方米。总规模为日焚烧处理生活垃圾6000吨。一次规划、分期实施。本期工程规模为日焚烧处理生活垃圾3000吨，同时利用焚烧余热发电，发电机装机容量60MW。部分公用设施按远期规模预留。工程主要内容包括：垃圾焚烧系统、储运系统、余热利用系统、烟气处理系统、灰渣处理系统、工业水处理系统、化学水处理系统、废水处理系统，配套建设厂内道路、供排水、景观绿化、电气、仪表、自控、在线监测、门卫等辅助设施。（2）老港综合填埋场一期项目：工程位于上海市浦东新区老港固体废弃物综合利用基地，宣黄公路以北，规划老港再生能源利用中心西侧，南靠规划内河码头；渗沥液处理厂位于基地规划范围东北部。工程总建筑面积11160平方米控制，其中填埋库区配套设施1758平方米，渗滤液处理厂3481平方米，监督管理中心2190平方米，维修中心3731平方米。（3）老港固体废弃物综合利用基地内河：工程位于老港固体废弃物综合利用基地南侧，码头布置在规划垃圾焚烧厂南侧。包括新开河道和新建集装化转运码头两部分。一是新开河道，全线通航标准按III级航道通航要求建设，新建河道长度约3741米，其中航道、码头长度约3350米，非航道段河道长度约391米的沿河护岸、防渗墙，河道面宽70米，底宽48.4米，航道设计水深4米（西端连接清运河~东端至0#大堤）。二是新建集装化转运码头，吞吐能力为6000吨/日，4个1000吨级泊位，2个待泊泊位；近期考虑500吨级（24TUE）环卫集装箱船运输，远期以1000吨级（63TUE）环卫集装箱船为设计船型。（4）老港固体废弃物综合利用基地垃圾渗滤液应急排放管道：工程沿拱极东路向西——两港大道向北——南横二路向西——G1501绕城高速向北，最终接入远东大道、闻居路路口已建的白龙港污水排放系统远东大道污水支线干管预留井设泵站两座，管道全长约15.7公里，输送垃圾渗滤液5000立方米/日。

【皖电东送淮南至上海特高压交流输电示范工程建成】9月，皖电东送淮南至上海特高压交流输电示范工程建成。皖电东送工程起于安徽淮南变电站，经皖南、浙北变电站、止于上海沪西变电站。线路全长656公里，全线同塔双回路架设。在上海市境内新建沪西1000千伏变电站位于青浦区练塘镇，本工程位于上海市青浦区练塘镇新松蒸公路南侧，在已建的500千伏练塘变电站西侧 站址征地面积90545平方米。新建1000千伏输电线路16.7公里，途经青浦区练塘镇、松江区新浜镇，铁塔40基（练塘镇33基、新浜镇7基）。沪西1000千伏变电站内新建建筑物包括：主控通信楼、继电器室(3幢)、消防泵房、站用电室、阀门室(3幢)、备品备件库、消防小室等，总面积为3670平方米。

【上海天然气主干管网二期项目建成投用】6月，上海天然气主干管网二期项目建成。该项目主要包括西气东输二线、川气东送主干线和上海石化用户专线工程。西气东输二线主干线工程主要包括金卫首站（规划选址用地约42亩）和约2.1公里、6.0兆帕超高压天然气管线工程。川气东送主干线工程主要包括华阳清管站（规划选址用地约22.5亩）、车墩高压站（规划选址用地约21亩）和华新清管站（规划选址用地约6亩）三座场站和约68.8公里、1.6兆帕/4.0兆帕高压、超高压天然气管线工程。上海石化用户专线工程主要包括上海石化站（规划选址用地约3亩）和约5.1公里、6.0兆帕超高压天然气管线工程。

【S26 公路东延伸建成通车】 12 月，S26 公路东延伸建成通车。本工程位于嘉定和宝山区，主线道路东起外环线，向西穿过沪嘉高速公路，在宝安公路与蕴藻浜间接嘉金公路，全长 11.68 公里。地面辅路由两端组成：西段由永盛路至沪宜路，约 1.6 公里，东段由嘉新公路至科福路约 4.2 公里。

【轨道交通 11 号线北段二期工程建成】8 月，轨道交通 11 号线北段二期工程建成。该工程途径长宁、徐汇、浦东新区等三个行政区，线路走向如下：线路出华山路中间风井，经华山路、恭城路、漕溪路、龙华路、龙华西路、云锦路，下穿黄浦江后，经华夏西路、三林路、御桥路转至罗山路东侧绿化带中，至本次设计终点罗山路站。线路长约 20.88 公里，设站 13 座，其中 12 座为地下站 ,1 座为高架车站。最大站间距 3.516 公里，最小站间距 0.870 公里。设川杨河停车场一座及济阳路开关站一座。建成后，进一步完善上海市城市快速轨道交通网络构架，贯通上海市西北至东南的交通联系，引导中心城区人口和产业向郊区疏散，推动沿线地区开发。

【轨道交通 16 号线工程建成】 12 月，轨道交通 16 号线工程建成。该线路起点为浦东新区龙阳路站，终点为临港新城滴水湖边的临港新城站。线路长约 58.962 公里，其中地下线路长约 13.741 公里，高架线路长约 45.221 公里。共设站 13 座，其中地下站 3 座，高架站 10 座，最大站间距 10.601 公里，最小站间距 2.699 公里。全线设 3 座主变电所、1 座控制中心及 2 座停车场。

【区与区连接道路（金昌路、宝安公路等 50 条道路）建成】 12 月，区与区连接道路（金昌路、宝安公路等 50 条道路）建成。50 条道路分布在浦东、闵行、奉贤、金山、松江、青浦、嘉定、宝山、普陀、闸北、长宁、徐汇等 12 个区。

（三）社会事业项目建设

【概况】 2013 年，安排重大社会事业建设项目 18 个，完成投资 367.16 亿元，推进建设坚持政府主导、民生优先、协调发展，为民生改善提供保障。

生活保障设施项目建设。第二轮大型居住社区外围市政配套项目启动建设；第一轮大型居住社区外围市政配套项目全部实施部分已建成使用，保障性住房建设完成全年指标，新开工建设保障性安居工程超过 1000 万平方米、竣工超过 600 万平方米，按期完成既定目标，为改善住房条件和重大工程动迁安置起到重要作用。

教育设施项目建设。华东理工大学奉贤校区二期工程取得实质性进展；上海海事大学教学实习船、中欧国际工商学院三期工程基本建成，为上海培养人才、服务经济建设具有重要意义。

医疗卫生设施项目建设。提升市级医疗设施和服务能力建设项目全面推进，上海中医药大学附属龙华医院国家中医临床研究基地、中山医院肝肿瘤及心血管病综合楼取得阶段性成果；郊区三级医院建设项目六院临港分院、仁济南院、华山医院北院、瑞金医院北院等基本建成，部分启用，为市民改善医疗设施创造良好的条件。

【上海科技大学新校区一期工程启动建设】 8 月，上海科技大学新校区一期工程启动建设。该校区位于上海市浦东新区张江高科技园区中区，东至向阳河、南至环科路、西至集慧路、北至海科路。建筑面积 58.78 万平方米，主要由学院区、公共教学区、师生活区、国际交流中心、校区市政配套及附属用房组成。上海科技大学致力建成为科教结合、注重学科交叉的研究型大学，培养德才兼备，从事科学发现、高新技术创新、新兴产业创业与管理的高级人才，提升上海的核心竞争力。

【市属高校内涵建设开工】1月，市属高校内涵建设开工。主要有8所学校组成：（1）上海第二工业大学工程训练中心及配套设施。该工程位于浦东新区金海路2360号，外环线500米绿带以东，秦家港河道以南，西横圩河道以西，规划银峰路以北边界范围内，总建筑面积24000平方米，由工程训练中心楼、学生活动中心楼以及配套设施组成。（2）上海海事大学集装箱供应链技术研究中心。该工程位于浦东新区临港新城海港大道1550号，东临沪城环路；西临校内环海东路；南临校内实训楼；北临校内四号门。工程建筑面积10000平方米。（3）上海理工大学先进制造科技创新基地。该工程位于杨浦区（军工路、控江路口）。工程建筑面积67000平方米，由先进制造技术大楼、分析测试中心大楼组成。（4）上海中医药大学中医药科技创新楼。该工程位于上海市浦东新区，项目东临金科路、南面是学校的远志大道，西面是学校的教学与科研楼，北侧是吕家浜。工程建筑面积20010平方米，由主楼、裙楼及地下室组成。（5）上海工程技术大学航空飞行实验实训基地。该工程位于松江区大学城内，东临龙腾路，西靠龙源路，南至学生生活区，北临广富林路。工程建筑面积18000平方米，由航空飞行实验实训基地大楼组成。（6）华东政法大学法学研究与教学实验实训大楼。该工程位于松江区龙源路555号华东政法大学校园东北部，东临龙源路，北靠近广富林路，工程建筑面积15950平方米。（7）上海对外贸易学院古北校区综合楼。该工程位于长宁区古北路620号上海对外贸易学院古北校区内东北角，东侧面对城市道路古北路。工程建筑面积18800平方米，由一栋地上5层、地下1层单体建筑组成。（8）上海师范大学教师教育实验实训基地。该工程位于上海市徐汇区桂林路100号东校区，东邻校区文苑楼，北邻冠生园路，西邻桂林路，南邻教育国际交流中心，工程建筑面积25009平方米，由文科实验楼、艺术教育中心楼组成。

【上海世博博物馆开工建设】12月，上海世博博物馆开工建设。该工程位于上海市黄浦区，基地北至龙华东路，南至局门路，西至15-01地块，东至蒙自路。工程建筑面积46550平方米，其中地上建筑面积：30450平方米，地下建筑面积：16100平方米。世博会博物馆具有国际性、唯一性、专题性、可持续性等特点的博物馆，有陈列展览、文物征集、收藏保护、科学研究、社会教育、学术交流、文献中心七大功能，将成为世博会展示中心、推介中心、教育中心、培训中心、文献中心及世博文化交流平台。

【复旦大学内涵能力提升项目开工】12月，复旦大学内涵能力提升项目开工。该项目目前共包含19个子项目，分别位于复旦大学江湾校区、枫林校区及邯郸校区。项目总建筑面积约为488733平方米。江湾校区新建化学楼、环境科学楼、物理科研楼、发育生物学研究所实验动物用房、上海数学中心、交叉学科楼等；枫林校区新建医学科研楼、学生书院、综合游泳馆及图书馆改建等；邯郸校区新建艺术博物馆、人文博物馆及相辉堂改扩建等。

【“十一五”提升市级医疗设施和服务能力建设项目建成】12月，“十一五”提升市级医疗设施和服务能力建设项目建成。（1）瑞金医院普通病房综合楼。位于瑞金二路

197 号，项目规划占地面积 10500 平方米，建筑面积 93872 平方米（其中地下建筑面积 31500 平方米，地上建筑面积 62372 平方米）。主要由住院中心、全科医生临床培养基地、保障中心和地下人防工程设施组成。（2）新华医院综合楼。位于上海市控江路 1665 号，项目规划占地面积 5760 平方米，建筑面积 35506 平方米（其中地下建筑面积 4640 平方米，地上 30866 平方米）。主要由主楼 19 层，以及群房 4 层组成。（3）第一妇婴保健院整体迁建。位于浦东高科西路以北，沪南公路以西、白莲泾河以东，占地近 60 亩。核准床位 500 张（另设婴儿床位 250 张），经规划设计总建筑面积为 71245 平方米（地上 61540 平方米，地下 9705 平方米）。建筑主体为病房楼、门诊楼、医技楼等。（4）第九人民医院门急诊医技综合楼。位于瞿溪路 498 — 560 号，南侧为轨道交通 4 号线，东侧为荷花池幼儿园，西侧为多层住宅，项目建设用地面积约 9966.90 平米。主要建设内容包括：1 幢 11 层门诊医技 43000 平米（地下三层、包括地下夹层）、垃圾房 120 平米、门卫 / 污水处理建筑 80 平米，总建筑面积 43200 平米（其中：地上 31706 平米，地下 11494 平米）。（5）儿童医院普陀新院。位于上海市普陀区同普路以南、泸定路以西。项目规划占地面积 26000 平方米，建筑面积 72500 平方米（其中地下面积 20900 平方米，地上建筑面积 51600 平方米。主要由住院楼、门急诊楼、专家门诊楼组成。（6）第三人民医院。位于上海市宝山区漠河路 280 号，第三人民医院院内。南邻宝钢八村住宅小区，西至樟岭路，北靠漠河路，建设用地面积约 12500 平方米。建设规模：项目总建筑面积 36100 平方米。其中病房楼 23840 平方米，地上 16 层，地下 1 层。门急诊医技楼 12260 平方米，地上 4 层，地下 1 层。综合楼内设置床位 350 张。（7）儿童医学中心。位于上海市浦东新区东方路 1678 号。工程建筑面积 25140 平方米，主要由血液肿瘤中心楼（地上七层地下一层；地上：10425 平方米，地下 1523 平方米）、后勤保障楼（地上 5 层；4128 平方米）、地下停车库（地下二层；8956 平方米）、连廊（108 平方米）。

【中山医院肿瘤及心血管病综合楼建成】 12 月，中山医院肿瘤及心血管病综合楼建成。该工程位于上海市徐汇区斜土路 1591 号，南临斜土路，北临清真路，东临小木桥路，西临枫林路。项目基地面积 40777 平方米。由沿斜土路及枫林路的肝肿瘤及心血管病临床医学楼、沿清真路及枫林路科技楼、沿小木桥路儿科门急诊等组成。总建筑面积 176000 平方米。其中地上 110000 平方米，地下（三层）66000 平方米。肝肿瘤及心血管病临床医学用房：主楼地上 15 层高度 60 米；裙房 2–6 层，地下 3 层；科技楼：主楼地上 15 层高度约 58 米，裙房 4–6 层、地下 3 层；儿科门急诊部：地上 5 层高度约 23 米，地下 3 层；与院本部连接的二条过街联廊、一条地下通道；地下部分：三层，汽车库、设备物流等用房。按人防要求布置平战结合六级人员掩蔽部、人防电站、战时救护站等人防设施。

【上海儿童艺术剧场建成】 6 月，上海儿童艺术剧场建成。该工程位于上海市黄浦区，建筑面积 5422 平方米，主要由上海世博会通用馆改建楼、钢结构楼组成。

【上海交响乐团迁建建成】 12 月，上海交响乐团迁建建成。该工程位于上海市徐汇区复兴中路 1380 号，原上海跳水池旧址。工程建筑面积 19950 平方米，主要由大、小排演厅、入口大厅、交响乐展示厅、办公用房及设备机房等组成。

【上海京剧院迁建工程建成】 12 月，上海京剧院迁建工程建成。项目选址于徐汇区天钥桥路 1188 弄地块东端，天钥桥路以西、龙华西路以北，建设用地面积 4500 平方米，总建筑面积 13038 平方米。

【上海朵云轩艺术中心建成】 12 月，上海朵云轩艺术中心建成。该工程位于上海市徐汇区，东至规划京剧院地块、南至龙华西路、西至龙华中学、北至电信公司南区电信局天钥电话站。

工程建筑面积 29456 平方米，主要由一幢地上六层、地下一层组成。

（四）重大产业项目建设

【概况】 2013 年，投资建设产业结构优化升级项目 29 个，完成投资 412.80 亿元，推进建设坚持高端化、集约化、服务化，为创新驱动、转型发展提供条件。

科技创新产业项目建设。国家肝癌科学中心、紫竹新兴产业技术研究院、上海烟草科技创新园建设项目推进顺利；国药集团奉贤生物医药产业基地一期工程建成投入使用，二期启动；国家蛋白质科学研究项目、联影高端医疗设备研发生产及总部基地建设项目基本建成，强化了科技创新能力。

战略性新兴产业项目建设。中航商用航空发动机产业基地、中国商飞公司能力建设项目、中航民用航空电子产业园、上海和辉光电有限公司 4.5 代有源矩阵有机发光二极体面板项目、日月光集成电路封装测试生产线建设取得阶段性成果；中航商用航空发动机研发中心、ARJ–21 支线飞机批生产能力建设项目、“909”工程升级改造－华离微电子 12 英寸集成电路芯片生产线基本建成投用，加快了战略性新兴产业的培育。

先进制造业项目建设。上海通用设计技术中心金桥基地暨金桥扩能项目、上汽集团技术中心自主品牌研发中心扩建二期工程启动建设，中船长兴造船基地二期工程、徐工集团临港奉贤基地进一步推进，三一上海精机生产项目基本建成，提升了先进制造业能级。

现代服务产业项目建设。世博 AB 片区地下空间开发及配套、上海横沙渔港核心功能区建设项目、上海中心大厦项目、上海国际金融中心、上海国际航运服务中心、迪士尼项目一期工程及市政配套、中国博览会综合会展综合体项目、虹桥商务区核心区基础设施配套项目取得重大进展；光明乳业日产 2000 吨乳制品中央自动控制技术生产线技术改造项目建成、投入试运行，推进了现代服务业重大载体的建设。

【上汽集团技术中心自主品牌研发中心扩建项目二期工程开工】 1 月，上汽集团技术中心自主品牌研发中心扩建项目二期工程开工。本项目位于上海市嘉定区上海国际汽车城内，国际汽车城离市中心 33 公里，距离虹桥机场 27 公里。东侧为安虹路，南侧为安研路，西南侧为居住用地，西北侧为蕴藻浜，北侧为曹安公路。朱行河、东官泾、横河港将基地分割成大小不等的三个区域——东区、西区、北区。主要建设内容包括：3# 研发楼及食堂、安全试验车间、耐久试验车间、综合试验车间、动力总成试验车间、新能源汽车试验 / 试制车间、热能风洞试验车间、1# 样车库、厂区及其他配套设施。

【上海通用设计技术中心金桥基地暨金桥扩能项目开工】 6 月，上海通用设计技术中心金桥基地暨金桥扩能项目开工。工程位于上海市浦东新区规划金穗路以东，规划东靖路以南，规划外环运河以西，巨峰路以北。项目总占地面积 75 万平方米，主要由车身车间、油漆车间、总装车间、动力总成厂、联合站房、高速试车跑道、设计中心、新能源研发中心及办公中心等组成。

【中航商用航空发动机公司研发中心建成】 11月，中航商用航空发动机公司研发中心建成。该建设项目位于上海市闵行区，（东至莲花南路，南至规划路，西至规划路，北至塘泗泾）。工程建筑面积50万平方米，主要由总部及研发大楼、研发实验中心、适航中心、国际合作与仿真中心、客户服务中心、人才公寓区等组成。

【ARJ-21支线飞机批生产能力建设项目（制造和客户服务部分）建成】 11月，ARJ-21支线飞机批生产能力建设项目（制造和客户服务部分）建成。该项目建设地点主要位于上海市闸北区场中路3115号，ARJ-21新支线飞机批生产能力建设项目为中国商飞公司建设满足年交付30架ARJ21-700新支线飞机的客户培训能力的项目，包括满足新支线飞机服务需求的客户支援中心，技术交流中心以及配套工艺设备。本项目新增工艺设备27台（套），其中进口设备2套，新建建筑面积35000平方米。

【909工程升级改造-华力微电子12英寸集成电路芯片生产线建成】 12月，909工程升级改造-华力微电子12英寸集成电路芯片生产线建成。该工程位于上海市浦东新区郭守敬路818号上海宏力半导体制造有限公司内（高斯路和哈雷路之间）。工程通过租赁（利用）目前上海宏力半导体制造有限公司现有场地内预留的厂房进行建设。

【联影高端医疗影像设备研发生产及总部基地建设项目建成】 12月，联影高端医疗影像设备研发生产及总部基地建设项目建成。该工程位于上海市嘉定区，（东至娄红路、南至金娄路、西至城北路、北至宝钱公路）。工程建筑面积：总土地面积83511.1平米、总规划建设面积190079.54平米。分二期建设，其中一期工程建筑面积119837.65平方米，主要由配套综合楼、生产综合大楼、综合动力站组成；二期为主体研发大楼等70241.89平米。

【三一上海精机生产项目建成】 10月，三一上海精机生产项目建成。该工程位于上海市区奉贤区。南临D1路，北临E1项目，西临F9路，东临新杨公路（F11）。工程建筑面积129756.4平方米，主要由中型精机车间、重型精机车间、中型精机车间辅房、重型精机车间辅房组成。

【光明乳业日产2000吨乳制品中央自动控制技术生产线技术改造项目建成】 9月，光明乳业日产2000吨乳制品中央自动控制技术生产线技术改造项目建成。该工程位于上海市闵行区马桥产业园区吴闵支线北地块，北靠紫东璐，东靠中康路，西靠汇江路，南隔小河和闵行铁路货场相毗邻。工程建筑面积124202平方米，其中包括综合集约化生产区域、综合动力区域、物流中心基地、乳品中试车间、乳品博物馆等功能区域，厂区内设置了环境舒适的员工食堂和培训、文化活动区域和3万多平米的景观园林。

【国家蛋白质科学研究上海设施项目建成】 12月，国家蛋白质科学研究上海设施项目建成。该工程位于浦东新区张江高科技园区中区浦东科技园A2-2地块，四至范围：韩家宅河以南，海科路以北，科苑路以东，东侧毗邻在建的新药创制保障项目。工程建筑面积33391平方米，主要由综合实验楼楼、质谱技术楼、核磁电镜楼、动物房组成。主要内容是建立蛋白质结构研究的9个系统：规模化蛋白质制备系统、蛋白质晶体结构分析系统、蛋白质核磁分析系统、集成化电镜分析系统、蛋白质动态分析系统、蛋白质修饰与相互作用分析系统、复合激光显微镜系统、分子影像系统、数据库与计算分析系统。在这些系统中，将依托上海光源，建设蛋白质三维结构测定、蛋白质结构的动态过程研究和功能成像分析等5条光束线、6个实验站。

相关资料："六大重点区域"介绍

黄浦江两岸综合开发

黄浦江两岸综合开发规划控制范围从吴淞口至徐浦大桥，两侧岸线长度约85公里，规划控制面积约74平方公里。规划控制范围内设核心区和协调区，其中核心区分为中心段、南延伸段和北延伸段，涉及浦东、宝山、杨浦、虹口、黄浦和徐汇等6个行政区。

北延伸段将进行工业企业布局的调整，加强生态环境建设，适度发展现代服务业，形成生态环境优良的具有滨江特色的区段。已完成产业结构布局调整方案，划示为6个详细规划编制单元，其中浦西、浦东各3个单元。

中心段将改善地区自然生态环境，开辟活跃的公共活动岸线，创造具有强烈都市特征的滨水景观带和休闲旅游带。划示为20个详细规划编制单元，依照黄浦江东西两岸划分为浦东E单元系列和浦西W单元系列。

南延伸段将以生态环境建设和文化旅游功能为重点，发展成为集文化旅游、居住休闲和高科技研发为一体，生态环境优良的功能区。结构规划于2003年由市政府批准，划示为7个详细规划编制单元，其中浦西4个单元，浦东3个单元。

上海世博园区

世博会地区结构规划的范围包括世博会红线及协调区，用地总面积约6.68平方公里，其中，世博会红线范围5.28平方公里。总体定位于形成文化博览创意、总部商务、高端会展、旅游休闲和生态人居为一体的上海21世纪标志性市级公共活动中心。

规划中的"五区"分别为：浦西江南造船厂地区，用地面积约0.93平方公里，规划布局文化博览区；浦西城市最佳实践区，用地面积约0.42平方公里，规划布局城市最佳实践区，塑造文化创意街区；浦东世博村地区，用地面积约0.63平方公里，规划布局国际社区；浦东一轴四馆地区，用地面积约1.94平方公里，规划布局会展及其商务区；浦东后滩地区，用地面积约1.4平方公里，规划布局后滩拓展区，为城市可持续发展预留战略空间。而"一带"指的是滨江生态休闲景观带，主要由园区内黄浦江岸边的绿化带构成。

上海前滩国际商务区

上海前滩国际商务区位于黄浦江南延伸段，北面世博后滩拓展区和耀华地块、西临黄浦江和徐汇滨江地区，沿黄浦江岸线长约2.3公里，沿川杨河岸线长0.8公里，总面积2.83平方公里。前滩地理位置优越，距上海市中心的人民广场仅20分钟车程，有3条轨道交通穿越其中，交通优势突出。

作为世博后续利用的重点地区，上海前滩国际商务区已被列入上海"十二五"期间6大重点开发区域。未来5至10年，这里将成为上海城市转型发展、功能提升的重要载体。根据2012年8月获批的前滩控制性详细规划，上海前滩国际商务区将有350万平方米的建筑容量，计划打造集总部商务、文化传媒、体育休闲等功能为一体的上海城市副中心。上海前滩国际商务区可以称之为陆家嘴的「升级版」，但有别于陆家嘴地区聚焦的金融领域，前滩将形成跨国公司地区总部和国内「跳变型」企业进入上海的集聚区。预计上海前滩国际商务区全社会固定资产投入将达上千亿元人民币，未来将成为一个24小时的国际城市，与纽约、伦敦等无缝接轨。

上海虹桥商务区

上海虹桥商务区规划范围东至外环线A20西至现状铁路外环线即华翔路南至A9沪青平高速公路北至规划北翟高架路。总用地面积约26.3平方公里。依托虹综合交通枢纽建成上海现代服务业的集聚区上海国际贸易中心建设的新平台面向国内外企业总部和贸易机构的汇集地是服务长三角地区服务长江流域服务全国的高端商务中心。

上海国际旅游度假区

上海国际旅游度假区位于上海浦东中部地区，上海国际旅游度假区距离人民广场约21公里，距离陆家嘴金融中心约18公里，距离浦东国际机场约12公里，距离虹桥交通枢纽约30公里。规划面积约20.6平方公里，其中核心区约7平方公里。

根据国家和本市有关产业发展战略，上海国际旅游度假区将将围绕上海建设世界著名旅游城市的发展目标，以上海迪士尼项目为核心，重点培育和发展主题游乐、旅游度假、文化创意、商务会议、商业零售、体育休闲等产业，整合周边旅游资源联动发展，建成能级高、辐射强的国际化旅游度假区。

上海迪士尼度假区位于上海国际旅游度假区核心区，开园日占地面积约3.9平方公里，将包括迪士尼主题乐园，主题化的酒店、零售、餐饮、娱乐、停车场等配套设施，以及中心湖、围场河和公共交通枢纽等公共设施。上海迪士尼一期主题乐园占地面积约1.16平方公里，投资约人民币245亿元。一期主题乐园预计5年左右建成，酒店、餐饮、零售、娱乐、停车场等配套设施将同时投入使用。

临港产业区介绍

上海临港产业区，按照国家经济发展战略与城市总体规划的要求，推进高新技术产业化和战略性新兴产业发展，将上海临港产业区建成集先进重大装备、民用航空制造、现代物流、海洋科技、研发服务、出口加工、教育培训等功能为一体的国家新型工业化产业示范基地。

上海临港产业区北至大治河，西至G1501高速公路—奉贤浦东新区界—浦东铁路四团站（平安站）预控制用地—三团港接规划两港大道接中港，东、南至规划海岸线围合区域接北护城河至人民塘接S2高速公路至顺翔路接规划E1路河至杭州湾。面积241平方公里，主要分为重装备区、物流园区、主产业区、综合园区、奉贤园区五大功能区块。

上海临港产业区已经基本形成了汽车整车及零部件、大型船舶关键件、发电及输变电设备、海洋工程设备、航空零部件配套等五大装备产业制造基地。物流园区依托洋山保税港和浦东国际航空港，作为建设上海国际航运中心的重要组成部分，大力发展保税物流和非保税物流。随着临港装备制造产业与现代物流业的集聚效应和联动发展，启动开发建设航空产业园区和临港奉贤园区，将为临港产业区进一步提升装备产业和供应链能级提供新的发展空间。

上海临港产业区因其高起点规划、政策聚焦、立体交通、配套功能完善等优越条件已经得到越来越多国内外大型制造和物流产业集团的认可和青睐，成为他们建设制造基地和物流基地的首选之地，中船集团、中集集团、中国商用飞机公司、中航工业集团、上海电气、上海汽车、卡特彼勒、西门子、沃尔沃、蒂森克虏伯伯尔克、卡哥特科、瓦锡兰、中远集团、中海集团、马士基、敦豪国际（DHL）、联合包裹集团（UPS）、施洁、丰树、叶水福物流、日本邮船、川崎汽船、东方海外、怡亚通供应链等一大批国内外著名产业集团和物流企业，已经入驻临港产业区。

（王国君）

（一）综述

有序推进规划建设管理。完成上海省道规划上报稿和《上海市公路和城市道路“十二五”建设规划》中期评估；研究慢行交通和工程性小改小革实施方案，促进城市交通资源合理配置；加强区属大居配套项目、“十二五”建设项目、区区对接项目的行业指导，按期实施沪嘉高速二期大修、宝钱公路二期大修、外环线路面大修、G50嘉松公路收费站综合改建、宝安公路一期大修等重点建设项目。完成大量历史项目销项工作。加强对虹梅路越江工程、长江路越江工程等市属建设项目监管和协调。

加强预算项目计划推进。完成全部工程类项目审价工作。相继出台《政府还贷高速公路运营维护职责分工和管理流程》、《路政局大中修、整治项目设计变更、变更设计和业务联系管理规定》等，保障了预算的顺利执行，全年预算执行率达到97.15%。

抓好农村薄弱村村内道路建设和危桥改造。围绕2013年度“完成村内道路改造

1000公里、危桥改造500座”这一市政府实事项目，积极制定工作实施方案，成立推进工作小组，建立监督、巡查机制、定期例会制度及信息报送制度等，及时掌握实时动态，监督项目实施进度与质量，组织开展《农村公路技术规范及管理程序》培训班，进一步明确各区县、乡镇本市农村公路建设管理责任要求，全部项目顺利完工。

健全法规技术标准体系。起草、颁布施行政府规章《上海市高速公路管理办法》，开展《上海市农村公路路政管理规定》、《上海市依附城市桥梁、隧道架设管线管理规定》等多个规范性文件的起草和修订工作，完成《上海城镇化地区公路工程技术标准》、《上海市城市桥梁养护技术规程》等技术标准的编制。

推进养护作业市场化改革。根据市委相关指示精神，市路政局研究制订养护作业市场化改革实施方案，全面开放市属道路设施大修市场，形成有序竞争格局；打破以往行政区划打包招标形式，逐步建立起日常养护市场招投标机制，引入区外企业参与日常养护项目；进一步规范养护招标文件，加强养护作业服务质量监管；建立资金委托监管协议，确保养护经费使用合理得当。

聚焦社会热点及顽症化解工作。完善道路检查井盖管理，研究“托底”管理机制；明确应急处置细则；井盖缺损及时处理率明显提高。抓好桥孔专项整治，高速公路和普通公路桥孔数量比2011年下降20.27%；外环线桥孔清理完成近三分之一；制定市管公路桥梁桥孔三年整治计划，分阶段有计划开展整治清理工作。

强化设施维护运行管理。一是市区道路年度检测平均RQI为3.34，达到优级水平，与去年相比有所下降。其中，96.34%的道路行驶质量处于合格水平以上，3.66%的道路行驶质量处于不合格水平；PCI（路面损坏状况）为88.41，达到优级水平，与去年相比略有升高。其中，97.07%的道路损坏状况处于合格水平以上，2.93%的道路损坏状况处于不合格水平。郊区道路平均RQI为3.47，达到优级水平，与去年相比也有所下降。其中，99.03%的道路行驶质量处于合格水平以上，0.97%的道路行驶质量处于不合格水平。平均PCI（路面损坏状况）为86.77，达到优级水平，与去年相比有所降低。其中，99.50%的道路损坏状况处于合格水平以上，0.50%的道路损坏状况处于不合格水平。二是围绕2015年全国干线公路养护管理工作大检查的要求，编报各类公路养护管理计划，强化公路设施日常巡查，确保公路设施安全畅行；积极创新管理手段，优化日常管养；三是开展“上海骨干路网交通事件情况分析”工作，积极开展高速公路重大节假日路网通行流量预测，制定路段通行专案及情报板信息发布预案，提高现场车流引导能力，确保各类突发事件和阻断信息报送及时；四是抓好管线综合管理。严格控制掘路面积指标，接受公众监督，开通跟进工程审批“特殊通道”，加快项目的申报与审批流程；继续推进架空线综合管理，有序推进燃气管网改造计划。完善掘路计划与执照联动机制，进一步提高计划执行率。

切实抓好设施安全管理。一是完善巡查监督机制，持续做好日常巡查工作；对存在的隐患进行了督促整改，整改率达到100%；通过安全责任签约等手段，强化日常养护作业生产安全管理，进一步完善养护维修企业安全诚信考核内容；制定印发《上海市路政局“平安公路”建设方案》，将G40、G318、S224等初步建设成为“平安公路”示范道路。二是优化应急预案处置机制。组织编制《上海市路政局道路突发事件应急管理预案》；开展市城镇道路下立交防汛风险及能力评估工作，组织防汛防台综合处置演练。三是加强桥梁安全管理。依托桥梁辅助决策系统有步骤地开展桥梁常规定期检测，完成12座大桥特大桥特殊检测、市管城市桥梁（苏州河上5座）结构检测、城市快速路中环线结构等检测，及时掌握桥梁状况，确保设施安全。

推进路政执法“四个统一”建设。围绕执法服装、执法标识和执法场所外观形象建设等行政执法形象“四个统一”建设，制定《上海市路政执法人员执法着装管理办法》、《上海市路政局路政执法政务公开内容》、《路政执法机构场所外观标识实施规范》，并为区县“四个统一”建设提供行业指导。加强路政综合管理。注重执法实效。有序开展专业网格化管理工作，将原区管省道纳入专业网格化管理，城市道路网格化共立案22821起，结案22430起，公路共立案5865起，结案4997起。

加强信息化管理水平。开发计划综合管理、建设管理、村内道路桥梁改造等系统，完成路政管理、掘路计划管理的系统对接；完成上海市快速路养护作业监管设施完善工程前期研究，实现养护作业车辆轨迹跟踪、精确定位，以及养护作业质量监管等，虹桥枢纽快速路范围实施区域示范工程；完成局门户网站二期升级改造工程，推出“乐行上海”手机客户端，为市民提供更便捷、丰富的信息服务。

开展科技研发与四新技术推广与应用。完成《泛长三角区域高速公路应急保障体系研究》、《基于全寿命管理的桥隧检修设计关键技术》、《路网多元化交通数据集成及评价应用体系研究》等科研项目研究工作，为提高设施检测维修、路网运行等领域的技术水平提供支撑；完善《上海市道路新技术推广应用指导意见》、《上海市道路新技术推广目录》；组织开展现浇泡沫轻质土技术交流暨现场观摩等研讨会、专项技术交流研讨活动；编制完成《上海市路政局节能减排工作方案》及《上海市道路旧沥青混合料回收利用管理体系》，确保节能减排任务顺利完成。

提升行业管理能力。一是加大市级城维资金对区县转移支付力度。制订关于主次干道大修、小改小革、检查井盖整治、城市桥梁检测转移支付等实施意见，增加转移支付力度，推进工程实施。二是以道路路况检测服务行业决策。积极开展年度路况检测工作，编制完成本年度全市公路、城市道路技术状况分析报告，印发至行业相关管理单位，为道路养护、运行提供科学决策。三是积极开展行业培训交流。组织全体路政执法人员开展执法规范化培训和考核；开展《上海市公路设施养护维修定额》宣贯工作以及相关培训工作。

（二）市政工程建设

【概况】有序推进规划建设管理、中环路（浦西段）声屏障整治工程通过验收、沪嘉高速公路大修工程（二期）开工、G50嘉松公路收费站综合改建大修工程通过验收、完成农村桥梁改造和村内道路建设市府实事工程。

【中环路（浦西段）声屏障整治工程通过验收】 中环路声屏障分段建于2005年至2006年之间，由于环境影响、材料老化、锈蚀和变形，使声屏障结构出现不同程度的损坏。针对以上病害及问题，实施中环路（浦西段）13公里外圈声屏障整治工程和浦西中环线声屏障6公里整治工程。3月29日，两项工程顺利通过竣工验收。

【完成农村桥梁改造和村内道路建设市府实事工程】 被列入2013年市政府实事项目的500座农村桥梁改造和1000公里经济相对薄弱村村内道路建设工程进展顺利，至2013年

12月31日，完成农村桥梁改造910座，改建村内道路1150公里，超额完成市政府实事项目确定的目标。

【沪嘉高速公路大修工程（二期）开工】沪嘉高速公路大修（二期）工程范围自S5-G1501互通立交至中环线真北路分离式立交，全长16.06公里，主要是将沪嘉高速全线道路和桥梁按照双向6车道标准改造。2012年11月15日，在不影响交通的情况下，启动了桥梁下部结构加固施工；2013年4月15日，封闭交通实施嘉定城区～外环段主线桥梁上部结构和道路改造。2013年12月底，完成嘉定城区～外环段拓宽。

【G50嘉松公路收费站综合改建大修工程通过验收】G50嘉松公路收费站综合改建大修工程由上海申渝公路建设发展有限公司、青浦区政府、松江区政府共同出资，上海市路政局作为代建单位负责工程管理。工程采取设计施工一体化招标，城建设计院和路桥集团作为联合体共同承接了设计和施工任务。总投资3963.914万元。工程主要是通过收费广场拓宽、增设二级收费站等措施，将现状“三进四出”的收费车道增加至“三进九出”。2013年8月20日开工，主体工程于2014年1月1日完成。改建后的G50嘉松公路收费站（3进9出共12根车道）于2014年1月13日投入试运行，2014年1月24日通过市质监站交（竣）工验收。

（三）市政设施管理

【概况】2013年末，上海市道路总里程17498公里、桥梁12801座，其中：城市道路4865公里，桥梁2335座；公路12633公里，桥梁10466座。全市城镇道路/桥梁总里程4865公里，面积10542万平方米，其中：道路4718公里，面积10115万平方米；桥梁2335座，长度147公里，面积427万平方米。与上年相比：道路增加90公里（其中主干路增加11公里，次干路增加53公里，支路增加26公里），面积增加232万平方米，桥梁增加184座。城市道路中心城/外围区路面平均RQI为3.34/3.47，合格水平以上达到96.34%/99.03%；路面平均PCI为88.41/86.77，合格水平以上达到97.07%/99.50；RQI、PCI均达达到优级水平。结构承载能力处于临界以上状态的中心城/外围区道路为94.39%/86.54%，与上年（94.32%/86.73%）基本持平。公路技术状况指数值（MQI）为91.02，优良率达到94.92%，显示公路整体技术状况和服务水平处于较佳状态。全市城市桥梁总体状况平均保持A级的水平，然与上年相比，桥梁从A级衰变到B级和从B级衰变到C级的趋势较为明显。

【高架道路伸缩缝（二期）改造工程竣工】2012年12月12日，高架道路伸缩缝（二期）改造工程开工。该工程范围为南起南浦大桥与内环线高架道路衔接处，北至内环线高架道路与杨浦大桥衔接处的浦西范围，全长27.9公里。该工程将19条伸缩量不足的型钢伸缩装置改建为齿防型型钢伸缩装置。该工程投资为868万元，其中建筑安装工程695万元，于2013年3月16日竣工。通过改造工程，提高了桥梁结构耐久性，恢复了高架道路外在美观，改善了车辆运行的舒适与安全。

【中环路（浦西段）综合整治（二期）工程竣工】2012年12月12日，中环路（浦西段）建设遗留问题综合整治（二期）工程开工。该工程范围为，中环路浦西段(翔殷路隧道至沪闵路高架)，全长34公里。该工程将桥面纵向拼接缝改建为 GTF 高弹塑成降缝结构；地道横截构改造；防撞墙伸缩缝改造。该工程投资为 844 万元，其中建筑安装工程 668 万元，于 2013 年 12 月 18 日竣工。通过综合整治，改善了中环高架路（浦西段）道路服务水平，降低了道路安全隐患。

【曹杨路桥整治工程竣工】 2012 年 12 月 20 日，曹杨路桥病害整治工程开工。该工程范围为曹杨路桥主桥和引桥部分。引桥部分：更换破损的空心板梁；解除新老桥桥面铺装的连接，桥面设弹性缝；采用压密注浆法加固地基等；主桥部分：对主梁拼接缝处的斜裂缝和主梁底板水平裂缝用建筑结构胶封闭后粘帖芳玻韧纤维布。桥面部分：在桥面伸缩缝处机非隔离带预留足够变型缝宽度；修补或重新浇筑桥面灯柱下端底座开裂破损的混凝土。该工程投资为 1864 万元，其中建筑安装工程 1425 万元，于 2013 年 9 月 10 日竣工。

【内环线高架道路整治工程竣工】 2013 年 4 月 18 日，内环线高架道路路面病害整治工程开工。工程范围为内环线高架道路浦西段，主线全长 28.75 公里。工程对损坏的混凝土桥面和钢桥面沥青混凝土铺筑路段进行冼刨加罩等，该工程投资为 722 万元，其中建筑安装工程 577 万元，于同年 10 月 11 日竣工。通过整治，改善了内环高架道路（浦西段）服务水平，降低了道路安全隐患。

【中环路设施结构涂装（二期）工程竣工】 2013 年 5 月 10 日，中环路设施结构涂装（二期）工程开工。该工程范围为中环高架路段 0060–0144、0468–0542、0592–1033、1046–1060、1123–1154、1182–zw1307 段；中环路沿线的沪嘉立交、军工路立交、沪闵立交、武宁立交、共和新路立交。工程对防撞墙内、外侧、梁体、蹬柱等实施涂装。该工程投资为 15816 万元，其中建筑安装工程 13445 万元，于同年 9 月 15 日竣工（除跨铁路部分）。通过对中环设施结构涂装，防止高架混凝土结构的继续碳化腐蚀。有效地提升了城市景观。

【高架道路（二期）路面综合整治工程竣工】 2013 年 5 月 10 日，沪闵高架道路（二期）路面综合整治工程开工。该工程主要是对 144#–313# 墩钢筋混凝土和钢板桥梁铺装层进行翻修整治，对 36#–144# 墩裂缝及局部松散类病害进行整治，对大面积未出现病害的桥面实施预养护，调整漕宝路上匝道、柳州路上下匝道接坡段纵断面等。该工程投资为 2857 万元，其中建筑安装工程 2321 万元，其它基建费 400 万元等。于同年 10 月竣工。通过综合整治，恢复和改善了沪闵高架(二期)路面道路服务水平，降低了道路安全隐患。

【高架道路防噪屏更新（二期）工程竣工】 2013 年 7 月 1 日，高架道路老式防噪屏更新（二期）工程开工。该工程范围为南北高架（洛川路至联谊路）。该工程对原有陈旧的、存在安全隐患、形式不规范的 6054 米声屏障进行更换。在原 2 米高的声屏障处新建 2.8 米高的开启式声屏障；在原 3.2 米高的声屏障处新建 23.2 米高的开启式声屏障。该工程投资为 1457 万元，其中建筑安装工程 1219 万元，于同年 11 月 1 日竣工。通过更新工程，消除了高架道路运行安全隐患。

【延安中路高架路面预养护工程竣工】 2013 年 7 月 19 日，延安中路高架路面预养护工程开工。该工程范围为延安中路高架（D143#––D259#）路面。工程将延安中路高架 169#––197# 路面面层 4 厘米温拌 WSMA—13 沥青混凝土铣刨加罩 2.31 万平方米，延安中路高架 143#––169#、197#––259# 路面含砂雾封层处理 8.51 万平方米。该工程投资为 787 万元，其中建筑安装工程611万元，于同年11月7日竣工。通过预养护工程，改善了延安中路高架道路服务水平，提高了设施使用年限。

【建立井盖管理托底机制】2013年，市路政局实施“先消除隐患，再分清责任，建立井盖管理托底机制”承诺，开展调研，走访相关区县及网格化中心实地了解井盖日常巡查机制、处置流程及资金保障等情况，指导杨浦、虹口、静安等区县及网格化中心，共同研究“托底”管理机制；走访兄弟省了解井盖管理模式，学习借鉴工作经验；组织各权属单位及道路管理部门初步构建了井盖应急通讯网络。普陀、嘉定、闸北等区明确应急处置细则，配置井盖备件，井盖缺损等问题及时处理率明显提高；编制下发《关于加强本市道路检查井盖管理工作的通知》，进一步明确了应急处置及资金结算流程和备品、备件实施措施；组织开展对《上海市道路检查井统一标识及数字化管理实施方案》的意见征询，深化《上海市道路检查井通用图集》编制和《上海市道路检查井质量与安全关键技术研究》工作；每月编制井盖专报，汇总、上报全行业井盖管理情况

【交通运输部组织国家干线公路网监测和隧道调研在沪结束】交通运输部组织开展的2013年度国家干线公路网监测和隧道调研在沪工作圆满结束。此次检测和调研分为两个阶段，第一阶段的普通国道路况抽检于7月底结束。普通国道里程115公里，包括G204沪宜公路、G312曹安公路、G318沪青平公路全线以及G320沪莘枫公路部分路段。第二阶段的长大桥梁抽检与隧道调研于8月中旬结束。调研组专家听取了市路政局、城投高速运管中心以及浦江桥隧隧道管理有限公司的工作汇报，现场调研了G40长江隧道和正在建设中的长江西路隧道，参观G40长江大桥、长江隧桥展示馆和监控中心。对G312曹安公路24号桥以及全市公路桥梁的养护管理情况进行了抽检和巡查。专家认为，上海公路路况路貌基本良好；桥梁管养制度完善，整体运行良好；公路隧道养护管理实现了市场化、专业化、信息化和规范化，运营管理工作走在全国前列。

【加强道路运行管理】市路政局道路养护处围绕2015年全国干线公路养护管理工作大检查的要求，编报各类养护管理计划，强化设施日常巡查，确保公路设施安全畅行；徐汇等区市政署在城市道路养护监理上取得突破，黄浦等区市政署完善了城市道路养护监督考核机制等。路网运行平稳有序。各高速公路项目公司积极开展重大节假日路网通行流量预测，制定路段通行专案及情报板信息发布预案，提高了现场车流引导能力；各监控分中心积极落实交通监控、信息发布、突发事件报送等工作，确保各类突发事件和阻断信息报送及时。高速公路全路网日均交通量73.8万辆次，较上年增长11.5%。每自然车平均行驶里程28.19公里，较上年增长4.9%；日均周转量3125.3万标准车公里，较上年增长11.4%；中心城快速路系统全天驶入车次达246万辆自然车（同比去年增长7.0%），工作日路网行驶里程达3062.5万自然车公里（不含外环为1844.5万自然车公里）。2013年在全市道路小幅增长1.1%情况下，机动车保有量较上年增幅8.1%约达283.5万辆；机动车交通量同比增长8.9%约达17500万标准车•公里/日，其中外围区域交通量涨幅约为中心城的2倍。

【进一步规范管线管理】市路政局加强管线管理。管线监察处严格控制掘路面积指标，接受公众监督，加强掘路计划执行情况的信息反馈；从严控制重复掘路，完善掘路计划与执照联动机制。2013年平均计划执行率为

72.9%，比去年提高了25.7%；同年，中心城区城市道路管线掘路许可共2210件，各区县公路署、市政署办理管线掘路许可共1170件。

【落实道路下立交防汛预案与措施】2013年，市路政局编制完成全市276个下立交的防汛指导意见，制订了一系列针对性措施。通过市防汛办联席会议，与市公安部门、水务部门达成以公安为核心，路政、排水协同保障的共识；开展了下立交防汛风险及能力评估工作，并将评估报告及警示标志标线的基本准则下发相关区县；督促各区县针对每处下立交不同情况编制相应预案，切实做到“一处一预案”；通过召开座谈会等形式进一步收集、梳理了下立交数据，将信息统一录入应急管理系统；进一步建立完善下立交应急联系网络，完善汛期信息报送制度，确保信息报送及时、准确、有效。

【建成“乐行上海”公众出行移动服务平台】2013年7月19日，市路政局推出“乐行上海”手机APP公众出行服务新举措，这一软件可提供上海市域范围内的高速公路和城市快速路实时路况、道路通行实况快照、高架封路计划、公路阻断信息、高速公路通行费查询服务、夜间施工备案查询等六大功能。市民可通过上海市路政局官网免费下载这款路况查询手机软件系统。自“乐行上海”手机APP上线试运行以来，得到广大市民普遍好评，许多市民已经养成出门前必看“乐行上海”APP的习惯。

【区管省道纳入路政专业网格化管理】2013年，市路政局扩大路政专业网格化覆盖面，深化市、区县网格化平台联动处置机制，将原区管省道纳入专业网格化管理。整合城市道路和公路网格监督员二个工作手册，编制完成《市政专业网格化监督员管理细则手册》，为进一步规范化市政专业网格化监督员日常管理工作奠定了良好的基础。同年，市管城市道路网格化平台共立案22821起，结案率达98.29%，公路网格化平台共立案5865起，结案率达85.16%；实现案件移交处置25起，其中长宁区最多，对高架设施下的盲流居住，违规堆放物品等现象起到了遏制作用。

【完成城市桥梁技术状况分析评价和定级】2013年，共完成1833座城市桥梁技术状况BCI的分析评价和定级，整体桥梁技术状况良好。从各等级桥梁的分布情况来看，今年与去年相比，评价桥梁总数增加77座。其中A级桥减少187座，B级桥增加180座，C级桥增加80座，D级桥增加3座，E级桥增加1座。桥梁从A级衰变到B级和从B级衰变到C级的趋势较为明显，需加强桥梁养护工作。桥梁技术状况等级评定结果为，A类1151座，B类490座，C类163座，D类25座，E类4座。全市城市桥梁BCI平均分为91分，比2012年低2分，平均技术状况保持A级水平。同去年相比，今年A级和B级桥共1641座（占89.5%），去年为1648座（占93.8%），A级和B级桥比例有所下降。D级桥共25座（占1.4%），去年为22座（占1.3%）；E级桥（危桥）共4座（占0.2%），去年为3座（占0.2%）。D级和E级桥总量有所增加，需要加强对D级和E级桥的管理工作。

【完善道路桥梁安全管理与应急处置机制】市路政局切实抓好设施安全管理。一是聚焦城市快速路、高速公路、大型桥隧等重要设施和重点部位，完善巡查监督机制，持续做好日常巡查工作；深入开展百日安全生产大检查，整改率达到100%；组织编写《班组安全操作规范》，开展宣贯活动，通过安全责任签约等手段，进一步完善养护维修企业安全诚信考核内容；制定印发《上海市路政局“平安公路”建设方案》，G40沪陕高速、G318沪青平公路、S224嘉松北路等初步建设成为“平安公路”示范道路。二是加强桥梁安全管理。依托桥梁辅助决策系统有步骤地开展桥梁常规定期检测，完成12座大桥特大桥特殊检测、市管城市桥梁、城市快速路中环线、内环线二个标段、两座越江隧道（延安路隧道、大连路隧道）结构检测、各区县城镇与农村公路桥梁常规定期检查抽检等工作，及时掌握桥梁状况，确保设施安全。三是优化应急预案处置机制。组织编制《上海市路政局道路突发事件应急管理预案》，进一步明确预案体系、组织架构、运行机制等；开展市城镇道路下立交防汛风险及能力评估工作，组织G15嘉金高速防汛防台综合处置演练，确保应急状态下反应及时、处置有力、抢险有序，有效应对了台风、暴雨、迷雾等灾害性天气和道路突发事件的考验。

【开展路名牌纠错“啄木鸟”活动】7月18日，市路政局启动了市民“啄木鸟”为城市道路路名牌“挑刺”活动。该活动由市路政局、人民网上海频道联合主办。市民如果发现上海城市道路路名牌问题可以拨打“12319城建热线”和“12122路政服务热线”进行反映；同时人民网上海频道开展了道路路名牌知识普及和问卷调查，收集市民对上海道路交通指示设施的建议和意见，形成调查分析报告，以进一步提高本市城市道路交通管理和服务水平。该活动结果显示，第四代路名牌获得公众认可。

【12122服务热线活动】 市路政行业全年12122服务热线受理投诉事件1818次，接到12319处理单数量2.1万余件，静安市政工程和配套管理局及时处置率全市最高，达100%。黄浦区市政管理署青年利用设备和技术优势，为社区义务疏通淤积下水道，得到广泛好评。

【新一轮养护市场招投标实施新办法】 市路政局制订了《进一步深化本市道路养护作业市场化改革实施方案》，并作为市政府文件的附件下发，按照方案实施计划，自2013年6月起，市属道路设施的大、中修工程向市场全面开放，部份区县也开放了大修市场。至2013年底，中环快速路浦西段和12条市管省道（总计351公里）日常养护合同到期的市属设施，按新的标准和监管方式实施公开招投标，12条省道的养护招标由原来10个标段划分为更均衡的18个标段，新一轮招投标共16家单位中标，其中7家为新进单位。针对虹桥枢纽地面道路日常养护的综合管养，探索跨区域联合管养模式。

【《上海市高速公路管理办法》颁布实施】 市政府规章《上海市高速公路管理办法》于2013年9月9日市政府第22次常务会议通过，自2013年11月1日起施行。《办法》共分6章45条，对本市所有高速公路（包括非收费高速公路）的建设、养护、经营、使用和管理进行了全面规范。针对本市高速公路发展中存在的新情况、新问题，《办法》主要规定了以下内容：一是全方位加强高速公路养护监管；二是明确收费道口拥堵时车辆免费放行措施；三是对高速公路上清障牵引施救活动作出规范；四是规定了促进ETC发展的有关措施。

【上海高速公路收费站ETC系统全覆盖】 2013年9月，ETC（电子不停车收费）三期工程建设完成，工程主要项目有：新建79条ETC专用车道，全路网ETC专用车道达到264条，实现上海市高速公路收费站ETC系统全覆盖；对已运营的164条ETC车道实施标准化改造，实现ETC车道形象“三统一”，即统一车道设备布设、统一车道布设位置、统一车道附属设施；扩展收费站、收费分中心和联网收费结算中心的应用软件功能，提高 ETC 资金结算效率。

【完成《上海市高快速路指路标志优化》工作】市路政局完成了《上海市高快速路指路标志优化》工作。在原高快速路指路标志的基础上，结合新增路网，对全市尤其是两个空港的高快速路指路标志进行了优化。

【拆除公路桥梁桥孔违章搭建3379平方米】2013 年，市路政局推进公路桥孔整治，完成市管公路桥孔两次排摸。经统计，目前使用桥孔 138 处，共计 1632 孔。其中，用于仓储占 36.3%、养护道班占 35.1%、停车场占 14.8%、堆场占 5.5%、物流及其它占 8.3%。制定了《本市公路桥梁桥孔整治清理工作实施方案》，针对桥孔普遍利用的现状，按照安全隐患严重程度，分步骤有计划地整治清理。对 G2 沪宁高速虞姬墩路桥孔、G1501 上海绕城高速罗阳路桥、龙泉港桥、宝安公路建设河桥、外环线红柳路匝道桥孔等非法占用进行了整治，共计拆除违章搭建约 3379 平米；拆除 S4 沪金高速奉浦大桥北侧违章搭建 16 间，共计 320 平方米；拆除 S4 沪金高速奉浦大桥南侧 13 孔服装加工厂 1 家，二层楼房 4 幢，共计 2680 平方米；拆除 S2 沪芦高速南芦公路违章 34 孔。截止 12 月底，共清理、整治桥孔 269 孔，约 2.68 万平方米。

【清除非公标志 1568 块】2013 年，上海市路政局路政总队出动巡查执法 7.1 万余人次，巡查里程 131.8 万公里，清除各类非公路标志 1568 块，办理路产设施赔补偿案件 1195 件，办理各类行政许可 164 件；组织华东片区联合治超行动，出动 224 人次，查处违法车辆 76 辆，卸载货物 158.15 吨；此外，将原区管省道纳入专业网格化管理，城市道路网格化共立案 22821 起，结案 22430 起，公路立案 5865 起，结案 4997 起。

【进一步做好行政审批标准化工作】根据《上海市城乡建设和交通委员会关于进一步做好行政审批标准化工作的通知》要求，市路政局完成了《行政许可办事指南》、《行政许可业务手册》标准化文本，经市审改办评审获得通过。使行政许可明确了审批流程、岗位职责、办理期限，既起到了指导作用，又起到互相监督作用；通过公开申请材料目录、监督、办理流程等方式，使审批过程更加透明、审批分工更加清晰、审批办理阶段更加明确；完善了公示审批流程、申请材料目录、监督方式等内容，增加了社会公众知情权，限制了审批流程中的自由裁量权，创造了更好的审批环境。另外，围绕各项行政许可事项，查找和分析审批环节中存在的廉政风险点，描绘风险内容和表现形式，客观评估风险等级，并提出相应防范措施，完成了全部许可项目的廉政防控报告。对推动市路政局行政管理标准化、精细化、高效化起到了促进作用。

【开展超限联合治理工作】市路政局路政总队牵头组织华东片区联合治超行动，分别于 2013 年 5 月、8 月、10 月开展了三次行动。专项整治期间，全市共出动路政人员 224 人（次），查处违法车辆 76 辆，卸载货物 158.15 吨。同时，大力宣传治超相关法律、法规，发放超限车宣传资料，提高驾驶员安全行车意识和保护道路桥梁的认识。

【完成市城市道路年度技术状况分析报告】市路政局全年检测市城市道路 1265 公里，城市道路平均行驶质量、路面破损状况均达到优级水平，道路的结构承载能力状况基本良好；编制完成 2013 年度市城市道路技术状况分析报告，印发至行业相关管理单位，为道路养护、运行提供科学决策。

【**完成市公路年度技术状况分析报告**】市路政局全年检测公路路况4299公里，公路路面使用性能、技术状况优良率超过91%，编制完成2013年度市公路技术状况分析报告，印发至行业相关管理单位，为公路养护、运行提供科学决策。

【**落实防台防汛、应急处置工作**】2013年，市路政局各单位进一步强化防台防汛责任制，对应急人员、物资、设施落实情况进行全面排查，积极组织应急演练，切实提高突发情况和灾害天气的快速保畅能力和科学处置水平。G2沪宁高速公路（上海段）、G40沪陕高速公路（上海段）等路段开展了重特大事件应急处置后评估工作；G60沪杭高速公路（上海段）加强内外部联合巡视机制，发挥值班长的现场指挥、协调作用，使得应急处置能力有效提升。

（四）市政科技

【**概况**】完成《泛长三角区域高速公路应急保障体系研究》、《基于全寿命管理的桥隧检修设计关键技术》、《路网多元化交通数据集成及评价应用体系研究》等科研项目研究工作；完善《上海市道路新技术推广应用指导意见》、《上海市道路新技术推广目录》；组织开展现浇泡沫轻质土技术交流暨现场观摩等研讨、专项技术交流活动；编制完成《上海市路政局节能减排工作方案》及《上海市道路旧沥青混合料回收利用管理体系》。

【**召开养护管理、设备材料、应急处置四新技术交流会**】10月16日，由市路政局主办，奉贤区公路市政工程管理署协办，上海奉贤建设发展（集团）有限公司承办的市道路养护新技术交流会在奉贤大亭公路龙泉港桥现场召开。交流会上，参展单位展示了道路养护行业在日常管理、养护新技术、新设备、新材料应用、应急处置等方面所取得的成果；重点展示了高效、快速、环保的道路养护新理念和养护“四新”技术。对提高养护从业人员的创新理念，提高养护作业效率、养护技术水平，降低养护成本发挥了示范作用，也为今后上海道路养护事业创新驱动、转型发展，走集约化、低碳化、智能化发展之路奠定了基础。

【**《城市道路路面预防性养护技术规程》颁布实施**】2013年3月8日，由市路政局主编的《城市道路路面预防性养护技术规程》经上海市城乡建设和交通委员会批准颁布实施。规程共分5章，主要包括总则，术语、符号，基本规定，沥青路面预防性养护和水泥混凝土路面预防性养护。随着城市道路养护管理要求的不断提高，传统“即坏即修”的路面养护方式已不适应现代管理的需求，该规程的制定，使城市道路预防性养护工作有了统一和规范的养护标准。

【**《城市道路养护技术规程》颁布实施**】市路政局主编的上海市工程建设规范《城市道路养护技术规程》DGJ08-92-2013经上海市城乡建设和交通委员会批准颁发，自2013年7月1日起实施。原《城市道路养护技术规程》DGJ08-92-2000同时废止。新规程共分13章，对道路检测、评价和养护对策；沥青路面养护；水泥混凝土路面养护；其他路面养护；人行道养护；掘路修复；道路附属设施养护；养护状况评定；养护工程检查与验收；道路养护作业安全防护及应急防灾方面作出了规定。该规程适用于竣工验收后交付使用的城市道路养护，不适用于桥梁、高架道路、排水管道和泵站的养护及大型掘路修复工程。

【开发计划、建设、养护管理系统】2013年，市路政局开发计划综合管理、建设管理、村内道路桥梁改造等系统，完成了路政管理、掘路计划管理的系统对接；完成市快速路养护作业监管设施完善工程前期研究，在虹桥枢纽快速路实施区域示范工程，实现了养护作业车辆轨迹跟踪、精确定位以及质量监管等目的；完成局门户网站二期升级改造工程，并指导越江设施养护公司深化“乐行上海”子微博建设，为市民提供便捷、丰富的信息服务；完成ETC三期工程主体建设，实现了ETC车道全覆盖，路网通行速度得到有效提升；完成“上海市路政局科技创新服务平台”软件调试及基础数据录入等工作，为服务行业科技创新创造了条件。

【轻质土、光伏、节能减排技术推广与应用】2013年，市路政局完善了《上海市道路新技术推广应用指导意见》和《上海市道路新技术推广目录》；组织开展了现浇泡沫轻质土技术交流暨现场观摩研讨会、宝钱公路APT试验现场观摩、光伏技术在道路工程中的应用等专项技术交流研讨活动；编制完成《上海市路政局节能减排工作方案》以及《上海市道路旧沥青混合料回收利用管理体系》；召开行业技术交流展示会，组织各管养路段的技术经验交流，探讨养护技术管理工作；编制完成《上海市路政局节能减排工作方案》，指导行业顺利完成节能减排任务。其中浦东、崇明等区县使用环保、耐久性路用材料，提高道路使用寿命；大连路隧道采用LED照明，提高隧道照明设施节能效率。

【《上海市城镇化地区公路工程技术标准》颁布实施】2013年1月28日，由市路政局主编的《上海市城镇化地区公路工程技术标准》经上海市城乡建设和交通委员会核发实施。标准主要有15章52节和1个附录，制定了城镇化地区公路建设控制要素、通行能力、总体设计、横断面、平面与纵断面、公路交叉、公路与轨道交通交叉、路基路面、行人与非机动车交通、公共交通设施、交通安全和管理设施、管线、环保与节能等方面的标准。城镇化地区作为公路与城市道路的过渡段，至今没有统一的设计标准，该标准的出台，为上海市城镇化地区公路设计提供理论和方法依据。

【《高速公路视频信息互联网发布技术应用》通过验收】2013年1月，科研课题“高速公路视频信息互联网发布技术应用研究课题”通过验收。该课题围绕本市城市快速路、高速公路、大型桥隧、重要交通枢纽等多路监控视频在互联网环境中的发布需求，对视频发布系统总体方案、视频编解码关键技术及产品进行了深入细致的分析研究，提出了在分布式视频信息汇聚，多达16路视频信息发布以及视频信息的静止图片定时轮循，自动视频源切换，多视频无缝切换的功能等关键技术，进而提高了公众出行信息服务水平，同时提供便捷、动态的管理辅助手段，课题成果经上海市道路网监控视频网上发布试行，以及上海市与江苏省高速公路应急视频互通等实际应用中成功使用，效果良好，具有较好的实用性和应用推广价值。

【《泛长三角区域高速公路应急保障体系研究》通过验收】2013年9月，“泛长三角区域高速公路应急保障体系研究”相关成果通过验收。该课题通过深入调查研究，结合泛长三角四省一市（江苏、浙江、安徽、江西、上海）高速公路应急管理的现状和特点，研究提出了泛长三角区域高速公路应急保障体系总体技术方案和试验系统建设方案，完成了《泛长三角区域高速公路动态交通数据信息交换接口协议》和《泛长三角区域高速公路道路监控视频交换接口协议》的编制，完成了泛长三角区域高速公路应急处置协同试验平台的建设和各省市配套前置系统建设，为高速公路网应急保障的跨省市区域协同提供了有效的技术支撑。同时，该项目研究成果对国内区域性高速公路应急保障体系建设具有示范作用，对区域交通服务体系建设具有重要的借鉴意义。

【《长江口细砂路基绿色施工关键技术研究应用》获市公路学会科技二等奖】 2013 年，由上海城建市政工程（集团）有限公司研究的《长江口细砂路基绿色施工关键技术研究及应用》通过验收 . 该项目于 2011 年在 G40 沪陕高速公路得到成功运用。该研究成果明确了长江口细砂作为沪陕高速公路建设工程路基填料的适用性，提出了料源选取的相应原则、长江口细砂路基的压实工艺、施工技术参数及质量控制方法，形成了长江口细砂路基成套施工技术及《长江口细砂路基竣工及质量控制技术指南》。该成果在 G40 高速公路的成功运用，提高了路基性能，取得了社会、经济和环境效益。该研究成果对道路工程同类项目具有指导意义。该项目获得市公路学会科学技术二等奖。

（市路政局供稿）

（一）综述

2013年，以“绿地、林地、湿地”融合发展为基础的生态环境建设全面推进，以“无害化、减量化、资源化”为目标的生活垃圾管理工作不断强化，以“管理、执法、作业”协调运行为手段的城市长效管理更加完善，以“转变职能、高效便民”为核心的公共服务能级大幅提升，以“深化改革、保障发展”为目的的行业自身建设切实增强，为打造“绿色、整洁、有序、宜居”的美丽上海贡献力量。

生态环境建设全面推进。加强基本生态网络规划执行，加快生态建设项目落地，促进“三地”协调发展。全年新增绿地1050公顷，其中公共绿地519公顷，新增造林1.39万亩，建城区绿化覆盖率达38.35%，森林覆盖率约13.13%，湿地保有率达32.28%，立体绿化纳入清洁空气行动计划，全年新增立体绿化33万平方米，生态环境得到有效保护。

生活垃圾管理取得积极进展。初步确立

了生活垃圾分类减量的整体框架，全市生活垃圾无害化处理率达94%，湿垃圾日均末端处置能力达到1300吨以上。实现2011年以来连续三年进入末端处置设施人均垃圾处理量比2010年减少5%，人均生活垃圾处理量控制到0.7公斤/日以下。

市容环境总体保持整洁有序。以保持世博水平为总体要求，以突破"8+2"管理难题为重点，坚持专项治理和建立长效机制相结合，着力提升城市环境管理水平。全市道路整洁优良率达到92%。

城管执法更加文明规范。坚持依法履职、积极作为、执法为民，有力维护了城市整洁有序、文明和谐。全年共出动执法人员220.4万余人次，开展行政执法检查111.3万余次，教育劝阻相对人124.6万余人次，实施行政处罚13.5万余起。

行业发展基础愈加扎实。以生态文明建设为龙头，坚持强基础、重管理，充分发挥规划引领、法规保障、科技促进等支撑保障作用，加强和自贸区对接，不断夯实行业发展基础。持续提高服务基层和群众工作水平，确保城市运行安全，行业文明形象进一步提升。全年共受理"12345"转来诉件66276件，同期增幅超过50%，占"12345"受理量约15%，排名前三位；全年共受理市民诉求22万件，同比55.8%，处理率98.4%，2小时到场及时率94.6%，满意率87.6%。开展全民义务植树活动，义务植树约26万株，4千多个人认建认养。开展绿化六进活动1270场次，送出盆花13万盆（株）。新报创建绿化合格单位160多家，新申报园林式居住区近20家，联合房管部门开展居住区物业管理人员绿化培训近千人次。

（二）生态环境建设

【概况】 生态环境建设项目稳步推进。外环生态专项工程累计完成建绿883公顷，占总量的56%。积极推进彭越浦、桃浦等楔形绿地，宝山南大等地区防护绿地，大型居住区结构绿地、郊区新城绿地以及虹桥商务区、世博园区、前滩等重点功能区配套绿化建设。积极推进5个郊野公园试点建设，启动郊野公园生态建设导则编制。崇明东滩生态修复项目顺利开工建设，围堤基本全线合龙，涵闸基础全面铺开。城乡绿化结构品质持续优化。重点推进16座老公园改造，中山公园重新对市民开放。制定《林荫道三年实施规划》和《林荫道建设导则》，完成38条林荫道创建命名、20条林荫道改建提升。完成古树勘测定位并开展试点。完成绿地调整和改造60公顷，人民广场、外滩等重点区域绿化景观品质得到明显提升。完成40余个地铁站点绿化恢复工作。生态保护措施得到加强。全面启动新一轮三年林业发展计划。积极推进农田林网建设，落实疏林地改造计划6950亩、林地基础设施建设2.7万亩。全面建立保护和发展森林目标责任制并获得国家林业局考核优秀。大力推进林业三防体系建设以及"野生动物重要栖息地保护管理和极小种群物种野放"项目。通过国家林业局对上海第二次湿地资源调查成果的检查和验收，全面开展野生动物资源调查。建立奉贤野生动物禁猎区。开展野生动物保护专项治理，检查相关场所6183次，开展联合执法129次。

【制定上海市林荫道三年（2013～2015）实施计划】 2013年2月26日，市绿化市容局印发《上海市林荫道三年（2013～2015年）实施计划》（沪绿容〔2013〕42号，主要任务是创建命名林荫道100条，改建提升100条，新建储备100条；建设苗圃基地提供优质苗源；制定法规标准强化林荫道管理。

【完成创建命名100条林荫道工作】 "林

荫道建设”是上海市“十二五”规划的重点工作内容，是惠及民生的绿荫工程。根据林荫道评定办法，经过专家现场评定、开会讨论和网上公示等环节，2011年评选出20条，2012年53条,2013年38条,共计创建命名111条林荫道。《上海市林荫道三年（2013～2015年）实施计划》中“创建命名林荫道100条”工作已全面完成。

【街头绿地花卉布置“瘦身”】 今年全市五一、国庆等重要节庆花卉布置面积单季约12公顷、用花量700万盆左右，相比2012年花卉布置量下降约40%、单季用花量减少300万盆。尽管用花量下降，但是由于今年花卉布置以突出特色，强化重点区域布置，一批新的花卉系列有较大比例的应用，即达到了节俭的效果，又突出了节日喜庆、的氛围。

【推进植物群落结构调整与功能提升】 继续通过实施以新优品种引种、土壤改良、设施完善为重点的绿地群落结构调整与功能提升市级示范项目，推动全市绿地调整优化工作的开展，指导虹口、黄浦区完成了北外滩、外滩区域的绿化改造工程，截止2013年底，全市完成绿地调整优化近60公顷。

【对外展会获殊荣】 完成第九届中国（北京）国际园林博览会上海展园建设和参展布展工作，“上海·梦之园”获园博会最高奖项——“室外展园综合大奖”，以及“展园设计奖”、“展园施工奖”、“植物配置奖”、“建筑小品奖”等4个单项奖大奖，市绿化市容局获“特别组织奖”和“博览会展园特优建设奖”，上海市人民政府获“特别贡献奖”、“特别成就奖”。在2013年加拿大蒙特利尔国际立体花坛大赛上，由市绿化市容局、黄浦区人民政府代表上海市政府参赛的展品——“一个真实的故事”，获大赛“最高大奖”和唯一的“最高荣誉奖”。完成2013年第十一届中国（井冈山）杜鹃花展上海参展布展工作，获“室内展台布置金奖”等12项奖；完成2013年第十一届中国（北京）菊花展览会上海参展布展工作，获“室外景点大奖”、“室内展台大奖”等20项奖。

【成功应对特大暴雨考验】 2013年10月6日至8日，受到台风“菲特”、“丹娜丝”外围以及南下冷空气持续、叠加影响，本市普降大暴雨到特大暴雨。截至10月8日8时，上海154个测站测得24小时雨量超过200毫米的特大暴雨标准，241个测站测得超过100毫米的大暴雨标准降雨集中在松江、嘉定和中心城区。由于雨量大、持续时间长、降雨范围广，加之潮位高影响排水，造成全市50多条段马路积水10～20厘米，30多个居民小区积水5～15厘米，600多户民居进水5～10厘米。市防汛指挥部三次提升防汛防台预警信号至最高的红色级别，全市防汛系统紧急启动Ⅰ级应急响应。全市绿化部门启动应急方案，集结应急队伍，全力应对特大暴雨。由于风力不大，全市倒伏行道树仅几十株，但大面积积水与交通堵塞，使得绿化应急队伍行动受阻，大部分现场处置是由抢险人员徒步涉水进入，仅依靠便携轻便设备，及时有效地排除了险情。暴雨红色预警发布后，市绿化市容防汛防台指挥部针对部分公园积水严重的状况，及时采取了公园临时闭园措施。全市共有64座公园先后实施了临时闭园，公园管理单位同时采取了一切有效手段进行自救抢险，经过近20多小时的努力，大部分停闭的公园陆续开放。古猗园、莘庄公园、古藤园、航华公园、闵联生态公园、月浦公园、淞南公园受灾较重，经过近48小时的修整，排除了各类安全隐患后也正常开放。

【防暑抗旱确保全市公共绿地安全度夏】 2013年6月下旬至8月底，由于副热带高压异常稳定、异常偏少的台风活动以及南海夏季风明显偏弱，我国长江以南大部地区出现了历史罕见的持续高温少雨天气，本市出现35度以上高温日达46天，极端高温40.8度，堪称百年一遇。高温带来的干旱也前所未有，本市年平均降雨在1100 ~ 1200毫米之间，7、8两月降雨约在260毫米左右。据上海气象台内部初步统计今年7、8月降雨量仅为常年雨量的40%，减少雨量156毫米。全市绿化养护单位全体动员，积极落实抗旱保绿工作措施，把绿化浇水抗旱作为高温期间养护工作重点，调整养护作业时间，合理安排浇水时间，避免高温时段作业，确保良好的浇灌效果。全市公共绿地安然度过百年一遇高温季节。

【举办“古木春秋”古树名木国画展】 4月28日，上海市绿化和市容管理局以及上海海上水墨画院在上海动物园科普馆隆重举行“古木春秋”古树名木专题国画展开幕仪式，拉开了“古木春秋”画展巡展活动的序幕。市绿化市容局党组书记、局长陆月星，副局长方岩出席开幕仪式，市绿化市容局相关处室、市绿化管理指导站、上海动物园、各区县古树管理部门以及上海海上水墨画院领导及部分画家也参加了开幕仪式。举办此次活动旨在向全社会普及古树名木知识，提高市民群众古树名木保护意识。画展展出的41幅作品，是从林曦明等29位著名画家的80幅画作中精挑细选出来的。它给我们展现了一部形象的、浓缩的上海古树名木史和多姿多彩的古树名木“长篇画卷”。

【开展古树名木保护专项规划测绘定位工作】 为从源头上保护古树名木和古树后续资源，加强古树名木规划建设管理，由市绿化市容局和市规划国土局牵头，在市、区两个层面，共同开展本市古树名木及后续资源保护规划编制工作。2013年，市、区联手，开展古树现状调研，对全市2600余株古树进行了测绘定位。在长宁、青浦开展了规划编制工作试点，2014年将在全市推开。

【中山公园完成整体改造】 2013年10月，中山公园完成整体改造工作正式对游客开放。此次改造的主要内容是：对公园的基础设施进行改造更新和完善（给排水、灯光照明、技防监控、园路铺装、水体驳岸、绿化景观、围墙桥梁修缮、园林街俱小品等）；恢复部分历史上的十二处景点（水榭絮羽、绿茵晨辉、芳圃吟红、双湖环碧、荷池清月、林苑耸秀、石亭夕照、虹桥蒸雪、独木傲雪、花墅凝香、银门叠翠、旧园遗韵）；恢复四处景观小品（铜顶、铜钟、四不像、露天音乐台）。通过系统的整体改造，为游客提供更人性化、更舒适的游园环境。

【推进公园噪声管理工作】以闸北区为试点，开展专题调研，完成《上海市闸北公园噪声污染防治办法对策研究》课题。邀请部分公园志愿者、活动团队领队、街道社区等共同参与《上海公园噪声控制规约（范本）》制订工作，并将《上海公园噪声控制规约（范本）》推广到各公园实施。

【60 座公园延长开放时间】 为满足市民夏季纳凉、休闲健身的需要，发挥公园公共资源最大效应，更好地为市民游客服务，在 2012 年试点夏令延长 50 座公园开放时间的基础上，2013 年又新增了几座公园，使全市公园夏令延长开放公园数达到 60 座，延长开放时间自 2013 年 7 月 1 日起至 2013 年 9 月 30 日止。在公园延长开放时段，积极倡导市民群众晚间游园以散步、纳凉等相对安静的休闲方式为主，按照《上海市社会生活噪声污染防治办法》要求，在每日 22 时至次日 6 时时段，不使用外置扩音装置的音响器材，干扰他人正常生活。

【丰富全民义务植树宣传发动方式】2013年，全市围绕“建设生态文明、共建美丽家园”的主题开展全民义务植树宣传活动，发掘全民义务植树的有效载体，为适龄公民履行义务植树责任搭建平台。市绿化委员会办公室秘书处策划制作了新版市民绿化宣传手册，宣传普及绿化知识、森林碳汇知识、绿化与PM2.5等内容；配合中国绿化基金会在滨江森林公园开展勃海银行绿地（森林）认养工作；采用报纸、网络等媒体形式进行宣传，联合新民晚报、上海电视台在高温季节组织立体绿化专题宣传，被全市几十家媒体转载；及时向社会发布全市义务植树活动计划及认建认养信息，并推进以认建认养为主的各类义务植树尽责活动常态化。2013年，本市共设立义务植树现场集中宣传点386个，植树点187个，直接义务植树26万株，发动了345家单位，4千多个人认建认养，媒体绿化宣传260多篇次。全市开展绿化“六进”（绿化服务进社区、进校区、进营区、进园区、进楼宇、进村宅）活动1270场次，送出盆花13万盆（株）。

【市领导参加2013年全民义务植树活动】 3月21日上午，中共中央政治局委员、市委书记韩正，市委副书记、市长杨雄，市人大常委会主任殷一璀，市政协主席吴志明等带领市四套班子领导来到闵行文化公园，参加2013年全民义务植树活动。市绿化市容局局长马云安、党组书记、副局长陆月星等局党政班子成员陪同市领导参加了植树活动。闵行文化公园位于闵行区七宝镇，北起航南路，南到漕宝路，西临新镇路，东达A20外环线，规划面积约84.8公顷，目前已完成一期建设面积300亩。该公园是上海外环生态建设“长藤结瓜”的重要节点，也是中心城区唯一在建的大型城市公园。公园规模种植以上海市市花——白玉兰和红运玉兰为主的玉兰系列品种，拟建成上海市玉兰种植面积最大、品种最多的玉兰专类园，并通过建设秋季观果园、生态湿地园、水森林、芳香植物园等特色景观，以及融入闵行博物馆、海派艺术馆、玉兰文化展示馆、庭院展示区、草坪音乐剧场等文化项目，打造具有闵行文化地标、上海文化特点的开放式综合公园。

【拓展社会绿化行业多层次管理】 落实社会绿地长效管理，组织社会绿地市级巡查9次，重点对虹桥商务区、机场和市政隧道口绿化进行市级巡查及督促整改。开展群众绿化技术协作活动，深化国有企业参与绿化技术协作网络，扩大绿化技术协作覆盖面；配合市教委完成《高校绿化建设管理导则》，研究制定《上海市新建住宅环境绿化导则》贯标情况核查方案，会同市房管部门制定《居住区绿化内部布局调整技术规范》，提高社会单位绿化管理水平。组织开展2013年市绿化合格单位创建及花园单位复查工作，新创绿化合格单位162家，新创园林式居住区18个。以绿化行业文明创建为契机，对申报市级文明的小区进行绿化核查；对复查不达标的园林式小区督促整改；联合房管部门组织居住区物业管理人员绿化培训3次，共近千人次参加。

【提升立体绿化建设管理水平】 完善立体绿化推进工作顶层设计，将立体绿化纳入市政府防治大气污染——清洁空气行动计划。进一步完善立体绿化配套政策，完成《上海市立体绿化建设和管理政策研究》课题。制定出台2013年度《上海市立体绿化示范项目扶持资金申请申报指南》，开展立体绿化项目和屋顶绿化奖补项目检查工作。推进年度立体绿化城维项目实施，基本完成四行仓库屋顶绿化和外环声屏障垂直绿化项目。组织推进《立体绿化技术规程》修订；编制立体绿化专项规划方案。启动全市高架桥柱绿化可行性调查工作。2013 年，全市共完成立体绿化建设 32 万平方米。

【加强森林防火基础工作】 进一步完善森林防火组织机构，嘉定、金山、青浦、奉贤等区分别成立森林防火指挥部。强化重点时段森林防火工作，分别在春季和秋季森林防火期组织召开两次市森林防火指挥部工作会议，姜平副市长和白少康副市长出席。推进森林防火基础设建设，全市新增森林消防道路 7.5 公里，新增防火隔离网 60 公里，新增预警监测点 1 个，共投入森林防火基础设施建设经费 580 万元。抓好重点时段、重点林区的森林火险排查工作，全市各级森林防火责任部门共出动 936 人次，对重点有林地区开展森林火险隐患排查，共查处火灾隐患 81 处。向全市各社会团体、企事业单位和广大农民发放森林防火告知书近 4 万份，在重点有林地区增设森林防火宣传牌 380 块，全市森林防火宣传牌增至 1800 余块，基本做到重点有林地区森林防火宣传牌设置全覆盖。开展本市首届森林防火技能竞赛活动，9 个郊区（县）林业主管部门和佘山、东平、海湾国家级森林公园组成 12 支代表队，共 120 余人参赛。

【严格林地管护和征占用管理】 奉贤区顺利通过国家林业局对本市保护和发展森林资源责任制考核。严格林地征占用管理，注重批后监管，杜绝未批先占、少批多占现象，保护森林资源。全年共审批林业行政许可事项 93 项，对 67 项许可事项实施了批后监管。全年共查处滥伐林木、毁坏林木、苗木、违法征、占用林地的行政案件共有 9 起。

【落实新一轮林业三年政策】 配合市发展改革委、市投资咨询公司完成林业“三防”体系规划评估工作。进一步细化林业“三防”体系规划年度建设项目计划，制定并印发项目实施管理办法。推进林业保险工作，全市共 67 万亩公益林、1.35 万亩经济果林纳保。落实疏林地改造计划 6950 亩，完成年度计划。

【加强乡镇林业队伍建设】 根据市农委、市林业局、市编办、市人保局、市财政局等五部门联合下发的《关于进一步加强本市基层农业（林业）公共服务队伍建设的意见》，制定并印发《上海市林业局关于加强乡镇林业队伍建设的实施意见》，并于 5 月份召开专题工作会议，全面部署加强乡镇林业工作机构与队伍建设工作。

【推进林地综合利用】 积极探索合理开放和利用郊区生态林地资源，结合佘山国家森林公园 20 周年庆祝活动，组织开展本市首届森林公园建设和森林旅游发展论坛，探讨和交流本市林地资源综合利用的途径方法。会同市委研究室开展林木管理权属及经营状况课题调研，深入分析当前本市林地、林木管理经营现状，研究探讨林地、林木的确权问题，完成专题调研报告。

【完善公益林生态补偿制度】 自 2009 年建立市级生态补偿制度以来，5 年共落实市级财政转移支付资金 24.5 亿元，年均增长 15%。2013 年全市纳入生态补偿的公益林面积 71.25 万亩，下拨市级公益林生态补偿资金 6.2 亿元，比上年增长 9%。

【启动公益林养护定额试点】 全面启动本市生态公益林养护定额试点工作，组织《上海市公益林养护定额》技术培训，建立 9 个市级试验示范点。

【崇明东滩互花米草生态控制与鸟类栖息地优化示范工程正式启动】 2013 年 2 月 7 日，

崇明东滩生态修复项目建设领导小组召开第一次工作会议；4 月成立项目建设领导小组和项目建设指挥部，推进并完成工程各项前期工作；9 月 29 日工程正式开工，进入全面建设阶段，按照“规范、可控、优质、高效”的要求，进行日常施工和管理；12 月 28 日，崇明东滩生态修复项目主体工程 3 标段顺利完成龙口合龙。

【市绿化市容局（市林业局）受国家林业局委托审批部分行政许可事项】 2013 年 1 月 22 日，国家林业局发布第 30 号令《国家林业局委托实施野生动植物行政许可事项管理办法》，8 月与各省级林业行政主管部门法人签订野生动植物行政许可事项委托书，9 月发布国家林业局第 12 号公告，将委托事项向社会公告。受委托事项涉及国家林业局行政许可四大项 11 小项，委托时间从 2013 年 10 月 1 日到 2018 年 9 月 31 日。9 月 29 日，市绿化市容局（市林业局）发布《上海市林业局关于受国家林业局委托实施野生动植物行政许可事项的公告》（沪林 [2013]96 号），明确委托事项的程序、材料、期限、内部审查流程、审批要求等。

【加强野生动植物行政许可审批】 2013 年 1 月 1 日至 12 月 31 日，共审核或审批各类野生动物驯养繁殖与野生动植物资源经营利用、猎捕等行政许可 148 份，比上年度增 14.7%，经营利用野生动物及其制品贸易金额 17075.04 万元；濒危野生动植物进出口许可 1296 份，比上年度减少 4.7%，其中国家林业局委托下放审批 298 件，进出口贸易额达 54700 万。上报本市野生动植物种源免税进口 2 批，免税动物 9 头，免税金额 672 万。11 月开展 2013 年度行政许可后续监管专项检查工作，监管行政审批项目涉及 239 项，涉及企业 42 家，实地抽查野生动物经营利用类企业 5 家，进出口木材企业 3 家。

【建立野生动植物保护日常巡查制度】 2013 年 3 月，对本市“驯养繁殖、经营利用、进出口”三类日常管理对象档案资料进行收集整理，建立管理对象数据库。10 月，正式下发《上海市绿化和市容管理局关于进一步加强本市野生动物日常巡护管理工作的通知》（沪绿容〔2013〕332 号），正式实施野生动植物保护日常巡查制度。11 月，市绿化市容局（市林业局）组织 2013 年度行政许可后续监管专项检查工作，监管行政审批项目涉及 239 项，涉及企业 42 家，实地检查野生动物经营利用类企业 5 家、木材进出口类企业 3 家。

【“贯彻落实国家林业局 249 号、289 号文件”专项执法行动结束】 2012 年 11 月 2 日至 2013 年 5 月 31 日，本市野生动植物保护管理部门在全市范围内开展了为期 6 个月的“贯彻落实国家林业局 249 号、289 号文件”专项执法行动。本次行动全市出动野生动物保护工作人员共 14227 人次，4549 车次，检查各类农贸市场、花鸟批发市场、餐饮饭店、驯养繁殖企业、林地湿地等共 6965 次，处理违规摊位 31 家，处理违规餐馆饭店 24 家，拆除网具 4528 张，清除毒饵、窝棚 83 处，收缴、解救鸟类 1415 只，收缴非法野生动物及其制品数 986 只（件）。

【本市破获三起非法空运野生鸟类案件】 2013 年 3 月 5 日，一批非法运输的野生鸟类从桂林运至我市虹桥机场被截获，共 8 种 136 只，其中包含两种广西省重点保护物种；3 月 11 日，一批非法从柳州运至本市浦东机场的野生鸟类被截获，共 10 种 242 只，其中包含四种广西省重点保护物种；10 月 11 日，在虹桥机场截获两批非法运输野生鸟类，分别是从广西及广东运至我市。其中从广东来的鸟类中发现 CiTES 附录Ⅱ物种灰鹦鹉 10 只，蓝额亚马逊鹦鹉 2 只，从广西来的鸟类中共 8 种 223 只，包含两种广西省重点保护物种。

【**完成上海市第二次湿地资源调查**】2013年4月，市绿化市容局（市林业局）向国家林业局正式上报本市第二次湿地资源调查成果，包括《上海市第二次湿地资源调查报告》、调查数据库和成果图形库，并通过国家林业局组织的检查和验收；8月，组织奉贤、崇明、松江、浦东新区等9个郊区（县）湿地调查报告的检查验收工作；11月，正式将湿地资源调查数据库、图形库、照片等湿地调查档案资料移交上海市野生动植物保护管理站；12月，组织技术力量开展上海湿地画册和上海湿地资源调查报告的出版工作。

【**推进"栖息地保护管理和极小种群物种野放"项目**】2013年2月，召开工作推进会议，明确9个区县12个项目任务，介绍项目工作流程图；5月，印发《关于印发2013-2015年公益林建设项目实施管理办法等九项林业建设管理办法的通知》和《上海市林业局关于下达2013年林地建设和林业管理实施计划的通知》，明确项目计划和项目管理；5月至11月，完成技术支撑专家与项目责任单位对接，实地调研各区县项目实施区域基本情况，明确项目实施区域边界范围，指导项目实施方案编写；12月，推进嘉定浏岛、崇明西沙、宝山陈行-宝钢水库、浦东金海4个扬子鳄、獐、狗獾等极小种群恢复与野放项目，4个野生动物重要栖息地项目完成了实施方案编写并通过市专家评审。

【**全国第二次陆生野生动物资源调查工作全面启动**】4月23日，召开上海市第二次陆生野生动物资源调查启动会，正式启动调查工作，同月进行了调查方案专家评审及调查人员培训。按进度安排，本年度有常规调查、林绿地调查、崇明专项、鸻鹬类专项、水鸟同步调查、白头鹤等五个子项目开展野外工作。截至12月底，五个子项目已经确定调查样区及调查样线（点），野外调查稳步推进，并且顺利完成夏季调查和秋冬季调查。人工驯养繁殖调查、遥感解译和数据库建设处于内业准备过程中。其中人工驯养繁殖调查已完成资料收集；遥感解译完成了类型解译和现场验证；数据库已经完成录入系统的开发。11月，领导小组办公室组织专家和技术人员对调查质量进行了第一次检查。调查进入全面推进阶段。

【**开展人感染H7N9疫情野生动物应急防控工作**】2013年4月，本市发生人感染H7N9禽流感疫情，市绿化市容局（市林业局）作为市联防联控机制成员，积极开展应急防控工作。4月7日，印发《上海市绿化和市容管理局关于做好防控H7N9禽流感病毒传播相关工作的紧急通知》（沪绿容〔2013〕106号），明确绿化市容、林业、城管执法各部门防控H7N9的职责，以及26个陆生野生动物疫源疫病监测站日报告和零报告制度。全市共出动1798人次进行野外巡护监测，监测到各类鸟类90余种223175只次。各级野生动物保护部门共收到鸟类异常情况举报112起，处理异常鸟类216只。4月19日至22日，世界卫生组织（WHO）和国家卫计委组成的联合考察组来上海检查H7N9禽流感疫情防控相关工作，本市野生动物疫源疫病监测防控工作在防治疫情中的作用得到了肯定。5月，按照《国家林业局办公室关于进一步加强H7N9禽流感病毒溯源排查等野生动物疫源疫病监测防控工作的紧急通知》要求，市绿化市容局（市林业局）和市卫计委、国家林业局中科院野生动物疫病研究中心联合开展野生鸟类溯源采样工作，完成了2500份样品的采集和送检工作，检测到28份禽流感基因阳性样品。

【**本市陆生野生动物疫源疫病监测体系进一

步完善】2013年，本市陆生野生动物疫源疫病监测工作有序开展。1月，国家林业局出台《陆生野生动物疫源疫病监测防控管理办法》，本市制定《上海市林业局关于贯彻落实<陆生野生动物疫源疫病监测防控管理办法>的实施意见》（沪林[2013]88号），对监测的主体、内容和监测时间、监测方法等方面都做了详细规定；7月，为贯彻该意见，市绿化市容局（市林业局）和市野生动植物保护管理站组织全市50余名监测员进行技能培训和应急演练；8月，对全市26个站点及其应急物资储备进行检查，并对工作人员的监测水平进行考核。《上海市林业"三防"体系建设规划（2013－2015）》中58个野生动物疫源疫病监测站点规划建设得到持续推进，并通过了规划评审。主动预警工作继续开展，完成了1500份的采样检测任务。

（三）市容环境管理

【概况】城市环境质量得到巩固。加强特定区域整治，加大执法巡查力度，开展综合测评、手册编制、案例宣传，完成30%整治任务。起草《上海市市容环境卫生责任区管理办法（草案）》，创建市容环境综合管理达标街镇6个，复查30个。加强城市清扫保洁。推进城市道路清扫保洁标准化差别化作业。占路洗车点治理效果明显。建立黄浦江上游水域保洁联席会议，加强水域保洁长效管理。城市景观水平有序提升。全市9个重点区域、11条重要道路的街头绿地花卉布置面积超过12公顷。完成全市户外广告设施设置阵地实施方案编制，出台临时户外广告和招牌管理办法。整治违规固定户外广告设施611块、临时户外广告14491块、店招店牌1157块。沪宁高速公路沿线、虹桥交通枢纽、浦东机场主要出入道路沿线分别完成违规户外广告整治任务91.7%、70.6%、11%。圆满完成节日及重大活动期间景观灯光保障工作。难题顽症综合治理取得成效。结合履职调查评议开展建筑渣土整治，全年建筑渣土申报超过1亿吨，同比增长15.4%；偷乱倒清除量4.76万吨，万吨偷乱倒率同比下降8%；建筑渣土运输百万吨死亡率同比下降17.2%。形成《本市无序设摊综合治理工作方案》，改善已建立的244处疏导点管理，加强149处聚集点（管控点）控制，起草《关于规范政府购买市容保障服务的指导意见》。拆除违法建筑493.9万平方米，其中在建103.7万平方米，存量390.2万平方米，在建拆除率95.6%。查处非法小广告案件2370余起，实施"停机"5550余起，有效整治城市"牛皮癣"。

【破解市容管理难题顽症】2013年，市绿化市容局针对无序设摊、跨门营业等市民反响大、治理难度高的问题，采取差别化管理方法，破解各类难题顽症。按照"堵要严、疏要实"的工作思路，制定厅西路、老成都路、东宝兴路等重点区域的无序设摊治理方案，并加强督促推进，已取得初步成效；认真排摸设摊疏导的资源存量，为在"市民有需求、条件有许可、根治有难度"的区域设立"设摊疏导点示范点"做好调研；针对今夏高温持续时间长、市民投诉多等情况，制定《本市无序设摊综合治理工作方案》，重点在集贸市场、轨道交通站点和学校周边开展无序设摊专项治理，有效管控治理难度较高的20余处设摊集聚点；推进"四乱"(即乱招贴、乱涂写、乱刻画、乱悬挂)清除以及"机动车辆清洗保洁"工作，使市容环境保持良好水平。

【多措并举推进"特定区域"市容环境治理工作】2013年4月，按照《上海市人民政府办公厅转发市建设交通委制订的本市"特定区域”环境治理三年行动计划纲要（2013—2015年）的通知》（沪府办[2013]32号）要求，市绿化市容局制定《2013年本市“特定区域”市容环境治理的实施方案》（沪绿容办[2013]117号），将菜市场、地铁出入口、学校、医院周边以及旧式小区内外纳入“特定区域”，将无序设摊、跨门营业、车辆乱停放、暴露垃圾以及“五乱”列入整治重点，多措并举推进“特定区域”市容环境治理工作：一是建立台帐。全面汇总各区县“特定区域”市容环境治理任务量，及时跟踪进展情况，逐一建立工作台帐。二是借势借力。通过加大市容环境综合管理示范街镇创建的推进力度，以及进一步完善市容环境卫生状况公众满意测评体系，深入开展“特定区域”市容环境治理工作。三是先行先试。重点对轨交三号线站点、新华医院、天山二村等周边市容环境进行综合治理，并取得示范效应。四是加强检查。委托第三方对“特定区域”市容环境实效进行测评，并将测评情况及时通报区县相关部门。五是全面启动“特定区域”环境治理三年行动计划。加强“老旧小区周边、集市菜场周边、轨交站点周边、医院周边、学校周边”等五类区域的环境保障工作，广大市民群众居住、生活、出行环境有明显改善。杨浦、静安、徐汇、浦东、崇明等区县城管执法部门加强新华医院、儿童医院、中山医院等周边区域的执法巡查力度，及时查处占道销售水果、玩具、小百货等违章现象，净化市民就医环境；普陀、宝山、长宁、闸北、金山等区城管执法部门加大常德路、通河新村、天山五村、彭浦新村等老旧小区、集市菜场周边区域的执法整治工作力度，依法取缔一批严重扰民的马路集市、夜排档和里弄设摊，改善市民生活环境；长宁、徐汇、普陀、虹口、静安、浦东等区城管执法部门加大对轨交站点周边“乱设摊、乱散发、乱张贴”整治力度，加强流浪乞讨人员引导护送工作；普陀、虹口等区城管执法部门整合资源，成功拆除轨交镇坪路站、东宝兴路站等一批违法建筑，营造“安全、整洁、有序、顺畅”的轨交出行环境。

【深入开展市容环境卫生责任区建设】市绿化市容局组织召开“上海市加强市容环境卫生责任区建设推进会”，明确市容环境卫生责任区建设尽快实现由人治向法治、单治向共治、他治向自治转变的工作目标，并提出将市容环境卫生责任区建设融入“三类区域”创建、“特定区域”整治以及城市管理难点问题突破等工作举措；起草《上海市市容环境卫生责任区管理办法》；进一步扩大“市容环境卫生达标街镇”和“市容环境综合管理示范街镇”创建范围，将“市容环境卫生达标街镇创建活动”向郊区延伸；对30个“市容环境综合管理示范街镇”进行为期两周的复查，督促其巩固创建成果，并组织相关专家对6个新申报的街镇进行考核。

【完善市容环境卫生状况公众满意度测评工作】2013年，本市市容环境卫生状况公众满意度测评工作分上、下半年分别进行，采取问卷调查的形式，围绕“道路环境、建构筑物、居住环境、绿地环境、工地环境、集市菜场、交通集散、公厕管理、水域环境、车容车貌、服务规范”等11个方面，对中心城市和郊区城市化区域进行随机调查，并分别公布测评结果。其中，2013年下半年度测评结果一改以往只在《文汇报》上刊登的惯例，首次同时在本市《解放日报》、《文汇报》和《新民晚报》三大报上同时刊登。

【完成户外广告实施方案编制】完成闵行、青浦、嘉定、金山、以及浦东新区（南片）户外广告设施设置阵地实施方案编制，并经市绿化市容局批准实施；完成G2、S26等高速公路沿线、世博地区以及虹桥商务区（二期）户外广告实施方案编制工作。截至12月底，除高速公路沿线外，区、县户外广告实施方案编制工作已基本完成。

【加强违规户外广告整治】结合户外广告实施方案实施，积极推进虹桥、浦东机场等区域违规户外广告专项整治工作；闵行、青浦、嘉定重点地区违规广告整治取得重大成果；闸北及时处置新增违规广告；静安、徐汇、杨浦、宝山等区控制新增违规广告见成效。

开展为期一个月的临时性违规户外广告集中整治专项行动，重点清理未经审批设置、超期设置、内容庸俗、设置破损等违规临时性户外广告。全年共整治违规固定户外广告设施 611 块，整治临时户外广告 14491 块，为推进户外广告规范管理、创造整洁有序的市容环境营造了良好的氛围。

【规范户外广告审批】完成市、区两级户外广告网上审批系统并网联网，全面实现全市户外广告网上审批，实现市、区两级审批信息共享。

【组织开展全市户外广告设施现状调查】编制《上海市户外广告设施基础信息调查操作细则》，组织区、县管理部门对本市各类固定户外广告设施的数量、审批情况、安检等情况进行大规模调查，摸清本市固定户外广告设施的家底，建立全市户外广告设施基础档案和信息库。

【做好重大节庆活动环境宣传工作】发挥户外广告阵地在公益宣传方面的作用，配合市委宣传部做好庆祝建国 64 周年户外公益宣传工作；配合旅游委、体育局、教委等部门完成市民文化节、旅游节、国际艺术节等多项重大赛事、重要活动的户外宣传工作。

【加强景观灯光保障工作】开展全市景观灯光设施专项检查，查找安全隐患、灯具损坏等问题，督促责任单位修复整改；完成元旦、春节、国庆以及 2013 年上海迎新年到计时活动、“地球一小时”等市级重大活动保障工作；

配合上海电力“迎峰度夏”，印发《关于调整高温期间景观灯光亮灯时间的紧急通知》，调整本市景观灯光亮灯时间，明确当日最高温度超过38度时，除外滩外关闭其他景观灯光。

【继续推进公厕文明行业创建】 进一步完善公厕内部设施设备配置，完善洗手液设置，增设扶手，开展第三卫生间建设试点，加强无障碍厕所间建设；进一步强化公厕日常管理，开展公厕集中巡访活动，加强地铁、菜场等社会单位厕所检查，确保全市公厕正常运行。

（四）生活垃圾治理

【概况】 末端处置设施建设快速推进。基本建成老港再生能源利用中心，老港填埋场填埋气利用项目并网发电，金山焚烧厂建成投入试运行，浦东黎明焚烧厂项目基本建成，松江、奉贤已开工建设，其他郊区末端处置设施建设积极推进。闸北环卫基地已开工建设，闵吴码头筹备环评二次公示，上海国际旅游度假区、长兴岛生活垃圾中转设施建设加快推进。生活垃圾分类减量深化拓展。生活垃圾分类覆盖居民达205万户，静安、浦东、长宁、徐汇、奉贤基本实现整区域覆盖，其他区县至少覆盖一个街镇。创新“绿色帐户”激励模式，在静安、黄浦、松江12个居住区开展试点工作，主动分类的居民参与率从试点前的不足5%上升到50%左右。推进分类运输和处理系统建设，完善有害垃圾专项收集，深化低价值可回收物系统建设，形成“生化堆肥”等湿垃圾资源化利用模式，促进减量化。餐厨废弃油脂管理实效凸显。全市餐厨废弃油脂日均收运量达到93吨，同比增长69%。加强产生单位“一户一档”申报管理，全年完成申报32336户，申报率达94%，大中型餐饮服务单位实现申报全覆盖。深入开展“利剑行动”，依法取缔了71个“地沟油”加工窝点，查扣“地沟油”85吨。

【上海老港再生能源利用中心一期工程建成投入运行】 上海老港再生能源利用中心一期工程项目选址位于浦东新区老港固体废弃物综合利用基地东侧、0#大堤以西，占地面积约240亩，概算总投资约14.5亿元人民币。工程规模为日焚烧处理城市生活垃圾3000吨，是国内最大的生活垃圾处理设施之一。项目配置了4条处理规模为750t/d的焚烧线，以及2台30MW凝汽式汽轮发电机组。项目的主要设备如垃圾抓吊、炉排系统、烟气在线检测等均采用进口设备，部分设备采用国内成熟的产品。烟气净化工艺系统采用“炉内喷尿素水（SNCR）+干法（消石灰）+活性碳吸附+袋式除尘器+湿法（NaOH溶液）+烟气再热”工艺，烟气污染物排放指标在满足国家相关标准的同时，将达到欧盟2000标准（EU2000/76/EC）要求。项目于2010年8月底开工建设，2013年5月建成并投入试运行。项目投产后，在年处理生活垃圾约100万吨的同时，年发电量约2.5亿度，年上网电量约2亿度。垃圾焚烧后产生的炉渣，运至厂外进行综合利用（填埋场覆盖材料、制砖、铺路基等）。

【稳步推进全市生活垃圾分类减量】 截至2013年12月31日，实际日均进入末端处置设施的垃圾量为17277吨，与计划量17433吨/日相比，减少0.89%。全市新增生活垃圾分类减量场所达到7016个，其中居住区2706个，机关378家，企事业单位1746家、菜场416个、学校1657所、公园113座，覆盖居民户数超过205万户。

2013年，本市生活垃圾分类减量工作将继续加强五方面工作：一是按照“十二五”规划的要求，实现生活垃圾减量目标。继续坚持“以2010年为基数，人均生活垃圾末端处理量每年减少5%”的工作目标，2013年人均生活垃圾处理量比2010年减少15%，

即控制在 0.7 公斤 / 日以下。二是全面推进居住区“干湿”分类。以创建成文明城区的静安、长宁、浦东和申报创建文明城区的徐汇、奉贤的“3+2”整区域推进为重点，在浦东北片、静安、长宁虹桥等部分街道、徐汇环线内、奉贤南桥镇为核心的城市化地区等五个区域基本实现生活垃圾分类的整区域覆盖；其他区县至少实现一个街镇垃圾分类的全覆盖；同时推进全市文明小区、文明单位垃圾分类的全覆盖；全市分类居住区推进总数达到 200 万户；逐步在有条件的农村地区开展垃圾分类试点。三是继续深化单位垃圾分类工作，2013 年全市将在 300 个机关、1000 个学校、公园 100 个和 300 个菜场，共计 1700 个场所推进生活垃圾分类。四是基本建成“大分流”体系。基本建成果蔬菜皮垃圾、单位餐厨垃圾、装修垃圾、大件垃圾、枯枝落叶垃圾等专项收集、运输、处置体系，在城市化地区基本实现“大分流”的全覆盖。五是大力推进湿垃圾分类及处置。各区县要以今年下达的生活垃圾计划量为基数，力争按照标准分离出 8%—10% 的湿垃圾并配备相应处置能力。

【市生活垃圾分类减量推进工作联席会议召开全体会议暨工作推进大会】4 月 10 日，市生活垃圾分类减量推进工作联席会议召开全体会议暨工作推进大会，总结 2012 年工作，部署 2013 年全市生活垃圾分类减量推进工作任务。市生活垃圾分类减量推进工作联席会议相关召集人和成员单位负责人、各区县文明办、妇联、绿化市容局负责人出席会议。市人大、市政协相关领导以及新闻媒体参加。副市长姜平出席会议并作重要讲话。会议由市政府副秘书长黄融主持，他代表市政府和各区（县）政府负责人签订了 2013 年垃圾分类减量工作目标责任书，进一步明确各区县今年的目标责任。姜平副市长对试点工作取得的初步成效表示肯定，并对做好今年的垃圾分类减量工作提出三方面要求。一是进一步提高思想认识，不断增强推进垃圾分类减量的工作自觉。做好垃圾分类减量工作需要全市各部门协同和全社会的共同参与并持之以恒推进下去。二是要加强研究思考，正确分析形势，科学把握工作规律。要把握好源头管理和末端处置、普遍经验和上海特色、试点项目和区域拓展、履行职能和形成合力四方面关系。三是要紧扣关键环节，大力提升工作实效。要注重利益平衡机制和工作激励机制，创造形成有效的分类推进模式。进一步增强工作推动力、聚合力、号召力、强制力，推动工作迈上新台阶。

【上海市启动生活垃圾末端处置设施第三方监管】2013 年，市绿化市容局通过社会招投标的方式，选择祥鼎公司作为第三方，参与对老港再生能源利用中心的日常监管。5 月 30 日，上海市老港再生能源利用中心建成投入试运行，第三方监管随同市废弃物管理处监管部门一同进驻老港，行使监管职能。根据委托合同，祥鼎公司对再生能源利用中心开展日常运营监管，定期向监管部门提交书面报告以及监管建议。相比市废管处等监管部门，第三方监管的专业性更强，对运营过程的业务覆盖更全面。老港再生能源利用中心开展的第三方监管将为全市其它处置设施运营监管提高监管成效提升运营质量提供宝贵的经验。

【探索专项垃圾分流处置系统建设】市绿化市容局积极配合市发改委会、市环保局和市城投总公司研究废旧荧光灯管专项回收处理试点方案。2013 年底已形成初步方案，设想在全市 100 个机关和企事业单位、100 幢商务楼、200 个商场销售终端、2000 个居民小区以及长宁、宝山两区先行开展废旧荧光灯管专项收集和处理，同步开展相关配套政策研究。

【启动湿垃圾专用收运车补贴工作】制定《关于湿垃圾专用收运车辆购置补贴的实施方案》，对各区落实垃圾专项运输系统建设情况进行补贴，计划从 2013 年至 2015 年期间对全市 17 个区县提供超过 5000 万的资金。促进各区县湿垃圾专项运输系统的建设，提升超过 1000 吨 / 日的湿垃圾车辆载质量。

【落实四项举措提高保洁水平】启动道路保洁和垃圾清运文明行业创建，保洁作业严格执行道路机械化清扫、冲洗避开早晚交通高峰等规定；市、区两级市容环境质量监测队伍开展道路污染点排查整改活动，建立“一路一策”制度，对易污染路段落实定期清洗制度，提高保洁精细化程度；指导、推进长宁、徐汇、浦东、宝山、闵行等区完成道路清扫保洁任务量的招标工作；指导区县依据养护定额编制 2014 年作业养护经费，开展 2012、2013 年环卫作业养护经费执行情况调查，完成预算定额编制管理程序设计，进一步推进定额规范编制和执行。

【启动应急保洁应对重度空气污染】2013 年 12 月 6 日至 12 月 8 日期间，上海市经历了一次罕见的空气污染过程。自 6 日 13 时首次启动严重预警，至 8 日上午 8 时重污染预警解除，空气严重污染共持续 62 个小时。在此期间，全市 17 个区县环卫管理部门积极落实减排措施，及时增加道路冲洗，有效降低扬尘。特别是 6 日 13 时启动严重预警后，市绿化市容局要求各区县在确保道路保洁正常作业的基础上，道路冲洗在原有基础上增加 2–3 次，并加强人行道冲洗，严控作业过程中的扬尘现象，做好环卫工人自我安全保护工作；同时，及时通知渣土运输企业停止渣土运输，做好渣土车辆的运行监控并开展市区两级的工地检查。据统计，发布警报期间，全市共出动 300 多辆道路冲洗车及 380 多辆人工冲洗车对全市道路进行冲洗降尘；市区两级渣土管理部门共检查工地 133 个，其中开工工地有 46 个。

【开展执法与有奖举报相结合的渣土整治措施】根据渣土作业的特性，持续开展“月光下执法”工作，6 月 13 日，“雷霆二号”专项整治行动共查处违法运输车 25 辆，查扣 4 辆；同时，对二次违规的 14 家渣土运输企业实施停业整顿，并在有关媒体上公布因此遭到停业的企业名单。11月，市绿化市容局开通渣土偷乱倒有奖举报微信，接受公众对渣土运输企业偷乱倒行为的举报，经查属实的，给予举报市民一定的奖励。目前已有约千余人关注“建筑渣土偷乱倒”微信公众账号，截至2013年底，共接到60余起关于渣土偷乱倒的举报，已协调区县渣土管理部门处理其中的33起；建筑渣土偷乱倒清除量5.52万吨，与2012年相比，万吨偷乱倒率下降20%，交通事故百万吨死亡率下降17.2%。

【提高餐厨废弃油脂总体管理水平】 市绿化市容局从招标立法、过程监管、工艺改进三个方面着手，加强全市餐厨废弃油脂管理。一是进一步贯彻落实97号令，有序推进收运单位招投标工作，指导、规范各区县开展餐厨废弃油脂收运单位招标工作；妥善协调老油有偿收购机制，促进应收尽收。二是进一步加强收运、处置环节的监管，加强申报服务，落实“四统一”制度，提高资源化利用水平；继续严打非法收运和处置行为；开展废弃油脂收运、处置单位评议工作，制定末端处置企业监督考核办法，建立考核机制，加大监管力度。三是加强对餐厨垃圾末端处置方式开展研究，探索工艺技术合适、规划布局合理的餐厨垃圾处置路径，提高餐厨垃圾处理效率。

【规范餐厨废弃油脂收运】 完善“一户一档”餐厨废弃油脂源头申报制度，全市产生单位已完成申报28233户，申报率达到88%，大中型餐饮服务单位实现全覆盖。引导全市19家收运企业在服务规范、车辆装备、制度建设等方面进一步规范。其中290辆厢式货车已安装GPS，车身统一公示收运企业的信息和监督电话，按照规定收运人员统一服装和标识。市环卫管理部门会同有关执法部门，严厉打击非法收运、处置等行为。要求各区（县）落实属地化监管责任，对收运单位实施专项收运和作业服务划片管理，合理落实餐厨废弃油脂物流流向。2013年全市平均每日收运处置餐厨废弃油脂约85吨，较去年同比增长54%。

【成立黄浦江上游水域水质安全、水面环境整洁联席会议，并召开首次大会】 建立上海市黄浦江上游水域水质安全、水面环境整洁联席会议制度，并于2013年7月11日，由市政府召开上海市黄浦江上游水域水质安全、水面环境整洁联席会议第一次会议。市政府副秘书长黄融出席，市建设交通委、市农委、市水务局、市环保局、市公安局（交警总队）、市绿化市容局（市城管执法局）、市交通港口局、市城投总公司等单位分管领导及相关处室负责人，金山、青浦、松江、闵行、奉贤等区分管区长及绿化市容局负责人等约50人参加了会议。会议明确建立年度水环境评估工作制度，强调下一步抓好污染源专项排查、作业服务专项规划编制、视频监控系统建设、水上打捞物末端处置方式完善、专项应急防御指引制定、日常执法检查、联席会议自身建设等任务，提升全市水域环境卫生长效管理和应急反应能力。在黄浦江上游水域漂浮死猪事件期间，联席会议反应迅速，积极应对，截至12月底，协调市市容环境卫生水上管理处打捞漂浮死猪11785具。

（五）城管执法

【概况】 队伍素质整体提升。开展百日作风纪律教育整顿活动，组织7000多名执法人员培训，开展规范执法标兵和优秀中队长双十佳等评比活动。对183家基层规范化中队进行复验，目前规范化中队达209个，标准化大队4个。全年督察道路29032条（次），督促整改问题35757起。开展“依法履职、积极作为”主题教育。基本完成区县城管执法局执法大队“三定”工作。公共秩序得到维护。制定《关于完善本市城管执法勤务模式的工作意见》，在部分区县开展信息化执法管控的试点工作。开展示范道路创建工作。加强区际结合部综合治理。深入开展违规马路活禽交易专项整治行动，共教育劝阻摊贩5.8万余人（次），查处占道经营家禽违法行为4500余起。开展“城中村”环境治理、“扫黄打非”等专项整治，扎实推进平安上海建设。执法为民进一步拓展。大力推进城管执法“五进”工作。建立完善定人、定点、定时的三定联系社区制度。推进共管共治，召开摊贩座谈会，求策问计于群众。开展绿色护考专项整治行动，查处夜间施工噪音扰民行为44起。开展“五边”区域“网诉直通”活动。

【提升重点区域执法保障水平】黄浦、静安、浦东、徐汇、长宁、闸北等区城管执法部门积极探索优化执法勤务模式，聚焦外滩、静安寺、陆家嘴、徐家汇、新客站等景观区域、商业街区和交通枢纽，科学合理配置执法巡查力量，依法、有效查处流动设摊、兜售假冒侵权商品、散发非法小广告等违法行为，有效维护城市环境秩序；金山、嘉定、黄浦、崇明、徐汇等区城管执法部门完成世界沙滩排球赛、世界F1汽车大奖赛、国际马拉松赛等重大赛事市容环境保障任务，提升城市文明形象；闸北、浦东、长宁、松江、闵行、崇明等区县城管执法部门深入开展市容环境秩序无违示范街创建工作，探索构建“管理、作业、执法、商家”四位一体门责管理机制，提升街面执法管理实效。

【治理违规处置建筑渣土取得新突破】 在全市范围内组织开展“雷霆”系列建筑渣土专项执法整治行动，共检查建筑工地2.1万余家(次)，依法查处无证运输、偷乱倒建筑渣土违法案件4300余件，暂扣土方车1200余辆，有效遏制违规处置建筑渣土的现象。杨浦、虹口、静安、浦东、宝山、黄浦等区城管执法部门会同相关部门深入建筑工地，督促建设方、施工方和运输单位规范处置建筑渣土，从源头上避免和减少违规处置建筑渣土现象；奉贤、普陀、松江、嘉定、闵行、青浦、执法总队等单位加强与公安交警的联动执法，有效打击偷乱倒建筑渣土违法行为。

【治理乱设摊取得新成效】 聚焦严重影响市民生活、交通出行和市容环境的马路集市乱象，组织开展集聚性乱设摊专项整治行动，共依法查处乱设摊案件9.3万余起，取缔乱设摊集聚点120余处，有效改善了市容市貌。闸北、虹口、浦东、黄浦、静安等区城管执法部门集中力量整治彭浦夜市、池沟路马路市场、昌里路夜排档集市、成都北路无证花鸟市场，显著改善区域环境秩序；组织开展违规占道亭棚专项整治行动，杨浦、静安、黄浦、松江、嘉定等区城管执法部门共依法拆除违法搭建、占道经营的亭棚170余个，改善市民道路通行环境。

【治理违法建筑取得新进展】 建立健全巡查发现、快速处置、联动执法等拆违工作机制，提升拆违工作效能，全市共拆除违法建筑494万平方米，其中拆除新建违法建筑104万平方米，拆除历史存量违法建筑390万平方米，超额完成年度计划300万平方米的目标任务。松江、浦东、奉贤、闵行等区成功拆除了乔爱别墅、白金瀚宫等一批别墅区违法建筑；黄浦、虹口、徐汇、静安等区成功拆除了云南南路、天通庵路等一批老旧小区违法建筑；奉贤、闵行、青浦、浦东等区依法强制拆除了一批厂房仓储违法建筑；普陀、闸北等区以创建全国卫生城区为契机，顺利拆除了凯旋北路、中兴路等一批沿街违法搭建商铺。

【治理违规处置“地沟油”取得新成果】 认真贯彻实施《上海市餐厨废弃油脂处理管理办法》等法规规章，深入开展“利剑行动”，坚持从严执法、从重惩处违规处置餐厨垃圾及“地沟油”行为。宝山、松江、普陀、闸北、闵行、虹口等区城管执法部门加强与食药监、公安部门的联勤联动，依法取缔了71个“地沟油”加工和中转窝点，查扣“地沟油”85吨；奉贤、宝山、静安、徐汇等区城管执法部门加强对餐饮企业执法检查，共查处非法收运餐厨垃圾、地沟油案件610起。

【坚决查处违规马路活禽交易】 落实《上海市活禽交易管理办法》，制定实施《关于没收占道无照经营的活禽和工具的若干规定》，开展“违法经营活禽、违规饲养家禽”专项整治行动，全力保障公共卫生安全。严肃查处马路活禽交易行为，共教育劝阻摊贩5.8万余人（次），查处占道经营家禽违法行为4500余起，依法没收家禽5万余只，没收经营工具2000余件；深入社区，教育督促群众自行处理违规饲养家禽1.2万余只，查处违规饲养家禽行为1600余起，依法拆除鸽子棚80余处；普陀区城管执法部门深入持续开展三官堂禽蛋批发市场周边马路活禽交易执法整治行动，有效遏制违规贩卖活禽行为。

【扎实推进平安上海建设】 闵行、闸北、松江、杨浦等区城管执法部门加大“城中村”环境治理力度，会同相关部门及时有效查处违法搭建、马路集市、地下食品加工窝点等违法行为，区域环境秩序得到明显改观；杨浦、奉贤、长宁等区城管执法部门加大高校周边环境治理力度，依法查处夜排档、烧烤摊、兜售盗版图书光碟等违法行为，改善高校周边的市容环境。深入开展“扫黄打非”专项整治行动，共依法查处占道设摊销售、兜售非法出版物违法行为3100余起，查扣非法音像制品、盗版图书等3.5万余件。加强知识产权保护工作，共查处占道销售、兜售假冒侵权商品违法行为2700余起，查扣侵权商品3.9万余件。

【政风建设得到群众认可】 闸北、黄浦、长宁、宝山、浦东等区城管执法部门着重加强投诉处理、案件受理等服务窗口建设，优化工作程序，提高行政效能；虹口、嘉定、松江、金山、青浦等区城管执法部门深入社区、深入群众，通过召开市民代表、摊贩代表座谈会等多种形式，面对面听取社会各界意见建议，及时改进无序设摊治理等薄弱环节，提升社会管理和公共服务水平。市城管执法部门政风测评成绩在全市9个行政执法部门评比中名列第二，闸北、闵行、静安、杨浦、奉贤、崇明、普陀、松江、黄浦、长宁、金山等区县城管执法部门政风测评成绩分别进入所在区县的前三名。

【便民服务得到群众好评】 闸北、浦东、宝山、长宁、金山、崇明等区县城管执法部门建立健全“一人一居”、“走千访万”等服务群众工作机制，及时帮助社区群众解决侵占绿地、违规饲养家禽、违法搭建、非法小广告等城市环境问题1.2万余个，提升为民服务能力；黄浦、长宁、静安、虹口、普陀、奉贤等区城管执法部门针对夏令时节市民反映集中的城市难题顽症，精心组织开展夏令热线城管特别行动，依法查处夜排档、瓜果摊、夜间施工扰民等违法行为9500余起，改善群众的生活环境；徐汇、杨浦、奉贤、青浦、嘉定、松江等区城管执法部门深入开展“绿色护考”专项行动，重点加强高考、中考期间学校、考场和居住区周边环境保障工作，及时有效查处兜售叫卖、施工扰民等违章现象1200余起，同时主动为广大考生和家长提供交通咨询、应急药品等服务，得到社会各界好评。

（六）行业发展

【概况】规划引领作用得到发挥。完成行业“十二五”规划中期评估和《“十二五”上海市城镇生活垃圾无害化处理设施建设规划》中期评估。编制《海湾国家森林公园总体规划》、《城镇生活垃圾无害化处理设施“十二五”规划》、《上海市景观灯光总体规划》、《上海市林业碳汇中长期规划（2011–2020年）》。组织编制本市湿垃圾处理、古树名木保护、立体绿化等专项规划。法制保障力度得到增强。贯彻实施《餐厨废弃油脂处理管理办法》。大力推动《促进生活垃圾分类减量管理办法》、《上海市容环境卫生责任区管理办法》的出台。制定实施《上海市单位生活垃圾处理费征收管理办法》、《餐厨废弃油脂处理管理办法实施若干规定》、《临时性户外广告设置管理办法》等6个规范性文件。下发《贯彻实施湿地保护管理规定若干意见》。组织林业行政执法工作培训。开展全行业“六五”普法中期自查。科技支撑水平得到提高。积极开展有机垃圾改良绿林地土壤中试工作，消纳有机湿垃圾处置产品2780吨。完成98家公园绿地无线局域网覆盖建设。成功申报建立国家级生态定位站。启动特色苗木基地和造林绿化保障性苗圃建设。成立了“上海市林业碳汇计量监测中心”，编制了林业温室气体清单。完成8项地方标准、4项社会管理与公共服务标准化试点项目申报立项。开展《环卫车辆技术与配置要求》贯标、绿化装备的研发及应用调研等。组建第二届市绿化市容局科学技术委员会，策划行业三个地方标委会的调整和新增方案。市民诉求处置水平不断提高。积极对接“12345”市民服务热线，建立难点问题集体会诊机制，优化督办流程。聚焦民生难点，开展夏令热线行动，今年夏令热线诉求量达27553件，同比增长51.5%。借助网格化完善主动发现机制，加强督办，开展专项检查，引入第三方测评。社会宣传动员不断深入。积极运用新媒体，“上海绿化市容”政务微博发布政务微博13955条，累计粉丝达32万余人。开展爱鸟周、青年人最喜爱的十大公园评选、上海市生活垃圾分类宣传口号评选等宣传活动。

【加强生活垃圾末端处置设施建设】“一主多点”末端处置设施布局建设加快推进。老港再生能源利用中心一期工程建成并投入试运行，老港填埋场填埋气利用项目并网发电；浦东黎明焚烧厂项目基本建成；松江（青浦）、奉贤焚烧厂开工建设；其他郊区末端处置设施建设稳步推进。积极推进生活垃圾中转设施布局，闸北环卫基地开工建设，闵吴码头筹备环评二次公示；上海国际旅游度假区生活垃圾转运站开展方案设计；长兴岛生活垃圾中转设施明确建设主体。

【加强行业规划编制与管理】一是加强规划编制与评估，明确行业发展目标。完成行业“十二五”规划中期评估和《“十二五”上海市城镇生活垃圾无害化处理设施建设规划》中期评估，对评估中发现的问题提出相应的调整和对策建议。与市规土局积极对接，完成上海市总体规划实施评估报告的行业意见征询，将专业规划实施过程中的问题及对策建议纳入评估报告。积极推进上海国际度假区绿地系统规划和环卫规划编制。完成《上海市古树名木保护专项规划》，长宁、青浦两区开展古树勘测定位试点工作。启动全市立体绿化专项规划编制。二是加强规划控制和协调，拓展生态空间。与市规土局联合制定《本市新建屋顶绿化折算配套绿地率试行方案》，已进入实施阶段。配合市建交委制定《关于推进本市重点区域绿地指标管理的实施意见》。完成17幅土地招拍挂部门意见回复，20余项市规土局征询意见回复，以及虹桥商务区华翔、云霞、天麓等20余项绿地项目的初步设计审查。

【启动郊野公园建设规划研究】 推进《上海市基本生态网络规划》实施落地，参与郊野公园规划和实施研究。编制完成了《本市郊野公园功能定位及实施内容》；配合市发展改革委调研兄弟省市郊野公园建设情况，编写上海市郊野公园实施若干意见；配合市规土局启动郊野公园建设导则编制研究；组建郊野公园建设管理专家组，涵盖规土、农业、生态、水务、园林绿化、林业、湿地野保、环卫、建筑、市政、旅游等11个专业类别。拟定工作方案，开展郊野公园建设导则编制研究。

【实施新一轮林业三年政策】 市政府办公厅转发《2013–2015年本市推进林业健康发展促进生态文明建设的若干政策措施》（沪府办[2013]12号）。这一轮林业三年发展政策延续了经济果林规模化、标准化生产基地建设补贴政策，以及林地抚育、林地管护、林业产业等政策；提高并统一了公益林建设标准；新增了疏林地改造、林业“三防”体系、林业保险、生态片林综合利用、以及野生动物重要栖息地建设和极小种群物种保护等政策。按照新一轮林业三年政策，市绿化市容局（市林业局）会同市发改委、市财政局联合印发《2013–2015年上海市生态公益林建设项目实施管理办法》等9项管理办法，进一步夯实林业基础管理。

【研究制定上海市绿化基金扶持项目实施管理办法】 针对“十二五”绿化建设发展重点，研究制定上海市绿化基金扶持项目实施管理办法（初稿），重点扶持区县、郊区新城、大居周边结构性大型公共绿地建设，同时梳理2014年首批补贴项目，并上报市建交委。

【加强城维项目管理】 2013年，市级城市维护项目计划涉及绿化市容行业项目53项，共安排资金4.05亿元，其中工程类项目29个，安排资金1.53亿元；整治类5个，安排资金0.21亿元；行业管理类1项，安排资金250万元；日常维护类18项，安排资金2.3亿元。7月中旬，按照市建交委《调整城维预算通知》，对部分仍在前期程序审批过程的项目进行资金调减，调整后城维资金计划3.46亿，比年初减少5900万元，日常维护类不调整。截止2013年底，市绿化市容局自行审批城维项目已全部完成，其余项目工可已通过市建科委评审。

【加强统计管理】 修订完善行业统计报表制度，优化报表填报方式，同步做好统计管理信息平台维护和数据更新。根据“一数一源”原则，加强统计信息平台与部分业务管理信息平台的数据对接，提高统计效率。组织开展统计法律法规培训和统计分析写作培训，不断提升统计队伍业务能力和规范统计行为。调整2013年林木绿化率考核内容，加强遥感解译数据更新和情况分析。

【贯彻落实《上海市餐厨废弃油脂处理管理办法》】 市政府规章《上海市餐厨废弃油脂处理办法》于2013年3月1日起施行。市绿化市容局认真贯彻落实，明确工作任务及责任分解，制定《<上海市餐厨废弃油脂处理管理办法>实施若干规定》，组织市政府相关委办局法制机构负责人、区县绿化市容及城管执法部门负责人等140余人次参加学习培训，并启动《上海市餐厨废弃油脂处理管理办法》解读编写工作。

【举办行业首次立法听证会】2013年11月20日，市政府法制办召开《上海市促进生活垃圾分类减量办法（草案）》立法听证会。听证会主要针对《上海市促进生活垃圾分类减量办法（草案）》中公众较为关心、实践中存在不同意见的问题进行听证，主要包括生活垃圾分类标准、非住宅物业和公共场所分类收集容器设置、生活垃圾分拣员辅助分类制度等议题。听证会共有包括市民代表、相关行业协会代表、企业代表、专家学者代表、环保组织代表、居委会代表、市人大代表、市政协委员、市律协代表等在内的18名代表参加。听证代表通过报名和邀请的方式产生，并在“中国上海”门户网站、“上海政府法制信息网”和“东方网”上进行公示。

【委托实施行政审批】2013年3月，完成委托上海市临港地区开发建设管理委员会实施相关行政许可和审核事项手续，发布《上海市绿化和市容管理局关于委托上海市临港地区开发建设管理委员会实施相关行政许可和审核事项的公告》（沪绿容〔2013〕78号）；11月，完成委托中国（上海）自由贸易试验区管理委员会实施相关行政审批事项手续，发布《上海市绿化和市容管理局关于中国（上海）自由贸易试验区管理委员会实施相关行政审批事项的公告》（沪绿容〔2013〕352号）；12月，完成张江高新区第一批试点分园所在区（县）政府实施绿化相关审批事项手续，并发布《关于委托上海市张江高新技术产业开发区第一批试点分园实施相关行政审批事项的公告》（沪绿容〔2013〕407号）。通过委托方式开展行政审批，规范了审批行为，创新了审批模式，提高了审批效率。

【行政处罚自由裁量权基准制度建设】根据《上海市人民政府关于建立行政处罚裁量基准制度的指导意见》（沪府发〔2013〕32号），2013年8月20日，市绿化市容局制定《关于推进行政处罚裁量基准制度建设工作方案》（沪绿容办〔2013〕28号），通过填写《行政处罚的违法行为、种类、幅度等内容登记表》，共梳理出包括绿化、林业和部分城管执法事项在内的第一批130项行政处罚事项，形成行政处罚裁量基准表格，这有利于规范执法行为，有效控制和减少处罚随意性，提高执法效率，树立执法权威。

【地球一小时”宣传活动】2013年3月23日是“地球一小时”活动日。当晚20:30分至21:30分，人民广场区域的市政府大楼、上海博物馆、上海大剧院、城市规划展示馆、喷水池等建筑熄灯一小时，各区县政府大楼景观灯光也同时关闭。今年是上海连续第五年参加该活动。

【“夏令热线”活动】2013年7月11日至8月16日，为期一个月的2013年“夏令热线”正式启动。“夏令热线”期间，全市绿化市容行业共解决民生诉求24955件，处理率为90.6%，反馈及时率为98.4%，回复率为99.7%。、市绿化和市容管理局荣获2013年“夏令热线”优秀组织奖。7月25日上午，市绿化和市容管理局局长陆月星赴12319城建夏令热线接听市民来电。38名机关干部也在夏令热线期间轮流接听了热线来电。热线期间，市绿化市容局组织渣土偷倒专项整治、暴露垃圾整治、公园噪音扰民问题引导劝阻等专项行动，策划了《渣土车装“眼睛”公园里控噪声》等专访报道，开展针对“乱扔垃圾”不文明行为的舆论引导。

【开展“绿色帐户”活动】2013年6月初，正式启动升级后的上海绿色帐户平台，在上海垃圾分类的官方网站（www.lajifenlei.sh.cn）及“百万家庭低碳行”官方微信同步发布。同时，在静安区启动上海绿色帐户垃圾分类激励机制试点，通过结合“绿色星期六资源回收日”废旧衣物专项收集活动进行积分兑换礼品，居民参与的积极性显著提高。黄浦区、静安区和松江区根据本区实际，选择多个不同类型的居住区，开展利用绿色帐户促进生活垃圾干湿分类的试点工作：静安区5个居住区经过4个多月的试点，小区垃圾分类参与率及投放的准确率都有比较明显的提升；黄浦和松江两区也分别在10月份启动绿色帐户激励机制试点工作。截至12月底，全市共拓展绿色家园3271家，覆盖场所5564个，通过绿色帐户网络平台进行申报的绿色帐户活动1167场，对推进垃圾分类减量宣传和开展社会公益服务起到积极作用。

【青年喜爱的十大公园评选】由上海市绿化和市容管理局、共青团上海市委员会共同主办，青年报与上海市公园管理事务中心共同承办的“青年人最喜爱的上海十大公园”评选活动自2013年10月30日起至11月14日，在《青年报》及市绿化市容局官方网站等网络渠道发起投票，从本市158座公园中选出20家公园入围；11月17日，在此20家入围公园的基础上，专家、评委投票评出了共青森林公园、上海动物园等10家“青年人最喜爱的上海十大公园”；中山公园、鲁迅公园等10家公园获“青年人喜爱的上海十大公园最具人气奖”；11月29日，《青年报》发16个版的特刊公布了评选结果；11月30日，对获奖公园举行表彰及授牌仪式。

【免费露天电影进公园】2013年7月5日至9月27日，全市20余个公园绿地为市民播放200余场露天电影，放映范围比2012年更加广泛，中心城区的广场公园、静安公园大道、不夜城绿地、长寿公园、曲阳公园等都成为了放映场；郊区的共和公园、方塔广场、滨海公园、南门广场等也平均一两周有一场露天电影，为市民群众播放《人在囧途之泰囧》、《十二生肖》、《西游降魔篇》、《一九四二》、《画皮Ⅱ》等影片，社会反响良好。

【窗口行业满意度测评】2013年6月至7月，2013年上半年度全市绿化行业社会公众总体满意度评价得分为85.68分，较2012年下半年度（85.59）上升0.09分；全市公厕行业社会公众总体满意度评价得分为82.53分，较2012年下半年（84.98分）下降2.46分；全市道路保洁和垃圾清运行业社会公众总体满意度评价得分为78.90分，其中道路保洁得分78.94分，垃圾清运得分78.62分。10月至11月，2013年下半年度全市绿化行业社会公众总体满意度评价得分为85.92分，较上半年度（85.68）上升0.24分，继续处于绿色标志区；全市公厕行业社会公众总体满意度评价得分为83.05分，较上半年（82.53分）上升0.52分，继续处于蓝色标志区；全市道路保洁和垃圾清运行业社会公众总体满意度评价得分为80.03分，较上半年度（78.90）上升1.13分，从黄色标志区进步到蓝色标志区。

【公共服务进社区】2013年12月，市绿化市容局文明办启动绿化市容行业（城管执法系统）“公共服务进社区”活动。12月中旬，完成绿化、环卫、城管执法三个条线“公共服务进社区”的活动方案。方案明确黄浦、静安、松江、奉贤4个区为试点区，每个试点区各有1个小区先行试点。具体实施单位与试点区的文明办、街道居委、物业公司开展前期对接，听取各方对行业的服务需求，确定绿化知识和法律法规宣传讲座、市民家庭养花知识、插花技能培训和咨询、居住区绿化养护关键技术试点示范、绿化专业信息进社区、居住区绿化调整改造技术指导、生活垃圾分类进社区、装修垃圾清运服务进社区、环卫企业作业服务质量评议进社区、建立健全城管执法“三定”联系机制、城管法制宣传进社区、基层中队进社区征求意见等12项服务项目，实现行业服务向社区延伸、行业创建与社区互动。

【成功申报建立国家级生态定位站】与复旦大学合作建立的本市湿地生态系统定位观测研究站，以及与交通大学合作建立的本市城市森林生态系统定位观测研究站，均为国家级的生态观测研究站，为我市开展湿地、森林生态系统服务功能价值的定量化研究夯实基础。

【加大湿垃圾资源化利用技术攻关和应用推广】市绿化市容局积极组织湿垃圾处置产品综合利用技术攻关和中试，编制技术方案，讨论技术路线，开展施用实验，取得湿垃圾处置产品在绿林地中消纳利用的初步成果，为生活垃圾分类收集和资源化处置开拓实用渠道。

【完成上海公园绿地无线局域网（WLAN）覆盖工程】公园绿地无线WiFi覆盖建设工程是上海市政府2013年的实事工程，工作任务重，覆盖面广，协调难度大，经过一年多的努力，2013年9月完成竣工验收，提前三个月完成上海98家公园绿地无线局域网（WLAN）的覆盖工程，完成率为100%，共建98个场点，708个AP点。

【“上海公厕指南”APP投入试运行】“上海公厕指南”APP软件利用智能手机的特点及GPS地图定位技术，将上海市近7000座免费开放的公厕位置及公厕内的详细情况传输给手机用户，用户能够通过屏幕显示出来的附近所有的公厕标识，了解公厕内的环境状况和路程距离。软件通过文字列表及地图两种模式，由近及远地获取到身边公厕位置，并可根据APP提供的GPS指引路线前往最近的公厕，较好地满足了公众的需求，上线后得到一致好评，并入选2013年上海市申报联合国电子政务最佳应用奖项目，同时被国家电子政务理事会授予了“2013年政府网站创新应用奖”。

【“绿化林业工程管理与服务系统“进入试运行阶段】依托GIS和GPS坐标匹配技术和APP模式，平台端软件“绿化工程信息服务与监管系统”和手持终端“绿化工程移动终端监管和作业系统”已完成设计开发，目前进入试运行阶段。“绿化工程信息服务与监管系统”的使用对象为绿化工程实施企业、监管部门及公众，实现信息化过程的监管、共享和服务管理；“绿化工程移动终端监管和作业系统”的主要使用者为绿化工程监管员、项目经理、安全员、质监人员和工程监理等现场人员，通过移动终端能进行签到和信息上报，同时也能在移动终端上接收应急通知、工程作业相关提醒、整改通知指令等，实现工程信息的高效管理和工程实施过程的实时监管。

【全年行政许可受理总计 2231 件】 规范行政审批受理和事项办理工作，全年受理并按时办结的许可数量总计 2231 件。其中绿化许可事项 373 件；林业许可事项 1526 件；市容环卫许可事项 186 件；绿化企业资质许可事项 146 件。此外，2013 年受理办结林木种子生产、经营许可证 8 件。

（七）数据统计

表4.1 主要业务发展指标

	单位	2012年	2013年
一、绿、林地总量和建设			
1、绿化覆盖面积	公顷	134405	134904
其中：建成区	公顷	38242	38312
2、城市绿地面积	公顷	124204	124295
其中：建成区	公顷	33716	33807
其中：公园绿地	公顷	16848	17142
3、当年新建绿地	公顷	1038	1050
其中：公园绿地	公顷	513	519
4、本市林地面积	公顷	100503	100932
5、当年新增林地	公顷	1355	862
其中：公益林	公顷	1013	777
经济林	公顷	155	85
6、自然保护区	个	4	4
7、重要湿地	个	5	5
8、野生动植物重要栖息地	个	15	15
9、城市公园	个	157	158
其中：免费开放公园	个	138	139
10、全年游人量	万人次	22231.29	20574.23
二、城市绿化水平			
1、人均公园（共)绿地面积	M^2/人	13.29	13.38
2、建成区绿化覆盖率	%	38.29	38.36
3、本市林木绿化率	%	21.20	21.28
4、森林覆盖率	%	12.58	13.13
三、市容环卫			
1、生活垃圾产生量	万吨	716.42	735
2、垃圾无害化处理率	%	91.4	94
3、垃圾无害化处理厂（场）	个	13	14
其中：市属	个	2	3
4、公共厕所	座	8913	8756
其中：环卫系统	座	6340	6224
5、每万人拥有公共厕所	座/万人	4.44	4.34
6、道路总面积	万平方米	17294	17385
7、专业清扫面积	万平方米	16244	12247
其中：机械清扫	万平方米	11667	11774
冲洗清扫	万平方米	11242	10836

表4.2 市容环境卫生情况

区(县)	垃圾生产量(万吨)	清运粪便(万吨)	公共厕所(座)	生活垃圾收集点(处)	废物箱(只)	倒粪站(座)	化粪池(只)	道路清扫面积(万平方米)
合计	735.86	221.80	6224	32018	89266	1800	43887	17385.25
浦东新区	190.01	27.70	1008	4298	24009	101	5838	5411.55
黄浦区	30.20	26.63	82	2014	2751	338	5799	464.15
徐汇区	36.87	12.85	72	2131	3041	61	6888	642.10
长宁区	22.57	12.74	75	1539	4058	37	3864	471.86
静安区	14.00	6.40	37	905	1036	110	2038	138.87
普陀区	38.52	21.90	103	953	2382	79	2451	631.00
闸北区	25.06	44.25	92	1025	3037	152	2306	480.75
虹口区	28.00	11.25	89	1642	1539	282	3015	404.37
杨浦区	36.27	11.72	145	1535	2876	198	4635	717.66
闵行区	76.17	4.67	327	2870	11013	33	243	2180.42
宝山区	64.42	16.60	827	3647	4972	146	3336	905.31
嘉定区	39.73	6.71	687	2890	3408	67	1184	554.02
金山区	17.52	2.55	288	920	3495	59	87	679.20
松江区	45.42	4.51	621	1034	2204	27	25	796.63
青浦区	28.86	4.03	1226	1364	1999	76	251	787.19
奉贤区	27.81	1.21	364	1140	16224	7	135	1307.02
崇明县	14.42	6.05	181	2111	1222	27	1792	813.16

表4.3 生活垃圾收集点情况

单位	收集点总数	压缩收集站		垃圾房				单放桶		管道		单放拉臂箱		生化处理站		其它		收集方式			
																		自行投放		上门收集	
		收集点	箱数	收集点	桶数	拉臂箱	无容器	收集点	数量	收集点	数量	收集点	数量	收集点	数量	收集点	数量	分类	未分类	分类	未分类
合计	32018	919	1254	23768	154058	219	1433	5353	18108	526	545	122	216	169	383	1161	1183	11380	16105	1024	3581
浦东新区	4298	75	116	3876	31958	81	144	123	990	75	75	12	94	5	5	132	132	819	2115	81	1327
黄浦区	2014	38	68	1116	5452	1	100	328	1080	102	102	1	1	38	134	391	391	503	850	59	608
徐汇区	2131	27	43	1682	17023	0	22	376	1785	29	29	0	0	12	12	5	5	437	1113	458	124
长宁区	1539	56	90	1309	10443	0	41	111	375	34	34	0	0	28	111	1	1	670	763	46	60
静安区	905	37	40	700	2702	0	24	131	355	17	17	0	0	11	11	9	9	410	358	136	1
普陀区	953	98	152	787	892	2	207	27	80	0	0	3	10	33	65	5	5	194	759	0	0
闸北区	1025	62	61	630	5295	3	51	9	38	40	40	0	0	19	19	265	265	69	913	0	43
虹口区	1642	109	114	963	4059	80	94	217	1109	85	104	5	5	6	7	257	279	142	1447	0	65
杨浦区	1535	112	144	1224	9515	27	158	23	98	88	88	0	0	15	15	73	73	532	855	44	104
闵行区	2870	63	94	2120	19437	2	74	687	2665	0	0	0	0	0	0	0	0	206	2601	64	0
宝山区	3647	123	165	2537	8424	12	0	807	3077	56	56	101	106	0	0	23	23	2580	358	6	703
嘉定区	2890	7	9	1761	5851	0	0	1120	1754	0	0	0	0	2	4	0	0	2887	0	4	0
金山区	920	3	3	646	4711	2	0	271	1212	0	0	0	0	0	0	0	0	72	828	3	17
松江区	1034	81	99	953	11941	9	19	0	0	0	0	0	0	0	0	0	0	87	783	122	42
青浦区	1364	0	0	1318	3456	0	275	46	208	0	0	0	0	0	0	0	0	89	1278	0	0
奉贤区	1140	24	52	1059	4785	0	224	57	205	0	0	0	0	0	0	0	0	9	647	0	487
崇明县	2111	4	4	1087	8114	0	0	1020	3077	0	0	0	0	0	0	0	0	1674	437	1	0

表4.4 生活垃圾分类收集情况

区(县)	分类收集场所数量（个）						分类收集量（吨）					
	居住区	机关	企事业单位	菜场	学校	公园	湿垃圾	干垃圾	有害垃圾	玻璃	废旧衣物	废纸废塑料废金属等
合计	5097	625	2660	765	2053	180	427481	6306185	57	4556	1368	101085
浦东新区	765	44	31	191	479	25	190196	1512053	14	23	59	10
黄浦区	251	43	20	23	125	12	8498	257310	4	200	110	1262
徐汇区	682	13	12	61	80	14	13471	335278	5	200	28	1265
长宁区	446	17	42	28	50	13	6889	209089	0.27	112	23	0.40
静安区	470	55	10	11	39	3	5737	106948	2	147	34	99
普陀区	215	45	45	51	182	17	10587	354368	1	1117	56	1335
闸北区	172	31	47	31	73	7	2659	240264	3	0.10		
虹口区	113	42	78	30	133	9	3027	232352	2	48	0.29	37
杨浦区	421	85	111	34	195	14	18301	327971	2	0.15	104	1125
闵行区	348	14	79	61	87	8	36462	669440	5	383	143	761
宝山区	108	20	10	26	85	14	13297	528078	3			81002
嘉定区	183	7	23	69	132	7	22286	357053	5	72	16	1065
金山区	90	23	487	17	49	8	2920	160498	2	2	11	261
松江区	423	36	475	58	138	13	57948	370143	8	1162	451	10573
青浦区	162	52	117	29	84	12	30725	241774	2	922	52	1912
奉贤区	149	55	211	32	65	1	2894	262449	0	160	262	374
崇明县	99	43	862	13	57	3	1584	141117	1	10	18	5

表4.5 公园游人量构成

	游人量（万人次）		增减（%）
	2012年	2013年	
总计	22231.29	20574.23	–0.07
一、售票公园游人量	2596.33	2492.06	–0.04
其中：门票	1071.05	997.36	–0.07
优待票	160.94	158.73	–0.01
免票	693.3	677.4	–0.02
月票	831.98	658.57	–0.21
二、非售票公园游人量	19634.96	18082.17	–0.08

表4.6 工程渣土垃圾情况

区(县)	渣土排放工地数(个)	渣土产生量(万吨)	建筑垃圾产生量(万吨)	装修垃圾产生量(万吨)	泥浆产生量(万吨)	道路运输量(万吨)	水路运输量(万吨)	处置证发放数(张)
合计	5292	11108.01	345.40	261.52	1265.62	6938.00	6042.55	74178
浦东新区	574	1748.59	125.33	13.57	316.53	1579.56	624.45	5228
黄浦区	678	62.74	0.00	25.57	30.31	45.06	73.56	6807
徐汇区	260	1460.78	39.27	14.78	113.31	100.04	1528.10	6278
长宁区	125	493.87	12.20	15.11	167.60	375.57	313.20	1955
静安区	309	356.03	0.00	11.85	22.56	16.91	373.53	2858
普陀区	221	573.05	0.20	38.54	9.39	340.87	280.31	2849
闸北区	313	290.04	4.05	13.04	85.64	293.23	99.54	10599
虹口区	254	314.11	9.16	4.47	67.50	61.64	333.59	3339
杨浦区	1368	1522.79	84.12	108.52	214.82	309.34	1620.92	11006
闵行区	296	1644.74	11.40	0.16	131.99	1088.00	700.30	7447
宝山区	226	196.53	31.56	13.52	18.09	210.53	49.16	5055
嘉定区	114	890.20	2.60	1.65	26.72	892.45	28.72	3166
金山区	16	89.10	0.50	0.00	48.00	137.60	0.00	179
松江区	340	306.27	1.64	0.53	0.00	308.44	0.00	3038
青浦区	76	624.12	22.06	0.03	13.00	642.04	17.17	1824
奉贤区	81	431.40	1.31	0.00	0.16	432.87	0.00	2236
崇明县	41	103.66	0.00	0.18	0.00	103.84	0.00	314

表4.7 餐厨废弃油脂收运情况

区(县)	地沟油收运总量（吨）	老油收运总量（吨）	小计（吨）	日均值（吨／日）
合计	42275.89	5246.00	47521.89	130.20
浦东新区	8524.49	1022.27	9546.76	26.16
黄浦区	2268.50	837.81	3106.31	8.51
徐汇区	3045.85	344.04	3389.90	9.29
长宁区	2087.19	197.52	2284.71	6.26
静安区	1107.45	250.26	1357.71	3.72
普陀区	2787.00	332.43	3119.43	8.55
闸北区	2592.36	125.86	2718.22	7.45
虹口区	1412.92	201.90	1614.82	4.42
杨浦区	2346.06	304.96	2651.02	7.26
闵行区	4031.58	261.92	4293.50	11.76
宝山区	2279.37	169.59	2448.96	6.71
嘉定区	2400.44	141.70	2542.14	6.97
金山区	1660.82	171.54	1832.36	5.02
松江区	4211.38	372.40	4583.78	12.56
青浦区	715.91	463.83	1179.74	3.23
奉贤区	1142.53	33.17	1175.70	3.22
崇明县	662.04	14.80	676.84	1.85

表4.8 城市公园情况一览

单位：公顷、万人次

序	公园名称	星级	公园面积	全年游人量	地址
	总计		2222.07	20574.22	
一、	市属公园		612.71	1267.94	
1	上海植物园		81.86	428.82	徐汇区龙吴路1111号
2	上海动物园	*****	74.59	265.20	长宁区虹桥路2381号
3	上海共青森林公园	*****	124.74	223.14	杨浦区军工路2000号
4	上海古猗园	*****	10.27	205.91	嘉定区沪宜公路218号
5	上海滨江森林公园	*****	114.25	52.95	高桥镇凌桥高沙滩3号
6	上海辰山植物园	*****	207	91.91	松江区佘山镇辰花路3888号
二、	区属公园		1609.36	19306.29	
	黄浦区		65.69	2287.69	
1	人民公园	****	9.82	390.70	黄浦区南京西路231号
2	黄浦公园		2.06		黄浦区中山东一路500号
3	蓬莱公园	***	3.53	99.46	黄浦区南车站路350号
4	豫园	*****	1.9		黄浦区安仁街218号
5	古城公园	****	3.86	683.28	黄浦区人民路333号
6	广场公园	*****	23.04	617.46	黄浦区金陵西路50号
7	九子公园	**	0.7	7.45	黄浦区成都北路1018号
8	南园公园	****	7.34	41.93	黄浦区龙华东路800号
9	绍兴公园	**	0.24	5.98	黄浦区绍兴路62号
10	淮海公园	***	2.56	32.97	黄浦区淮海中路117号
11	复兴公园	****	8.89	374.57	黄浦区皋兰路2号甲
12	丽园公园	***	1.75	33.87	黄浦区丽园路蒙自路口
	徐汇区		55.02	2508.61	
1	龙华烈士陵园		18.47	143.95	徐汇区龙华西路180号
2	桂林公园	****	3.55	34.03	徐汇区桂林路128号
3	康健园	***	9.57	268.96	徐汇区桂林路93号
4	漕溪公园	****	3.87	66.69	徐汇区漕溪路203号
5	东安公园	***	1.87	50.72	徐汇区中山南二路811号
6	光启公园	**	1.32	23.54	徐汇区南丹路17号
7	襄阳公园	***	2.21	532.74	徐汇区淮海中路1008号
8	衡山公园		1.09	36.18	徐汇区广元路2号
9	漕河泾开发区公园		4.42	11.24	徐汇区田林路358号
10	徐家汇公园	*****	8.65	1340.56	徐汇区衡山路839号
	长宁区		60.79	1428.92	
1	上海中山公园	****	20.96	329.64	长宁区长宁路780号
2	虹桥公园	***	1.89	106.56	长宁区遵义路101号
3	天原公园		0.93	24.37	长宁区水城路735号
4	华山儿童公园		0.27	16.21	长宁区华山路1575号
5	水霞公园	***	1.18	65.50	长宁区仙霞路505号
6	天山公园	****	6.89	136.22	长宁区延安西路1731号

7	新虹桥中心公园	****	13	114.41	长宁区延安西路2238号
8	新泾公园		2.23	185.05	长宁区天山路平塘路口
9	凯桥绿地	****	4.3	112.08	长宁区凯旋路延安路口
10	华山绿地	****	3.9	90.13	长宁区华山路春光路口
11	延虹绿地	***	2.78	146.04	长宁区虹桥路古北路口
12	虹桥河滨绿地		2.46	102.72	长宁区长宁路1898号
	静安区		9.52	357.01	
1	静安公园	*****	3.36	134.81	静安区南京西路1649号
2	西康公园		0.56	69.50	静安区西康路255号
3	雕塑公园		5.6	152.71	静安区北京西路500号
	普陀区		79.29	2851.85	
1	普陀公园	***	1.4	139.93	普陀区光复西路255号
2	长风公园	*****	35.5	488.87	普陀区大渡河路189号
3	兰溪青年公园	**	1.26	267.23	普陀区兰溪路152号
4	曹杨公园		2.26	147.39	普陀区枫桥路50号
5	管弄公园	**	1.33	215.69	普陀区管弄路29号
6	宜川公园		1.88	342.60	普陀区宜川路99号
7	沪太公园	***	1.47	185.22	普陀区新村路37号
8	甘泉公园	***	3.16	271.64	普陀区西乡路100号
9	真光公园		1.52	15.08	普陀区真光路1865号
10	梅川公园	***	1.13	15.88	普陀区武宁路2361号
11	海棠公园	***	1.49	22.52	普陀区武宁路2650号
12	未来岛公园		2.7	8.64	普陀区真江北路29号
13	长寿公园	****	4.11	199.00	普陀区长寿路260号
14	清涧公园	***	1.96	143.36	普陀区金鼎路658号
15	梦清园	***	8.6	67.40	普陀区宜昌路66号
16	祥和公园		3	124.54	普陀区真光路1121号
17	武宁公园		6.52	196.86	中宁路170号乙
	闸北区		86.88	926.61	
1	闸北公园	****	13.35	270.36	闸北区平型关路400号
2	交通公园		1.58	29.46	闸北区新马路262号
3	岭南公园		3.83	67.21	闸北区汾西路589号
4	彭浦公园	***	2.88	139.02	闸北区场中路2150号
5	三泉公园	***	2.48	59.49	闸北区宝德路1200号
6	大宁灵石公园	***	58.46	300.84	闸北区广中西路288号
7	不夜城绿地公园	***	4.3	60.24	闸北区华盛路209号
	虹口区		62.24	2002.55	
1	昆山公园		0.3	21.13	虹口区昆山花园路13号
2	和平公园	***	17.63	705.40	虹口区天宝路891号
3	曲阳公园	****	6.73	120.29	虹口区中山北路880号
4	凉城公园		1.37	70.58	虹口区车站北路566号
5	鲁迅公园	****	28.63	606.09	虹口区四川北路2288号
6	爱思儿童公园		1.9	0.00	虹口区海伦路499号

7	霍山公园		0.37	87.69	虹口区霍山路118号
8	丰镇公园		1.07	50.03	虹口区新市北路1505号
9	四川北路公园	****	4.24	341.36	虹口区四川北路1428号
	杨浦区		86.71	1642.51	
1	杨浦公园	****	21.71	393.37	杨浦区双阳路369号
2	惠民公园		0.8	57.17	杨浦区惠民路724号
3	平凉公园		1.36	72.09	杨浦区平凉路1738号
4	波阳公园		0.9	57.64	杨浦区波阳路200号
5	复兴岛公园		4.19	13.83	杨浦区共青路386号
6	内江公园	***	1.44	75.35	杨浦区控江路261号
7	延春公园	***	1.29	76.06	杨浦区营口路20 号
8	松鹤公园	***	1.51	70.46	杨浦区抚顺路240号
9	工农公园		1.6	90.59	杨浦区包头路929号
10	民星公园	***	3.2	81.06	杨浦区嫩江路1111号
11	黄兴公园		39.86	492.06	杨浦区营口路699号（国顺东路369号）
12	四平科技公园	**	5	31.33	杨浦区四平路1777号
13	江浦公园	***	3.85	131.48	杨浦区江浦街道78街坊
	宝山区		308.37	1959.51	
1	永清苑	***	2.98	56.36	宝山区双城路234号
2	临江公园	***	9.87	141.05	宝山区友谊路1号
3	友谊公园	****	4.41	83.42	宝山区密山路80号
4	烈士陵园		1.6	9.46	宝山区宝杨路25号
5	泗塘公园	***	4.5	57.84	宝山区爱晖路280号
6	罗溪公园	****	7.49	65.67	宝山区市一路150号
7	大华行知公园		5.8	521.11	宝山区华灵路1688号
8	月浦公园	***	7.01	151.29	宝山区龙镇路205号
9	淞南公园		8	401.60	宝山区淞良路300号
10	炮台湾湿地公园	*****	58.83	213.28	宝山区塘后路206号
11	罗泾公园		7.7	68.77	潘沪路298号
12	共和公园	****	4.8	19.74	场中路360号
13	顾村公园（一期）	*****	180	158.63	沪太路4788号
14	宝山滨江		5.38	11.30	临江公园（友谊路1号）东侧
	闵行区		119.42	640.55	
1	闵行公园	***	6.06	29.71	闵行区沪闵路249号
2	莘庄公园	*****	5.88	69.46	闵行区莘庄镇莘浜路21号
3	吴泾公园	***	4.54	16.01	闵行区剑川路2号
4	红园	***	4.2	49.91	闵行区江川路354号
5	古藤园	***	0.49	1.22	闵行区临沧路148号
6	华漕公园		3.05	37.71	闵行区华美路5号
7	闵行体育公园	*****	55	380.95	闵行区新镇路456号
8	航华公园		5	14.15	闵行区航新路1号
9	闵联生态园	**	11.3	21.16	闵行区东川路3366号

10	黎安公园	**	23.9	20.28	闵行区秀文路118号
	嘉定区		18.99	85.95	
1	汇龙潭公园	***	4.84	12.91	嘉定区塔城路299号
2	秋霞圃	****	3.16	8.38	嘉定区东大街314号
3	儿童公园		4.01	19.40	嘉定区梅园路226号
4	安亭公园		6.98	45.27	嘉定区安亭镇墨玉路267号
	浦东新区		433.35	1900.86	
1	梅园公园		1.87	162.39	浦东新区乳山路180号
2	滨江大道		11.69	78.13	浦东新区滨江大道2967号
3	陆家嘴中心绿地	****	10	58.74	浦东新区陆家嘴东路15号
4	上南公园	***	3.93	48.59	浦东新区德州路198号
5	蔓趣公园	**	1.88	138.01	浦东新区洪山路201号
6	南浦广场		3.28	42.81	浦东新区浦东南路2277号
7	塘桥公园	***	3.98	71.78	浦东新区东方路张家浜桥
8	长青公园		2.06	60.88	浦东新区长青路11号
9	济阳公园		3.21	24.23	浦东新区耀华路600号
10	临沂公园	***	2.21	47.76	浦东新区东方路3683号
11	名人苑		5.36	32.86	浦东新区张杨路2988号
12	泾东公园		2.16	103.00	浦东新区罗山路200号
13	泾南公园		2.24	58.17	浦东新区羽山路850号
14	金桥公园	***	11	233.08	浦东新区台儿庄路362号
15	川沙公园	****	5.22	158.30	浦东新区川沙路5111号
16	高桥公园	***	4.32	69.16	浦东新区高桥镇通园路269号
17	世纪公园	*****	140.3	183.30	浦东新区锦绣路1001号
18	古钟园	**	3.88	59.66	南汇区惠南镇卫星西路11号
19	上海野生动物园		153.41	97.69	南汇区南六公路178号
20	豆香园		3.6	21.09	浦东新区灵山路28号
21	世博公园		23	19.47	世博大道
22	华夏公园		17.32	20.79	华夏东路285号
23	高东公园		14.23	15.73	洲海路1881号（一期）、光灿路118号（二期）
24	江镇公园		3.2	95.24	机场镇的中心位置
	金山区		13.89	133.97	
1	滨海公园	****	6	46.44	金山区石化街道新城路16号
2	荟萃园	***	1.26	7.71	金山区石化街道大堤路208号
3	金山公园	***	2.26	42.24	金山区朱泾镇公园路96号
4	亭林公园		1.16	12.44	金山区亭林镇华亭路51号
5	古松园		0.07	2.90	金山区亭林镇复兴东路106号
6	枫溪公园		1.94	17.07	金山区枫泾镇新枫路45号
7	张堰公园	**	1.2	5.16	金山区张堰镇花园路20号
	松江区		32.09	231.50	
1	上海醉白池公园	****	5.13	63.82	松江区松江镇人民北路64号
2	上海方塔园	*****	11.57	60.39	松江区松江镇中山东路235号

3	松江区泗泾公园			5.39	73.39	松江区泗泾镇
4	思贤公园	****		10	33.90	松江区思贤路北侧
	青浦区			143.09	110.98	
1	上海大观园	*****		136.48	24.56	青浦区青商路701号
2	上海曲水园	****		3.08	66.28	青浦区青浦镇公园路612号
3	上海珠溪园			3.53	20.14	青浦区朱家角镇祥凝浜路332号
	奉贤区			12.19	203.99	
1	古华公园	*****		12.19	203.99	奉贤区解放中路220号
	崇明县			21.83	33.23	
1	瀛洲公园	***		4.61	17.95	崇明县城桥镇茅山路1号
2	新城公园	***		17.22	15.28	城桥镇江帆路379号

表4.9 上海市自然保护区及野生动植物重要栖息地一览

单位：公顷、年

序号	填报单位	保护区/禁猎区/重要栖息地名称	行政区域	面积(公顷)	边界或面积变化情况	开展执法检查、科研监测、宣传教育次数	栖息地保护成效	主要保护对象	建立/规划时间
一、自然保护区									
1	浦东新区	九段沙湿地自然保护区	浦东新区	42320.00	无	27.00	优	水鸟，保护河口滨海湿地	2000.80
2	金山区	金山三岛自然保护区	金山区	45.00	无	2.00	优	亚热带原始森林生态系统	1992.00
3	上海市崇明东滩鸟类自然保护区	上海市崇明东滩鸟类自然保护区	上海市崇明县	24155.00	无	162.00	优	迁徙鸟类及其栖息地	1998.00
4	崇明县	长江口中华鲟自然保护区	崇明县	57600	无		优	中华鲟等珍稀鱼类	2002
二、禁猎区									
1	浦东新区	南汇东滩野生动物禁猎区	浦东新区	12250.00	部分被复耕	172.00	优	水鸟	2007.90
三、重要湿地									
1	金山区	金山三岛国家级重要湿地	金山区	2502.00	无		优	水鸟及海岸带湿地生态系统	2000.00
2	崇明县	崇明东滩国家级重要湿地	崇明县	32600	无		优	水鸟及海岸带湿地生态系统	2003
3	崇明县	长江口中华鲟自然保护区	崇明县	46300	无		优	中华鲟及其赖以栖息生存的自然环境	2008
4	崇明县	崇明岛国家级重要湿地	崇明县	41188	无		优	水鸟及海岸带湿地生态系统	2000
5	崇明县	长兴和横沙岛国家级重要湿地	崇明县	66034	无		优	水鸟及海岸带湿地生态系统	2000
四、野生动植物重要栖息地									
1	青浦	大莲湖及周边地区	青浦	41.70	无		好	湖泊库塘	
2	宝山	陈行-宝钢水库周边野生动物重要栖息地	宝山	300.00	无		好	湖泊库塘及部分林地	
3	浦东	金海湿地公园野生动物重要栖息地	浦东	29.00	无		好	滩涂湿地	
4	嘉定	嘉定浏岛野生动物重要栖息地	嘉定	36.70	无		好	林地	
5	金山	金山海塘滩涂（99塘）	金山	163.00	无		好	滩涂湿地	
6	崇明县	陈家镇“春之花”野生动物栖息地	崇明县	40.00	无		好	獐栖息地	
7	崇明县	崇明东滩湿地公园扬子鳄栖息地	崇明县	181.00	无		好	扬子鳄及水鸟栖息地	
8	崇明县	西沙湿地公园野生动物重要栖息地	崇明县	363.10	无		好	湿地	
9	奉贤	申亚生态林狗獾栖息地	奉贤	11.80	无		好	狗獾栖息地	
10	闵行	鲁汇苗木基地野生动物重要栖息地	闵行	42.75	无		好	林地	
11	松江	新浜生态片林	松江	73.20	无		好	獐栖息地	

表4.10 生活垃圾中转站设施一览

序号	中转站名称	运营单位	地址	中转站占地面积(平方米)	中转站建筑面积(平方米)	设计运转能力(吨/日)	实际转运量(吨/年)
1	徐浦中转站	上海环境实业有限公司	黄浦江、华泾港西北角	17446	8472	2800	771282
2	蕰藻浜中转站	上海环境实业有限公司	蕰藻浜、西泗塘西南角	18850	5267	2000	1189497
3	中山南路中转站	欣望公司	黄浦区中山南路1118号	3990	8916	600	217905
4	田度中转站	上海环境实业有限公司	长宁区泾力西路861号	46570	3881	500	182500
5	双流路中转站	上海振宁环卫废弃物处理有限公司	长宁区双流路68号	943	943	245	89425
6	静安中转站	静安环境建设有限公司	静安区淮安路750号	3145	4695	280	102200
7	虹口中转站	虹口环境固废中转运营有限公司	虹口区黄山路52号	16424	9510	642	232505
8	杨浦军工中转站	上海环杨固废中转运营有限公司	杨浦区军工路3701号	16360	4042	1200	328500
9	闵吴路码头	江川环卫综合服务有限公司	闵行区江川路301号	2000	2000	1500	547500
10	华漕中转站	华漕环卫综合服务有限公司	闵行区联友路2721号北侧	1445	1445	240	87600
11	虹桥中转站	虹桥环卫综合服务有限公司	闵行区吴中路外环线旁	1400	889	200	73000
12	浦江中转站	浦江环卫综合服务有限公司	闵行区召楼路沈杜路路口	10000	4739	350	127750
13	泰和路码头	立及公司	宝山区泰和路到底	1000	200	700	255500
14	真新垃圾中转站	上海真新环境工程有限公司	嘉定区西栅桥路外环林带	3000	800	150	54750
15	申霞路中转站	马陆环卫清洁服务发展有限公司	嘉定区澄浏路申霞路东300米	4800	3500	150	54750
16	陈行中转站	东道园综合养护公司	浦东新区陈行公路580号	5232	1408	152	54750
17	高桥中转站	东道园综合养护公司	浦东新区和龙路890号	2675	621	120	43800
18	高科中转站	环境浦东固废中转运营有限公司	浦东新区高科西路4145弄5号	15880	6109	750	310250
19	合庆中转站	东道园综合养护公司	浦东新区华夏东路远东大道东侧	8619	1283	150	69350
20	唐镇中转站	东道园综合养护公司	浦东新区川沙路近一沁村	3068	1200	400	102200
21	高行中转站	东道园综合养护公司	浦东新区津行路1364弄11号	3500	980	300	127750
22	张江中转站	东道园综合养护公司	浦东新区军民路1901号	8800	620	120	43800
23	惠南中转站	惠欣公司	浦东新区惠南镇下盐路5001号	9411	3960	250	116800
24	周浦中转站	奉柘公司	浦东新区新坦瓦公路1356号	9189	3652	227	109500
25	新场中转站	欣伟公司	浦东新区新坦瓦公路卫星河北侧	3670	570	145	43800
26	三墩中转站	浦欣清运保洁有限公司	浦东新区川南奉公路三墩老刮嘴北侧	700	120	123	25550
27	朱泾转运站	金欣环境卫生综合服务有限公司	金山区万联村联盟12组	2428	782	150	36500
28	枫泾转运站	金欣环境卫生综合服务有限公司	金山区新义2组	2493	554	120	22995
29	西部转运站	净达公司	松江区昆岗公路西侧天新路南面	3100	1284	200	17885
30	浦南中转站	净达公司	松江区叶新路叶发路东南侧	3500	1284	200	28470
31	南桥中转站	上海虹升环境保洁公司	奉贤区南桥镇华严村3组	6053	1000	250	91250
32	奉城中转站	上海虹升环境保洁公司	奉贤区奉城平庄公路瓦洪公路口	6440	2000	250	73000
33	青村码头	上海奉柘环卫服务有限公司	奉贤区青村镇泰青港2号桥北侧	5000	1000	800	273750
34	柘林中转站	上海奉柘环卫服务有限公司	奉贤区柘林镇金海支路	5355	1000	250	73000
35	港西中转站	上海城瀛废弃物处置有限公司	崇明县港东静南村	6000	1250	150	43800

注：该表只收录设计能力>100吨/日的中转设施。

表4.11 生活垃圾无害化处理厂（场）一览

序号	处置厂（场）名称	运行单位	控股情况	处置方式	设计能力(吨/日)	当年处置量(万吨)
1	江桥垃圾焚烧厂(市属)	上海环城再生能源有限公司	国有控股	焚烧	1500	53.90
2	老港四期处置场(市属)	上海老港生活垃圾处置有限公司	港澳台商控股	卫生填埋	4900	244.62
3	老港再生能源利用中心(市属)	上海老港固废综合开发有限公司	国有控股	焚烧	3000	41.83
4	老港综合填埋场一期(市属)	上海老港固废综合开发有限公司	国有控股	卫生填埋	5000	58.98
5	御桥焚烧厂	浦东热电能源有限公司	国有控股	焚烧	1000	44.53
6	浦东生化厂	上海浦东美商生物高科技环保有限公司	台商控股	堆肥	1000	2.01
7	黎明填埋场	上海老港废弃物处置有限公司浦东分公司	国有控股	卫生填埋	880	56.17
8	松江综合处置厂	上海美圣环保技术发展有限公司	私人控股	堆肥	1000	24.71
9	青浦综合处理厂	上海国清生物科技有限公司	集体控股	堆肥	500	15.11
10	嘉定综合处理厂	上海嘉定环境建设有限公司	集体控股	堆肥	500	26.90
11	金山焚烧厂	上海金山环境再生能源有限公司	国有控股	焚烧	800	25.95
12	崇明填埋场	上海城投瀛洲生活垃圾处置有限公司	国有控股	卫生填埋	300	11.42
13	长兴填埋场	上海城投开发总公司项目计划部	国有控股	卫生填埋	150	2.70
14	闵行餐厨垃圾处理	上海餐余垃圾处理技术有限公司	私人控股	其他方式	200	7.95

表4.12　城市管理综合执法勤务情况

区县/单位	出动车次	出动人次	行政检查数	教育劝阻人次	巡查道路(河道)数	巡查单位(区域)数
合计	724191	2448442	1407455	1679594	1774004	1199155
浦东新区	132997	433596	161000	145313	153118	104482
黄浦区	38784	143098	174006	215482	467793	110502
徐汇区	31825	102704	5260	18263	36314	2960
长宁区	30310	84450	202071	201185	132	
静安区	11414	47719	68969	68969	24449	63096
普陀区	37359	124767	60961	49604	64844	57697
闸北区	38782	96072	196137	175355	84184	49212
虹口区	17200	73885	7536	53614	870	32352
杨浦区	60080	156973	109014	184246	214109	
闵行区	41534	217518	84606	62295	178655	106538
宝山区	34695	98862	119101	152773	217092	120283
嘉定区	54077	138482	62283	68258	91819	169540
金山区	22908	84929	40090	17416	40648	83999
松江区	108404	436850	38169	184364	118387	239000
青浦区	19464	83827	30652	20250	20831	30894
奉贤区	30833	72798	25493	22766	22467	19446
崇明县	11241	32871	14991	35380	31982	7348
上海市城市管理执法总队	863	3264	3173	1057	5870	244
上海市市容环境卫生水上管理处	1421	15777	3943	3004	440	1562

（秦磊）

五、环境保护

(一) 综述
(二) 环境质量
(三) 环境规划
(四) 节能减排
(五) 管理执法
(六) 宣传合作

(一)综述

2013年全市环保投入资金约607.88亿元(比上年增长37.39亿元),相当于同年上海市生产总值(GDP)的2.8%。其中,城市环境基础设施建设投资为284.18亿元,污染源防治投资为173.87亿元,生态保护和建设投资为5.41亿元,农村环境保护投资为39.43亿元,环境管理能力建设投资为2.98亿元,环保设施运转费为86.38亿元,循环经济及其他方面投资为15.65亿元;分别占投资的46.8%、28.6%、0.9%、6.5%、0.5%、14.2%和2.6%。

2013年,是党中央部署推进生态文明建设的开局年,也是落实“十二五”环保规划、污染减排和第五轮环保三年行动计划的关键年。本市坚持以生态文明引领发展和以环境保护优化发展的理念,深入开展党的群众路线教育实践活动,着力树立“服务转型、务实为民、严格监管、协同推进”的环保新形象,凝聚精神,强化作风,创新开拓,扎实推进,各项年度目标任务全面完成。

作为环境空气质量新标准监测实施的首个完整年度,环境空气质量AQI优良率为

66.0%；水环境质量总体较上年有所改善；区域环境噪声达到标准要求；辐射环境质量保持正常。

（二）环境质量

【概况】2013年，上海市水环境质量总体较2012年有所改善。环境空气质量监测和评价开始执行《环境空气质量标准》和《环境空气质量指数（AQI）技术规定（试行）》，以环境空气质量指数（AQI）评价，上海市环境空气优良天数为241天，AQI优良率为66.0%。区域环境噪声达到相应功能的标准要求，道路交通噪声夜间时段未能达到相应功能的标准要求。年度辐射环境质量总体情况良好。

【水环境质量】黄浦江。与2012年相比，2013年黄浦江总体水质状况有所改善，上游至下游6个断面的水质综合污染指数分别下降8.8%、12.7%、18.4%、13.5%、12.7%和8.5%。近5年（2009～2013年）的监测数据表明，黄浦江总体水质状况基本保持稳定，2013年有所改善。苏州河。与2012年相比，2013年苏州河总体水质状况基本持平，其中浙江路桥和白鹤断面水质综合污染指数分别下降7.3%和6.4%，武宁路桥和北新泾桥断面水质综合污染指数分别上升8.4%和6.0%，黄渡和华漕断面水质综合污染指数基本持平。近5年（2009～2013年）的监测数据表明，苏州河总体水质基本持平。长江口。与2012年相比，2013年长江口总体水质状况有所改善，其中浏河、徐六泾、朝阳农场和白龙港断面水质综合污染指数分别下降31.5%、28.0%、18.2%和17.1%，吴淞口和竹园断面水质综合污染指数基本持平。近5年（2009～2013年）的监测数据表明，长江口总体水质状况呈改善趋势。

【环境空气质量】2013年，作为环境空气质量新标准监测实施的首个完整年度，上海市环境空气质量监测和评价开始全面执行《环境空气质量标准》（GB 3095-2012）和《环境空气质量指数（AQI）技术规定（试行）》（HJ 633-2012）。

全年优良天数和优良率。2013年，以环境空气质量指数（AQI）评价，上海市环境空气优良天数为241天，AQI优良率为66.0%。全年124个污染日中，首要污染物为细颗粒物（PM2.5）的有87天，占70.2%；首要污染物为臭氧的有33天，占26.6%；首要污染物为可吸入颗粒物的有4天，占3.2%。可吸入颗粒物。2013年，上海市可吸入颗粒物年日均值为82微克/立方米，超出《环境空气质量标准》（GB 3095-2012）年均二级标准（以下简称“新二级标准”）12微克/立方米，较2012年上升11微克/立方米。近5年（2009～2013年）的监测数据表明，上海市可吸入颗粒物年日均值均未达到新二级标准，除2012年接近达标外，其余年份的年日均值基本维持在80微克/立方米左右。二氧化硫。2013年，上海市二氧化硫年日均值为24微克/立方米，达到新二级标准，较2012年上升1微克/立方米。近5年（2009～2013年）的监测数据表明，上海市二氧化硫年日均值均达到新二级标准，且总体呈下降趋势。二氧化氮。2013年，上海市二氧化氮年日均值为48微克/立方米，超出新二级标准8微克/立方米，较2012年上升2微克/立方米。近5年（2009～2013年）的监测数据表明，上海市二氧化氮年日均值均未达到新二级标准，但总体呈下降趋势。细颗粒物。2013年，上海市细颗粒物（PM2.5）年日均值为62微克/立方米，超出新二级标准27微克/立方米。臭氧。2013年，上海市臭氧日最大8小时平均第90百分位数浓度为163微克/立方米，超出新二级标准3微克/立方米。对照新日均二级标准，各国控点臭氧日最大8小时平均值的达标率为85.5%～92.9%。一氧化碳。2013年，上海市一氧化碳日均值范围在0.39～3.0毫克/立方米之间，全部达到新日均二级标准。全市年日均值为0.85毫克/立方米，较2012年下降0.03毫克/立方米。近5年（2009～2013年）的监测数据表明，上海市一氧化碳日均值达标率均为100%，年日均值呈下降趋势。酸雨和降尘。2013年，全市降水pH平均值为4.81，酸雨频率为75.1%，较2012年下降4.9个百分点。近5年（2009～2013年）的监测数据表明，上海市酸雨污染基本持平。2013年，全市平均区域降尘量为5.8吨/平方公里·月，道路降尘量为10.2吨/平方公里·月。与2012年相比，区域降尘量上升0.1吨/平方公里·月，道路降尘量上升0.8吨/平方公里·月。

【声环境质量】2013年，上海市区域环境噪声达到相应功能的标准要求，但道路交通噪声夜间时段未能达到相应功能的标准要求。区域环境噪声。2013年，上海市区域环境噪声昼间时段的平均等效声级为55.5dB（A），较2012年上升0.8dB（A）；夜间时段的平均等效声级为48.2dB（A），与2012年持平。近5年（2009～2013年）的监测数据表明，上海市区域环境噪声昼间时段平均在55dB（A）左右，夜间时段平均在48dB（A）左右，均达到相应功能的标准要求，总体保持稳定。

2013年上海市网格环境噪声声级分布

噪声范围dB(A)	>70	65～70	60～65	55～60	50～55	≤50
测点数(个)	0	2	14	118	103	12

道路交通噪声。2013年，上海市道路交通噪声昼间时段的平均等效声级为69.6dB（A），较2012年上升0.3dB（A）；夜间时段的平均等效声级为64.6dB（A），较2012年上升0.2dB（A）。

近5年（2009～2013年）的监测数据表明，上海市道路交通噪声昼间时段达到相应功能的标准要求，总体保持稳定；上海市道路交通噪声夜间时段未能达到相应功能的标准要求。

【辐射环境质量】2013年度上海市辐射环境质量总体情况良好。电离辐射。环境天然放射性水平方面，通过对辐射空气吸收剂量率、辐射累积剂量的监测及气溶胶、雨水沉降物、水汽、地表水、地下水、海水、土壤等样品的分析可知，本市大气、水体、土壤等介质中的放射性核素浓度处于正常水平，全市各监测点的γ辐射空气吸收剂量率与历年的监测结果相当。核技术应用方面，对全市I～V类放射源及I～III类射线装置使用场所周围环境辐射水平的监测结果表明，核技术应用场所周围环境中的年累积辐射剂量满足我国国家标准《电离辐射防护与辐射源安全基本标准》(GB 18871-2002)规定的对公众受照剂量的限制要求。电磁辐射。电磁辐射环境方面，上海动物园、共青森林公园、龙华烈士陵园、世纪公园、上海滨海森林公园、人民公园、奉贤古华园、嘉定孔庙、商业区（人民广场）、工业区（青浦工业区）、住宅区（中远两湾城）及交通干线（轨道交通三号线）共12个背景点的电磁辐射水平监测结果表明，工频电场强度为0.093～0.195伏特/米，工频磁感应强度为0.019～0.047微特斯拉，综合电场强度为0.18～0.69伏特/米。与历年相比，本市电磁辐射环境背景水平无明显变化。

（三）环境规划

【概况】2013年，全面开展了上海市“十二五”

环保规划中期评估，启动了“十三五”环保规划前期工作和城市环境保护总体规划研究，初步形成了环保总体规划方案。以落实主体功能区划和开展城市总体规划深化评估为契机，探索了环保与相关规划对接的工作机制，推动了城市环境长期战略研究。

【环保三年行动计划】 2013年是本市第五轮环保三年行动计划实施的攻坚年。截至年底，列入计划的268个项目已完成82个，开工/启动143个，总体开工启动率84%。

水专项：累计建成集约化供水管网288公里、关闭29个中小水厂，完成松江污水厂排放口搬迁；白龙港污水厂扩建二期投运并服务于减排，华新污水厂二期扩建及一期提标工程建成，白龙港片区南线输送干管完善等工程在建，竹园污泥处理主体工程基本完成；未纳管污染源截污纳管改造工程累计完成总任务的三成；河道整治类项目累计完成14条/段；奉贤、金山近岸海域生态治理示范工程建成。

大气专项：2013年建成石洞口第二电厂2号机组等共10台机组脱硝工程；完成外高桥电厂1号机组等十余台机组高效除尘改造；完成1035台燃煤（重油）锅炉清洁能源替代或关停，完成4个重点行业VOCs治理试点示范工程；累计安装64套建筑工地等扬尘污染在线监控设备；淘汰黄标车6.3万辆，出台S20以内无绿标车辆限行规定；实施油品升级，完成沪五汽油和国五柴油置换工作。

固废专项：建成老港再生能源利用中心（一期）、老港渗滤液应急排放管道工程和老港内河工程，天马和奉贤再生能源利用中心开工；基本建成危险废物专业运输体系，完成金桥出口加工区工业固废区域化收集平台扩容。

工业专项：2013年完成680余项产业结构调整项目；继续推进已开发区域污水纳管工作；南大地区第一批40家结构调整企业累计已关停33家，宝山区一期30公顷绿地已具雏形，二期39公顷正在设计招标，完成一期地块土壤监测并制定加密监测实施方案，普陀区完成6公顷绿化；金山卫化工集中区深化整治按年度计划实施。

农业专项：2013年建成6个标准化畜禽场和7个畜禽场沼气项目；当年推广绿肥57万亩、商品有机肥20万吨，实施水肥一体化2.5万余亩，建成青浦、奉贤和浦东3个农业环境监测点并启动监测；颁发了新一轮农作物秸秆综合利用推进政策，2013年全市秸秆综合利用率达89%，完成蔬菜废弃物综合处置点35家；完成136个村庄改造项目，受益农户4.6万户。

生态专项：全年新增绿地1050公顷、立体绿化30万平方米，外环生态专项工程完成建绿100公顷，黄浦区西藏路大吉路绿地建成，东滩互花米草生态控制与鸟类栖息地优化工程开工。

循环经济专项：上海燕龙基再生资源有限公司“城市矿产”示范基地项目开工在建，上海化工区集约化危废利用与物化处理项目建成，累计完成26万吨道路旧沥青混合料和300万吨混凝土回收综合利用。

政策机制专项：出台农业源减排补贴、“十二五”燃煤电厂氮氧化物超量削减激励政策和高效除尘改造补贴政策，深化燃煤（重油）锅炉和工业窑炉清洁能源替代政策，建成区直排污染源截污纳管攻坚战实施方案通过市政府常务会议审议。

【清洁空气行动计划】 为进一步强化大气污染治理，改善本市环境空气质量，保障人民群众身体健康，根据国务院《大气污染防治行动计划》，结合本市实际，上海市人民政府于2013年11月印发了《上海市清洁空气行动计划（2013-2017）》。这是本市首次以专项行动计划的方式推进大气污染防治工作。行动计划以加快改善环境空气质量为目标，以大幅削减污染物排放为核心，深化拓展并加快落实能源、工业、交通、建设、农业、生活等六大领域的治理措施，大力推动生产方式和生活方式的转变，全面推进二氧化硫、氮氧化物、挥发性有机物、颗粒物等的协同控制和减排。计划到2017年，重污染天气大幅减少，空气质量明显改善，细颗粒物（PM2.5）年均浓度比2012年下降20%左右。

（四）节能减排

【概况】 2013年，上海市继续把节能减排作为贯彻科学发展观的战略举措和“创新驱动，转型发展”的重要抓手与突破口，将污染减排纳入国民经济和社会发展全局，市政府印发了2013年节能减排和应对气候变化重点工作安排，强化了污染减排目标责任制和合力推进机制，明确了考核要求。

【强化工程减排措施】 依托环保三年行动计划，稳步推进电厂脱硝和脱硫工程、污水处理厂网建设工程、工业企业污水深度治理工程和农业源减排工程建设，加快建成投运并发挥减排效益。

【稳步推进三大体系建设】 强化污染减排考核体系建设，落实污染减排日常督查、定期考核、通报等制度；所有污水处理厂和脱硫电厂都按要求安装了在线监测设备，并与环保部门联网。

【减排监测体系建设】 为加大执法监管力度，做好污染源自动监控和执法应用工作，对污染源在线监测数据用于执法进行了试点。在试点的基础上，对《上海市污染源自动监控设施运行监管和自动监测数据执法应用的试行规定》进行了修订，并重新对外发布。

明确了本市国控重点企业自动监控设施验收规范，持续推进国控重点企业自动监控设施的更新，完成了宝钢股份等市管国控企业自动监控设施的验收，推动奉贤等7个区县完成区污染源监控平台建设。进一步完善在线监测数据传输及审核工作，督促国控重点企业按要求制定并执行自行监测方案，稳步推进国控重点企业的自行监测及信息公开工作。

【实施监测计划】 按照年度监测工作计划有序开展环境质量监测工作。全年共获得地表水、空气、噪声、生物和辐射等环境要素监测数据1069万个。其中，自动监测数据1042.8万个，手工监测数据26.2万个。

继续开展重点污染源监督性监测工作。对46家国控废水重点污染企业、46家国控污水处理厂、32家国控废气重点污染企业、17家一般废气污染企业、12家生活垃圾及危险废物焚烧企业和一批辐射污染源实施了监督性监测，共获得重点污染源监督性监测数据8.46万个。其中，废水监测数据7.3万个，工业炉窑、废气监测数据0.9万个，辐射污染监测数据0.26万个。

【加强和规范减排设施运行管理】 完善“清洁发电、绿色调度”机制，建立污水输送调度优化机制，不断拓宽管理减排的新道路。由相关部门和单位组成的减排核查小组继续加大监督检查力度，对重点减排企业从运行、管理、台帐、档案等方面，进行经常性检查指导，确保污染减排设施高效运行。

【落实减排激励政策】 市政府相关部门密切配合，全年共落实电厂脱硫超量减排奖励0.87亿元、污水处理厂超量减排奖励1.50亿元、脱硫电费10.30亿元、脱硝电费1.80亿元、脱硝工程建设补贴0.78亿元、黄标车淘汰补贴约9亿元。

（五）管理执法

【概况】根据国家要求，市环保局会同市发展改革委等9个部门联合发布了《2013年上海市整治违法排污企业保障群众健康环保专项行动实施方案》，重点开展了重金属排放企业、医药制造行业、污染减排重点行业、饮用水源地等专题执法行动，严肃查处了一批群众反映强烈的废水、废气污染环境的违法行为。

【饮用水源保护】经过7年的论证，2013年9月市委市政府决定在太浦河开辟新的水源湖，并集中归并黄浦江上现有的取水口，以此来实现原水系统连通互补，提高黄浦江上游水源地应对突发性的水污染事故的能力；11月正式批准了《黄浦江上游水源地规划》。根据该规划，本市将在黄浦江上游现有取水口之间建设原水连通管，位于连通管一头的青浦区太浦河将建设水源湖，通过水源湖给下游各取水口供应水质更好的原水，连通管可实现正向和反向互联互通输水。

【固体废物管理】截至2013年底，本市共有33家危险废物综合经营许可证单位，其中31家由市、区两级环保部门核发，1家由环境保护部核发，1家同时具备环境保护部颁发的“汞处理”危险废物经营许可证和市级环保部门颁发的危险废物经营许可证。危险废物处理处置方式包括填埋处置、焚烧处置、物化处理（包括综合利用和废桶清洗）等，总核准危险废物年处理处置能力为53.24万吨，清洗废桶127万只。

2013年，本市纳入危险废物管理（转移）计划备案企业共计4808家。全年危险废物（不含医疗废物）市内转移处置35.2万吨，清洗废桶90.9万只，危险废物跨省市转移8.57万吨。全年医疗废物产生量为2.99万吨，医疗废物无害化集中处置率达到100%。

2013年，本市共有5家企业获得了废弃电器电子产品处理资格许可，5家企业总核准年处理“四机一脑”能力为398万台，约合10.4万吨。2013年，本市拆解企业合计接收废弃电器电子产品158.55万台，已拆解154.10万台，其中拆解电视机151.52万台，冰箱0.18万台，洗衣机0.16万台，空调0.26万台，电脑1.98万台。

本市紧密围绕《上海市“十二五”固体废物污染防治规划》和《2013年市环保系统重点推进工作安排》的各项工作任务，稳步推进危险废物处理处置能力建设和环境监督管理能力建设，进一步增强危险废物环境风险防范能力和污染防治能力。自2013年8月1日起，本市正式施行危险废物专业化运输。23家运输企业获得危险废物专业化运输资格，现有危险废物专业化运输车辆250辆。

【辐射安全管理】2013年，根据风险程度不同，对全市1880家单位开展了1～3次的检查，市区两级环保部门共检查了3081家次。开展了春节及两会期间辐射安全管理工作大检查的专项行动。

重点落实对放射源移动探伤作业备案管理与现场监督检查，全市共进行了1400余批次的移动探伤备案，并开展了夜间突击抽查活动，对违法行为严格按法律规定进行处罚。

2013年，全市共进行了341家次的许可证新增、延续、变更审批，对于已领取辐射安全许可证单位，按《放射性同位素与射线装置安全和防护管理办法》（环保部第18号令）要求，强化年度评估报告制度管理，1200余家年度评估报告，年度评估报告上报率90%以上。

2013年，开展辐射安全管理信息化建设，各个区县通过审批、现场检查等方式保证“全国核技术利用辐射安全申报系统”信息的完整性，认真核对数据库与辖区台账数据的一致性，减少数据统计误差，同时将所有涉及许可审批、放射源转让审批、放射性同位素备案、放射源移动使用备案等工作通过国家系统进行操作，实行核技术利用的动态管理与市区两级监管信息的联动。

【崇明生态岛建设】 在崇明岛生态岛建设取得阶段性成果的基础上，市政府确定了2015年指导目标和指标，制定了第二轮（2013～2015年）行动计划项目，相关建设项目全面启动。其中，崇明生态岛环境预警监测体系将进一步提升完善，拟新建的空气自动监测站已基本完成可行性研究报告，现有空气质量监测站已完成PM2.5监测仪器的升级改造，生态环境预警监控信息平台已经进入试运行。

经过多年努力，崇明县国家生态县创建工作通过了环境保护部考核验收。环保部考核验收组认为：崇明生态建设起步早、定位高、理念新，近年来按照中央明确的生态文明战略，扎实推进生态县创建，在加强资源保护、发展循环经济、推进污染减排等方面取得了明显成效。同时，环保部考核验收组提出了四点建议：一是顺势而上，开启崇明县生态文明建设的新征程；二是科学规划，搞好生态文明建设的顶层设计；三是真抓实干，在扎实推进上狠抓工夫；四是强化宣传教育，不断提高全民参与意识。

【环境立法】 2013年为加强空气质量管理，结合本市实际开展了《上海市实施〈大气污染防治法〉办法》修订工作。主要围绕目前本市环境空气质量存在的问题，聚焦PM2.5，同时兼顾臭氧污染防治，从产业结构、能源消费、工业污染防治、机动车船污染防治、挥发性有机物污染控制、扬尘污染防治等方面作了细化和补充。2013年11月20日，市十四届人大常委会第九次会议对《上海市实施〈大气污染防治法〉办法》草案进行了审议。

【环境执法】 2013年，全市环保系统共出动执法人员21901批次、66252人次，现场监察企事业单位52846户次；检查废水处理设施17929套、废气烟尘治理设施27780套、噪声治理设施4238套、固废治理装置8713套；现场监督检查建设项目3994户次；开征排污费24984户次，共征收2.21亿元。全市环保系统共实施行政处罚1426件，处罚金额6974万元。向司法部门移送环境刑事案件7起，对228起拒不履行行政处罚决定的案件申请法院强制执行。通过集中力量开展重点区域、重点行业和重点污染源的执法监管，建设并投用移动执法信息化管理平台，最大程度提升执法效能，切实解决一批群众反映强烈、信访矛盾集中的热点、难点环境问题，保障了本市环保工作的顺利实施。

【环评管理】 为了进一步落实环保部《建设项目环境影响评价分类管理名录》，本市发布了《上海市环境保护局关于进一步加强本市建设项目环境影响评价分类管理的若干意见》，公布本市常见未纳入建设项目环评分类管理的项目类型。

建立中后期手续催办制度，每季度对试生产超期的建设项目发催办通知单，督促超期试生产项目办理相关手续，同时上网公示。建立竣工验收主动告知制度，每季度网上通报完成建设项目竣工环保验收的项目名单，并告知相应区县环保局，以便纳入日常监管。进一步推进落实建设项目“未批先建、久拖不验”等违法行为专项整治。

2013年扩大了环评技术评估的试点工作，将环评技术评估试点工作扩大到全市各区县。截止2013年年底，全市开展了163个项目的技术评估工作，其中市环保局委托的82个，区县环保局委托的81个。

2013年继续开展了188个玻璃幕墙光反射论证，其中市环保局委托的25个，区县环保局委托的163个。

制定本市104产业区块规划环评的工作方案，分批开展104个工业区块的规划环评工作，基本完成国家级和市级产业园区规划环评，启动城镇工业地块的规划环评。

2013年启动了上海市环境保护局环境影响评价审查专家库更新工作，对入选专家建立了信息化档案，对专家信息进行网上公示，接受公众监督。

【环境监测】空气质量信息发布。为解决AQI滞后性问题，2013年3月1日起对空气质量实时发布系统进行了改版，当空气质量发生急剧变化并造成AQI数值与实时浓度值不相匹配时，强调对当前空气质量状况的定性描述，使之更加接近公众感受。与市气象局建立了信息共享和预报会商机制，并签订了加强环保与气象工作合作协议，2013年9月1日起每天下午17:00前后，通过网站、微博、广播等渠道联合向公众发布未来24小时内三个时段的空气质量预报。监测网络完善。加快推进环境空气质量分区评价点建设，截至年底，除个别站点正在进行仪器设备招标外，大部分站点已完成PM2.5等监测仪器购置及安装工作，进入调试和试运行阶段，待全市空气质量分区发布系统建成后予以发布。强化重点产业园区监控，2013年相继印发了监控网建设方案、管理若干规定、通讯传输技术规范和验收技术规范，为监控网的建设及运行提供了管理依据和技术规范。监测能力建设。继续推进区县监测站标准化建设达标验收工作，2013年完成了金山、黄浦、静安、长宁、闸北5个区监测站的国家标准与上海标准“双达标”验收，以及崇明县监测站的国家标准达标验收，累计完成15个区县监测站的验收。年内印发了《加强本市环境监测应急能力实施方案》，作为特色监测站第一阶段建设任务在2013～2014年先期实施。进一步推进区县辐射监测能力建设，已有5个区县取得了计量认证资质，其它区县均已启动计量认证的准备工作，开始编制程序文件、安排监测人员进行上岗培训与考核。

（六）宣传合作

【环保创建】2013年，浦东新区书院镇、周浦镇被命名为“上海市生态镇”；浦东新区曹路镇新星村，松江区泖港镇新建村、新浜镇文华村，奉贤区青村镇申隆一村、申隆二村被命名为“上海市生态村”。东滩湿地公园和明珠湖西沙湿地景区通过国家生态旅游示范区市级技术评估和考核验收。

长宁区程家桥街道创建成无燃煤街道，创建面积7.2平方公里；青浦区重固镇创建为扬尘污染控制镇，创建面积4.09平方公里。全市累计创建基本无燃煤区693.3平方公里，其中无燃煤区211.3平方公里；累计创建扬尘污染控制区969.5平方公里。

全市新创建18个市级安静居住小区，累计创建安静居住小区164个，创建面积达1656万平方米，受益群众44万余人。

张江高新技术产业开发区和闵行经济技术开发区建成国家生态工业示范园区；青浦工业园区的国家生态工业示范园区创建规划通过专家论证，环保部、商务部和科技部联合发文同意建设；星火开发区和南汇工业区创建上海市生态工业（产业）园区规划获市环保局、市商务委、市经济信息化委、市科委和张江高新技术产业开发区管理委员会批复同意并启动建设。

本市继续开展市级绿色社区评选活动，

黄埔新苑等20个社区被命名为第三批上海市绿色社区。继续开展绿色学校创建工作，指导区县开展国际生态学校创建工作，有11所学校荣获国际生态学校最高荣誉—绿旗。

【**意见提案办理**】2013年，市环保局共收到人大书面意见、政协提案93件。其中，人大书面意见39件（主办件12件、合办件4件、会办件23件）。政协提案54件（主办件19件、合办件8件、会办件27件）。现场办理接待代表、委员口头咨询36件，全部当场给予代表、委员答复。所有书面意见、提案全部按时、按质完成办理任务，办理率、满意率均为100%。

2013年，“两会”人大代表、政协委员重点关注的环保议题包括：采取综合措施加强应对雾霾天气，进一步强化PM2.5治理；加强土壤质量安全管理，重视土壤（地下水）污染综合治理，提升上海城市生态环境水平；优化水质监测网络，保障长江口水源地水质安全；建立完善废旧节能灯、电子垃圾回收体系；加强在用机动车污染控制，加快全面淘汰“黄标车”进程；加强资源节约和环境保护，大力推进生态文明建设；系统地构建排污权交易体系等。其中关于采取综合措施加强应对雾霾天气，进一步强化PM2.5治理的意见提案最多，共计17件。

【**投诉受理与应急处置**】 2013年，全市环保系统共受理环境污染投诉26900件，同比（20563件）上升30.8%。其中来信1339件/13706人次，同比（1378件）下降2.8%，办结率为94.7%；接待来访503批/1979人次，同比（517批）下降2.7%，办结率为92.4%；来电20517件，同比（16045件）上升27.9%，办结率为98.4%；受理电子邮件4541件，同比（2623件）上升73.1%，办结率为94.1%。

根据信访内容划分，反映噪声污染7581件，大气污染12067件，油烟气污染2607件，水污染2823件，电磁辐射污染199件，新建项目449件，固体废物污染433件，畜牧养殖197件，危险化学品54件，放射性污染16件，环境监测10件，其他污染423件，政风行风投诉41件，分别占环境污染投诉总量的28.2%、44.9%、9.7%、10.5%、0.7%、1.7%、1.6%、0.7%、0.2%、0.1%、0.04%、1.6%和0.2%。

【**公众参与**】2013年世界环境日的宣传活动突出“领导走基层，群众多参与、媒体重互动”的特点，组织以大气污染防治和电子废弃物综合利用为重点的市民、人大代表参观，开展市民环境问题调查等活动，通过网络、微博、社区活动等形式，多层次多角度开展丰富多彩的宣传纪念活动，营造全社会关心、支持和参与环境保护的良好氛围。各区县也紧紧围绕绿色上海、生态宜居城市建设、第五轮环保三年行动计划、污染减排等环保中心工作，开展环境日宣传活动，形成市区联动的宣传声势。

为进一步增强企业环境守法意识，市环保局开展了针对冒黑烟企业的执法，并通过电视媒体曝光了部分典型违法排污企业的行为。对《上海市清洁空气行动计划（2013～2017年）》召开了市政府新闻发布会，广泛告知社会公众和新闻媒体。对空气质量预报、重污染预警等市民关注的工作进行集中解疑释惑的宣传和信息发布的报道。截至2013年年底，“上海环境”政务微博在四大平台共有粉丝20余万，共发布微博4200余条。

2013年，上海继续开展了“清洁节水中国行，一家一年一万升”上海站宣传活动，举办了“七彩云南——云南生物多样性图片展”。继续举办了“拜耳青年环境特使”的评选活动。

2013年，“上海环境”网站继续推进网

上办事，实现16项行政审批事项、13项非行政许可审批事项网上办理。深入开展环境信息公开，发布空气质量实时及预报数据、重点污染源环境监管信息、各类事项办理信息以及执法财政信息等。针对环境热点问题开展了十次网上访谈。“上海环境热线”网站发布新闻6431条；发布环境影响评价网上公众调查、环评公示、环评报告书简本及玻璃幕墙技术分析报告2521项；完成制作“六五”世界环境日、拜耳青年环境特使、空气污染预警等栏目。2013年，“上海环境”、“上海环境热线”访问量为5109453人次。

【国际合作】2013年，市环保局与意大利环境部签署“2013年中意环境管理和可持续发展高级培训项目”合作协议。举办中意环保合作“生态城市”、“污染控制策略和手段”和“生态城市实践”三次专题高级培训。

2013年3月，正式启动中国环境与发展国际合作委员会（国合会）绿色供应链政策示范项目。项目选定上海百联集团、上海通用汽车和上海宜家贸易作为首批示范企业，开展绿色供应链管理试点工作，美国环保协会作为项目支持单位。

2013年7月，市环保局与日本川崎市政府签署新一轮合作备忘录，合作领域包括循环经济、人才培训和产业交流等方面。

2013年，市环保局向上海市外国专家局申报了“欧洲环境友好型农业技术应用案例及技术指导”等8个引智项目。

2013年2月，市环保局应邀参展“川崎国际环境技术展”。本次展会汇集了20多个国家的企业和研究机构，发布最新节能环保顶尖技术。

2013年2月，由上海市人民政府新闻办公室、上海市环境保护局和上海市对外文化交流协会主办的“绿色上海”摄影展在联合国环境规划署成功举办。

（腾晓波）

六、水务管理

(一)综述

2013 年，市水务局以提升水务海洋公共服务能力和行业监管水平为主线，以深入开展党的群众路线教育实践活动为动力，较好地完成了年度各项目标任务。

1. 经受住风暴潮洪四碰头的严峻考验，保障城乡防汛防台安全。除“9.13”大暴雨对浦东陆家嘴地区造成了严重影响外，2013 年汛期总体较为平稳，但是汛后国庆长假中来袭的“菲特”台风，使上海遭遇了防汛史上首次台风、暴雨、天文大潮和上游洪水“四碰头”的严峻局面。期间最大 24 小时降雨量达 332 毫米，为 52 年之最；黄浦江上游米市渡潮位超警 12 次，并创下 4.61 米的历史最高潮位；松江、青浦、金山等 11 个站点的内河水位突破历史最高记录，337 处、22.5 公里堤防出现渗漏甚至漫堤和垮塌险情。通过全市上下的共同努力，成功抵御了风暴潮洪的共同侵袭，把灾害损失降到了最低程度。

2. 成功应对黄浦江上游水污染事件和罕见持续高温，全市供水服务平稳有序。积极采取措施应对年初接连发生的金山朱泾船舶水污染、太浦河上游二氯甲烷污染、黄浦江上游死猪漂浮等突发事件，在确保供水服务安全平稳的同时，有效避免了事件的进一步发酵和升级。为进一步增强黄浦江上游水源地安全风险防范能力，研究制订了黄浦江上游水源地规划，并经市委、市政府批准实施。遭遇百年未遇的热浪袭击，最高气温超过35度的天数达47天，全市日供水量连续多日超过1000万立方米。各级供水部门通过强化一网调度、在线监测、生产服务等措施，确保高峰供水平稳有序。与此同时，基本建成东风西沙水源地工程；改造一批供水管网，关闭10座小水厂，郊区供水集约化目标基本实现。

3. 顺利完成中心城区水价调整，促进供排水行业良性持续发展。推进实施供水企业成本公开，平稳实现中心城区水价调整。以水价调整为契机，在全国率先编制完成了供水企业成本规制，调整和完善了原水工程的投资体制，实施了阶梯式水价改革，全面公开了中心城区供水水质信息，有力促进了节水型社会建设。

4. 治水管水各项工作稳步推进，水务发展步伐不断加快。金汇港南闸、外环西河泵闸等市重大工程建设加快，全市1000多项水务工程安全质量总体受控。加快推进城镇污水处理厂提标改造，污水收集率和污泥处理能力进一步提升。完成120公里河道整治和4万户农村生活污水处理任务，实施中小河道轮疏1700公里，持续开展引清调水。全市海塘规划获市政府批复同意，明确了海塘防御标准以及建设和管理要求；编制完成全市农田水利规划，加大农田水利项目市级资金补贴力度；成立市实施最严格水资源管理制度领导小组，推进试点工作，制订并印发本市相关指标分解方案和考核办法，“三条红线”和“四项制度”初步建立。

（二）防汛防台

【概况】 除“9.13”大暴雨对浦东陆家嘴地区造成严重影响外，2013年汛期总体较为平稳，共发生5次局部大暴雨、8次局部暴雨；经受住了“苏力”、“菲特”2个台风外围影响；黄浦江苏州河口潮位1次、上游米市渡潮位18次超过警戒线。上海中心气象台先后发布暴雨蓝色预警信号2次、黄色预警信号10次、橙色预警信号2次、红色预警信号1次。市防汛指挥部发布防汛防台橙色预警信号2次、黄色预警信号10次、蓝色预警信号2次。10月7日至8日，“菲特”台风使上海遭遇了防汛史上首次台风、暴雨、天文大潮和上游洪水“四碰头”的严峻局面。期间最大24小时降雨量达332毫米，为52年之最；黄浦江上游米市渡潮位超警12次，并创下4.61米的历史最高潮位；松江、青浦、金山等11个站点的内河水位突破历史最高记录，337处、22.5公里堤防出现渗漏甚至漫堤和垮塌险情。各级防汛部门立即展开汛情研判、协调指挥、应急抢险等工作，市区密切配合，军民通力协作，各项应对措施及时、有力。

【汛情特点】 降水总量偏少。据徐家汇观测站资料统计，汛期累计降水量为471.9毫米，比常年同期（676.9毫米）偏少三成，较近5年同期（746.2毫米）偏少37%。其中梅雨量为185.5毫米，较常年（243.1毫米）偏少24%。。

强对流天气偏多。汛期本市遭受5场局部大暴雨，8场局部暴雨等的严峻考验。上海中心气象台先后发布暴雨蓝色预警信号2次、黄色预警信号10次、橙色预警信号2次、红色预警信号1次。市防汛指挥部发布防汛防台蓝色预警信号2次、黄色预警信号10次、橙色预警信号2次。其中9月13日本市中心城区普降大雨局部大暴雨，长宁区北虹路雨量最大142.0毫米，最大小时雨量为该站102.5毫米。9月13日浦东站60分钟最大降水量达130.7毫米，打破该区原有历史记录（108.8毫米，1985年9月1日川沙站）。

汛期潮位不高。2013年汛期，黄浦江苏州河口潮位1次超过警戒线，为4.59米，略超警戒水位0.04米，整个汛期仅1潮次超警戒，为近十年汛期的第五低值；上游米市渡潮位18次超过警戒线，明显少于去年的60潮次。该站今年汛期最高潮位为3.95米，超警戒水位0.45米，为近十年汛期第六低值。

汛后遭遇“四碰头”。10月7日至8日，在“菲特”台风残留云系和冷空气共同作用下，加之东海东南部“丹娜丝”台风输送的大量水汽，本市出现台风、暴雨、天文高潮和上游洪水“四碰头”的严峻局面，这是上海防汛历史首次遭遇“四碰头”灾害。

汛情偏重、灾情可控。在台风、暴雨的侵袭下，本市部分地区不少路段出现较严重的积水和居民小区进水，但总体上退水较快，未对城市正常运行造成大的影响。受“菲特”台风影响，全市受灾人口12.4万人，倒塌房屋27间，紧急转移安置近7549人，直接经济总损失约9.53亿元，期间发生了2起2人死亡的溺水事故。在市防汛指挥部的统一指挥下，全市上下共同努力，各项防御措施有力到位，把灾害带来的损失控制到最低限度。

（三）供水排水

【概况】 2013年底，上海市共有自来水厂67座，比上年减少11座。全市自来水厂供水能力为1124万立方米/日，比上年下降1.8%。年供水总量为31.91亿立方米，比上年增长3.0%。售水总量为24.92亿立方米，比上年增长2.3%。其中一般工业用水5.23亿立方米，比上年增长0.9%；非工业用水6.88亿立方米，比上年增长6.7%；居民生活用水10.24亿立方米，比上年增长2.8%。2013年全市最高日供水量达1012万立方米。

2013年，上海市城镇污水总量23.18亿立方米（其中工业污水量6.17亿立方米，生活污水量17.01亿立方米），折合日均城镇污水量635.05万立方米，其中，中心城区430.02万立方米/日，郊区205.03万立方米/日。全市共有城镇污水处理厂53座（2013年完成扩建2座，新建1座，归并1座），总处理规模为784.3万立方米/日。全年平均实际污水处理量556.77万立方米/日，全市城镇污水处理率87.7%，比上年增加2.1个百分点。其中，中心城区污水处理率93.2%，郊区城镇污水处理率76.1%。

【集约化供水建设有序推进】 2013年，围绕关闭现有内河和深井取水水厂的目标，新建DN500以上集约化输水管网139公里，改造DN300以下小口径管网622公里。新建、改扩建罗泾水厂、南汇南水厂、新车墩水厂；关闭了浦东、奉贤、松江、青浦、金山、崇明11家小水厂；启动了8家郊区水厂深度处理工程建设。基本实现除崇明外的郊区供水集约化目标。

【节水型社会建设】 建成第六批32家节约用水示范小区、6家节约用水示范学校（校区）、3家节约用水示范单位、2家节水型工业园区、1家节水型示范农业园区、343家节水型小区、38家节水型学校（校区）和15家节水型企业。开展青浦区国家级水生态文明试点的申报工作，完成金山区国家级节水型社会试点中期评估和青浦区终期验收工作，稳步推进闵行区、嘉定区、奉贤区三个市级节水型社会试点建设。

【中心城区水价调整顺利完成】 公开供水企

业成本，召开听证会，平稳实现中心城区水价调整。在全国率先编制完成供水企业成本规制，调整和完善原水工程的投资体制，实施阶梯式水价改革，全面公开中心城区供水水质信息，有力促进了节水型社会的建设。

【东风西沙水库工程】 东风西沙水库是长江口第二座江心蓄淡避咸型水库。该工程位于长江口南支上段、崇明岛的西南侧，东风西沙与崇明岛之间的夹泓地带。水库规划面积约 3.74 平方公里。建成后将改变崇明岛无集中水源地的现状，用以满足崇明岛近期和规划水平年（2020 年）的供水目标，设计近期供水规模为 21.5 万立方米 / 日，远期供水规模为 40 万立方米 / 日。工程于 2011 年 11 月 28 日开工，于 2014 年 1 月 17 日实现水库通水，计划于 2014 年 5 月底全面建成投入使用。工程总投资 7.32 亿元。

【COD、NH4-N、TP 减排】 2013 年全市城镇污水处理厂共削减 COD63.21 万吨、NH4-N4.76 万吨、TP0.85 万吨。

【持续推进农村生活污水处理工作】 2013 年，推进农村生活污水处理工作，工程涉及闵行、浦东、奉贤、松江、金山、青浦、崇明 7 个区县，完成 4 万户农村生活污水处理设施建设的计划任务。

（四）水利建设

【概况】 年内，继续推动小型农田水利设施和告诫节水灌溉项目建设，实施拆坝建桥沟通水系工程，出台一系列农村水利建设新政策。

【推进小型农田水利设施建设】 2013 年，实施以高水平粮田、设施菜田水利配套为重点，以圩区达标治理和面上小农水设施建设为主要内容的小型农田水利基础设施建设。更新改造灌溉泵站 248 座、排涝泵站（泵闸）73 座，输水管道 11892.83 公里，防渗渠道 225.84 公里等，改善灌溉面积 5.7 万亩，改善喷微灌面积 0.46 万亩，改善除涝面积 38 万亩。

【开展中央财政高效节水灌溉项目建设】 2013 年，中央财政高效节水灌溉项目涉及金山区，共更新改造灌溉泵站 19 座、喷灌滴灌泵站 10 座、倒虹吸 11 座、低压管道 24.45 公里，建设高效节水灌溉面积 1520 亩等。

【实施拆坝建桥沟通水系工程】 2013 年，拆坝建桥沟通水系工程涉及嘉定、奉贤、金山、青浦 4 个区，共拆除阻水坝基 46 座，建造桥梁 40 座，开挖土方 14.63 万立方米，新建泵闸 1 座、涵洞 10 座。

【出台农村水利建设管理新政策】 2013 年，印发《关于开展农田排涝设施规范管理试点工作的通知》，围绕“六个到位”（设施改造到位、绿化配套到位、通讯防盗到位、公告公示到位、台账资料到位和制度建设到位）的目标，加强农田排涝设施养护管理。编制完成全市农田水利规划，加大农田水利项目市级资金补贴力度，加快农田水利建设进度。

（五）水政管理

【概况】 2013 年 9 月 10 日，市政府批复同意《上海市海塘规划（2011-2020 年）》；10 月 12 日，市政府批复同意《黄浦江上游水源地规划》。年内，编制完成上海市污水厂提标改造规划和上海市农田水利规划。上海市城镇雨水排水的总体规划方案已有阶段成果，并启动了上海市城市排水防涝设施建设规划。积极配合水利部和流域机构同步开展相关规划：配合全国水土保持规划编制，同步开展上海市水土保持规划编制工作；配合全国水中长期规划和水资源保护规划编制，同步开展上海市水中长期规划和水资源保护规划编制工作；配合全国灌溉发展总体规划和抗旱规划，同步开展上海市灌溉发展总体规划编制等工作。

【市政府批复同意《上海市海塘规划（2011-2020年）》】9月10日，市政府批复同意《上海市海塘规划（2011-2020年）》（沪府〔2013〕88号）。该规划明确，到2020年，上海大陆及长兴岛主海塘防御标准将提升为200年一遇高潮位加12级风，崇明岛及横沙岛主海塘防御标准将提升为100年一遇高潮位加11级风，为本市海塘建设、保护和管理提供了依据和保障。

【市政府批复同意《黄浦江上游水源地规划》】10月12日，市政府批复同意《黄浦江上游水源地规划》（沪府〔2013〕97号）。该规划提出，上海的供水水源必须坚持“两江并举、多源互补”的发展战略，为提高黄浦江上游原水供应安全保障程度，将西南五区现有取水口归并于太浦河金泽和松浦大桥取水口，形成“一线、二点、三站”（一条输水主干线、二个集中取水点、三座原水提升泵站）的黄浦江上游原水连通工程布局，实现正向和反向互联互通输水；同时在太浦河北岸金泽地区利用现有湖荡建设水库，以加强水源地的集中保护，稳定水质。规划同时明确近期先行实施两项工程，即建设黄浦江上游单管连通工程，在太浦河北岸金泽湖荡地区建设小型生态调蓄水库。

【政策与法规】2013年，市水务局积极推进水务法规的修订和制定工作，一是制定并出台了《上海市取水许可和水资源费征收管理实施办法》；二是积极申报防汛、水资源、供水、排水、水土保持、江海堤防管理为上海市人大五年立法计划，做好立法前期准备，并同步推进防汛、水资源、供水、排水立法工作，重点做好防汛条例修订工作；三是协同市政府有关部门修订出台地面沉降防治管理条例。四是修订出台《上海市用水计划指标核定管理规定》、《上海市供水水质管理细则》；联合有关部门发布《上海市供水企业备用取水口管理办法》；逐步推进供水水质信息公开管理、供水成本规制管理、水平衡测试管理等规范性文件制定工作。

【《上海市取水许可和水资源费征收管理实施办法》出台】11月6日，《上海市取水许可和水资源费征收管理实施办法》经市政府第29次常务会议通过，自2014年2月1日起施行。该实施办法细化了取水许可的申请范围、审批权限、办理程序等内容，明确地下水取水许可期限一般不超过5年；明确对工业区块内已通过规划水资源论证的建设项目，不用再进行水资源论证；为解决本市已发取水许可证记载的取水总量超过国家新下达的总量指标的实际问题，明确延续取水许可的，应当重新核定取水量。同时明确了征收的水资源费全额纳入财政预算管理，专项用于水资源的节约、开发、利用、保护和综合管理工作。该实施办法为上海市贯彻落实最严格水资源管理制度，进一步加强水资源管理和保护，促进水资源的节约与合理开发利用，提供了法制保障。

【《上海市供水水质管理细则》施行】经修订后的《上海市供水水质管理细则》自2013年11月1日起施行。为贯彻落实国家和上海市对供水水质监测检测、水质达标及水质公开的要求，确保上海市供水水质安全，此次修订主要包括：一是明确上海市供水水质实行“两级政府、两级管理”的原则；二是明确政府和企业对供水水质信息公开工作均负有责任；三是根据生活饮用水卫生标准和上海市供水实际情况，调整部分政府监测和企业自检的指标和频率。

【《上海市供水企业备用取水口管理办法》施行】《上海市供水企业备用取水口管理办法》计划于2014年2月1日起施行。该管理办法共十九条,明确了备用取水口的定义、适用范围，市、区（县）相关部门和供水企业的职责，以及备用取水口的日常监管要求，对备用取水口保护范围进行划分并明确保护要求，并建立了启用制度和管制要求，进一步提高了相关单位对备用取水口的应急启用处置能力，保证备用取水口顺利启用、保障城市供水安全。

【《上海市用水计划指标核定管理规定》施行】经修订后的《上海市用水计划指标核定管理规定》自2013年7月1日施行。主要修订了两方面内容：一是针对用水单位因一些不可预见的客观原因，如配合市政工程施工、内部地下供水管网突发爆管、生产经营状况发生不可预见的突然变化等造成超计划用水的情况，明确用水单位可以向管理部门提出变更申请，管理部门应当在20个工作日作出变更行政许可决定。二是针对用水单位因水表计量误差，用水单位实际用水量与抄见水量不一致的情况，明确管理部门应当及时校正，按照用水单位的实际用水量予以考核。修订后的《上海市用水计划指标核定管理规定》,解决了用水计划指标核定管理工作中一些无法可依的问题，进一步提高了本市节约用水管理工作的科学性和规范性。

【加强水质水环境监测】推进长江口水文专项工作，实施2次长江口水文要素及水下地形等综合调查；布置13个流量断面，10条水质垂线，出动23条测量船，100多人参加，共获得水文、水质等各类有效数据1.87万组（个），为长江口的综合治理、开发保护及深化研究提供基础资料。完成黄浦江上游及边界地区水文调查工作，获取流量测验数据2652组。重点监测国控站、重要水功能区、饮用水源地、全市骨干河道以及水利控制片，完成347个断面，约13.1万个监测数据，社会服务，约7.2万个监测数据。修订完成《上海市水源地重大水污染突发事件监测预案》。2013年全年共启动5次突发性污染事故应急监测预案，积极应对并较好完成“04.15”长江口溢油事件、“06.08”沉船事件应急监测任务。

【科技与教育】2013年，上海市水务局聚焦防汛安全、饮用水安全保障，水土资源开发利用保护，水环境整治等重点领域，深入推进“上海黄浦江与青草沙饮用水安全保障技术集成与示范”、“崇明岛东风西沙水源地水质预警与防控关键技术研究”、“近岸及邻近海域海底实时长期观测网关键技术研发及应用示范”、“长江口水文系统监测和信息共享技术研究”及“特大城市面源污染控制关键技术研究与工程示范”等重大课题研究。，积极申报水利部公益性专项、水利部948及科研推广专项、上海市科委专项。全年启动水务科研项目11项，中间检查6项，结题12项，完成科技成果登记16项。取得了“农村生活污水处理项目技术评估研究”、“水利工程施工图设计文件审查要点”、“水利工程施工质量检验评定标准”等大批科研成果，并在水务事业发展和管理服务中得到广泛应用。

（谷鸿鹄）

（一）综述

2013年，全市商品房开发投资2819.59亿元，同比增长18.4%，其中商品住宅投资1615.51亿元，同比增长11.3%；商品房施工面积13516.58万平方米，同比增长2%，其中商品住宅施工面积8125.74万平方米，同比下降2.3%；商品房竣工面积2254.44万平方米，同比下降2.2%，其中商品住宅竣工面积1417.41万平方米，同比下降11.9%；商品房新开工面积2705.95万平方米，同比下降0.7%，其中商品住宅新开工面积1643.09万平方米，同比增长5.1%。2013年，本市共完成拆迁和征收3.03万户，其中，共作出征收决定65个，完成征收2.26万户。同时，全力推进房屋拆迁基地收尾工作，全年共收尾拆迁基地117块，实施房屋拆迁0.84万户（其中居民0.77万户），面积80.91万平方米（其中居民50.47万平方米）。2013年，继续实施推进各类旧住房修缮改造工程，全市全年推进实施各类旧住房修缮改造1640万平方米。

（二）住宅建设

【概况】2013年，全市商品房开发投资2819.59亿元，同比增长18.4%，其中商品住宅投资1615.51亿元，同比增长11.3%；商品房施工面积13516.58万平方米，同比增长2%，其中商品住宅施工面积8125.74万平方米，同比下降2.3%；商品房竣工面积2254.44万平方米，同比下降2.2%，其中商品住宅竣工面积1417.41万平方米，同比下降11.9%；商品房新开工面积2705.95万平方米，同比下降0.7%，其中商品住宅新开工面积1643.09万平方米，同比增长5.1%。全年完成创建上海市节能省地型“四高”优秀小区项目42个，共计521.30万平方米。全市累计审核发放新建住宅交付使用许可证442件，2216万平方米。

【制订《关于本市进一步推进装配式建筑发展若干意见》】2013年，住宅产业化各项工作全面完成目标任务。大力推进装配式住宅发展，会同相关部门制订了《关于本市进一步推进装配式建筑发展若干意见》，并由市政府办公厅转发。《若干意见》相关实施细则已出台。本市推广落实装配式住宅项目101万平方米。进一步强化全装修住宅建设管理水平。全装修住宅项目推进继续抓住土地出让源头，新出让居住地块要求按照外环线以内60%，外环线以外30%比例落实。编制完成全装修住宅质量通病防治手册，进一步提高全装修住宅综合质量。截至2013年底，本市全装修住宅在建项目687万平方米，竣工约226万平方米，明确全装修住宅比例的新出让居住地块105幅。装配整体式住宅施工及质量验收规程以及构造节点图集相继出台。编制完成住宅产业化宣传手册，加大住宅产业化宣传力度。继续利用“建筑节能项目专项扶持资金”鼓励政策，新增7个、约42万平方米新建住宅项目列入市建筑节能专项扶持公示范围。

【“四高”优秀小区创建和住宅性能认定情况】2013年，完成创建上海市节能省地型“四高”优秀小区项目42个，共计521.30万平方米，其中，保障房创建项目26个。通过了住建部住宅性能认定的预审项目10个，超额完成了年初确定的2013年推进40个创建工作计划和10个住宅性能认定项目的工作目标。

【新建住宅交付使用许可和质量管理】2013年，全市累计审核发放新建住宅交付使用许可证442件，2216万平方米。其中，市住房保障房屋管理局发证29件，130万平方米；区（县）局发证413件，2086万平方米。严格交付把关。有效落实交付使用许可规定和实施细则，保证交付住宅满足基本入住条件。对于不符合交付条件的项目，当场开具补件通知书或整改单，并予以复查。加强过程指导。通过跨前服务、过程指导、及时协调等管理手段，加强对开发企业的服务指导。同时，定期召开科长会议进行专题培训，尤其关注大型居住社区的配套设施同步建设情况，按照相关文件规定，明确教育、公交等配套设施基本配置要求，确保满足百姓基本生活需求。出台新版“两书”。修订出台新版《新建住宅质量保证书》和《新建住宅使用说明书》，明确界定住宅质量保修范围、质量保修期限及质量保修要求，规范住宅售后服务保修行为。同时，为适应全装修住宅需要，将全装修住宅设施设备的配置等明确告知业主，更好地保护住户权益。

【大力推进保障性住房建设】2013年，本市确立的总体目标为新建筹措保障性住房和实施旧住房综合改造10.5万套、725万平方米；基本建成保障性住房10万套、730万平方米；另外，还确定了新增可供应保障性住房9.8万套、705万平方米的目标任务。至2013年底，本市全面完成了年初制定的新开工筹措、竣工和可供应目标任务，新建筹措各类保障性住房和实施旧住房综合改造11万套（其中，旧住房综合改造新开工3.35万套）、785万平方米；基本建成10.39万套、797万平方米；新增可供应10.29万套、783万平方米。

同时，市住房保障房屋管理局组织各相关区县职能部门，对已入住和即将入住的保障性住房基地的市政、公交、教育、卫生、商业、邮政、银行等配套情况进行了全面梳理，按照“已建成基地加快配套服务完善，在建基地加快配套设施建设”的原则，力争尽快缩短配套完善的过渡期，更好地满足入住居民基本生活需求。据统计，2013年全年累计完成各类市政公建配套项目目标任务415项，其中，开工任务250项，竣工任务99项，接管任务51项，开办任务15项。

（三）房地产市场管理

【概况】据市统计局统计，2013年1~12月，全市完成房地产开发投资2820亿元，同比增长18.4%。其中住房投资共完成1616亿元，同比增长11.3%。房地产开发投资占全社会固定资产投资比例为49.9%，比上年增长4.9个百分点。房地产业继续对我市经济社会发展发挥重要支撑作用。全市新建住房新开工面积1643万平方米，同比增加5.1%；竣工面积1417万平方米，同比减少11.9%。新建商品房销售面积2382万平方米，同比增加25.5%；其中新建商品住房销售面积2016万平方米，同比增加26.6%。二手存量房买卖登记面积2576万平方米，同比增加78%。据国家统计局统计，全市新建商品住房和二手存量住房销售价格同比分别上涨14.2%和9.7%。二手存量住房价格指数环比涨幅也从年内峰值2.6%回落到12月份的0.5%。

【市场调控】2013年，坚持“以居住为主、以市民消费为主、以普通商品住房为主”的原则，认真贯彻执行国家和上海市各项房地产市场调控政策措施，进一步严格执行差别化住房信贷、税收政策和住房限购措施，加强市场监管，坚决抑制投机投资性购房，房地产市场运行总体平稳，投资增长较快，住房交易活跃，住房价格有所波动，下半年涨幅趋缓。

【房地产开发投资情况】据市统计局统计，2013年1~12月，全市完成房地产开发投资2820亿元，同比增长18.4%。其中住房投资共完成1616亿元，同比增长11.3%。房地产开发投资占全社会固定资产投资比例为49.9%，比上年增长4.9个百分点。房地产业继续对我市经济社会发展发挥重要支撑作用。2013年1~12月，全市新建住房新开工面积1643万平方米，同比增加5.1%；竣工面积1417万平方米，同比减少11.9%。

【商品房成交】据市统计局统计，2013年1~12月新建商品房销售面积2382万平方米，同比增加25.5%；其中新建商品住房销售面积2016万平方米，同比增加26.6%。二手存量房买卖登记面积2576万平方米，同比增加78%。

【商品住房价格情况】 商品住房价格上涨较快，年末涨幅趋缓。据国家统计局统计，全年我市新建商品住房和二手存量住房销售价格同比分别上涨 14.2% 和 9.7%。下半年以来，新建商品住房价格指数环比涨幅连续 6 个月收窄，从 7 月份的 1.9% 下降至 12 月份的 0.6%。二手存量住房价格指数环比涨幅也从年内峰值 2.6% 回落到 12 月份的 0.5%。

【房地产市场监测监管】 2013 年，继续加强房地产市场监测分析和调研，继续严格执行住房限购措施。11 月 8 日，根据市政府常务会议决定，市住房保障房屋管理局印发《关于严格执行住房限购措施有关问题的通知》（沪房管规范市〔2013〕11 号），明确调整非本市户籍居民家庭在本市购买住房缴纳税收或社保费年限：从能提供自购房之日起算的前 2 年内在本市累计缴纳 1 年以上，调整为能提供自购房之日起算的前 3 年内在本市累计缴纳 2 年以上。同时，要求各区县房地产交易中心在受理房地产预告登记或转移登记时加强审核，对提供缴纳税收或社保证明不符合规定的，不予办理房地产登记。

开展房地产经纪市场专项治理工作，8 月 2 日，市住房保障房屋管理局会同市工商局印发了《关于开展房地产经纪市场专项治理的通知》（沪房管市〔2013〕265 号），在全市范围联合开展为期半年的房地产经纪市场专项治理工作，重点查处了一批通过伪造证明材料、法律文书等方式，骗取购房资格、逃避税收的违法违规行为；11 月 4 日印发了《关于加强房地产经纪机构、经纪人管理的通知》（沪房管市〔2013〕377 号），在交易环节进一步加强对房地产经纪机构、经纪人的资格审核，将合同网上备案管理与经纪机构备案管理有机结合。

12 月，媒体曝光某楼盘开盘期间周边经纪门店将期房挂牌出售的问题，经查实，部分经纪企业违规挂牌出售期房，或虚拟期房房源信息招揽客户，房管部门按规定对违规经纪企业分别处以罚款，并停止网上签约资格，记入信用档案。同时，将涉案的经纪组织、执业经纪人通报工商部门，依法对其执业资格作进一步处理。

【房屋租赁管理】 2013 年，深入区县、街道、居委和小区，对“群租”面临的新情况、新问题开展调研，形成了专题调研报告上报市综治委和市政府。同时指导、督促区县按照平安建设实事项目的要求，加大综合治理力度。在调研基础上，起草了《关于加强本市住宅小区出租房屋综合管理工作的实施意见》，按照市政府专题会议精神，多次征求各方意见，不断修改完善。继续推进居住房屋租赁合同登记备案工作，2 月 16 日印发《关于印发 < 上海市居住房屋租赁合同登记备案操作规则 > 的通知》（沪房管规范市〔2013〕2 号），进一步完善操作系统，并组织专题业务培训 270 人次，全年累计办理居住房屋租赁合同登记备案 14.94 万件。

【房地产估价管理】 2013 年 2 月，颁布施行《上海市国有土地上房屋征收评估技术规范》（沪房管规范市〔2013〕1 号），加强本市国有土地上房屋征收评估技术管理，规范房屋征收评估行为；对 2012 年印发的《上海市国有土地上房屋征收评估管理规定》进行修订，并于 8 月重新颁布施行，规范本市旧改地块房屋征收评估活动；联合市发改委开展本市房屋征收评估和专家鉴定收费标准调整的调研，完成《关于规范本市房屋征收、补偿工作中评估和专家鉴定收费的通知》（初稿）。

截止 2013 年底，本市共有房地产估价机构 74 家，其中一级 32 家、二级 15 家、三级 20 家、暂定三级 1 家、分支机构 6 家；注册房地产估价师 1031 名。

（四）物业管理

【概况】2013年，物业服务力度进一步加大。不断优化962121物业服务热线工作流程，启用市民热线处置信息系统，提升热线处置效率。加强962121物业服务热线宣传，推进各区县房屋维修应急中心建设，及时受理处置市民物业急、难、愁问题。深化物业行业"走百家门、知百家情、解百家忧"夏令主题服务活动，全面排查住宅小区安全隐患，促进住宅小区安全运行。

【调整公有住宅售后物业服务收费标准】按照平稳有序、逐年到位的工作要求，继续深入做好公有住宅售后物业服务收费调整工作。在2012年公有住宅售后物业服务费标准调整的基础上，出台了2013年度公有住宅售后物业管理收费调整方案，并经市政府批准后于2013年12月1日起实施。为了稳妥推进公有住宅售后和商品住宅物业服务收费接轨工作，2013年调整方案按照大、中、小三种房屋套型分别明确了管理费、保洁费和保安费标准，便于实际操作。

【规范业主大会、业主委员会建设管理】制订印发了《关于进一步加强业主委员会成员及相关管理人员培训工作的实施方案》（沪房管物[2013]395号），通过建立业主委员会主任及成员任职培训和年度复训机制以及街镇（乡镇）、房屋行政管理部门、居（村）民委员会和专业社会中介组织的培训制度，普及政策法规和日常运作规范，引导市民群众依法、理性的参与社区管理事务，实现政府

管理与社会自我调节、居民自治的良性互动。

结合业主大会在制度创新方面的成果和电梯安全、消防设施安全、空调使用、车辆停放等相关政策的出台，草拟了《临时管理规约》、《管理规约》、《业主大会议事规则》和《专项维修资金管理规约》等示范文本，形成初稿。

【加强住宅专项维修资金和公共收益的管理】制订印发了《上海市商品住宅小区业主大会账户会计核算方法（试行）》，规范业主大会账户的账务处理和会计核算方式，对526家物业企业财务人员进行了业务培训；重新设计了业主大会维修资金账目公布报表的格式，解决原有报表字体小、报表多、不易懂等问题，在徐汇、普陀试点总结基础上于7月在全市推行；开展了全市住宅小区公共收益纳入业主大会账户的情况专项检查，累计归集公共收益1亿余元纳入维修资金专用帐户，保证了公共收益的合理规范使用。

【加强住宅小区运行安全和安全生产工作】根据市政府有关工作要求，着力对涉及住宅小区安全生产和运行安全管理的六个方面进行排查整治：一是住宅小区内电动自行车停放场所及充电装置消防安全状况及安全措施落实情况；二是住宅小区消防设施设备的运行及完好状况；三是住宅小区楼道及消防应急疏散通道的通畅情况；四是地下车库防汛安全措施落实情况；五是生活用水水箱安全管理措施落实情况；六是电梯运行日常管理情况及安全使用状况；要求房管部门、物业服务企业、施工生产单位对排查发现的安全隐患实行"零容忍"，及时落实整改措施予以整改。同时，为确保活动效果，建立了住宅小区运行安全和安全生产管理三级督查制度、检查督查信息登记管理制度和落实隐患排查整治公示报告制度，强化组织领导和监督检查，主动接受市民群众对活动开展情况以及质量、效果的监督。

（五）旧区改造

【**概况**】2013年，根据市政府工作要求，市、区旧改部门紧紧围绕全年目标任务，以市人大专项监督为契机，旧区改造呈现出较好的发展态势。截至12月底，中心城区拆除二级旧里以下房屋74.6万平方米，占全年计划107%，受益居民3.06万户，占全年计划102%；另外，郊区城镇棚户简屋改造完成14.8万平方米，受益居民约2100户。

【**加大重点项目协调推进力度**】2013年以来，面对旧区改造推进实际困难，市、区各级领导经常深入旧改基地，动员鼓劲，协调问题，解决困难。对于重点旧改项目，市领导亲自出面协调，帮助解决资金、房源等问题。在市领导的协调和支持下，市重点旧改项目推进顺利。比如：虹口区虹镇老街1号、7号地块、北外滩91、92、93街坊，闸北区晋元南、北地块、杨浦区大桥123、124街坊等，都在较短的时间内达到第二轮签约生效比例，大部分项目签约比例已超过90%。

【**市级单位继续参与旧区改造**】市土地储备中心继续发挥其参与旧区改造的主力军作用，全力推进市政府指定的重点项目。市城投公司、市久事公司参与的旧区改造项目，参照本市土地储备有关规定，市发改委、市财政局安排总投入30%以上的周转资金。对于成本收益倒挂的旧改地块，明确了平衡机制，采取分帐核算、统筹平衡的办法解决。

【**积极争取金融机构支持**】国开行、工商银行、建设银行等上海分行设立旧区改造贷款科目，专项支持旧区改造贷款。太平洋保险公司与市土地储备中心设立太平洋－上海土储中心不动产债权投资计划，以债权形式投入市土地储备中心参与的旧区改造项目，总规模500亿元，期限7年，分期募集，首期募集60亿元，主要用于杨浦区大桥123、124街坊旧改项目。平安保险公司计划以总规模1000亿保险资金支持上海旧改工作，期限为7–8年，作为先期创新试点，今年下半年通过债权计划募集近100亿元投资市城投公司参与的闸北区晋元南、北地块和市久事公司参与的虹口区北外滩91、92、93街坊等旧改项目。

【**加快存量在拆基地收尾**】2013年，中心城区完成25块旧改在拆基地收尾。主要做法：一是全面梳理地块，督促拆迁人（征收人）加大协商签约力度。二是充分发挥第三方公信平台作用，通过人大代表、政协委员、专业律师等社会公信人士，疏导化解疑难杂症，加快居民签约进度。三是与司法部门建立沟通协调机制，诉调结合，化解矛盾，加快补偿争议解决。

【**继续推进“毛地出让”地块处置**】一是市、区有关部门对尚未启动的旧改“毛地出让”地块，督促开发企业制订改造方案并尽快组织实施。二是积极推荐“毛地出让”地块，做好“搭桥”和政策解读工作，引进有实力、有意愿的央企、市属国企等企业接盘改造。三是对开发企业没有能力继续改造的地块，解除国有土地使用权出让合同。

【**加大市属动迁安置房供应**】全年共搭桥供应市属动迁安置房约3.7万套。为做好房源供应工作，一是全面排摸市属动迁安置房需求情况，与各区提前进行供需对接，做好服务；二是增加动迁安置现房供应，支持各区做好在拆基地收尾工作；三是市政府将“完成40个大型居住社区外围配套项目”列为重点工作，加快建设推进大居外围配套建设，提升房源适配性和居民接受度，吸引动迁居民选房。

【完善旧改房屋征收补偿政策】一是制订《关于贯彻国务院“加快棚户区改造工作意见”的实施意见》。根据《国务院关于加快棚户区改造工作的意见》等精神，研究制订本市贯彻落实的具体办法，目前已经形成初稿，将在征求有关部门意见基础上，正式上报市政府批转执行。二是优化旧改房屋征收流程。允许房屋评估工作时点适当前移，将旧改项目网上发布、评估机构选择、现状勘察等在作出房屋征收决定之前完成，大大缩短了前期准备阶段时间。三是完善私房共有产补偿操作口径。按照“既保护共有产权人合法财产，又保护实际居住人居住权利，家庭财产继承由共有人自行解决”的思路，在闸北、虹口等区试点基础上，进一步完善操作口径。

【开展郊区城镇棚户简屋和“城中村”改造】2013 年，金山区、松江区和浦东新区等积极开展郊区城镇棚户简屋改造，特别是金山区朱泾镇汇龙基地，打破原来郊区大多通过协议动迁的模式，严格按照旧区改造两次征询程序实施改造，在 3 个月签约期内，居民签约率达到 90% 以上，成为郊区城镇棚户简屋改造工作的一个突破。浦东新区全力推进市政府批准的外高桥物流园区 1、2 号地块、川沙镇药师村地块、三林镇联丰村地块等 3 个“城中村”改造项目试点，目前，外高桥物流园区 1、2 号地块已启动签约，另外两个地块正在做前期工作。

（六）房屋征收（拆迁）管理

【概况】2013 年，围绕依法征收和“阳光征收”，进一步完善房屋征收补偿政策操作口径，着力加强房屋征收信息化监管，加快存量拆迁基地收尾，积极推进和支持旧区改造和重大项目建设。本市共完成拆迁和征收 3.03 万户，其中，共作出征收决定 65 个，完成征收 2.26 万户。同时，全力推进房屋拆迁基地收尾工作，全年共收尾拆迁基地 117 块，实施房屋拆迁 0.84 万户（其中居民 0.77 万户），面积 80.91 万平方米（其中居民 50.47 万平方米）。

【完善房屋征收相关政策】2013 年，市住房保障房屋管理局主要围绕企事业单位征收补偿政策、共有房屋征收补偿事宜等几个方面抓紧研究推进房屋征收，出台了一系列房屋征收操作口径和办法。特别是制定出台了《关于房屋征收中共有房屋征收补偿签约事宜的批复》，并在闸北、虹口实施后取得良好效果，有力推动了房屋征收签约。如虹口区虹镇老街 1 号基地某组共 53 证共有产权户，其中 20 余户同意签约，另 20 余户通过两轮评议监督小组调解后，户外共有人也同意由户内产权人作为签约代表进行签约；虹镇老街 7 号地块，共 1239 证 1560 户，共有户占全体户数超过 2/3，利用共有房屋签约口径操作，提高了旧改推进效率，保障了共有产权人的权益。两个地块用 18 天就达到了 85% 以上的生效比例。同时，针对公房签约主体在实际工作中难以确定的问题，制定了《关于公有居住房屋承租人户口迁离本市或死亡的确定房屋征收补偿协议签订主体的通知》，要求各区县公房管理部门严格执行。为进一步完善房屋征收补偿政策，在分析和总结实施细则及相关配套文件的同时，加快研究规范企事业单位征收补偿的政策措施。着手起草关于企事业单位征收与补偿的文件，并形成《关于推进本市房屋土地征收中企事业单位房屋补偿工作的若干意见》，并报市政府办公厅转发。

【推进依法征收和阳光征收】 为贯彻“依法征收、阳光征收”，市住房保障房屋管理局在新开基地全面启用新版电子协议，加强房屋征收信息化监督管理，使用规范的房屋征收补偿电子协议文本，通过科技手段保障阳光操作得到落实，并制定并下发了《关于国有土地上房屋征收和补偿实施信息化监督管理的通知》。2012 年起，长宁、静安、普陀、杨浦、虹口等新开的旧改地块上，全部采用了“升级版”的电子协议，所有操作步骤、历史痕迹全部记录在数据库中，接受监督，从源头上防止“阴阳合同”的出现。

【推进房屋拆迁基地收尾工作】 市住房保障房屋管理局对全市房屋拆迁基地进行分类梳理，根据不同情况，采取不同措施，加快基地收尾工作，对于已发拆迁许可证但未启动超过 2 年的基地，重新审核许可证前置要件，不具备拆迁条件的，不再延长拆迁期限。如普陀区“旬阳新村”和“铁路新村”等旧改地块，因开发商无后续资金，不能作为继续拆迁的地块，经普陀区政府和开发企业协商，解除了土地出让合同，停止了延长拆迁期限，改用政府房屋征收的程序进行，取得较好效果。根据各区（县）上报的 2013 年房屋拆迁基地收尾计划，市住房保障房屋管理局制定并下发《关于推进本市存量拆迁基地收尾工作的通知》，建立基地联系人制度，并要求各区（县）联系人与基地实行对口联络，推进房屋拆迁基地收尾工作。全市 2013 年共收尾拆迁基地 117 块，实施房屋拆迁 0.84 万户（其中居民 0.77 万户），面积 80.91 万平方米（其中居民 50.47 万平方米）。

（七）旧住房修缮改造

【概况】 2013 年，继续实施推进各类旧住房修缮改造工程，全市全年推进实施各类旧住房修缮改造 1640 万平方米。同时，实施推进作为保障性安居工程任务的，完善房屋安全和使用功能的三类旧住房综合改造工程项目（包括：成套改造、厨卫等综合改造、屋面及相关设施改造）。全年共实施 190 万平方米，4 万户，超额完成受益居民 3 万户的年度计划目标任务。

【旧住房修缮改造】 按照上海住房发展“十二五”一年 1000 万的规划目标任务，全市实施推进各类旧住房修缮改造工程，主要以成套改造、平改坡综合改造、高多层综合整治、直管公房全项目修缮四种类型推进，全年推进实施各类旧住房修缮改造共 1640 万平方米。实施推进成套改造、厨卫等综合改造、屋面及相关设施改造等三类旧住房综合改造工程项目，全年共实施 190 万平方米、4 万户，超额完成受益居民 3 万户的年度计划目标任务。同时，研究推进拆除重建、郊县区棚户简屋改造和多层既有住宅增设电梯等试点工作，总结工作经验、完善政策法规、协调推进。

【加强工程项目政府监管】 2013 年，上海着重加强市、区两级房管部门对住宅修缮工程的监督检查、项目监管和工程现场质量安全检查，强化属地化管理，将工作督查、项目抽查和现场巡查相结合，结合安全生产专项大检查、防台防汛、工程质量月等活动，落实施工自查、监理复查、区修缮管理部门巡查、市修缮管理部门督查抽查、相关对口管理部门互查的“五查”制度，对检查中发现的问题，督促其整改到位。贯彻落实住宅修缮工程群众工作相关要求，通过建立“三会”（实施前“听证会”、实施中“协调会”、实施后“评议会”）、“十公开”、市民监督员、后评估等各项群众参与机制，鼓励市民参与工程监督管理，形成了“专业监督、社会监督、群众监督”三位一体的监督机制，取得了良好的成效。全市全年住宅修缮工程无重大安全质量事故发生。

（八）住房保障

【概况】2013年，本市全面完成了年初制定的新开工筹措、竣工和可供应目标任务，新建筹措各类保障性住房和实施旧住房综合改造11万套（其中，旧住房综合改造新开工3.35万套）、785万平方米；基本建成10.39万套、797万平方米；新增可供应10.29万套、783万平方米。本市廉租住房申请家庭经济困难标准进一步放宽，住房保障政策受益面不断扩大，全年共新增廉租租金配租家庭6102户，截至2013年底，累计受益家庭达9.8万户。进一步放宽共有产权保障住房申请准入标准，截至2013年底，全年共受理共有产权保障住房申请约2.96万户，完成共有产权保障住房申请家庭购房签约1.2万户，其中2012年批次结转到2013年签约的0.19万户，2013年批次签约的1.01万户。历年累计完成购房签约的家庭约5.2万户。

【不断扩大廉租住房受益家庭规模】2013年，本市不断扩大受益家庭规模。进一步放宽收入和财产准入标准。在2006年以来连续6次放宽的基础上，将3人及以上申请家庭的收入准入标准从人均月可支配收入1600元调整至2100元、财产准入标准从人均5万元调整至8万元，2人及以下申请家庭的收入准入标准从人均月可支配收入1760元调整至2310元、财产准入标准从人均5.5万元调整至8.8万元，廉租住房政策覆盖面进一步扩大，原本不符合廉租条件又买不起共有产权保障住房的“下夹心层”家庭被纳入到了保障范围，廉租住房和共有产权保障住房政策得到更好衔接。大幅放宽实物配租申请条件。将实物配租保障范围从原有的残疾、大重病、丧失劳动能力、烈属等8类特殊廉租家庭和1类住房特别困难的廉租家庭（人均居住面积5平方米以下的2人及以上家庭）放宽至所有的廉租家庭。

进一步提高保障水平。根据近年来房屋租赁市场租金变化情况，上调廉租住房租金配租补贴标准，其中每平方米居住面积基本租金补贴标准，中心城区由68元提高至86元，近郊区由50元提高至68元，远郊区由32元提高至46元，平均保障水平提高约40%。同时，根据收入准入标准的调整情况，对租金配租的分档补贴范围、实物配租家庭的自付租金计算方式等进行了调整。积极开展资格复核工作。在2012年探索建立廉租住房复核制度基础上，对正在享受廉租保障的家庭开展大规模资格复核工作。截至到2013年底，全市共累计对3.83万户家庭进行了资格复核，根据审核工作进展，其中已有约0.94万户家庭因各种原因不再符合廉租保障条件而退出保障。加大房源筹措市级支持力度。2013年，全市共下拨市级廉租房源筹措资金5.5亿元。对符合条件的申请家庭“应保尽保”。

全年共新增廉租租金配租家庭6102户，截至2013年底累计受益家庭达9.8万户。

【进一步放宽共有产权保障住房（经济适用住房）（简称“共有产权保障住房”）申请准入标准】2013年，本市进一步放宽共有产权保障住房申请准入标准，单身申请人士年龄从男性年满30周岁、女性年满28周岁分别放宽到28周岁、25周岁。同时，根据市民群众的意见和要求，合理调整了住房面积核算方式，优化相关政策口径，对有符合单身申请年龄条件人士的家庭等四类住房特别拥挤的复合家庭，允许在核算其家庭人均住房面积前，先扣除一定的共用面积，切实解决了适龄青年的结婚住房和复合家庭的分户居住等问题。

按照2013年准入标准，在全市范围内积极开展共有产权保障住房的申请受理、摇号排序及购房签约等工作，并统筹做好2012年批次购房签约的收尾工作。截至2013年底，全年共受理共有产权保障住房申请约2.96万户，完成共有产权保障住房申请家庭购房签约1.2万户，其中2012年批次结转到2013年签约的0.19万户，2013年批次签约的1.01万户。历年累计完成购房签约的家庭约5.2万户。

【进一步制订完善公共租赁住房配套政策】 2013年，进一步制订完善公共租赁住房配套政策，并加大财政资金投入力度，市财政向各区（县）下达中央补助公共租赁住房专项资金2.25亿元。截止2013年底，市财政累计下达区（县）资本金补助34亿元、中央公共租赁住房专项补助资金约13.8亿元。

完成公共租赁住房建设筹措和竣工任务，根据国家下达本市的公共租赁住房建设筹措任务目标，2013年全市建设筹措公共租赁住房2.23万套、约138万平方米，竣工公共租赁住房2.06万套、约116万平方米。截止2013年底，全市公共租赁住房累计建设筹措逾12万套，竣工逾5万套。同时，好公共租赁住房供应工作，全年新增供应房源约1.4万套，完成配租约1.1万套，其中市筹约0.55万套、区筹约0.1万套、单位租赁房约0.45万套。截至2013年底，全市公共租赁住房（含单位租赁房）已累计供应78个项目、约5万套。市筹公共租赁住房方面，在新江湾尚景园、馨宁公寓两个项目基础上，2013年新增供应普陀区千阳南路99弄“馨越公寓”4042套房源、徐汇区宾南路36弄“馨逸公寓”2222套房源、闵行区朱梅路266弄“上海晶城晶华坊”1680套房源。截至2013年底，市筹公共租赁住房合计出租7990套，其中新江湾尚景园2176套、馨宁公寓1266套、馨越公寓2634套、馨逸公寓1914套，四处项目出租率分别达到98.8%、66%、65%和86%。

【住房制度改革】 2013年，全年共出售公有住房1.79万套，建筑面积94.43万平方米，回收购房款约3亿元，扣除维修基金后净归集额1.87亿元。全市自公有住房出售政策实施以来，已累计出售公有住房188.33万套，建筑面积10148万平方米。

按《关于进一步深化本市城镇住房制度改革的若干意见》（沪府发〔1999〕38号）的要求，推进企事业单位的住房分配制度改革；深化、完善本市公务员住房解困的有关思路。支持配合外省市住房分配制度改革。配合外省市住房分配制度改革和经济适用住房、动拆迁货币安置等工作的开展，做好外地职工及其配偶在沪住房情况申报确认工作，2013年共确认389户，自2003年此项工作开展以来，累计确认4304户。

继续解决未确权的公有住房的出售问题。2013年，根据《关于进一步推进本市公有住房出售若干规定的通知》（沪府发〔1999〕44号）的精神，继续对投资单位未申领房地产权证的住房进行梳理，将符合出售条件的住房出售给承租的职工家庭。各区县房改部门出售的这类住房共1178套，建筑面积6.25万平方米；已累计代售49176套，建筑面积约291万平方米。

解决各区县有限产权接轨工作的疑难问题。市和区县房改部门经过调研和协调，研究解决各类疑难问题，推动有限产权住房接轨工作顺利推进，全年有限产权住房接轨2138套，累计接轨68694套。

（姚卫萱）

八、城市交通

（一）综述

2013年，上海市城市公共交通客运量保持高位运行，持续稳定增长，完成城市公共交通客运量63.57亿人次，同比增长2.1%。日均客运量1742万人次（工作日日均客运量1867万人次），其中，轨道交通686.7万人次，同比增长10.1%；公共汽电车742.6万人次，同比下降3.3%；出租汽车294.8万人次，同比增长0.1%；黄浦江轮渡17.4万人次，同比下降11.9%。圆满完成有关春运、节假日和重要活动交通服务保障任务。

一是轨道交通网络规模进一步扩容。2013年，轨道交通日均客流量686.7万人次，占全市公共交通客运的39.4%，比2012年提高近3个百分点，骨干作用明显。新增11号线二期、11号线花桥段、12号线一期和16号线入网运营，运营线路长度达567公里（含磁悬浮）。稳步推进既有线路运营安全评价工作，进一步加强本市轨道交通管理，《上海市轨道交通管理条例》修订完成并于2014年1月1日起正式实施。

二是公交服务保障能力进一步提升。2013年，公交日均客流量742.6万人次，占全市公共交通客运的42.6%，继续保持基础性地位。公交优先战略持续有力推进。公共汽电车线网优化继续推进，全年共优化调整公交线路307条，其中新辟94条，调整200条，撤销13条。最后一公里线路达129条。公交行业改革继续深化，坚持完善行业公益性和运作市场化相结合的机制。深入贯彻落实《国务院关于城市优先发展公共交通的指导意见》，上海确定为全国创建“公交都市”城市。

表8.1上海交通运输业主要经济指标完成情况

类别		完成量	比上年增长（%）
货物运输量（万吨）	合计	91536	–3.0
	铁路	694	–15.9
	公路	43809	2.1
	水路	46697	–7.2
	民用航空	336	–0.5
旅客发送量（万人次）	合计	15933	9.5
	铁路	7972	18.0
	公路	3720	–0.8
	港口	68	2.7
	民用航空	4173	5.1
港口货物吞吐量（万吨）		77574.57	5.5
国际标准集装箱吞吐量（万标准箱）		3361.68	3.3

三是出租汽车管理不断深化完善。2013年，出租汽车日均客运量294.8万人次，占全市公共交通客运的16.9%。研究建立出租汽车经营权管理制度。进一步规范行业预约服务管理。完成租赁汽车新一轮额度投放工作。不断推进出租汽车候客站建设。深化区域出租汽车管理体制。努力促进行业健康、持续发展。

四是水上客运市场不断优化调整。2013年，黄浦江轮渡客流继续下降，日均17.4万人次，占全市公共交通客运的1%。三岛客运平稳有序，全年客运量366万人次，同比增长2.7%。航线运力不断优化调整，进一步改善乘渡环境。建立黄浦江游览票务中心官方信息平台，不断提升黄浦江游览行业的品牌形象。

（张谨）

（二）交通管理

【概况】2013年，本市交通管理部门按照“坚持公交优先、立足综合交通、聚焦港航发展”的总体部署，紧紧围绕“六个坚持、六个围绕”的工作方针，以推进上海国际航运中心建设、打造“水上高速公路”、创建国家公交都市为主要着力点，全面推进各项工作健康开展。

【深化行政体制改革】全面修改调整交通港口局行政审批办事指南和标准化业务手册，为2014年发布新版办事指南和标准化业务手册夯实基础。完成上海城市交通行政业务管理系统升级改造项目（行政事项标准化网上审批系统）开发工作。该系统以新版办事指南为依据，实现行政许可受理、审批统一信息化平台和标准化行政许可的技术实现；实现全流程行政许可事项办理的动态监管；改善交通港航行政许可数据质量，提升数据标准化规范；配合“既受又理”工作的推进，实现相应信息系统流程调整。取消（合并）“新增市内水路运力审批”等9项审批事项。建议国家取消“道路旅客运输经营许可”等10项审批事项，分期分批实行告知承诺方式审批。建议国家转移行业专业机构、中介组织、行业协会管理的“核发出租汽车驾驶员准营证”等14项审批事项，研究探索政府购买服务管理模式。将“港口工程设计审批”等5响审批事项下放区县交通港航部门审批，待市政府批准后实施。拓展“既受又理”审批事项范围，其中“配建机动车停车场（库）审核”等6项拟第二批实施“既受又理”；减少审批环节，优化审批流程，成立局审批办，剥离业务部门审批操作性职能，集中到受理中心及审批办统一办理。成立了以局长任组长的改革调研小组，对局职能转变和行政审批制度改革情况进行了专题研究，从职责“取消、下放、整合、加强”四个方面提出了职能转变具体方案。该方案提出取消职责10项、下放或部分下放职责5项、整合职责9项和加强职责3项。

【推进公交优先战略】6月，市政府印发《关于贯彻〈国务院关于城市优先发展公共交通的指导意见〉的意见》，推进公交优先战略。制定《上海市关于申报创建国家“公交都市”的实施方案》，被交通运输部确定为全国第二批创建国家“公交都市”城市。完善行业公益性和运作市场化相结合机制，完成青浦、奉贤区两家公交企业股权划转及嘉定、青浦、奉贤3个区公交场站资产无偿划拨。编制完成《2013年公交线路新辟及调整计划》，通过网上公示、市民座谈等多种形式反复听取意见并平稳实施。全市优化调整线路307条，其中新辟94条（含“最后一公里”线路14条），调整200条，撤销13条。统一梳理所有轨道交通站点周围100米范围内配套公交始发线路，制定160余条公交线路延长末班车时间计划。首批120条公交始发线路于12月2日起延长末班车运营时间，涉及市中心城区60余个轨道交通站点。

【制订上海市《城市轨道交通试运营标准》】为规范本市城市轨道交通试运营基本条件评审工作，保障本市城市轨道交通试运营安全和基本服务质量，在对国家2013版城市轨道交通试运营标准研究的基础上结合本市轨道交通实际特点，组织开展《城市轨道交通试运营标准》地方标准的编制工作。主要内容包括：总则、术语、基本规定、行政许可文件、车辆、限界、土建工程、机电设备、环境保护与节约能源、系统联调与试运行、试运营准备、试运营条件评价程序。已于2013年11月完成内部评审，2014年将由市质监局组织评审并以地方标准形式颁布实施。

【发布《上海市非机动车管理办法》】10月20日，《上海市非机动车管理办法》发布。《办法》规定，在上海市生产、销售的非机动车，应当符合有关国家标准。电动自行车国家标准中的电动机功率、残疾人机动轮椅车国家标准中的汽油机排量等推荐性项目，在上海市强制执行。《办法》还对违法生产、销售非机动车行为，拼装、加装、改装非机动车及其销售行为，以及非机动车道路交通安全违法行为的处罚作出规定。该《办法》自2014年3月1日起施行。2001年9月19

日市政府令第 108 号公布的《上海市非机动车管理办法》同时废止。

【行业服务管理法治化、规范化水平不断提升】 本市完成《上海市交通港航地方性法规（2013–2017 年）立法规划》。《上海市轨道交通管理条例》修订完成并于 2014 年 1 月 1 日起正式实施。启动和开展《上海市道路运输管理条例》、《上海市水路运输管理条例》和《上海市内河通航安全管理办法》等修订调研。全年完成规范性文件制定 3 件、修改 4 件。建立完善行业服务规范标准体系，制定完成《机动车维修服务质量规范》、《城市轨道交通试运营基本技术条件》、《公共汽（电）车动态信息发布服务基本技术要求》等上海市地方标准通过验收并报批。修订或制定完成若干上海市工程建设规范并报批。

【推进行业文化建设】 开展上海交通窗口行业文化建设完备度测评，推进行业文化建设。开展“十大人性化服务举措”评选。结合创建国家公交都市，制定地面公交文明行业创建工作三年行动计划并组织实施。局执法总队等七个单位被评为第十六届上海市文明单位。轨道交通、航空港、出租汽车等 3 个行业被评为第七届上海市文明行业。进一步完善交通港航质量信誉考核，开展对四类驾驶员试点信用评价，完成 2012 年企业质量信誉考核等级评定和表彰。

（三）交通执法

【概况】 2013 年，市委、市政府领导高度重视非法客运整治工作开展，各区县人民政府继续保持整治高压态势，并将工作责任逐步落实到街镇层级。本市交通执法部门开展针对突出交通违法行为的全市性集中整治 40 余次，查获各类交通违法行为 1003 万余起，其中机动车违法停放 332.7 万余起。会同相关部门开展“五类车”（残疾车、电动三轮车、正三轮摩托车、二轮摩托车、电动自行车）专项整治行动，查获“五类车”各类交通违法行为 50.2 万余起，暂扣车辆 29.9 万余辆次，行政拘留涉嫌扰乱公共场所秩序、妨碍执法等相关人员 7400 余人。年内，市交通执法总队荣获“2012–2013 年交通部规范执法考核优秀单位”、“2012–2013 年全国交通运输依法行政先进集体”等荣誉称号。

【2013 年度非法客运整治重点工作】 “整治非法客运，维护交通秩序”被纳入 2013 年度上海平安建设实事项目之首。5 月 3 日，本市召开 2013 年上海市整治非法客运平安建设工作推进会，时任上海市副市长姜平同志出席会议。会议明确 2013 年度非法客运整治 7 项重点工作：一是注重非法客运源头治理。重点推进“无黑车小区”创建工作，共同开展“四类车”、“克隆车”等非法客运车辆排摸和针对性查处。二是优化调整重点整治区域。在去年确定全市 74 个重点区域基础上，对媒体多次曝光、市民关注度高、容易出现反复的地区予以新增，明确 2013 年重点区域 104 个。三是固化完善长效管理机制。固化公安和交通部门联动执法机制，有效提高执法效率。四是依法查处非法客运行为。依法强化对暴力抗法和克隆出租车的处置力度。结合新交规的实施，对违法停车的社会车辆加大处罚力度，同时，研究制定加强本市非机动车管理的相关办法，以规范非机动车文明出行。五是优化完善公交线网布局。继续优化调整公交线网，编制《2013 年公交线路新辟及调整计划》，并推进落实。各区县交通主管部门进一步优化完善公交线网布局，满足市民出行需求。六是营造社会宣传氛围。通过“挂、贴、播、发”等方式，

进一步营造良好的社会氛围。七是做好2013年综治考核工作。调整优化2013年考核指标和考核方式，充分发挥综治考核有力抓手作用，促进各区县非法客运整治工作开展。

【市领导牵头推进非法客运整治工作】 为全面推进本市非法客运整治工作开展，白少康副市长分别于10月24日和12月4日，牵头召开非法客运整治工作现场推进会。实地视察各区县非法客运整治工作开展情况，并对整治非法客运工作提出“三个必须”的要求，即：必须对整治非法客运工作保持清醒的认识，必须对整治非法客运工作坚持强硬的手段，必须对非法客运整治工作采取综合治理的措施。此举对全市面上整治非法客运工作起到积极推动作用。

【加强本市交通行政执法工作】 2013年，市交通执法总队围绕加强行业执法监管、提升执法监管效率、夯实执法监管质量、推动执法信息化支撑以及加强队伍能力建设等方面，全面完成2013年度执法监管工作。2013年，市区两级交通执法队伍共实施日常和专项稽查30,436次，出动执法人员94,201人次，共查处各类交通违法案件23,854件（其中：公交、出租、省际客运和危险品运输四大重点监管行业案件共计14,613件，占总立案数的61.16%）。共对451名出租汽车驾驶员进行停业整顿15天，吊销189名驾驶员准营证。同时，共受理各类信访投诉47,339件，处理45,699件，满意率99.36%。2013年，市交通执法总队先后荣获交通运输部全国交通运输行业文明单位、全国交通运输工作先进单位、上海市文明单位、上海市治安安全合格单位、局优秀集体等荣誉称号。受到市领导表扬4次。

【非法客运整治工作取得明显成效】 2013年，市委、市政府领导高度重视非法客运整治工作开展，各区县人民政府继续保持整治高压态势，并将工作责任逐步落实到街镇层级。同时，本市公安、交通、工商、质监、法制、新闻等职能部门也共同努力，使本市非法客运整治工作取得明显成效。2013年，公安部门共查获“五类车”各类交通违法行为59.9万余起，暂扣“五类车”（电动三轮车、二轮摩托车、残疾车、正三轮摩托车、电动自行车）28.6万余辆，行政拘留违法行为人8600余人次。本市交通执法部门共查处四轮机动车非法客运案件1517辆，克隆出租车527辆。

【维护2013年度春运交通市场营运秩序】 2013年度春运从1月26日至3月6日历时40天，市交通执法总队根据市春运办和市交通港口局春运工作总体部署，组织实施“保安全、保秩序、保稳定”的保障行动，共出动交通行政执法人员8841人次，查处各类交通运输违章案件1668件。其中，省际客运违章案件752件，各类未经许可案件131件，圆满完成2013年度春运交通市场保障任务。期间，市交通执法总队再次与市公安警务航空队合作，通过警用直升机对地面开展巡查，实施地空同时联动的专项整治，成效显著，社会反响较好。同时，依照泛长三角地区八省市联席会议工作任务要求，组织开展泛长三角地区道路运政稽查的区域大联动。

【全力保障各个节假日期间本市交通运输市场秩序】 每逢国家法定节假日（元旦、春节、清明、劳动、端午、中秋、国庆等），本市交通运输市场面临人口流动激增、运输任务加重、保障难度增强的情况，市交通执法总队针对每个节假日，制定针对性执法勤务保障方案，认真组织、提前部署、合理安排，由总队领导轮流值班，各支队、各区（县）执法大队根据辖区实际，进一步增强勤务力量。在日常巡查的基础上，突出重点，加强节日应急处置与备勤工作，坚决打击各种侵犯乘客合法权益的违法行为。1月1日至3日元旦期间，累计出动交通执法人员361人次，检查营运车辆1862辆次，查处各类违章共计84件；2月9日至15日春节期间，市区二级交通执法机构共出动执法人员1265人次，共检查各类营运车辆累计3106辆次，全市未发生突发安全事件，节日交通营运秩序平稳有序；4月4日至6日清明期间，共出动执法人员376人次，检查各类营运车辆2979辆次，查处各类违法违章案件82件；4月29日至5月1日“五一”劳动节期间，共出动执法人员327人次，检查各类车辆1746辆次，查处违法案件94件；6月10日至12日端午期间，共检查各类营运车辆1974辆次，检查及巡查客运站、旅游集散中心14站次，查处各类违法违章案件120件；9月19日至21日中秋节期间，共检查各类营运车辆1061辆次，依法查处各类违法案件50件；10月1日至7日国庆节期间，共出动执法人员465人次，检查营运车辆1819辆次，查处各类运输违法案件107件。

【开展全市范围系列专项集中整治】2013年，市交通执法总队针对各类违法行为开展全年的系列集中整治行动：一是围绕全市104个非法客运整治重点区域，进一步加强与公安等职能部门联动，开展“蓝剑1-12号”专项整治，2013年全市共计查处非法客运“四轮机动车”1,517辆；二是针对“克隆出租车”开展“啄木鸟1-12号”专项整治，2013年共查获“克隆出租车”527辆。并积极与交警部门沟通，促成交警部门对克隆车驾驶员“使用其它机动车号牌”的违法行为一次记12分；三是针对行业顽症开展“平安1-13号”专项整治。分别对公交、出租、省际客运、危险品运输等行业进行集中整治，进一步改善本市交通运输行业站点秩序，不断提升交通行业“文明窗口”形象和行风建设水平。

【加大对出租行业恶性违法案件查处力度】针对出租车驾驶员拒载、绕道多收费、计价器舞弊、偷换交通卡等恶性违法行为，市交通执法总队进一步加大执法检查和处罚力度。一经查实，）采取吊销当事人准营证或者处以暂停营业十五天的处罚。2013年，共吊销189名驾驶员准营证，对451名出租汽车驾驶员进行停业整顿15天。

【加强非法客运整治工作的舆论引导】印发《2013年深入开展本市非法客运整治宣传工作的通知》，并制作完成3部新版宣传动漫短片和3幅新版宣传海报，通过“挂、贴、播、发”等方式，在本市8个中心城区的200个候车亭、人民广场等65个轨交站点以及13条线路近30余辆公交车上张贴，再次掀起非法客运整治宣传高潮。征集市民乘坐黑车受伤害、财产受侵害却得不到保障的典型案例，经过整理后于12月3日在《新民晚报》上刊登《“黑车”危害猛于虎拒乘保平安》的报道，让市民切身体会到乘坐黑车所带来的危害，达到宣传效果。

【危险品运输行业正式实施“分级预警”机制】2012年，本市危险品运输行业试点推行道路危险货物运输执法监管分级预警机制，成效显著。2013年该机制正式实施并全面推广，在交通管理部门和本市道路危险货物运输企业的共同努力下，本市道路危险货物运输行业服务水平和安全管理水平总体有了很大提高。2012年上半年，全市共有8户红色预警企业及10户橙色预警企业，经过一年试点推广，2013年上半年已无红色预警企业。

【集装箱运输行业定期开展专项联合整治】为进一步强化对本市集装箱道路运输行业执法监管，规范市场经营行为，市交通执法总队会同上海港公安局以及浦东新区属地管理部门等单位，每月对浦东外高桥港区集装箱运输开展联合整治，并于5月2日至17日开展为期半月的集中整治。由警察负责拦截进入洋山港的集装箱运输车辆，交通执法人员则对车辆道路运输证和驾驶员从业资格证及运单凭证进行检查，各部门发挥各自法律优势，切实提高执法效率。全年依法查处集装箱运输违章案件1414件。

【加强对本市停车场（库）执法监管】 根据新修订的《上海市停车场（库）管理办法》（2013年1月1日正式实施）及市交通港口局《关于规范和加强中心区停车场（库）行政执法的通知》要求，提出中心区停车监管两级管理“六统一”工作思路，加强对各中心区停车场（库）行政执法工作的指导和监督。多次召开专题会议，调研执法指导需求，并对各区停车执法属地监管具体实施过程中存在的困难、破解措施及属地执法指导需求情况进行说明。同时，根据停车行业执法监管需要修改相关法律文书，以备各中心区开展停车执法工作使用。

【首次开展非法牵引、汽修专项联合整治】 为进一步加强本市道路清障施救牵引行业执法监管，规范市场经营秩序，9月5日，市交通港口局货运处牵头，市交通执法总队会同市公安局交警总队、市路政局路政总队、市运管处等部门，对外环线真南路、曹安路沿线的“黑牵引”车辆开展联合检查。共出动交通执法人员12人次，依法查获涉嫌非法牵引、汽修违法违章案件2件，联合整治取得预期成效。

【完成2013年度本市整治非法客运考核工作并通报考核结果】 2013年，市联席办进一步加强非法客运整治工作督查，会同市综治办、市建设交通委、市公安局、市交通港口局、市政府法制办等成员单位，对全市17个区县和4个交通枢纽管委办进行了非法客运社会治安综合治理集中考评，并将全年考核情况在全市进行通报。其中，浦东、嘉定、闵行被评为远郊区县组优秀单位，普陀、长宁、黄浦被评为中心城区组优秀单位，浦东机场、上海站被评为交通枢纽组优秀单位。

（四）市内交通

【概况】 2013年，本市市域公共交通完成客运总量63.56亿人次，同比增长2.1%；日均客运量1742万人次。其中，轨道交通686.7万人次，同比增长10.1%；公共汽电车742.6万人次，同比下降3.3%；出租汽车294.8万人次，同比增长0.1%；黄浦江轮渡17.4万人次，同比下降11.9%。圆满完成有关春运、节假日和重要活动交通服务保障任务。公共汽电车线网优化继续推进，全年共优化调整公交线路307条，其中新辟94条，调整200条，撤销13条。最后一公里线路达129条。公交行业改革继续深化，坚持完善行业公益性和运作市场化相结合的机制。深入贯彻落实《国务院关于城市优先发展公共交通的指导意见》，上海确定为全国创建“公交都市”城市。

【轨道交通6号、8号线增能】 2013年，轨道交通6号线、8号线分别实施增能措施，全网高峰运能比2012年底增长9.8%。轨道交通6号线：5月22日，增投2列上线列车，早高峰最小行车间隔由2分50秒缩短为2分30秒；8月30日，增投5列上线列车，早高峰最小行车间隔由2分30秒缩短为2分20秒。8号线：6月9日，调整小交路区段（原市光路—东方体育中心调整为延吉中路—东方体育中心），工作日早高峰大小交路行车间隔由2分45秒缩短为2分30秒。

【推进轨道交通新线段开通试运营】6月15日，轨道交通13号线祁连山南路站正式开站试运营，同时，13号线全线各站的末班车时间同步延长，增加全天运营时间。8月31日，轨道交通11号线二期通车试运营，从江苏路站至罗山路站（除江苏路站）共12座车站，全线新增换乘车站3座，运营线路全长22公里。10月16日，轨道交通11号线花桥段通车试运营，东起11号线北段支线终点安亭站，西至昆山市境内的花桥站，成为全国第一条跨省市的轨道交通线路，全线为高架线路，设车站3座，运营线路全长6公里。12月29日，轨道交通12号线一期通车试运营，东起金海路站，西至天潼路站，共设有15座地下车站。运营线路全长19公里。12月29日，16号线开通载客试运营，西起罗山路站，东至滴水湖站，共设有11座车站，运营线路全长52公里。列车采用3节编组，设计最高速度为120km/h，为本市首条采用第三轨供电的轨道交通线路。

【轨道交通首推“磁浮地铁一票通”】为了进一步方便乘客，特别是需要来往于浦东机场、市区间，且在市区范围内需多次乘坐地铁的人群，从5月23日（周四）起，上海轨道交通首次推出“磁浮地铁一票通”，即“地铁一日票＋磁浮单程”一票通和“地铁一日票＋磁浮双程”一票通，并实行让利优惠，定价分别为55元和85元。

【“上海公交”APP上线】12月2日，用于查询上海公交出行信息的“上海公交”手机应用APP软件上线。该软件覆盖全市公共交通线网，包括近1290条公交线路和14条轨道交通线路。主要有四个功能模块：线路查询、换乘查询、周边公交，和地铁示意图。该软件具有意见反馈功能，为进一步了解用户需求、提高数据质量、优化功能和用户体验提供了渠道。截至12月31日，下载量已超过7万次，日均访问约1.2万人次，市民总体反响良好。

【30辆电电混合纯电动公交车正式投运】2013年1月11日，上海浦东公交的30辆电电混合纯电动公交车投入到行驶在浦东中心城区的785、787路两条线路上运营，其中787路成为上海首条全面使用电电混合纯电动公交车线路。该批投运的电电混合纯电动公交车的总长10.5米，采用整车充电模式，与世博期间投入运营的电池纯电动车相比，续驶里程也更长，车辆在开空调满载运营状态下，续驶里程可达150公里以上，基本能满足一般公交线路的运营需求。此外，785、787路两条线路沿线的42个站点也分别安装了太阳能电子站牌，预告车辆到站的实时信息。

【继续实施全市公交线网优化调整】2013年，市交通港口局主要围绕大型居住区、新建轨道交通、大型市政工程、新建公交枢纽等四个主要方面，以填补公交空白、方便换乘、提高运行效率为目的，编制《2013年公交线路新辟及调整计划》。9月份在“上海交通网”上公示后，结合市民所反馈意见进行了修正；针对调整幅度大、市民意见较为集中的线路，形成“撤线、缩线方案细化补充示意图”；11月份，再次组织各区县交通主管部门采取座谈会等形式充分听取辖区内市民意见作进一步完善。2013年全市优化调整线路共计307条，其中新辟94条（含“最后一公里”线路47条），调整200条，撤销13条。

【开展有轨电车规划研究及方案报批工作】2013年，市交通港口局会同市规划国土资源局组织开展了上海有轨电车规划研究，研究工作分全市系统规划、松江等试点区域网络规划以及示范线方案三个层面开展。至2013年年底，全市有轨电车系统规划研究已基本完成，明确了有轨电车功能定位、发展规模、规划原则、车辆制式及相关技术要求等。松江区网络规划和示范线方案通过规划公示，已报送市政府审批。

【加强公交与轨道交通接驳衔接】针对部分轨道交通站点末班车换乘公交不便的问题，10月，市交通港口局对所有轨道交通站点周围100米范围内的配套公交始发线路进行了统一梳理，在深入了解乘客需求的基础上，会同市运管处、相关公交企业按照先易后难、分批推进的原则，制定了160余条公交线路延长末班车时间的计划。首批120条公交始发线路于2013年12月2日起延长末班车运营时间，与轨道交通1–11号线和金山铁路支线末班车无缝衔接，涉及本市中心城区60余个轨道交通站点。

【芦恒路客运交通枢纽基本建成】12月，芦恒路客运交通枢纽基本建成，通过市质监竣工验收和消防验收。芦恒路综合客运交通枢纽是三林国家保障性住房示范基地配套的C类综合交通枢纽工程，位于闵行区浦江镇，毗邻轨道交通8号线芦恒路站。该工程于2011年12月开工建设，项目总占地面积2.73公顷，总建筑面积58420平方米，其中地上建筑面积41590平方米、地下建筑面积16830平方米。枢纽内设置6条公交线路首末站，500个P+R停车泊位，2400个非机动车泊位，以及出租车候客站，与轨道交通8号线芦恒路站实现地下换乘。

（五）公路运输

【概况】2013年，上海完成公路货运量4.38亿吨，比上年增长2.1%；货运周转量299.3亿吨公里，比上年增长3.9%。公路集装箱运

输量1718.3万标准箱，比上年下降3.2%，约占全市港口吞吐量的51.1%。公路旅客发送量3720万人次，比上年下降0.7%。至年底，全市有经营道路货物运输的企业3.8万家，营运车辆21.86万辆，车辆总吨位194.4万吨。从事长途客运班车、包车和客运站经营的企业179家，营运车辆9849辆，其中省际班车2165辆、省际包车7684辆，中高档车占92.6%。从事集装箱运输的企业1726家，集装箱运输车辆2.26万辆。有长途客运站34个，运营省际客运班线3405条，其中上海企业单独经营的客运班线1560条，线路辐射全国25个省、自治区、直辖市的153个地（市）、413个县（市）、371个乡镇。年内，本市省际公路客运行业管理围绕贯彻落实《关于促进本市省际道路旅客运输行业健康有序发展意见》（沪府办〔2011〕41号），加快推进班线线网布局结构调整，持续开展长三角省际毗邻地区客运班线公交化运行，加强省际包车行业安全和信息化管理。

表8.2道路运输经营业基本情况

指标名称	企业户数				个体运输户（户）	从业人员（人）
	（户）	100辆及以上	10–99辆	9辆及以下		
一、道路旅客运输业	145	29	104	12	0	18075
其中：班车客运	38	6	24	8	0	—
二、道路货物运输业	38139	182	3020	34914	23	445587
其中：普通货运	36671	125	2174	34349	23	—
货物专用运输	3430	38	733	2659	0	—
内：集装箱运输	1726	32	460	1234	0	—
大型物件运输	211	1	12	198	0	—
危险货物运输	271	3	150	118	0	—
三、道路客货运输兼营企业	11	1	3	7	0	—

【进一步加强本市道路危险货物运输安全管理】 积极贯彻落实市政府《关于进一步加强本市道路危险货物运输安全管理的若干意见》（沪府办发〔2013〕4号）。一是通过分析监控平台上的各类指标和报警数据，对违规运输企业进行约谈、上门检查整改，并将各类分析指标运用到车辆新增、诚信考核和安全评估管理工作中；二是在安全评估的基础上，逐步建立安全生产标准化体系，实现评估工作与行业进出机制有效结合；三是通过委托指定的16家机动车车辆检测单位开展车辆抽检，督促企业严格执行车辆维护保养的规定；四是开展道路危险货物运输行业专项教育培训，实现道路危险货物运输从业人员继续教育的全覆盖；五是积极开展“打非治违”、“平安交通”等专项行动，严格按法律法规要求，不断加强对危险货物运输的监管。

【组织开展班线接驳运输试点】 2013年1月20日起，交通运输部在全国13个省（区、市）开展了长途客运接驳运输试点工作，市交通港口局根据交通运输部《关于开展长途客运接驳运输试点工作的通知》要求，在2013春运开始前，选取新国线、白玉兰、新世纪等3家企业的上海至成都等6条班线实施长途客运车辆接驳运输试点，道路客运班车运行到线路途中选定的接驳点后，当班驾驶员停车落地休息，由在接驳点休息等待的接驳驾驶员上车驾驶，继续执行客运任务。

【上海道路集装箱运输行业管理网络体系建立】 4月26日，上海道路集装箱运输行业管理网络体系建立。管理网络以企业注册地为主、经营地为辅，原则分为8个大组、63个小组。管理网络是管理部门与企业的互动平台，也是管理部门政策宣传、诚信建设、企业引导、问题分析、信息搜集等工作平台。管理网络的建立，为进一步加强管理部门与企业之间、协会与企业之间、企业与企业之间相互了解、互助互动、互帮互学、资源共享搭建沟通渠道，有利于促进行业发展、加强行业自律、保护经营者合法权益。

【开展长途客运接驳运输试点】2013年，根据交通运输部《关于开展长途客运接驳运输试点工作的通知》要求，市交通港口局选取新国线集团上海旅游汽车服务有限公司、上海白玉兰高速客运有限公司、上海新世纪运输有限公司3家企业的上海至成都等6条班线实施长途客运车辆接驳运输试点。长途客运接驳运输，是指道路客运班车运行到线路途中选定的接驳点后，当班驾驶员停车落地休息，由在接驳点休息等待的接驳驾驶员上车驾驶，继续执行客运任务的运输组织方式。自1月20日起，交通运输部在全国13个省、自治区、直辖市开展长途客运接驳运输试点。

【完善上海公路运输枢纽总体规划（2011～2020）】根据《上海公路运输枢纽总体规划（2011～2020）》编制工作安排，2013年在进一步征求远郊区县意见的基础上进行了完善，为相关报批工作做好准备。该规划包括客运枢纽和货运枢纽系统。按照规划，客运枢纽在中心城形成"东部、南部、西部、北部、中部"五个方位的规模化客运站，主要服务于中心城地区及邻近城镇化地区市民出行需求，远郊地区原则上"一区一站"，并结合新城建设和人口规模情况，在宝山、嘉定、青浦、松江、金山、奉贤、崇明等区县，设置7座郊区辅助枢纽站；货运枢纽形成"二综合、四专业、六个区域性货运站、一个信息平台"的基本格局。

【崇明—苏州长途客运班车线开通】10月5日，崇明—苏州长途客运班车线开通。该班线自崇明南门长途汽车站（水陆换乘中心）至江苏苏州客运公司汽车北站，由崇明和苏州对开，两地每天各放车一班，崇明发车时间为12时30分，苏州发车时间为8时30分。全程行驶时间约2小时50分，票价暂定为60元。

（六）交通服务

【概况】截至2013年底，本市备案登记的公共停车场（库）（含对外开放经营的配建停车场（库））经营企业共计2167户，停车场（库）数量2273家，经营总泊位数42.35万个，年内累计停放车次约为2.06亿辆次。其中，本市已建成并投入运营7个公共换乘（P+R）停车库，共计可提供约2700个泊位，年内累计停放P+R车次约38.96万辆次；同时，本市在黄浦、徐汇、静安、长宁、杨浦、虹口、普陀、闵行8个区的重点区域分别建成了区域停车诱导系统，覆盖停车场（库）235个，泊位数49832个，停车诱导屏429块。截至2013年底，本市共设置1924处道路停车场，停车泊位约7.98万个，其中：实行收费管理的道路停车泊位约2.66万个，停车协管员2275人，年内累计停放车次约1425万辆次；其中，在黄浦、徐汇、静安、长宁4个区的36条道路停车场使用咪表收费，共计安装了232台咪表，管理878个泊位；在黄浦、徐汇、静安3个区的147条道路停车场使用手持POS机收费，共计使用196台POS机设备，管理2490个泊位。

表8.3 全市分区县公共停车场（库）一览表

区县	经营户数(户)	场库总数（个）	场库面积（万平方米）	车位（个）
合计	2167	2273	1699.45	423484
市管场库	11	12	89.29	14968
黄浦区	208	220	120.90	27280
静安区	107	107	52.60	13231
虹口区	123	136	69.51	16015
杨浦区	83	87	58.29	15379
闸北区	144	152	98.90	23794
长宁区	151	151	71.60	20996
徐汇区	232	253	114.32	26718
普陀区	165	170	114.38	29918
闵行区	206	210	147.86	41706
宝山区	100	100	96.10	24008
嘉定区	68	68	63.36	17189
松江区	49	54	71.83	14973
金山区	22	26	24.26	4908
青浦区	43	43	25.25	8449
奉贤区	28	29	30.69	9157
浦东新区	411	439	438.11	111526
崇明县	14	14	9.90	2424
石化地区	2	2	2.30	845

【完善配建停车审查管理机制】联合市公安交警部门完成《建筑工程交通设计及停车库（场）设置标准》的修订及评审工作。制定配建停车设施审查办事指南、起草工作手册，指导各区县规范开展相关工作，并针对各区县交通行政主管部门工作实施情况进行专项检查。

【推进 P+R 停车设施建设及运营管理】研究 P+R 停车设施建设运营情况，积极指导、督促相关区交通主管部门做好已建成 P+R 停车设施的运营准备工作，鼓励在 P+R 需求明显的轨道交通站点周边改造设置 P+R 停车设施，并纳入 2014 年 P+R 运营补贴预算范围。

【金山卫站配套 P+R 停车场正式运营】 金山卫站 P+R 停车场是金山铁路的配套设施，共有 448 个泊位，分别位于金山卫站的南、北广场，于 2012 年 9 月 28 日与金山铁路同日开通试运营。经市、区交通、物价等部门验收通过，决定自 2013 年 4 月 1 日起，金山铁路停车换乘（P+R）金山卫站停车场正式运营。

【组织开展专业停车经营企业评价试点工作】 4 月底至 10 月，市运输管理处会同市停车服务行业协会，在本市开展专业停车经营企业评价试点工作，并分别成立评价工作领导小组和工作小组。工作小组依据专业停车经营企业的资格条件以及相关评价方法和程序对申报的 104 家企业进行了评价，共评出一级专业停车经营企业 4 家、二级专业停车经营企业 4 家、三级专业停车经营企业 3 家、基本级专业停车经营企业 5 家，由市停车服务业协会颁发证书，证书有效期为 2 年。

【开展 2013 年度公共停车场（库）企业质量信誉考核工作】 5 月起，根据《上海市交通运输和港口管理局关于发布修改后的交通港航企业质量信誉考核指标的通知》，市运输管理处对本市社会停车场（库）和公共建筑配建停车场（库）开展了 2013 年度质量信誉考核工作。经综合考核评定，56 家企业被评为 2012 年度上海市公共停车场（库）AAA 级质量信誉企业，1055 家企业被评为 2012 年度上海市公共停车场（库）AA 级质量信誉企业，85 家企业被评为 2012 年度上海市公共停车场（库）A 级质量信誉企业，3 家企业被评为 2012 年度上海市公共停车场（库）B 级质量信誉企业。

【加强道路停车场管理】 配合市公安交警部门开展外环线内道路停车场设置调整工作，完成相关梳理、调研准备工作后联合发文公布；研究起草关于修订《上海市道路停车场管理者确定和监管规定》的讨论稿；联合公安部门开展道路停车场联勤执法机制试点，并与征信管理部门协商将停车人支付道路停车费情况纳入本市个人信用征信系统。

【本市启用新版道路停车场工作人员“上岗证”】 为全面贯彻落实市政府 85 号令要求，强化道路停车场的现场管理秩序，从 7 月 1 日起，全市统一启用新版道路停车场工作人员“上岗证”，并对旧版上岗证件的换发工作提出要求。严格做好道路停车协管员上岗资格审核、初训和复训组织工作，要求道路停车协管员上岗必须统一、规范着装，持证有效证件上岗工作。

【停车行业推出人性化服务示范举措】 3 月，市运输管理处结合停车行业实际和区县共性，研究制定了 5 项人性化服务示范和便民利民服务措施，一是提醒停车人关好门窗、随身携带贵重物品；二是为停车人提供周边道路等问讯服务；三是在中心城区主要区域提供周边停车场（库）信息引导；四是内环内 100 个泊位以上停车场（库）配备打气筒一个，为停车人提供打气筒免费借用服务；五是停车场（库）设立便民服务箱，添置常用药品或物品，为停车人提供方便。

【开展 2013 年度道路停车场协管单位服务效能评价工作】 10 月—11 月，开展全市道路停车场协管单位服务效能评价工作。评价考核共设五大类二十八项指标，主要包括内部台帐资料和现场管理情况；考评对象为与市中心区交通主管部门或区（县）运管署（所）签订《道路停车场委托管理协议》的所有区（崇明县无道路停车场）的道路停车场协管单位。经评定，市中心区 3 个协管单位、远郊区 1 个协管单位评价结果为优，市中心区 7 个协管单位、远郊区 8 个协管单位评价结果为良好，远郊区 1 个协管单位评价结果为合格，远郊区 1 个协管单位评价结果为基本合格。本次评价进一步加强了本市道路停车场规范化管理和规范服务的水平。

【有序推进公共交通基础设施建设】 全面落实公共交通规划确定的交通基础设施用地以及配套交通基础设施。完善公共汽电车网络建设，实现公交站点内环内 300 米服务半径全覆盖，内外环之间、郊区新城内部和新市镇 500 米服务半径全覆盖；鼓励中心城有条件的道路、具备条件的郊区新城、重点区域积极发展现代有轨电车或快速公交（BRT）系统；加大公交优先道建设力度，选择重点客运走廊增加划设公交优先道，推进有条件的道路设置路中式公交优先道，形成 300 公里左右的公交优先道网络。到 2015 年，新建、改建公交停车保养场 12 座，基本实现公交车辆进场停放。完善首末站以及停靠站建设，新建城市主干道港湾式停靠站设置比例达 100%，中心城区港湾式停靠站设置比例达 50% 以上。新规划建设 60 余个综合客运枢纽，并注重加强与公交优先道的衔接。积极创造条件，规划和推进公共自行车租赁停车点及自行车道系统建设。基本完善城市公共交通无障碍设施，改善老年人、残疾人、儿童等群体的出行环境。规划、建设航空港、铁路客运站、水路客运码头、公路客运站、大型居住社区、大型商务区等建设项目时，要按照国家有关标准规划，建设配套的城市公共交通设施，注重步行道、自行车道、公共停车场等配套设施建设，配套的城市公共交通设施要与主体工程同步设计、同步建设、同步竣工、同步交付使用。对未按规定配套建设公共交通设施的建设项目，一律不予审批、验收。

【有效解决“最后一公里”交通接驳问题】 优化公共汽电车与轨道交通的紧密衔接，原则上公交中途站距离轨道交通站点出入口距离不超过 50 米。在轨道交通外围换乘枢纽和终点站，因地制宜地适度建设 PR 停车场，统筹考虑出租汽车停泊点。积极发展灵活便捷的小型公交接驳方式和公共自行车租赁网络，形成服务于大型居住社区、商务区、商业街区的，多层次、多样化的“最后一公里”接驳方式。按照“最后一公里”交通接驳方式的特殊定位，灵活确定车辆车型、运营时间和运营组织方式，最大限度方便市民群众出行。

【全面推行《机动车维修安全检查规范》】 为加强本市机动车维修的安全经营管理，推进机动车维修经营者及其从业人员等经营服务的安全生产标准化，市运输管理处于 2013 年在全行业推行《机动维修安全检查规范》。明确维修经营者的安全生产职责，要求经营者必须建立健全安全生产管理制度，建立相应的安全管理体系，规范安全生产管理。《规范》还就相关管理部门监管内容和责任进行了明确，为预防和有效降低维修企业安全生产事故的发生起着积极的作用。

【机动车维修行业开展首次行政许可批量注销工作】 为进一步规范本市机动车维修行业行政许可管理工作，加强对许可业户经营资质的动态监管，2013 年市、区（县）两级运管机构组织开展了全市机动车维修行业首次行政许可批量注销工作。市运输管理处多次召开各区（县）运管机构专题部署会，要求依职权实施行政许可注销工作中，严格按照“调查取证、内部审核、批准决定、制作决定书、决定书送达、业务系统中注销、情况函告”7 个环节所规定的法律期间、文书制作等要求进行，并统一了时间节点、文书制作和案卷归档等操作要求。全年全市机动车维修行业共对1540家许可有效期逾期业户，实施了行政许可注销。

【开展2013年度机动车培训教练员诚信考核工作】 按照机动车驾驶培训教练员诚信考核办法和工作计划，市运输管理处对本市机动车培训教练员开展2013年度教练员诚信考核工作。考核指标分安全带教、服务质量、遵章守纪、社会评价等几大类别，由市运输管理处、市交通执法总队和驾培行业协会综合评判。经统计，2012年全市共17421名教练员参加考核，初步拟评3A级教练员1375人，2A级教练员8397人，1A级教练员7599人，B级教练员50人。为了更好地体现考核的公平、公正、公开，市运输管理处将被拟评为AAA级和B级诚信的教练员清册予以公示，要求各驾校做好对公示教练员诚信考核等级的核对确认工作。

【修订驾驶培训教练员从业资格考试内容】 3月，市城市交通考试中心根据《机动车驾驶证申领和使用规定》（公安部令第123号）和《机动车驾驶培训教练员从业资格考试大纲》的规定，结合本市驾培行业实际情况，对教练员示范操作考试办法及部分考试内容进行了修改。式样考试在原有“坡道停车”、“倒车入库”、“侧方停车”、“曲线行驶”等四个项目基础上新增“直角转弯”考试项目；修改道路驾驶及式样驾驶考试评分标准部分内容；修改“典型交通事故案例分析”部分题目。

【研究并推出机动车额度管理新措施】 针对额度拍卖价格持续快速上涨等情况，市政府有关部门及时开展额度管理措施研究工作，推出一系列额度管理措施予以调控。3月，市政府转发市商务委、市交通港口局、市发展改革委《关于进一步规范本市二手车交易行为的若干意见》（沪府办发[2013]17号），主要措施是“二手车市场额度转让价格不得超过最近一次新增私车额度拍卖平均价格”。4月，经市政府同意，市交通港口局、市商务委、市公安局交警总队联合下发《关于进一步加强本市机动车额度管理若干措施的通告》（沪交规[2013]203号），主要措施包括试行增设警示价等，进一步加强机动车额度管理。

（严振伟）

九、港口航运

（一）综述

至2013年底，上海港（海港）拥有各类码头泊位1191个，其中万吨级以上泊位251个，码头总延长为124公里，货物吞吐能力5亿吨，最大靠泊能力30万吨级。各类码头泊位中，有公用码头泊位175个（含集装箱专用泊位43个），码头总延长为28.3公里（其中生产性泊位139个，码头延长为26.6公里）；货主专用码头泊位1016个，码头总延长为95.7公里（其中生产性泊位473个，码头延长为48.6公里）。公务执法、修造船、工作船等非装卸生产性泊位579个，码头总延长为47.2公里。全年上海港货物吞吐量7.76亿吨，比上年增长5.5%，其中海港完成6.8亿吨，比上年增长7.1%。外贸货物吞吐量3.77亿吨，比上年增长5.3%，其中外贸出口1.64亿吨，比上年增长3%；外贸进口2.13亿吨，比上年增长7%。集装箱吞吐量3361.7万标准箱，比上年增长3.3%，继续保持全球第一，其中洋山深水港区集装箱吞吐量1436.5万标准箱，比上年增长1.5%。上海港国际中转集装箱量236.4万标准箱，占全港集装箱总吞吐量的7%。上海港集装箱水水中转比率提前达到45%。

2000−2013年上海港货物吞吐量

年份	合计		进港		出港	
	（万吨）	公用码头	（万吨）	外贸	（万吨）	外贸
2000 年	20440.2	11729	13791.4	4548.7	6648.8	3084.2
2001 年	22099.2	12579	14922.1	5216.3	7177.1	3437
2002 年	26383.9	15378	17444	6348.5	8939.9	4260
2003 年	31621.1	18924	20606.5	7606.8	11014.6	5360.8
2004 年	37896.3	23749	24112.6	9090.8	13783.7	6745.0
2005 年	44317.2	26777	27539.2	10097.9	16778	8394.3
2006 年	53748.4	30275	34600.7	10990.7	19147.7	10277.6
2007 年	56144.6	35279	35479.4	12864.7	20665.2	12709.2
2008 年	58170.1	36913	36480.7	13699.3	21689.4	13677.6
2009 年	59205.2	36502	39000.7	14079.7	20204.5	11731.1
2010 年	65339.4	42835	41548.6	16466	23790.8	13759.3
2011 年	72758.2	48442	45525.3	18351.6	27232.9	15426
2012 年	73559.0	50237	45150.8	19918.0	28408.2	15907.0
2013 年	77574.6	54191	46977.9	21321.5	30596.7	16384.0

2000−2013年上海港集装箱吞吐量

年份	合计		按进出港分:		按空重箱分:	
	（万TEU）	内:货重(万吨)	进港	出港	空箱	重箱
2000 年	561.2	4020.5	266	295	141.2	420.0
2001 年	634.0	4965.7	305	329	155.1	478.9
2002 年	861.2	6877.9	414	447	228.6	632.6
2003 年	1128.2	8924	545	584	306.4	821.8
2004 年	1455.4	10930.5	700	756	393	1062.4
2005 年	1808.4	12605.9	887	921	527.8	1280.6
2006 年	2171.8	15286.7	1064	1108	637.5	1534.3
2007 年	2615.2	18679.9	1276	1339	766.6	1848.6
2008 年	2800.6	20449	1398	1403	819.4	1981.2
2009 年	2500.2	19677.4	1223	1277	649.1	1851.1
2010 年	2906.9	22260.5	1436	1471	785.8	2121.1
2011 年	3173.9	25012.5	1555.1	1618.8	830.7	2343.2
2012 年	3252.9	26132.7	1605.1	1647.9	840.2	2412.8
2013 年	3361.7		1652.2	1709.5	824.4	2537.3

（二）港口管理

【概况】 2013年，本市港口管理聚焦港航发展，推动港口行业科学发展，圆满完成全年各项目标任务。全年，上海港货物吞吐量完成7.76亿吨，同比增长5.5%；集装箱吞吐量完成3361.7万标准箱，同比增长3.3%。全港货物吞吐量连创历史新高，集装箱吞吐量继续保持世界第一。上海港旅客吞吐量133.8万人次，比上年增长2.9%，其中旅客发送量68.1万人次，比上年增长2.7%。出入上海港的国际豪华邮轮197艘次，随船出入境旅客75.66万人次，比上年增长120%。吴淞口国际邮轮港靠泊邮轮126个航班，接待出入境旅客超过62万人次。2月21日，15万吨级豪华邮轮“玛丽女王2号”（该轮长345米、高72米）首次驶入黄浦江内段停靠吴淞国际邮轮港码头。

【国际邮轮旅客吞吐量迎来井喷式增长】 2013年，受我国特别是长三角地区邮轮旅游需求强劲增长和邮轮公司加大中国运力投放影响，本市邮轮旅游市场持续火爆，邮轮母港业务呈现持续井喷之势，主要生产指标规模和增速创历史新高，旅行社、免税店、保税仓库等衍生业务发展良好。全年上海港共靠泊各类国际邮轮197艘次，同比增长10.06%。靠泊的艘次与往年相比仅增加了18艘次，但全年国际邮轮旅客吞吐量则现井喷式增长。上海港全年共完成国际邮轮旅客吞吐量75.66万人次，同比增长115.99%，增幅较上一年度再度提升43.89个百分点，上海的邮轮产业在全国的地位和作用进一步提升。

【加强港口市场日常监管，规范港口经营行为】 落实行政审批改革，完善港口经营的审批制度。修订港口经营许可办事指南，将危险货物港口作业资质认定并入港口经营许可，增补设施设备变更、企业名称变更等事项，进一步完善许可流程和要求。开展相关业态调研，规范港口经营的市场行为。进一步规范内河码头经营许可，协调岸线许可标准提高后的经营许可问题，重点落实市管无证码头的整治，确保市管码头100%持证经营。规范港口引航和拖带行为。按照交通运输部关于推进“阳光引航”有关工作的通知，制定《上海港推进“阳光引航”提升服务水平工作实施办法》，提出向社会公开引航计划、公布拖轮配备标准、逐步实行船方选择拖轮等重点措施。贯彻国务院新修订的《危险化学品安全管理条例》，落实《港口危险货物安全管理规定》，组织执法部门、运营企业相关人员培训，修订危险货物港口作业办事指南，换发“港口危险货物作业附证”。推进进口包装危险货物和出口危险货物的港口作业网上申报系统试运行，进一步加强安全监管。推进资源节约型、环境友好型港口建设。发布《上海港干散货码头污染防治管理指导意见》，进一步推动轮胎式集装箱门式起重机“油改电”、靠港船舶使用岸电、港内运输工具采用新能源等。启动港口环境监测站建设。优化整合客运码头，推动邮轮、游艇产业发展。制定崇明、长兴、横沙三岛客运码头整合具体方案。

【临港产业区一号码头对外开放】 8月7日，临港产业区一号码头通过国家联合验收组验收，对外开放。该码头长760米，有9个泊位，其中3万吨级泊位4个，陆域占地面积约23万平方米，专门承担超长、超宽、超重机器设备的进出。开放后，临港产业区的装备不需再通过陆路绕道黄浦江畔的杂货码头。24日，总吨位11130吨的利比里亚籍杂货船“林图”轮靠泊临港产业区一号码头二泊位，为该码头竣工后靠泊的首艘外籍船舶。

【开展公务码头布局规划研究】为适应上海国际航运中心建设和城市发展需求，统筹安排岸线资源使用，合理布局各类公务码头，市交通港口局组织开展《上海公务码头布局规划》研究。在收集和梳理现状各公务码头分布、岸线使用情况基础上，通过分析相关公务管理职能和需求，结合地区城市规划和相关专项规划，对公务码头按主站、辅助和专业站的结构体系进行分类设置，研究提出本市开放性水域各类公务码头的布局规划方案。11月，《上海公务码头布局规划》研究通过专家评审。

【洋山港迎来世界最大集装箱船舶“马士基迈克凯尼穆勒”号首航成功靠泊】7月19日，在上海盛东公司码头前沿举行世界最大的集装箱货船3E级18000TEU集装箱船马士基迈克凯尼穆勒号顺利靠泊洋山港仪式，标志着洋山深水港具备了靠泊世界最大集装箱船舶的能力。市政府副秘书长黄融、市交通港口局副局长冯健理、上港集团总裁陈戌源等领导参加了“马士基迈克凯尼穆勒号”首航中国上海港庆祝仪式。

【开展洋山港区安全生产月工作】6月份，洋山办召集洋山港区各生产营运企业，开展以“强化安全基础，推动安全发展”为主题的洋山港区安全生产月主题活动：一是动员辖区单位制作安全宣传横幅，在港区范围内广泛营造安全生产月活动氛围；二是组织港区各单位观看《安全生产警示片》，进一步普及安全知识，增强安全责任和自我防范意识；三是组织召开港区安全生产工作会议，部署上海交通港航行业安全生产大检查工作和防台防汛工作；四是参与并指导洋山港区盛东、冠东、申港油品、LNG等单位组织的港口设施保安、危险货物集装箱泄露等应急预案演练的计划和实施。

【贯彻落实《港口危险货物安全管理规定》】5月31日，市航务处召开《港口危险货物安全管理规定》（交通运输部令【2012】年第9号）宣贯会，对《规定》的主要内容作了分析、梳理，并对《港口经营许可证》的换证工作进行了具体部署。要求各管理部门及各港口企业要领会精神，贯彻落实9号令；明确措施，管理有力，在码头生产作业时达到“5个百分百”，即“港口作业申报率百分百”、“港口作业人员持证率百分百”、“港口设施设备完好率百分百”、“码头成立安保机构率百分百”、“港口应急预案制定率百分百”；强化责任，落实到位，建立相关台账及备案制度，保障监督措施到位，强化监管责任。

（三）航运管理

【概况】2013年，按照市交通港口局“立足综合交通、坚持公交优先、聚焦港航发展”的指导思想，紧紧围绕“国际航运中心建设”的总体目标、“水上高速公路”的建设目标、“产业转型发展”的发展目标，切实把握中国（上海）自由贸易试验区建设的重大改革契机，进一步扩大国际航运服务业开放，大力发展现代航运服务业，不断完善上海国际航运服务功能，进一步提升上海国际航运中心影响力；同时进一步转变行政管理职能，不断优化港航行政管理手段，大力提高服务水平，切实加强国际、国内航运市场管理，维护航运市场稳定、规范发展。

【促进国内水路运输市场健康平稳发展】一是加强政策引导，促进航运业转型升级。建立和完善国内水路运输企业走访联系制度，加强国内水路运输市场监测和分析。支持航运企业与货主企业加强合作，联合经营。规范货主投资国内航运业，优化社会资源合理配置，引导货主与航运企业订立长期合作协议，促进互补共赢。二是认真落实国内水路运输市场宏观调控措施。加强对船舶新增运力的总量控制，引导干散货船、集装箱船运力的有序投放，淘汰老旧运输船舶，优化运力结构。三是加强市场监管，创造良好发展环境。注重服务，加强国内水路运输市场准入管理；加强对水路运输企业和船舶经营行为的日常监管，促进水运行业稳定发展。

【进一步完善现代航运集疏运体系】本市加快推进洋山深水港四期工程前期工作，通过环境影响评估等5个专项审批，土地预审获批复。临港一期工程全部建成投运。大芦线二期工程（闵行浦江段、航头新场段）初步设计获批并开工建设。赵家沟工程完成项目批复投资。大芦线一期、杭申线工程分别完成工程总投资的97.48%、57.87%。跨杭申线A8高速公路桥改建工程开工建设。大治河西枢纽新建二线船闸工程、赵家沟东段航道整治工程工可报告获批。结合地区环境综合整治，推进外高桥内河港区一期工程。《上海港杭州湾港区金山作业区规划调整方案》获交通运输部和市政府的联合批复。通过维护改善内河航道里程126.68公里。洋山深水港区航道维护工程提前3个月完成，通过竣工验收。黄浦江航道维护工程通过竣工验收。开展完善港口集疏运体系研究，推进集疏运体系优化奖励基金落地。

【继续优化本市船舶运力结构】2013年，通过宣传引导，本市船舶运力结构得到明显优化。与去年同期相比，本市注册的营运性船舶同比减少3.86%，但船舶载重吨同比增加30.48%。万吨级以上船舶233艘，占沿海运力规模45.42%，同比上升3.53%；千吨级以上船舶126艘，占内河运力规模13.88%，与去年基本持平。鼓励水运业运力向特种化发展，集装箱船/多用途船112艘，占总运力规模7.88%；危险品船367艘，占总运力规模25.83%；汽车滚装船14艘，占总运力规模0.99%。2013年本市注册的航运企业平均运力规模达41764载重吨，较去年同期增长29.98%。至2013年12月底，本市共核准39艘老旧船舶拆解，总计9822总吨/10833载重吨；其中35艘已拆解完毕，总计9243总吨/9998载重吨；目前累计支付船东804.6225万元（中央、地方资金各402.3112万元），长江干线船型标准化年度目标全面完成，船舶拆解改造目标顺利实现。

【积极推进邮轮经济发展】一是大力支持邮轮公司丰富邮轮航线，积极拓展包括台湾航线在内的邮轮旅游产品。在充分市场调研前提下，梳理制约上海邮轮母港建设的主要瓶颈问题并提出相关建议，向交通运输部等主管部门反映，得到了交通运输部队重视和支持，2013年，交通运输部突破政策限制，特批了多个航次的包租境外邮轮经营两岸邮轮业务，丰富了上海港邮轮旅游产品。二是协调推进邮轮母港的市场要素聚集，吸引境外邮轮公司在沪设立经营性机构。积极协调推进皇家加勒比游轮公司在沪设立独资船务公司事宜，多次主动向交通运输部水运局汇报情况，积极争取其理解支持，力争突破境外母公司成立年限等政策限制，5月，交通运输部正式下文同意设立皇家加勒比游轮船务（中国）有限公司。三是积极支持中资参与邮轮经济。积极向相关国内航运企业、投资基金介绍推荐邮轮经济，介绍有关邮轮管理政策，支持和鼓励国内资本投资邮轮业务。

【落实完善无船承运制度有关政策】一是根据《交通运输部关于无船承运业务经营者保证金责任保险制度操作办法的通知》（交水发[2013]600号）落实完善无船承运业务经营者保证金责任保险制度，扩大了承保机构范围，简化协助司法机关办理财产保全和执行划扣手续。二是根据《交通运输部关于试行无船承运业务经营者保证金保函制度操作办法的通知》（交水发[2013]601号）落实试行无船承运业务经营者保证金保函制度，允许无船承运业务经营者选择提交保证金保函方式，申请取得无船承运业务经营资格，进一步缓解了无船承运人的资金压力。三是根据《交通运输部办公厅关于从事中美港口间无船承运企业保证金额度执行新标准的通知》（厅水字[2012]319号），审核从事中美港口间无船承运企业提交给美国联邦海事委员会（FMC）的保证金由原9.6万美金调整为12.5万美金，落实新标准，防止汇兑损失。

【推进港航产业转型升级，提升港口运行效率】 降低港口物流成本，清理进出口环节港口费收，3月1日起取消外贸进口集装箱疏运费。聚集现代航运服务业，完善现代航运服务体系。落实国际航运中心专项资金。波罗的海国际航运公会上海中心在沪成立。研究完善航运经纪业准入管理和促进行业发展政策。抓住自贸试验区建设契机，探索进一步放宽航运服务业外资准入限制，经交通运输部同意，在自贸试验区允许放宽中外合资、中外合作国际船舶运输企业的外资股比限制；允许中资公司拥有或控股拥有的非五星旗船，先行先试外贸进出口集装箱在国内沿海港口和上海港之间的沿海捎带业务；允许设立外商独资国际船舶管理企业。推进船舶融资租赁、保税船舶登记等航运新政策。开展融资租赁船舶作为企业自有运力政策试点。加快邮轮母港建设，制定《推进上海国际邮轮母港建设先行先试工作方案》和《关于加快上海（中国）邮轮旅游发展实验区建设的指导意见》，协助交通运输部制定全国邮轮业统计制度和管理办法。支持邮轮公司丰富邮轮航线，拓展包括台湾航线在内的邮轮旅游产品。开展游艇码头布局规划研究。

【中国海运新增航线】 2013年，中国海运新增挂靠上海港的航线有：7月1日，南美十一线，挂靠港口上海、宁波、盐田、赤湾、新加坡（新加坡）、桑托斯（巴西）、巴拉那瓜（巴西）、伊塔普亚（巴西）、新加坡（新加坡）、香港、上海；11月底，中泰越航线，挂靠港口上海、宁波、蛇口、林查班（泰国）、胡志明市（越南）、香港、南沙、上海。

【中远集运与中国外运合作经营中日集装箱航线】 1月8日，分别隶属于中远集运和中国外运的泛亚航运与中外运集运签署《泛亚航运与中外运集运中日航线合作协议》，在中国—日本集装箱运输市场上开展合作。自2月下旬起，双方在华北—关东/关西、上海—关东/关西（上半周）航线上，以共同投船并互换舱位的形式进行合作经营，旨在整合双方在中日航线上的资源，拓宽航线覆盖面、增加班期密度、提高船期稳定性，满足华北、华东至日本航线客户精益化、多元化的服务需求。

【中远集运获中国首张《海事劳工证书》】 8月20日，在《2006海事劳工公约》（MLC,2006）正式生效之时，中远集运拥有并经营的106艘集装箱班轮，全部通过由中国船级社主持的海事劳工履约审核，并获颁国际通行的《海事劳工证书》，成为中国首家获得《海事劳工证书》的船公司。根据公约要求，自8月20日起，批约国家陆续对到港的外国适用公约船舶进行强制性的海事劳工条件的港口国检查。

【中远集运新辟航线】 2013年，中远集运新辟、重组多条航线，其中挂靠上海港的有：3月11日，通过金星公司远东—西非线舱位提供中远集运远东—西非的直达服务，港序为上海、宁波、大铲湾、巴生、科伦坡、德班、拉各斯（Apapa码头）、拉各斯（Tincan码头）、特马、科托努、巴生、上海。远东—西非线为中远集运西非支线（MZF）的补充。5月4日，中远集运与万海航运、太平船务和长荣集团合作联营亚洲—中南美洲新航线（WSA2），共投入9艘3500～3900标准集装箱船舶营运，其中万海航运投入4艘、太平船务投入3艘、长荣集团与中远集运各投入1艘，港序为高雄、蛇口、香港、宁波、上海、曼萨尼略、拉萨罗卡德纳勒、库特扎尔、布埃纳文图拉、卡亚俄、瓜亚基尔、曼萨尼略、高雄，航次63天。6月1日，中远集运通过川崎汽船在远东南美东线的舱位，为南美东线主要港口提供周双班服务，并增加远东与南美东线其他港口的直达服务。港序为釜山、上海、宁波、香港、蛇口、新加坡、里约热内卢、桑托斯、布宜诺斯艾利斯、蒙得维的亚、纳维根特斯、巴拉那瓜、桑托斯、里约热内卢、新加坡、香港、釜山。该线为中远集运南美东线的补充。6月9日，中远集运和澳洲国家航运公司（ANL）投入6艘船舶共同经营中澳线（SAS），其中中远集运投入5艘船舶，澳洲国家航运投入1艘船舶。调整后的中澳线（SAS）港序为宁波、上海、厦门、蛇口、香港、悉尼、墨尔本、布里斯班、宁波。

（四）合作交流

【概况】 2013年，市交通港口局外事工作紧紧围绕局中心任务开展对外学习交流。紧贴“建设国际一流的公交都市”、“国际航运中心”和“自贸区建设”三大主题，选择若干重点推进项目，务实开展对外交流与合作。积极争取行业内有影响力的国际组织“波罗的海航运公会上海中心”落户上海，并支持其在沪开展活动，同时积极参加国际有关会议和论坛，增加上海交通港航参与度和影响力。

【波罗的海国际航运公会上海中心成立】 2月25日，波罗的海国际航运公会上海中心在浦东成立。这是全国首家由国际性行业组织设立的民办非企业组织。该中心立足中国，向全球范围内的国际航运企业和相关机构提供一流的国际航运服务，在航运交易、航运融资、航运保险、航运信息、航运咨询、航运标准、海事技术、航运法律服务等领域开拓新业务。

【市交通港口局参加第28届世界港口大会】 5月7-14日，局属港政中心团组赴洛杉矶参加第28届世界港口大会，与会代表就环太平洋港口清洁空气协作组织今后的发展，如何强化环太平洋港口清洁空气协作组织在各成员间的作用等方面进行广泛探讨。

【市交通港口局参加国际港口协会亚太地区理事会会议】 3月18日-25日，张林副局长带队赴阿联酋、土耳其参加国际港口协会亚太地区理事会会议和2013世界港口贸易峰会，会上就世界港口大会信息跟进、港口经济、航运环保等内容进行了交流。

【市交通港口局与瑞典哥德堡市举办城市交通和航运圆桌会议】 4月15-16日，市交通港口局与瑞典哥德堡城市交通管理局和港务局在沪共同举办城市交通和航运圆桌会议。会议分别围绕城市交通可持续发展、新能源公交车应用，以及港口和物流发展前景和计划、集装箱运输、航运教育和培训、港口环保等议题进行交流探讨。周淮巡视员和张林副局长分别主持相关会议，哥德堡市市长AnneliHulthen女士出席了航运圆桌会议。哥德堡市代表团还参观考察了外高桥港区六期码头和外高桥保税区。

【市交通港口局与意大利焦亚陶罗港务局签署《发展友好港关系的协议草案》】 2月6日，意大利焦亚陶罗港务局秘书长SalvatoreSilvestri先生和意大利驻沪总领事VincenzodeLuca先生一行5人访问我局，张林副局长主持会谈，会谈后，两局签署了《发展友好港关系的协议草案》。

【市交通港口局与日本横滨港签署《缔结友好港关系30周年协议书》】 11月5日，日本横滨港湾局局长中岛泰雄一行来访，杨小溪副局长接待并主持会谈，双方就港口发展最新动态、未来规划等进行交流。会后，孙建平局长与中岛泰雄局长共同签署了《缔结友好港关系30周年协议书》，明确两港今后将在信息和专业知识共享以及人员交流等方面开展合作。

【市交通港口局与日本博多港签署新一轮港口交流协议书】 11月26日，日本福冈市副市长中园政直、博多港湾局局长野见山勤一行12人来访，高奕奕副巡视员主持会谈，市交通港口局与福冈市港湾局（博多港）签署了新一轮港口交流协议书。会后，高奕奕副巡视员陪同代表团礼节性拜访上海市人民政府。11月27日，高奕奕副巡视员出席博多港上海推介会并致词。

（严振伟）

十、铁路运输

（一）综述

2013年，是铁路改革发展进程中极不平凡的一年（铁道部撤销）。上海铁路局干部职工贯彻中国铁路总公司（原铁道部）的决策部署，围绕落实铁路局市场主体责任，坚持“严格管理、求真务实”工作理念，以企业改革发展为己任，弘扬实干创业精神，推进各项工作。运输业务辐射全国各地，日均图定开行客货列车1841.5对，其中客车615.5对，货车1216对，快速、特快货物班列10对。

运输安全。全局坚持安全发展理念，以开展安全风险管理年为主线，实施安全管理新机制，建立健全干部现场安全检查量化制度、站段安全质量考核奖励、站段月度安全管理综合排序等5个办法，构建有效的综合安全管理平台。全局各级干部月均检查发现和解决各类安全问题3.55万个。加强安全基础建设，规范技术规章管理，整合修订技术规章83个、废止160个，完成《行规》修订并公布实施。改善安全基础条件，全年投入55.8亿元用于设备大修和更改，实施道口平改立33处、上跨立交桥移交地方管理59处。

狠抓安全关键控制，扎实开展安全大检查和安全专项整治，加强新线新站、运行图调整、季节性安全风险控制，完善设备质量、施工安全、现场作业、防火防爆、应急处置等安全关键控制措施，确保运输安全基本稳定。实现年度高铁和客车安全，行车事故同比下降15.9%。

运输组织。客运组织改革成效显著，结合宁杭、杭甬高铁等新线开通运营，通过优化列车开行、改进售票组织、提升服务质量、推行客运高峰期常态化管理等措施，促进旅客发送量大幅增长。全年完成旅客发送3.91亿人，同比增长16.6%，旅客发送总量再创历史新高，继续位居全路第一。货运组织改革取得重要进展，通过实施敞开受理、加强市场营销、开发班列产品、开展全程物流服务、实行“一口价”收费、完善货运电子商务等新的举措，赢得社会和客户肯定，促进货运量增长。全年完成货物发送2.3亿吨。

企业体制机制改革。整合全局货运营销资源，组建局货运营销中心、货运受理室和9个地区货运中心，形成货运“前店后厂”新模式。对局运输、货运、建设处、总师、计统、职教等6个部门内设机构和职能进行微调，提升管理效能。撤销上海动车客车段，成立上海动车段、上海车辆段。撤销阜阳车务段并入阜阳北站。对合肥地区车务管辖范围微调，优化站段生产布局。深化非运输企业重组整合，撤销行政性企业7家，注销法人企业8家。为加强合资公司和工程建设管理，成立苏北铁路公司，将沪通铁路项目纳入沪宁公司，成立九景衢浙江公司，对徐州、合肥、南京、上海、杭州5个枢纽地区工程建设管理机构职能进行优化。健全完善激励考核机制，发挥有效作用。分类实施运输站段、运输辅助单位、非运输企业工效挂钩考核，实行货运中心与车务站段联挂联考，完善经营业绩考核、运输挖潜提效考核、堵漏保收奖励等措施。

多元化经营。运输收入实现大幅增长，全年完成运输总收入677.88亿元、同比增长15.7%。其中客运收入完成435.11亿元、同比增长17.8%。非运输企业在物流业务整体移交情况下，全年完成收入347亿元、考核利润11.6亿元，同比分别增长0.35%和10.5%。其他业务完成收入26.5亿元，同比增长9.5%。同时强化节支提效工作，全年货车周时同比压缩0.03天。动车组维修定额同比下降3.0%，机车用电单耗同比下降1.4%，间管费同比下降5.5%。全局用工总量减少1.3%，运输业劳动生产率按价值量计算同比提高8.3%。

铁路建设。宁杭、杭甬高铁，阜六、宿淮铁路，杭州东、宁波、苏州、淮北站，杭州北货场Ⅰ期、上海客专调度所、上海大功率机车检修基地、绍兴东站及货场迁建、萧甬铁路绍兴县城区段改造等项目建成使用。宁安城际、宁波枢纽北环线、合肥枢纽南环线等在建项目有序实施。连盐铁路、九景衢铁路、皖赣扩能宣芜段、郑徐客专徐州枢纽工程开工建设。沪通铁路、杭黄铁路等项目前期工作取得积极进展。全年完成基建大中型项目投资389.74亿元，为考核目标的102.4%。完成更改投资16.54亿元，同比增长29.9%。

2013年，上海市境内完成旅客发送7972万人，同比增长18.0%，铁路客发量达到上海市客流总量的50%。完成货物发送694万吨，同比下降15.9%。完成集装箱发送56.7万TEU，发送吨869.2万吨。完成海铁联运发到85910TEU，较2012年减少24038TEU，减幅21.9%。

【铁路运输设备更改投资完成】2013年，上海铁路局国铁更新改造投资完成额超上年。全年完成运输设备更改投资16.51亿元，占年计划96.3%。其中：

安全设施完成投资4.07亿元，占全局运

2013年上海铁路局运输经济主要指标完成情况表

项目	单位	实绩
换算周转量	百万换算吨公里	304527
旅客发送	万人	33569
货物发送	万吨	24038
煤炭发送	万吨	12563
日均装车	日车	10851
日均卸空车	日车	12129
货车静载重	吨	60.5
货车周转时间	天	2.68
机车日产量	万吨公里	133.3
客发正点率	%	100
客运正点率	%	100
货发正点率	%	98.3
货运正点率	%	97.6
内燃机车万吨公里耗油	公斤	23.5
电力机车万吨公里单耗	千瓦时	134.2
运输全员劳动生产率	万换算吨公里/人	57.2
行车责任特别重大、大事故	件	0
运输总收入	亿元	585.8
考核利润	亿元	10

资料来源：上海铁路局计划统计处、财务处

输设备更改完成投资额的24.6%。重点完成皖赣线、符夹线、宣杭线、京沪线等道口平改立及平交道设施改造，陇海线徐州至虞城县区段防护栅栏更新，LKJ2000型机车运行监控装置更新，工务轨道车和大型养路机械安全设施补强，乔司35KV变电所电源增容改造工程，数字无线调车设备更新等安全投入。

客运设施完成投资1.38亿元，占全局运输设备更改完成投资额的8.4%。主要实施上海南、南京、杭州等6个车站吸污设备，启动增建南京站北站房工程，接长长兴南、德清西、淮南、巢湖等车站的站台雨棚，为部分客运站配置自助售（取）票机120台，更新上海南、杭州站旅客引导电子显示系统等。

货运设施完成投资3.58亿元，占全局运输设备更改完成投资额的21.7%。主要实施上海、杭州等货运中心新增40.5吨集装箱专用门吊、芜湖西和杭州北站货场货增设36吨门吊及相关配套设施工程等铁路货运装卸机械购置，以及东海县站货1道增建站台雨棚工程、徐州北站铁路货车装载视频监控系统改造工程等。

机车、供电、车辆、工务、电务设施完成投资3.21亿元，占全局运输设备更改完成投资额的19.5%。机务系统主要实施乔司整备场强化机车整备能力设备、南京东机务段增加国产内燃机车中修能力工程。供电系统主要完成徐州供电段增配供电工区维修机具。车辆系统主要完成了上海车辆段运用车间增设不落轮镟车床。工务系统主要完成工务线桥养修、检测及安全防护设备、工务普速线路养护机具配置。电务系统主要完成陇海线通信传输设备改造，新建电务设备动态监测分析系统平台设备，CTCS3-300T型ATP综合检测平台购置等。

完成线路、站场及行车设备投资0.85亿元，占全局运输设备更改完成投资额的5.1%。主要实施京沪线奔牛应急分流(奔牛站改扩建)、义乌西站站场改造，蚌埠站92# ~ 94#道岔岔区改造工程等。

信息化设施完成投资0.94亿元，占全局

运输设备更改完成投资额的5.7%。主要完成全局TMIS网传输通道和网络设备扩容改造、全局货运中心至营业部视频会议系统建设工程，客票中心联合站数据库服务器和负载均衡器设备更新，新建工务安全生产综合管理信息系统、收入管理系统虚拟化平台等。

职工生产生活和文化设施完成投资1.37亿元，占全局运输设备更改完成投资额8.3%。重点完成沿线工区电力增容、上海铁路南翔地区排水系统整治、新建虹桥综合维修保养点宿舍、杭州东站新建生产生活过渡用房工程，以及南京东机务段食堂扩建，行车公寓、单身宿舍空调更新，局文化宫改造等。

合资铁路更改投资完成2.80亿元，占年度计划65.0%。其中，委托国铁管理的10家合资铁路公司完成2.80亿元，占年计划65.0%，同比增加1.31亿元。

【铁路旅客发送量持续大幅度增长】 2013年，上海铁路局抓住宁杭高铁、杭甬高铁开通运营以及全路高铁逐步成网、跨区域动车组大量开行机遇，深化客运组织改革，加强市场调查和客流分析预测，实时调整优化开车方案，精心设计列车运行径路、停开时刻、停靠站点，使之更加适应市场和符合旅客出行习惯，全年共进行17次调图。特别是针对沪宁杭高铁沿线上班族“赶点”需要，推出“钟摆式”开车模式，在主要客站早七点至晚九点对开整点、半点列车。针对宁杭高铁开通运营，在沪宁杭地区推出上海虹桥经杭州至南京南的“半环形”列车，方便沿途旅客换乘。全局日均图定开行客车615.5对，其中高铁动车组374对。至年末，全局旅客发送39141万人，占全路18.9%，同比增长16.6%，增幅较2012年上升8.8个百分点。其中高铁发送旅客1.72亿人，同比增长28.1%，占全局客发总量的43.8%。10月1日，全局发送旅客215.1万人，再创历史最高纪录。

【南翔站】 上海铁路局特等站。本部座落于上海市西郊，距上海市区16公里，为三级五场双向混合式编组站，解编能力为日均办理12000辆，是华东地区大型综合自动化编组站之一。2013年6月，上海铁路局实施货运组织改革，原货运业务、有关设备、相关人员划入新成立的货运中心。经过多次生产力布局调整和相关管理改革后，车站的营业里程达395公里，管辖范围包括上海铁路枢纽地区的南何线、北杨线，金闵支线、浦东铁路、金山铁路、京沪和沪昆干线上海段，管理幅度跨越上海市闸北、杨浦、虹口、宝山、浦东新区、徐汇、闵行、松江、金山、奉贤、嘉定等12个区及浙江省嘉善县，是集编组、客运为一体的综合型特等站，主要承担上海地区到发列车解体编组取送、金山线和沪昆线上海段的客运业务，车站共有35个自然站。车站下辖上行场、下行场、到达场、货检、北郊、桃浦、张庙、何家湾、杨浦运转、闵行、金山卫、新桥、海湾、松江、嘉善和调度、设备等17个车间（站）。设技术、安全、营销、财务、人劳、职教、办公室、党群办等8个职能科室。现员2440人，在岗职工2157人，具有专业技术职务29人，其中高级3人，中级26人。高级技师2人，技师69人，高级工497人。2013年，该站被上海市评为“文明单位”“平安示范单位”称号，同时获“全国模范职工之家”称号。

【上海站】 上海铁路局特等客货运输综合站。管辖上海站、上海南站、上海虹桥站三个大型客运站及上海西、南翔北、安亭北三个小站和客技站、光新路站存车场。2013年，上海直属站每天到发图定旅客列车376.5对，其中上海站106对，上海南站85对，虹桥站185.5对。该站下设售票、客运、运转、行包、设备、上南客运、上南运转、上南行包、虹桥、上西等10个车间，8个科室、现员1762人。其中干部153人，工人1609人，具有专业技术职务49人。高级工141人，技师34人。

南翔站2013年主要指标完成情况表

项目	单位	计划	实绩	完成（%）
货物发送	万吨	808	642	79.5
日均装车	辆	502	400	79.7
日均卸车	辆		669	
静载重	吨		43.9	
停留时间	小时	18.4	17.7	压缩0.7
中转时间	小时	8.3	8.3	100
运输收入	万元	10200	11511	112

2013 年，在上海市质协对全局客运站段旅客满意度测评中，上海南站、上海虹桥站、上海站分别位列第二、第三和第六。该站获全国铁路“文明车站”及上海市“五星级诚信创建企业”称号。

（二）基本建设

【概况】 2013 年，上海铁路局以科学发展观为指导，更新理念谋发展，依法合规抓管理，从严立标抓质量，转变作风抓落实，有序推进铁路建设。年内在建大中型基建项目 34 个，实际完成投资 385.08 亿元（未含局代建的郑徐客专 4.40 亿元），为年计划 102.4%。在建设项目数和投资完成额在全路各铁路局（集团公司）中分列第一和第三位。主要实物量完成新线铺轨 336.8 公里、复线 295.4 公里、站线 136.2 公里，土石方 1054.32 万立方米、特大中桥 13.57 万延长米、隧道 5.44 万延长米，电气化铁路接触网 1041.2 条公里，变电所 4 座。征地、拆迁各完成 10816.2 亩和 82.1 万平方米。

2013 年，上海市境内铁路基建大中型项目共 5 项，分别为新建上海综合维修基地项目，计划 2692 万元，完成 6248 万元，为计划的 232.10%，上年累计完成 1594 万元。上海（南翔）和谐型大功率机车检修基地项目，计划 43000 万元，完成 43000 万元，为计划的 100.00%，上年累计完成 30000 万元。上海调度所运营调度系统项目，计划 6600 万元，完成 10000 万元，为计划的 151.52%，上年累计完成 45000 万元。上海南站至金山站扩能改造工程项目，计划 90125 万元，完成 90125 万元，为计划的 100.00%，上年累计完成 55000 万元。新建上海动车段工程（补欠）3389 万元，上年累计完成 59900 万元。

【铁路重点工程建设进展良好】 2013 年，上海铁路局 34 个大中型项目全部完成或超额完成年度投资计划。其中阜淮、淮南、水蚌铁路电气化扩能改造，上海综合维修基地，宁波站改建，淮北站改扩建，萧甬铁路绍兴县城区段改造，合肥枢纽新建合肥北城至合肥站，上海调度所运营调度系统，丰县至沛

上海站2013年主要指标完成情况表

项目	单位	计划	实绩	完成（%）
日均到发客车	对		376.5	
日均到发旅客	万人次		40.9	
旅客发送	万人次	7100	7514.15	105.83
运输收入	亿元	104.48	108.19	103.55

县铁路，合肥至蚌埠铁路客运专线，宿州至淮安铁路，合肥至福州铁路等 11 个项目超计划完成，共完成年投资 127.80 亿元，超计划 7.64 亿元。已销号项目丹阳货场搬迁工程、上海动车段，合计完成往年结转的计划投资 1.33 亿元。12 月，皖赣铁路芜湖至宁国段扩能改造正式开工。

至年末，建成或投产项目 12 个。6 月，上海调度所运营调度系统全面投入使用。7 月 1 日，杭州至宁波、南京至杭州客专、沪杭客专引入杭州东站工程、杭州东站等“三线一站”，同时建成通车，长三角城际高铁成网运行。9 月，上海（南翔）和谐型大功率机车检修基地建成投产。10 月，绍兴东站及货场迁建工程建成投产。12 月 28 日，宁波站按期建成。12 月 30 日，宿淮铁路开通试运行货物列车。12 月 31 日阜六铁路投产运营。苏州站、淮北站改，萧甬铁路绍兴县城区改造，上海客专调度楼，上海客专运调系统，上海大功率机车基地，杭州北货场Ⅰ期工程，绍兴东站及货场迁建工程项目顺利投产。宁安城际铁路路基、隧道工程基本完成，桥梁工程完成近 90%，站房工程全面开工建设。金丽温铁路路基工程完成 62.3%，桥梁工程完成 72.7%，隧道工程完成 83.5%。宁启电化路基工程基本完成，桥梁工程完成 81.8%，隧道工程完成 88.1%。合肥南环线路基、桥梁工程全部完成，房建工程完成 70% 以上。新建连盐、九景衢、皖赣扩能等项目按期开工建设。此外，丰沛铁路完成安全评估，具备开通条件。

完成更新改造投资 4.77 亿元，为年度计划的 98.3%，全局路网结构和运输能力得到整体优化提升。

【长三角城际高铁成网运行】 7 月 1 日，杭州至宁波、南京至杭州客专、沪杭客专引入杭州东站工程、杭州东站等“三线一站”同时建成通车。藉此，长三角城际高铁成网运行。

【上海（南翔）和谐型大功率机车检修基地二年检试修启动】 2013 年 10 月 29 日，上海（南翔）和谐型大功率机车检修基地启动和谐大功率机车的二年检试修工作，初步实现铁路机车检修的规模化、集约化、模块化和信息化。该项目建设历时 3 年，工程总投资 13.13 亿元，占地面积 356.3 亩，设计年完成 466 台七种大功率机车的二年检，并预留六年检条件。基地共有工艺设备 2500 多台套，各类检修作业流水线 28 条，二年检库、部件检修库、转向架库、调试库、整车试验库等生产及生活用房共计 7.5 万平方米。

（三）客运服务

【概况】 2013 年，上海铁路局日均图定开行客货列车 1841.5 对，其中客车 615.5 对，货车 1216 对，快速、特快货物班列 10 对。运输业务辐射全国各地。全年完成旅客发送 39141 万人，同比增加 5572 万人，增长 16.6%，客发量继续位居全国铁路第一位。其中上海市境内完成旅客发送 7972 万人，同比增长 18.0%，铁路客发量达到上海市客流总量的 50%。完成货物保价运输收入 13406.3 万元，为年度任务的 103.1 %。完成货物发送 23039 万吨，同比减少 999 万吨，下降 4.2%，货发量位居全国铁路第四位。其中上海市境内完成货物发送 694 万吨，同比下降 15.9%。完成集装箱发送 56.7 万 TEU，发送吨 869.2 万吨。完成海铁联运发到 85910TEU，较 2012 年减少 24038TEU，减幅 21.9%。

【节假日客运完成情况良好】 2013 年，上海铁路局元旦运输(2012年12月31日～2013年1月3日)，发送旅客430.4万人，同比增幅23.7%。最高日发送旅客114.4万人。春节运输（1月26日～3月6日），发送旅客4113.4万人，同比下降17.1%。最高日发送旅客126万人。清明节旅客运输（4月3日～4月6日），发送旅客562.7万人，同比增长7.3%。最高日发送旅客164.1万人。"五一"节旅客运输(4月28日～5月1日)，发送旅客605万人，同比增长6.3%。最高日发送旅客168.5万人。端午节旅客运输（6月9日～6月12日），发送旅客529.3万人，同比增长14.3%。最高日发送旅客148.5万人。暑期旅客运输（7月1日～8月31日），发送旅客7281.3人，同比增长18.6%，日均发送旅客117万人。最高日发送旅客136.9万人。中秋节旅客运输（9月18日～21日），发送旅客557.1万，（2012年中秋小长假与国庆黄金周重叠，无法同比），最高日发送旅客157.7万。国庆节旅客运输(9月28日～10月7日)，发送旅客1600.4万，(2012年国庆黄金周内含中秋小长假，假期天数为11天，无法同比)，最高日发送旅客215.1万人。

【列车运行图优化调整】2013年，上海铁路局管内宁杭、杭甬高铁和杭州东、宁波枢纽站开通运营，相关线路津秦高铁、杭深线漳深段开通。围绕新线开通、设备设施变化，货运市场改革和客运市场化需求，上海铁路局先后完成列车运行图调整25次，其中全局范围内调整图2次、节假日分号运行图8次、施工分号图2次、其他部分范围内（含旅客列车）调整图13次。

2013年"7·1"调整列车运行图，于7月1日实行。为适应宁杭、杭甬高铁以及杭州东站开通运营后运输资源变化，满足市场需求，安排宁杭、杭甬高铁列车开行，全面调整管内其它高铁、客专线路的列车开行，调整部分普速旅客列车，并对全部列车运行时刻等事项重新公布。此次调整图，增开旅客列车85对（直通旅客列车14对、管内旅客列车71对），停运旅客列车32.5对（直通旅客列车3对、管内旅客列车29.5对），提高直通旅客列车等级3对，调整旅客列车运行区段及径由66对(直通旅客列车48.5对、管内旅客列车17.5对）。宁杭、杭甬高铁分别开行动车组列车51.5对、74对。全局开行旅客列车597对，其中"G字头"动车组列车234.5对（直通79对，管内155.5对），"D字头"动车组列车122对（直通65对，管内57对），其他旅客列车240.5对，货物列车1208对(大运转771对，小运转437对)。

2013年"12·28"调整列车运行图，于12月28日实行。为提高客货运输经营质量和效益，在现行列车运行图的基础上，对部分客货列车开行方案进行调整，对全部列车运行时刻等事项重新公布。此次调整图，增开旅客列车34对（直通旅客列车32对、管内旅客列车2对），停运旅客列车16对（直通旅客列车5对、管内旅客列车11对），提高直通旅客列车等级4对，调整旅客列车运行区段及径由69对（直通旅客列车36对、管内旅客列车33对）。增开货物列车23对(其中普快班列3列），停运货物列车22列（其中快速班列2列、普快班列6列）。车流径路中，原经新丰镇支点、陇海线、京九线、阜阳北支点，装到南昌局鹰潭及其以东、漳平以北各站的重车均改经西合线，按合肥东

上海铁路局2013年客运任务完成情况表

项目	单位	计划	实绩	完成%
旅客发送	万人	36150	39141	108
旅客周转量	亿人公里	1495	1563.3	104.6

支点运输。列车编组计划中，取消阜阳北编组鹰潭及其以远组号、调整阜阳北始发向塘西组号范围，增加武汉北编组阜阳北空敞车整列组号，调整新丰镇至阜阳北、合肥东组号范围。全局开行旅客列车615.5对，其中："G字头"动车组列车240对（直通92对，管内148对），"D字头"动车组列车134对（直通79对，管内55对），其他旅客列车241.5对，货物列车1226对（大运转782.5对，小运转443.5对）。

春运、暑期、春游、清明节、五一节、端午节、中秋节、国庆节分号列车运行图。2013年春运图安排临客166.5对，暑运图安排临客13对，春游图安排临客13对，清明节图安排临客38对，五一节图安排临客58.5对，端午节图安排临客58.5对，中秋节图安排管内临客53.5对，国庆节图安排临客58.5对。

施工分号列车运行图。皖赣线集中修分号列车运行图（10月8日～12月20日），调整旅客列车运行时刻12列。京沪线集中修分号列车运行图（10月21日～11月20日），利国口停运货物列车17对，并将北京局丰台西、南仓支点产生的南京东及其以远车流改经京九线迂回（编入阜阳北以远列车）。

其他部分范围内调整图。全局完成其它列车运行图调整13次，其中总公司组织的京九线货物列车、陇海线货物列车、"9·26"旅客列车调整各1次，管内客货列车调整10次（其中旅客列车调整7次、货物列车调整3次）。为适应货运组织改革，吸引"白货"货源，提高铁路市场竞争力，自2013年7月11日起增开了合肥北—北郊X918/9/8 X917/20/17次1对快速货物班列。

至2013年末，自局担当旅客列车370对。其中直通129.5对：高速动车组列车46对、直通动车组列车42对、直达特快列车3对、特快列车6对、快速列车27.5对、普快列车4对、普客列车1对。管内240.5对：高速动车组列车148对、城际列车36对、动车组列车19对、特快列车1对、快速列车35.5对、普客列车1对。上海局车底在外局套跑4对：直通高速动车组列车1对、管内特快列车1对、管内快速列车1对、管内普客1对。

（注：旅客列车运行图优化调整详见附件）

【货运运价调整】 2013年2月20日起，国家铁路货物统一运价平均每吨公里由11.51分提高到13.01分。6月15日起，铁路货物运输实行门到门运输一口价。

【货运（装卸）设施设备投资】 2013年，上海铁路局实施装卸设备设施更新改造及大修272项，总投资额12788万元，其中更新改造137项，投资额11513万元。大修138项，投资额1275万元。至年末，全局有装卸机械1534台，其中桥吊44台、门吊234台、电动轨道吊及固定吊30台、轮胎（履带）吊13台、汽车吊5台、抓（扒）料机18台、卸煤机27台、装载机245台、内燃叉车640台、电瓶叉车164台、行包牵引车6台、皮带输送机96台、委外自备机械5台、其它机械7台。

【办理货物保价运输283.8万批】 2013年，上海铁路局办理货物保价运输283.8万批，占货物总发送批的79.5%，同比减少1.1个百分点。发送保价货物16794.4万吨，占货物总发送吨的77.5 %，同比增加2.4个百分点。全局货物保价运输收入13406.3万元，为年度任务的103.1 %。保价货运事故赔付率2.21%，同比下降0.5个百分点。

【保价货物事故处理】 2013年上海铁路局共办理货运保价赔偿案件1863件（其中局办理5000元以上赔偿案件218件），赔款296.3万元。办理站段赔款清算1246件。办理局间赔款转帐617批，款额210.2万元。

上海铁路局2013年货运任务指标完成情况表

项目	单位	计划	实绩	完成%
货物发送	万吨	24850	23039	92.7
其中：集装箱	万TEU	63	57	90.5
货物运输收入	亿元	2147300	2004107	93.3
货物保价收入	万元	13400	13406.3	103.1
装卸作业量	万吨		13698	
其中：路工	万吨		5856	
装卸机械化比重	%		85.0	

【首次开行东北地区方向“G”字头动车】 上海铁路局从12月28日零时起再次调整列车运行图。此次调图抓住津秦高铁开通后东北高铁网正式接入全国高铁网络的契机，首次开行8对至东北地区哈尔滨、长春、沈阳、大连等方向的“G”字头动车。

【首次开行深圳方向“D”字头动车】 上海铁路局从12月28日零时起再次调整列车运行图。此次调图抓住厦深铁路开通运行沿海高铁全线贯通，首次开行至深圳方向8对“D”字头动车，大幅缩短长三角地区和东北、华南两大区域间的时空距离。

【客服中心建设】 2013年上海铁路局客服中心电话呼入总数16567542个，日均45391个，其中人工呼入数5318681个，日均14572个。人工接听数5230985个，日均14331个。电话接通率98.4%。客服中心本着“尊重客户，用心服务”的理念，致力于为旅客提供更优质的服务，规范并健全客服中心《运营管理规范》《岗位职责》和《应急加班管理办法》等，设立后台投诉处理等岗位，加强信息系统开发，整合排班、质检、绩效、考勤、培训等内部管理系统，持续发挥好铁路与客户联系沟通的桥梁作用。

【空铁联运】 2013年7月20日，春秋航空公司与上海铁路局正式开展空铁联运合作。初期联运城市涉及常州、无锡、苏州、上海虹桥、嘉兴、杭州6座城市。并于10月9日起共同对产品进一步优化，增加合肥、南京、镇江、丹阳、昆山南、桐乡、义乌、宁波东、台州、绍兴10座城市、116趟高铁、动车与春秋航班的双向联运合作。

【铁路实施货运组织改革】 根据中国铁路总公司统一部署，上海铁路局于2013年6月15日正式实施货运组织改革，通过经营模式、服务方式和生产组织的全面变革，加快铁路货运走向市场，更好地服务社会、服务人民群众。设立专门的营销服务机构，全局成立上海等9个货运中心，作为“前店”直接面向市场与客户，变“坐商”为“行商”，加强货运营销与服务。改进铁路货运服务方式，推出12306网站办理、12306电话办理、货运站电话办理、货运营业场所办理、铁路营销人员上门服务5种方式，简化办理手续，敞开受理业务，并对所有收费实行一口报价、一张货票、一次性收取，做到公开透明、规范收费。改革运输组织方式，将过去依靠计划组织运输的模式，改为依据“前店”受理的实货需求组织运输，做到随到随办、随到随运。全面推行货运组织客车化模式，先后增开上海北郊至合肥快速货物班列、上海芦潮港和杨浦至蚌埠集装箱班列等一批货运新产品，为客户提供经济快捷的运输服务。

【客运站车社会主义劳动竞赛】 2013年，根据中国铁路总公司《关于公布2012年度进京进沪进穗直通旅客快车和较大车站客运工作竞赛评比结果的通知》(铁总运函[2013]681号)，上海站、上海南站、上海虹桥站、杭州站、南京站、南京南站、徐州站、合肥站获中国铁路总公司“文明车站”称号，D314/D313、D282/3 D284/1、D286/7 D288/5、D3105/D3106、D379/D378、D3113/D3114、D3018/9 D3020/17、D3056/7 D3058/5、D3070/67 D3068/9、D3201/D3202、D3064/5 D3066/3、D3060/1 D3062/59、D3022/3 D3024/1、D97/D98、D3002/3 D3004/1、D3107/D3108、D105/8 D107/6、Z30/Z29、T31/T32、Z74/Z73、Z52/Z51、T66/T65、T99/100、T164/5 T166/3、K328/5 K326/7、T157/6 158/5、T64/T63、1461/1462、K527/K528、K1110/K1109、K212/09 K210/1、1504/1 1503/2、K1072/K1071 次列车获得中国铁路总公司“红旗列车”称号。

【铁路推出全程物流服务】 为加快铁路货运转型发展，上海铁路局变铁路货运“站到站”为“门到门”，统筹利用铁路运输运力、价格、设备、设施、土地、人力、信息等资源要素，实现铁路货运两端的功能延伸。加强接取送达网络建设，与139家社会企业进行合作，优化短途运输车辆的资源配置，整合自有短途运输汽车120辆与社会车辆2546辆，基本构建覆盖全局的接取送达网络。加大硬件投入，开通运营吴淞货场至港口连接线、杭州北新货场等一批货运能力设施，启动货场扩能改造，积极更新门吊、叉车等各类装卸机械，切实提升货运服务能力。全面展开社会货运营业网点建设，在货运市场、物流园区、物流集散地设立无轨站营业网点，延伸“门到门”服务触角。同时，积极推进货运全流程电子商务，建立全程物流服务信息平台，使广大客户通过铁路发货能够享受到全程、实时、准确的信息服务。

【第三方满意度测评】 2013年，上海铁路局主要货运站第三方满意度测评指数持续上升，货运服务总体满意度较2012年上升1.085分，达88.18分。常州、徐州北货运站被中国铁道企协评为“全路客货运窗口用户满意单位”。

【行风评议活动】 2013年，上海铁路局把路风建设和文明单位创建、行风评议有机结合，加强与地方政府纠风部门的联系，主动争取社会各界的理解和支持，在维护路风路誉方面取得新成效。其中上海市区域内铁路客运行风民主评议，在上海市17个服务行业中，由2012年的第15位上升到2013年的第8位。江苏省境内徐州东站、常州北站、苏州站“姑苏和谐之窗”和连云港站“海之缘”雷锋服务窗口被江苏省评为“创建群众满意基层站所(服务窗口)示范单位”。

(四)综合经营

【概况】 2013年，上海铁路局多元经营系统围绕“聚力科学发展、建设美好上铁”发展主题，按照“推进多元化经营的高度融合，实现一体化、网络化、规范化”要求，以深化改革引领发展、以拓展经营推进发展、以创造良好经营环境保障发展，拓展经营领域，加快企业重组改革，加速由传统管理向现代管理转型，进一步做优资产、做实利润、做大市场、做强企业，不断增强企业市场竞争力和可持续发展能力。至年末，多经系统完成营业收入348亿元，实现考核利润11.6亿，同比分别增长8.5%和10.5%。

【实业项目开发】 2013年，上海铁路局多元经营系统依托长三角区位优势和上海局资源优势，坚持“项目带动、实业开发、可持续发展”思路，实施项目开发分级管理和项目制管理，盘活存量资产，开发新项目，拓展增量业务。年内37个重点开发项目已投产和部分投产25项，81项重点增量业务启动实施78项。连云港25万吨矿石物流项目顺利投产，高铁快运等新业务试点开办，上海虹桥站三期、南京南站二期、两线一枢纽、宁波站一期等一批客站商业、广告、保洁等项目同步开通运营，动车视频媒体改造、高铁客站设施设备维保、安居房和商品房建设、拆迁还建项目等有序推进，智能轨道测量仪、动车三级修油压减震器等一批工业产品项目形成生产和销售能力，乘客意外险扩大试点销售，资产开发准备工作有序推进，房屋租赁平台上线运行。

【多元经营系统货运改革实施】 2013年，上海铁路局多元经营系统根据局货运改革部署要求，按照“一次规划、分步实施、依法操作、稳妥推进”思路和“安全可控、业务衔接、企业转型、队伍稳定”目标，细化制定非运输企业货运改革推进方案，调动和移交干部职工7089人，移交其他从业人员740人，移交退休人员4663人，移交资产4.7亿元。加强改革期间财务资金管理和资产安全管理，同步指导做好物流业务有序衔接和大宗物流协议变更，抓好存续物流企业经营发展，加快推进货运改革后相关非运输企业分支机构注销和债权债务清理工作，年内累计注销分支机构103家，回收97%的债权。

【多元经营系统安全管理】 2013年，上海铁路局多元经营系统推进安全管理新机制，修订完善非运输企业安全质量考核实施办法、安全质量问题典库（纳入问题529条）和岗位安全管理职责，全系统264名参控干部累计现场检查5811人次，发现并整改问题4064个。出台强化企业安全管理指导意见，推进安全标准化建设，以施工项目部为重点，实施标准化项目部建设。加强安全关键控制，组织开展安全大检查以及施工、劳动安全、租赁场所、特种设备、道路交通安全隐患等专项整治活动，梳理完善非运输企业物流基地、施工安全有关协议和设备设施管理制度，全系统安全生产保持总体稳定。

【多经企业重组整合推进】 2013年，上海铁路局多元经营系统制定《关于规范和加强非运输企业经营管理工作的指导意见》，落实非运输企业“三会”管理制度，完善法人治理结构。推进非运输企业重组整合，撤销7家行政性企业，注销8家法人企业，非运输企业行政整合数下降为122家，法人企业数为176家。实施新长公司非运输业务委托经营工作。采取“年度预算、分解执行、过程管理、评估完善”管理方式，重新修订完善非运输企业经营者薪酬管理办法和非运输企业工效挂钩办法。加强法律事务和合同管理工作，年内审查大额经济合同115份，合计标的额68.6亿元。

【高铁客站商业开发有序推进】 2013年，上海铁路局多元经营系统有序推进高铁客站商业开发，新上铁实业发展集团有限公司高铁客站商业开发7个重点项目均按时间节点分步推进。其中一季度完成虹桥三期、南京南二期、苏州南站房一期开发，二季度完成宁杭线、杭甬线和杭州东站“两线一枢纽”商业开发，年底前完成宁波站一期商业项目。全年新增开发面积1.95万平方米，商铺数204间。同时，推进金山铁路商业深度开发、宿淮线商业开发和杭州东一期补强，提前介入南京站北站房、合肥南站、宁安线、合福线商业开发规划和预埋工作，以及沪宁既有线无锡、常州、镇江、丹阳4个车站商业项目改造规划。在8个高铁站建成13个商业贵宾厅，面积1435平方米，年底前有9个正式冠名并投入运营。推进客站商业ERP系统建设，在高铁客站实现全覆盖。

【磁卡票印刷业务覆盖全路】 2013年，上海铁路局多元经营系统继续开辟磁卡票印刷业务，上铁印刷公司磁卡票印刷业务新增呼和浩特、南宁、青藏公司3个市场，实现全路18个铁路局的全覆盖。

【铁路旅游业务拓展】 2013年，上海铁路局多元经营系统上海铁路国际旅游（集团）有限公司克服旅游市场新变化等多种因素影响，主动调整营销策略，在产品开发、自营业务、散客收客、职工疗休养、奖励旅游业务等方面努力争取业务。至年末，完成旅游业务收入43078.4万元，为年度预算45652万元的94.4%。开行旅游专列105趟，自主开发散客旅游产品36个，组织接待散客52804人次，同比增加104.89 %。

【票务代售业务】 2013年，上海铁路局多元经营系统克服网络售票、站内自助售票等售票方式变化带来的持续影响，抓住季节性售票黄金期和春运务工团体票集中受理以及上海旅游节、常州花博会等有利时机，加强营销和服务。同时抓好既有代售点布局调整和新增代售点开张经营，按照代售点结构调整三年规划，实施对乡镇空白点扩张和对亏损代售点的移址、关并和合作经营措施，并通过补充其它业务来摊薄经营成本。全年完成代售服务费收入28841.6万元，为年度预算29790万元的96.8%，同比下降10.9%。

【多经转型业务】 2013年，上海铁路局多元经营系统以乘意险销售作为弥补售票量下降的主要增量项目，在上海、浙江、南京、苏锡地区基础上，向安徽、徐州地区进行扩点，并调整分成奖励政策，促进销售，全年已有291个网点销售乘意险，共销售420.8万份，日均销售1.15万份，累计取得营业收入841.6万元。加强“空铁通”和“利安”合作，全年办理“空铁联运”客票6.34万张，取得服务费收入69.8万元。与“利安”合作销售车票54.49万张，取得服务费272.47万元。开展与春秋航空合作销售机票代理业务，并取得中航协机票销售代理资质。

【首家代售点售票网点进驻好德便利店】 2013年5月17日，上海铁路局多元经营系统上海铁路国际旅游（集团）有限公司上海事业部与农工商旗下好德便利店合作的首家售票网点正式开业。

【特色旅游专列开行】 2013年，上海铁路局多元经营系统上海铁路国际旅游（集团）有限公司组织开行多趟特色旅游专列，深受欢迎。4月15日，连云港东—昆明旅游专列成功组织896名游客。4月16日，合肥—武夷山旅游专列Y188次列车在合肥站1号候车室举行启动仪式，夕阳红旅行团一行434名游客顺利登上前往武夷山的列车。5月5日，上海—邯郸首趟和谐之旅受到邯郸市政府和市民热情欢迎，在当地出站口载歌载舞、举办欢迎仪式，专列满载游客500余名。5月13日，南京—太原“幸福之旅”旅游专列以“全程不安排游客进购物店，真正实现品质游”的特色吸引客户，实现收客568人。5月31日，上海旅游中心成功开行Y761次“六一快乐之旅”旅游专列，载着近500名思南路幼儿园学生前往芦潮港参观，这是公司首次尝试策划铁路文化主题之旅。

【全路第一家运输信息集成平台建设完成】 2013年，上海铁路局多元经营系统上海申铁信息工程有限公司（信息技术所）安全优质完成全局信息系统的运维工作，确保全局信息系统的安全平稳运行。作为全路第一家试点单位，完成运输信息集成平台建设。先后完成杭州东站、苏州站等客运新线新站信息工程建设和信息系统接入，参与三线一枢纽、宁安、杭长、宿淮、合肥南站、宁波站等客站信息工程建设。配合货运组织改革，完成货运电子商务系统建设和杭州北、常州东等货运站的系统实施。完成全局六大编组站、三个区段站的车站系统更新改造等。

（五）大事记

【铁路运营】2013 年 1 月 26 日，2013 年上海铁路局春运启动。首日全局发送旅客 99.4 万人次，同比增长 19.5%，创春运首日旅客发送量新高。全局客车始发 711 列、运行 1102 列，正点率分别达到 99.6% 和 95.1%。

2013 年 2 月 7 日，上海铁路局完成旅客发送量 112.8 万人，创全局节前春运单日客发历史新纪录。

2013 年 2 月 23 日，全局共发送旅客 122 万人，创春运单日旅客发送量历史新高。其中发送直通旅客 33 万人，发送管内旅客 89 万人。

2013 年 3 月 6 日，上海铁路局完成 2013 年春运任务。在历时 40 天的春运期间，全局累计发送旅客 4113.1 万人，日均发送 103 万人，同比增长 17.1%，为历史上首个日均发送超百万人的春运，最高日发送旅客 126.1 万人，创春运单日客发新纪录。

2013 年 3 月 19 日，上海铁路局完成全国“两会”代表、委员输送任务。2 月 27 日至 3 月 19 日，全局共安全输送安徽、江苏、浙江省，上海市，南京军区等出席十二届全国人大一次会议、全国政协十二届一次会议代表、委员及工作人员共 59 批 396 人次。

2013 年 4 月 6 日，上海铁路局完成 2013 年清明小长假运输任务。4 月 3~6 日清明小长假期间，全局累计发送旅客 562.7 万人，同比增长 7.3%，占全路总量的 19.3%，位居全路首位，创上海铁路局清明小长假旅客发送量历史新高。其中 4 月 4 日全局发送旅客 164.1 万人，创清明小长假运输单日旅客发送量最高记录。

2013 年 4 月 18 日，上海铁路局完成 2013 年春游运输任务。3 月 10 日至 4 月 18 日为期 40 天的春游运输期间，全局共发送旅客 4126.2 万人，同比增长 12.6%，创春游运输客发历史新高，日均发送量首次突破 100 万人。

2013 年 4 月 23 日，上海铁路局货运营销中心成立，为路局行政职能管理机构。

（上海铁路局下发《上海铁路局关于成立货运营销中心的通知》（上铁劳卫[2013]177 号），成立路局货运营销中心，为路局行政职能管理机构。主要负责全局货运营销工作，承担市场研究策划、价格政策运用、产品设计开发、营销网络建设以及货运物流组织、内部生产协调等职能。货运营销中心内设市场部、营销部、综合部；将路局客户服务中心货运订单受理职能划出，成立货运受理室，为路局行政附属机构，隶属货运营销中心，统一受理全局货运订单；将货运处装卸车组织协调工作划交路局调度所，货运营销和运价政策运用工作划交货运营销中心，货运处主要负责货运、装卸安全和专业管理等工作，内设货运管理科、装卸管理科、安全保价科、综合管理科。同时确定相应的定员编制。）

2013 年 4 月 27 日，上海站铁路口岸通过国家验收。

（由国家口岸管理办公室、公安部出入境管理局、海关总署监管司、质检总局通关司、国家铁路局等相关部门组成的联合验收组，对上海站临时口岸进行正式验收。上海站铁路口岸通过验收后，成为上海市唯一的陆路开放口岸，也是率先通过国家验收的开通香港直通列车的铁路口岸。）

2013 年 5 月 1 日，上海铁路局完成 2013 年“五一”小长假旅客运输任务。4 月

28日至5月1日，全局累计发送旅客605万人，日均151.3万人，同比增长6.3%。其中4月29日发送168.5万人，再创“五一”小长假旅客运输单日发送量历史新高。全局旅客发送量占全路19.2%，位居各铁路局（公司）之首。

2013年5月29日，上海货运中心成立，按运输站段管理。

（上海铁路局党政联合下发《关于成立徐州、蚌埠、合肥、淮南、南京、芜湖、上海、杭州、金华货运中心的通知》（上铁劳卫〔2013〕248号），成立9个地区货运中心。货运中心按路局运输站段管理，并同步成立各货运中心党委、纪委，工会、共青团组织。确定货运中心的主要职责，将车务站段、上铁装卸公司、徐州经营集团公司，安徽、南京、浙江铁道集团公司，上铁物流公司有关货运业务、资产、人员划交相应的货运中心管理。同时明确货运中心的机构编制。）

2013年6月12日，上海铁路局完成端午小长假旅客运输任务。自6月9~12日，全局发送旅客529.3万人，同比增长14.3%，占全路旅客发送量的19.3%，位居全路之首。其中10日全局发送旅客148.5万人，比上年同期最高日增长10.4%，再创端午小长假运输单日旅客发送量历史新高。

2013年6月18日，上海铁路出入境检验检疫局揭牌成立。

2013年6月25日，上海车站海关挂牌成立并开关。

2013年6月28日，撤销上海动车客车段，分别成立上海动车段、上海车辆段，按运输站段管理。

（上海铁路局党政联合下发《关于调整车辆系统部分运输站段生产力布局的通知》（上铁劳卫[2013]327号）文件，撤销上海动车客车段，分别成立上海动车段、上海车辆段，按运输站段管理。同步撤销上海动车客车段党委、纪委、工会、团委，分别成立上海动车段和上海车辆段党委、纪委、工会、团委。上海动车段主要承担全局动车组运用、检修等工作。上海车辆段主要承担上海、浙江地区的普速客车运用等工作。）

2013年7月1日，暑运工作启动。

2013年7月1日，宁杭高铁、杭甬高铁、杭州东站开通运营。

2013年7月1日，全国铁路运行图调整，上海铁路局实行“7·1”调整列车运行图。此次调图，（安排宁杭、杭甬高铁列车开行，全面调整管内其它高铁、客专线路的列车开行，调整部分普速旅客列车，并对全部列车运行时刻等事项重新公布。）增开旅客列车85对（直通旅客列车14对、管内旅客列车71对），停运旅客列车32.5对（直通旅客列车3对、管内旅客列车29.5对），提高直通旅客列车等级3对，调整旅客列车运行区段及径由66对（直通旅客列车48.5对、管内旅客列车17.5对）。宁杭、杭甬高铁分别开行动车组列车51.5对、74对。全局开行旅客列车597对，其中“G字头”动车组列车234.5对（直通79对，管内155.5对），“D字头”动车组列车122对（直通65对，管内57对），其他旅客列车240.5对，货物列车1208对（大运转771对，小运转437对）。

2013年7月7日，上海铁路局发布上半年旅客发送量数据，全局共发送旅客18434.99万人，日均101.85万人，同比增长12.01%，首次实现半年度日均旅客发送量突破百万人。

2013年7月11日，上海至合肥货运快线列车开行。该列车是上海北郊站与合肥北站间的快速货物班列，实行定点、定线、定时、定车次的客车化开行，夕发朝至，全程运行约9小时。

2013年7月31日，铁路快运货物班列承租项目开标大会在上海举行。上海铁路局受中国铁路总公司的委托，是这次招标工作的实施主体。

2013年8月13日，上海铁路局与春秋航空公司开展空铁联运战略合作，共同在苏州、杭州、无锡、常州、嘉兴5座城市开通空铁快线，实行高铁列车与春秋航空公司上海始发的国内、国际航班相衔接，并在国内首推网上直销空铁联运产品。

2013年8月31日，上海铁路局完成2013年暑运任务。自7月1日至8月31日共计62天，全局发送旅客创暑运历史新高，累计达7281.3万人，同比增加1144.2万人，增长18.6%。

2013年9月21日，上海铁路局完成中秋节小长假旅客运输任务。全局累计发送旅客557.1万人，日均139.3万人，占全路旅客发送量的20.5%，位居全路之首。

2013年9月24日，经中国铁路总公司、江苏省、上海市协商一致，沪通铁路建设任务交由沪宁城际铁路股份有限公司承担。同时撤销沪通铁路建设筹备组，相关人员和工作纳入沪宁城际公司。

（上海铁路局下发《上海铁路局关于调整沪宁城际公司机构定员的意见》（上铁劳卫[2013]485号）。经中国铁路总公司、江苏省、上海市协商一致，沪通铁路建设任务交由沪宁城际铁路股份有限公司承担。同时撤销沪通铁路建设筹备组，相关人员和工作纳入沪宁城际公司。沪宁城际公司主要负责沪通铁路项目建设工作以及沪宁高铁运营期资产管理等工作。同时确定沪宁城际公司机构编制定员。）

2013年9月30日，上海铁路局首趟“苏蒙欧”“五定班列”开行。

（该班列从苏州西站始发，经内蒙古满洲里口岸直接运抵俄罗斯、奥地利、匈牙利、捷克、波兰等东欧国家，为苏州市及长三角地区企业产品出口欧洲，开辟了一条新的物流通道。）

2013年10月7日，上海铁路局完成2013年国庆黄金周运输任务。全局共发送旅客1600.5万人，同比增长21.4%；其中，10月1日，全局发送旅客215.1万人，再创历史新高。

2013年10月14日，上海铁路局实现无责任一般A类及以上铁路交通事故300天。

2013年10月29日，上海(南翔)和谐型大功率机车检修基地启动和谐大功率机车的二年检试修工作，初步实现铁路机车检修的规模化、集约化、模块化和信息化。

2013年12月28日，全国铁路运行图调整，上海铁路局实行“12·28”调整列车运行图。此次调图，增开旅客列车34对（直通旅客列车32对、管内旅客列车2对），停运旅客列车16对（直通旅客列车5对、管内旅客列车11对），提高直通旅客列车等级4对，调整旅客列车运行区段及径由69对（直通旅客列车36对、管内旅客列车33对）。增开货物列车23对（其中普快班列3列），停运货物列车22列（其中快速班列2列、普快班列6列）。车流径路中，原经新丰镇支点、陇海线、京九线、阜阳北支点，装到南昌局鹰潭及其以东、漳平以北各站的重车均改经西合线，按合肥东支点运输。列车编组计划中，取消阜阳北编组鹰潭及其以远组号、调整阜阳北始发向塘西组号范围，增加武汉北编组阜阳北空敞车整列组号，调整新丰镇至阜阳北、合肥东组号范围。全局开行旅客列车615.5对，其中：“G字头”动车组列车240对（直通92对，管内148对），“D字头”动车组列车134对（直通79对，管内55对），其他旅客列车241.5对，货物列车1226对（大运转782.5对，小运转443.5对）。

2013年12月31日，上海铁路局完成2013年度经营收入任务。全局完成运输总收入677.88亿元，同比增长15.7%，比年初计划增收2.3亿元。完成非运输企业收入347亿元，同比增长0.4%。实现考核利润11.6亿元，同比增长10.5%。完成其他业务收入26.5亿元，同比增长6%。实现利润0.5亿元，同比增长240%。

【铁路投资】2013年3月1日，铁道部、江苏省、上海市联合在南通召开沪通铁路建设动员大会。铁道部副部长陆东福、江苏省常务副省长李云峰、上海市副市长姜平出席大会并讲话。江苏省副省长史和平主持会议。上海铁路局局长郭竹学介绍沪通铁路工程前期工作情况及推进计划。交通运输部总工程师徐光，江苏省政府副秘书长陆志鹏，上海市政府副秘书长黄融，南京铁路办事处主任、党工委书记兼上海铁路局副局长姜曦晖等路地领导参加。

2013年5月19日，上海铁路局阜阳至六安铁路全线铺通。

2013年5月24日，上海铁路局宁杭高铁、杭甬高铁、沪杭引入线及杭州枢纽联调联试、动态检测工作完成，进入全线运行试验阶段。

2013年6月18~20日，上海铁路局“三线一枢纽”（宁杭、杭甬高铁和杭州东站宁杭甬场、沪杭长场工程）通过中国铁路总公司初步验收。19~24日，通过中国铁路总公司安全评估。

2013年7月1日，上海铁路局宁杭高铁、杭甬高铁、杭州东站开通运营。宁杭高铁北起南京南站，南至杭州东站，全长249公里，沿线设9个车站；杭甬高铁北起杭州东站，南至宁波东站，全长155公里，沿线设5个车站，两线设计时速均为350公里。杭州东站建筑总面积32万平方米，设计为18座站台、34线。

2013年8月15日，江苏省副省长史和平一行到沪宁公司检查调研，了解沪宁城际铁路运营和沪通铁路建设前期推进情况。

2013年10月29日，上海（南翔）和谐型大功率机车检修基地启动和谐大功率机车的二年检试修工作，初步实现铁路机车检修的规模化、集约化、模块化和信息化。该项目建设历时3年，工程总投资13.13亿元，占地面积356.3亩，设计年完成466台七种大功率机车的二年检，并预留六年检条件。基地共有工艺设备2500多台套，各类检修作业流水线28条，二年检库、部件检修库、转向架库、调试库、整车试验库等生产及生活用房共计7.5万平方米。

2013年11月25日，上海铁路局阜六铁路进入联调联试阶段，阜六铁路临时调度所同步启用。

2013年12月7日，上海铁路局连盐铁路开工建设。

（连盐铁路起自连云港赣榆北，终到盐城北，全长234公里，设计时速200公里，全线设12个车站，预计2017年建成通车。江苏省省长李学勇、副省长史和平在上海铁路局局长郭竹学、常务副局长王峰陪同下，到工程现场考察。）

2013年12月30日，上海铁路局宿淮铁路开通。

（新建宿州—淮安铁路正线总长223.5公里，其中新建正线总长218.727公里，工程总投资55.73亿元。全线近期共有车站15个。）

2013年12月31日，上海铁路局阜六铁路开通，与全路营业线开办客货直通运输。

（阜六铁路位于安徽省西北部，为单线电气化普速铁路，正线全长167.8公里，设计时速160公里，预留时速200公里条件，全线共设13个站。）

【获奖情况】2013年3月5日，国家国防动员委员会授予上海铁路局“全国交通战备工作先进单位”称号。

2013年3月14日，上海铁路局21项成果获铁道部、上海市2012年管理现代化创新成果奖。上海铁路局土地房产管理处《职工住房多元化保障体系的构建与实施》获铁道部一等奖。上海铁路局建设管理处《实现扩能提效的营业铁路施工组织精益管理》获上海市一等奖。

2013年4月11日，上海铁路局被评为“2011~2012年度上海市推动厂务公开民主管理先进单位”。

2013年4月23日，中国质量协会发布《关于表彰2012年度全面质量管理知识普及教育先进单位和优秀推进者的决定》，上海铁路局获“全面质量管理知识普及教育先进单位”荣誉称号。

2013年6月3日，上海铁路局获2012年全国“扫黄打非”先进集体称号。

【其他】2013年1月4日，铁道部宣布党组任免通知：任命郭竹学为上海铁路局局长，党委委员、常委、副书记。免去安路生上海铁路局局长，党委副书记、常委、委员职务，另有任用。

2013年1月8~9日，全国铁路行车公寓管理工作研讨会在上海召开。会议对《铁路行车公寓管理规则》及高铁公寓建设、管理标准和具体措施进行研讨交流，并实地参观上海公寓、虹桥动车公寓管理服务情况。

2013年1月16日，上海铁路局举行客运服务业战略合作及重点客户高层座谈会。东方航空、上海航空、平安保险、太平洋保险等16家企业高级管理人员应邀参加会议，并与上铁华铁旅服、上铁文广等公司签订战略合作意向书。

2013年1月25日，上海铁路局召开2013年路企战略合作座谈会暨战略合作协议签字仪式。连云港港口集团、大屯矿业集团等11家企业与上海铁路局签订战略合作协议。

2013年2月4~5日，铁道部党组书记、部长盛光祖检查上海铁路局春运工作。添乘京沪高铁，检查上海地区春运工作。部党组成员、副部长陆东福参加检查。

2013年2月10日（农历大年初一），铁道部党组书记、部长盛光祖到南京地区检查春运工作，先后察看南京站和南京南站春运现场，听取上海铁路局有关情况汇报，征询旅客对购票、乘降等服务措施的意见和建议。

2013年5月4日，中国铁路总公司副总经理卢春房添乘检查宁杭、杭甬高铁和杭州枢纽。5~6日，添乘检查宿淮、阜六铁路。

2013年5月13日，上海铁路局与上海市人民检察院在上海站举行“廉政公益广告进铁路”活动签约仪式。

2013年5月24~25日，全国铁路动车所管理专项整治现场会在上海召开。

2013年9月24日，由铁路、机场、地铁等海陆空5家交通系统单位团组织共同参与的青年文明号共建服务活动“畅行联盟”在上海站拉开序幕。活动向交通服务行业团员青年发出《上海“畅行联盟”青年文明号倡议书》，5家团组织负责人签订共建合作协议。

2013年10月16日，南京军区联勤部政委周明贵少将颁发南京军区任命书，任命上海铁路局局长郭竹学兼任驻局军代处第一主任。

2013年10月22日，全国铁路动车组机械师职业技能竞赛决赛开幕式在上海动车段举行。来自全路的12支代表队参加理论和实作比赛。

2013年12月15~16日，全国铁路信息化管理规范化现场会暨信息安全风险管理体系建设项目启动会在上海铁路局召开。

（六）行业资料

【上海铁路局】上海铁路局地处东南沿海长江中下游地区，铁道线路主要分布在安徽、江苏、浙江省和上海市，分别与南昌、武汉、郑州、济南铁路局交界，是全国客货运输最繁忙的铁路局之一。

2013年，上海铁路局固定资产原值4197.42亿元，职工15.8万人。下辖71个运输站段、5个运输辅助单位、局属非运输企业17个。设徐州、合肥、南京、杭州4个铁路办事处，有沪宁、沪杭、上海浦东、上海金山等27个合资铁路公司（分别由由铁路与安徽、江苏、上海、浙江省市人民政府出资人代表和有关企业合资组建）。

至2013年末，上海铁路局营业里程8567.1公里（同比增长9.8%。高铁里程2323公里，占全路21.1%），其中国铁4095.3公里，合资公司4471.9公里。全局跨省市的线路有京沪线、沪昆线、陇海线、符夹线、宁芜线、新长线、皖赣线、宣杭线等既有线和京沪、沪宁、沪杭、沿海、沪蓉等高速铁路和城际铁路，有青阜、淮南、金千、萧甬、宁启等省内线。主要技术设备：车站613个，其中特等站7个，一等站29个，二等站61个。配属机车1625台，其中和谐型大功率电力机车412台。配属客车6697辆，其中动车组标准组350组。

上海铁路局首台大功率机车二年检启动仪式（俞国根）

【2013年上海铁路局旅客列车运行图优化调整情况】2013年，上海铁路局管内宁杭、杭甬高铁和杭州东、宁波枢纽站开通运营，相关线路津秦高铁、杭深线漳深段开通。围绕新线开通、设备设施变化和客运市场化需求，上海铁路局先后对管内旅客列车运行图进行了13次调整，运输产品结构得到优化，运能安排进一步贴近市场。

3月7日起，合肥至南京南G7192/1、G7194/3次车次调整为D5492/1、D5494/3次。

3月8日贵阳开K1202/3次、3月10日烟台开K1204/1次起，列车由隔日开行改为每日开行。

3月13日起，福州至温州南D3128/D3127、D3124/D3123次2对直通动车组列车停运。

3月16日起，徐州至江山K8457/8次停运。

3月19日起，实行管内调整列车运行图

（一）增开管内特快旅客列车上海至池州T7606/7 T7608/5次1对，经京沪、宁芜、芜铜、铜九线运行。

（二）停运管内特快旅客列车南京至池州T7777/T7778次1对。

4月10日起，上海虹桥至武汉D3002/3、D3004/1次列车由滠武线至武汉普速场改经由京广高铁（横店东）至武汉高速场运行。

7月1日起，宁杭、杭甬高铁开通，全路调整列车运行图

（一）直通动车组列车开行调整方案

1. 增开直通动车组列车11对（其中10对高速动车组列车、1对动车组列车）

（1）北京南至宁波东G57/G60次1对，经京沪、宁杭、杭甬高铁运行，北京局担当。

（2）宁波东至北京南G58/G59次1对，经杭甬、宁杭、京沪高铁运行，杭州客运段、上海动车客车段担当。

（3）济南（西）至宁波东G63/G64次1对，经京沪、宁杭、杭甬高铁运行，济南局担当。

（4）济南西至长沙南G251/G252次1对，经京沪、合蚌高铁及合武线、京广高铁运行，济南局担当。

（5）杭州东至济南西G254/G253次1对，经宁杭、京沪高铁运行，杭州客运段、上海

动车客车段担当。

（6）武汉至济南西 G258/G257 次 1 对，经合武线及合蚌、京沪高铁运行，武汉局担当。

（7）上海虹桥至长沙南 G576/7 G578/5 次 1 对，经京沪高铁、合宁线、合武线、京广高铁运行，上海客运段、上海动车客车段担当。

（8）南京南至长沙南 G579/G580 次 1 对，经合宁、合武线及京广高铁运行，上海客运段、上海动车客车段担当。

（9）武汉至宁波东 G584/1 G582/3 次 1 对，经合武、合宁线及宁杭、杭甬高铁运行，武汉局担当。

（10）杭州东至宜昌东 G586/7 G588/5 次 1 对，经宁杭高铁、合宁线、合武线、汉宜客专，杭州客运段、上海动车客车段担当。

（11）杭州东至郑州 D272/3 D274/1 次 1 对，经宁杭、京沪高铁及陇海线运行，杭州客运段、上海动车客车段担当。

2．停运直通动车组列车 3 对。

（1）原北京南至南京南 G205/G204 次 1 对。

（2）原北京南至合肥 G267/G274、G275/G270 次 2 对。

3．调整直通动车组列车运行区段及径由 35．5 对

（1）北京南至杭州 G31、G40 次 1 对改经由宁杭高铁运行。

（2）杭州至北京南 G32、G33、G34、G35、G36、G37、G38、G39 次 4 对改经由宁杭高铁运行，同时改为杭州东始发、终到。

（3）杭州至北京南 G42、G43 次 1 对改为杭州东始发、终到。

（4）天津西至杭州 G51/G52 次 1 对改经由宁杭高铁运行，同时经由杭甬高铁延伸至宁波东终到、始发。

（5）天津西至杭州 G53/G54 次 1 对改经由宁杭高铁运行，同时改为杭州东终到、始发。

（6）北京南至福州 D365/D366 次 1 对改经由宁杭、杭甬高铁运行，同时改为高速动车组列车，车次改为 G55/G56 次。

（7）济南西至杭州 G61/G62 次 1 对改经由宁杭高铁运行，同时改为杭州东终到、始发。

（8）合肥至北京南 G266 次 0．5 对经合武线改由六安始发。

（9）上海虹桥至汉口 D3018/9 D3020/17 D3040/37 D3038/9 次 2 对改经由京沪高铁运行，车次改为 D3090/1 D3092/89 D3096/3 D3094/5 次。

（10）杭州至南昌 D111 次 0．5 对改由杭州东始发、九江至杭州 D113/2 次 0．5 对改由杭州东终到。

（11）杭州至福州（南）D377/D380、D3111/D3112 次 2 对改经由杭甬高铁运行，同时改为杭州东始发、终到。

（12）上海虹桥至福州南 D379/D378 次 1 对改经由杭甬高铁运行，同时经杭深线福厦段延伸至厦门北终到、始发。

（13）上海虹桥至福州（南）D381/D382、D3101/D3102、D3103/D3104、D3105/D3114、D3107/D3108、D3113/D3106、D3121/D3122 次 7 对改经由杭甬高铁运行。

（14）杭州至厦门北 D3117/D3118 次 1 对改经由杭甬高铁运行，同时经宁杭高铁延伸至南京南终到、始发。

（15）南京至龙岩 D3135/8 D3137/6 次 1 对改经由杭甬高铁运行。

（16）上海虹桥至厦门（北）D3119/D3120、D3201/D3202、D3203/D3204、D3205/D3206、D3207/D3208、D3209/D3210 次 6 对改经由杭甬高铁运行。

（17）杭州至厦门 D3213/D3214 次 1 对改经由杭甬高铁运行，经宁杭高铁延伸至南京南始发、终到。

（18）厦门至宁波东 D3218/D3217 次 1

对经杭甬高铁延伸至杭州东终到、始发。

（19）杭州至厦门北 D3231/D3232 次 1 对改经由杭甬高铁运行，同时改为杭州东始发、终到。

（20）郑州至济南 D258/9/8 D257/60/57 次 1 对，改为济南西终到、始发。

4. 直通动车组列车提高等级 3 对

（1）济南西至上海虹桥 D363/D362 次改为 G177/G178 次。

（2）南京南至北京南 D356/D355 次改为 G204/G201 次。

（3）天津西至上海虹桥 D325/D326 次改为 G211/G216 次。

（二）管内动车组列车开行调整方案

1. 增开管内动车组列车 70. 5 对（其中高速动车组列车 67 对、动车组列车 3. 5 对）

（1）上海虹桥至宁波东 19 对、上海虹桥至温州南 1 对，经杭甬、沪杭高铁运行，车次 G7501 ~ G7528 次，G7531 ~ G7542 次。

（2）宁波东至合肥 3 对，经杭甬、宁杭高铁、合宁线运行，车次 G7674/5 G7676/3 次、G7678/9 G7680/77 次、G7682/3 G7684/1 次。

（3）南京南至宁波东 6 对，经宁杭、杭甬高铁运行，车次 G7631 ~ G7642 次。

（4）徐州东至宁波东 G7589/G7590 次 1 对，经京沪、沪杭、杭甬高铁运行。

（5）徐州东至宁波东 2 对，经京沪、宁杭、杭甬高铁运行，车次 G7693 ~ G7696 次。

（6）杭州东至淮南东 2 对。经宁杭高铁、合宁线、合蚌高铁运行，车次 G7686/7/6 G7685/8/6 次、G7690/1/0 G7689/92/89 次。

（7）南京南至杭州东 10. 5 对，经宁杭高铁运行，车次 G7601 ~ G7621 次。

（8）合肥至温州南 2 对，经合宁线、宁杭、杭甬高铁及杭深线运行，车次 G7664/1 G7662/3 次、G7668/5 G7666/7 次。

（9）淮南东至温州南 G7669/72/69 次 0. 5 对、苍南至淮南东 G7670/1/0 次 0. 5 对，经合蚌高铁、合宁线、宁杭高铁、杭甬高铁、杭深线运行。

（10）南京至宁波东 G7581/G7582 次 1 对，经沪宁、沪杭、杭甬高铁运行。

（11）常州至宁波东 2 对，经沪宁、沪杭、杭甬高铁运行，车次 G7583 ~ G7586 次。

（12）常州至杭州 G7381/G7382 次 1 对，经沪宁、沪杭高铁运行。

（13）上海虹桥至南京南 2 对，经沪杭、宁杭高铁运行，车次 G7341/4 G7343/2 次、G7345/8 G7347/6 次。

（14）杭州东（南京南）至温州南 G7659/G7660 次 1 对、经杭甬高铁、杭深线运行。

（15）上海虹桥至杭州东 4. 5 对，经沪杭高铁运行，车次 G7551 ~ G7559 次。

（16）南京南至上海虹桥 2 对，经京沪高铁运行，车次 G7195 ~ G7198 次。

（17）南京至上海增加 4 对、南京至上海虹桥增加 2 对，经沪宁高铁运行。

（18）上海虹桥至南京南 D5601/4 D5603/2 次 1 对，经沪杭、宁杭高铁运行。

（19）合肥至六安 D5497 次 0. 5 对，经合武线运行。

（20）南京南至杭州东 D5581/D5582 次 1 对，经宁杭高铁运行。

（21）杭州东至宁波东 D5591/D5592 次 1 对，经杭甬高铁运行。

2. 停运管内动车组列车 25. 5 对（其中高速动车组列车 22. 5 对、动车组列车 3 对）

（1）原上海虹桥至杭州 15. 5 对（G7331 ~ G7357、G7391 ~ G7394）。

（2）原南京至杭州 4 对（G7381 ~ G7388 次）。

（3）原上海至常州 G7202 次 0. 5 对。

（4）蚌埠南至合肥 G7282/G7283 次 1 对。

（5）南京南至蚌埠南 G7292/G7291 次 1 对。

（6）杭州至宁波东 D5571/D5600 次 1 对。

（7）上海虹桥至宁波东D5599次0.5对。

（8）南京南至合肥D5493次0．5对。

（9）温州南至杭州D5572次0．5对。

（10）宁波东至温州南D5573次0．5对。

（11）南京南至上海虹桥减少0．5对。

3．调整管内动车组列车运行区段及径由11对。

（1）常州至杭州G7307次0．5对缩短至上海虹桥始发。

（2）杭州至合肥G7372/3次、G7374/1次、G7376/7次1．5对改经由宁杭高铁运行，同时改为杭州东始发、终到，车次改为G7652/3次、G7654/1次、G7656/7次。

（3）上海虹桥至淮南东G7222/3/2次0．5对缩短至南京南始发，车次改为G7223/2次。

（4）上海至合肥G7240/1 G7242/39次1对经合武线延伸至六安终到、始发。

（5）徐州东（徐州）至温州南D5431/D5432次1对改经由杭甬高铁运行。

（6）合肥至温州南D5454/1 D5456/7次1对改经由杭甬高铁运行，同时缩短至南京终到、始发，车次改为D5451/D5456次。

（7）上海虹桥至温州南D5559/D5560次1对改经由杭甬高铁运行。

（8）温州南至合肥D5466/7次0．5对改经由杭甬高铁运行，同时经合蚌高铁延伸至淮南东终到，车次改为D5466/7/6次。

（9）淮南东至温州南D5455/8/5次0．5对改经由杭甬高铁运行。

（10）苍南（温州南）至六安D5482/3 D5484/1次1对改经由杭甬高铁运行。

（11）杭州至温州南D5587/D5586次1对改经由杭甬高铁运行，同时经宁杭高铁延伸至南京南始发、终到。

（12）南京至温州南D5589/D5590次1对改经由杭甬高铁运行。

（13）合肥至上海虹桥D5468/5次0．5对经合蚌高铁改由淮南东始发，车次改为D5465/8/5次。

（三）普速旅客列车调整

1．增开普速旅客列车3．5对

（1）呼和浩特至上海特快T267/70/67 T268/9/8次1对，经集包线、包西线、太中先、石太线、石太客专、石德线、京沪线运行，呼和浩特局担当。

（2）深圳东至上海南K1516/K1515次1对，经广深、京九、沪昆、沪昆绕行、笕杭、沪春线运行，广铁集团担当。

（3）温州至石家庄北K1396/7/6/7 K1398/5/8/5次1对，经金温、沪昆、宣杭、淮南、阜淮、京九、石德线运行，金温公司担当。

（4）合肥至阜阳K8394次0．5对，经淮南、阜淮线运行，合肥客运段、合肥车辆段担当。

2．旅客列车调整运行区段10对

（1）北京至宁波东Z9/Z10次1对缩短至杭州站终到、始发。

（2）上海南至龙岩K197/200/197 K198/9/8次1对经漳龙、京九、广深、平南线延伸至深圳西终到、始发。

（3）南昌至南京K506/K505次1对经京沪线延伸至苏州终到、始发，车次改为K1326/7 K1328/5次。

（4）太原~深圳西K731/0/1 K732/29/32次1对经广深线延伸至广州东终到、始发，改为25G型DC600V集便车底，车次改为K731/0/1/0 K729/32/29/32次。

（5）烟台至南京K878/5 K876/7次1对经宁铜、铜九线延伸至九江终到、始发。

（6）哈尔滨至广州东K1124/1 K1122/3次1对经广茂、河茂、黎湛、湛海、粤海轮渡线延伸至海口终到、始发。

（7）南京至哈尔滨1470/1 1472/69次1对经京沪、沪昆线延伸至杭州始发、终到。

（8）南通至杭州（义乌）T7788/5 T7786/7次1对经沪昆、金千线延伸至兰溪站终到、始发。

（9）芜湖至淮北 K8410 次 0．5 对经符夹线延伸至徐州终到，车次改为 K8440 次。

（10）黄山至徐州 K8440 次 0.5 对经青阜线延伸至阜阳终到，车次改为 K8410/07 次。

（11）六安至宿松 K8394/1 K8392/3 次 1 对改由阜阳始发、缩短至合肥终止，车次改为 K8391 K8392 次。

3．调整旅客列车经由 7 对

（1）泰州至深圳东 K94/1 K92/3 次 1 对由合宁线改经由京沪、水蚌、淮南线运行，增加蚌埠、合肥车底调向。

（2）上海南至衡阳 K759/K760 次、上海南至厦门 K1209/K1210 次、上海南至重庆 K1251/0 K1249/52 次、金华西—烟台 K1182/3 K1184/1 次、淮北—江山 K8371/K8372 次、亳州（阜阳）—温州 K8401/4/1 K8402/3/2 次、徐州—江山 K8457/K8458 次 7 对在杭州枢纽改经由笕杭、沪昆绕行线运行，取消杭州南、增加杭州站办理客运业务。

（3）上海南—湛江 K149/K150 次 1 对在向塘枢纽改经由沪昆直通线运行，取消向塘停站办理客运业务，取消向塘调向。

（4）宁波东至亳州 K8564/K8563 次 1 对在杭州枢纽改经由艮东联络线运行，取消杭州、增加杭州东站办理客运业务。

4．停运普速旅客列车 4 对

（1）宁波东至蚌埠 K8388/K8387 次 1 对。

（2）宁波东—六安 K8406/7 K8408/5 次 1 对。

（3）宁波东—阜阳 K8498/K8497 次 1 对。

（4）温州——阜阳 K8492/3/2 K8491/4/1 次 1 对。

8 月 1 日起，实行管内调整列车运行图

（一）增开高速动车组列车 3.5 对

1．上海虹桥—南京南 G7152 次 0.5 对，经沪宁高铁运行。

2．南京南—上海虹桥 G7193、G7194 次 1 对，经京沪高铁运行。

3．南京南—上海虹桥 G7191 次 0.5 对，经京沪高铁运行，周末运行线。

4．上海虹桥—杭州 G7329、G7330 次 1 对，经沪杭高铁运行。

5．杭州东至—海虹桥 G7560 次 0.5 对，经沪杭高铁运行。

（二）调整旅客列车运行区段及经由 3.5 对

1．合肥—南京南 D5492 次 0.5 对经宁杭高铁延伸至杭州东终到，车次改为 G7648/5 次。

2．杭州东—南京南 G7610 次 0.5 对经杭甬高铁、杭深线延伸为温州南始发。

3．宁波东—合肥 G7674/5、G7680/77 次 1 对经杭深线延伸为苍南始发、温州南终到。

4．杭州东—淮南东 G7690/1/0 次 0.5 对运行区段改为上海虹桥—淮南东，经京沪高铁、合宁线、合蚌高铁运行，同时，车次改为 G7186/7/6 次。

5．合肥—杭州东 G7654/1 次 0.5 对运行区段改为合肥—上海虹桥，经合宁线、京沪高铁运行，车次改为 G7188/5 次。

6．徐州东—宁波东 G7693 次 0.5 对运行区段改为南京南—温州南，经宁杭、杭甬高铁、杭深线运行。

（三）停运高速动车组列车 5 对

1．南京南—上海虹桥 G7197、G7198 次 1 对。

2．上海虹桥—宁波东 G7533、G7542 次 1 对。

3．杭州东—南京南 G7602、G7605、G7613 次 1.5 对。

4．宁波东—南京南 G7632、G7637 次 1 对。

5．宁波东—徐州东 G7696 次 0.5 对。

8 月 1 日起，胶济客专、胶济线调整运行图

1. 杭州东—济南西 G254/G253 次经济南

站、胶济客专延伸至青岛终到、始发，同时车次改为G254/5 G256/3次。

2. 武汉—济南西G258/G257次经济南站、胶济客专延伸至青岛终到、始发，同时车次改为G258/9 G260/57次。

3. 青岛—西宁西K172/3 K174/1次改经由胶济线运行，机车交路不变。

8月28日，增开上海虹桥—南京南G7190次0.5对；8月29日起，增开南京南—上海虹桥G7189次0.5对。

9月26日起，向莆铁路开通运营，调整运行图

（一）增开旅客列车2.5对

1. 南京南—上海虹桥G7197/G7198次1对，经京沪高铁运行。

2. 上海虹桥—温州南G7561/G7562次1对，经沪杭、杭甬高铁、杭深线运行。

3. 上海虹桥—杭州G7333次0.5对，经沪杭高铁运行。

（二）调整旅客列车运行区段7对

1. 上海虹桥—厦门D3201/D3202、D3203/D3204、D3205/D3206次3对改厦门北终到、始发。

2. 宁波东—厦门D3211/D3212次1对改厦门北终到、始发。

3. 南京南—厦门D3213/D3214次1对改厦门北终到、始发。

4. 温州南—厦门D3219/D3220次1对改厦门北终到、始发。

5. 上海虹桥—杭州东G7553/G7556次1对改为杭州终到、始发，车次改为G7335/G7336次，经沪杭高铁运行。

（三）变更旅客列车经由1对

合肥—福州K321/20/21 K322/19/22次1对改经由昌福线运行，同时车次改为K321/K322次。

（四）停运旅客列车3.5对。

1. 南昌—扬州K432/3 K434/1次1对。

2. 南京南—上海虹桥G7193/G7194次1对。

3. 上海虹桥—杭州G7329次0.5对。

4. 上海虹桥—宁波东G7531/G7534次1对。

12月1日起，哈大高铁实行冬季图、津山高铁调整运行图，调整旅客列车运行经由8列

沈阳北—深圳T188/5 T186/7次、丹东—上海K190/87 K188/9次，温州—沈阳北K348/58/5次，哈尔滨—海口K1124/1次，阜新—上海1230/27次，杭州—哈尔滨1470/1次，秦皇岛—山海关间由原经京哈线运行改经京哈、龙山联络线运行。

12月28日起，津秦高铁、杭深线漳深段开通，调整运行图

（一）增开直通旅客列车32对

1. 南京南—北京南G206/G205次高速动车组列车1对，经京沪高铁运行，由上海、北京局隔日担当。

2. 青岛—广州南G278/5 G276/7次高速动车组列车1对，经由胶济客专、京沪高铁、合蚌高铁、合武线、京广高铁运行，由济南局担当，合肥站调向。

3. 济南西—广州南G279/G280次高速动车组列车1对，经由京沪高铁、合蚌高铁、合武线、京广高铁运行，由济南局担当，合肥站调向。

4. 宁波—武汉（汉口）G590/1 G592/89次高速动车组列车1对，经由杭甬、宁杭高铁及合宁、合武线运行，由上海客运段、上海动车段担当。

5. 杭州东—武汉高速动车组G594/5 G596/3次1对，经由宁杭高铁及合宁、合武线运行，由杭州客运段、上海动车段担当。

6. 上海虹桥—汉口（武汉）G598/9 G600/597次高速动车组列车1对，经由京沪高铁及合宁、合武线运行，由上海客运段、上海动车段担当。

7. 上海虹桥—武汉G676/7 G678/5次高

速动车组列车1对，经由京沪高铁及合宁、合武线运行，由杭州客运段、上海动车段担当。

8. 哈尔滨西—上海虹桥G1202/3 G1204/1次高速动车组列车1对，经由京哈高铁、京哈线、津秦高铁、京沪高铁运行，由哈尔滨局担当。

9. 长春—上海虹桥G1212/3 G1214/1次高速动车组列车1对，经由京哈高铁、京哈线、津秦高铁、京沪高铁运行，由沈阳局担当。

10. 沈阳北—宁波G1222/3 G1224/1次高速动车组列车1对，经由京哈线及津秦、京沪、宁杭、杭甬高铁运行，由沈阳局担当。

11. 沈阳北—上海虹桥G1226/7 G1228/5次高速动车组列车1对，经由沈大高铁、盘营高铁、京哈线、津秦高铁、京沪高铁运行，由沈阳局担当。

12. 沈阳北—上海虹桥G1230/1 G1232/29次高速动车组列车1对，经由京哈线及津秦、京沪高铁运行，由北京局担当。

13. 沈阳—上海虹桥G1234/5 G1236/3次高速动车组列车1对，经由京哈线及津秦、京沪高铁运行，由济南局担当。

14. 大连北—上海虹桥G1251/4/1 G1252/3/2次高速动车组列车1对，经由沈大高铁、盘营高铁、京哈线、津秦高铁、京沪高铁运行，由沈阳局担当。

15. 上海虹桥—沈阳（北）G1258/5 G1256/7次高速动车组列车1对，经京沪、津秦高铁、京哈线运行，由上海客运段、上海动车段担当。

16. 上海虹桥—宜昌东D2202/3 D2204/1次动车组列车1对，D2202/3次经由京沪高铁及合宁、合武、汉宜线运行，D2204/1次经由汉宜、合武、合宁线及沪宁高铁运行，由合肥客运段、上海动车段担当。

17. 上海虹桥—宜昌东D2206/7 D2208/5次动车组列车1对，D2206/7次经由京沪高铁及合宁、合武、汉宜线运行，D2208/5次经由汉宜、合武、合宁线及沪宁高铁运行，由上海客运段、上海动车段担当。

18. 上海虹桥—汉口D2212/3 D2214/1次动车组列车1对，经由沪宁高铁及合宁、合武线运行，由合肥客运段、上海动车段担当。

19. 上海虹桥—汉口D2216/7 D2218/5次动车组列车1对，经由沪宁高铁及合宁、合武线运行，由上海客运段、上海动车段担当。

20. 杭州东—宜昌东D2222/3 D2224/1次动车组列车1对，经由宁杭高铁及合宁、合武、汉宜线运行，由南京客运段、上海动车段担当。

21. 南京南—宜昌东D2255/D2256次动车组列车1对，经合宁、合武、汉宜线运行，由南京客运段、上海动车段担当。

22. 上海虹桥—深圳北D2281/D2282次动车组列车1对，经由沪杭、杭甬高铁及杭深线运行，由上海客运段、上海动车段担当。

23. 上海虹桥—深圳北D2283/D2284次动车组动车组列车1对，经由沪杭、杭甬高铁及杭深线运行，由南京客运段、上海动车段担当。

24. 深圳北—上海虹桥D2286/D2285次动车组列车1对，经由杭深线及杭甬、沪杭高铁运行，由广铁集团公司担当。

25. 深圳北—上海虹桥D2288/D2287次动车组列车1对，经由杭深线及杭甬、沪杭高铁运行，由广铁集团公司担当。

26. 南京南—深圳北D2289/D2290次动车组列车1对，经由宁杭、杭甬高铁及杭深线运行，由南京客运段、上海动车段担当。

27. 深圳北—杭州东D2292/D2291次动车组列车1对，经由杭深线、杭甬高铁运行，由广铁集团公司担当。

28. 深圳北—温州南D2294/D2293次动车组列车1对，经由杭深线运行，由广铁集团公司担当。

29．汉口—上海虹桥 D3054/1 D3052/3 次动车组列车 1 对，经由合武、合宁线及京沪高铁运行，由武汉局担当。

30．龙岩—上海虹桥 D3133/2 D3131/4 次动车组列车 1 对，经由龙厦客专、杭深线及杭甬、沪杭高铁运行，由南昌局担当。

31．长春—广州东 T84/5/4 T86/3/6 次特快旅客列车 1 对，T84/5/4 次经由京哈、津山、津霸、京九、广深线运行，T86/3/6 次经由广深、京九、津霸、津山、京哈、沈山、京哈线运行，由沈阳局担当。

32．福州—太原 K1576/7 K1578/5 次快速旅客列车 1 对，经由昌福、京九、石德线及石太客专运行，由南昌局担当。

（二）新增本局担当列车车底在外局套跑旅客列车 2 对

1．沈阳（沈阳北）—天津西 G366/7 G368/5 次高速动车组列车 1 对，经由京哈线、津秦高铁运行，与上海虹桥—沈阳（沈阳北）高速动车组 G1258/5 G1256/7 次 1 对混套。

2．北京—怀柔北 6461/6462 次管内普速旅客列车 1 对，经由京哈、京承线运行，与杭州—北京 T32/T31 次混套。

（三）停运直通旅客列车 5 对

1. 上海虹桥—天津西 G218/G217 次 1 对。

2．济南西—长沙南 G251/G252 次 1 对。

3. 北京南—上海虹桥 D317/D320 次 1 对。

4．成都—南京 K678/5 K676/7 次 1 对。

5．宜昌东—无锡 K1514/1 K1512/3 次 1 对。

（四）调整直通旅客列车运行区段 23 对

1．济南（济南西）—宁波东 G63/G64 次 1 对经杭深线延伸至温州南终到、始发。

2．杭州东—福州南 D377/D380 次 1 对经杭深线延伸至厦门北终到、始发。

3．厦门北—温州南 D3220/D3219 次 1 对经杭深线延伸至宁波终到、始发。

4．福州—宁波东 D3302/D3301 次 1 对运行区段改为南昌西—宁波，经昌福、杭深线运行，同时车次改为 D3303/2 D3301/4 次。

5．南京—厦门 K161/K162 次 1 对运行区段改为徐州—湛江，经由京沪、宁芜、芜铜、铜九、京九、沪昆、益湛、黎湛线运行。

6．杭州—汉口 K1127/6 K1125/8 次 1 对经汉丹线延伸至襄阳终到、始发，车次改为 K1127/6/7 K1128/5/8 次。

7．石家庄北—上海 K1014/1 K1012/3 次 1 对改由石家庄始发、终到。

8．16 对直通旅客列车由宁波东站改为宁波站终到、始发：天津西—宁波东 G51/G52 次，北京南—宁波东 G57/G58、G59/G60 次，武汉—宁波东 G584/1 G582/3 次，宁波东—厦门北 D3211/D3212、D3215/D3216、D3303/D3304（车次改为 D3305/D3306），武昌—宁波东 Z31/4/1 Z32/3/2 次，长春—宁波东 K75/8/5 K76/7/6 次，宁波东—广州 K212/09 K210/11 次，宁波东—西安 K466/7 K468/5 次，南宁—宁波东 K582/3 K584/1 次，郑州—宁波东 K658/5 K656/7 次，宁波东—贵阳 K848/5 K846/7 次，南昌—宁波东 K1218/9 K1220/17 次，宁波东—重庆 K1248/5/8 K1247/6/7 次。

（五）调整直通旅客列车运行经由 13 对

1．桂林—上海南 T78/T77 次 1 对在桂林—衡阳间由湘桂线改经由衡柳线运行。

2．南宁—上海南 T82/T81 次 1 对在黎塘—衡阳间由湘桂线改经由黎湛、益湛、衡柳线运行，同时车次改为 T82/79/82 T81/0/1 次。

3．湛江—上海南 K150/K149 次 1 对在玉林—衡阳间由益湛、湘桂线改经由黎湛、湘桂、衡柳线运行。

4．上海南—海口 K511/4/1 K512/3/2 次 1 对在茂名东—塘口间由黎湛、河茂线改经由茂湛线运行，同时车次改为 K511/K512 次。

5．哈尔滨—海口 K1124/1 K1122/3 次

1对在茂名东—塘口改经由茂湛线运行，K1122/3次在山海关—沈阳北间改经由沈山线运行。

6. 南宁至南京K1192/K1191次1对在桂林至株洲间由湘桂、益湛、沪昆线改经由衡柳、京广线运行。

7. 成都—宁波东K424/1/4/1 K422/3/2/3次1对在遂宁—鹰潭间由遂渝、渝怀、沪昆线改经由达成线、襄渝线、汉丹线、武九线、昌九城际、京九线运行，同时由宁波东改为宁波终到、始发。

8. 重庆北—宁波东K1076/7/6/7 K1078/5/8/5次1对在重庆北—鹰潭间由襄渝线、汉丹线、武九线、昌九城际、京九线改经由渝怀、沪昆线运行，同时由宁波东改为宁波终到、始发。

9. 温州—成都东K1256/7/6/7 K1258/5/8/5次1对在武昌—宜昌东间由汉宜线改经由汉丹、长荆、焦柳、雅宜线运行。K1258/5/8/5次在九江—南昌间由昌九城际改经由京九线运行。

10. 沈阳北—深圳T188/5次0. 5对在九江—南昌间由昌九城际改经由京九线运行。

11. 福州—洛阳K30/31/30/31 K32/29/32/29次1对在乐化—向塘间由京九线改经由西环、京九线运行。

12. 沈阳北—福州K668/5/8/5次0. 5对在沈阳北—山海关间由京哈线改经由沈山线运行。

13. 长沙—上海南K135/8 K137/6次1对在杭州地区由沪昆绕行、笕杭线改经由沪昆线运行（进杭州东站）。

14. 衡阳—上海南K760/K759次1对在杭州地区由沪昆线改经由沪昆绕行、笕杭线运行（进杭州站）。

（六）直通旅客列车提高等级4对

1. 哈尔滨—上海K58/5 K56/7次1对改为T74/1 T72/3次，列车使用25T型DC600V车底。

2. 青岛—西宁西K172/3 K174/1次1对改为T372/3 T374/1次，列车使用25T型DC600V车底。

3. 重庆北—南通K570/67/70/67 K568/9/8/9次1对改为T294/1 T292/3次，同时改经由渝利、宜万、鸦宜、焦柳、汉丹、小厉、宁西、合宁、宁启线运行。

4. 福州—南京2002/2001次1对改为K526/K525次。

（七）直通旅客列车调整担当局3. 5对。

1. 北京南—上海虹桥G113/G18、G101/G134次2对改由北京局担当。

2. 北京南—上海虹桥G105/G140次1对改由济南局担当，同时改为日常运行线。

3. 上海虹桥—天津西G214次0. 5对改由北京局担当。

（八）安排长期临客3对

图们—上海K2082/3 K2084/1次、日照—上海K2502/3 K2504/1次、深圳—青岛K2020/17 K2018/9次，具体开行日期、列车编组等事项根据客流需要以客调命令为准。

（九）增开管内旅客列车2对

1. 上海虹桥—杭州G7329次0. 5对。

2. 苍南—上海虹桥G7542次0. 5对。

3. 南京南—温州南G7649/G7650次1对。

（十）停运管内旅客列车11对

1. 上海虹桥—南京南G7152、G7190、G7189、G7191次2对。

2. 上海虹桥—杭州G7333、G7335、G7336次1.5对。

3. 上海虹桥—宁波东G7523/G7540、G7535/G7536、G7541/G7538次3对。

4. 上海虹桥—杭州东G7555/G7560、G7557/G7558次2对。

5. 温州南—上海虹桥G7562次0. 5对。

6. 南京南—杭州东D5581/D5582次1对。

7. 南京南—温州南D5587/D5586次1对。

（十一）调整管内旅客列车运行区段32

对

1．宁波东—上海虹桥 G7528、G7539 次 1 对经杭深线改为温州南始发、终到。

2．上海虹桥—宁波东 G7537、G7501、G7516、G7506 次 2 对经杭深线延伸至苍南终到、始发。

3．宁波东—南京南 G7638 次 0．5 对经杭深线改为苍南始发。

4．上海虹桥—宁波东 G7511 次 0．5 对经杭深线延伸至温州南终到。

5．杭州东—合肥 G7652/3、G7648/5 次 1 对运行区段改为上海—合肥，车次改为 G7226/7、G7262/59 次，经沪宁、京沪高铁及合宁线运行。

6．杭州东—淮南东 G7686/7/6 次 0．5 对改为杭州始发，车次改为 G7352/3/2 次。

7．南京南—杭州东 G7621 次 0．5 对运行区段改为杭州终到，车次改为 G7351 次。

8．合肥至上海虹桥 G7188/5 次 0．5 对缩短至南京南终到，车次改为 D5492 次。

9．苍南—合肥 G7674/5 次 0．5 对缩短至温州南始发。

10．25 对旅客列车由宁波东改为宁波终到、始发：宁波东—上海虹桥 G7502、G7503、G7505、G7507、G7508、G7509、G7510、G7512、G7513、G7514、G7515、G7517、G7518、G7519、G7520、G7521、G7522、G7524、G7526、G7527、G7532 次 10.5 对，南京—宁波东 G7581、G7582 次 1 对，南京南—宁波东 G7631、G7634、G7635、G7636、G7639、G7640、G7641 次 3.5 对，常州—宁波东 G7583、G7584、G7585、G7586 次 2 对，徐州东—宁波东 G7589、G7590、G7695、G7694 次 2 对，合肥—宁波东 G7676/3、G7678/9、G7684/1、G7682/3 次 2 对，南京南—宁波东 G7633、G7642 次 1 对，杭州东—宁波东 D5591、D5592 次 1 对，阜阳—宁波东 K8499/K8500 次 1 对，亳州—宁波东 K8563/K8564 次 1 对。

（十二）调整管内旅客列车运行经由 1 对

阜阳（亳州）—上海 K8365/8/5 K8366/7/6 次 1 对在水家湖—南京间改为经水蚌、京沪线运行。

（十三）金山线双休日（周六、周日）运行图增加 1 对站站停列车，取消 1 对直达列车。双休日（周六、周日）运行图安排直达列车 19 对、大站停列车 2 对、站站停列车 15 对。

（十四）长期临客开行方案

安排阜阳—上海 K8361/4/1 K8362/3/2 次长期临客 1 对，具体开行日期、列车编组等事项根据客流需要以客调命令为准。

至 2013 年末，全局共开行图定旅客列车 615.5 对。其中直通 375 对：高速动车组列车 92 对、动车组列车 79 对、直达特快列车 15 对、特快列车 29 对、快速列车 139 对、普快列车 20 对、普客列车 1 对。管内 240.5 对：高速动车组列车 148 对、城际列车 36 对、动车组列车 19 对、特快列车 1 对、快速列车 35.5 对、普客列车 1 对。

至 2013 年末，自局担当旅客列车 370 对。其中直通 129.5 对：高速动车组列车 46 对、直通动车组列车 42 对、直达特快列车 3 对、特快列车 6 对、快速列车 27.5 对、普快列车 4 对、普客列车 1 对。管内 240.5 对：高速动车组列车 148 对、城际列车 36 对、动车组列车 19 对、特快列车 1 对、快速列车 35.5 对、普客列车 1 对。上海局车底在外局套跑 4 对：直通高速动车组列车 1 对、管内特快列车 1 对、管内快速列车 1 对、管内普客 1 对。

【2013 上海铁路局管内年新线、新站开通情况】杭州东站新站启用。2013 年 7 月 1 日起，杭州东站开通启用。杭州东站扩建工程位于浙江省杭州市江干区，是既有沪昆、宣杭、萧甬铁路的交会点，新建城际铁路沪杭、杭甬、宁杭、杭长客运专线等将相继引入，扩

建后的杭州东站是长江三角洲城际轨道交通网的重要枢纽，是极其重要的控制性枢纽工程。杭州东站铁路站场总规模 15 台 30 线。由东向西分别为：普速车场 2 台 5 线、沪杭长场 6 台 12 线，宁杭甬场 7 台 13 线。既有杭州东站站场位于宁杭甬场，既有沪端引入线由 3 条增为 10 条。站房为 5 层结构，地上 2 层，地下 3 层。地上分别为高架候车层、高架桥、商业夹层和站台层；地下一层为出站层；地下二、三层为地铁进站层和站台层。车站采取“上进下出”模式。杭州东站站房面积 320000 平方米，为高架车站，客运设施齐全。车站设站台 15 座，人工售票窗口 28 个，自动售票机 79 台，进站闸机 128 台，出站闸机 76 台。

宁杭客专新站启用。宁杭客专起于京沪高铁南京南站东端，沿途经江宁、句容、溧水、溧阳、宜兴、长兴、湖州、德清至杭州东站，线路全长 248.963 公里。全线设南京南、江宁、句容西、溧水、瓦屋山、溧阳、宜兴、长兴、湖州、德清和杭州东站 11 个车站。杭州东站为既有站扩建车站，其余 9 个车站全部为新建车站。2013 年 7 月 1 日起，宁杭客专新站开通启用。

江宁站站房面积 3497 平方米，为线侧平式车站，客运设施齐全。车站设站台 2 座，地道 1 座，人工售票窗口 5 个，自动售票机 2 台，进站闸机 2 台，出站闸机 2 台。

句容西站站房面积 3497 平方米，为线侧平式车站，客运设施齐全。车站设站台 2 座，地道 1 座，人工售票窗口 4 个，自动售票机 2 台，进站闸机 3 台，出站闸机 3 台。

溧水站站房面积 4978 平方米，为线侧下式车站，客运设施齐全。车站设岛式站台 2 座，地道 1 座，人工售票窗口 4 个，自动售票机 2 台，进站闸机 3 台，出站闸机 3 台。

瓦屋山站站房面积 3495 平方米，为线侧平式车站，客运设施齐全。车站设站台 2 座，地道 1 座，人工售票窗口 4 个，自动售票机 2 台，进站闸机 3 台，出站闸机 3 台。

溧阳站站房面积 7980 平方米，为线侧下式车站，客运设施齐全。车站设岛式站台 2 座，进站地道 1 座，出站地道 1 座，人工售票窗口 4 个，自动售票机 2 台，进站闸机 4 台，出站闸机 4 台。

宜兴站站房面积 7989 平方米，为线侧下式车站，客运设施齐全。车站设岛式站台 2 座，进站地道 1 座，出站地道 1 座，人工售票窗口 8 个，自动售票机 4 台，进站闸机 5 台，出站闸机 5 台。

长兴站站房面积 8994 平方米，为线侧下式车站，客运设施齐全。车站设岛式站台 2 座，地道 1 座，人工售票窗口 4 个，自动售票机 2 台，进站闸机 4 台，出站闸机 4 台。

湖州站站房面积 19920 平方米，为线侧平式车站，客运设施齐全。车站设站台 2 座，天桥 1 座，地道 1 座，人工售票窗口 10 个，自动售票机 4 台，进站闸机 9 台，出站闸机 9 台。

德清站站房面积 5975 平方米，为线侧下式车站，客运设施齐全。车站设岛式站台 2 座，地道 1 座，人工售票窗口 4 个，自动售票机 2 台，进站闸机 4 台，出站闸机 4 台。

杭甬客专新站启用。杭甬铁路客运专线位于浙江省东北部，钱塘江杭州湾南岸，西起杭州东站，向东经萧山、绍兴、上虞、余姚至宁波站，全长 149.89 公里。新建绍兴北、上虞北、余姚北 3 个车站，改扩建庄桥车站。2013 年 7 月 1 日起，杭甬客专新站开通启用。

绍兴北站站房面积 20000 平方米，为线下式车站，客运设施齐全。车站设站台 2 座，人工售票窗口 14 个，自动售票机 6 台，进站闸机 16 台，出站闸机 8 台。

上虞北站站房面积 9000 平方米，为线侧平式车站，客运设施齐全。车站设站台 2 座，天桥 1 座，地道 1 座，人工售票窗口 10 个，自动售票机 4 台，进站闸机 12 台，出站闸机 6 台。

余姚北站站房面积12000平方米，为线下式车站，客运设施齐全。车站设站台2座，人工售票窗口8个，自动售票机2台，进站闸机8台，出站闸机4台。

庄桥站站房面积3200平方米，为线侧平式车站，客运设施齐全。车站设站台3座，地道1座，人工售票窗口5个，自动售票机2台，进站闸机3台，出站闸机3台。

宁波站改造新站启用。宁波站改建工程包括宁波站改造和宁波东站过渡工程，宁波东站过渡工程于2010年9月8日验收合格后启用。

宁波站改建工程新建南北站房和高架候车室，在站房和车场下修建地下集散厅，改造后的宁波站站场总规模为8台16线，2条正线。宁波站为高架车站，站房总建筑面积125695平方米，其中国铁站房面积49621平方米，地下出站厅及联系通道13364平方米，站台雨棚62710平方米。车站客运设施齐全，人工售票窗口40个，自动售票机38台，进站闸机60台，出站闸机40台。2013年12月28日起，宁波站开通启用。

淮北站改造新站启用。淮北站扩建工程位于安徽省淮北市相山区，是既有符夹线上的二等中间站，淮北站铁路客运站场规模3台3线。淮北站既有站场到发线6条、货物线1条。站房为地上2层结构。为2层候车室、商业夹层和天桥层；一层为基本站台候车区；二层为2、3站台候车区；设有地下道出站；车站采取“进出站分开”模式。2014年1月26日淮北站新站舍开通启用。淮北站站房面积9772平方米，为普通车站，客运设施齐全。车站设站台3座，天桥1座，地道1座。人工售票窗口13个，出站口1个。

阜六铁路新站启用。新建铁路阜阳—六安线位于安徽省境内西北部。北起阜阳市，途径阜阳市颍上县和六安市霍邱县，南终于六安市。线路北端通过阜阳枢纽与京九、漯阜、阜淮、青阜四线相连，南端通过六安地区与宁西线、沪汉蓉通道相接，并将向安庆、景德镇方向延伸，是华北地区与华东南地区联系的又一条重要通道。线路大致呈正南北走向，线路自阜阳地区袁寨站（含）至宁西线六安站（含）。其中阜淮线袁寨站至宁西线分路口站新建线路138.549公里，宁西线分路口至六安增建二线18.911公里，新建袁寨疏解线4.54公里，新建正线总长157.46公里。全线近期共有车站13个，既有车站4个，分别为袁寨站、分路口站、十里桥站和六安站，其中宁西线既有十里桥站封闭。新设车站10个，分别为六十里铺、南照、临水、冯井、吴集、白莲、河口集、霍邱、曹庙和清凉寺站，其中吴集、霍邱为中间站，其余均为会让站。霍邱站站房面积2000平方米，客运设施齐全，车站设站台2座，地道1座，人工售票窗口5个。

宿淮线新站启用。新建宿州—淮安铁路正线总长223.5公里，其中新建正线总长218.727公里，工程总投资55.73亿元。全线近期共有车站15个。分别为符离集站、朱庄站、蒿沟站、王集站、灵璧站、长沟站、泗县站、黑塔站、泗洪站、归仁站、洋河站、郑楼站、泗阳站、韩圩站、袁北站，其中符离集站、袁北站为接轨站，灵璧站、泗县站、泗洪站、洋河站、泗阳站5个站为客货运站（办理客货运业务），其余均为会让站。宿淮铁路朱庄、蒿沟、王集、灵璧、长沟、泗县、黑塔站的行车、客运等工作由淮北车务段负责管理，泗洪、归仁、洋河、郑楼、泗阳、韩圩站的行车、客运等工作由新长车务段负责管理。

（孔令贵）

十一、民用航空

（一）综述

2013 年，上海民航 2 个机场（虹桥国际机场、浦东国际机场）共完成旅客吞吐量 8278.9 万人次（含过站人数），同比增长 5.2%，其中虹桥国际机场完成旅客吞吐量 3560 万人次，浦东国际机场完成旅客吞吐量 4719 万人次；全年两场完成货邮吞吐量 336.4 万吨，与去年持平，其中虹桥国际机场完成货邮吞吐量 43.5 万吨，浦东国际机场完成货邮吞吐量 292.9 万吨；2013 年两场共起降飞机 61.5 万架次，同比增长 3.1%，其中在虹桥国际机场起降 24.4 万架次，在浦东国际机场起降 37.1 万架次。分航线看，2013 年两场共完成国内航线旅客吞吐量（不含地区航线，下同）5674.1 万人次，占全年旅客吞吐量 68.5%，同比增长 3.8%，其中虹桥国际机场为 3297.16 万人次，浦东国际机场为 2377 万人次；完成国际航线旅客吞吐量 1924.6 万人次，占全年旅客吞吐量的 23.2%，同比增长 10.1%，其中虹桥国际机场为 108.4 万人次，浦东国际机场为 1816.2 万人次；完成地区航线旅客吞吐量 680.3 万人次，占全年旅客吞吐量的 8.2%，同比增长 4.1%，其中虹桥国际机场为154.5万人次，浦东国际机场为525.8万人次。分航线看，2013年两场共完成国内航线货邮吞吐量77万吨，占全年货邮吞吐量的22.9%，同比增长1.1%，其中虹桥国际机场为41.7万吨，浦东国际机场为35.3万吨；完成国际航线货邮吞吐量221万吨，占全年货邮吞吐量的65.7%，与去年基本持平，其中虹桥国际机场为0.77万吨，浦东国际机场为220.2万吨；完成地区航线货邮吞吐量38.5万吨，占全年货邮吞吐量的11.4%，与去年基本持平，其中虹桥国际机场为1.1万吨，浦东国际机场为37.4万吨。截至2013年底，有47个国家和地区的114个通航点（含香港、澳门、台湾）和国内的125个通航点与上海通航。有23家国内航空公司和70家国际及地区航空公司开通了上海的定期航班。

（熊巍）

（二）行业管理

【概况】2013年，上海民航各单位认真落实《国务院关于促进民航业发展的若干意见》和民航工作总体要求，认真履行安全主体责任，开展风险管理，推进安全文化建设；加强专业技术人员资质能力管理，抓好关键岗位人员的教育、培训和训练；推行飞行人员健康分层管理制度，建立完善重点观察人员健康档案；开展行业安全大检查，抓好机场净空专项整治工作，建立完善净空保护长效机制，加强空防安全，强化机场公共区域治安防控和货检工作。积极推进新航行技术应用，上海两场基于性能导航（PBN）程序已常态化运行；推动电子飞行包（EFB）项目；东上航维修工程委托试点工作圆满完成；上海审定中心代表中国民航与FAA和波音公司在ICAO文件和中美适航双边的框架下，完成了波音787飞机型号认可审查工作，为国内787用户认真把好航空器运行初始适航关，得到了外方认可，为中美适航双边谈判赢得了主动。上海地区正式运行优化空中交通管制运行规范实施方案；开展上海地区雷雨天气下航班协同放行决策系统（CDM系统）运行模拟演练，验证了空管、航空公司和机场等单位协作与联动机制，CDM系统成为上海地区日常航班运行和保障航班正常的重要基础平台；优化京沪航路南端空域结构，实现了上海地区进离场航线分离，解决了原京沪航路上的两场进出港的相对穿越问题，为京沪平行航路的实施打下基础。

【2013亚洲商务航空大会暨展览会在上海举行】由美国国家商务航空协会与上海机场集团、亚洲商务航空协会和上海展览中心共同主办2013亚洲商务航空大会暨展览会于2013年4月16日–18日在上海虹桥国际机场举办。航展的展览大厅和展位包括180家参展商，其中27%为亚洲地区的公司。参展商总数超出2012年会展的15%。参展飞机数量相比2012年增加了25%。截至会展结束时，注册参观者人数达7,700人，较去年会展高出22%。

【上海民航圆满完成春运保障工作】为期40天的2013年春运工作于3月6日落下帷幕。据统计，春运40天，上海地区共保障飞行6.58万架次，同比增长2.8%；运送旅客865.45万人次，同比增长6.3%。

【民航华东局组织开展“3.15国际消费者权益日”咨询宣传活动】3月15日，由民航华东地区管理局牵头，联合上海市工商行政管理局机场分局、上海市消保委空港办共同组织开展的以“讲诚信、促消费、惠民生”为主题的咨询宣传活动在浦东机场举行。东航、春秋航、吉祥航、国航上海分公司、南航上海基地、上海机场集团、工商机场分局、消保委空港办、机场海关、机场出入境检验检疫局、中航协华东代表处等驻场单位派员参加了此次活动。各活动参与单位通过在活动现场设立咨询、投诉受理席，积极为消费者答疑解惑。并通过宣传海报、发放民航局运输司和民航局消费者事务中心统一印制的《消费者航空旅行指南》宣传册以及各航空公司制作的宣传品，向旅客宣传航空旅行常识和各航空公司的特色服务。

【民航华东局部署华东民航抗震救灾运输保障工作】 4月20日，四川雅安发生7.0级地震后，华东局党委第一时间召开抗震救灾紧急会议，部署华东民航抗震救灾运输保障工作。21日晚7:20，华东局抗震救灾办公室接到上海市政府通知，称商务部要从上海紧急启用21吨救灾物资（5000件雨衣和10000件照明设备）赴雅安灾区。抗震办工作人员立即行动起来，通知中货航安排一架全货机待命，迅即办理开辟临时航线的审批手续，协调机场开通绿色通道，同时告知上海市政府有关方面及时将货物运往浦东机场。一时间，上海民航各单位怀着对灾区人民的深情厚意，高速运转，加紧工作，确保了飞机在22日凌晨两点准时起飞。

【上海民航齐力防御超强台风“苏力”】 7月12日-13日，上海地区经历了超强台风“苏力”的外围影响，期间，上海虹桥、浦东国际机场共取消航班110架次，备降7架次。民航华东地区管理局召开专题会议，部署防御超强台风“苏力”的各项准备工作，并充分发挥每日协调例会机制和航班运行协调指挥中心“指挥决策、统筹协调”的作用，自12日起，连续召开工作会议部署防御台风的各项准备工作。各航空运输企业提前做好飞机的加固、转场、备降以及航班调整等工作，对可能造成的航班大面积延误以及延误后的服务工作进行认真部署；及时调整运力，保持信息渠道畅通。机场公司全力保障机场排水系统、库房等重点区域防汛防台设施设备正常，加强对机场设施设备、户外高空广告牌的加固工作，及时将不正常航班信息通过各种途径对外公布。在台风影响逐渐减弱之后，华东局积极协调解决航班恢复运行过程中可能产生的问题，使整体运行秩序在最短时间内得以全面恢复。

【交通运输部东海第一救助飞行队获颁CCAR-135部运行规范】 12月12日，民航华东地区管理局在上海组织召开交通运输部东海第一救助飞行队CCAR-135部运行规范颁证会。民航局飞标司胡振江副司长、华东局蒋怀宇局长、唐伟斌副局长出席会议。东海第一救助飞行队取得CCAR-135部运行规范，标志着交通部救助飞行队纳入民航管理标准体系建设工作取得了成效，在科学管理、规范运行上实现了突破，为今后救捞系统救助飞行队的审定工作提供了依据和经验。此前，东海第一救助飞行队已于9月2日取得了民航华东地区管理局颁发的CCAR-147部维修培训机构合格证，成为华东地区批准的第二家直升机机型培训机构。

【积极推动电子飞行包项目】 电子飞行包（EFB）是一种在飞机驾驶舱中向飞行机组提供各种手册、文件、航图、航行通告和气象资料等航行信息的电子设备，其推广和应用有助于降低运营成本、提升运行效率、提高安全运行裕度。民航华东地区管理局积极推动电子飞行包项目。10月30日，民航华东地区管理局批准中国东方航空股份有限公司在A330型飞机上使用iPAD作为1级电子飞行包，并在飞行关键阶段使用，标志着东航成为了全国第一家通过1级电子飞行包补充运行合格审定工作的航空承运人。年内，中国货运航空有限公司B777机型3级EFB

通过了补充运行合格审定，春秋航空股份有限公司 A320 机型的 1 级 EFB 亦进入试运行阶段。

【华东地区低空空域开放事宜研讨会召开】 5 月 13 日，民航华东地区管理局在上海召开华东地区低空空域开放事宜研讨会，华东空管局及各通用航空公司、通航机场、通用飞行学院相关人员参加了会议。会上，华东局空管处介绍了华东地区低空空域管理改革进展和试点情况，以及民航通用航空空管保障的工作思路；华东空管局介绍了低空空域划分方案征求意见稿及其对现有民航航线、机场管制空域等的影响情况；各通航单位结合自身运行保障情况作了发言。张副巡视员指出，国家低空空域管理改革正在稳步推进，民航局空管办也在积极研究制定通航空管服务的政策，希望各单位坚定信心，积极配合。针对下一步工作，华东局机关要认真汇总上报各单位提出的意见，华东空管局要研究简化通航运行计划申报的程序。同时，各单位要利用好空管处搭建的平台，积极反映通用航空空管运行保障的问题和建议，共同推动通用航空事业的蓬勃发展。

【蛟龙 600 型飞机首次型号合格审定委员会会议召开】 7 月 5 日，民航上海航空器适航审定中心组织召开大型灭火 / 水上救援水陆两栖飞机蛟龙 600（TA600）型飞机首次型号合格审定委员会（TCB）会议，正式启动蛟龙 600 型飞机型号合格审定工作。蛟龙 600 型飞机是继 C919、ARJ21-700 之后，上海审定中心同时在审的第 3 个国家重要型号。民航局适航司、工信部装备工业司、中航工业集团相关领导，华东局吴坚副局长出席会议。会议听取了中国特种飞行器研究所关于蛟龙 600 型飞机项目里程碑计划和进展情况、设计特征、基本数据以及审定计划，讨论了蛟龙 600 型飞机型号合格审定基础的建议、型号合格审定审查组成员名单及专业 / 专题小组设置的建议、当前状态下的关注项目和问题纪要建议，审议通过了审查组成员的资格及专业 / 专题小组的设置；确定了蛟龙 600 型飞机型号当前状态下的合格审定基础；并就完善专业专题组职责分工、专用条件和等效安全、水上飞机的试飞能力等方面提出了建议。此次蛟龙 600 飞机首次 TCB 会议的圆满召开，为蛟龙 600 飞机研制及适航取证工作奠定了坚实基础。

（熊巍）

【上海与台北区域管制中心实施 AIDC 管制移交及建立管制移交专线电话】 10 月 31 日上午 8 时起，在民航局空管局的统一工作部署下，上海区域管制中心与台北区域管制中心正式实施空中交通管制设施间数据通信（AIDC）管制移交。实施 AIDC 移交，能够减轻管制员的工作负荷，释放人力资源，同时可以确保管制移交的正确性，彻底消除人工移交可能带来的管制信息“错忘漏”。

（黄亦萍）

【上海市政协召开提案办理跟踪座谈会】 11 月 27 日，上海市政协在华东局召开“完善航班延误处置工作”提案办理跟踪座谈会，会议由市政协副秘书长张丽主持，华东局车进军书记等主要领导和市政府办公厅建议提案处、上海机场集团、华东空管局有关领导以及凤懋伦等 9 名政协委员出席了会议。会上，华东局、上海机场集团就航班延误治理、大面积航班延误应急保障及政协提案办理情况进行了汇报，市政协常委、华东局原局长沈泽江就近年来华东地区航班运行总体情况、导致航班延误的具体原因、保证航班正常与降低机场噪音之间的矛盾以及大面积延误后的应急保障工作等情况作了解释；参加会议的政协委员就如何治理航班延误畅所欲言，提出多项建设性意见，对促进和完善华东地区航班延误处置工作起到了积极的促进作用。

【徐汇龙华航空服务业推进工作联席会议召开】4月22日，徐汇龙华航空服务业推进工作联席会议第五次会议在滨江规划展示馆召开。民航华东地区管理局沈泽江局长、西绍波副局长、金卫副巡视员，徐汇区过剑飞区长、徐建副区长及联席会议领导小组成员出席会议。

（熊巍）

（三）机场运营管理

【概况】2013年，上海两场旅客吞吐量突破8000万人次，成为全球第7个年旅客吞吐量突破8000万人次的城市。上海浦东、虹桥国际机场在不断提高运行品质和服务品质的同时，完善服务管理一体化沟通平台，建立多元化的服务质量监督检查机制，持续改进，积极创新。1至8月，浦东机场中转率持续提升至9.26%，中转人数达到146万人次，同比增长11.48%，中转率领跑国内机场。积极落实“72小时过境免签证”政策。通过加强和东航营销委合作，设计中转产品，提高政策吸引力。截至10月10日，在浦东机场使用该项政策的外国旅客达9648人，居国内实施该项政策的城市之首。前三个季度，浦东机场在ACI全球机场旅客满意度测评中，服务质量稳居全球前六，虹桥机场稳定在前25名之内，并荣获SKYTRAX组织2013年度“全球最佳国内机场”第二名和“中国最佳地区机场”第一名。10月底，上海机场集团上线试运行新开发的针对安卓、苹果等主流操作系统的智能移动终端用户旅客服务APP应用程序，主动推送航班信息、机场服务信息到旅客手中。

【推进重大设施建设】浦东机场T1改造工程按计划进度节点推进，第四跑道主体工程已基本完工，并完成部分配套工程；浦东西货运区3号货运站工程完成主体结构。虹桥机场T1航站楼改造工程项目已获上海市发改委核准批复。

【加快浦东机场货运枢纽建设】完成《上海机场货运发展可持续研究》，着力推进航空快件国际中转。三大物流集成商在上海浦东国际机场的快件运输量增长，其中敦豪速递（DHL）比上年增长9.1%，联合包裹（UPS）增长1%，联邦快递（FedEx）增长10.2%。浦东机场国际快件中转业务量比上年增长58%。

【认真做好航班正常工作】认真贯彻落实民航局做好航班正常工作要求，上海浦东、虹桥两机场主动协调协同有关单位，加强航班生产实时监控和运行统计分析工作。落实了机场管理机构对本场所有航班运行进行实时监控和统计工作，促进了早高峰正常率从7月份65%左右提高到85%以上。修订完善了两场大面积航班延误处置方案、航班备降保障方案和处置程序、航班运行监控、航班放行正常率统计程序和方法。

【龙华机场临时关闭】10月15日，上海民航龙华机场因改扩建工程建设的需要，暂不接受航空器起降。民航华东地区管理局根据《民用机场使用许可规定》，同意上海民航龙华机场临时关闭的申请。

（熊巍）

（四）航空运输和通用航空

【概况】 基地设在上海的运输航空公司有6家：中国东方航空股份有限公司、上海航空有限公司、春秋航空股份有限公司、上海吉祥航空股份有限公司、中国货运航空有限公司、扬子江快运航空有限公司；小型航空器商业运输运营人有3家：东方公务航空服务有限公司，上海金鹿公务航空有限公司，星联商务航空有限公司。

年内，东航联合天合联盟成员推出“大中华携手飞”计划，通过四航资源共享，优势互补共同为旅客提供更高效、更便捷、更优质的产品与服务，进一步促进两岸经贸往来与交流合作；完成“全国政协十二届一次会议”和“十二届全国人大一次会议”代表运输保障任务；参与云南昭通镇山体滑坡救灾任务，启动救灾应急预案，第一时间调配运力，派出MU7021应急救援航班承载云南省救灾工作组飞赴云南昭通市镇雄山体滑坡灾区；迎接中国第1000架波音飞机，成为国内波音737机队规模最大的航空公司；东航“东方万里行”商标及上航“红底白鹤商标”被上海市工商行政管理局认定为“上海市著名商标”。上海航空强化产品设计，成立服务产品创新团队，推出了“上航伴您游上海”、“蓝天书屋”、“优脊健康操”等特色服务产品，提升旅客乘机感受度；明确“时尚”、“活力”、“海派”的品牌定位，推出新款上航空勤人员制服，获得了社会的广泛关注。春秋航空加快国际化步伐，至2013年底共执飞国际或地区航线13条；第一架鲨鳍小翼A320飞机交付，航程更长，燃油消耗更低；创新营销方式，2013年B2C直销占比85%，行业第一；大力发展移动平台，微博、微信等新社交媒体应用也处于行业领先地位，并且创造性的开发了微博、微信选座；打造国内首个“社交航班”，12月4日上海昆明“相亲航班”大受欢迎；央行向春秋航空商旅通公司正式颁发第三方支付公司牌照。吉祥航空新开通曼谷、清迈、江原道、济州岛、高雄、台北的国际和地区航线，加快了迈入国际（地区）市场的步伐；公司官方微博和微信上线，形成集常规内容、微活动、APP应用、舆情监测等功能于一体的运维机制；获“全国消费者信得过企业”、“2012中国旅游总评榜（上海）分榜 -- 年度最佳营销推广奖”、“2011-2012年度上海市文明单位”荣誉称号、“第一财经2013中国商旅领航最佳客舱服务奖”、2013品牌中国大奖“最佳管理奖”等荣誉。扬子江快运连续8年（2005-2012）获民航华东地区“安康杯”竞赛活动优胜企业称号。

截止2013年底，上海辖区注册的通用航空企业11家，其中在上海运行的通航企业7家，在筹建通航企业7家，全区共有通用航空器60架，飞行人员163名，机务人员187名，航务人员68名。上海地区通用航空总飞行时间为8850小时，起降15307架次。星联商务航空成功运行法属波利尼西亚（大溪地），是中国民航飞机首航到达的机场。上海金汇通航通过引进Bell429型直升机新增机型和代管、新增厦门厦金湾空中游览基地、Bell407厦金湾空中游览、增加AW139机型、增加BELL429直升机航空器代管人资质和增加福州竹岐培训基地的补充运行合格审定；中瑞通航大力开拓航空物理勘探物市场，分别与国土资源部航空遥感中心以及国家地质总局航空物理勘探院两个单位签订航空物理勘探合同；和利通航通过增加AC311型直升机航空器、增加河南上街训练基地补充运行合格审定。

（熊巍）

【东航驰援四川雅安地震】 4月20日，四川雅安发生7.0级地震，东航第一时间成立抗震救灾前线指挥部，向灾区捐出1000万元。4月27日，派遣东方通航B-7335直升机装运婴幼儿奶粉和部分急救药品飞赴芦山参与救灾。东航共执行四川雅安抗震救灾航班14

个，其中客机装运 13 班、全货机运输 1 班，共向灾区运送各类救援物资超过 70 吨。

【东航"李文丽－吴尔愉空中服务创新工作室"获评"上海市劳模创新工作室"】 5 月 19 日，上海市总工会在沪举行 2013 年"上海市劳模创新工作室"评审发布会，中国东方航空集团公司推荐的"李文丽－吴尔愉空中服务创新工作室"入选，并成为沪上唯一一家以服务创新为特色的劳模工作室。

【东航与上海海事局签署战略合作框架协议】 6 月 13 日，东航与上海海事局战略合作框架协议签署仪式在沪举行。根据协议，双方将在运输航空、通用航空及相关业务领域开展全面合作，通过建立重要项目协同机制，确立战略合作伙伴关系，在相关服务和资源方面相互给予优先支持。

【东航东方通航直升机执行甘肃定西抗震救灾任务】 7 月 22 日甘肃省定西市岷县、漳县交界发生 6.6 级地震。东方通航 B-7316 飞机搭载甘肃省地震局专家对地震地区进行空中观测，为前方抗震救灾指挥人员提供第一手资料。7 月 23 日，通航直升机再次执行甘肃抗震救灾任务，搭载中央电视台有关人员对地震地区进行空中观测，为新闻报道及前方抗震救灾指挥人员提供灾区影像资料。两次飞行任务的圆满完成得到了中央电视台、甘肃省地震局和民航甘肃省监管局领导的高度赞誉。

【东航携手浦东机场推出"空巴通"产品】 8 月 15 日，东航与上海国际机场股份有限公司共同推出"空巴通"空地联运产品。"空巴通"产品将为旅客提供航空与长途班车相互衔接的运输服务，实现航空、铁路、巴士的无缝隙中转和衔接。东航成为首家在上海两大机场都推出"多式联运"产品的航空公司。

【东航马尼拉营业部圆满完成援菲救灾物资保障工作】 11 月 18 日，中货航 CK5001 航班从上海浦东机场出发，途经北京，于当天下午 6：30 到达菲律宾宿务机场，送去了灾区急需的水，毛毯等救灾物资。（秦亚洁）

【春秋航空积极拓展国际航班业务】2013 年，春秋航空新开通国际及地区航线 11 条，包括韩国（济州）、马来西亚（沙巴）、泰国（普吉）、柬埔寨（暹粒）、台湾（高雄、台北）等国际及地区航线。10 月 27 日，春秋成功开辟上海 = 台湾高雄航线，这是大陆首家民营公司执飞台湾航线。年内国际及地区航线占比达到 15%。12 月 17 日，春秋航空日本子公司获得日本民航局正式授予的 AOC 证书，这是春秋航空日本子公司首航的重要里程碑。

（谢伟）

【春秋航空模拟机培训中心动工】 2013 年 5 月 8 日，投资 2 亿元的春秋航空模拟机培训中心正式动工，地点位于浦东保税区内，占地 30 亩，一期建设 6 个模拟机位，可满足 150 架机队规模训练，计划在 2014 年 8 月正式投入使用。

【春秋航空实现空铁联运网上直销】 2013 年 8 月 13 日，春秋航空股份有限公司和上海铁路局携手，在苏州、杭州、无锡、常州、嘉兴五座城市率先开通空铁快线。

【吉祥航空开通上海－高雄、上海－台北航班】 12 月 1 日，上海吉祥航空股份有限公司开通上海浦东至台北桃园定期直飞航班，计划每周五班。这是继上海浦东至高雄开航之后，吉祥航空在海峡两岸开通的第二条直飞航线。

（熊巍）

（五）行业统计

表11.1 基地设在上海的航空运输公司年度基本情况

航空公司	东方航空、上海航空、中货航	春秋航空	吉祥航空	扬子江快运
旅客运输量(万人次)	7909.37	1055	704.7	—
比上年增长(%)	8.24	15.8	32	—
在上海地区(万人次)	3358.21	798.1	645.37	—
占上海民航两个机场旅客运输量(%)	40.56	9.64	7.8	—
货邮运输量(万吨)	141.03	4.9	5.23	19.94
比上年增长(%)	–0.44	5.2	9	17.34
在上海地区(万吨)	88.87	3.8	4.98	6.84
占上海民航两个机场货邮运输量(%)	26.42	1.13	1.48	2.03
航线(条)	809	83	60	24
拥有飞机(架)	465	39	34	19
年平均客座率(%)	79.2	92.2	83.7	—

注:根据东方航空、上海航空、春秋航空、吉祥航空、中货航、扬子江快运报送资料整理。

表11.2 上海新开通的部分国内航线

航空公司	航线	开通日期	航班号	机型	出发机场	班期
东方航空	上海—兴义	1月29日	MU2445/2446	A319	浦东机场	周二、四、日
东方航空	上海—贵阳—黎平	3月2日	MU5691/5692	A319	浦东机场	周二、六
东方航空	上海—襄樊—成都	3月31日	MU2540/2541	B738	浦东机场	周一、二、三、四、五、六、日
东方航空	上海—烟台—哈尔滨	3月31日	MU5543/5544	A320	虹桥机场	周一、二、四、五、日
东方航空	上海—呼和浩特—锡林浩特	3月31日	MU5689/5690	A320	虹桥机场	周一、二、三、四、五、六、日
东方航空	上海—南充—昆明	4月2日	MU9141/9142	A319	浦东机场	周二、四、六
东方航空	上海—拉萨	7月1日	MU2259/2260	A332	浦东机场	周一、二、三、四、五、六、日
东方航空	上海—长白山	7月11日	MU2421/2422	B737	浦东机场	周二、四、六、日
东方航空	上海—大连—朝阳	10月27日	MU5641/5642	A319	浦东机场	周一、二、三、四、五、六、日
东方航空	上海—西安—嘉峪关	10月27日	MU2170/2171	A320	虹桥机场	周一、二、三、四、五、六、日
东方航空	上海—安庆—武汉	10月27日	MU2642/2643	EMB	浦东机场	周一、二、三、四、五、六、日
东方航空	上海—昆明—保山	10月27日	MU5981/5982	B737	虹桥机场	周一、二、三、四、五、六、日
东方航空	上海—昆明—临沧	10月27日	MU5959/5960	B737	虹桥机场	周一、二、三、四、五、六、日
东方航空	上海—秦皇岛	10月28日	MU5605/5606	A320	浦东机场	周二、五
东方航空	上海—石家庄—张家口	11月10日	MU2175/2176	A320	浦东机场	周二、四、六、日
上海航空	上海—青岛—哈尔滨	4月2日	FM9233/9234	B738	虹桥机场	周二、四、六
上海航空	上海—鞍山	12月22日	FM9197/9198	B737	浦东机场	周一、二、三、四、五、六、日
春秋航空	上海—银川—上海	5月7日—10月26日	9C8907/8908	A320	浦东机场	周一、二、三、四、五、六、日
春秋航空	上海—满洲里—上海	6月26日—8月31日	9C8817/8818	A320	浦东机场	周一、三、五、日
春秋航空	上海—湛江—上海	10月27日	9C8895/8896	A320	虹桥机场	周一、二、三、四、五、六、日
吉祥航空	上海—银川	5月23日	HO1277/1278	A320	浦东机场	周一、二、三、四、五、六、日
吉祥航空	上海—西安—西宁	5月23日	HO1219/1220	A320	浦东机场	周一、二、三、四、五、六、日
吉祥航空	上海—长沙—丽江	7月1日	HO1249/1250	A320	虹桥机场	周一、二、三、四、五、六、日
吉祥航空	上海—青岛—长白山	7月9日	HO1197/1198	A320	浦东机场	周一、二、三、四、五、六、日
吉祥航空	上海—毕节—昆明	7月26日	HO1279/1280	A320	虹桥机场	周三、五、日
吉祥航空	上海—九华山—成都	8月16日	HO1269/1270	A320	虹桥机场	周一、二、三、四、五、六、日
扬子江快运	杭州—上海浦东—北京—杭州	9月19日	Y87449/7450	A330	杭州萧山机场	周四

注:根据东方航空、上海航空、春秋航空、吉祥航空、扬子江快运报送的资料整理。

表11.3 上海新开通的部分国际及港澳台地区航线

航空公司	航线	开通日期	航班号	机型	出发机场	班期
东方航空	武汉—上海浦东—旧金山	4月26日	MU577/578	A332	武汉天河机场	周一、三、五
东方航空	上海—旧金山	4月26日	MU577/578	A332	浦东机场	周二、四、六、日
东方航空	武汉—上海浦东—济州	7月26日	MU2543/2544	B738	武汉天河机场	周五、日
东方航空	青岛—上海浦东—旧金山	8月8日	MU589/590	A332	青岛流亭机场	周二、四
东方航空	重庆—上海浦东—洛杉矶	8月20日	MU583/586	A346	重庆江北机场	周二、四、六
东方航空	上海—马尼拉—上海	10月18日	MU211/212	A320	浦东机场	周一、二、三、四、五、六、日
上海航空	上海—吉隆坡	11月1日	FM861/862	B738	浦东机场	周一、二、三、四、五、六、日
春秋航空	上海—暹粒—上海	2月2日	9C8977/8978（3月31日起变更为9C8575/8576）	A320	浦东机场	周二、四、六、日（10月31日起正班为周四、日）
春秋航空	上海—普吉岛—上海	6月26日	9C8971/8972	A320	浦东机场	周一、三、五（10月27日起周一、二、三、四、五、六、日）
春秋航空	上海—沙巴—上海	7月2日	9C8593/8594	A320	浦东机场	周二、六
春秋航空	上海—济州—上海	7月5日	9C8569/8570	A320	浦东机场	周一、五（10月27日起周一、二、三、四、五、六、日）
春秋航空	上海—高雄—上海	10月27日	9C8877/8878	A320	浦东机场	周三、五、日
春秋航空	上海—台北—上海	12月1日	9C8951/8952	A320	浦东机场	周一、二、四、五、日
吉祥航空	上海—清迈	4月3日	HO1325/1326	A320	浦东机场	周一、三、五、六
吉祥航空	上海—江原道	4月13日	HO1307/1308	A320	浦东机场	周三、六
吉祥航空	上海—济州	5月9日	HO1327/1328	A320	浦东机场	周一、四、五、日
吉祥航空	天津—上海浦东—曼谷	7月29日	HO1319/1318	A320	天津滨海机场	周一、二、三、四、五、六、日
吉祥航空	上海—高雄	11月1日	HO1315/1316	A320	浦东机场	周三、五、日
吉祥航空	上海—台北	12月1日	HO1309/1310	A320	浦东机场	周一、二、四、五、日
中货航	上海—阿姆斯特丹—萨拉戈萨—上海	8月13日	CK217/218	B777F	浦东机场	周二
中货航	郑州—上海浦东—阿姆斯特丹—郑州	9月4日	CK219/220	B777F	郑州新郑机场	周一、二、三、四、五、六、日
中货航	郑州—安克雷奇—芝加哥—安克雷奇—上海浦东—郑州	9月4日	CK219/220（10月1日后改为CK239/240）	B747F	郑州新郑机场	周一、二、三、四、五、六、日
中货航	郑州—上海浦东—达卡—郑州	10月26日	CK297/298	B777F	郑州新郑机场	周一、日
中货航	郑州—阿姆斯特丹—上海浦东—郑州	10月30日	CK243/244	B777F	郑州新郑机场	周一、二、三、四、五、六、日

注:根据东方航空、上海航空、春秋航空、吉祥航空、中货航报送的资料整理。

表11.4　上海取消的部分国内航线

航空公司	航线	取消日期	航班号	出发机场
东方航空	上海 —盐城	3 月 31 日	MU5529/5530	浦东机场
春秋航空	上海 —延吉 —上海	全年未执行	9C8905/8906	浦东机场
春秋航空	上海 —海口 —上海	全年未执行	9C8817/8	浦东机场
春秋航空	上海 —石家庄 —乌鲁木齐 —石家庄 —上海	全年未执行	9C8883/8884	虹桥机场
吉祥航空	上海 —南昌	3 月 9 日	HO1205/1206	浦东机场
吉祥航空	上海 —西安 —银川	5 月 23 日	HO1219/1220	浦东机场
吉祥航空	上海 —呼和浩特	9 月 1 日	HO1131/1132	浦东机场
吉祥航空	上海 —宜昌	10 月 19 日	HO1239/1240	浦东机场

注:根据东方航空、春秋航空、吉祥航空报送的资料整理。

表11.5　上海取消的部分国际及港澳台地区航线

航空公司	航线	取消日期	航班号	出发机场
中货航	上海—阿姆斯特丹—天津—上海	10 月 26 日	CK207/208	浦东机场
中货航	上海—成都—阿姆斯特丹—上海	10 月 26 日	CK201/202	浦东机场
中货航	上海—曼谷—成都—上海	10 月 26 日	CK279/280	浦东机场
中货航	上海—新加坡—重庆—上海	10 月 26 日	CK289/290	浦东机场

注:根据中货航报送的资料整理。

（熊巍）

十二、邮政事业

(一) 综述

2013年是上海实施邮政业发展"十二五"规划的关键一年，在国家邮政局和上海市委、市政府的坚强领导下，上海市邮政业争做服务国家邮政管理的桥头堡、服务上海转型发展的推力器、服务行业创新驱动的孵化站，紧紧围绕建设与小康社会相适应的现代邮政业目标，围绕上海"四个中心"建设目标，全面贯彻落实党的十八大精神和2013年全国邮政工作会议精神，全市邮政业保持持续快速发展势头。

全市邮政企业和规模以上快递服务企业业务总量完成258.7亿元，同比增长35.1%，占全国邮政业务总量的1/10；业务收入（不包括邮政储蓄银行直接营业收入）完成309.3亿元，同比增长35.1%，占全国邮政业务收入的1/8，占上海市GDP总值的1.4%。

快递业务发展势头尤其迅猛，2013年快递业务总量完成9.5亿件，同比增长58.6%，占全国快递业务量的10.3%；业务收入完成257.6亿元，同比增长40.9%，占全国快递业务收入的17.9%。双"十一"高峰期间，全市经受了快递日揽件量突破700万件（比2012年同比翻了一番）的严峻考验，确保全网运行不瘫痪、重要节点不爆仓、安全生产零事故。

（二）规划和政策

【概况】2013年，在国家邮政局和上海市委、市政府的坚强领导下，上海市邮政业争做服务国家邮政管理的桥头堡、服务上海转型发展的推力器、服务行业创新驱动的孵化站，紧紧围绕建设与小康社会相适应的现代邮政业目标，围绕上海“四个中心”建设目标，全面贯彻落实党的十八大精神和2013年全国邮政工作会议精神，全市邮政业保持了持续快速发展势头。市邮政管理局领导班子新老交替顺利，谋定了适应新形势要求的“一体两翼”、“三大使命”、“四个先行”、“五条主线”的管理方略。

省级以下邮政监管体制构建新格局。突出建章立制，印发《上海市邮政管理局行政执法手册》和《关于上海市邮政监管派出机构业务工作的指导意见》，制定完善实施财务、资产、宣传、会议、车辆、信息等一系列内部管理制度。加强培训交流，举办公务员初任和任职及执法证培训班，分别组织上海市和国家局邮政行政执法证培训和考试，先后安排9名管理局青年干部到市局交流轮岗，安排3名管理局处级干部到市局机关挂职或任职。加强基础建设，在市局统筹安排下，落实机构到位、干部到位、设备到位，完成局房装修、车辆安排、机房建设、信息系统建设等工作。各管理局紧紧围绕邮政业改革发展大局，主动向当地党委政府汇报工作，加强与有关部门的沟通协作，争取支持。同时深入企业调研，摸清底数，按照板块管理的原则，建立企业台账、法条台账和工作任务台账。

邮政业发展环境得到新优化。承接部市合作，促成国家邮政局与上海市人民政府签署了《关于加快推进上海快递总部经济建设与发展的合作协议》，主动向上海市政府分管市长和相关政府职能部门专报推进《部市合作协议》的设想和建议，与相关部门、单位沟通联系，筹建上海市促进邮政业发展联席会议。强化政法研究，启动了《上海市邮票和集邮品管理办法》调研修订工作，配合国家局编写《长三角地区快递业务发展报告》，开展“营改增”调研、试点测算工作。做实规划统计，完成了邮政业发展“十二五”规划中期评估工作，开展“十三五”规划的调研工作。建立统计数据发布制度和定期经济运行分析制度，组织全市统计检查，联合市统计局开展上海市邮政行业投入产出调查。解决实际问题，评审并批复青浦新城四站大型居住社区邮政系统专业规划。与市建交委、发改委、房管局等部门商定大型居住社区邮政配套建设的临时性补贴政策。指导完成近600个快递服务营业场所规范化建设。会同市建交委出台《上海市快递企业申请小型货运机动车牌照额度、货运机动车通行证额度资质认定评估行业管理办法》，为快递企业争取了3990个小型货运机动车牌照额度，协调促成快递企业与上汽集团签署城市快递机动车合作意向协议。培育产业大军，成功申报上海邮政行业高技能人才培养基地，组织开展了全市邮政行业人才情况调查并形成分析报告。组织快递业务员初、中、高级职业技能鉴定30场，7087名快递员参加鉴定，5315名快递员取得合格证书，合格率为74.97%。打造品牌资讯，成立上海市邮政管理局资讯中心，建立两级信息员队伍，编发4期《解放日报》“两新星空”快递专版，积极开展政府营销。

邮政业管理方略形成新体系。对全市邮

政业工作开展“回头看”和“向前看”，进行系统性的考察调研，分析了上海快递业发展存在的反差性问题和发展趋势，形成了《上海市邮政业情况报告》。谋定管理方略，提了“一体两翼”、“三大使命”、“四个先行”、“五条主线”的工作思路。“一体两翼”指打造上海邮政业“东西展翅、中部开发”的发展格局。“三大使命”指邮政管理部门肩负起“促进行业发展、营造市场环境、保障民生底线”的责任。“四个先行”指努力把上海市邮政业建设成为转型升级的先行示范、奉献社会的先行表率、双轮驱动的先行探索、走向世界的先行舰队。“五条主线”指到2020年的主要工作路线。邀请并促成上海市副市长蒋卓庆率领市政府相关部门负责人到市邮政管理局调研。

【上海市邮政管理局领导班子更替】7月25日，上海邮政管理局主要负责同志做出调整：由于年龄原因，李惠德同志不再担任领导职务，办理退休手续，曾军山同志担任市局党组书记、局长。国家邮政局王梅副局长对上海邮政管理局提出新的要求。

【推进地方立法及规章修订】启动《上海市邮票和集邮品市场管理办法》修订工作，开展修订调研工作，夯实邮政行政执法的基础。编制《上海市邮政管理局行政执法手册》，将执法的法律依据、行政处罚文书、处罚程序等文件进行了汇编。

【开展邮政业发展“十二五”规划中期评估】对全市邮政业开展系统性调研，完成《上海市邮政业情况报告》。完成《邮政业发展“十二五”规划中期评估》，开展《邮政业发展“十三五”规划》前期调研工作。

【建立统计数据发布制度和定期经济运行分析制度】上海市邮政管理局依法组织全市统计检查，联合市统计局开展上海市邮政行业投入产出调查。2013年起，增加了各区局的统计力量，月度数据的催报、审核能力有了较大提高，特别是数据的上报率和及时率明显提升，定期做好数据的催报、审核、汇总、发布等工作。在做好数据统计的基础上，积极开展经济运行分析工作，建立了月度行业数据网上发布和季度经济运行分析制度，对行业情况进行分析研究，监控发展走势。统计数据对于研判发展形势发挥了重要作用。

【做好“营改增”试点工作】12月18日，上海市政府屠光绍副市长、金兴明副秘书长调研铁路运输业、邮政业“营改增”试点准备情况，曾军山局长陪同调研。根据国家税务总局“交通运输业和部分现代服务业营业税改征增值税试点”的相关计划，2013年包括交通运输业在内的部分行业将在全国范围内推进“营改增”，快递服务也将纳入“营改增”的试点。根据国家邮政局指导部署，市局多次开展快递服务“营改增”调研工作，并在市建设交通委牵头下，会同财政局、税务局等相关部门，着手布置快递企业开展“营改增”试点测算工作。

【各邮政监管派出机构第一年工作各有亮点】2013年，新成立的各邮政监管派出机构注重“常态工作抓盲点、对接工作抓看点、创新工作抓亮点”，开创工作新局面：浦东局强化分类管理，构建“国有领先、民营突破、外资示范”的发展格局；黄浦局对快递企业通过事故警示、法规培训、责任约束，拉紧安全弦；青浦局积极贯彻落实国家邮政局和上海市人民政府的部市合作协议，加快青浦快递行业转型发展示范区建设；松江局加强信息舆情管理，做好综合研判；宝山局率先建立企业QQ群，完善快递企业沟通联系工作机制；奉贤局自主研发“邮政快递信息服务系统”。

【国家邮政局与上海市政府签署部市协议】2013年6月28日，国家邮政局和上海市人民政府签署《关于加快推进上海快递总部经济建设与发展合作协议》(以下简称《协议》)，提出建立促进快递业发展合作机制，加快建设上海快递业总部经济。《协议》包含法律政策、发展规划、国际航运中心建设、总部经济、发展方式、能力建设、行业监管、人才队伍、综合交通等9个方面重点合作内容。《协议》预计，到“十二五”末，总部在上海的快递企业年业务收入将超过千亿元；到2020年，将培育出1个年业务收入超千亿元、2–3个年业务收入超五百亿元，总部在上海的、具有较强国际竞争力的大型快递企业或企业集团。《协议》签订之后各区县积极响应，如青浦区召开《协议》贯彻落实座谈会，听取各家快递总部企业政策诉求，编制“部市合作协议青浦实施方案”。

【推进上海法治邮政建设】8月16日下午，上海市邮政管理局召开了法制工作会议。成立了上海市法治邮政建设领导小组，承担上海市法治邮政建设的主要工作，启动上海法治邮政建设，积极组织法律法规宣传教育，切实加大普法、学法、用法力度，将履职工作与普法相结合。

【推进落实“五条主线”目标任务】10月25日，上海市邮政管理局召开了“上海市邮政业贯彻落实‘五条主线’目标任务动员大会”，对行业2013年到2020年的100项重点工作进行了部署动员。“五条主线”是指近几年出台的支持本市邮政业发展的法律法规和政策文件。具体有：上海市人大常委会颁布的《上海市实施<中华人民共和国邮政法>办法》、上海市政府办公厅下发的《关于促进本市快递业健康发展的若干意见》、国家邮政局转发的《马凯副总理对国家邮政局工作报告的重要批示》、国家邮政局与上海市人民政府签订的《关于加快推进上海快递总部经济建设与发展合作协议》和前不久国务院作出的设立中国(上海)自由贸易试验区的决定。

为贯彻落实“五条主线”，实现2020年建成现代邮政业的目标，市局党组在系统内大提炼、大讨论、大集中的基础上，经多次研究并请示上级同意，形成了《2013–2020年上海市邮政业贯彻落实“五条主线”目标任务（试行）》，涵盖政策法规、普遍服务、市场与执法、人事、快递协会、邮政企业、快递企业等七部分事务，共计100个项目，拟分年度推进落实。

会上，宣布成立了上海邮政业贯彻落实“五条主线”目标任务推进办公室，并在推进办公室下设四个推进小组，制定了考核办法，实行台账式督查和挂图式督战，全力予以推进。

【《长三角快递业务发展报告》开题】11月7日，《长三角快递业务发展报告》开题会在上海市建工锦江大酒店召开。国家邮政局统计处、上海市建交委法规处、上海市邮政管理局政策法规处、江苏省邮政管理局政策法规处以及浙江省邮政管理局办公室相关负责人参加了会议。

【蒋卓庆副市长调研上海邮政业工作】11月21日，上海市副市长蒋卓庆莅临上海市邮政管理局调研指导工作，上海市建交委、经信委、财政局、规土局、口岸办、华东民航管理局等部门负责同志陪同调研。在调研会上，上海市邮政管理局党组书记、局长曾军山汇报了上海市邮政业的产业概况、行政管理和《部市合作协议》贯彻落实情况。蒋市长充分肯定市邮政管理局抓住“五条主线”作为基本和重要的框架，符合国家邮政局和上海市政府要求，希望上海市邮政管理局从社会管理的高度统筹把握邮政行业的发展，组织对事关邮政业发展全局、事关社会管理的重大问题进行关联性、对策性、系统性研究。

【首次高级快递业务员职业技能鉴定考试举行】11月下旬，上海首次高级快递业务员职业技能鉴定考试在电信科学技术第一研究所举行，来自全市各大快递企业的715名业务员报名参加了考试。

【黄融副秘书长支持上海邮政业发展】12月17日，上海市政府黄融副秘书长应约听取曾军山局长关于上海邮政业近期发展情况，以及贯彻落实“部市合作协议”、蒋卓庆副市长调研重要讲话精神情况的专题汇报。黄融副秘书长充分肯定了上海邮政业近期的发展情况，对市邮政管理局下一步工作提出三方面要求。一要深入贯彻落实《部市合作协议》，与市规划部门就“快递示范园区”进行研究，做好规划配套预研工作，引导市场主体积极开展建设。二要重视和部署落实即将开展的邮政业“营改增”工作，并科学选择企业样本、进行跟踪调查分析，为市有关方面提供决策参考。三要进一步贯彻蒋卓庆副市长调研讲话精神，切实作好全市邮政业联席会议制度实施工作。

【上海市邮政管理局资讯中心成立】2013年11月8日，上海市邮政管理局资讯中心正式成立。采用上海局资讯中心附加邮政市场监管分中心（设在市场监管处）和快递总部分中心（设在青浦管理局）的平台模式，搭建了“5+1+3”的媒介平台。同年，印发了《关于成立上海市邮政管理局资讯中心的通知》（沪邮管〔2013〕109号）、《关于加强上海市邮政业新闻资讯工作的指导意见》、《上海市邮政管理局资讯中心管理考核办法》。建立了“上下联动，沟通及时，信息通畅，反应迅速”的新闻资讯组织体系。设局信息员队伍和企业信息员队伍。各处室、管理局、行业协会，市邮政公司、各快递企业总部各1—2名人员担任信息员。

（三）普遍服务

【概况】强化邮政普遍服务监管，组织设施普查，对全市邮政普遍服务营业场所基础信息实地核查、录入资料。保障公共服务，依法做好撤销和停止办理或限制办理邮政普遍服务和特殊服务业务两项行政审批工作，受理相关申请、备案共计28份。开展邮政普遍服务的基础设施、营业服务、投递服务等日常监督检查工作，妥善处理769封大宗市民平信丢失的媒体曝光服务质量事件。开展机要通信检查。对《癸巳年》、《齐心协力 抗震救灾》等纪特邮票开展销售监督检查工作。

年内，上海市邮政公司继续发挥邮政普遍服务功能，做好网点和投递服务工作。截至年底，全市共设邮政支局242个、邮政所309个，含投递功能的网点191个；金融网点471个。投递服务面积约为6340.5平方公里，服务人口约为2758.78万人。共计投递道段4917条，其中中心城区投递道段2973条、郊区投递道段1944条。制定服务标杆网点服务标准，加强窗口服务现场管理，服务质量得到进一步提高，邮政行业社会公众满意度测评得分为86.01分，比上年提高0.63分，公众满意度继续保持在表示优异的“绿色”标识区。利用11185客服平台开展用户满意度征询，综合满意度得分为88.3分。

【开展邮政普遍服务基础设施普查】上海市邮政管理局组织六个派出机构集中开展邮政营业场所基础信息实地核查工作，实地核查543个邮政局所并录入普查数据，完成率100%，全面掌握全市邮政普遍服务设施和邮政车辆的详细数据。根据普查，上海市邮政服务网点总数543个，其中开办普遍服务业务的网点537个，其他邮政营业场所6个，能够提供纪特邮票预订服务的网点204个，其中纪特邮票零售网点84个。

【开展农村地区邮政普遍服务基础设施改造】上海市邮政管理局组织协调将50个邮政网点纳入整修项目，计划购置车辆13辆。配合发改委等部门做好相关工作，督促邮政企业落实建设标准，制定项目进度计划，按照标准和计划开展农村地区邮政普遍服务的基础设施改造。

【加大社会监督力度、完善社会监督工作机制】年内，全市聘请26名邮政特邀监督员，开展407人次社会监督活动，反馈407份监督报告，走访96名用户，监督407个邮政服务网点。妥善处理上海市“纠风在线”网站收到的23件投诉。多次参加上海市人民广播电台“政风行风热线”上线直播活动，配合市纠风办做好邮政行业纠风工作调研和网上测评工作，妥善处理市“纠风在线”投诉18件、网上测评实例12件。对媒体曝光的769封大宗市民平信丢失事件进行查处。2013年共收到并处理人民来信来电175件，所有来信均得到妥善解决。

【积极争取普遍服务地方政策支持】上海市邮政管理局年内多次参加大型居住社区邮政设施计划工作商量会，专题研究大型居住社区邮政设施建设资金补贴机制及相关政策。会同市建交委、市发改委、市房管局等部门确定了大型居住社区邮政配套建设的临时性补贴政策，具体标准为：一处邮政支局市财政补贴125万元，一处邮政所财政补贴15万元。计划新建22个邮政支局、22个邮政所，共计补贴3080万元。

【“四进工程”建设取得阶段性成果】“四进工程”是上海市邮政公司为提升网点服务能力于2011年提出的建设项目，是指建设进档、服务进优、经营进位、管理进级。随着上海邮政转型发展的步伐加快，原有的邮政网点已无法满足新形势下业务发展的需要，全面提升网点功能和公众用邮环境迫在眉睫。为配合此项工作开展，上海市邮政公司下达建设项目108项，“招牌改造”工程525个网点。通过前期调研、工程设计、现场施工、工程签证、竣工结算、材料供应以及工程管理等各环节工作，完成对525个邮政网点招牌的撤换工作，并对100多个网点完成内部装修提升。2013年2月28日，阶段性总结会召开，总结建设成果和经验，并对新一轮“四进工程”建设作出规划。

【试行长三角国内小包次日递】8月25日起，长三角国内小包次日递试行工作正式实施。上海市邮政公司根据发运计划和省际分拣封发关系，制定内部处理流程和邮件运输方案，以及应对邮件激增、车辆故障、路况不佳等特殊情况的应急预案。根据中国邮政集团公司下发的省际分拣封发关系，在网运系统中维护新增无锡、南通、绍兴、湖州、嘉兴、台州、舟山、丽水、衢州9个国内小包逻辑格口，并相应调整包裹分拣机方案。对上海寄往长三角次日递寄达格口分拣封发截止时间、操作规范等开展业务培训，在此基础上走访常州、无锡中心局，就调整后的发运计划、返程邮件装载量、组开邮路等事宜进行沟通，优先保证长三角国内小包的传递时限。实行次日递后，长三角国内小包的内部处理时间从原先的7小时限时处理标准骤减至1.5小时。

【上海市直邮行业协会成立】10月31日，上海市直邮行业协会成立暨第一次会员大会在上海邮政大楼召开。上海市邮政管理局刘宪民副局长到会并致贺辞。市社团管理局相关领导到会。大会选举产生上海市直邮行业协会第一届理事会，上海市邮政公司副总经理方向阳当选为第一届会长，另有9人当选为副会长。上海市直邮行业协会是上海第一家采取直接登记的行业协会，是全市性、行业性的社会团体组织，由11家单位联合发起，由上海范围内具有一定资质条件和影响力、从事直邮业务的企事业单位和相关社会团体组成，创始会员66家。上海市直邮行业协会的成立，标志着上海市直邮行业进入政府监管、市场调节、行业自律的新阶段，将对上海直邮产业的发展起到至关重要的作用，并在政府与企业间形成一个相互交流、促进合作、共同发展的平台，促进直邮行业更好地持续快速发展。

【《精彩上海旅游联票》首发】 8月6日，上海市邮政公司举办《精彩上海旅游联票》首发式。联票整合39家在各领域具有代表性的旅游单位（包括国家景区、花卉主题公园、特色博物馆等）参与，采用邮资明信片合成书册的形式发行，每个景区都是1张明信片，各景点门票加上邮资明信片，总价值超过2000元。联票全年零售价为每册298元，有效期一年。发行首日，市民通过"邮上海"网站和11185客服平台订购数百套。

【深化同创共建活动】 2012年8月29日，上海市邮政公司16个区县邮政局与17个区县文明办签订精神文明共建协议，各区县结合地域特点，着眼民生问题和精神文明建设，互动渗透、互助互补，开展形式多样的创建活动，把企业的关爱、政府的关心延伸到居民家中和日常生活中。2013年，落实推进邮政行业与各区县同创共建精神文明被列入《2013年上海市精神文明创建工作指导意见》。8月30日，"深化共建活动、服务都市发展"上海邮政与社区、开发区条块结合、同创共建座谈会在上海邮政大楼召开，浦东新区邮政局、闵行区邮政局、松江区邮政局与张江（集团）、莘庄工业园区、小昆山经济开发区代表签约共建，将共建触角延伸到经济开发区的大中型企业，服务地方经济建设。

（四）市场监管

【概况】 2014年，上海市邮政管理局强化快递市场监管，规范市场秩序，许可、备案快递企业341家，审核了1095家快递企业提交的年度报告。对549家企业开展执法检查，查处违法违规经营企业131家。依规审核了1家开办集邮交易市场的申请，对5家继续开办集邮交易市场的经营主体年度报告进行审核。对17家信报箱、97家信封和13家窗口信封生产企业开展监制证复审换证工作，对3家新申请的邮政用品用具生产厂家发放了生产监制证。

将日常检查和规范、清理快递企业经营范围的专项行动相结合，全年共出检1306人次，检查549家快递企业，查处违法违规经营企业131家，对其中87家企业下达了整改通知书，对14家企业下达了行政处罚决定书。对集邮票品集中交易市场开展50多次市场巡视检查，对66家邮政用品用具企业开展检查。

笃实安全监管，做好"两会"期间邮路安保工作，配合市禁毒办做好快递实名制的相关调研，加大寄递渠道反恐、"扫黄打非"等工作力度，查堵查缴非法出版物。切实做好寄递服务信息安全监管，开展安全生产大检查，全面实施快件收寄加盖验视章管理。及时妥善处理媒体曝光的圆通速递信息泄露事件，并向市领导做专题汇报。周密应对高峰，成立了以局长为指挥长的上海市"双十一”快递业务旺季服务和安全保障工作指挥中心，设立了前线指挥所，与重点快递企业签订了旺季服务和安全保障工作责任书，实行24小时值班制，密切关注总部全网运行情况，做到“不瘫痪”“不曝光”“不爆仓”。

政风行风建设取得新成效。优化政风行风，认真做好“政风行风热线”上线工作，参加上海市人民广播电台的政风行风热线节目，配合市纠风办做好邮政行业纠风工作调研和网上测评工作，妥善处理市“纠风在线”投诉18件、网上测评实例12件。完善社会监督工作机制，聘任邮政特邀监督员，共开展社会监督活动289人次，反馈监督报告289份。召开上海市邮政业纪念“3.15国际消费者权益日”座谈会，完成6件上海市人大意见、政协提案处理工作，受理“12345”、“12305”消费者申诉13816件，为用户挽回经济损失约100万元。

截至年底，上海市邮政速递物流有限公司在全市共设速递揽投部169个、揽收站106个、揽投道段2267条。年内，上海邮政速递专业着力提升服务质量和用户满意度，全年主要运行质量KPI指标稳步提升，民航航班计划执行率为93.44%，同比提高11.27%；汽车线路准点率为95.19%，同比提高6.17%；及时妥投率为88.63%，同比提高3.51%。客户查询投诉三日完案率为96%，投诉处理有效率为95.7%。

【加强行业安全监管】下发《关于切实做好寄递服务信息安全监管工作的通知》，制定了《上海市邮政行业安全生产大检查工作方案》，重点对寄递渠道安全防范措施和信息安全进行检查，督促企业严格执行收寄验视制度和信息安全相关规定。配合市禁毒办，全力做好快递实名制的相关调研工作，并探索建立邮政业禁毒工作机制。加大寄递渠道反恐、“扫黄打非”等工作力度，重点配合国家局做好查堵查缴非法出版物工作。

【推广实施快递营业场所规范化建设】3月5日，上海邮政管理局召开快递营业场所规范化建设试点工作总结推广会。年内，共完成百世汇通、国通、港中能达、顺丰、优速五家品牌企业188余家网点（门店）的营业场所规范化建设，营造了良好的市场发展环境。

【开展“快递服务质量红五月”专项活动】4月初，上海市邮政管理局组织申通、圆通、韵达、中通、百世汇通、顺丰等各大快递企业召开“快递服务质量红五月”专项活动部署动员会。上海局在会上通报了2012年与2013年申诉受理与处理情况，剖析了快递企业在服务质量方面的典型案例。李惠德局长对开展“快递服务质量红五月”专项活动进行了部署动员，要求各快递企业加强组织领导，切实强化企业服务质量管理；舍得投入，切实实施“服务制胜”战略；切实解决社会各界、老百姓热切关心的服务质量问题。

【试点解决快递企业“进城难”问题】7月1日，上海市城乡建设和交通委员会、上海市邮政管理局联合发布的《上海市快递企业申请小型货运机动车额度和货运机动车通行证额度管理试行办法》正式施行，为快递企业小型货运专用机动车争取了3990个牌照额度。《办法》规定，凡是符合相关条件的市内快递企业可以依照审核程序申请小型货运机动车额度和货运机动车通行证额度。《办法》同时对取得小型货运机动车额度或货运机动车通行证额度的企业的使用要求、资质认定期限、日常管理、安全要求等做出了规范。《办法》的出台将进一步规范市内快递货运机动车辆管理，提升快递服务形象，促进快递服务健康发展，以适应城市管理、经济发展和人民生活的需要。

【试行验视盖章制度】上海市邮政管理局印发了《关于推进实施快件收寄加盖验视章管

理的指导意见》，要求本市快递企业从2013年10月1日起在全市范围内全面应用，通过验视盖章制度切实落实对禁限寄物品的检查责任。

【妥善处理圆通速递信息泄露事件】10月22日，有媒体报道称网络上有不法分子大量倒卖圆通速递快件信息用于淘宝网“刷钻”等违规用途。事件发生后，邮政管理部门高度重视，立即做出部署安排，上海市邮政管理部门相关人员赶赴圆通速递，进行现场核查。要求圆通速递进行全面排查，重点整改，彻查信息泄露源头。

【切实保障“双十一”快递服务旺季生产】10月25日，上海市邮政管理局召开“双十一”快递服务保障工作会议，曾军山局长出席会议并作讲话。上海局党组、邮政管理系统全体公务员及相关工作人员、上海市快递协会相关负责人，市邮政公司、邮政EMS、申通、圆通、韵达、中通、百世汇通、国通、顺丰、FEDEX、TNT、UPS、DHL、OCS、雅玛多等16家快递企业负责人参加会议。成立上海市“双十一”等快递业务旺季服务和安全保障工作指挥中心，在青浦区设立前线指挥所，并与重点快递企业签订安全保障责任书，印发了《上海市邮政管理局关于做好双十一等快递业务旺季服务和安全保障工作的实施方案》和《上海市“双十一”等快递业务旺季服务和安全保障工作手册》。同时，取消了休假制度，实行24小时值班住宿制。

11月11日，中国快递协会副会长兼秘书长李惠德、上海市邮政管理局党组书记、局长曾军山等领导对本市各大快递企业“双十一”旺季生产运作情况进行了现场检查和督导，夏颐副局长陪同。部分中央及本市媒体记者随同督察组一行进行了跟踪采访报道，曾军山局长现场接受了中央电视台记者采访。11月14日上午，曾军山局长深入圆通、中通、百世汇通、韵达、顺丰等企业市区快递配送网点，检查督导地面配送工作。

【调研上海快递业融入自贸区建设】12月16日至17日，国务院办公厅、国务院法制办和国家邮政局组成的调研组前往上海就快递业转型升级和快递企业如何服务上海自由贸易试验区建设等情况开展调研。

【上海快递专用车首批交车】12月31日，由上海市邮政管理局和上汽集团共同举办的“上海快递专用车首批交车仪式”成功举行。市政府副秘书长黄融、市建交委副主任袁嘉蓉、市邮政管理局曾军山局长、夏颐副局长以及市交港局、市公安局交警总队的有关领导出席了本次交车仪式。仪式上，黄融副秘书长启动了仪式球灯，圆通、申通、天天、优速和汇强五家快递企业代表领取了车辆钥匙。上海快递专用车首批车辆的交付，标志着上海市向打造快递“总部经济”的目标又迈出了实质性的一大步。

【开展73个重点城市会战】年内，上海邮政EMS在2012年开展56个重点城市会战的基础上，推进73个重点城市会战工作。通过实施转运前置，将出口航空总包转运工作由虹桥航站搬迁前置至中春路分拣一科场地作业，实现按计划舱位量与航空代理办理逐航班配载扫描交运，提升民航发运计划执行率；调整发运计划，扩大京穗深二频次邮航前置封发范围，提高邮航包舱量；加强监控考核，开通南航集散二频次，提高南航集散邮件直封比例，提升发往73个重点城市邮件的次日递率。借助73个重点城市“次日递”服务水平提升契机，以同城及重点区域互寄业务为切入点，细分目标客户，制定客户开发和服务方案，开发高端品牌客户市场、商场（商圈）写字楼市场。

【**开办小件、大件物流业务**】1月和7月，上海邮政EMS为满足市场需求，进一步完善邮政速递产品结构，先后策划开办小件、大件物流业务。小件物流业务是为电子商务B2B、B2C规模客户提供全方位的新“经济快递（非标）”寄递服务，满足速递业务20公斤以上货物寄递需求。大件物流业务是在小件物流业务基础上，针对市场上批量型、重量较大物品的专项邮政物流配送服务，满足单票货物100公斤以上寄递需求，同时提供货物保险、送货返单、全程跟踪、送货上楼、代客包装、专人清点、排队进仓等增值服务，为客户提供一揽子服务；业务覆盖全国362个城市，其中八成以上城市实现干线直达，且较市场上民营物流公司同类产品价格优惠10%。小件、大件物流业务推出后，进一步扩大邮政物流业务覆盖面，贴近市场实际。

【**做好上海书展快件寄递服务**】8月14-20日，2013上海书展暨“书香中国”上海周在上海展览中心举行，邮政EMS作为本届书展唯一指定快件寄递服务商，在书展现场设立3个服务点，挑选10余名业务骨干进驻服务点，开通邮政EMS服务绿色通道，推出代客封装、打包、收寄等一条龙特色服务，受到广大市民读者欢迎。7天内发放宣传单页1000余份，收寄邮件3055件。主办方对邮政EMS专业化服务给予高度评价，被2013上海书展暨“书香中国”组委会授予“优秀合作奖”。

【**同城返单新业务上线**】上海邮政EMS树立同城市场差异化竞争理念，大力推进同城返单类业务发展。在原有法院回执、联通实物返单等业务基础上，3月起先后开发实物类返单、收件人付费返单、代收货款返单三大返单业务类型；工商银行、申邮、国拍收件人付费等12种返单新业务成功上线。为全面满足该类客户个性化要求，在各速递分公司分别成立同城返单业务项目组，负责揽收（收寄）、分拣、前置封发、汇总、统计、返单返回客户、客户维护等日常管理工作。加大同城返单业务宣传、培训与推进，获得返单客户公司高度认可，为全年同城返单业务突破性发展奠定基础。全年累计业务总量63.06万件，同比增长16.21倍；平均时限内妥投率为97.54%，平均时限内返单率为98.16%。

【**开展主动客服工作**】为全面提升协议客户服务质量，提高客户满意度，9月起，上海邮政EMS开展主动客服工作。客服中心选派优秀客服人员组建VIP主动客服团队，各分公司分别建立主动客服团队，规范主动客服操作标准，重点围绕主动客服工单创建与处理规范、投诉处理技巧、主动客服成效评估等内容加强客服人员培训，以“做精品服务、为营销助力”为原则，全面推进标准快递、经济快递VIP客户主动客服工作。年内，为上海22家VIP大客户提供主动客户服务，包括对邮件全程主动跟踪、问题邮件的主动发现、发运异常情况主动告知等服务内容，同时处理其它客服类需求，为VIP客户主动查询标准邮件1.26万件、代收货款邮件2.33万件。通过VIP客服代表主动走访各家客户，实时与用户沟通，听取用户意见建议，得到用户认可。截至年底，VIP客户申诉率为零。

（五）科技文化和社会责任

【**概况**】上海市邮政管理局推动建设精神文明，开展“坚决反对腐败，建设廉洁政治”理论征文活动，组织“诚实守信为本 争做道德模范”主题征文活动汇报演讲竞赛。推进快递行业工会组织建设，对近50家有代表性的快递企业进行相关统计调研。

年内，上海市邮政公司进一步实施科技兴邮战略，充分发挥信息化引领作用，增强企业核心竞争力。依靠高新技术和现代管理方法、经营方式和组织形式，创新服务领域、服务模式。通过信息化，减少冗余流程，提高运行效率和效益，进一步解放生产力。着力推广和应用新技术，提升邮政传统业务的技术含量和技术层次，实现传统业务效能提升，开拓新的业务领域，满足用户需求。密切关注信息技术发展趋势，了解借鉴国内外企业信息化的先进经验。顺利完成13项软件开发项目，支撑业务发展。上海邮政博物馆完成二期改造，进一步提升馆内科技含量，获得参观者好评，全年累计开馆288天，接待参观者9.79万人次。充分利用馆内场地举办各类集邮和书信活动，以青少年和中老年为重点服务对象，扩大社会影响力。

【组织开展免费寄递赈灾物款工作】 4月20日，四川省雅安市芦山县发生地震，上海市邮政管理局及时部署应对雅安芦山地震的邮件快件寄递工作和受灾人员慰问工作，各大快递企业免费提供灾区寄递服务，全行业组织爱心捐助活动，捐款捐物超600万元。

次日，中国邮政开通赈灾包裹、救灾汇款免费寄递服务。上海市邮政公司第一时间通过《解放日报》、《文汇报》、《新民晚报》及上海电视台新闻综合频道进行宣传，为爱心市民赈灾提供免费寄递通道。各窗口单位及时组织落实赈灾包裹免费寄递工作，优先收寄处理赈灾包裹，确保赈灾渠道畅通；转运部门为加快赈灾包裹传递速度，采取总包直封的作业方式，缩短周转时间，对赈灾包裹进行优先处理、优先封发、优先发运。至4月25日，共计处理、发运赈灾包裹3987件，总包2329袋。

【投递信息系统二期工程上线运行】 2013年，中国邮政集团公司立项建设投递信息系统二期工程。上海作为全国首批应用试点省市，自9月起开展各项上线准备工作，确定设备部署方案，做好设备接收工作，提前进行省中心机房准备工作和服务器上架安装调试及布线等，保证场地、机柜、电源和网络及时到位。11月15日起，上海市邮政公司组织两次业务预演，收集汇总问题。11月19日，上线切换工作顺利实施，经部分区县邮政局配合进行业务测试后，上海投递信息系统二期工程成功切换上线。

【建设“速卖通”集货仓业务系统】 7月9日，“速卖通”集货仓业务系统项目正式启动，上海市邮政公司业务及技术部门派员常驻淘宝杭州总部，与合作方多次进行系统联调。全球速卖通是阿里巴巴旗下唯一面向全球市场打造的在线交易平台，阿里巴巴选用中国邮政的国际小包，通过北京、上海、深圳三个口岸出关，为跨国交易提供国际物流服务。整个物流的过程分为国内段和国际段，中间需要一个货物集散仓库，作为国内段的收件人和国际段的代理寄件人，称为集货仓。上海邮政从未来业务发展和提高物流处理效率的角度出发，积极承揽“速卖通”上海口岸的集货仓业务。10月9日，淘宝的相关子系统与上海邮政国际小包集货仓系统正式上线运行，邮政的国际包裹业务与跨境电商的直连跨出具有战略意义的第一步。

【上海邮政博物馆完成二期改造】 1月9日，上海邮政博物馆顺利完成二期改造，向社会公众开放。此次改造运用高科技声光电技术以及多媒体技术，对现有展示内容进行重新设计。通过“最佳投递员竞赛游戏”“互动邮政地图”“一封信的历程”“书信与文化多媒体展示”“信封书写格式、邮政编码评分教学”“邮票与世博”“《未来邮政》三维动画”以及“互动式RFID邮件自动分拣机微缩模型”8个改造项目，使上海邮政博物馆融趣味性、参与性和互动性于一体。

【《豫园》特种邮票发行】9月7日，《豫园》特种邮票首发式在豫园绿波廊广场举行，这是继1996年发行《上海浦东》特种邮票和小型张之后，第二次成套发行上海地方题材特种邮票。邮票由上海籍美术家张安朴设计，画面以钢笔淡彩画勾勒而成，颜色饱满、线条灵动，突显豫园园林设计精巧、布局细腻的特点，也充分体现浓郁的上海情调。邮票版式设计者为王虎鸣，《豫园》大版邮票采用一种新的版式，第一枚和第二枚为一个版式、第三枚和第四枚为一个版式。两个版张各有一段横式过桥，分别选取与老城隍庙市井文化密不可分的豫园商城街景。邮票在版张中按左右等分排列。为配合邮票发行，上海邮政特推出各种品类的封、片、卡、折、册，并现场提供加盖必能宝邮资戳服务和相关邮品鉴赏。（汤琳）

十三、海洋海事

（一）综述

2013年，海洋管理基础进一步夯实，海陆统筹发展迈上新台阶。积极推进海洋立法工作，海域使用管理办法、海底管线保护办法已列入市政府规章正式立法计划。海监维权执法基地维修改造项目已投入试运行。组织了多次海洋倾废、海域使用、海底光缆保护等专项执法，开展了海陆空“雷霆”应急演练，海洋执法水平进一步提升。编制完成海洋规划体系纲要和海洋战略性新兴产业发展指导目录，成立海洋工程咨询协会，完成本市海洋经济试点调查，启动海洋经济运行监测与评估系统项目建设，举办了2013上海海洋论坛，并召开了本市海洋经济发展联席会议，挂牌成立了“上海市海洋局深海装备材料与防护工程技术研究中心”，有力推动了本市海洋经济发展。深化海洋环保合作机制，实施了本市海洋环境调查、监视和评价，编制并发布了2012年海洋环境质量公报和各类通报、监测报告；并积极推进洋山港海域海洋生态环境保护与修复等项目。统筹利用滩涂与海域资源，实施完成促淤15.75万亩、圈围6.9万亩，为城市建设拓展了新的发展空间。

2013年，上海海事局共完成搜救行动

243 次，出动海事巡逻艇 309 艘次，专业救助船舶 63 艘次，飞机 91 架次（其中海事空巡飞机 16 架次），社会船舶 323 艘次，救助成功 2787 人次，搜救成功率为 98.38%。截至年底，上海海事局在册登记船舶总数为 2336 艘，比上年同期增长 1.65%，总吨 18639563，比上年同期增长 8.14%。全年共实施港口国船舶检查 790 艘次，实施船旗国船舶检查 5436 艘次，实施境外滞留船舶应急处置和跟踪调查 4 艘次。审批非开放码头临时接靠国际航行船舶 505 艘次，开辟绿色通道，及时审批办理电厂码头临时接靠国际航行船舶 62 艘国际航线的煤船。共查验国际航行船舶 41517 艘次，办理国内航行船舶航次签证 401971 艘次，定期签证 22968 艘，定期签证累计航次数达 1245141 艘次。完成重度雾霾天气期间船舶疏港任务。推动巡航救助一体化，开展水域巡航 26882 次，在黄浦江水域实行班轮巡航模式；空中巡航进入规范快速发展阶段，空巡飞机对专属经济区巡航 66 架次。加快水域巡航电子化、可视化进程，集成开发黄浦江电子巡航系统，实现对黄浦江水域船舶动态的主动探测和水上交通监控智能化。4 月 16 日，中国海事部门规模最大、装备最先进，兼备海事巡航监管和救助功能的综合执法船“海巡 01”轮列编上海海事局。11 月 18 日，东海海巡执法总队在上海成立。

2013 年，交通运输部东海救助局执行救助值班待命 6618 艘天，执行各类救助抢险任务 724 起，出动救助力量 928 次（其中救助船舶 131 艘次、救助艇 123 艇次、直升机 197 架次、应急反应救助队 477 队次）；援救各类遇险人员 2153 人，救助遇险船舶 32 艘，获救财产价值估算 42.592 亿元。其中，执行上海辖区海（水）上及陆域涉水救助任务 155 起，出动救助力量 213 次（其中救助船舶 64 艘次、直升机 87 架次、应急反应救助队 62 队次）；援救各类遇险人员 1662 人（其中外籍 936 人），打捞遇险人员遗体 14 具，救助遇险船舶 8 艘（其中外籍 4 艘），获救财产价值估算 35.669 亿元。交通运输部上海打捞局全年完成公益性抢险救助和财产性救助等应急抢险打捞任务 24 次（其中国内海域 19 起、国外海域 5 起）。其中，救助遇险船舶 14 艘次，打捞沉船 2 艘次，水下应急抽油 532 吨，船舶待命 492 艘次，拖航运输 30 艘次，海洋工程服务 11223 艘天。

（二）海洋管理

【概况】2013 年，海洋管理基础进一步夯实，海陆统筹发展迈上新台阶。积极推进海洋立法工作，海域使用管理办法、海底管线保护办法已列入市政府规章正式立法计划。海监维权执法基地维修改造项目已投入试运行。组织了多次海洋倾废、海域使用、海底光缆保护等专项执法，开展了海陆空“雷霆”应急演练，海洋执法水平进一步提升。编制完成海洋规划体系纲要和海洋战略性新兴产业发展指导目录，成立海洋工程咨询协会，完成本市海洋经济试点调查，启动海洋经济运行监测与评估系统项目建设，举办了 2013 上海海洋论坛，并召开了本市海洋经济发展联席会议，挂牌成立了“上海市海洋局深海装备材料与防护工程技术研究中心”，有力推动了本市海洋经济发展。深化海洋环保合作机制，实施了本市海洋环境调查、监视和评价，编制并发布了 2012 年海洋环境质量公报和各类通报、监测报告；并积极推进洋山港海域海洋生态环境保护与修复等项目。统筹利用滩涂与海域资源，实施完成促淤 15.75 万亩、圈围 6.9 万亩，为城市建设拓展了新的发展空间。

【海洋环境监测与质量概况】 2013 年，海洋环境质量监测项目涉及水文气象、海水、沉积物、生物等百余项，监测海域面积逾1.72万平方公里，监测时间主要集中在5月和8月，共布设水质站位279个，沉积物、生物站位各174个，共采集样品约5800个，获得监测数据56600余个。

2013年本市及邻近海域海水环境质量状况基本保持稳定，无机氮和活性磷酸盐仍为主要超标污染物；沉积物环境质量状况良好；海洋生物种类变化不大，群落结构基本稳定。水源地邻近水域基本符合Ⅲ类地表水环境质量标准。海洋自然保护区水体中无机氮和活性磷酸盐等部分项目出现超标，沉积物环境质量满足其功能区要求。金山城市沙滩滨海旅游度假区和奉贤碧海金沙滨海旅游度假区适宜开展休闲（观光）活动。海洋（涉海）工程区和倾倒区环境质量状况基本能满足相应功能区要求。

2013年本市海域未发现赤潮。长江口宝钢水库邻近水域枯水期出现8次咸潮入侵过程。崇明岛东部出现海水入侵和土壤渍化土现象。崇明东滩南部部分岸段受海水侵蚀。本市海域海水环境中放射性水平未出现异常。

【海洋环境放射性监测】2013年，继续对青草沙水库邻近水域、佘山岛邻近海域开展海洋环境放射性监测的结果显示，监测海域海水中总β、131I、137Cs、90Sr放射性水平均在近海海洋天然本底范围内，其中，131I、137Cs均未检出，90Sr远低于海水水质标准的标准值。

【海域使用管理】2013年，上海市海洋局共完成审批海域使用项目3个，共登记发证3宗用海，确权面积8.4074公顷；批准海底电缆路由勘测申请1起。全年我市共完成征收市批项目的海域使用金719万元；受国家海洋局委托，征收国批项目的海域使用金249万元。统筹利用滩涂与海域资源，实施完成促淤15.75万亩、圈围6.9万亩。

【海洋倾废管理】2013年，上海市海洋局共受理并签批许可证正本147份，副本1036份。其中，批准骨灰撒海2522盒，批准疏浚物倾倒总量511万立方米，收取倾倒费153.33万元。使用了长江口1#疏浚物海洋倾倒区、吴淞口北海洋倾倒区、长江口骨灰撒海倾倒区以及金山疏浚物临时海洋倾倒区。

【世界海洋日暨全国海洋宣传日宣传活动】6月8日，本市纪念2013年世界海洋日、全国海洋宣传日暨国家海洋科普教育基地揭牌仪式在宝山区邮轮码头近邻的上海长江河口科技馆隆重举行。国家海洋局确定2013年世界海洋日暨全国海洋宣传日的活动主题为“建设海洋强国”。结合上海实际，确定上海纪念活动的宣传主题为“认知美丽海洋，发展海洋经济”。

此次纪念宣传活动共十项，一是开展“携手看海去—上海青少年海洋知识传播行动”活动；二是开展涉海（水）执法部门联合执法行动和海洋应急演练、海洋倾废案件公开听证会等系列活动；三是开展海洋科普教育（实践）基地授牌、海洋科普讲座及《美丽的深海》科普展览活动；四是组织参观洋山港海洋生态修复示范区活动；五是开展海洋主题辩论赛和海洋与可持续发展论坛活动；六是组织开展海洋知识进社区、进学校、进机关“三进”和广场宣传活动；七是联合开展上海市海洋环保志愿者清洁海岸、清洁海岛活动；八是开展“海大人文”海洋日节庆系列宣传活动；九是组织“从长江口走向深海”为主题的院士专家讲坛；十是组织召开上海市海洋工程咨询协会成立大会。

【“携手看海去”青少年海洋科普活动】6月7日，由上海市海洋局、上海市科学技术协会主办的“携手看海去—2013年上海青少年海洋知识传播行动之世界海洋日宣传活动”在黄浦区青少年科技活动中心隆重举行。本市250多名中小学师生代表参加活动。

作为上海市海洋局青少年海洋科普教育的品牌之一，2013年的“携手看海去”系列活动以“祖国的海疆，丰富的宝藏”为主题，除保留海洋科学创意竞赛、海洋科学实践活动和世界海洋日宣传等传统栏目外，新增“未来海洋科学家”创新项目培育版块。

在海洋科学创意竞赛决赛中，“便携式清创喷枪”、“海绵提取物防止藤壶附着的实验研究”等参赛作品获得一等奖和特等奖。同时，本市近百所学校5000余名学生通过网络竞赛平台提交了海洋科技创新研究项目或设想，经过层层选拔，有15名创新项目的作者成为“未来海洋科学家”科学研究会员。这些青少年将在市海洋局的支助下，从2013年9月起接受一学期的创新项目培育课程，同时他们还将有机会参加由中国船舶工业集团与上海交通大学联合开展的“扬帆深海”船舶科技营。

【《上海市建设项目海域使用许可管理办法》施行】《上海市建设项目海域使用许可管理办法》自2013年12月1日起施行。该办法确立了本市建设项目用海预审制度，对用海预审与海域使用许可程序进行了有效衔接。为规范建设项目用海内部审批流程，市海洋局一并印发了《上海市海洋局建设项目海域使用许可审查工作规则》，对建设项目海域使用许可审核工作流程进行了优化，明确了各部门办理程序、工作职责、办理期限。

【《上海市海域使用论证报告评审工作实施办法》施行】《上海市海域使用论证报告评审工作实施办法》自2013年8月1日起施行。为进一步依法、规范做好本市海域使用论证报告评审工作，切实提高评审工作质量和效率，该实施办法明确了海域使用论证报告评审时间、形式、管理部门、意见效力和有效期，明确了评审专家组组成原则，以及会议评审和函审评审程序。

（谷鸿鹄）

（三）海事管理

【概况】2013年，上海海事局坚持深化“链网工程”建设，积极拓展海事服务领域，稳步推进“政事分开”改革，安全管理长效机制不断完善，海事公共服务体系不断健全，海区航海保障能力不断优化，海事全面履职能力不断增强。

2013年，上海海事局共完成搜救行动243次，出动海事巡逻艇309艘次，专业救助船舶63艘次，飞机91架次（其中海事空巡飞机16架次），社会船舶323艘次，救助成功2787人次，搜救成功率为98.38%。作为上海海上搜救中心的成员单位和搜救中心办公室，组织了2013年度上海海上搜救志愿者培训，开展10场人员落水无预案演习，成功处置“曙星1号”轮与“永星7号”轮碰撞沉船、“达飞佛罗里达”轮与“舟山”轮碰撞沉船、“6.7”吴淞口沉船、“海泓达”轮与“旅行者”轮碰撞沉船、“超级太阳”轮火灾等险情事故。积极推动巡航救助一体化工作，全年开展水域巡航26882次，在黄浦江水域实行班轮巡航模式；空中巡航工作进入规范快速发展阶段，空巡飞机共完成对专属经济区巡航66架次。加快水域巡航电子化、可视化进程，集成开发黄浦江电子巡航系统，实现对黄浦江水域船舶动态的主动探测和水上交通监控智能化。

截至 2013 年底，上海海事局在册登记船舶总数为 2336 艘，比上年同期增长 1.65%，总吨 18639563，比上年同期增长 8.14%。深入开展“中国洋山港”保税船舶登记工作，年内完成 5 艘船舶的保税登记工作。（表 13.1）

表13.1　上海海事局2013年在册登记船舶总体情况分析

船舶种类	船舶数量（艘）	同比	总吨	同比	平均单船总吨	同比
国际航行船舶	433	2.12%	11356563	6.19%	26227	3.98%
国内航行海船	1094	3.99%	6263330	13.23%	5725	8.88%
国内航行河船	809	–1.58%	1019670	0.89%	1260	2.52%
总计	2336	1.65%	18639563	8.14%	7979	6.39%

开展“四客一危”船舶专项检查、国内船舶消防安全专项检查以及东京备忘录有关船舶推进装置及辅助设备集中检查活动。全年共实施港口国船舶检查 790 艘次，实施船旗国船舶检查 5436 艘次，实施境外滞留船舶应急处置和跟踪调查 4 艘次。审批非开放码头临时接靠国际航行船舶 505 艘次，开辟绿色通道，及时审批办理电厂码头临时接靠国际航行船舶 62 艘国际航线的煤船。共查验国际航行船舶 41517 艘次，办理国内航行船舶航次签证 401971 艘次，定期签证 22968 艘，定期签证累计航次数达 1245141 艘次。（表 13.2，表 13.3）

开展安全诚信公司评比，出台辖区航运公司安全与防污染诚信等级管理办法，全面推行差别化管理，加强对辖区高风险、安全状况不稳定的航运公司的重点监控。全年共组织实施或安排国内公司审核 73 次，国际及双证公司审核 59 次，船舶审核 198 艘次。

建立健全辖区危险品管理和船舶污染防治管理基本制度，强化危防现场监管业务，

表13.2 上海海事局2013年船舶安全检查情况统计表

项目		检查艘次	缺陷数量	滞留艘次	滞留率
港口国检查		790	3291	27	3.42%
船旗国检查	海船	1757	15106	84	4.78%
	内河船	3679	29425	117	3.18%
	小计	5436	44531	201	3.70%

表13.3 上海海事局2014年船舶签证和口岸查验数据统计

项 目		船舶艘次	与去年同比	单船数	货物装卸量（亿吨）
国际航行船舶口岸查验	中国籍船舶	2065	11.08%	242	1.45
	外国籍船舶	39452	-4.01%	5296	1.67
	小 计	41517	-3.36%	5538	3.12
沿海船舶航次签证		91109	0.83%	4188	1.62
内河船舶航次签证		310862	5.94%	16428	1.02
定期签证	沿海船舶	85905	-5.94%	214	0.81
	内河船舶	1159236	-16.71%	1082	0.96
	小 计	1245141	-16.05%	1296	1.77
合 计		1688629	2.76%	26810	7.53

实施危防现场检查共15838次，处罚危防违章案件962起。开展集装箱检查16259标箱，查获危险品瞒报案件150起。开展船舶污染事故（含险情）及船载危险货物事故险情应急处置工作13起，成功处置“达飞佛罗里达”轮污染事故。会同上海出入境检验检疫局开展进出口危险化学品联合监管专项行动，组织举办上海港首次清污单位技术比武。（表13.3）

组织实施海船船员适任考试和评估，开展船员证书审核、健康证书管理和船员信息采集工作，船员培训机构、船员服务机构、海员外派机构日常监督检查率100%。稳步推进船员评估示范中心建设、海员培训、发证和值班标准国际公约马尼拉修正案和2006年海事劳工公约的履约工作。全年签发船员适任证书14447本，引航员适任证书102本，船员培训合格证34260张，海员证10174本。

完成2013年全国注册验船师考试大纲和考试规程修订工作。2013年9月，代交通运输部起草的《北斗船载接收机性能标准》提案在国际海事组织第59届航行安全分委会上获得通过。

加快建设综合航标管理体系，开展东海海区沉船标及沉船清理工作，完善AIS岸基系统建设，加快东海海区海洋气象服务系统建设，开展差分北斗导航系统研究。东海海区管理航标总数5458座，完成维护工作量1764350座天，航标正常率为99.91%，航标维护正常率99.99%。

参与执行交通运输部海事局2013年第2次南海巡航任务，完成南海岛礁扫测任务。完成“长江口北斗连续运行参考站系统（BD-CORS）试验平台”建设，完成海道测量生产数据库（HPD）升级改造。为上海港、连云港、南通港、舟山－宁波港、乐清湾等

表13.4 2013年上海港辖区水域船舶污染事故汇总

序号	时间	地点	辖区	船名	船籍	事故概况及应急处理情况
1	2013年1月12日	长江口北报告线北侧	吴淞	曙星1	宁波	“曙星1”轮与“永星7”轮发生碰撞，造成“曙星1”轮沉没，约10吨机舱舱底油污水泄漏入海。吴淞海事处启动《吴淞海事处海上搜救和船舶污染事故专项应急预案》，组织协调海巡1006等2条巡逻艇及晨扬、鑫安两家清污单位三条清污船赶赴现场开展应急处置，基本清除污染。
2	2013年3月19日	长江口灯船东北方向124海里处（概位31-31.9N 124-54.2E）	我国专属经济区范围内	"CMA CGM FLORIDA"("达飞佛罗里达"轮)	英国	"达飞佛罗里达"轮与巴拿马籍散货船"舟山"轮发生碰撞，"达飞佛罗里达"轮船舱破损，613.278多吨燃料油泄漏入海，造成海域大面积污染。我局启动《上海海上搜救和船舶污染事故专项应急预案》，组织协调十余艘千吨级公务船、救助潜水船、清污船赶赴现场开展应急处置；对污染海域实施卫星遥感监测，安排飞机进行监视，4月10日左右，基本清除污染。
3	2013年4月18日	长江口灯船东南方向约21.4海里处（概位30-57-25N，122-55-22E）	吴淞	华锦洋	唐山	“华锦洋”轮与“春天彩虹”轮碰撞，造成“华锦洋”轮左舷船体破损进水，约12千克舱底油污水泄漏入海。吴淞海事处启动《吴淞海事处海上搜救和船舶污染事故专项应急预案》，组织协调海巡0103巡逻艇及晨扬清污单位两条清污船赶赴现场开展应急处置，基本清除污染。
4	2013年8月7日	长江口南槽灯船东南约2.1海里水域处（概位：30° 58.1′ N、122° 33.1′ E）	吴淞	海泓达	中国	巴拿马籍散货船“FRONTIER VOYAGER”轮“海泓达”轮发生碰撞，造成“海泓达”轮船体中部破损进水下沉，具体溢油量须待沉船打捞起浮量舱后方能确定。吴淞海事局组织协调晨扬、东安两家清污单位三条清污船赶赴现场开展应急处置。上海打捞局目前正在对“海泓达”轮进行打捞。
5	2013年9月6日	军工路码头	吴淞	QING XIN	巴拿马	“QING XING”轮加油过程中从受油油舱溢出25公斤燃料油。该轮协议清污单位上海伟龙清污公司“沪嘉定油16”接报后到现场清污，基本清除污染。
6	2013年9月16日	闸北发电厂	吴淞	丰润1	中国	该轮卸油过程中未有效关闭蒸汽加热管路通往货油管路的阀门，导致约5吨渣油从蒸汽管路泄漏入江。吴淞海事局、杨浦海事局接报后指派晨扬公司三条清污船现场清污,同时派伟龙公司及洪星公司的清污人员清除码头里里档油污。至17日0900时油污基本清除完毕。
7	2013年10月9日	长江口2号锚地	吴淞	格兰德吉	巴拿马	该轮在锚泊时尾部被渔网缠绕，在救助船“东南起6”轮清除渔网过程中，两船反复接触碰撞，导致格兰德吉轮右舷尾部水线以上3米位置处受创产生裂口，部分燃油从裂口泄漏入海。吴淞海事局组织开展应急处置。
8	2013年12月26日	罗泾煤码头前沿水域	宝山	正通粮油988	泰州	与新长江25041轮发生碰撞，导致“正通粮油988”2舱中部破损，溢出毛葵油（食用油）约12吨，在罗泾煤码头前沿水域形成一个约50m*4m的油污带。出动"沪环货117"对现场进行清污,布设围油栏,投放吸油毡回收油污。宝山海事局协调"浦江十九号"水下探摸人员对事故船破口进行堵漏，出动"海巡01065"、"海巡01067"对现场进行维护。

辖区内重要港口、水域的水运工程提供通航尺度核定测量服务112次。及时完成长江口“浦海226”轮落水集装箱扫测、长江口“曙星1号”和“康瑞68”轮沉船打捞后验收扫测、台风过后航道水深监测等应急扫测任务13项。全年累计完成16901.56换算平方公里水域测量任务，制作港口航道纸海图297幅、电子海图222幅，发行港口航道纸海图104613幅、电子海图381368幅次，测绘产品优良率100%。

年内，共播发海上安全信息17.5889万次，处理DSC信息约77万条，处理遇险通信359次。全年办理船舶电台执照92份，办理船舶识别码证书3632份。

上海海事局承办了2013年中国海员大会、中国－东盟海事磋商机制第9次会议、国际海道测量组织海道测量标准与服务委员会第五次会议（HSSC5）以及外国在华验船公司年会等全国性和国际会议，承办了“第十七届中国国际海事技术学术会议和展览会”中国海事局参展工作、上海口岸文化建设“摄影与摄像”基地揭牌暨首场交流活动，举办了中国船员教育培训考试和发证回顾展、“海巡01”轮远洋训练及出访四国暨上海口岸文化建设摄影图片展。

【推行网上/自助海事行政处罚】1月1日，正式开通上海海事局网上/自助处罚系统，为行政相对人提供可网上或通过自助终端全天候、跨辖区处理违章的多样化选择。使用该系统的案件需满足三个条件：（1）使用对象（处罚对象）须是较为诚信的行政相对人，当事船舶非重点跟踪船舶且当事人未被局评定为不诚信单位或个人，无屡次恶性违法情节；（2）案件事实清楚，证据确凿充分，适用法律依据正确，裁量符合局裁量基准，不存在争议且无需补充调查的；（3）行政相对人须自愿且使用该系统确实能便利行政相对人。2013年全年通过网上/自助处罚系统实施行政处罚1185件，占行政处罚案件总数18.82%。

【无线电指向标－差分北斗卫星导航系统（RBN-DBDS）投入运行】2月，由东海航海保障中心、中国航空工业无线电电子研究所和上海埃威航空电子有限公司共同研究，中国具有完全知识产权的无线电指向标－差分北斗卫星导航系统（RBN-DBDS）在黄海南部和长江口水域圆满完成国内首次播发与接收试验，系统定位精度达到1米以内，领先于全球定位系统（GPS）。7月1日，全国首座无线电指向标－差分北斗卫星导航系统（RBN-DBDS）基站在大戢山投入试运行，这是全球首座北斗和GPS双模差分全球导航卫星系统基准站，标志着我国在北斗系统海上应用方面取得重大突破，打破了GPS系统在定位、导航、授时等方面的垄断，将为我国海上交通运输、海洋工程建设、渔业生产、专属经济区开放和国防建设提供更加精确、更加可靠的定位支持。

【完成南海西沙和南沙海域巡航与测量任务】2月23日至3月13日，“海巡166”轮参加中国海事局2013年第二次南海联合巡航活动，先后巡航永兴岛、渚碧礁、南薰礁、东门礁、美济礁、赤瓜礁、永暑礁、琛航岛等地，完成多次环礁勘测、水深扫测、码头前沿浅点探测等任务，完成总测线里程约221公里，测量面积约53.9平方公里。“海巡166”轮是中国目前吨位最大、设备最先进、功能最齐全的综合性海事测量船，集水文信息、航标、海洋测绘、溢油等功能于一身。

【洋山港实现“双窗口”离泊作业和主航道双向通航】3月1日，在上海洋山港海事处船舶交通管理中心指挥下，大型集装箱船中国籍“新连云港”轮安全离开上海冠东国际集装箱码头有限公司3号泊位，顺利驶离洋山港，标志着洋山港“双窗口”离泊作业试验获得成功。10月15日，洋山深水港主航道正式实行双向通航，进出洋山港船舶平均等待时间由3.5小时缩短至1.75小时，泊位利用率由72%上升至84%。双向通航的常态化将缩短船舶待泊时间，提高港口和航运公司运营效率、降低运营成本，将惠及往来洋山深水港的世界各大

航运公司，惠及所有涉及上海洋山深水港的港航企事业单位。

资料："双窗口"离泊作业，是指在船舶交通管理中心、海事巡逻艇、作业船舶等各方密切配合下，对大型集装箱船舶进行顺流离泊作业，实现船舶在顶流、顺流两种窗口时间安全离泊。

【成功处置我国首次远海船舶救助清污】 3月19日，英国籍集装箱船"达飞佛罗里达"轮与巴拿马籍"舟山"轮在长江口东北约124海里处碰撞，"达飞佛罗里达"轮两舱破损进水，造成大面积油污泄漏。上海海上搜救中心第一时间组织海事、救捞、清污力量，协调7艘千吨级船舶和空巡、专业救助直升机等到事故现场救助并开展清污工作，同时成立专家组全面评估船舶受损情况和现场海况。20日到21日，受突袭的寒潮大风影响，现场清污进度受阻，"达飞佛罗里达"轮在由海巡艇、救助船、清污船组成的船队不间断伴航下锚泊避风。27日，"达飞佛罗里达"轮在船队伴航下顺利靠泊上海洋山港码头。这是我国海事部门首次组织实施的远海船舶救助、清污行动，有效将事故对海洋环境的损害降到最低，有力保障了我国海上经济安全运行。

【"海巡01"轮列编并出访澳印尼缅马四国】 4月16日，目前中国海事部门规模最大、装备最先进，兼备海事巡航监管和救助功能的综合执法船"海巡01"轮正式列编上海海事局。"海巡01"轮长128.6米，船宽16米，设计排水量5418吨，最大航速20.8节，续航能力超过1万海里，具有强大的信息收集处理和传输能力，并设有综合指挥系统，具有海事监管、海上人命救助、遇险船舶拖带、对外消防灭火作业、海面溢油回收救助作业能力，并有夜间搜寻救助能力，能同时搭载获救人员200人，能对伤病员进行简易的药物、器械治疗。船上还有中型直升机机库和大型直升机起降平台，可搭载世界上最大直升机并对其进行加油。"海巡01"轮是我国首艘巡航救助一体化船舶，主要用于在中国管辖水域进行海事监管、海上人命救生和以海上人命救生为目的的船舶救助、海上船舶溢油监测和应急处置、应对海上突发事件和国际交流合作等任务。

6月10日至8月11日，"海巡01"轮出访澳大利亚、印度尼西亚、缅甸和马来西亚四国，先后访问悉尼、凯恩斯、雅加达、仰光和巴生港，拜访四国海事管理机构，就海上搜救、港口国检查、船舶交通系统运行管理、海事调查以及船舶防污染等进行交流，并与四国开展了多种形式的文化交流活动。其间，还分别于7月1日、18日和28日在澳大利亚大堡礁海域、印度尼西亚雅加达丹蓉布鲁港水域和缅甸仰光河与所在国海事管理机构进行了联合搜救演习。此次出访总航程达14000海里，是中国海事公务船首次穿越赤道访问南半球国家，也是海事公务船首次跨洋出访多个国家。

【成功研制国内首艘水面无人测量艇】 5月29日，由东海航海保障中心上海海事测绘中心、上海大学、青岛北海船舶重工有限公司共同研发的"水面无人智能测量平台工程样机"项目在青岛通过评审验收，标志着中国自行研制开发的首艘无人测量艇正式诞生，填补了国家海洋测绘远程操控无人驾驶测量的空白，满足了在浅滩、暗礁等危险水域及特殊海况下的测量工作等需要。首艘水面无人测量艇为全封闭艇，最大航速18节，具有高抗倾覆性、集成度高、操作方便等特点，实现了遥控与自主导航航行、路径规划、路径跟踪、水面及水下障碍的自动避障避碰、远距离自主航行等功能；实现了单波束、多波束声呐测深，前视多波束声呐、侧扫声呐探测，多普勒流速流向测量等海洋多要素综合测量功能，其综合性能满足海事测绘部门对复杂水域进行测量作业的需求，在中国海事局2013年第二次南海巡航中在南海西沙和南沙海域实施了我国首次无人测量艇海上实地应用并获得成功。

【开展百日安全生产大检查】 6月17日至9月30日，在辖区开展“百日安全生产大检查”活动，共检查相关港航单位767个，检查场所（船舶）3058个（艘次），发现问题及隐患1015项，完成整改1015项，责令停产、停业、停止建设10家。

【上海海事局9个分支局及东海海巡执法总队挂牌成立】 根据中央编办《关于印发交通运输部直属海事系统人员编制和几个设置方案的通知》文件精神，按照《交通运输部关于中华人民共和国上海海事局主要职责机构设置和人员编制规定的通知》文件规定，上海海事局所属的吴淞海事处、董家渡海事处、兰州路海事处、吴泾海事处、金山海事处、外高桥海事处、宝山海事处、崇明海事处和洋山港海事处分别更名为吴淞海事局、黄浦海事局、杨浦海事局、闵行海事局、金山海事局、浦东海事局、宝山海事局、崇明海事局和洋山港海事局。7月11日至19日，9个分支局悉数举行了挂牌仪式。此次更名是上海海事局为了适应海事管理体制变化，海事机构改革发展历程中的一件大事，也是海事部门服务地方经济发展，贯彻水监体制改革精神的积极探索。

11月18日，东海海巡执法总队在上海正式成立运行。东海海巡执法总队按照授权，承担中国东海海区海上巡航工作，维护海上通航秩序，参与东海海区内海上违法行为查处、搜救和现场应急处置工作，执行中华人民共和国海事局安排的跨区巡航等任务，并履行黄浦江101灯浮至闵行发电厂港界线之间水域巡航管理职责。

【实施《上海市海上搜寻救助管理办法》】 7月15日，上海市人民政府印发《上海市海上搜寻救助管理办法》，自9月1日起施行。“办法”规定了海上搜救机构和资源、海上搜救保障、海上搜救行动要求，明确了海上搜寻救助的法律责任，对于建立健全上海海上搜救和船舶污染事故应急管理机制，整合海上应急资源，迅速、有序、高效地组织海上应急处置行动，保障海上人命安全，保护海洋环境，使海上遇险人员获得及时、有效的救助具有重要意义。

【完成重度雾霾天气船舶疏港任务】 12月4日至10日，上海遭遇全年最强雾霾，长江口深水航道5次封闭，港内码头、锚地船舶被迫停。吴淞海事局利用期间能见度转好的间隙，共实施5次疏港，通过提前排定所有锚泊船编队序列，按照客轮优先、重要民生物资运输船优先的原则，共疏散大型船舶1500余艘。

【推行中国（上海）自由贸易试验区国际船舶登记试点】 12月31日，《中国（上海）自由贸易试验区国际船舶登记制度试点方案》于获得交通运输部批复同意，标志着中国（上海）自由贸易试验区将正式开展国际船舶登记。试点方案从五个方面突破了现行船舶登记制度：（1）登记主体方面，放宽了登记船舶所属法人注册资本中的外资比例限制，外商投资比例可以高于50%；（2）船龄方面，可在现行船龄标准基础上放宽2年；（3）外籍船员雇佣方面，原来雇用外籍船员需要由交通运输部审批，现在只需向上海海事局报备；（4）船籍港方面，设置两个船籍港，如果船舶处于保税状态，则登记为“中国洋山港”，如船舶处于完税状态，则登记为“中国上海”，均享受国际船舶登记制度的各项政策便利；（5）登记种类方面，充分考虑社会经济发展实际需求，在现有登记种类的基础上增加了船舶融资租赁登记，并可结合自贸区实际情况，适当增设必要的登记种类。同时，在登记程序和相关配套程序上也授权上海海事局进行优化、完善，提高国际船舶登记效率。试点方案旨在建立与自由贸易试验区相适应的国际船舶登记制度，建成具有全球航运资源配置能力的国际航运中心，建设顺应全球经贸发展新趋势的中国（上海）自由贸易试验区，将有利于吸引更多的中资方便旗船舶回归，壮大五星红旗船队规模。

（范锋）

（四）救助打捞

【概况】 2013年，交通运输部东海救助局执行救助值班待命6618艘天，执行各类救助抢险任务724起，出动救助力量928次（其中救助船舶131艘次、救助艇123艇次、直升机197架次、应急反应救助队477队次）；援救各类遇险人员2153人，救助遇险船舶32艘，获救财产价值估算42.592亿元。其中，执行上海辖区海（水）上及陆域涉水救助任务155起，出动救助力量213次（其中救助船舶64艘次、直升机87架次、应急反应救助队62队次）；援救各类遇险人员1662人（其中外籍936人），打捞遇险人员遗体14具，救助遇险船舶8艘（其中外籍4艘），获救财产价值估算35.669亿元。交通运输部上海打捞局全年完成公益性抢险救助和财产性救助等应急抢险打捞任务24次（其中国内海域19起、国外海域5起）。其中，救助遇险船舶14艘次，打捞沉船2艘次，水下应急抽油532吨，船舶待命492艘次，拖航运输30艘次，海洋工程服务11223艘天。

完成“达飞佛罗里达”轮、“双子星”轮、“浙嵊97610”轮、“龙虎山”轮、“海泓达”轮、“超级太阳”轮、“安洋河”轮、“鼎耀景升”轮、“新海豹”轮等多项急难险重应急救助任务，完成“曙星1”轮、“海泓达”轮沉船打捞任务，以及夏季快流情况下的长江南京段“鑫川8”轮沉船抽油作业。积极融入上海市各级地方政府应急联动体系，密切与海事、公安等政府部门的联动协作，参与上海海上搜救中心组织的“2013年度东海水域无预案落水人员搜救演习”，完成船舶水下探摸排险、协警打捞溺水人员等一系列沿海和陆域水上应急救援任务。在上海外高桥水域举行“神舟十号”海上应急救援保障综合演练，完成“2013年世界X-CAT摩托艇锦标赛”水上应急保障等特殊专项任务。

【完成“曙星1”轮沉船清障打捞】 1月12日，宁波曙星海运有限公司所属“曙星1”轮在长江口锚地附近抛锚时，被航行船碰撞，船体破损大量进水，在长江口A警戒区水域北侧沉没。1月18日—4月28日，上海打捞局打捞浮吊船“大力号”等施工船舶连续作战66天，完成“曙星1”轮沉船清障打捞工程。抓捞沉船残骸1140吨，抽取油水混合物255立方米，打捞货物12678吨，清除污染长江口环境的污染源，恢复长江口南北航行通道的安全。

【成功实施远海船舶“达飞佛罗里达”轮救助清污】 3月19日，英国籍集装箱船“达飞佛罗里达”轮与巴拿马籍散货船“舟山”轮在长江口东北约124海里处发生碰撞，“达飞佛罗里达”轮货舱破损进水，造成大面积油污泄漏。上海海上搜救中心第一时间组织海事、救捞、清污力量，协调7艘千吨级船舶和空巡、专业救助直升机等到事故现场救助并开展清污工作，同时成立专家组全面评估船舶受损情况和现场海况。20—21日，受突袭的寒潮大风影响，现场清污进度受阻，“达飞佛罗里达”轮在海巡艇、救助船、清污船组成的船队不间断伴航下锚泊避风。27

日，“达飞佛罗里达”轮在船队伴航下靠泊上海洋山港码头。这是中国海事部门首次组织实施的远海船舶救助、清污行动，将事故对海洋环境的损害降到最低，保障海上经济安全运行。其间，东海救助局先后调派“东海救101”轮、“东海救115”轮、“东海救195”轮、“东海救159”轮4艘专业救助船舶和局应急反应救助队共计进出港11艘/队次，组织救助直升机17架次直接参与和协助现场溢油事故应急处置，承担难船的护航、清污抽油、设备转运、海事执法人员勘察取证等现场应急任务。上海打捞局首次参加清污救助的300米饱和潜水工作母船“深潜号”以及“联合正力”轮对“达飞佛罗里达”轮进行抽油清污和破口探摸等作业。首次采用新型溢油水面回收系统，在不加热情况下将漂浮于水面的CST 380重油有效收集回收，在4个小时内回收难船舱内表面污油水达90立方米。

【救助超大型豪华邮轮“双子星”轮】 4月20日下午，载有1011名工作人员和437名游客的丽星邮轮（香港）有限公司所属巴哈马籍超大型豪华邮轮“双子星”轮（长229.85米、宽28.5米）由上海驶往韩国济州岛途中，一个螺旋桨被渔网缠绕失去动力，在返航上海航行至长江口1号锚地附近时另一螺旋桨也被渔网缠绕，船舶完全失去动力后抛锚。接到救助信息后，东海救助局迅速调派“东海救111”轮、“东海救112”轮前往现场救助。由于受强冷空气影响，长江口海域东北风8～9级，浪高3～4米，“双子星”轮随时面临走锚碰撞危险。救助船舶通过高频电话向难船周边水域通报险情，提醒附近船舶采取避让和起锚避险等措施。经48个小时连续作业，将“双子星”轮安全拖抵吴淞国际邮轮码头。这是东海救助局建局以来获救人数最多的一次救助。4月20日，上海打捞局“深潜号”船接上海海上搜救中心指令抵达现场，在难船旁守护后护航难船至吴淞国际邮轮码头。

【访台交流活动】 4月30日—5月12日，以“共同传承妈祖文化·合力护佑海峡民众”为主题，“东海救101”轮在高雄、台中、基隆3个港口举行8天开放日活动，接待200余家单位的参访团及台湾各界民众6181人登船参观。

【完成“鑫川8”轮沉船抽油作业】 5月12日，满载1.25万吨石灰石的“鑫川8”轮在碰擦南京长江大桥六孔与七孔之间的桥墩后，造成船体破损沉没，且有部分燃油泄漏。5月16日，上海打捞局派出救捞专家和潜水员赶赴事故现场进行探摸、抽油作业。施工人员克服长江汛期流速快、水深变化大的影响，连续作业8个昼夜，潜水员在超常规、快流速的情况下，共潜水36人次，水下潜水总时间2273分钟，在汛期洪峰到来前，完成沉船水下抽油及探摸工作，保证南京市民的饮用水安全。

【救助超大型油轮“龙虎山”轮】 8月2日，新加坡籍超大型空载原油油轮“龙虎山”轮（长333米、宽60米）由上海驶往新加坡途中，在长江口以东约60海里处主机发生故障，船上27名船员遇险。接获险情后，东海救助局紧急调派“东海救101”轮和“东海救111”轮前往现场施救，并增派资深救助船长和专家前往现场指挥救助。由于难船船体结构大、干舷高，海上风力5～6级，带缆作业耗时近5个小时，又经过26个多小时的拖救作业，8月4日，将遇险船舶安全拖至江南长兴船厂，遇险船员全部获救。

【救助打捞散货船“海泓达”轮】 8月7日凌晨，满载1.35万吨铁矿砂的中国籍散货船“海泓达”轮由宁波驶往扬州途中，在长江口南槽灯浮附近水域与巴拿马籍“旅行者”轮发生碰撞，“海泓达”轮船体舯部破损进水沉没，船上18名船员遇险（其中3人落水失踪）。接获险情后，东海救助局迅速调派“东海救101”轮前往施救。“东海救101”轮抵达现场后，通过施放救助艇从驾驶台顶部成功救起15名被困船员（其他3名船员，1人被肇事船救起，2人经救助船和直升机协同搜寻未果）。同日，上海打捞局调遣大型打捞浮吊船“勇士号”“大力号”，以及救助拖轮“沪救18”轮等抵达事故海域，开展打捞布场、潜水探摸、开孔固定和穿千斤等工作。120名施工人员连续作业70昼夜，11月16日，“大力号”船成功起吊“海泓达”轮沉船机舱段并装驳运往拆船厂，完成沉船尾段打捞任务，清除该水域的污染源，畅通航道。

【救援散货船“超级太阳”轮】 10月14日早晨，满载1.5万立方米木材的巴拿马籍散货船“超级太阳”轮在长江口灯船附近机舱着火，火势蔓延至驾驶台，船上23名船员全部撤到船首待救。接获险情后，东海救助局指令“东海救101”轮前往救助。“东海救101”轮在50分钟内抵达事发现场并强靠遇险船舶，成功将23名遇险船员安全救起。随后，“东海救101”轮联合有关力量共同对难船进行消防灭火和守护。10月15日，难船因火灾走锚向长江口南部漂移，威胁洋山大桥和多根国际海底光缆的安全。上海打捞局接令后，立即派出“沪救18”轮赶赴现场救援。受冷空气南下的影响，现场偏北风7～8级，浪高3～4米，“沪救18”轮在大风浪中强靠难船，完成带缆、灭火作业，阻止难船继续向南漂移。难船的大火持续4天。10月18日，在东海救助局、上海打捞局和上海消防等部门的通力协作下，完成救援，受到上海海上搜救中心的嘉奖。

【推进深潜水技术研发工作】 依靠自主研发的200米和300米成套饱和潜水作业技术，利用饱和潜水支持母船“深潜号”，潜水员成功潜至198米水深，完成南海气田开发项目的深水作业，创造中国饱和潜水海上作业新的潜水纪录。推进500米深潜水技术研发工作，1.6万千瓦多用途远洋拖轮和三用工作船下水。

【海洋工程业务形成新的经济增长点】 开展黄岩等三处膨胀弯安装；完成平湖油管修复工程，以及锦州工地大型平台导管架的吊装作业；完成崖城至香港天然气输送管线的应急抢修任务，及秦山第二核电厂安全壳修理的高压保护作业。完成渤中油田25-1电缆敷设、荔湾海底管悬空处理、渤中13-1至歧口18-1平台海管停输改造，以及锦州25-1海管后挖沟等系列管线作业，全年铺设电缆56.4千米、海管后挖沟199.75千米。“威力”轮继首次运用DP HEAVY LIFT模式成功进行2380吨吊装作业后，又完成2800吨模块的吊装任务，达到装备的最大吊重极限。

（东海救助局 上海打捞局供稿）

十四、国际航运中心建设

(一)综述
(二)集疏运体系
(三)航运服务业
(四)航运业务
(五)航运金融
(六)国际航运发展综合试验区
(七)邮轮产业发展

(一)综述

2013年，中国经济整体呈现筑底回稳态势，国内外需求仍显疲弱。航运业虽呈现出缓慢复苏状态，但其总体运行环境与发展状况还是深陷低迷。然而，面对不利的外部环境，通过有关各方攻坚克难、共同努力，2013年上海国际航运中心建设取得了明显进展。航运集疏运体系不断优化，物流服务能力进一步提高，2013年，上海港完成货物吞吐量7.76亿吨，同比增长5.5%；集装箱吞吐量3362万标准箱，同比增长3.3%，集装箱水水中转比例达到45.4%。2013年，上海机场完成旅客吞吐量8279万人次，同比增幅5.2%；货邮吞吐量335万吨，同比降低0.5%；快件国际转运业务量3698吨，同比增长1.1倍。2013年，上海港共靠泊邮轮197艘次，邮轮旅客吞吐量75.66万人次。其中，以上海为母港的靠泊次数为167艘次，邮轮旅客吞吐量69.79万人次。逐步完善航运服务体系，航运服务功能得到进一步创新，波罗的海国际航运公会（BIMCO）上海中心等一批功能性机构落户。截至2013年底，自贸试验区共计引进57家境内外融资租赁母公司和241家SPV项目公司，租赁资产总额逾55亿美元。依托自由贸易试验区，航运政策取得积极突破，航运业进一步扩大对外开放，探索试行沿海捎带、国际中转集拼、国际船舶登记制度等政策。

（二）集疏运体系

【概况】 2013年，上海港集疏运体系不断完善，物流服务能力不断提高。完善海港集疏运系统。洋山保税港区完成扩区建设和封关预验收（2014年2月通过正式验收）。临港新城东港区公用码头一期工程项目已建成并投入使用。沿海港口码头结构加固改造工作全面实施。长江黄金水道建设继续推进，大芦线航道一期主体工程通过交工验收。洋山深水港主航道正式实施双向通航。2013年，上海港完成货物吞吐量7.76亿吨，同比增长5.5%；集装箱吞吐量3362万标准箱，同比增长3.3%，集装箱水水中转比例达到45.4%。增强航空枢纽辐射能力。浦东机场第四跑道主体工程完工并完成封闭管理，T1改造工程基本完成主体结构；浦东机场第五跑道工程、虹桥机场T1航站楼改造工程的前期工作进展顺利。上航获批与东航共享在浦东T1的通程联运项目，浦东机场成为境内“通程航班”航点最多、运输量最大的枢纽，中转旅客量达到453万人次，同比增长15.6%，中转率达9.61%。2013年，上海机场完成旅客吞吐量8279万人次，同比增幅5.2%；货邮吞吐量336万吨，止住了2011年以来的下滑态势；国际快件转运量达到3698吨，同比增长1.1倍。

【智能化集装箱码头互拖调度作业管理信息平台系统通过验收】 1月31日，上海港智能化集装箱码头互拖调度作业管理信息平台系统通过项目验收。该系统实现了洋山深水港和外高桥相邻港区的集装箱互拖作业计划和调度功能，支持互拖作业集卡动态调整和智能化集卡作业任务匹配，有利于减少集装箱在港时间和中转成本，降低港口作业压力。通过互拖平台，上海港2012年节约集卡拖运费、轮胎吊上下费、人员成本总计节约2389.93万元人民币。

【上东航浦东机场“通程航班”获批】 1月，国家海关总署正式批准东航在上海浦东国际机场实施“通程航班”项目，有效地搭建起联接国内各大中型城市与世界各主要城市之间的航空网络，使得旅客流、行李流实现无缝隙衔接，直接带动了转机客流向上海汇集，成为上海航空枢纽建设和上海航运中心建设的重要助力。

【DHL北亚枢纽中心启用】 2月16日，德国邮政敦豪集团（DHL）宣布正式启用位于上海的北亚枢纽中心，成为第二家在浦东机场设立转运中心的外资物流巨头。浦东机场有望在2015年成为全球最大货航枢纽，其中转功能将大幅提升。

【宜宾开通上海集装箱班轮直航】 2月，由四川省宜宾港联物流发展有限公司和四川宜宾五粮液集团安吉物流航运有限责任公司共同合作的“宜宾—上海”集装箱班轮正式起航。其中，“宜宾—上海”直航班轮每周发班一次，周一发班，以后将逐步增加航班密度，并根据水位情况开行大吨位集装箱船舶。

【上海港取消外贸进口集装箱转场运输费】 从3月1日起，实施近10年的《上海港外贸进口集装箱疏运收费管理暂行规定》正式废止。今后装载普通货物的外贸进口集装箱从港内堆场转站至港外堆场时将不再收取运输费，并且提箱手续也随之简化。

【洋山港“双窗口”离泊作业试验成功】 3月1日，上海海事局洋山港海事处首次实现“双窗口”离泊作业试验（通过海事VTS、巡逻艇、船舶等的密切配合，对大型集装箱船舶进行顺流离泊作业，实现船舶在顶流、顺流两种窗口时间安全离泊）。此举打破了洋山港开港以来大型船舶采用顶流离泊的通常做法，有效缩短了大型船舶待泊时间3～6小时，为国际干线集装箱船舶靠离港实现“零耽搁”奠定了良好基础。

【“武汉—洋山直航天天五定班”首航】 3月份，上港集团长江公司联手中远旗下泛亚、中海旗下浦海共同开辟“武汉—洋山直航天天五定班”，旨在做大长江流域市场，强强联合提升在长江航运市场的竞争优势，积极构建集航运、物流和码头“三位一体”的长江物流平台。

【沪通铁路（南通—安亭）开建】 3月，沪通铁路（南通—安亭）建设项目全面启动。“南通至安亭段”通车后，两地车程将缩短至1小时左右。通过铁路过江段新建长江大桥，可实现上海“1小时都市圈”、长三角“3小时交通圈”服务水平。

【浦东机场长途客运站正式启用】 4月初，上海市交通港口局正式批准上海浦东国际机场长途客运站为“开往江浙两地的起讫站点”。新站位于浦东机场1号和2号航站楼之间的交通中心，有三个车位和约400平方米的候车室，与停车楼、磁悬浮车站、地铁2号线无缝衔接，目前线路主要集中在江浙两地。

【洋山港首个汽车滚装码头启用】 4月，洋山港汽车滚装码头正式启用。该码头由上海海通国际汽车码头有限公司及其股东上海港务集团、上海汽车集团、日本邮船株式会社等共同投资建设，设计年吞吐能力20万辆，可靠泊50000总吨滚装船，主要以进口高档车、国内新型车、新能源车为重点，在洋山保税港区开展汽车贸易服务。

【北槽航道首次雾航引导成功】 4月5日，上海港局部水域遭受大雾侵袭，大批船舶尤其是部分集装箱班轮面临延误。上海海事局首次尝试在能见度不良的情况下，通过运用综合监管手段，在北槽航道成功组织引导11艘大型集装箱船舶安全出港。

【浦东机场长途客运站正式启用】 4月初，上海市交通港口局正式批准上海浦东国际机场长途客运站为“开往江浙两地的起讫站点”。新站位于浦东机场1号和2号航站楼之间的交通中心，有三个车位和约400平方米的候车室，与停车楼、磁悬浮车站、地铁2号线无缝衔接，目前线路主要集中在江浙两地。

【上港集团振东分公司106#桥吊完成起升高度改造工作】 5月8日，上港集团振东分公司106#桥吊经振华重工加高改造后，完成现场安装调试，现已投入试运行。桥吊起升高度从原先的36米提高至43米，对装卸约一万TEU的第六代集装箱船、甲板上8个高以下基本不受限制，满足大型船舶生产作业需要。至此，振东分公司已有3台桥吊完成加高工作，其中108#桥吊于2012年11月完成改造，已正常运行半年。

【推进穿梭巴士循环顶推项目试验】5月，上海洋山港海事处会同上海长江轮船公司、上海冠东国际集装箱码头有限公司，在先期深入研究的基础上，打破原有拖船与驳船一对一的捆绑模式，开展了“穿梭巴士循环顶推实验”，对提升港区水水中转能力具有重要意义。

【上海站铁路口岸通过国家验收】5月，我国境内第一个直通香港的长途铁路客运口岸——上海站铁路口岸通过国家联合验收小组验收，正式对外开放，标志着上海口岸形成水运、航空、陆路齐全的开放格局。上海站铁路口岸通过验收后，成为上海市唯一的陆路开放口岸，也是率先通过国家验收的开通香港直通列车的铁路口岸。

【盛东公司826#桥吊加高改造工程全面启动】6月份，为进一步提高码头装卸生产服务能级，迎接马士基“3E”级集装箱班轮靠泊洋山，上港集团盛东公司克服码头先期结构加固改造困难，加快落实桥吊加高改造工程。6月28日，装载826#桥吊的“振华12”运输船驶离洋山前往振华长兴岛基地，后续两台升高改造桥吊也将按计划出运。

【浦东机场南机坪、东机坪扩建工程通过专家评审】6月份，浦东机场南机坪、东机坪扩建工程通过项目申请报告专家评审。浦东机场南机坪扩建工程位于现专机坪南侧与维修机坪之间的预留空地，建设面积为22.4万平方米；东机坪工程位于浦东机场预留南航站区东侧，T2航站楼南侧，建设面积约为50.5万平方米；均按满足F类飞机运行要求设计。

【基地航扩大通程航班范围】上半年，上海海关积极争取扩大浦东机场“通程联运”政策覆盖的航空公司。截至2013年5月，东航共在14个国际站点、30个国内站点间开通了国际、国内互转航班间的“通程航班”，鉴于上航和东航在公司架构上已实现合并，在其具体操作模式、监管流程、旅客告知等相关条件符合海关监管要求的基础上，上海海关将允许其共享已经批准的“通程航班”项目航点。

【提升浦东机场货邮中转能力】截至2013年6月1日，今年浦东机场快件渠道共受理国际转运业务总运单118票、分运单179749票、总重量1199吨，同比增长119.9%。下阶段，上海海关将开展浦东机场货邮集拼中转功能研究，重点建立浦东国际机场西货运区快件国际中转及中转集拼功能，推进机场西货运区快件转运中心建设。

【上海“海陆空邮”口岸大格局进一步完善】6月5日，中华人民共和国上海车站海关揭牌，标志着上海“海陆空邮”口岸大格局进一步完善。2013年4月底，上海站铁路口岸通过国家验收正式对外开放，上海海关据此设立车站海关，取代原上海海关驻车站办事处，全面承担起上海站铁路口岸“沪港专列”旅检通关、铁路杨浦站国际联运货运监管以及上海普陀、闸北两区的海关管理职责。

【马士基举行3E级18000TEU集装箱船洋山港区首航仪式】7月19日，马士基3E级1.8万TEU集装箱船洋山港区首航仪式在盛东公司隆重举行。上海市政府副秘书长黄融，上港集团党委书记、董事长陈戌源，马士基航运华东华中区总裁吴岱玮，国家发改委基础产业司副司长任虹，交通运输部水运局巡视员杨利华共同启动首航仪式庆祝推杆，各口岸单位代表出席了首航仪式。

【长三角内河集装箱运输发展联动合作机制筹备会在沪召开】7月26日，长三角内河集装箱运输发展联动合作机制筹备会在上海召开，来自江、浙、沪的省级港航管理机构，湖州、嘉兴、无锡的市级港航管理机构以及内河集装箱运输企业、上港集团和相关服务企业的代表参加了会议。按计划，长三角内河集装箱运输发展合作联席会第一次会议将于9月召开。

【空地联运新模式正式启动】 7月15日，由上海机场集团牵头，东航和空港巴士共同开发的“飞机＋直通巴士”的空地联运新模式，在浦东机场长途客运站正式启动。浦东机场长途站的部分班次汽车已经以虚拟航班的形式进入东航订座系统，旅客在预定机票的同时，就能买到上海浦东机场至苏州、无锡、昆山的车票，嘉兴、杭州、温州点也将相继开通空地联运业务，并逐步扩展到国航等更多在沪航空公司。

【浦东机场南航站区卫星厅开始国际方案征集】 7月29日，国内外众多知名设计院所齐聚浦东机场，参与浦东机场南航站区卫星厅方案国际征集发标会。浦东机场南航站区卫星厅将是浦东机场建设的“收官之作”，作为目前世界上单体最大的卫星厅，无论对建设单位，还是设计单位都将是巨大的挑战。

【上海首开城际“货运快线”】 7月11日起，上海铁路局在上海北郊站至合肥北站间每天开行1对城际“货运快线”，该线全程运行9小时，比其他货物列车运行时间缩短了近三分之一。

【临港产业区码头首次接靠国际航行船舶】 8月23日，克罗地亚籍“林图”轮靠泊临港产业作业区一期码头，标志着临港产业区产业配套再次升级。此后，临港产业区重装等设备将可以直接通过该码头进出。

【“武汉—洋山天天班”直达航线取得良好集聚效应】 自今年3月26日“武汉—洋山天天班”首航以来，已开行180多个航次，承运箱量4.5万TEU，准班率和装载率不断上升，逐步成为长江中上游地区首条通江达海优质航线。

【上海引航站成功引领超宽特种船“韩捷一号”驶离黄浦江】 8月1日，上海引航站成功引领超宽特种船“韩捷一号”驶离黄浦江。“韩捷一号”船长153米，船宽40米，为进出黄浦江宽度最大的单船之一。

【浦东机场首条东南亚—北美国际中转航线开通】 8月份，浦东机场正式开通首条经浦东连接的香港—洛杉矶/芝加哥中转航线，具体由美国航空公司与港龙/国泰航空公司承运，并同步实现了中转旅客托运行李的联程运输。这是浦东机场二号航站楼继2009年新西兰与维珍、汉莎和瑞士航空公司间实现国际航班互转后的又一大突破，T2航站楼国际互转航空由每天11班增加到35班。

【浦东机场推出“空巴通”】 8月15日，机场集团携手东航共同开发的“空巴通”合作项目在浦东机场正式启动。该项目把长途巴士班次以虚拟航班形式录入民航订座系统，在订座系统中实现巴士运输段的销售，旅客可以通过东航95530服务热线或者东航客票销售网点购买联运产品，一次购票支付。初期开通的城市包括昆山、苏州、无锡等。2013年年内计划开通嘉兴、杭州、义乌、青田、张家港等城市，为长三角地区的旅客提供更为便捷的“一站式”出行服务。

【中海上铁开通沪皖海铁快速班列】 8月，中国海运集团旗下的中海集运与上海铁路局开通了合肥至上海芦潮港的集装箱海铁联运快速班列，部分路段利用了夜间停运的沪宁高铁，全程耗时从 3 天压缩到 17 小时。

【上港集团盛东公司新一代集装箱码头管理系统系统通过验收】 9 月，上港集团盛东公司新一代集装箱码头管理系统 TOPS5.0 系统通过验收。TOPS5.0 系统的上线运行，全面提升了码头信息化运营管理水平，有效提高了码头生产的效率。

【浦东机场法航 A380 首航】 9 月 3 日，法航使用空客 A380 客机首次执行巴黎到上海浦东的往返航班，该航班于当天下午 16 : 05 准点到达并安全停靠。这是浦东机场 T1 航站楼完成 A380 适应性改造后保障的第一架由 A380 机型执行的航班，标志着国内首例 A380 登机桥适应性改造获得成功。

【洋山深水港主航道正式实行双向通航】 10 月 15 日，市政府新闻办召开新闻通气会，介绍上海洋山深水港双向通航及集装箱货运等情况。洋山深水港主航道正式实行双向通航后，深水港的通航能力将大幅提升，缩短船舶待泊时间、提高港口和航运公司运营效率、降低运营成本，进出洋山港的船舶平均等待时间将由原来的 3.5 小时缩短至 1.75 小时，港口泊位利用率将从 72% 上升至 84%，洋山港船舶靠离窗口时间大大延长。

【上海空港搭建共享信息发布平台】11 月初，机场集团、民航华东局及空管局、东航、吉祥、春秋、国航、南航等 7 家单位共同搭建了“航旅直通车——上海机场”官方微博、微信的信息发布平台和理事会。平台通过整合、发布与旅客密切相关的日常运行服务信息及因极端天气等突发事件造成的不正常航班运行信息，为旅客出行提供“一站式”服务，通过快速准确的信息发布缓解旅客的焦虑。

【浦东机场三季度 ACI 边检单项指标进入全球第一】 2013 年三季度 ACI 全球机场旅客满意度测评结果显示，涉及浦东机场边检的护照检查等候时间得分 4.85 分，由第一季度全球排名第四上升到第三季度全球排名第一，为上海浦东机场综合排名位列全球第五起到了强有力提升作用。

【洋山深水港区四期工程建设超大型集装箱码头泊位专家论证会顺利举行】 11 月 21 日，洋山深水港区四期工程建设超大型集装箱码头泊位专家论证会在沪举行，交通运输部总工程师徐光出席会议。会议听取了中交第三航务工程勘察设计院等设计和科研单位关于“洋山四期工程建设超大型集装箱码头泊位论证”、“洋山海域及四期工程海床近期冲淤演变分析”等专题研究报告。中科院院士邱大洪等国内港口建设领域知名专家一致认为：为充分利用洋山港区有限的深水岸线资源，满足集装箱船舶大型化的发展趋势，在洋山四期工程建设 10–15 万吨级超大型集装箱码头非常必要，技术上亦可行，设计单位推荐的建设方案科学合理。

【虹桥机场 AOC 联合运行平台启动】近日，东上航、国航、南航、吉祥、春秋和地面服务 6 家公司在虹桥机场的指挥中心（AOC）设立了运行协调席位，形成了联合平台的新运行模式。平台将在处置大面积航班延误、应对突发事件、保障重大运输以及冬季运行安全等方面发挥重要作用。当下，平台试运行的第一阶段重点在于协调和保障虹桥机场的当日始发航班正常放行。

【浦东机场南卫星厅方案国际征集完成专家评审】11 月 16 日，机场集团邀请了机场规划、设计、运营等方面的 10 位专家，采用暗标方式，对浦东机场南卫星厅 6 个投标方案进行了专家评审。本次评审会由上海市闸北公证处全称监督公正。机场集团将吸取各家之长，形成一个流程便捷、造价合理、绿色节能、使用经济的卫星厅设计方案。

【上港集团液化天然气燃气机组供电轮胎吊项目获国家专利】 12月，由上港集团冠东公司与振华重工共同完成的“采用液化天然气燃气机组供电的轮胎吊”项目获得国家发明专利。该项目可解决轮胎吊SO2、NOX等污染物的排放问题，综合降低污染物排放量82.2%，实现清洁排放、节能环保的目的。

【上海首个道路集装箱运输企业（甩挂）联盟成立】 12月26日，由上港集团物流有限公司、上海汉唐物流服务有限公司等9家上海道路集装箱运输骨干企业自愿组成的“上海道路集装箱运输企业（甩挂）联盟”正式成立。这是上海货运行业首个甩挂运输联盟，联盟将在平台共享、挂车互换、信息互联等方面进行探索和合作，推进甩挂运输标准化，实现物流效益最大化。

（三）航运服务业

【概况】 2013年，航运服务功能不断健全。推进航运功能性机构建设。波罗的海国际航运公会（BIMCO）上海中心、波罗的海交易所上海办事处、美国保赔协会管理公司、国际海事教师联合会上海中心落户浦东。国际海上人命救助联盟亚太中心、中国贸易促进委员会上海海损理算中心确定落沪，正在办理注册登记手续。亚洲船级社协会中韩联合秘书处明确将落户上海。中远集运全资子公司中远国际货运有限公司整建制迁至上海。上海船员评估示范中心建设已完成方案设计，落实项目土建资金。上海高级国际航运学院揭牌。完善口岸服务环境。《上海口岸通关无纸化三年行动计划》启动实施，航空口岸进口环节初步实现通关无纸化；张华浜、军工路散杂货码头开展电子、纸质放行双轨制，为无纸化试点做好准备；机场综保区保税货物与口岸货物同步运作实现常态化。上海海事局对涉企收费项目进行全面清理，2013年10月1日起取消、免除5项海事涉企收费项目，减轻航运企业负担，优化了航运市场发展环境。优化市场监管和信息服务。海峡两岸间班轮运价备案制度、集装箱运价精细化备案制度相继实施，加快推进国内班轮运价备案等工作。完善航运运价指数体系，正式发布进口干散货、油轮运价指数。着手研究航运运价指数衍生品交易发展方案。中国航运数据库二期开发完成，已录入数据100万条。

【上海高级国际航运学院揭牌】 1月15日，上海高级国际航运学院揭牌仪式在上海海事大学东明路校区举行。该学院以培养航运高端服务人才为目标，重点开展研究生学位教育和以国际认证与专业课程学习为标志的短期培训。该学院计划从2015年起，在航运金融、国际航运管理等专业开展硕士和博士学位教育。

【马士基航运经纪公司在沪成立】 1月，浦东新区首家航运经纪企业马士基航运经纪（上海）有限公司正式成立。该公司属于台港澳法人独资企业，经营范围为航运经纪（国际船舶），其投资方系全球著名航运经纪公司丹麦马士基船舶租赁买卖集团全资子公司。截至目前上海市已有航运经纪企业17户、航运经纪人105人。

【上海海事大学正式获批卓越法律人才培养基地】 2月份，上海海事大学法学院被正式批准为上海卓越法律人才培养基地。中央政法委员会、教育部关于实施卓越法律人才教育培养计划要求，成为卓越法律人才培养基地的高校要培养具备国际视野和跨文化交流能力、具有国际竞争力、掌握相关国际规则、能提供国际化法律服务的法律人才。

【香港航运界联席会议代表团来沪访问】 3月20日，香港航运界联席会议率团访问虹口区北外滩航运与金融服务集聚区。虹口区委常委、副区长张锡平同志出席接待，并建议双方进一步推动沪港航运界合作，并就寻找上海发展高端航运服务业的主要障碍和解决办法等问题进行了深入探讨。3月22日，代表团到访上海国际航运研究中心。双方就“上海、香港航运发展战略与实践”及上海、香港航运中心建设中的诸多问题进行了交流。。

【上海–鹿特丹海关关际合作项目高层例会在沪召开】 3月份，上海–鹿特丹海关关际合作项目高层例会在沪召开。会上，双方重点就2013～2015年度关际合作文本进行磋商，并决定将“跨境电子商务海关监管与服务、汇总征税、协调的边境管理”作为重点合作议题。

【环球港口领导人峰会协调人会议”召开】 2月26日，“环球港口领导人峰会协调人会议”在上港集团召开。上海国际港务（集团）股份有限公司、新加坡国际港务集团有限公司等七家全球码头运营商和港务主管部门领导就第一届峰会领导人达成的共识进行了细化会议还讨论了峰会运行机制，并就如何开展“港口安全”、“港口环保”和“港口安保”的主题进行了深入探讨。

【波罗的海国际航运公会（BIMCO）上海中心揭牌】 2月25日，全球最大的航运组织——波罗的海国际航运公会（BIMCO）上海中心正式落户浦东。BIMCO拥有970家船东会员、1.5万余艘船舶和7.03亿载重吨运力，其中船东会员的运力占世界海运业总运力的65%以上。目前，国际海运和相关行业中有近3/4交易采用BIMCO编制的各类标准合同和条款。这个首次入驻中国的国际航运组织将大大提升中国航运业在世界航运舞台上的“话语权”。

【第九届中国航运研讨会在沪举行】 4月15日~16日，第九届贸易风中国航运研讨会（ShippingChina2013）在上海举行，与会代表就国际航运业目前的市场环境以及中国造船业的现状进行了研讨和分析，并对未来发展趋势达成共识：“中国仍是国际航运业复苏及发展的关键性因素，其经济的快速增长以及巨大的市场空间是当前世界经济中难得的亮点之一，这也必将成为拉动国际航运业及造船业走出泥潭的动力之一”。

【上海海事大学组团勇夺新加坡集装箱码头设计挑战赛金奖】 4月11日，新加坡交通部长吕德耀宣布，上海海事大学、上海振华重工集团、新加坡国立大学赢得新加坡国际海事奖（SingaporeInternationalMaritimeAwards）新一代集装箱码头设计挑战赛（NextGenerationContainerPortChallenge）金奖，共享100万美元奖金。“新一代集装箱码头设计挑战赛”由新加坡国家海事与港口管理局及新加坡海事研究中心联合举办，面向全球发布，旨在为未来10年新一代集装箱码头建设征集优秀设计方案。参赛队伍需要在长2.5公里、宽1公里的土地上规划设计一个高效、可持续发展的先进集装箱码头，使该码头能够实现年吞吐量2000万TEU（其中80%为国际中转），船舶准点靠泊率达到90%以上。

【2013年亚洲公务航空会展举行】 4月16日~18日，由美国国家公务航空协会（NBAA）、上海机场集团合作举办、上海展览中心联合承办的2013年亚洲公务航空会

议及展览会在上海虹桥国际机场公务机基地举行。中国民航局局长李家祥等出席开幕仪式。会展吸引了180多加参展商的关注和参与，在机坪静态展示的飞机30余架，规模超2012年。

【市建设交通委、上海海事大学签署战略合作协议】6月1日，市建设交通委与上海海事大学签订战略合作协议，双方就建立政府与高校沟通合作平台、共建上海国际航运研究中心、共同推动协同创新中心建设、加强信息资源合作共享、合作培养优秀人才等方面达成共识，并就今年具体的合作事项进行了深入交流。

【航运中心“十二五”规划中期评估工作启动】6月6日，市航运推进办启动《上海市加快国际航运中心建设“十二五”规划》中期评估工作。此次评估将对航运规划重大总量指标、约束性指标和可能需要调整优化的指标进行定量评价，对重点任务以及重大项目、重要政策的实施情况进行全面评估，并深入分析实施过程中遇到的瓶颈问题，提出进一步推动规划实施的对策建议。

【开展“航运人讲航运事”系列宣传活动】为营造航运文化氛围，让更多的人感知航运、参与航运、奉献航运，助力上海国际航运中心建设，6月3日起，市航运推进办会同港务集团、中波轮船公司、中远集运、上海海事局、东海救助局、上海航运交易所等单位开展持续一个半月的“航运人讲航运事”系列宣传活动，旨在通过形象生动、具体丰富的故事和案例，展现航运人的良好形象，反映航运业与市民群众密切关系，从微故事中见人、见物、见精神。

【亚洲航运财富论坛在沪召开】5月22日，2013年亚洲航运财富论坛（AsiaShippingFortune）在上海北外滩召开。论坛针对当今多变的市场环境和传统欧美资本市场的现状，围绕“如何把握亚洲市场信息及资源”、“如何共赢亚洲航运金融市场”等热点话题进行探讨，为航运、金融等相关领域的从业者提供最新的市场讯息和专业见解。

【首期航运金融研修班正式开班】5月31日，由世界海事大学、上海海事大学合办的航运金融研修班正式开班，这是中国在航运金融领域首次创办研习班。该研修班每期7个月，专为航运金融领域的中高级管理人士设计，以实际工作能力为培养目标，并采用案例法教学。

研修班教师队伍汇聚了来自世界航运金融领域的知名专家、学者，代表国际航运金融教育的最高水平。第一批学员来自中远集团、中国集团、上海浦东发展银行等多家航运和金融机构。

【2013中国海员大会在上海举行】6月25日，交通运输部和上海市人民政府共同在沪举办2013中国海员大会。交通部部长杨传堂致信慰问全国海员，上海市副市长姜平、交通运输部副部长何健中、人力资源和社会保障部副部长邱小平、中华全国总工会书记处书记王瑞生出席会议并演讲。会议期间，举行了《2006国际海事劳工公约》履约宣贯、开展“海员日”庆典活动、举办“海员权益”分论坛，并表彰了50名优秀海员及优秀海员家属，通过一系列活动向中国海员表达了节日的问候和崇高的敬意。

【徐祖远受聘为上海中国航海博物馆馆长暨上海市国际航运中心建设工作推进小组资深专家】6月26日，上海中国航海博物馆馆长暨上海市国际航运中心建设工作推进小组资深专家聘任仪式隆重举行。在交通运输部、上海市人民政府、上海市建设交通两委、上海市有关委办局、航运机构、文博机构、高校领导和代表的共同见证下，全国政协委员、中国航海学会理事长、原交通运输部副部长徐祖远受聘成为上海中国航海博物馆首任馆长及上海市国际航运中心建设工作推进小组资深专家。

【上海首家海洋工程协会成立】6月8日，上海市海洋工程协会成立。该协会是由本市海洋工程领域内从事综合管理、生产建设、技术服务、科研教育等相关业务的企事业单位及其他组织和个人自愿组成的专业性、自律性、非营利性的社会团体法人，是上海首家海洋工程领域的行业自律组织。

【航运研究中心再次成为上海市和鹿特丹市新一轮友好合作交流的合作机构】6月14日，上海市和鹿特丹市领导签署新一轮友好合作交流备忘录——《上海市与鹿特丹市友好合作交流备忘录2013-2015年》。该备忘录明确，上海国际航运研究中心与伊拉斯姆斯大学以及伊拉姆斯智能港口研究中心将继续加强双方在项目研究、人员交流及培训等方面的合作。

【上海举行“中国航海日”宣传纪念活动】根据交通运输部统一部署，以热爱祖国、睦邻友好、科学航海为宗旨，7月11日上海举行“中国航海日”宣传和纪念活动。交通运输部东海救助局派出大型救助船“东海救101”供市民参观，上海市众多业余收藏家在现场展示珍藏多年的航海模型，参观市民与组织方开展多方位航海互动活动，10名在推进上海国际航运中心建设中作出重大贡献的先进个人获通报表扬。

【2013（第五届）亚洲拆船及船舶买卖峰会在沪召开】7月3日-4日，2013（第五届）亚洲拆船及船舶买卖峰会在上海召开。本届峰会吸引了船东、拆船厂、现金买家、船舶经纪、船级社、技术供应商、金融机构和行业协会等各方业内专家百余人。与会专家围绕亚洲拆船市场现状、有害物质及废弃物管理、废钢船资源循环利用、欧盟拆船法案进展、中印废钢市场走势、船舶买卖、船舶融资及新造船市场等议题发表了各自观点。

【2013航运业融资租赁峰会举行】7月24日，由上海航运交易所主办的“2013航运业融资租赁峰会”在浦东举行，船东、船厂、银行、保险、融资租赁公司、船舶经纪、船级社、技术供应商和行业协会等业内专家近300人参会。与会专家围绕航运融资租赁市场现状、挑战与机遇、瓶颈与创新、风险控制与政策支持，衍生品管控运价波动风险以及船舶融资租赁资产证券化等议题各抒己见，展开热烈讨论。

【上海空港物流协会成立】7月25日，上海空港物流协会第一届会员大会第一次会议暨一届一次理事会召开，上海市政府相关部门、民航华东局、机场海关、检验检疫、机场集团、物流集成商等共47家会员单位及10家受邀单位参加了会议。协会旨在“搭平台、建舞台、共分享”，建立政府与企业之间的桥梁和纽带，发挥好规范市场行为、提升服务标准、提高通关效率、技术咨询合作等方面的作用。

【24小时过境免签政策实现海陆空全覆盖】7月1日起，新修订实施的《中华人民共和国出境入境管理法》将上海24小时过境免签政策范围扩展为机场、港口及上海铁路口岸。即外籍旅客持本人有效出入境证件、定妥座位的联程客票（含机票、火车票或船票）也可享受从上海铁路口岸免签过境24小时。

【虹桥口岸出入境人员流量创新高】上半

年，虹桥口岸出入境人员达135万余人次，同比增长约3%，再创虹桥机场国际（地区）航线复航以来的历史新高；出入境公务机达六百余架次，同比增长约36%；备降航班130余架次，同比增长约21%。

【上海海事法院发布《2012海事审判“白皮书”》】7月23日，上海海事法院召开海事审判情况媒体通报会，发布《2012海事审判“白皮书”》。会上，上海海事法院应新龙院长通报了2012年上海海事法院在坚持公正司法、服务上海国际航运中心建设方面的工作情况和本次“白皮书”的制发背景、主要内容，着重介绍了针对货运代理企业、进出口贸易企业败诉案件的专题分析，向相关行业作出风险提示。

【交通部出台航运业转型升级意见】8月，交通运输部办公厅发布《关于促进航运业转型升级健康发展的若干意见》（厅水字〔2013〕230号）。该意见就促进航运业转型升级和健康发展提出个方面意见：淘汰老旧运输船舶，优化运力结构；加强政策引导，促进航运业转型升级；加强市场监管，创造良好发展环境；减轻企业负担，促进企业提高竞争力；强化措施，提高服务质量和水平。

【长江水运发展协调领导小组第四次会议召开】9月14日，长江水运发展协调领导小组第四次会议在武汉召开。长江水运发展协调领导小组组长、交通运输部部长杨传堂出席会议并强调，要深入贯彻落实党的十八大和习近平总书记重要指示精神，按照中央关于内河水运发展的总体部署，以更加务实高效的工作，加快打造长江全流域黄金水道，为沿江经济转型升级提供有力支撑。沿江七省二市以及国务院办公厅、国家发改委、财政部、水利部、国务院三峡工程建设委员会办公室、贵州省政府等部门和单位的领导出席会议并发言。会上还签署了《长江水运发展若干重点工作合力推进协议》。

【上海国际航运研究中心受邀承担水运科学数据分中心建设】8月1日，上海国际航运研究中心受交通运输部科学研究院邀请，承担“交通科学数据共享平台水运科学数据分中心”的建设和服务工作，并成为“交通科学数据共享平台”理事单位，参与平台组织管理工作。此前，双方就合作事宜已经达成了一致，“水运科学数据分中心”将以“中国航运数据库”为基础进行开发建设。

【上港集团泽布吕赫公司新股东协议举行签约仪式】8月20日，上港集团泽布吕赫公司新股东协议举行签约仪式。中海码头作为新股东进入，对于泽布吕赫公司未来的发展将起到积极作用，同时也将对进一步加强三方在码头业务上的合作铺垫了良好基础。

【上港集团长江公司与中海集运签署战略合作协议】8月9日，上港集团长江公司与中海集运举行战略合作协议签约仪式。根据合作协议，双方将在干支线、长江航线、国内物流等领域内进行广泛而紧密合作，先期将共同致力于提供长江区域内的优质航线服务，为大客户提供量身定制的物流服务方案。

【波罗的海航交所在沪设办公室】9月17日，波罗的海交易所在上海设立办公室，这是其269年历史上第一次在中国有实体办公地点。目前，波罗的海交易所在新加坡的办公室已经开发了散货运价基准指数，上海作为其在亚洲的另一重要驻点，也将逐渐从营销和公关职能向指数开发方面升级。

【伦敦金融城市长访华】9月15日，伦敦金融城市长葛若杰（AldermanRogerGifford）率领一支金融城商界代表团对上海、北京、香港三地进行访问。在上海期间，葛若杰见证了波罗的海航运交易所上海办公室的开业仪式，参加了伦敦海事促进署在上海举办的年度国际航运战略峰会，并出席了欧洲商会的金融论坛，探讨“国际金融机构在中国金融市场发展中的作用”。

【上海造船基地受资助】10月，中国上海土地储备中心获得4年整33亿元人民币（5.39亿美元）的贷款。根据上海地区土地改革要求，该贷款将投入位于长兴岛的第二个长兴造船基地项目。第二个长兴造船基地项目预计2015年竣工。中国发展银行上海支行将供资14.19元亿人民币，中国农业银行上海支行供资11.55亿元人民币，中国农业发展银行供资7.26亿元人民币。该计划正在审核阶段，此项贷款将按中国人民银行100%的标准利率提供。

【“2013中国港航发展论坛”在沪召开】10月30–31日，由中国港口协会主办的“2013中国港航发展论坛”在上海举行，论坛围绕全球经济和港航发展趋势、联动发展、转型升级等热门话题展开。论坛期间还举办了“中国港口航运物流展览会”，为国内外港航企业、物流企业和相关设备制造与供应商搭建交流互惠平台。

【《2012–2013中国航运金融市场报告》和“中国航运金融服务与产品创新”奖发布】10月8日，由上海国际航运研究中心联合中国建设银行、上海金融业联合会航运金融专业委员会共同主编的《2012–2013中国航运金融市场报告》正式出版。报告突出反映了在航运经济低迷时期，政府对航运业的政策支持和引导，以及金融服务机构围绕航运业发展开展的产品和服务创新。10月11日，上海国际航运研究中心主办评选的“中国航运金融服务与产品创新”奖正式发布，交通银行、中国银行、工银金融租赁有限公司等11家金融服务机构获奖。此次评选旨在鼓励金融业服务航运实体产业。

【中国自由贸易区法律研究院成立】10月12日，中国自由贸易区法律研究院在华东政法大学成立，专门研究自贸区法律制度的调整与创新。中国自由贸易区法律研究院下设金融法律、贸易法律、投资法律、航运法律、知识产权法律、数据分析、市场监管法律等7个研究中心，来自国务院法制办、商务部、上海市政府、高等院校、企事业单位的数十位专家受聘担任研究院专家咨询委员会委员负责研究课题的评议和指导，切实解决自贸区建设中的法律问题。

【亚洲船级社协会常设秘书处落户上海】10月，亚洲船级社协会（ACS）执行委员会决定，设立亚洲船级社协会中韩联合秘书处。中国秘书处选择在上海陆家嘴金融贸易区设立，是协会联合秘书处的法律主体注册地，负责协会的技术管理工作，韩国秘书处承担协会日常事务管理工作。亚洲船级社协会由中国、印度、韩国、日本、印尼和越南等主要亚洲国家的船级社于2010年发起成立，致力于为海事界提供最高水准的技术服务，为政府主管机关提供技术支持，促进全球特别是亚洲地区的海洋安全和环境保护事业发展，落户上海将有助于进一步提升上海国际航运中心的形象和地位，增强上海的国际影响力和话语权。

【第二届“环球港口领导人峰会”顺利举行】10月29日–30日，第二届“环球港口领导人峰会”顺利举行。上海国际港务（集团）股份有限公司、新加坡国际港务集团有限公司、马士基码头公司、迪拜环球港务集团、和记港口集团有限公司、长滩港务局、鹿特丹港务局等七大全球海运航线重要枢纽港的运营商作为峰会成员出席会议。峰会就港口安全、港口安保和港口环保三个专项课题作了交流汇报。

【2013 上海航运交易论坛举行】11 月 28 日，以“航运的顶层设计”为主题的 2013 年航运交易论坛在上海举行。依托论坛平台，来自交通运输部水运局、上海市政府、丹麦海事局的专家共同探讨如何通过体制改革和行政之手来抵御市场危机；来自航运业、航运金融业等企业的代表，共同分享他们在市场危机和政策新政下如何进行创新发展的新思维。

【第十届中国航空货运高峰会议在沪举行】11 月 20–22 日，中国航空货运高峰会议在沪召开。全球 130 余家从事航空货运业务的企业高层参与，280 余名航空货运公司、物流公司、机场等业界知名企业高管和著名专家、学者与会，峰会聚焦航空货运、快递与电子商务的结合，旨在就中国（上海）自由贸易试验区对中国航空货运、浦东机场航空货运枢纽建设和发展带来的机遇与挑战进行深入分析，共同探讨中国航空货运的发展之路。

【“2013SISI 国际港航发展论坛”成功召开】11 月 28 日，由上海海事大学主办，上海国际航运研究中心承办的“2013SISI 国际港航发展论坛——国际航运中心建设的理论与实践”成功召开。来自交通运输部水运局、交通运输部水科院，以及上海、天津、南京、厦门、重庆、武汉、深圳、新加坡、香港等地的专家出席论坛，围绕当前国际航运中心东移背景下中国如何抓住机会、迎难而上，推动我国航运中心建设再上新台阶进行讨论和交流。

【上海国际航运研究中心与 OECD 联合发布《全球港口城市竞争力：中国·上海》报告】11 月 28 日，由上海国际航运研究中心与世界经合组织（OECD）共同编制的《全球港口城市竞争力：中国·上海》面向全球公开发行。该报告评估了上海港发展现状和政策，分析了港口对城市的影响，提出了提升上海港口绩效、强化港口积极影响的建议。

【沪台签署港务合作备忘录】12 月 11 日，台湾港务公司与上海港务集团在台中签署合作备忘录，双方将加强业务交流、信息沟通与物流合作，在航运、物流和邮轮业务等方面相互合作，共同促进双方港口发展。两岸自 2008 年 12 月 15 日开启上海洋山港对台湾高雄港海上直航，迄今“两岸一日生活圈”概念已变成现实。合作备忘录的签署，将加速台湾港口与上海港的合作，促成便利顺畅的人流、物流、金流圈，对两岸港口的发展以及邮轮相关事业起到极大的促进作用。

【第 17 届中国国际海事会展举行】12 月 3 日，第 17 届中国国际海事会展在沪举行。会展持续 4 天，共有来自法国、德国、希腊、意大利、韩国、俄罗斯、新加坡、美国、英国和中国等 34 个国家和地区的 1700 余家企业参展，其中 16 个国家和地区以展团形式参展。此次会展不仅有主办方组织的以“绿色科技，转型发展，破解难题”为主题的高级海事论坛，还有由企业自发组织举办的 30 多场技术研讨会，为业界人士提供了良好的交流平台。

【上海高级国际航运学院揭牌】12 月 6 日，上海高级国际航运学院揭牌仪式举行，来自上海海事大学以及全国航运、物流领域企事业单位的 40 多位高级管理人员出席揭牌仪式。该学院采取商学院运作模式，与全球先进教育机构进行资源共享，着力打造国内领先、国际知名的航运金融教育品牌，构筑具有影响力的航运金融高端人才输出基地。

【上海船员评估示范中心建设方案通过评审】 12月27日，上海船员评估示范中心项目推进工作小组召开该项目建设方案评审会，市建设交通委、上海海事局、虹口区航运办、虹口区教育局等单位参加会议。经专家审议，通过了“上海船员评估示范中心建设方案”，基本完成该项目2013年度工作任务。

（四）航运业务

【概况】 2013年全球经济结构仍在深度调整中，新兴经济体增速下滑，金融动荡替代债务危机成为全球关注视点，中国经济增速放缓，全球实体经济呈弱复苏态势。联合国最新世界经济形势与展望报告预计，2013年世界经济仅增长2.1%。在此背景下，全球航运市场走向复苏之路仍然步履蹒跚，干散货、集装箱、油轮运输市场也分别呈现各自特征和不同走势。2013年全球贸易额增长2.5%，虽然全球贸易增长有温和反弹，全球集装箱运量需求增长较2012年略高，但由于大船集中交付期，运力增幅快于运量增速，导致集装箱运输市场运价全年处于低位运行为主的走势。中国海运（集团）总公司：2013年共完成货运量4.9亿吨、货运周转量9328亿吨海里，分别比上年增长6.1%和5.8%。其中：完成集装箱重箱运量1207万标准箱，同比增长0.6%。单船载重吨6.2万吨，同比上升0.07万吨；船队平均船龄8.7年，同比下降0.97年；船队大型化、现代化趋势日益显著。“集装箱船、干散货船、油轮、”三大船队“三足鼎立”、均衡发展的格局已初步形成，并努力向“十二五”末船队总规模翻一番的目标迈进。2013年中国海运集团已同50多家货主、港口、银行等单位建立了战略合作伙伴关系。中远集装箱运输有限公司：2013年，中远集运完成集装箱重箱运输量870万标准箱，综合准班率86.94%，营运率99.6%；货运周转量4432亿吨海里。截止2013年底，总船队规模188艘，合87.8万标准箱位，同比增长16%，其中实际控制船队（扣除出租船舶）173艘，合78.6万标准箱位，同比增长8.6%；据Alphalienr统计，至2013年底，中远集运运力规模在世界班轮公司中居第五位。截止2013年底，公司持有船舶订单4艘，合5.34万标准箱位，公司船队在全球约60个国家和地区的178个港口挂靠，经营84条国际航线、30条国际支线、22条中国沿海航线、77条珠江三角洲和长江支线，为全球客户提供集装箱运输服务。

【中远集运与中国外运合作经营中日集装箱航线】 2013年新年伊始，分别隶属于中远集运和中国外运的泛亚航运与中外运集运宣布将在中国/日本集装箱运输市场上开展合作。1月8日，双方签署了《泛亚航运与中外运集运中日航线合作协议》。根据协议，自今年2月下旬起，双方将本着平等合作、互惠互利的精神，以共同投船并互换舱位的形式进行合作经营，旨在有效整合双方在中日航线上的资源，拓宽航线覆盖面、增加班期密度、提高船期稳定性，满足华北、华东至日本航线客户不断精益化、多元化的服务需求。此举标志着中远集运与中国外运在中日集装箱航线上深入合作的开端。未来，双方将一如既往地为广大客户提供更加优质、便捷、诚信的服务，并为促进中日贸易和航运业发展作出应有贡献。

【中远集运开辟远东西非直达服务】 为了满足市场需求，中远集运将增强西非的服务网络，通过金星公司远东西非线舱位提供中远远东至西非的直达服务，凭借中远通达的航线网络，提供世界各地进/出西非的转接服务。远东 / 西非线作为中远集运西非支线的补充，将更全面的覆盖西非港口，并为货主提供更便捷快速的运输服务。首班航线将于2013 年 3 月 11 日上海开始。

【中远集运首艘 13386TEU 集装箱船中远比利时轮命名交付】2 月 28 日，中远集运订造的首艘 13386TEU 集装箱船“中远比利时”轮在南通中远川崎船舶工程有限公司（NACKS）举行隆重的命名交付仪式。“中远比利时”轮是中远集装箱船队中最大的现役船舶，也是中国船厂自行设计建造的最大箱位集装箱船，具有世界先进水平的新一代节能环保超大型集装箱船，其船舶设计能效指标（EEDI）已经达到 2020 年以后的指标要求。“中远比利时”轮计划将投入中远集运远东 / 西北欧航三线（NE3）运营。

【中远集运 4250TEU 船“中远比雷埃夫斯”轮和“中远桑托斯”轮命名】3 月 20 日上午，中远集运在江苏新扬子造船有限公司公司批量定造的 20 艘 4250TEU 集装箱船的第 11 艘“中远比雷埃夫斯”轮、第 12 艘船“中远桑托斯”轮命名庆典同时在船厂码头隆重举行。两轮将分别投入中远集运美东和美湾航线运营。

【中远集运与长荣、万海、太平新开亚洲至南美洲航线】5 月起，与万海航运、太平船务和长荣集团联营合作亚洲至中南美洲新航线，强化亚洲主要港口到中南美洲等国家直航服务，提升市场竞争力。此一新航线将由四家航商共同派船联营，分别由万海航运投入 4 艘，太平船务投入 3 艘、长荣集团与中远集装箱公司各投入 1 艘，共 9 艘实装约 3,500~3,900TEU 的船舶营运。

【中远集运 / 长荣 / 以星优化南美东线】5 月 11 日起，中远集运 / 长荣 / 以星优化目前远东南美东服务，在巩固目前阿根廷、乌拉圭市场的情况下，增加了巴西港口的覆盖面，尤其是目前到奥格兰德和伊塔普亚的中转货物可以在此航线上变成直达服务。在此航线上我们将继续提供优质、安全的服务。

【中远集运 4250TEU 船“中远圣保罗”轮和“中远瓦伦西亚”轮命名】4 月 15 日上午，中远集运在江苏新扬子造船有限公司公司批量定造的 20 艘 4250TEU 集装箱船的第 13 艘“中远圣保罗”轮、第 14 艘船“中远瓦伦西亚”轮命名庆典同时在船厂码头隆重举行。两将分别与 4 月 20 日厦门港及 5 月 7 日青岛港投入中远集运美东七线及美东航二线运营。

【中远集运，韩进海运和阳明海运联合开辟俄罗斯 / 芬兰线】中远集运、韩进海运和阳明海运将于今年 5 月中旬开辟一条俄罗斯 / 芬兰线。俄罗斯 / 芬兰线将由 3 艘 1300TEU 型船舶运营，三方各投入一艘船舶。该航线将提供连接汉堡至圣彼得堡（俄罗斯）和科特卡（芬兰）每周两班的服务。该航线可满足各自客户在西北欧地区多样化的需求。

【希腊总统帕普利亚斯访问中远比雷埃夫斯集装箱码头公司】5 月 30 日，希腊总统帕普利亚斯先生一行到中远集团所属中远比雷埃夫斯集装箱码头公司（PCT）访问。帕普利亚斯总统接见了公司管理团队并合影留念、在会议室听取了业务情况汇报、参观了营运中的二号码头和新设备刚刚到达的三号码头、视察了公司操作指挥中心。

【中远集运与澳洲国家航运重组中澳航线】6 月 9 日开始，中远集运和澳洲国家航运公司（ANL）将投入 6 艘船舶共同经营中澳线（SAS），其中中远集运投入 5 艘船舶，澳洲国家航运投入 1 艘船舶。调整后的航线将增强中远集运现有日、韩、中国、香港和台湾至澳洲的服务网络并提供更高的服务频率以及更稳定的班期，从而满足广大客户的需求。

【中远集运 13386TEU 集装箱船中远英格兰轮命名交付】 8月15日，中远集运订造的第三艘 13386TEU 集装箱船“中远英格兰”轮在南通中远川崎船舶工程有限公司（NACKS）举行隆重的命名交付仪式。“中远英格兰”是该系列船中的第三艘，NACKS 在成功建造前两艘船的经验基础上，优化建造流程并对主机的关键部件进行了技术升级，使该船低速航行时的燃油经济性得到明显改善。“中远英格兰”轮计划将投入中远集运远东 / 西北欧航七线（NE7）运营。

【中远集运获中国首张《海事劳工证书》】 截至 8 月 20 日，在《2006 海事劳工公约》（MLC,2006）正式生效之时，中远集运拥有并经营的 106 艘集装箱班轮，全部通过由中国船级社主持的海事劳工履约审核，并获颁国际通行的《海事劳工证书》，成为中国首家获得海事劳工国际通行“护照”的船公司。历经数年的准备和努力，中远集运船队顺利跨入海事劳工履约“门槛”。此举将进一步提升中远集装箱船队在全球航运同业竞争与合作中的平等地位，引领中国船员赢得“体面工作”的最大权益和职业尊严。截至目前，全球共计 46 个国家批准了《2006 海事劳工公约》，其中 41 个国家完成了所有的批约程序，其船舶总吨位占全球的 75.3%。根据公约要求，自 2013 年 8 月 20 日起，批约国家将陆续对到港的外国适用公约船舶进行强制性的海事劳工条件的 PSC 检查。

【中远在沪组建全球海运操作中心】 10月，中远集运在上海正式宣布成立全球海运操作中心。新成立的全球海运操作中心将集中操作公司所有经营船舶和货物，并负责所辖航线自营船的班期执行，确保船舶按班期准班运行并跟踪准班率。

【中远集运 13386TEU 集装箱船中远荷兰轮命名交付】 11 月 6 日，中远集运订造的第四艘 13386TEU 集装箱船“中远荷兰”轮在南通中远川崎船舶工程有限公司（NACKS）举行隆重的命名交付仪式。“中远荷兰”轮计划将投入中远集运远东 / 西北欧航三线（NE3）运营。

【中海大力推进铁水联运业务】 经过几年的市场培育，中海集团各口岸公司与中铁集装箱公司、港口码头展开了广泛、深入的合作，坚持“大客户、大合作”战略，形成了优势互补、合作共赢的良好局面，共同推进集装箱铁水联运的发展。2012 年中海集团内外贸铁路重箱量预计约 26 万 TEU。目前，中海集团提供铁水联运服务的点超过 50 个内陆城市，铁水联运业务覆盖除西藏、青海以外的所有省份。

【中石化与中海运签船舶润滑服务合作协议】 1 月 30 日，中国石化与中国海运船舶润滑服务合作协议签字仪式在京举行。一直以来，中国石化与中国海运保持着良好的合作关系，从 2006 年起，中国石化与中国海运开始了船用润滑油领域的合作，这一发挥各自优势，保障航运安全、实现共赢发展的积极举措，得到双方高度认可。本次签约，双方将共同努力，将合作推向新的高度，已确立了新的合作目标，并将在新的领域探索合作的新途径。中国石化与中国海运都肩负着“走出去”的历史任务，通过合作，双方将加快实现国际化发展战略目标的步伐。

【中海工业 100DWT 溢油回收船完成试航】 2 月 22 日，中海工业菠萝庙船厂为广州海运三江公司建造的两艘 100DWT 溢油（污油）

回收船“广州三江3”、“广州三江4”轮成功完成试航任务并返回。两船试航全过程严格按照船检、试航大纲及规范的要求进行。试航期间，分别对船舶进行了主机功况、航速测定、航向稳定性、回转、操舵、抛锚、轴系扭震、报警系统、广播、消防水系统等试验。经过一天的航行试验，所有参数均符合设计要求，其中最大航速达到了10节。

【中国海运获得巴西政府2016年奥运会采购大单】 3月，巴西里约州政府为了改善水上交通的安全性与舒适性，满足举办2016年奥运会接待全世界游客的需要，进行了项目全球招标。中国海运所属英辉南方造船（广州番禺）有限公司从来自22个国家的同行中脱颖而出，获得了设计、建造7艘载客量在2000人以上的全铝质客渡船的政府采购合同，金额约1.1亿美元，计划24至30个月完成交付。

【中海拟75亿购6液化气船】 中海发展董事长李绍德于全年业绩记者会表示，全球经济已处缓慢复苏阶段，航运市场已见底，但要得到根本改善还须一段时间。而今年该公司将重点发展液化天然气（LNG）船，除去年签订的4艘该型船外，今年上半年还将签署6艘，涉及投资约12亿美元（约75亿元人民币，下同），另外还有4艘在洽商中，若落实合约，公司LNG船将增至14艘，成为中国最大的LNG船队之一。

【中国海运成立南非代理公司积极拓展新兴市场】 3月，中国海运（南非）代理有限公司注册成立。南非是中国海运重点开发的新兴市场之一，南非代理是中国海运非洲控股公司与南非当地公司合资成立的海外公司，中海占60%股份，主要经营在南非地区的船舶代理、货运代理及物流相关的堆场、陆上运输等相关业务。中国海运在贯彻国家走出去战略，完善全球物流运输网络方面又迈出了坚实的一步。

【梅林湾轮成功防海盗】 3月，“严防死守”23天后，中海油运新投入营运的梅林湾轮终于完成了其首航卸货任务。在此期间，船员们在孟加拉湾吉大港外锚地成功抵御多艘次疑似海盗的小船侵扰，获得了外籍租家的赞誉。

【中国海运在缅甸内河投放最大运力集装箱轮】 3月，中国海运在缅甸内河投入了目前最大集装箱轮“鑫海仰光”号（MV. GSSYANGON）运营集装箱班轮服务，载货舱位为1367TEU，载重吨位13670吨，由中国海运所属的主营东南亚地区的鑫海航运有限公司进行经营，航线主要在马来西亚－新加坡－缅甸三国之间进行运输，将进一步促进缅甸的海运业发展及贸易往来。该运力投放后，鑫海航运也成为缅甸境内第二大航商。

【中海工业与沪东中华启动万箱船合作建造】 3月28日下午，中海工业与沪东中华就合作建造万箱船项目成功签约。此次签约意味着中海工业与沪东中华的深度合作已经开始。中国海运决定依靠沪东中华的帮助，在中海工业（江苏）公司建造万箱船，既是中国海运提升工业板块的重大举措；也是中海工业产品结构调整，技术转型，管理提升的重要机遇；更是中海江苏造船基地发展的里程碑。

【中海集运获“清洁航运”国际认证】 为了倡导绿色航运理念，获得与欧洲大客户签约的通行证，中海集运积极参加由瑞典地方管理协会和哥德堡商业局等机构联合启动的环境项目——“清洁航运指数”（CleaningShippingIndex），并于日前通过了“清洁航运指数”对公司岸上及船舶的检验工作，成为目前为数不多的获得该项目认证的班轮公司。在所有认证的班轮公司中，中海集运的分数位居第四。

【中国海运订造世界最大最先进 18400TEU 集装箱船】5 月 6 日，中国海运所属中海集运经过全球公开邀标与韩国现代重工签订新建 5 艘 18400TEU 型集装箱船舶的合同。该船型不仅是世界上最大的集装箱船舶，而且其环保设计更为优异，可有效降低 CO2 排放和燃油消耗，降低船舶运营成本。当前中国海运正处于转型发展的重要阶段，此次选择在船价较低时机订造 18400TEU 集装箱船，是中国海运加强结构调整、适应船舶大型化、现代化发展趋势的重要举措，有利于进一步提升企业的国际竞争力。

【中国海运新开华南—美西航线首航中海洛杉矶码头】中国海运近日与阿拉伯联合航运公司联合开辟华南 - 美西二线（AAS2），6 月 5 日，中海集运“新洋浦”4250TEU 集装箱轮首航顺利靠泊中海洛杉矶码头。中国海运对中海洛杉矶码头发展极为重视，在华中 - 美西航线（AAC）投入 9600TEU 船直靠中海洛杉矶码头的基础上，又新辟华南 - 美西二线，投入可以使用岸电的 4250TEU 船，并有计划在今后升级至更大型化船舶。据估算，这条航线将为中海洛杉矶码头每年新增近 40 万 TEU 的箱量，有利于促进中美两国的经贸发展。

【中海发展整合油运业务】中海发展拟设立全资子公司“中海油轮运输有限公司”，并将公司持有的境内船舶资产等，以及将公司油运业务、相关负债、人员等转移至中海油运。这意味着中海发展将主营业务油运部分整合，或为增强在沿海油运市场的话语权，也与此前中海集团提出“将中海发展打造成从事能源运输唯一平台”的方向一致。

【中国海运成功首发美元商业票据】中国海运集团经过精心前期准备，9 月，通过中海集运香港公司顺利在美国完成了美元商业票据（USCommercialPaper，以下简称 USCP）的首笔发行，成功募集了 8500 万美元资金，与银行借款等融资方式相比，具有明显的成本优势，并低于其他同类中资企业在美商业票据市场首发票息。这是中国海运集团首次在美国金融市场直接融资，实现国际资本市场上直接融资的新突破，创新拓宽美元融资新渠道。该项目融资规模 4 亿美元，期限三年，期限内可以实现商业票据的循环发行。

【中国海运已有十一家企业入驻上海自由贸易区】10 月 17 日，中国海运所属中海国际船舶管理有限公司获得营业执照，正式入驻上海自由贸易区。这是自上海自贸区揭牌以来，中国海运首家入驻的法人企业，也是中国海运集团第 11 家设在自贸区的法人企业。自贸区成立前，中国海运所属的中海集运、中海发展、中海投资等 10 家法人企业已经注册在洋山和外高桥。中国海运正在积极研究相关政策，大力在自贸区内拓展相关业务，支持上海自贸区的建设。

【中国海运注册成立南美控股公司】11 月，“中国海运（南美）控股有限公司”在巴西圣保罗注册成立，属于中海全资子公司，是中国海运集团在南美地区的投资、规划、管理和服务中心，对中海在南美洲地区的企业和代理机构实行属地化管理。主要从事航运、船代货代、物流及相关产业的投资和管理，业务管辖范围包括巴西、阿根廷等 13 个国家和地区。中海南美控股的成立，使中国海运集团全球化网络得到进一步完善，将拓展中海在南美洲的业务和品牌影响力，同时有利于中国海运集团对南美洲地区公司进行更有效的风险控制。

（五）航运金融

【概况】2013年，航运金融服务不断拓展，业务不断创新。完善航运金融服务功能。2013年底，上海保险市场共有46家财产保险公司从事航运保险直保业务，经营船舶保险、货物运输保险以及出口信用保险，同比增加3家；保险专业中介机构352家；阳光、永安财险公司分别在沪设立航运保险运营中心。我国第一家专业性航运保险社团组织——“上海航运保险协会”揭牌。华泰、天安财产保险股份公司航运保险中心获批筹建。上海地区船舶险和货运险总量达到37.61亿元，同比增长4.44%，占全国相关业务量的24.04%，同比提高1.16个百分点，继续体现出上海航运保险市场的聚集效应。航运融资规模扩大。上海各主要银行业金融机构对上海航运产业的授信总额1984亿元人民币，同比上升30.6%；授信客户总计1200多户，同比增长23.4%。单机、单船融资租赁业务规模化发展，融资租赁公司购买飞机的指标限制问题得以解决。截至2013年底，自贸试验区共计引进57家境内外融资租赁母公司和241家SPV项目公司，租赁资产总额逾55亿美元。人民币远期运费协议（FFA）中央对手清算业务正式上线运行。上海航运运价交易有限公司自开业试运行至2013年，航运运价衍生品交易市场单边成交总量超3000万手，单边总成交金额逾2000亿元人民币，共交割合约108个。

【阳光产险航运保险运营中心在沪成立】6月，上海迎来一家新的航运保险专业机构———阳光产险航运保险运营中心正式落户浦东，这是国内财产保险公司在沪设立的第四家航运保险专业机构。依托总公司，对阳光产险航运保险业务实施一体化管理，将原来分散在不同分支机构和部门的市场拓展、承保理赔、财务核算、客户服务等经营职能进行集中整合、优化配置，在全国范围内提供标准统一的航运保险服务，并重点加强航运保险的服务创新、产品研发、国内国际市场拓展等职能，提升阳光产险航运保险服务支持国际金融、全球贸易的能力。

【永安保险在上海设立航运保险中心】7月，永安保险在上海设立的航运保险运营中心获得上海保监局批复和工商执照，可开展船舶、货物运输、企业财产损失、家庭财产损失等保险业务。据了解，永安是我国首批获准设立专业的航运保险运营中心的保险公司之一。这对于地处西部的永安保险走向沿海、实施业务结构调整的蓝海战略将起到积极作用。

【华泰财险获批在沪成立航运保险运营中心】11月14日，保监会发布公告批准华泰财产保险有限公司（以下简称“华泰财险”）在上海市试点设立“华泰财产保险有限公司航运保险运营中心”。保监会要求该运营中心在6个月内完成筹建。华泰财险航运保险运营中心是太保、人保、平安、永安、阳光之后在沪设立的第六家航运保险专业机构。

【上海航运保险协会揭牌】12月26日，我国第一家专业性航运保险社团组织——上海航运保险协会举行揭牌仪式。目前，该协会的会员单位包括航运保险中心、财产保险公司、保险经纪公司及保险公估公司等31家上下游企业。上海航运保险协会致力于航运保险产品创新、数据共享开发以及人才培养，培育航运保险市场，加大国际合作交流，为中国航运保险业争取更多的话语权。

【融资租赁业务规模不断扩大】 截止12月

底，自贸试验区共计引进融资租赁母体公司57家，融资租赁项目241个，租赁标的物涵盖民航客机、远洋船舶以及飞机发动机、挖掘机、医疗器械等大型设备，资产价值总额超过55亿美元，进一步实现了融资租赁业务的品牌化、多元化、规模化发展。

【建设银行上海分行创新开展海洋经济建设贷款】2013年，建设银行上海分行创新开展海洋经济建设贷款，加强支持港口建设、临港产业园区建设等项目；交通银行、浦发银行和上海银行等相继推出“航运业运杂费电子化支付平台——航付通”，开创性地提供覆盖整个水上运输行业全产业链的电子化支付结算服务；上海银行获海关批准，推出税费电子担保支付业务。

【交通银行创新推出航运行业电子化支付结算服务——“航付通”】交通银行在航运金融业务领域开辟了一系列创新：一是领先同业推出航运行业电子化支付结算服务——“航付通”，依托交博汇平台或结合企业业务系统，开创性的为集装箱港口、班轮公司、货代、船代等客户提供覆盖整个水上运输行业全产业链的，符合其行业特征的电子化支付结算服务，改变了水运行业长期以来完全依赖线下支付的传统结算模式。

（六）国际航运发展综合试验区

【概况】有条件实施沿海捎带。交通运输部允许中资公司拥有或控股拥有的非五星红旗船，先行先试外贸进出口集装箱在国内沿海港口和上海港之间的沿海捎带业务。进一步扩大航运业对外开放。交通运输部同意在自贸试验区范围内放宽中外合资、中外合作国际船舶运输企业的外资股比限制，并允许自贸试验区内设立外商独资国际船舶管理企业。推进国际船舶登记制度。交通运输部批复了《中国（上海）自由贸易试验区国际船舶登记制度试点方案》，在船舶航行区域、登记主体条件、船龄范围、船员配备等方面作了进一步优化；初步形成《“中国洋山港”籍船舶从事国际海上运输备案管理规定》，为“中国洋山港”籍船舶投入运营创造便利条件。争取扩大启运港退税政策试点。启运港退税试点扩围纳入自贸试验区建设总体方案，形成启运港退税政策实施评估报告及扩大试点建议方案。

【通关作业无纸化改革试点工作取得初步成效】1月17日，上海海关单日放行通关无纸化报关单量首次破万。目前，上海海关已与近2.3万家企业签订通关作业无纸化协议，累计放行通关作业无纸化报关单30余万票，货值约200亿美元。

【全国海关进出口商品归类中心上海分中心迁址外高桥保税区】2月，全国海关进出口商品归类中心上海分中心迁址外高桥保税区。以此为契机，上海海关将借助其归类化验展示厅平台和现有归类化验硬件设施优势，加强与管理相对人的互动，实现归类化验工作“服务全国、走在前列”的目标。

【金川迈科项目落户洋山保税港区】2月份，金川迈科金属资源有限公司落户洋山保税港区，成为迄今为止洋山大宗商品单体规模最大项目和洋山保税港区成立以来规模最大的贸易类企业。截至2月底，洋山保税港区已吸引大宗商品贸易和营运企业60家，累计注册资本超过32亿元人民币。

【中国首个大宗商品保税现货价格——“洋山价格”正式推出】3月20日，中国首个大宗商品领域保税现货价格——“洋山价格”正式推出，首期产品“洋山铜溢价”将通过国内外第三方权威数据平台同步发布。“洋山价格”是继洋山保税港区2011年期货保税交割业务全流程走通、2012年保税仓单质押功能首家试点之后，上海综合保税区为打造洋山保税港区大宗商品集散平台而推出的又一重大举措。

【外高桥港区正式启动视频集中化批量查验试点工作】 4月份，外高桥港区（二期）码头已同时实现视频集中化批量查验与人工批量查验试点。试点当日，外高桥海关视频集中化批量查验货物6票，共21TEU；人工批量查验43票，共140TEU。

【上海铁路口岸通过国家验收】 4月份，我国境内第一个直通香港长途铁路客运口岸——上海站铁路口岸通过国家联合验收小组验收正式对外开放，标志着上海口岸已拥有水运口岸、航空口岸、陆路口岸三翼齐飞的开放格局。

【上海港首次“国际中转箱不落地船船转运”试点作业成功】 5月22日，上港集团沪东公司从“海丰杰诺”轮卸下的一个国际中转箱，被直接拖运至相邻泊位的“海丰联捷”轮顺利装船，箱货电子信息传输正常，完成了上海港首次“国际中转箱不落地船船转运”试点作业，实现操作模式新突破。

【戴尔全球零备件分拨中心落户浦东机场综合保税区】 6月21日，全球领先的IT产品及服务提供商——戴尔全球零备件分拨中心落户浦东机场综合保税区，由DHL运营。此次在浦东机场综合保税区开业运作的戴尔全球零备件分拨中心，将承担整个亚太地区戴尔零备件产品的物流分拨业务，并逐步整合扩展欧美等地区的零备件分拨业务，最终为全球客户提供优质、快捷的戴尔零备件物流分拨配送服务。截止6月，浦东机场综保区已成功引进20余家全球知名跨国公司产品分拨中心，主要集中于工业零部件产品、消费电子产品、医疗器械产品、进口高端商品等四大类，物流分拨产业规模集聚效应初显。

【72小时过境免签政策落地】 自2013年1月1日起，45个国家公民过境上海浦东、虹桥机场享受72小时免签证政策。截止2013年1月31日，上海边检总站共办理72小时过境免签旅客704人次，涉及30个国家。

【国务院常务会议原则通过中国（上海）自由贸易试验区总体方案】 7月3日，国务院常务会议原则通过《中国（上海）自由贸易试验区总体方案》。会议强调，在上海外高桥保税区等4个海关特殊监管区域内，建设中国（上海）自由贸易试验区，是顺应全球经贸发展新趋势，更加积极主动对外开放的重大举措。要进一步深化改革，加快政府职能转变，坚持先行先试，既要积极探索政府经贸和投资管理模式创新，扩大服务业开放；又要防范各类风险，推动建设具有国际水准的投资贸易便利、监管高效便捷、法制环境规范的自由贸易试验区，使之成为推进改革和提高开放型经济水平的“试验田”，形成可复制、可推广的经验，发挥示范带动、服务全国的积极作用，促进各地区共同发展。这有利于培育我国面向全球的竞争新优势，构建与各国合作发展的新平台，拓展经济增长的新空间，打造中国经济“升级版”。

【推进洋山保税港区扩区建设和封关验收工作】 截止8月底，洋山保税港区扩区建设岛域部分工程已完成土建施工、跨线桥箱梁施工及部分设备安装工作。陆域部分各子项目全面开工，包括港区内部通道卡口、围网、巡关道建设以及卡口相关设备的维护更新。

【落实洋山港船舶保税登记制度】 截止8月底，上海海关共完成5艘保税船舶登记业务，货值人民币2.47亿元。其中1艘为2012年瀚辉（上海）船舶租赁有限公司所属的机动散货船，该船办理保税船舶登记的同时还开展了融资租赁业务；其余4艘均为浦海航运有限公司所属的机动集装箱船的保税船舶登记业务。

【上海启运港退税试点一周年】 2012年8月1日，启运港退税政策试点工作在上海洋山保税港区拉开序幕。启运港退税政策在上海洋山保税港区试点一年以来，上海海关共办结4319票启运港退税货物的核销手续，涉及货物13271集装箱。

【上海自由贸易试验区第一票货完成受理和提货】 8月22日，国务院正式批准设立中国（上海）自由贸易试验区。9月27日，上港集团盛东公司按照规定业务信息流程办理了自由贸易试验区第一票货物的提箱手续。该批货物为12个二十英尺集装箱，品名是高纯阴极铜，当日已按照海关监管要求第一时间顺利提走，运往外高桥保税区货主仓库。

【上海机场边检站签发新法施行后首个15日临时入境许可】 8月9日上午，上海机场边检站根据公安部《关于出境入境人员和交通运输工具边防检查有关事项的通知》（公境〔2013〕1500号）中关于临时入境人员的处理办法，为一名持法国护照的旅客签发了新法施行后的首个有效期为15日的临时入境许可。

【中国（上海）自由贸易试验区挂牌成立】 9月29日，中国（上海）自由贸易试验区挂牌仪式在外高桥举行。中共中央政治局委员、上海市委书记韩正为“中国（上海）自由贸易试验区”揭牌。商务部部长高虎城和上海市委副书记、市长杨雄共同为“中国（上海）自由贸易试验区管委会”揭牌。建立中国（上海）自由贸易试验区，是我国在改革开放新形势下，顺应全球经贸发展新趋势，实施更加积极主动对外开放战略的一项重大举措，重点任务是加快政府职能转变、探索管理模式创新、扩大服务业开放、深化金融领域开放创新，这将为全面深化改革和进一步扩大开放，实现制度创新，探索新途径、积累新经验，对激发经济活力、创造制度红利具有十分重要的意义。作为自由贸易试验区建设内容之一，航运领域共有11项政策措施纳入《中国（上海）自由贸易试验区总体方案》实施推进。

【交通运输部、上海市政府联合发布实施意见推进自贸区建设】 9月27日，为深入贯彻落实国务院发布的《中国（上海）自由贸易试验区总体方案》，进一步推进上海国际航运中心建设，交通运输部与上海市人民政府联合发布《关于落实 < 中国（上海）自由贸易试验区总体方案 > 加快推进上海国际航运中心建设的实施意见》，为《总体方案》中提出的航运领域扩大开放、改革创新措施提供了落地支撑。《意见》提出，要从扩大开放水平、创新航运政策、拓展中心功能、提升服务水平、加强基础建设五个方面着手，进一步深化改革，扩大开放，探索创新具有国际竞争力的航运发展制度和模式，有力地支撑上海国际航运中心升级发展的总体要求。

【航空货物中转集拼启动试点】 根据自贸试验区总体方案要求，浦东机场率先启动实施了航空货物中转集拼业务试点。这意味着境外货物经过国际航班运抵上海浦东机场后，可以在指定区域内拆箱进行分拣，根据不同的目的地重新装箱后，再次运送出境，有效提升国际货运中转效率。目前，国际物流巨头——DHL 成为首家获准在浦东机场开展航空快件国际中转集拼业务的企业，这也是国内机场首次在相关领域做出探索。据测算，DHL 在正式启动中转集拼业务后，每周将有 8000 余票快件由原先第二天白天出运，改为午夜航班出运，可节省 8 小时的递送时间，使客户享受到更晚取件、更早送达的优质服务。

【机场综保区物流分拨产业进一步集聚】 10 月，国内知名物流企业畅顺达在浦东机场综合保税区开业并启动希捷全球分拨中心。该分拨中心由畅顺达运营，承担着希捷亚太及欧美等地区的全球物流服务。目前，机场综保区已集聚了涉及工业零部件产品、电子产品、医疗器械产品、进口高端商品等类目的 20 多家全球知名跨国公司产品分拨中心，物流分拨产业规模集聚效应初显。

【上海自贸区仲裁院成立】 10 月 22 日，上海国际经济贸易仲裁委员会（上海国际仲裁中心）正式设立中国（上海）自由贸易试验区仲裁院，为区内当事人提供零距离的仲裁咨询、立案、开庭审理等仲裁法律服务。目前，上海国际经济贸易仲裁委员会由 625 名仲裁员组成，其中外籍及港澳台仲裁员约占 1/3 达到 199 名，分别来自 39 个国家和地区，仲裁员的国际化程度位居全国仲裁机构之首。

【自贸试验区国际船舶登记制度试点方案获交通运输部批准】 12 月底，交通运输部批准了《中国（上海）自由贸易试验区国际船舶登记制度试点方案》，方案对船籍港、登记主体外资比例、船龄、船员配备等方面的要求进行了进一步细化和完善，中国（上海）自由贸易试验区国际船舶登记制度取得阶段性进展。

【开展航空快件国际中转集拼业务】 12 月，上海海关在航空口岸快件国际转运机坪直转模式基础上，积极探索快件国际中转集拼模式，进一步提升上海航空货运枢纽服务水平。11 月 21 日浦东国际机场正式开展中转集拼业务以来，上海海关共监管总运单 14 票，分运单 6736 票，涉及快件 7890 件。目前，此项业务涵盖由 DHL 公司承运的德国莱比锡至日本东京、日本东京至德国莱比锡、香港至德国莱比锡 3 条航线，转运货物主要为文件资料、电子产品、服装鞋帽 3 大类。

（七）邮轮产业发展

【概况】 优化邮轮经济发展环境。吴淞口国际邮轮码头通过竣工验收，正式对外运营。海航旗卜“海娜”号获批于 2013 年 8–10 月间不限航次从事上海至台湾往返航次包船旅客运输，标志着台湾航线常态化运营的初步试点成功。突破境外母公司成立年限等政策限制，皇家加勒比游轮船务公司在沪设立。北外滩公用型保税仓库启用，将重点发挥邮轮物资供应和游艇保税两大功能。2013 年，上海港共靠泊邮轮 197 艘次，邮轮旅客吞吐量 75.66 万人次。其中，以上海为母港的靠泊次数为 167 艘次，邮轮旅客吞吐量 69.79 万人次。

【“2013 中国海洋旅游年上海首游式”举行】 1 月 1 日，由上海市旅游局主办的 2013 年“中国海洋旅游年”在上海中国航海博物馆举行了首游式。上海市旅游局携手上海市部分区县，精心策划组织和设计了各类海洋旅游产品，依托上海资源特色，推出江、河、湖、海等水资源旅游产品，加大邮轮旅游、休闲度假、体育健身、创意文化等新产品开发力度。

【首艘母港邮轮“歌诗达·维多利亚号”靠泊】2月25日，今年首艘母港邮轮“歌诗达·维多利亚号”完成靠泊，共进出境旅客3721人次，行李4416件。2013年，吴淞口国际邮轮港预计进出境邮轮126航次，进出境旅客将超60万人次，同比将分别增长1.1倍和1.2倍。

【上海邮轮旅游开启新航季】3月11日，停泊在上海国际客运中心码头的马耳他籍“精钻旅程”号（AZAMARAJOURNEY）邮轮离沪前往日本，揭开2013年邮轮新航季。据上海边检机关介绍，3月份上海港迎来邮轮客流“十万大军”。上海国际客运中心、吴淞炮台湾国际邮轮码头共计入出邮轮44艘次、国际客轮17艘次，迎来今年邮轮来沪旅游的新高潮。

【第十八届中国（上海）国际游艇展开幕】4月11日~14日，亚洲最大的综合性游艇展——第十八届中国（上海）国际游艇展（CIBS）亮相上海世博展览馆。本次国际游艇展总面积达48000平方米，参展企业500家，展出550条实体船，包括豪华游艇、高速船艇、帆船、商务公务艇等多种款型，总参观人数达35000人，比去年增加20%，规模创历届之最。

【丽星“双子星号”北外滩首航】4月7日，丽星邮轮“双子星号”首航仪式在北外滩举行。丽星邮轮是继歌诗达邮轮、皇家加勒比邮轮、首龙国际邮轮和豪斯登堡邮轮之后第五家以上海为母港的邮轮公司。2013年4月~10月，丽星邮轮“双子星号”以北外滩为母港，开展40多个4天3晚至7天6晚的新航次。此次“双子星号”首航上海港国际客运中心，不仅标志着全球三大邮轮集团全部正式落户上海，也为北外滩中国邮轮旅游发展实验区揭开新的篇章。

【推动吴淞口国际邮轮港单日万人大客流通关顺畅】4月13日，上海海关启动《吴淞海关旅检现场大客流应急预案》，采用“随船监管”模式，为“海洋航行者号”和“歌诗达维多利亚号”2艘邮轮共计10350人次的出入境旅客和船员提供通关便利服务。

【“双子星号”在沪重获“新生”】4月23日，豪华邮轮“双子星号”因螺旋桨缠上渔网在长江口失去动力，中海工业长兴修船基地接到上海海事局信息后，仅用20小时完成“再生”工程，使得上千游客的出游行程得以顺利进行。此次抢修“双子星号”邮轮，是中海长兴修船基地继2010年10月成功抢修意大利“歌诗达经典”邮轮后，又一次体现了作为中国最大的修船基地所具有的快速完成大型邮轮抢修的能力，为上海国际航运中心安全航运提供了强有力的保障作用。

【2013上海邮轮旅游节开幕】5月23日，以“邮轮生活、精彩无限”为主题的2013上海邮轮旅游节正式开幕。旅游节期间有十余艘前往日、韩等国及台湾地区的母港航次始发，逾5万名来自全国各地的游客将从宝山启程，享受邮轮假期，同时还将开展一系列主题活动。

【中国首条环球邮轮航线在沪开售】5月7日，首条专为中国市场量身定制的邮轮航线“环游世界83天”在沪正式发售。游客将搭载歌诗达邮轮旗下的8万吨“大西洋号”，于2014年3月22日从上海母港出发，在83天的行程中跨越三大洋、五大洲，到访16个国家、23个目的地，行驶5万公里，途经马尔代夫的马累、法国的马赛、西班牙的巴塞罗那、美国的纽约以及墨西哥的曼萨尼略等风光旖旎之地。

【歌诗达“大西洋”号首次抵沪】7月4日，

意大利歌诗达邮轮旗下“大西洋”号驶抵吴淞邮轮码头。这是以上海为母港运营“海上出境游”航线该轮首次抵沪，也是今年第5艘的豪华邮轮。随着“大西洋”号的到来，上海迎来暑期“海上出境游”高峰。7月份，上海港出入邮轮44艘次，出入境人员达15余万人次。

【上海港邮轮业新添高端品牌】8月，嘉年华集团宣布，继歌诗达、皇家加勒比、地中海、丽星邮轮相继选择上海为母港后，其旗下公主邮轮品牌将于2014年正式进入中国。公主邮轮旗下的蓝宝石公主号邮轮将以上海为母港，预计将在为期4个月的航季中，搭载7万名游客出海旅行。

【上海举办“邮轮年代”主题展】9月15日至10月7日，中国航海博物馆与上海旅游会展推广中心联合主办的“邮轮年代”主题展于上海环球港4楼举行，免费向公众开放。此次展览以详实的史料，结合两大具有时代标志的邮轮舱室实景再现，带领观众回到20世纪初，登上邮轮，欣赏“泰坦尼克”号时代的奢华精致与“玛丽女王”号时代的简约明丽。

【“海娜号”抵沪运营台湾航线】9月27日，曾在韩国济州遭扣留的豪华邮轮“海娜号”（HANNA）载着670余名船员从天津来沪，并于9月28日起在沪正式开通“上海——台湾”的海上旅游航线。这也是上海港今年继皇家加勒比邮轮“海洋航行者”、“海洋水手”、歌诗达邮轮“维多利亚”号和“大西洋”号及丽星邮轮“双子星”号后，第6艘来沪运营海上旅游航线的豪华邮轮。该轮预计将以上海国际客运中心为母港入出16艘次，运营至11月8日离沪。

【中国首份游轮餐饮安全责任保险在沪诞生】9月24日，在黄浦食品药品监管分局协调下，上海浦江游览公司与安信农业保险股份有限公司签订全国第一份游轮餐饮食品安全责任保险，标志着游轮餐饮朝规范服务迈出了新的一步。此次签约的游轮餐饮食品安全责任保险涵盖了游轮上几乎所有可能发生的事故风险。一旦在游轮期间发生食物中毒、食源性疾病而造成群体性食品安全事件，受害人将获得高额的保险保障。安信保险承诺，出现纠纷将先行赔付，每位消费者最高可享受20万元的保险保障，且所有保险项目均无免赔额。

【海上游人次首次突破百万大关】截至10月27日，今年上海港海上出入境人数首次突破百万人次大关，创下新纪录。今年1月1日至10月27日，上海港国际客运中心和吴淞口国际邮轮港共计出入境客轮491艘次（邮轮334艘次、客运班轮157艘次），同比增长24%；浦江站民警共检查入、出境人员100.6万余人次(旅客68.2万余人次、船员32.4万余人次)，同比增长114%。

【第八届中国邮轮产业发展大会在沪举行】11月15日，由国家旅游局、中国交通运输协会、上海市人民政府等单位共同主办的第八届中国邮轮产业发展大会暨国际邮轮博览会在沪举办，来自美、英、德、意、日等15个国家地区的代表和北京、上海、天津、山东等29个省市共计630余位专家学者和业界人士出席了会议。会议以“邮轮旅游邮轮经济”为主题。会上，国家部委发布并解读了新的邮轮产业政策；揭晓了首届中国国际邮轮产业年度大奖。与大会同期举办的国际邮轮博览会设立了邮轮旅游目的地、邮轮公司、邮轮用品、邮轮修造业及邮轮服务业五大展区，组委会还安排了国际邮轮采购洽谈会、国际邮轮人才招聘会等专业活动。

【亚洲邮轮港口共同签署《亚洲邮轮港口战略合作吴淞口宣言》】 11月16日，“2013亚洲邮轮港口协会年会暨亚洲邮轮港口CEO高峰论坛”在宝山区举行。论坛期间，上海吴淞口国际邮轮港、台湾基隆港、新加坡邮轮港、神户港等亚洲重要邮轮港口共同签署《亚洲邮轮港口战略合作吴淞口宣言》，将共同推进亚洲及周边邮轮港口间互动，促进亚太邮轮产业整体升级。

【吴淞口国际邮轮码头竣工验收】 12月26日，作为上海“两主一辅”三个国际邮轮码头之一的上海吴淞口国际邮轮码头及其公共配套设施项目，顺利通过竣工验收，并将正式对外运营。吴淞口国际邮轮码头工程于2009年7月18日开工，目前共有两个大型邮轮泊位，全长774米，宽34米，建设10万吨级、20万吨级大型国际邮轮泊位各1个（结构均按靠泊22万吨邮轮设计），可靠泊目前世界最大邮轮。该码头综合通过能力60.8万人次/年，拥有完善的旅客服务及口岸监管设施。码头此前已开始试运营，截至2013年11月30日，吴淞口国际邮轮码头完成总计靠泊119艘次，其中访问港6艘次，母港113艘次，共计出入境旅客597088万人次（不含船员）。 （屠爱华）

十五、建筑建材业管理

（一）综述

2013 年，围绕推动建筑市场管理形成长效机制，起草修订《上海市建筑市场管理条例》。根据市人大、市法制办的要求，在先前条例修正工作基础上，变小改为大改，对原条例内容作全面梳理，在广泛听取建设、勘察、设计、施工、监理、检测等单位以及工程建设领域和法律界专家的意见建议，于 2013 年 8 月完成了条例（草案）初稿，10 月中旬专程赴住房城乡建设部汇报条例起草工作，2014 年 1 月形成上报稿向市人大薛潮副主任作了专题汇报，条例中提出的工程总承包、项目管理、工程保险、社会投资项目免于招标等制度创新，得到了建设部和市人大领导的高度肯定。二是围绕强化招投标行政管理，积极梳理招投标管理制度。组织力量起草《上海市建设工程招标投标管理办法》、

《上海市建设工程评标专家管理办法》等文件，从制度上对招投标管理工作予以完善。

优化行政审批改革方面。具体包括：一是配合上海自贸区建设，对外商投资建设工程设计企业出台扶持政策。明确对于在试验区设立的，在本市范围内提供设计服务的外商投资建设工程设计企业，不再考核其外国投资方的工程设计业绩背景。二是探索推进企业资质无纸化申报工作。为减轻企业负担，已初步实现在监理、招标代理等企业资质申请中实行无纸化申报。下一步将逐步推广至所有资质类别。

信息化和信用体系建设方面。具体包括：一是积极推进信息平台建设。积极推进建设市场管理信息平台“1+5+X”系统开发建设，启动项目招标采购工作，完成核心功能升级改造，提升建筑市场管理水平和效率。二是完成建筑市场信用体系制度设计。编制《上海市建筑市场信用信息管理办法》（草案），拟通过出台管理办法，明确建筑市场信用信息的记录内容、记录程序、申述渠道和相关管理职责，规范各方主体信用信息的记录、公开和使用等活动。制定信用评价标准和规范，根据信用领域国家有关推荐标准，结合本市建筑施工行业招标投标工作的实际情况，拟定了建筑施工企业招标投标信用评级的评级指标标准、等级释义、报告样本和合同书。三是积极开展浦东试点。按照“先政府后市场、先行业后综合、先试点后全面”的计划分步实施，明确浦东新区为首个试点区域，目前配套的软件开发和试点办法已完成。自9月中旬开始，在浦东新区的工程施工公开招标项目中试点应用信用评价 .

（二）招标投标管理

【概况】 2013年，全市共完成建设工程招投标项目11406个（标段），同比增加8.12%，其中：勘察1505个、设计1943个、施工6275个、监理1683个，施工公开招标率99.80%。市管招投标项目共2207个（标段），同比减少31.46%，市管项目数占全市项目总数19.35%，其中：勘察266个、设计439个、施工1004个、监理498个，施工公开招标率99.29%。全市采用电子办事信息系统的项目共620个，其中勘察65个、设计84个、施工101个、监理370个。

【以制度建设为先导，完善监管流程】 启动《上海市建设工程招投标管理办法》的起草工作。梳理分析建设工程招投标管理中存在的突出矛盾和问题，进一步细化明确工程总承包招标、邀请招标差别化监管等特色举措，对异议处理、资格预审等在《中华人民共和国招标投标法实施条例》规定基础上作了细化，并对设计招标阶段及方式、暂估价招标等疑难问题开展研究。制定出台《落实招标投标法实施条例的通知（三）》，就规范招标代理、招标文件会审、否决投标、招标人代表资格、招标人及评标委员会职责、评标评估等作了明确规定。编制完善建设工程招标文件示范文本，其中施工招标文件示范文本已开始编制格式化文本，为进一步推进招标文件网上下载和全过程电子招标奠定基础。四是研究起草评标专家库管理办法，明确评标专家的分类及使用办法，进一步规范评标专家监督及管理工作。五是建立建设工程招投标社会监督员制度，聘任了来自人大、政协、纪委、检察院等各方面共16名社会监督员，在建设工程招投标监管工作中主动引入社会监督力量。

【以规范操作为核心，进一步加强对区县指导力度】 一是强化监督机制。对区县和委托管理单位建立了综合评价机制、招投标信访工作联防联处机制和招投标监管工作联动机制等一系列制度，对全市163名招投标监管人员进行上岗培训和实践考核，提升区县和委托管理单位的管理水平。二是统一操作规范。会同各区县及委托管理单位研究制定本市建设工程招投标监管要点，涉及指定经办人和招标登记、招标文件备案、开标异议和答复、评标委员会成员确定、评标结果的异议等12个招投标节点中亟需规范、统一的监管要求，并率先在区县试行。同时，在全市监管人员内部建立并完善了招投标监管沙龙，拓展了业务学习、交流的渠道。

【以科技手段为支撑，进一步加强信息化监管】 一是全面推广使用建设工程电子招投标办事信息系统。该系统涵盖了从招标登记到中标通知书备案等投标监管的主要环节，实现招投标各方主体的网上互动。自2013年12月1日起，市管所有项目均已使用该系统。二是分包（暂估价）招投标平台基本搭建完成。三是健全中标候选人公示制度。对使用电子招投标办事信息系统的建设工程，要求向社会公示资格预审结果、中标候选人名单和排序、中标候选人的投标报价等内容，进一步提高招投标活动透明度。四是研究完善开、评标场所改造方案，为电子化开、评标打好硬件基础。

【以优化服务为目标，进一步保障工程项目实施】 一是研究优化重大工程招投标流程。通过对关键节点的优化，提出设计招标前置、推行一体化招标、有限开放资格预审等措施，为重大工程的推进提供时间和服务保障。二是研究完善核准、备案制项目施工招标条件。招标人承诺具备满足招标要求的图纸，即可开展施工招标，由招标人自行承担因投资规模、用地、规划、图纸等变更而导致的风险。三是研究明确招投标相关时限要求。对于依法必须招标的项目明确相关时限，重点是将招标文件的发售期包括在留给投标人编制投标文件的期限内。通过明确时限，在正常情况下，整个招投标流程可平均缩短5天，缩短率占原时限规定的15%。

【以动态监管为手段，进一步加强评标专家管理】 一是加强评标评估。2013年全市共对130个项目进行了评标评估，同比增加27%；被评价专家706人次，占库内专家总数的20%；评标评估满意率74.6%，同比提高36个百分点。对评估反映存在问题的评标专家或招标人代表分别进行了约谈或反馈，对评标专家的问题记入诚信档案。二是抓好入库专家招聘。先后开展了22个紧缺专业、暂估价所涉专业、资深评标专家及区县专家的招聘工作，累计招聘专家700人。三是强化评标专家培训。先后组织开展了经济类及技术类评标专家培训，累计培训专家386人，并对法律法规、评标要点等内容进行了考试。四是完善长三角评标专家资源共享机制。崇明县与启东地区签订了共享协议，并已在多个项目中进行了异地评标专家抽取的试点。

（三）资质资格管理服务

【概况】 企业资质和执业资格管理及其他受理服务工作，紧紧抓住“改进服务作风、增强服务能力、提高服务效率”这条生命线，进一步精简审批流程，强化信息服务功能，规范建筑市场秩序。截止2013年12月31日，全市有建设工程资质企业总数13696家，其中本市建设工程资质企业9044家，外省市进沪建设工程资质企业4596家，部属企业53家，境外企业3家。截止2013年12月31日，在本市从事勘察设计的企业有1521家，其中本市企业706家，外省市进沪企业802家，部属企业13家。在本市从事施工的企业有

11401家，其中本市企业7759家，外省市进沪企业3602家，部属企业37家，境外企业3家。在本市从事监理的企业有332家，其中本市企业189家，外省市进沪企业142家，部属企业1家。在本市从事造价咨询的企业有161家，其中本市企业135家，外省市进沪企业24家，部属企业2家。在本市从事招标代理的企业有176家，其中本市企业150家，外省市进沪企业26家。在本市的建材检测机构105家。

2013年共受理各类事项49718项。项目流程类9233项。其中工程报建444项；直接发包99项；建材备案181项；散装水泥预缴及结算327项；合同备案6706项；竣工验收备案248项；施工许可证核发875项；安全质量报监353项。受理、办理各类企业资质16951项。其中安全生产许可证4082项；资质新申请183项；升级143项；增项296项；转正7项；全市企业信息变更11860项；外省市进沪企业诚信手册备案380项。各类人员资格受理23534人/次。其中注册建筑师2141项；注册结构工程师2360项；造价师2728项；监理师6108项；土木工程师（岩土）309项；一级建造师2171项；二级建造师7717项。

【构筑行政审批标准化服务平台，进一步提高受理服务效能】 推行建设工程合同网上备案，5月20日已正式上线运行，实现建设工程合同登记备案、变更申请、核销申请“网上申报、网上受理”。推行企业资质申报的无纸化受理试点工作。在部分工程监理企业、工程招标代理机构进行试点。推行企业资质简单事项申报网上自助办理模式。企业经营负责人和财务负责人的变更等已经可以在网上自助办理。改进施工许可证版式，并参与施工许可管理办法的修改。改进施工许可证和二级建造师制证系统，增设市建交委安全生产许可证专用章，有效缩短了制证时间。

【完善行政审批事项标准化文件编制，深化标准化建设】 修订完善业务手册和办事指南。共完成23项行政审批和非行政审批事项的标准化编制。加强对区县行政审批标准化试点工作的协调和联动。市建设管理部门组建了对口的服务网络，并完善与规划土地局等相关管理部门的协调机制。加强对区县的业务培训和指导。对分级分类管理、合同备案等文件实施后的新问题新情况进行研究分析，解决难点疑点问题。

【助推重大工程项目建设，深化专人专窗服务模式】 一是建立程序优、时间短、效率高、服务好的绿色通道。二是建立咨询服务、靠前服务、跟踪提示服务机制。三是建立简捷的审批机制，设立专人专窗受理。对材料齐全的事项一律实行即来即办、快办快批。

【加强企业资质准入管理，规范建筑市场】 细化落实特种作业专业承包资质新标准，并于4月1日起正式执行。细化落实工程勘察资质新标准，并与勘察设计行业协会共同组织，对企业进行新标准宣贯。开展对企业资质评审专家的复验。对现有的202位专家进行复验，通过社保缴费比对、约谈等方式，取消了3名评审专家资格。开展企业资质审批工作。共对985家企业的资质申报事项，组织评审专家进行审核。改进申报材料弄虚作假的查处方式。从程序上控制，一旦确定为弄虚作假，系统自动限制企业一年之内不得再次申报。同时设定了企业约谈、信息通报等相关程序，全年查实并即将通报的企业有7家。解决企业资质空档期问题。采取依申请，一事一议的方式，对符合认定条件的企业给予延长资质有效期6个月，并落实具体实施方案。完成企业资质无纸化申报和企业资质分立合并的课题研究工作。完成施工、造价、设计新标准的意见征求。

【加强企业动态核查，规范建筑企业进出市场管理】 有计划有重点地开展2013年企业资质动态核查。2013年市管企业动态核查的重点是招标代理、造价咨询、设计施工一体化企业，6月3日至6月7日进行了实地核查，核查数量达到574家。核查及经整改达标的企业549家，撤回企业资质24家，注销企业资质1家。提出了企业资质动态核查管理系统的开发需求。目前，软件公司已进行开发。

【运用社保数据比对功能，促进人员注册管理规范有效】 破解二级建造师虚假申报问题。在数据信息系统中，增加了二级建造师与社保联网核查程序，通过数据共享、时实比对的方式，基本杜绝了注册人员被虚假申报，减少了人证分离现象。加大对持伪造证件执业行为的处罚力度。共查处3名涉嫌持假证人员，没收其假证。配合住建部完成了《勘察设计注册工程师管理规定》课题研究工作。配合相关部门提出了《上海市建设行业非注册人员数据库管理方案》。

【依托电子版诚信手册，归集企业诚信记录】 将企业资质信息、业绩信息、行政处罚信息、工程获奖（国家级）信息等纳入其中。建立施工企业奖项数据库，截止7月31日，录入近2年的建设类全国奖项信息3560条，涉及奖项类别7项。

【依托浦东新区试点工作，试点应用信用信息】 明确“先政府后市场、先行业后综合、先试点后全面”的信用建设的原则，以浦东新区为首个试点区域，开展建筑施工企业从业信用评价和在工程招投标环节应用试点。开展2012年度公路施工企业信用评价工作，对全市36家施工企业在52个工程标段中的履约行为、招投标行为和其他行为进行了评价。

（周怀芳）

（四）安全质量监督

【概况】 2013年，本市建设工程质量安全工作坚持以党的十八大精神为指导，按照“理顺机制、完善规章、强化基础、构建体系”的原则开展了各项工作，确保了本市建设工程质量安全形势的稳定。2013年共发生生产安全死亡事故23起，死亡28人，连续第7年实现事故起数和死亡人数的双下降。

【建立市建设交通委安全生产委员会】 4月，经研究决定成立建设交通委安全生产委员会，将建设交通系统各有关单位和区县建设交通委纳入到这个平台。安委会下设日常办事机构安委会办公室，安委会办公室设置在委质量安全监督管理处。

【着力健全质量安全监管制度】 一是规范检测工作。为规范建筑材料检测工作，印发了《上海市建设工程监督检测管理办法》、《关于在上海市建设工程检测中使用唯一性识别标识的通知》等8个规范性文件；二是规范住宅管理。为了加强对住宅的质量管理、明确住宅保修范围和期限，落实质量责任终身制，会同市房管局修订并印发了《新建住宅质量保证书》（2013年版）和《新建住宅使用说明书》（2013年版）等。三是强化建筑起重机械管理。为加强对建筑起重机械的监督管理，规范起重机械租赁、使用、安装、拆卸等行为，保障起重机械安全，经过深入调研制定《上海市建筑起重机械监督管理规定》。

【迎接国务院督查】 7月和9月，国务院安委会派出第十三督察组两次来沪督查安全生产工作，重点消防安全和建筑施工安全。本次督查覆盖了全市 17 个区县，其中 14 个区涉及到建筑工地。本市建设工程安全生产工作获得国务院安委会督查组的总体肯定。

【建立质量安全巡查制度】 根据《国务院办公厅关于集中开展安全生产大检查的通知》要求，按照“全覆盖、零容忍、严执法、重实效”的总体要求，组织开展大检查。8 月份，委组织市安质监总站和市建设工程安全协会对全市 17 个区县的建设工地开展专项抽查，每个区县抽查 4 个建设工地，并于 10 月份召开专题分析会议，对存在的问题进行通报点评。在此基础上，研究探索上海市建设工程质量安全巡查制度，目前有关方案已经获得通过，将于 2014 年全面推开。

【建立质量安全信息监管平台】 创新监管模式，推进信息平台建设，开发建立了“安全质量现场监管子系统”，提高了监管效率。

【工程质量稳中有升】 上海崇明越江通道（长江隧桥）和“西气东输”上海天然气主干管网系统工程获得“第十一届中国土木工程詹天佑奖”。上海青草沙水源地原水工程等 6 项工程入选 2012 ~ 2013 年度中国建设工程鲁班奖（国家优质工程）复查工程名单。

【区县管理成效明显】 全力推进属地化管理，夯实监督管理基础工作，理顺总站项目管理程序，按照“属地优先、总量控制、合理统筹、统一管理”的思路，改进信息系统分配。增强总站对区县站的日常沟通和指导职能。

【市场监管和执法工作重点突出】 规范企业和人员行为监管。出台《关于进一步加强建设工程施工现场参建各方及人员监管的通知》，梳理施工现场重点监管行为，明确处罚意见，对强化参建各方及人员行为监管具有一定指导意义。开展建设工程行政处罚典型案例汇编工作。联合出版《上海市建设领域稽查执法工作典型案例汇编》。实施各类执法查处，建筑建材业信访系统运转正常，应急事件和事故处置及时到位。

（徐建福）

（五）标准定额管理

【启动本市工程建设标准规范体系编制工作】 依据住房城乡建设部工程建设标准规范体系，结合本市现行工程建设标准规范体系，在全面梳理分析现有的国家、行业及本市地方标准的基础上，全面梳理调整地方标准体系专业架构，将各专业范围内现行的、在编的及未来几年待编的相关标准进行衔接配套，建立健全相应的分类目录，进一步提高地方标准的系统性、针对性、科学性。

【完善地方标准化工作机制】 一是探索建立标准化专业技术委员会。依托大型企业、科研院校、行业协会等力量，充分发挥专家和专业团队的智库作用。目前，已出台《上海市工程建设标准化相关专业技术委员会工作实施意见（试行）》，明确了标委会的工作职责、组织机构、专业设置等，并在全市率先试点成立了工程施工标准化专业技术委员会。二是研究开展标准规范出版工作。委托同济大学出版社将本市地方标准规范作为正式出版物发行，以方便广大使用者，规范出版行为。三是抓好建筑产品企业应用标准编制。充分依托相关行业协会，加强建筑产品企业应用标准编制和管理，促进“四新”技术推广应用。全年发布 4 期《建筑新产品与新技术动态》。

【计价依据编制发布工作】 一是全面启动《上

海市建设工程预算定额（2000）》修编工作。修编涉及民防、水务、轨道交通、房屋修缮、园林绿化、燃气、建筑装饰、安装、市政等9个专业。目前，修编总纲和各专业修编大纲已编制完成，编制经费已落实，各相关行业局（单位）的修编班子已全部组建到位。同时，定额编制软件同步开发完成，以配合修编工作开展。二是做好造价定额制度研究完善工作。重点是贯彻落实住房城乡建设部3个计价标准规范，即《建设工程工程量清单计价规范》（2013版）、《建设工程人工材料设备机械数据标准》及《建筑安装工程费用项目组成》。同时，开展住房城乡建设部委托的2个重点课题研究，即《建筑业营改增对工程造价及计价体系影响》，加快工程计价办法和模式的改革；初步完成《全国市政工程统一消耗量标准》中“桥涵工程”、“隧道工程”2册定额的修编。三是规范工程造价服务管理。加强竣工结算备案跟踪管理，全年共完成建设工程结算备案948个，包括土建、安装等9个专业。强化市场监管，组织造价咨询企业咨询质量与计价行为专项检查，覆盖45家造价咨询企业的82个项目，3家企业被判定为不合格，6家企业被警告。做好建设工程计价依据解释与造价争议协调工作，全年共解决248项咨询与纠纷协调工作。完善造价信息系统，完成“上海建设工程造价信息”网站改版，制定人工、材料、机械等要素价格信息测算、审核、发布制度，全年共发布要素价格信息72000多条。四是落实绿色建筑行动指南，发布绿色建筑造价指标，编制装配式建筑补充定额。

（六）建筑节能和资源综合利用

【概况】2013年，全市获得绿色建筑标识项目254万平方米，其中二、三星高星级绿色建筑所占比例超过70%；开展既有公共建筑节能改造309万平方米，其中，超过100万平方米的既有公建节能改造单位面积降耗达到20%以上；实现可再生能源建筑应用457万平方米。以上数据，均已超额完成市政府2013年建筑节能工作任务分解目标的相关要求。此外，开展建筑能源审计189幢；能耗公示21幢；通过建筑能效测评完成建筑能效星级标识60幢。全市安排建筑节能专项费用近2亿元。

【全面铺开绿色建筑发展】一是拓宽发展渠道。紧抓保障性住房绿色建筑实施，完成2013年度新开工量15%以上的保障性住房建设按照绿色建筑标准设计建造的目标。同时，因地制宜进行规划建设，启动申报一批规模化、各具特点的绿色建筑示范区域。二是完善技术体系。编制《住宅建筑绿色设计标准》和《公共建筑绿色设计标准》，优化绿色建筑评价模式，从设计源头促进绿色建筑发展。编制发布《上海市绿色建筑示范项目测评技术指南》，明确和规范示范项目的测评指标和测评方法。三是规范咨询服务。建立绿色建筑和建筑节能专家名录，提高绿色建筑项目评价工作质量。认定和推荐一批绿色建筑咨询单位，提升绿色建筑的咨询服务水平。

【全面启动既有公共建筑节能改造】市建设交通委、市发展改革委、市财政局联合发布了《关于组织申报上海市公共建筑节能改造重点城市示范项目的通知》（沪建交联〔2013〕311号），明确了示范项目的各项要求、地方配套扶持资金，有效地提高了既有公共建筑节能改造的积极性。引进合同能源管理服务机制，有三分之二的示范项目实现了合同能源管理模式，较好地契合了本市近年来推进合同能源管理机制的路线，市场接受度和认可度逐步上升。同时市建设交通委印发了《关于印发<上海市公共建筑节能改造重点城市示范项目节能量审核办法(试行)>的通知》(沪建交[2013]1336号),进一步规范示范项目管理,提高示范品质,确保节能改造的实施质量和改造效果。同时,对条件成熟、实施情况较好的节能改造项目试点组织开展了示范项目的申报、评审工作,共计30余个项目,建筑面积120余万平方米,示范城市创建工作取得阶段性成果。

【虹桥、南桥成功申报国家绿色生态示范城区】虹桥商务区、南桥新城实践低碳、绿色建设,并向住房城乡建设部申报国家绿色生态示范城区,获得批准。

【“1+17+1”能耗监测平台体系初具雏形】编制发布《上海市国家机关办公建筑和大型公共建筑能耗监测系统区(县)级平台验收技术要求》,进一步完善能耗监管体系。全面加快各区县平台建设工作,明确了区县平台能耗数据采集、处理、上传等要求,推进全市楼宇分项计量系统安装、区县分平台建设以及市级平台的后期管理和二次开发,做好技术支撑工作,完成浦东新区等平台的验收,确保平台稳定、安全、高效运行。同时,做好资金保障工作,完成2012年度部分区县楼宇安装用能分项计量系统补贴资金申报工作,共计178个项目,补贴资金约900万元。

【建筑节能能力建设再上台阶】一是加强市区联动。根据市政府办公厅2013年度建筑节能工作任务分解目标的要求,积极动员各区县落实指标,并建立定期通报、考核制度。二是加大技术研究和推广应用力度。编制建筑遮阳系统和太阳能热水系统技术推广目录,推进使用因地制宜、经济合理的技术系统。完成公共建筑和居住建筑两款节能设计软件的研发和试用。积极开展民用建筑碳交易实施机制、绿色建筑集中示范区指标体系等重点课题研究。三是加强监督检查。贯彻落实《上海市建筑节能条例》相关条款,配合市建设交通委稽查办对全市6层及以下的住宅项目太阳能热水系统安装和使用情况进行现场检查,对没有按要求实施的项目进行通报批评。同时,开展建筑外窗系统技术推广目录中相关产品的现场检查工作以及新建大型公共建筑用能分项计量装置安装的检查工作。四是广泛开展宣传。参展第九届“国际绿色建筑与建筑节能大会暨新技术与产品博览会”,获住房城乡建设部领导好评;成功筹办2013年上海市建筑节能宣传周及浦江两岸绿色低碳发展专题论坛活动,社会反响良好;召开既有公共建筑节能改造工作新闻通气会,进一步扩大宣传面,鼓励社会力量广泛参与。

【水泥散装率继续保持全国领先水平】2013年,全市10家水泥生产企业共生产水泥799.37万吨,其中散装水泥762.85万吨,散装率95.43%;全市210家持有“备案证”的预拌混凝土生产企业共供应预拌混凝土5829.87万立方米,同比增加231.87万立方米,增长4.14%。

【进一步加强预拌砂浆监管工作】推进“上海市预拌砂浆行业管理平台”建设,截至2013年底,全市共有33家预拌砂浆生产企业生产线或砂浆散装罐(运输车)安装了管理平台相关设备,去除停产、动迁和湿拌砂浆企业,全市预拌砂浆生产企业信息管理平台相关设备安装率达到75%。强化预拌砂浆生产企业产品质量管理。2013年本市48家预拌砂浆生产企业共供应预拌砂浆387.09万吨,同比增加31万吨,增长8.71%,其中散装干粉砂浆供应量340.63万吨,同比增加34.62万吨,增长11.31%,干粉砂浆散装率88.29%,同比提高2.39个百分点。

【完善标准，加强条例实施检查，推动可再生能源建筑应用】发布实施《地源热泵系统工程技术规程》（DG/TJ08-2119-2013），修编《民用建筑太阳能应用技术规程（热水系统分册）》（DG/TJ08-2004A-2006），新编《可再生能源检测系统应用技术规程》等地方工程建设规范，建立完善了可再生能源建筑应用标准体系，为可再生能源应用的持续推广提供了有力保障。同时对全市新建6层及以下的住宅项目太阳能热水系统安装和使用情况进行专项检查，曝光了一批违规项目，严肃条例执行。

【落实“禁实限粘”政策】2013年，全市231家墙材生产企业共生产墙体材料71.21亿标砖，其中以混凝土小砌块、加气混凝土砌块、墙板等为主的非粘土类新型墙材为65.46亿标砖，非粘土类新型墙材占全部墙材总量的91.93%，同比提高5.11个百分点。多孔粘土砖严格按照限产指标8.9亿标砖进行控制（比2012年下降0.6亿标砖，降幅为6.32%）。

【全面实施新型墙体材料专项基金征收政策】根据上海市人民政府印发的《上海市新型墙体材料专项基金征收使用管理实施办法》（沪府发[2012]3号）和上海市城乡建设和交通委员会、上海市财政局联合印发《关于贯彻实施〈上海市新型墙体材料专项基金征收使用管理实施办法〉的若干规定》的通知（沪建交联[2012]691号）规定征收新型墙体材料专项基金，停止征收粘土砖专项资金，对新型墙体材料实行认定管理。

【全面启动对新型墙体材料认定企业的动态监管工作】为了加强对新型墙体材料认定企业的动态监管工作，确保新型墙体材料产品质量和建筑工程质量，制定了《上海市新型墙体材料认定企业动态监管手册》，对新型墙体材料认定企业开展动态督察和产品质量抽检工作。

【开展《新型墙体材料技术与应用》培训作】根据新型墙体材料行业实际情况和发展需要，编制新型墙体材料培训教材《新型墙体材料技术与应用》，为本市新型墙体材料认定企业开展业务培训工作创造条件，为本市混凝土多孔砖和普通混凝土小型空心砌块生产企业试验室人员开展专业知识培训。

【建筑废弃物资源化利用工作】开展废弃物综合利用试点工作，深入调研建筑废弃物资源化利用情况，指导和推进试点示范工作。同时，落实上海市建筑废弃物资源化利用试点示范专项补贴，组织有关专家，对申请上海市建筑废弃物资源化利用专项补贴经费的试点示范企业和试点示范工程项目进行评审。并指导督促示范企业（项目）按季及时、准确填报建筑废弃物统计报表。进一步完善本市建筑废弃混凝土资源化利用管理制度，起草“上海市建筑废弃混凝土资源化利用管理暂行规定”，研究探讨推进本市建筑废弃物资源化利用工作思路。

【粉煤灰、脱硫石膏综合利用工作】组织开展2013年全市商品粉煤灰生产企业质量管理动态检查，积极支持企业开展相关标准和科研工作。2013年全年全市燃煤电厂粉煤灰排放506.61万吨，利用量503.61万吨，综合利用率99.41%。全市燃煤电厂脱硫石膏排放110.26万吨，利用量108.10万吨，综合利用率98.04%。

【推进装配式建筑发展】2013年8月15日，上海市人民政府办公厅转发市建设交通委等五部门《关于本市进一步推进装配式建筑发展若干意见》(沪府办〔2013〕52号)。《若干意见》规定了装配式住宅和公共建筑单体预制率要求，并明确各区（县）政府是落实所辖区域装配式建筑项目的责任主体。为了进一步调动行业发展积极性及保证政策有效落实，明确了配套扶持办法。2013 年 11 月 26 日，市建设交通委、市住房保障房屋管理局、市发展改革委、市规划国土资源局、市财局联合印发《〈关于本市进一步推进装配式建筑发展的若干意见〉实施细则》（沪建交联〔2013〕1243 号），对《若干意见》从编制年度实施计划、土地供应意见征询、装配式建筑项目的认定、装配式建筑预制装配率计算口径、规划方案审批、施工图设计文件审查、建设工程招标投标、建设工程规划许可证核发、预制构件管理、主要参建单位的责任和义务、质量安全监督管理、预售和交付管理、建筑节能专项扶持资金申请等方面进一步细化落实。

（王旭晟）

（七）设计文件审查

【概况】 一是日趋完善设计文件审查管理体制。全年新增杨浦、普陀、徐汇、虹口审查分中心。修订发布《上海市建设工程施工图设计文件审查管理规定》，落实《上海市产业项目行政审批流程优化方案》，积极下放园区产业项目设计文件审查权限，全年共下放各区县、管委会产业项目 71 个。对大型工业项目和部分特殊项目实行差别化管理。二是进一步优化设计文件审查流程。明确审改项目不再将施工图审查备案作为施工招投标的前置条件，建设单位可根据项目情况自行决定施工招投标的时间节点。起草《关于本市建设工程设计文件审查工作调整有关要求的通知》，明确相关管理部门的送审资料、接收部门；调整部分专项评审完成时间节点等。建立协调会议机制，全年依建设单位需要召开征询协调会 15 个。编印《市审查中心业务办理告知书》，增设审图进度信息公开、全面告知业务事项，增设抽取选定审查机构变更等三项窗口当场办理业务事项。

【开展受理和征询工作】 截止年底，全年市级审改项目收件 111 个，其中完成受理项目 91 个，不予受理项目 7 个，正在受理 13 个；受理平均用时为 13.44 天；完成总体设计文件征询 112 个（含 2012 年结转项目 23 个），征询最长为 25 个工作日，平均用时 6.06 个工作日，较去年平均用时 8.76 个工作日缩短 30.8%。各区县和特定地区管委会受理审改项目 1042 个，完成设计文件审查 854 项，审查平均用时 27.68 个工作日。开展了审改工作满意度调查。

【开展审图备案管理】 截止年底，市区两级完成审图公司抽取选定项目 1983 个，完成施工图审查备案项目 3629 个，审查面积 7283 万平方米，一次备案通过率 93%，与去年基本持平，审图一次通过率 81.3%，已经连续两年下降。

【实施市政工程施工图审查制度】 1 月至 9 月试行桥梁工程施工图审查，10 月 1 日后，市政工程施工图审查全面开展。全年，全市通过施工图审查备案的市政项目共计 303 个，一次备案通过率 98.03%；审查机构一次审查通过项目 298 个，桥梁工程审图一次通过率 99.38%。落实市建交委《关于本市试行开展基坑工程施工图设计文件审查的通知》要求，加快推进基坑审图各项准备工作。

【开展审图市场监管】 一是完善审查标准、执法检查和技术抽查等管理手段。梳理了施工图审查中涉及国家、地方、行业的法规和标准冲突，编制保障性住房、幕墙工程、钢结构、绿色建筑施工图审查要点和审图人员工作手册，启动编制装配式住宅审查要点，完善施工图审查技术问题的协调裁决机制。二是改进对审查机构及人员的审图服务动态监管方式。印发了《关于进一步提高建设工程施工图设计文件审查服务质量的通知》，拟订了《审查机构抽取选定和任务比例调整的修订方案》，将“社会评价”作为审查机构任务比例确定的重要依据，推进行业廉洁文化建设和自律管理，全市21家审查机构签订了《上海市建设工程施工图设计文件审查机构自律公约》。三是加大对审查备案项目的检查力度。全年共对266个项目开展了日常审图行为检查，通报批评6家审查机构，暂停1家审查机构承接业务；对362个项目开展了建筑消防、结构安全、保障性住房、玻璃幕墙等专项技术抽查，检查面积约809万平方米，占全市施工图审查备案总面积的11.1%。共查出审图通过项目违反强制性条文66条次，平均每个项目0.18条次，较上年的平均1.21条次减少1.03条次；对132个项目开展了节能设计和审图专项检查。

【开展审查机构认定】 按照本市新的认定标准，开展了审查机构认定和审查人员核实清理工作。截至12月底，共认定房建审查机构17家，市政审查机构3家，市政（轨交）审查机构1家，基坑审查机构2家；审查机构的人员配置得到优化，全市施工图审查人员共455名，均为专职人员，其中房建审图人员426人，市政审图人员81人，市政（轨交）审图人员16人，基坑审图人员16人（部分审查人员为两个以上专业）。

【稳步推进信息系统建设】 一是进一步优化设计文件审查信息系统功能。修订抽取选定、施工图备案、市政桥梁备案、人员库等模块功能；开发审查机构认定程序，实现与建管系统数据交互。基本完成建设工程设计文件网上行政审批信息系统上线筹备工作。二是进一步推进数字化审图工作。年初，完成了《计算机审图对策研究》课题，并通过住建部结题验收。结合《蓝图转白图对策研究》成果，积极组织研究和推动数字化审图工作，编制了《数字化审图试点工作方案》，开展技术攻关，搭建了临时数据库，完成了终端软件开发，确定了互联网、政务外网、内部局域网“三网并用”的网络系统构架。10月中旬至11月底，组织18家勘察设计单位和19家审图公司参加了模拟试点运行，涉及人员200余人，试点项目249个，共收集“电子蓝图”122223张，数据容量约82.6G，其中有效“电子蓝图”111749张。综合各方情况，数字化审图已初步具备“实战”试点运行的条件。

（周怀芳）

十六、城市综合管理

（一）综述
（二）市政市容综合管理
（三）城市信息化管理
（四）综合交通管理
（五）应急管理
（六）开发区建设

（一）综述

2013年，上海城市综合管理工作全面贯彻落实党的十八大精神，在新一届政府的领导下，围绕行业安全发展、绿色发展、和谐发展的主线，稳中求进、开拓创新、扎实开局，各方面工作取得显著成效，城市建设、管理、交通信息化建设进一步推进，城市运行总体平稳有序。其中市政市容管理扎实启动“特定区域”环境治理，认真落实群众路线教育整改，探索构建城市综合管理体系。上海数字化城市管理继续快步推进。12319城建服务热线解决市民急难愁问题和城市管理顽症难题，取得积极成效。城市网格化管理法制、体制继续完善，专项督查成效显著。城市基础数据建设不断拓展深化。应急管理、开发区建设取得新进展。

（刘臣）

（二）市政市容综合管理

【概况】 全市市政市容管理部门，在市区两级政府正确领导下，继续围绕“安全、整洁、有序、高效、法治”的总要求，扎实启动“特定区域”环境治理，认真落实群众路线教育整改，探索构建城市综合管理体系，年度15项重点任务全面完成，市民周边环境面貌进一步改善，常态长效管理机制进一步优化，城市管理水平进一步巩固提升。

【聚焦“特定区域”环境治理】 按照市委“全面提升市容环境维护水平”年度重点推进工作要求，启动“特定区域”环境治理三年行动计划，着重加大“老旧小区、集市菜场、轨交站点、学校、医院”周边等市民生活出行集中区域的环境治理力度。全年共完成494个老旧小区、229个集市菜场、135个轨交站点、59个医院周边、357个校园周边环境治理，圆满完成了三年任务总量30%的年度工作目标。

一是全面部署，全力推进，三年行动扎实启动。市政府办公厅转发《本市“特定区域”环境治理三年行动计划纲要（2013–2015年）》，正式启动此项工作。全市完成五类“特定区域”治理任务摸排和环境现状测评，基本锁定三年行动和年度工作目标，首次测评市民满意度指标为73分，客观反映治理区域存在问题。市领导亲自带队开展现场调研和经验交流，市联办制定《指导手册》，实施考评竞赛，加强工作指导推动力度。市绿化市容局制订“特定区域”市容环境治理实施方案，发动全行业做好环境治理主力军。各区县各部门积极响应，黄浦、宝山、崇明等12个区县先后召开区府常务会议专题部署。

二是突破难点，典型引领，先行先试成果显著。市区联手，从环境整治入手，以功能改造实现服务提升，抓机制落实保常态巩固，实现管理出成效和百姓得实惠的有机融合。轨交三号线桥荫环境治理率先实施，普陀、长宁、徐汇、虹口四区全面完成治理任务，拆除临建违建5370余平米，实施周边环境改善方案，消除隐患、治理脏乱、提升功能、成效显著。全市140余处典型区域治理取得良好成效，涌现出黄浦区金谷邨小区、长宁区天山二村、静安区安乐坊小区、宝山区吴淞街道滨海新村、闸北区北盛菜场、黄浦区第九人民医院、普陀区金洲小区等一批特定区域环境治理优秀案例，起到示范引领作用。

全年共完成老旧小区道路、绿化整治144万平米，集市菜场周边垃圾收集房和二类以上公厕改建111座，轨交站点周边非机动车停放点优化新增929处，医院周边交通诱导设施新增39块，学校门前道路新辟61处时段性道路停车场、1374个停车泊位，学校围墙增绿透绿8655平方米。早晚高峰，600余名交警和协管员在455所地处复杂路口、路段的中小学、幼儿园门前开展“护校”工作，加强学校周边道路通行秩序管理。

【解决城市管理难题顽症】 按照党的群众路线教育实践活动要求，制定了城市管理领域“8+2”项突出问题的整改方案，认真解决渣土运输、供水水质、井盖伤人、路灯投诉等问题，努力遏制无序设摊、违法建筑两大顽症的蔓延势头。

一是即知即改，突出问题整改初现成效。建筑渣土管理工作取得了明显成效，渣土运输车辆超载情况、偷乱倒现象有所改善，万吨偷乱倒率同比下降8%，恶性交通死亡事故逐步减少，百万吨死亡率同比下降17%，车容车况不断提升，渣土运输市场总体状况有所好转。积极推进浦东机场外侧滩涂促淤圈围工程与建筑渣土消纳有机结合，推进完成200万方渣土对口消纳。井盖安全管理得到加强，按照“先消除隐患，再分清责任，建立城市管理托底机制”的要求，制定《上海市管线检查井盖管理办法》，建立了三级主动巡查机制及闭合处置流程。加快推进二次供水改造，进一步排摸了1.4亿平方米改造总量的分区分类面积，基本明确了新一轮二次供水设施改造工作方案，力争到2020年完成1.4亿平方米的二次供水改造任务。深入研究并基本形成进一步完善本市路灯长效管理机制方案。

二是综合治理，遏制难题顽症蔓延势头。集中开展违法建筑专项整治。进一步落实物业服务企业巡查发现责任，第一时间劝阻、制止、上报、处置搭建违法建筑行为。集中开展了存量消防隐患、占压原水管渠、轨交桥荫桥洞、别墅区违法建筑等专项整治行动。全市共拆除违法建筑494万平方米，其中拆除存量违法建筑390余万平方米，拆除新增违建104万平方米，有效地拆除了一批妨碍城市安全、影响人民生活、严重破坏环境的违法建筑。堵疏结合综合治理无序设摊。中心城区209个乱设摊临时管控点30%得到有效管控。按照严禁、严控、控制三种区域，落实采取分类治理措施。突出重点区域、重点时段、重要节点的执法整治工作，并做到取缔一批、规范一批。充分挖掘并有效利用各类场地，积极协调错时利用，设置临时疏导点、钟点市场和季节性摊点。倡导政府购买社会服务的方式，确保设摊管理常态长效。

【巩固提升城市管理成效】 一是着眼长效，常态管理力度切实强化。积极推进道路、绿化、水务养护作业市场化改革，研究制定工作方案，探索大型枢纽区域道路新型管养模式，建立统一平台对区域内道路养护作业进行公开招标。加强道路设施安全运行管理，贯彻实施《上海市高速公路管理办法》，高速公路及其它国省干线桥孔的隐患排查与整治工作及时启动。加强城市道路清扫保洁标准化差别化作业，加强车容车貌重点监测，占路洗车点治理效果明显，全市道路整洁优良率保持在90%以上。新增立体绿化30万平方米，林荫道创建命名达111条，建城区绿化覆盖率达38.35%。基本完成区县城管执法局执法大队“三定”工作，强化队伍的规范化、制度化建设，规范化中队达200个，标准化大队达到4个。沪宁高速公路沿线，虹桥交通枢纽周边等重点地区户外广告整治效果明显。完成全市建设工程扬尘污染在线监控信息平台建设，累计在全市17个区县的59个建筑工地、1个码头、1个搅拌站和2条道路，安装了63套在线监控系统。持续加大河道日常保洁工作力度，强化绿萍、水葫芦等水生植物打捞整治，有序推进骨干河道、界河、河道生态整治等水环境专项治理。进一步加大“五类车”、“四轮黑车”整治力度，开展全市性集中整治周行动6次、全市性集中整治日行动14次。加强对机动车乱停放行为的纠处力度，查获机动车违法停放290.4万余起。

二是突出重点，“三重”市容环境保障成效显著。年初，全市开展迎新春清洁行动，动员广大市民群众一起行动，共同营造“整洁、干净”的城市面貌，喜迎元旦、新春佳节，保障全国“两会”期间的良好城市环境面貌。夏令季节，围绕“夏令热线”活动，聚焦季节性城市管理问题，强化难点问题的处置解决力度。共计接听市民来电8.2万余个，及时处置反馈率达到99.8%以上，实际解决率达到70.9%，继续保持较高水平。宝山、闸北、普陀三区以及浦东、静安、长宁等区，紧紧把握国家卫生城区、全国文明城区创建复评等重大契机，全面提升市容环境维护水平。杨浦、宝山、嘉定、闵行、金山等区，结合市长国际企业家咨询会、上海樱花节、F1、网球大师杯、沙排巡回赛等重大活动，加强区域环境改善。全市在30个轨交站点开展站点和街道同创共建活动，18个站点获文明站点荣誉称号。黄浦区建立工作网络和工作机制，做到全区76个地铁出入口和23个站点创建工作全覆盖。

【探索构建综合管理格局】 一是健全体系，统筹协同工作格局日益完善。深化完善全市市政市容管理联席会议体系，加强与商务、卫生、教育等部门横向联动，多管齐下，综合治理城市环境面貌。杨浦区设立区主要领导任主任的城区综合管理委员会，静安区依托网格化平台搭建市政市容管理指挥中心，虹口区分管副区长每双周坚持召集联席会议，宝山、杨浦、青浦、奉贤、崇明等区（县）加强联办平台建设，强化区域市政市容管理统筹协同、监督指挥力度。《上海市城市网格化管理办法》（市政府令第4号）颁布实施，城市网格化管理法制、体制、机制建设得到进一步加强。奉贤、崇明、虹口、静安、杨浦、长宁等区（县）继续深化城市网格化综合管理试点，全市共有11个区（县）已经实现了利用网格化平台与“12345”市民服务热线的有效对接，认真受理市民相关需求，切实落实案件转派、督办机制，提高市民诉求的处置率和满意度。

二是创新实践，基层基础管理能力持续提升。黄浦区按照“全方位、全天候、零容忍、无瑕疵”的要求，加强6个重点风景区环境管理，实现“精控监管、精细管理、精准执法、精心服务”。长宁区制定市政市容全行业管理实施意见，加大市容景观、市政河道、建筑业、物业管理全行业监管力度，推进管理从区属到区域延伸，探索推进城区管理全行业、全要素、全覆盖模式。静安区优化街道市容所职能，整合条线派驻执法、作业、管理力量，加强社区服务。杨浦区连续三年编制《杨浦区城区市容环境综合管理和建设指南》，加强基础工作标准化建设。青浦区深化“三化管理”体系，拓展“差别化”管理，深化“一体化”管理，加强“属地化”管理，积极探索实践城市管理新思路。虹口区制定出台在建违法建筑快速处置流程，保持快速查处高压态势，坚决遏制违法建筑新增势头。普陀区“拆、修、建、治、刷”五管齐下，全面开展城乡结合部（城中村）环境卫生市容环境综合整治。宝山区开展“门责管理万人培训”，先后举办培训52场，引导公众自律，提升责任单位的法规意识，提高社会公众共同参与管理的积极性和履行责任区义务的责任感。崇明县围绕生态岛建设要求，组织开展“文明走廊”创建，以陈海公路为东西主线，向各乡镇南北主干道辐射延伸，着力打造生态文明的新载体、新特色。

【年度市政市容管理工作基本评价】 2013年底，市联办会同18家市级城市管理相关部门，在汇集了绿化市容、路政管理、文明施工、房管、交港、交警、水务、拆违等相关行业考评结果，以及城市网格化管理、12319城建服务热线系统数据和“特定区域”第三方实效测评结果的基础上，对全市市政市容管理工作进行了综合评价。综合评价结果表明，中心城区静安、黄浦、长宁等3区为优秀，徐汇、浦东、闸北等3区为良好，普陀、虹口、杨浦等3区为合格。郊区宝山、奉贤、闵行等3区为优秀，青浦、嘉定等2区为良好，松江、崇明、金山等3区（县）为合格。

其中，市联办组织开展的“特定区域”治理实效专项测评，对年度治理任务逐一进行现场测评，并对面上情况进行了抽查评价。测评结果显示，2013年全市治理任务目标全面完成，改善“特定区域”环境面貌显现初步成效。全市列入三年治理计划的“特定区域”环境质量总体实效评分为75.32分，达到良好水平，较年中行动启动的摸底测评提高了2.30分。全市有14个区（县）年末测评得分有所提高。

（联办）

（三）城市信息化管理

【概况】2013 年，上海数字化城市管理方面继续快步推进。12319 城建服务热线解决市民急难愁问题和城市管理顽症难题，取得积极成效。城市网格化管理法制、体制继续完善，专项督查成效显著。城市基础数据建设不断拓展深化。上海市“12345”市民热线正式开通，12319 城建服务热线、城市网格化管理等平台积极与其加强对接，进一步提升城市管理能效。

【12319 城建服务热线】 2013 年，12319 城建服务热线共接入市民来电 85.4 万个，接通 64.8 万个，接通率 75.9%，受理建设交通行业相关的市民诉求 60.7 万件。“夏令热线”开线当天，市委常委、副市长姜平亲自前往 12319 城建服务热线话务区接听市民电话。活动自 7 月 11 日至 8 月 16 日，市民来电 11 万个，日均来电 2978 个，受理各类信息 9.1 万件。“春运热线”共受理市民在春运方面的诉求 2389 件，其中长途客运 79%，铁路 20%，航空、水运 0.5%，为市民春运出行提供服务。与市城管执法局、市交通港口局、《新民晚报》联手开展违法建筑、“五个周边”市容顽症大家治、公共交通和乱设摊四个专场接电活动，这些活动共受理市民诉求 3500 余件，促进了城市管理顽症的解决。

（胡献华 刘臣）

【城市网格化管理】 2013 年，本市城市网格化管理系统共计立案 263 万余件。其中，部件立案 13 万余件，年度平均结案率为 90.9%；事件立案 135 万余件，年度平均结案率为 98.2%。各区县自行拓展的其他案件立案 114 万余件。

法制、体制建设方面，2013 年 8 月 5 日，颁布《上海市城市网格化管理办法》（第 4 号市政府令）。市编委出台了《关于完善本市区（县）城市网格化管理体制的意见》（沪编〔2013〕277 号），进一步明确了区（县）网格化管理机构设置要求。

城市网格化管理市级督察方面，2013 年，市级督察范围拓展到中心城区和宝山、闵行等 11 个区，并对其余 6 个郊区（县）实施试点督察。全年共开展市级督察 35 次，包括一次对全市井盖问题的专项督察，累计出动 774 人次，覆盖面积 861.12 平方公里，发现问题 11152 件。

专项工作方面，对各类井盖损坏、缺失问题开展为期三个月的重点治理，共立案井盖问题案件 9612 件。此外，配合市政市容管理部门开展“特定区域”环境治理专题工作，做好市民生活居住出行集中的“特定区域”环境治理三年行动相关工作。

（刘贤明）

【城市基础数据建设及应用】 2000 至 2011 年全市生态土地利用遥感调查完成，在全市范围开展绿化林地变化更新，根据各区旧区改造计划启动地块认定，虹桥低碳示范区屋顶绿化规划项目完成阶段性工作。上海地下空间信息基础平台启动新一轮建设，在长宁、黄浦（原卢湾区除外）两试点区基础上，向全市范围拓展。该平台汇聚地下管线、地下构筑物、地质等数据，实现计算机三维模型展示，建成后将为上海城市建设、管理与运行等提供有力支撑。年内，地下管线数据建设方案与普陀、徐汇、原卢湾三区的数据整合工作业已完成。

（潘强）

（四）综合交通管理

【概况】 2013年，全市常住人口2415万，全市注册机动车283.55万辆。中心城出行总量每日3164万人次，公共交通出行方式占35.4%，个体机动方式占23.4%，非机动方式占16.2%，步行占25.0%。公共交通日均客运量1741.5万乘次，其中公交车占43%，轨道交通占39%，出租车占17%，轮渡占1%。对外旅客年到发量3.2亿人次，同比增长9.3%，其中铁路15712万人次、航空8279万人次、公路7440万人次。综合交通研究取得新成果、新进展，《上海市交通发展白皮书》编制完成，全市第五次综合交通调查启动，交通综合信息平台建设继续推进。

【《上海市交通发展白皮书》（2013版）】 新一轮上海交通白皮书，即《上海市交通发展白皮书》（2013版）编制完成。该书着眼于上海长远发展，明确了上海未来十年交通发展的目标、战略和行动，是推进上海交通发展的指导性文件，也是全社会共同营造和谐交通环境的行动指南。白皮书文本共15章，涉及176项具体行动，主要内容包括上海交通发展背景、目标和战略，涉及交通与城市、各种交通方式、交通设施及组织、综合交通管理等方面。

【第五次综合交通调查】 按每5年进行一次交通大调查的工作机制，2013年，本市启动第五次综合交通调查。年内，调查的总体方案制定完成，确定于2014年全面实施调查。本次调查设置20余个调查项目，居民出行调查重点增加郊区新城和重点新市镇的样本规模，补充郊区新城和重点新市镇普查，增加了货运场站和堆场调查，设置了手机、一卡通、牌照识别、GPS、遥感5项信息化调查项目。

【交通综合信息平台】 建设交通综合信息平台决策支持、模型展示系统框架，包括道路交通拥堵分析，公共交通客流分析和宏观交通模型等，新开发了拥堵区域、拥堵日历、长时间大面积拥堵分析、轨交进出站客流排行等功能。交通拥堵指数进一步优化，实现交通指数在上海交通出行网和手机端的发布。APP“智行者”交通信息服务软件完成升级。

【道路交通】 2013年，全市道路总长17498公里，其中公路12633公里，占道路总长72%。公路中，高速公路815公里（含S20外环高速、S5沪嘉高速），同比增长1.2%（表4）。2013年，全市机动车交通量约17390万PCU公里/日，同比增长8.2%，其中中心城道路交通量为7519万PCU公里/日，占全市43%，同比增长4.1%；郊区道路交通量为9871万PCU公里/日，同比增长11.6%。

【上海综合交通模型体系（三期）】 2013年，上海综合交通模型体系（三期）研发完成，利用模型技术分析和预测综合交通需求发展趋势，面向道路交通运行管理实现了快速路（高速公路）动态交通仿真，研发了基于手机、车载GPS、交通卡、牌照识别等信息数据的模型参数标定技术等。

【智能交通设施】 2013年，全市可供正常使用的可变信息标志设施（包括大型图形、图形文字和文字信息标志）1137块，同比增长8.6%。其中主要高速公路523块，中心城快速路316块，地面道路298块。

【重大交通政策法规】 2013年发布《上海市城市快递汽车运营技术规范（试行）》、《加强本市大型物件道路运输安全管理》、《上海市道路清障施救牵引行业服务规范（试行）》、《上海市轨道交通运营安全事故处置规定》、《上海市轨道交通乘客守则》等。

（刘臣）

（五）应急管理

【概况】2013年，上海继续完善应急预案体系、管理体制和处置机制，强化工作责任，规范操作流程，加强资源配备，有效提高应对和处置各类突发事件的能力和水平。《上海市实施〈中华人民共和国突发事件应对法〉办法》于5月1日起施行，市政府相继出台多个应急管理地方法规和规范性文件，提升依法开展应急管理工作水平。市应急办评估梳理现有市级应急预案，修订10个市级专项（部门）应急预案。市应急管理相关工作机构加强专业领域内应急预案管理，督促应急安全重点单位编制具体应急预案，并结合预案开展应急演练。通过应急救援“3＋X”（市应急办、市应急联动中心、市应急救援总队+相关职能部门）机制，加强专业应急救援队伍联勤联训，应急物资储备、应急预案演练和应急指挥协同等，年内开展危险化学品事故处置、建设工程事故应急处置两次市级综合性演练。完善市应急平台应急管理专家库。制定实施值守应急管理地方标准，进一步规范全市各级政府及其部门的值守应急管理，提升政府系统值守应急能力和水平。结合“5·12”防灾减灾日、安全生产月、“11·9”消防宣传周，开展应急知识科普宣教。相关应急管理部门有力有序处置和应对黄浦江上游死猪漂浮、1323号台风“菲特”袭击等突发事件。

2013年汛期，上海市发生5次局部大暴雨、8次局部暴雨，经受“苏力”“菲特”2个台风外围影响，黄浦江苏州河口潮位1次、上游米市渡潮位18次超过警戒线；上海中心气象台先后发布暴雨蓝色预警信号2次、黄色预警信号10次、橙色预警信号2次、红色预警信号1次；市防汛指挥部发布防汛防台橙色预警信号2次、黄色预警信号10次、蓝色预警信号2次。10月7—8日，发生上海防汛史上首次台风、暴雨、天文高潮和上游洪水“四碰头”现象。

【上海市突发事件预警信息发布中心成立】2月6日，上海市突发事件预警信息发布中心成立。以“资源整合、平台共享”为原则，利用已有发布渠道和手段，依托市气象局的多灾种早期预警系统及工作资源，整合电视、广播、手机、微博、移动电视、电子信息屏、智能终端等发布手段，为全市各预警管理部门搭建面向公众、渠道多样、覆盖面广的预警信息发布共享服务平台。发布机制依然实行“谁主管、谁负责”原则，各预警管理部门产生的预警信息按照管理权限，常规预警信息直接通过预警发布系统用户端上传发布。需要由市政府审核的信息由市应急办（市政府总值班室）按程序报批后发布。该中心设在市气象局，由市应急办和市气象局共同管理，其中市应急办负责预警发布系统建设和管理的综合协调，市气象局具体负责预警发布系统的研发、运行和维护，各预警管理部门和发布载体的管理部门配合预警发布系统建设和管理。同时，市政府制定印发《上海市突发事件预警信息发布管理暂行办法》，规范突发事件预警信息发布工作。

【建立全国首个地方政府系统值守应急管理地方标准】8月1日，全国首个政府系统值守应急管理地方标准——上海市地方标准《政府系统值守应急管理要求》实施。《要求》融合ISO9000质量管理体系理念，由范围、规范性引用文件、术语和定义、总体要求、值守应急管理、日常值守、突发事件应急协调处置、值守应急信息报告、值守应急培训、值守应急工作场所选址和设施要求、检查监督和评估共11章38节88条组成，提出建立值守应急管理体系要求，设立单位值守应急管理层次和人员的任职条件及职责，探索建立值守应急工作检查评估制度。

【抗击强台风“菲特”】 10月6—8日，上海受1323号台风“菲特”影响，首次发生台风、暴雨、天文大潮和上游洪水“四碰头”。全市普降大暴雨到特大暴雨，最大24小时降雨量达332毫米，为上海自1961年来的52年之最；黄浦江上游米市渡潮位连续超警戒线，并创下4.61米的历史最高潮位；松江、青浦、金山等11个站点的内河水位突破历史最高记录。中心城区97条段道路积水，市郊道路（含乡村道路）积水1080条段；下立交积水109处，居民小区积水900余处，居民家庭和商铺进水10万余户，地下车库进水129处；损坏江河堤防337处22.5公里，堤防决口9处1.12公里，损坏水闸泵站30座；农田受灾27333公顷；受灾人口12.4万人，倒塌房屋27间，紧急转移安置7549人，溺水死亡2人；直接经济损失9.53亿元。全市各行各业、各条战线约10万军民进岗到位。

【处置黄浦江上游死猪漂浮事件】 3月8日，松江区泖港镇黄浦江上游横潦泾江面出现大规模死猪漂浮。此后死猪漂浮事件延续近20天，影响松江、金山、闵行、奉贤4个区供水企业的6个取水口和9个水厂。事件发生后，市政府及时召集市农委、市绿化市容局、市水务局、市环保局、松江区政府等相关部门应对处置：打捞死猪并作无害化处理；加强黄浦江水源水质监测，饮用水取水口加大监测密度和水面巡察；加强入沪生鲜猪和肉制品检查力度，严防病死猪流入；监测上海市场供应的生猪产品；与浙江有关方面沟通合作，制止养殖户向河道抛扔死猪行为。农业部于14日派出调查组赴浙江、上海实地了解情况，督导、协调处置工作。至3月26日15时，黄浦江主干流水域（即米市渡以下干流）连续2天未打捞到漂浮死猪，市水域（除省界水域外）基本完成漂浮死猪打捞。全市相关水域共打捞起漂浮死猪11143具，其中80%为猪仔，皆以无害化焚烧和深度填埋两种方式进行处理。事件发生期间，黄浦江上游原水水质总体较稳定，未对上海市水源地和供水产生较大影响；上海市场未发现销售不合格生猪产品。3月23日，市政府召开专题会议，强调进一步建立健全黄浦江水域环境保护常态化管理长效机制，确保市民饮用水质量安全。7月，上海市黄浦江上游水域水质安全、水面环境整洁联席会议制度建立。

（宗和）

（六）开发区建设

【上海闵行经济技术开发区】 2013年，上海闵行经济技术开发区有企业约80家，其中外资企业约79家；实现工业总产值505亿元，比上年增长8.4%；销售收入558亿元、利润53.9亿元、税收51.7亿元，分别比上年增长9.7%、16.1%和3.6%。年内，ABB电机维修车间、三菱自动扶梯新工厂、富士施乐高端彩色复印机生产线等项目开工建设，苏尔寿MIXPAC闵行工厂二期、圣戈班研发中心（二期）等项目竣工并投入使用。建设国家生态工业示范园区的“九项基本要求”“24个规定指标”和“5个自我加压指标”通过环保部、商务部、科技部联合组织的现场验收。临港园区全年主要经济指标实现工业总产值37.3亿元，比上年增长16.9%；上缴税收4.5亿元，比上年增长28.57%。艾港风电、中曼石油、海越安全工程等项目开工建设，园区二期标准厂房、临港主城区酒店式公寓等项目全面开工，经济型酒店（一期）进入竣工结算阶段。至年底，已有华锐风电、上海电气、中船集团、ABB、苏尔寿等40多个项目落户园区。

【上海虹桥经济技术开发区】2013年，上海虹桥经济技术开发区有企业2000家，其中外资企业347家，外资员工约1.3万人；注册外资企业全年实现销售收入161.1亿元，比上年增长20.55 %；实现利润5.6亿元，比上年下降15.83%；上缴税金11.7亿元，比上年下降27.37 %。至年底，开发区累计引进外资项目484个，总投资47.07亿美元，合同外资36.91亿美元，实际利用外资35.57亿美元；开发区累计实现营业收入1432亿元，利润总额126.4亿元，上缴税金106亿元。年内，推进泰国领馆新建馆舍项目，该建筑用地面积4453平方米，总建筑面积为5212.88平方米，完成拔桩、打桩、基坑围护、地库开挖、底板浇筑等工作；完成新虹桥中心花园内近1万平方米绿化恢复工程；完成奉贤南桥保障房项目J1-1、2地块竣工验收工作；吴江花园二期项目动工。通过ISO14001环境质量体系换证审核工作。

（宗和）

十七、科研工作

（一）综述

2013 年为贯彻落实“创新驱动 发展战略”和信息化、城镇化、生态文明建设等战略部署，市建设交通委科技委继续围绕建设“四个中心”和建设社会主义现代化国际大都市的总体目标，聚焦行业发展中重点领域的热点和难点问题，以创新为动力促进科技工作向纵深开拓。

2013 年课题研究：继续围绕上海“十二五”时期转型发展和城乡建设交通领域的难点、热点中的技术问题，以“建设美丽上海 城市生态文明”、“积极推进城镇化建设”等主题为重点，推进各层面课题研究工作，全年新开展 7 项软课题研究，出刊《专家建议》8 期。尝试跨专业、跨领域的学术交流研究，研究的综合性和系统性得以加强，拓宽了行业发展思路，加大了决策咨询力度，进一步提高了决策咨询研究水平。《专家建议》更加注重强化功能和效应，对建议的后续情况进行跟踪研究，突出专家建议的针对性和连贯性。

2013 年科研项目：本年科技委科研项目管理方式也有较大改变，信息化管理从此全面取代人工管理，从通知发放、项目申报与审核、立项论证、日常管理到验收，科研项目管理流程全面依托新建成的科技信息资源共享平台开展。征集、自筹及受托管理项目共计百余个。

2013 年获奖成果：经建交委推荐，2013 年有《城市轨道交通能耗控制关键技术及应用》等 6 个参评科研项目获得上海市科技进步奖，其中，二等奖 4 项，三等奖 2 项。

（二）课题研究

【概况】2013 年在市建设交通委、科技委、专业委员会和外单位委托四个层面组织开展了软课题研究工作 7 项。新承担了委局级课题《发挥社会组织作用推进集装箱行业有序发展的研究》等重大课题、完成了《城市管理与社会管理有机结合综合研究》和《上海市城乡建设和交通 2030 年发展研究》；依托专业委员会，围绕生态文明建设和新一轮城镇化建设这条主线，聚焦政府关注的热点、难点问题，完成了《城市地下工程建设案例分析与事故防范对策研究》、《交通标志与行道树关系的研究》、《IT 服务外包规程研究》等一批专业委员会层面开展的软课题研究；重点关注城镇建设标准、老龄化社会相关问题，确保上报的《专家建议》具有较强的针对性，提交建议 8 份，其中《建设美丽中国倡导“绿色基础设施”》和《关于加快推进本市生态文明建设的对策建议》等专家建议得到委领导的重视及批示。

【上海市城乡建设和交通 2030 年发展研究】该课题为 2012 年度上海市政府决策咨询专项课题，由上海市城乡建设和交通委员会科学技术委员会组织本市相关单位和专家，历时两年完成。1. 由总报告和规划空间、基础设施、综合交通、城市环境、城市管理信息化等 5 项分报告组成的课题研究成果，充分借鉴了纽约、伦敦等国际大都市 2030 年的发展研究，结合上海城市的特性，所提出的上

2013年课题研究一览表

1	杨浦区“十二五”规划中期评估
2	发挥社会组织作用推进集装箱行业有序发展的研究
3	浦江两岸“十二五”规划中期评估
4	城市地下工程建设案例分析与事故防范对策研究
5	城市管理评价指数
6	交通标志与行道树关系的研究
7	IT服务外包规程研究

2013年专家建议一览表

期 数	名 称
第1期	关于上海地区建筑节能重点应放在门窗改造方面的建议
第2期	关于加强城市大气污染防治的建议
第3期	关于城市地下工程建设事故防范的对策建议
第4期	关于加大老年公共设施配套建设以及开展适老居住区、适老建筑试点的建议
第5期	建设美丽中国 倡导“绿色基础设施”
第6期	关于本市大规模实施道路声屏障垂直绿化的建议
第7期	关于加快推进本市生态文明建设的对策建议
第8期	关于实施径流系数控制从源头控制城市洪涝灾害风险的建议

海城市未来发展愿景，具有较强的前瞻性和创新性。总报告结合上海城市未来发展趋势，对城市建设交通领域的重要战略和任务进行了阐述。5项分报告从不同的领域范畴对建设交通行业进行了深入的研究分析，并对总报告的形成提供了有力的支撑。2.课题全面回顾了上海城乡建设和交通发展的历程，对发展过程中的主要问题进行了研判。梳理了上海城乡建设和交通发展的机遇和挑战。现状分析到位，问题和趋势把握准确。3.课题根据发展的愿景和目标提出的2030城乡建设交通发展战略及重要举措，紧扣建设交通领域的主线和重要任务，定位清晰，内容全面，体现出了较强的针对性和指导性。

【发挥社会组织作用推进集装箱行业有序发展的研究】 课题将围绕上海市交通运输行业协会集装箱分会的具体职能和运行情况进行分析，重点对交通运输行业协会集装箱分会在集装箱道路运输企业中所起的作用展开研究，同时，进一步探索其他社会组织参与交通运输行业自律和管理问题。在此基础上，提出进一步发挥社会组织在规范市场行为、促进行业健康有序发展方面作用的对策建议。为进一步推进行业协会和社会组织在行业发展中发挥作用。

【城市地下工程建设案例分析与事故防范对策研究】 课题搜集了以上海为主的软土地下工程事故案例，并按照基坑、隧道与桩基工程的不同特点进行了案例剖析，重点就管理方面的原因进行了深入分析，并逐一进行了总结，对进一步提高上海地下工程建设的安全管理水平起到了积极的作用。研究成果对未来上海地下工程建设中的风险防范工作具有指导意义。针对上海地下工程建设安全风险管理方面存在的主要问题与难点，课题从风险管理的理论基础、事故原因统计、工程动态管理模式等方面进行了较为系统的梳理，并重点对政府监管职能的转变、工程安全保险工作的重要性、第三方监督管理的有效性等问题进行了较为深入的分析，为有关部门开展相应的工作起到了积极的借鉴作用。课题从体制机制、法制保障、技术手段、资源整合等方面提出了一系列的对策建议，其中提出的前置风险管控、精细化及全过程管理等举措，具有一定的创新性和现实性。这些对策为推进城市地下工程安全管理与风险防范，理顺建设各方及政府监管的职责定位，加强沟通协作创造了良好的条件，并对进一步提高与完善地下工程安全管理科学化水平起到积极的作用。

【黄浦江两岸地区发展“十二五”规划中期评估】 1.作为上海“四个中心”核心功能的重要承载区和承接世博后续效应的直接区域，黄浦江两岸地区是全市不可多得的战略发展空间，也是上海新一轮城市转型和功能提升的重点发展地区之一。目前黄浦江“十二五”规划已经实施两年半时间，对黄浦江两岸地区“十二五”规划的实施情况开展中期评估非常必要。2.《评估》通过对照规划预定目标，分析总结黄浦江两岸地区经济社会在“十二五”前两年半的总体完成情况，在此基础上开展效果评估，并结合目前形势变化，进一步明确“十二五”后期的工作重点，从而圆满地完成“十二五”规划既定的各项任务和目标，促进黄浦江两岸地区更好的发展。

【建设美丽中国倡导“绿色基础设施”】 要系统解决城市结构、城市环境等问题，必须依靠一个整体完备的绿色系统，绿色基础设施作为城市基础设施的一个重要组成部分，就是解决今天各种城市问题和环境问题的重要系统化途径之一。结合上海实际情况建议：

第一，在观念上要真正认识推进绿化基础设施建设在解决PM2.5中发挥的重要作用，从城市总体规划布局的角度研究如何优化城市的布局。

绿色基础设施既是一种有形的、有生命的基础设施，也是一种无形的、人与自然和谐相处的一种观念，更是一种节约的、再生的、循环的概念。因此，要从城市总体规划布局、城市产业结构调整的角度规避以往城市建设中以行政区域为单位的局部城市开发模式和以自然生态为主的局部保护模式互相矛盾各自为政的局面。从生活方式改变这一源头上减少透支性消耗所需的生产、流通、回收、处理等环节上产生的PM2.5。

实践证明，PM2.5指数在一定程度上与工业、人口、道路、机动车等的密集程度及分布密度呈成正比，而与城市开放空间、公园绿地分布及质量呈反比。因此要从城市总体规划布局的角度研究如何优化城市的布局，注重绿色新型城镇化理论的探索，构建集约高效的城镇空间格局和产业布局，研究改善城市绿地的空间布局。

第二，强化城市绿地系统规划，通过绿色基础设施的建设，构建多个网络化的绿色空间，确保整个城市的生存空间。

在市域层面，应研究如何改善绿地空间布局，合理调整绿地系统结构，构建骨干性的绿色基础设施“网络枢纽”与关键连接“廊道”，将绿道融入城市环境。同时，规划公园绿地及绿色廊道，结合河流与道路布置带状绿带，形成多层面的绿色基础设施体系，确保和支撑整个城市绿色基础设施体系的连续性和完整性。

森林公园、郊野公园、湿地湖泊、苗圃果园、菜地农田等绿色生境应成为城市绿色基础设施中的“网络枢纽”与“廊道”系统，使不同性质、不同形状、不同规模的“网络枢纽”和“廊道”构成一个有机结合、整体、连续的动态绿色网络。一方面可以疏散、稀释、减缓和降解PM2.5，另一方面中心城区产生的污染空气也会通过若干个“廊道”系统加快流向郊外进行净化。

第三，绿色基础设施是一个整体综合的概念，需要多领域多专业的协同叠加来构建。

1. 节能的城市系统：包括布局合理的城市副中心、缩小城市街区的尺度、发展轨道交通、鼓励自行车出行等，最大限度减少机动车的尾气排放，最大限度减少食物等各种生活用品在重复运输过程中多增加的能耗。

2. 立体的绿色系统：通过增加各种类型的绿地、林地、湿地、农地，形成立体化的绿色系统，要在城市建成区最大限度地增加各种绿量来吸附、缓解、降解PM2.5。

3. 循环的水资源系统：要增加城市的河流、湖泊、湿地等各级水系的表面积，通过水分的垂直蒸发不断稀释PM2.5的浓度。

4. 通畅的导风系统：继续推进上海的外环绿带建设，在市域主要河流规划建设各种类型的滨水绿带、林带、水源防护林、水源涵养林、生态林；沿高速公路、国道规划道路绿带，形成层次丰富的绿道系统。

5. 专业的配套系统：根据不同的污染源、不同成分的PM2.5，选择相对应的城市绿地、防护林带的树种配置、林带结构、配置方式、不同树种的有效组合等等。研究、引进、培育一批对PM2.5颗粒物吸附量相对较大的树种。

国内外同行已经在绿色基础设施的具体实践上作了积极有益的尝试和探索，这些案例既有宏观层面的城市区域规划，也有结合具体单个项目的绿地实践。如“上海新江湾绿色生态的恢复与重建”项目就在上海城区公园绿地建设中首次系统地、明确地提出生态“保育”与“恢复”的概念，采用保护、保育、恢复、修复和部分重建的技术措施，在总体规划上形成网络状的区域生态骨架体系，将绿色空间与水体空间紧密结合并与人居空间相互渗透，取得了良好的生态效益和景观效益。该实践的成果赢得了国内外同行的高度关注，已获得全国优秀工程勘察设计一等奖、IFLA亚太区土地管理主席奖等国内外专业奖项。又如“福建泉州五里桥（安平桥）建筑文化遗产保护与生态环境恢复”项目的研究与实践，就在“建筑文化遗产的保护”、“周边自然环境的修复”以及“市民游憩空间的拓展”等方面考虑了三位一体的总体规划，在传统建筑遗产保护与生态环境建设有机融合等方面作了积极有益的尝试。

【关于加快推进本市生态文明建设的对策建议】 推进生态文明，建设资源节约型、环境友好型城市是现阶段破解上海城市难题、提升城市地位、增强城市综合竞争力的必然选择。目前，上海已相继实施了五轮“环保三年行动计划”、制定了生态城市发展的三阶段规划，但仍缺乏具体的“生态文明建设规划”进行综合指导。在转型发展过程中遇到了土地和水资源、能源、产业、绿地系统等“硬件”，以及公众参与、立法执法和循环经济等“软件”上的瓶颈，只有从生态文明建设的角度进行低碳化、生态化的建设，才能取得可持续的长足发展，建议如下：1. 优化城乡空间、疏解人口密度、促进上海城市低碳发展。1）坚持生态优先、低碳发展、打破城乡二元结构，进一步完善“体系呈梯度，布局成组团，城镇成规模，发展有重点”的“1966”的低碳生态城镇规划建设格局。2）协调人口、产业、资源、环境、建设、发展等诸多要素，疏解中心城区人口密度，以资源环境承载力确定人口发展总量，拓展上海区域与城市发展的“五大扇面”，加强郊区低碳生态新城镇规划建设，建议在“三规合一”（城市总规、土地利用规划、国民经济与社会发展规划）指导下，编制《上海市人口、资源、环境、建设协调发展战略规划》与《上海市生态文明建设规划》。3）要重视长江口以及近海空间的生态环境保护，编制《长江口与上海近海海域生态与环境保护规划》。4）上海的社会、经济发展应从“跨江”发展到“拥江”发展、“拥海”发展。5）形成南北向、东西向、“十字形”高端商务与三产发展带。6）形成长三角核心区“双心联动、四翼环形”空间生态安全格局，引领长三角从“狭义”到“广义”再到“泛长三角”区域发展的联动（双心：上海、南京；北翼：南通；西北翼：苏锡常；西南翼：杭嘉湖绍，南翼：甬舟）。

2. 加强区域协调、推进四大措施，控防PM2.5，促进绿色发展。1）加强长三角地区空气污染全方位控防与自动监测网合作。2）设立区域合作空气治理专项，严禁农村秸秆焚烧，制订《区域生态补偿标准与办法》。3）制定更为严格的环境质量标准与项目环境准入门槛。4）制定严格的PM2.5标准与碳排放标准；率先研究PM1.0控防方案，倒逼经济增长的绿色转型，优化产业布局，重大项目必须经过规划环评。5）发布污染天气预警预报与缓解方案，实行环境监测信息公开，保障人体健康。6）继续实施公交优先，完善B+R+P（公交+轻轨/地铁+停车场）公共出行方式，严控机动车保有量，加强对挂外牌车又长期在沪行驶的机动车的监管，实行“错峰出行”，加快实施机动车绿色超低碳排放标准。

3 增强绿化碳储减排，建构生态安全格局，提高气候变化应对能力。应在《上海市基本生态网络规划》及《国家应对气候变化适应性对策》的指导下，按照“确保生态效益、拓展社会效益，兼顾经济效益”的原则，具体落实好土地利用总体规划中确定的市域生态空间布局体系，进一步发挥绿地、林地、滩涂湿地的生态服务功能，充分利用好市郊15块总计10万亩的生态片林，增强绿化碳储减排，调整产业与布局结构，加强城市基础设施建设，建构城市生态安全格局，提高城市应对气候变化的能力。

4 加大媒体宣传、提高生态文明意识。1）建立长效节约、节能与生态文明宣传机制，完善道德文化制度。提高全社会的生态文明自觉行动能力，目的是构造全社会环境保护自律体系，形成持久的环境意识形态，广泛动员社会力量参与环保，增强环境保护软实力。2）通过广播、电视、报纸、互联网等加大宣传力度，进行深入持久的宣传教育。目前媒体中商业广告很多，但公益性广告很少，一些收视率很高的节目应适时插播公益性、交通安全性、生态文明性等方面的广告。

5. 完善科学决策制度，提高对生态文明建设的政治领导力。目的是保证环境意识和要求切实进入党政决策者关于社会经济发展的具体决策中，建立有效的环境与发展综合决策机制，从产业布局、经济结构等重大决策源头控制资源环境问题的产生。

6. 强化法治管理制度，提高生态文明制度和决策的执行力。从资源环境角度，形成对上海全社会的制度约束和规范。基本上做到凡对环境有影响的人类行为，都应有相应的法规制度进行调节和刚性管束。目前，上海的资源环境、政策法规体系虽已基本成型，但距离完善的目标还有很大距离。推进生态文明、建设资源节约型和环境友好型城市，不仅需要先进的技术，还需要政府、企业以及个人的良好意识和切实的行动。只有这样，才能避免资源与环境问题的发生；走出天人对立的误区，回归生生不息和人与自然和谐。

（三）科研项目管理和服务

【概况】2013 年，科技委配合委主管部门发布了征集 2013 年度工程类和自筹类科研项目计划的通知，开展相关协调工作，组织项目论证，《虚拟设计与施工（BIM/VDC）在地道工程中全生命周期的应用研究》等 17 个项目正式立项。同时，受市建设交通委委托，科技委完成了市场管理总站、路政局等事业单位和申通等企业的 22 项科研项目的立项论证工作。完成管理住建部科研项目 70 余项，其中 10 个项目结题验收。年底对住建部 2014 年项目进行初审和推荐。上海市建设交通科技信息资源共享平台经过两年多的建设与试运行，于 2013 年 3 月 1 日顺利通过了交通运输部组织的验收，专家组对上海的子平台功能设计及建设完成情况给予较高的评价，启动了科研项目信息化管理工作。

2013年完成结题验收的住房和城乡建设部科技计划项目一览表

住房和城乡建设部科技计划项目		
序号	项目名称	牵头单位
1	地铁车站客流通行服务水平评价体系研究	上海市隧道工程轨道交通设计研究院
2	面向能效评估的建筑能源消耗系统模型研究	同济大学
3	地下空间利用低碳评估技术及应用研究	上海市政工程设计研究总院(集团)有限公司
4	与轨交共建的多层次复合群坑施工技术研究与应用	上海市第二建筑有限公司
5	建筑垃圾全过程处理对策研究	上海市环境工程设计科学研究院
6	城市总体规划实施评估方法与机制研究	上海市城市规划设计研究院
7	基于物联网的建筑节能运营平台与评估模型研究	上海东方延华节能技术服务有限公司
8	夏热冬冷地区城市居民采暖消费模式的形成机理研究	同济大学
9	钢结构居住建筑的生命周期评价	同济大学
10	湿热季节地下空间通风防结露技术研究	同济大学

【地铁车站客流通行服务水平评价体系研究】受住房和城乡建设部建筑节能与科技司委托，市建设交通委主持了“地铁车站客流通行服务水平评价体系研究”项目成果验收。该项目首次获得了上海轨道交通较客观的设备设施通过能力以及其他客流通行参数；建立了系统的适用于地铁车站客流通行服务水平评价指标体系；并建立了地铁车站服务水平评价体系。项目研究成果可用于地铁线网规划并为后续地铁车站设计及规范修编提供参考依据。专家组认为课题成果达到了国际先进水平。

【基于物联网的建筑节能运营平台与评估模型研究】受住房和城乡建设部建筑节能与科技司委托，市建设交通委主持了“基于物联网的建筑节能运营平台与评估模型研究”项目成果验收。该项目通过对建筑节能运营平台与评估模型的研究，开发了相应的平台支撑技术，并提出了系统的解决方案；耦合了能耗评估模型，可实现对建筑能耗基础数据的统计和分析，提高大型公共建筑的节能运行和管理水平，并为高能耗建筑节能改造提供科学依据。项目研究成果已在普陀科技大厦、金鹰大厦、上海紫竹信息数码港等多个项目中投入应用，为建筑节能提供了能耗数据采集、分析、控制和管理的一体化解决方案。

（四）获奖成果

【概况】2013年度6个项目获得上海市科技进步奖，其中，二等奖4项，三等奖2项。见下表。

获得2013年度上海市科技进步奖项目一览表

奖项等级	项目名称	完成单位
科技进步二等奖	城市轨道交通能耗控制关键技术及应用	上海申通地铁集团有限公司、同济大学、贵州汇通华城股份有限公司、上海申贝科技发展有限公司、上海轻工业研究所有限公司、上海申通轨道交通研究咨询有限公司程勘察设计研究院有限公司
	上海轨道交通10号线工程建设关键技术及应用	上海申通地铁集团有限公司、上海市隧道工程轨道交通设计研究院、上海市城市建设设计研究总院、同济大学、上海隧道工程股份有限公司、上海城建市政工程(集团)有限公司、上海岩土工程勘察设计研究院有限公司
	城镇水厂集约化处理技术	上海市政工程设计研究总院（集团）有限公司 上海市政工程设计科学研究所有限公司
	上海轨道交通2号线东延伸工程关键技术	上海申通地铁集团有限公司、上海市政工程设计研究总院（集团）有限公司、同济大学、上海市基础工程有限公司、中铁二十四局集团有限公司、上海广联建设发展有限公司、上海城建市政工程（集团）有限公司
科技进步三等奖	城市既有建筑物之间增建地下通道的非开挖施工技术	上海市机械施工有限公司
	周边群体工程建设活动对地铁运营安全叠加影响的关键控制技术	上海岩土工程勘察设计研究院有限公司、上海申通地铁集团有限公司维护保障中心、同济大学、上海长凯岩土工程有限公司、同济大学建筑设计研究院（集团）有限公司

编者按：本栏目选录各区城市建设和管理政府机构年终报告，按实际情况，略有删选。

(一) 黄浦区

黄浦区建设和交通委员会

2013 年，区建设交通委在区委、区政府的坚强领导下，紧紧围绕区委、区政府提出的“稳增长、调结构、攻旧改、惠民生、重法治、促和谐”十六字工作目标，以“改善民生”为工作主线，以“攻旧改、推项目、惠民生、强管理”为工作重点，全面加强党的建设，聚焦旧区改造、重大项目建设、建筑市场整治、民生实事项目等重点任务，心无旁骛、真抓实干，攻坚克难，创新发展，推动各项重点工作取得积极成效。主要体现在以下六大方面：

（一）旧区改造和重大项目建设有力推进

1. 旧区改造取得积极成效

坚持把旧区改造作为黄浦区最大的民生和最大的发展，全力以赴加以推进。全年共计完成旧改征收总量5208户，完成“确保4000户、力争5000户”的总体目标。具体从以下几个方面开展工作：

一是积极发动，阳光操作，启动地块提前达到生效比例。董家渡18号地块、131街坊南侧、124街坊、申贝地块、同福里等5个项目均以高赞成率通过第一轮意愿征询，并提前达到二轮征询生效比例。其中，124街坊以99.2%的赞成率顺利通过第一轮征询，9月21日项目正式启动第二轮签约征询，当日签约率达到86.3%，创造了上海旧区改造首日生效的新记录，截至年底，该项目签约率90%；太仓路—吉安路拓路签约率93%；申贝地块签约率88%；同福里签约率95.11%；124街坊签约率90%；董家渡18#地块签约率94%。

二是统筹资源，聚焦重点，收尾地块推进有力有序。顺利完成环绿北侧、65、龙凤、董家渡13B15B、116街坊（西块）、东元坊、S-209、129地块等8个项目收尾，露香园路地块、115街坊等地块整体签约率超过90%。列入基本收尾的其它项目（部分社会项目除外）也实现了阶段性目标。

三是积极协调，稳妥推进，准备一批项目取得重要进展。金豫阁、老西门新苑1-4、1-5地块等项目已签署旧区改造有关协议，并由区旧改办牵头，区建交委、区房管局及相关街道、征收事务所搭建项目部积极推进两轮征询工作；高福里地块落实了旧改融资、具备启动条件；大兴街717 — 719号项目也在与我委积极协商启动前期准备。

四是总结创新，积极探索，研究推行旧改推进新机制。通过金豫阁、老西门新苑1-4、1-5地块两个项目试点，研究并推行管理部门（旧改办、建委、房管）、街道、集团（包括事务所）三位一体推进机制，三方面各司其职、统筹协调、合力推进：管理部门把控推进节点、政策和资源，发挥组织优势；街道居委做好配合参与，发挥群众工作优势；集团事务所做好推进具体工作，发挥实施优势。

2. 重大项目建设有序推进

2013年，我区开工商业商务楼宇面积44.4万平方米，竣工面积29.8万平方米，完成年初制定的工作目标。重点项目推进情况如下：

中山南路地下通道项目。经多方协调，项目建设主体转为市城投总公司，目前正对方案进行优化研究。太仓路—吉安路的拓路工程。该项目将辟通太仓路至西藏南路的通道，拓宽吉安路至24米。目前工程前期手续已基本完成，待地块征收工作全面完成即可开工建设。48个商业商务重点项目有序实施。“竣工一批”项目，埃力生国际大厦已经竣工，126街坊（企业天地二期）、南外滩B4地块、43街坊（复兴天地中心）、中电科技上海大厦等项目均处于内外装饰阶段。“开工一批”项目，127街坊已经开工；65号街坊已完成初步设计调整审批，目前正在申请建设工程规划许可证，179街坊已进入初步设计审批阶段，594、596地块已进入设计文件审查阶段。“推进一批”项目，各项目也按照计划节点顺利推进，163地块、204地块和8-1北块已结构封顶。

3. 社会安全稳定总体受控

一是认真做好信访接待工作，努力将矛盾化解在萌芽状态。坚持做好信访大厅的接待和信访的后续处理工作，做到初信初访受理率、办结率均达100%，充分发挥信访工作在维护社会稳定和推进旧区改造中的作用。全年共受理信访2185件，其中信件607

件，访件125件，电子邮件150件，接电话来访134人次。

二是积极协调化解各类矛盾，努力维护社会稳定。毫不松懈努力化解历史遗留矛盾和突出信访矛盾，做好重要节点稳控工作。今年在国庆前后、全国“两会”、十八届三中全会等节庆或重大会议节点期间平稳完成了稳控任务，未发生因信访问题引发的重大群体性事件和恶性事件。

三是平稳推进房屋征收司法强制执行，促进居民签约进度。一方面结合法院裁定加强沟通，促进被征收（拆迁）居民在司法强制执行前签约，取得良好效果。第另一方面安全稳妥推进强制执行工作，未发生因强制执行而引发的群体性事件，为我区基地收尾工作起到了积极作用。

（二）建筑市场整治巩固强化

1. 安全质量保持高压监管

一是建立健全制度，构建长效管理机制。牵头制定了《关于进一步明确本区建设工程管理分工的实施意见》、《黄浦区小型建设工程监督管理办法》两个规范性文件，进一步构建我区建筑市场长效常态管理机制。

二是加强安全质量监管，确保工程质量安全。建管部门对工地安全质量和玻璃幕墙建筑安全保持高压监管态势，加强各类检查、稽查和联合执法力度，确保我区生产安全、建筑安全全面受控。今年开局各类整改指令单237份，局部停工或暂缓施工指令书57份，处理各类违规人员40人；11月，8-1地块两起安全事故发生后，对工地负责人严肃处理，组织面上工地停工自查，坚决守住安全底线，确保我区一方平安。

三是加强文明施工管理，保持全市领先地位。进一步落实加强工程文明施工管理的工地巡查、分片互查、上门征询、社区监督和党组共建五项工作机制，多层次、全方位提升工地文明施工管理水平。今年六次上海市建设工程文明施工指数测评，我区均名列前茅。

2. 建筑行业管理持续加强

一是加强招投标管理，规范窗口受理行为。积极完成招投标场所改造，推进招投标标准化建设，坚持防控结合，倡导事前服务，努力提升窗口受理水平。全年共完成项目报建122项，招标项目81项，办理合同备案620个，受理工程报监261个。

二是加强资质管理，主动服务企业。对我区161家区管建筑企业积极加强建筑施工企业资质管理、资质动态核查和安全生产标准化年度考核工作。对企业加大服务力度，先后召开四次区管建筑施工企业座谈会，确保“撤三建三”后监管工作有序推进。全年受理资质资格39家，对面上企业开展资质动态核查，督促44家不合格企业抓好整改。

三是做好维权工作，处理违规行为。区建管部门全年受理来信来访投诉197起，协调解决拖欠民工工资11批，涉及人数174人，处理涉及招投标违法、违规案件5例，约谈和处理涉案企业7家，处理各类投诉案件20起，对其中10起违法违规案件予以行政处罚。

（三）各类民生实事任务全面完成

1. 区政府实事项目建设全面完工

4条道路和6条公弄积水点改建项目的区政府实事项目，年底前全部完工。淮海中路“白改黑”工程全面竣工。大吉路、普玉西路、徽宁路、肇周路和制造局路等道路大修工程竣工。济南路（湖滨路－崇德路）和瑞金二路（永嘉路－绍兴路）道路整修工程基本竣工。黄陂路、人民大道人行护栏更新等基建项目、建国东路（马当—肇周）排水管道预防性修复工程竣工。

2. 基础设施建设工作协调推进

积极促进大林、海潮等变电站施工进度。着力协调福州、紫霞变电站前期动拆迁事宜。瞿溪路架空线入地已完成电力配套施工。协调电力部门迁址移建原大戏院变电站，进一步强化大戏院用电站的功能和容量。积极协调重点功能区开发项目市政设施配套工作，积极推进露香园路地块市政配套工作、大世界保护修缮工程历史遗留问题和布展装饰工程启动前期准备工作。

3. 着力解决居民急、难、愁、盼等民生问题

积极解决宝带弄56弄、建国东路126弄等5条弄堂的道路积水问题，以及方浜中路63弄、北京东路575弄等9处下水道堵塞和居民排水问题；配合大众燃气做好南京东路街道部分街坊居民天然气转换工作。以上工作均得到所在街道居民的好评。

4. “两会”办理工作圆满完成

截至3月30日，黄浦建交委按时、高效、圆满地完成了今年所承接的全部“两会”办理工作，其中人大代表书面意见25件和政协委员提案29件，并实现了办复率、走访率、满意率三个100%的工作目标。

5. 高效办理信息公开和市民热线答复工作

黄浦建交委高效办理政府信息公开工作，热切关注12319、12345市民服务热线和门户网站网民留言等服务渠道。全年全委主动公开政府信息137条，受理政府信息公开申请46条，处理行政诉讼案件3起、行政复议2件，接受市民咨询1046次，处置12345市民服务热线701件，接听水务热线184个，处置网格平台案子3727件，做到件件有落实，单单有反馈，处置率和及时率均在我区职能部门排名中名列前茅。

（四）城区建设管理水平持续提升

1. 市政设施日常管理持续完善

一是抓好市政设施日常养护维修，为市民提供良好出行环境。全年完成道路养护155351平方米，清洗路名牌37963块次，养护维修隔离设施9578.7米，隔离设施保洁9879.3公里，人行天桥、地道保养3359座次；疏通下水管道706193米，清捞窨井、进水口145589只次，清除污泥14505立方米，新排连管523米。

二是做好占路掘路行政审批，提升路政管理水平。运用制度加科技模式，进一步完善掘路审批和修复制度，完善信息平台建设，以提高我区路政管理水平。全年受理路政许可558起，夜间施工备案261件。

三是积极开展各类专项整治，提高我区市政设施服务水平。对重庆中路等6条主要道路进行了车行道井框差的集中整治，共计整治市政井框差66只，各类公用管线井框差192只，有效提高上述道路平整度；对人民广场、新天地等重点区域的道路、人行道进行集中专项整治，大幅提高重点区域市政设施服务水平；针对窨井安全问题，我委还在陆家浜路、复兴中路等路段安装了首批63只高强度尼龙丝窨井防坠安全网，有效避免汛期因暴雨造成井盖缺损导致安全事故的情况发生。

2. 静态交通管理水平有效提升

一是做好行政备案工作。区静态交通管理部门采用“前台一口受理，后台协同办理”及“分级办理”工作机制，通过实地勘查与受理办理相结合的形式，圆满完成全区234家公共停车场（库）、109家道路停车场《备案证明》换发工作。

二是加大行业监管力度。通过质量信誉考核、督查巡查抽查相结合、健全投诉处理机制、制定行政执法制度等手段，加强对停车场库行业的管理。全年共出动检查人员2300余人次，检查停车场（库）近1010库次。

三是推进公共停车设施建设。结合地块开发及项目建设，严格执行配建停车场库建设标准，从源头上缓解停车难；先行先试利用部分闲置土地及待开发用地，大力推进临时公共停车场建设，以缓解停车矛盾。2013年我区完成配建停车场库方案审核、扩初审核11件，完成验收7件。已完成新增医院泊位309只，新增居住区泊位312只，新增公共停车泊位251只。

四是进一步推进智能交通建设。一是深化智能停车服务系统。黄浦区智能停车信息服务系统一期工程正式通过竣工验收，我区太平桥停车库成为全市第一家全面运用物联网技术运营管理的、集节能照明于一体的高科技停车场（库）。二是扩展智能交通信息平台。“综合性停车信息服务网”建成，同时新增登陆手机网站、拨打热线电话、发送手机短信等车位查询途径。对原卢湾、黄浦两套诱导系统开展调查研究，完成系统整合方案的评估。

五是优化公交线网方便市民出行。针对世博地区场馆陆续开张的现状，我委同交警一起积极协调市有关部门开通了1030路、增设了18路过境站、制订了1212路公交线路调整方案，有效缓解了这一地区交通出行难的问题。为了方便市民和外地游客，也为进一步挤压“黑车”生存空间，巩固整治非法客运的成果，增设了805路公交线路，人民广场、南京路步行街、外滩、豫园等四大景点，于5月13日正式开通。

3. 防汛防台工作有力有序

今年汛期累积降雨量为734.5mm，较常年值（642mm）偏多近1.5成。按照市防汛指挥部统一部署，共实施防汛防台蓝色预警4次、黄色预警12次、橙色预警4次、红色预警2次。特别是“9.13大暴雨”和第23号强台风“菲特”带来风、暴、潮、洪“四碰头”严峻考验，区防汛部门及时启动相应等级响应行动，相关防汛人员及应急抢险队伍及时进岗到位，加强值班，通信联络正常。全区道路及街坊退水迅速，城区迅速恢复运行秩序。同时，防汛办多措并举，夯实防汛防台基础，从以下几方面着力加强抵御能力：

一是发挥机制作用，形成防汛合力。区领导亲自坐镇指挥，决策科学有力，工作人员加强防汛值班，确保信息畅通；“市区联手、泵管联动”防汛排水运行机制、“资源共享、信息共用”中心城区防汛排水联动合作机制发挥了积极作用；市政、公安交巡警密切配合，确保了道路、下立交、过街地道等正常有序通行。

二是防汛检查到位，隐患整改及时。按照防汛安全检查计划，对各类高空易坠物、排水管网、地下空间、沿江堤防、在建工地等薄弱环节进行了20余次检查，督促整改房屋险情、下水道堵塞、空调室外机、地下室进水等隐患9处，有效避免了事故的发生。今年我区排水管网疏通养护率在中心城区中名列前茅。

三是开展演练和培训，提升抢险能力。组织和督促抢险专业队演练8次，锻炼了队伍，提升了应急除险能力；结合防汛联络员工作会议，进行防汛业务常识、防汛信息报送和气象常识培训，提高了防汛工作人员的业务水平和工作能力。

（五）直属企事业单位管理持续加强

1. 稳妥推进事业单位调整

在2012年直属事业单位整合基础上，完成事业单位岗位设置调整、岗位聘用、编制调整等各项工作。事业单位绩效工资改革按照人保局统一部署稳步推进。直属企事业单位职工因劳动关系引发的各类矛盾接待处置和化解工作平稳推进。

2. 直属企业服务大局能力增强

直属企业积极服务大局，业务能力不断增强，经济效益实现增长。市政公司完成区政府实事项目，参与创建文明城区专项整治建设，高效完成日常养护作业；开展立功竞赛，推进工会换届改选；公司多个工地获得荣誉，专业水平和行业知名度得到一定提升。金锐公司，高效完成各类绿地建设和养护任务，精益求精做好绿化景观的优化和特色绿化的拓展工作，积极参与文明城区创建、城市环境美化工作。凌锐公司在“9.13大暴雨”和第23号强台风“菲特”应急抢险工作中发挥了重要作用，在我区旧区改造拆房、消防抢险和维稳工作中作出了新贡献。

黄浦区绿化和市容管理局

在区委、区政府的正确领导下，在市局的有力指导下，区绿化市容局“聚焦‘十二五’规划中期推进，聚焦城区经济社会发展，聚焦城区景观面貌提升”，以落实“作业标准化引领市场，管理精细化扮靓市容，服务人性化惠及市民”的目标为导向，以创建文明城区为契机，全局上下齐心协力，奋发有为，扎实推进落实各项工作，努力突出重点，突破难点，凸显亮点，圆满完成全年目标任务。

一、建管并举，稳步推进，绿化建设和管理取得新成效

根据“点上做靓、线上做精、面上做优”的总体要求，注重培育品质，注重彰显特色，注重社会参与，绿化建设和管理水平不断提升。

绿化建设凸显亮点。一是重点项目顺利完成。按照区政府要求，延续外滩简洁、大气的绿化风格，对部分行道树及树阵进行调整，对黄浦公园、观光平台进行景观提升，共新种树木538棵，调整85棵，新摆放花箱360组，顺利完成外滩绿化排水改造和景观提升工程，取得较好的社会反响；完成音乐广场改扩建工程，建成后面积约为5400余平方米，营造了一个环境优美、景色宜人、富有特色和文化品味的区域，群众性文化娱乐场所功能进一步凸显；西藏南路大吉路公共绿地建设面积3000平方米，12月底顺利完成；立体花坛作品“一个真实的故事”代表上海赴加拿大参加第五届国际立体花坛大赛获最高大奖和最高荣誉奖。二是绿化景观得到优化。完成了迎“五一”、“十一”花卉景观布置，“浦江晨曲”组合景点与外滩花墙、组合花箱、立体绿化交相辉映，形成了精致、经典的黄浦特色；在中山东一路、淮海中路、延安东路等重要路段、重要路口精心设计18处绿化景点和小品，营造了喜庆的节日氛围。三是特色绿化积极拓展。完成专用绿地建设任务，共建成专用绿地15014.5平方米，完成屋顶绿化14564平方米，完成K11墙面、126、127基地围墙绿化3964平方米；拓展桥柱立体绿化，对217根桥柱进行土壤改良和种植以爬山虎为主的攀缘植物，使我区高架桥柱绿化总量达到408根，工作经验和模式得到市局主要领导首肯并在全市得以推广。

绿化布局凸显特色。一是实施绿化补种和调整。全区补种各类乔灌木47879株、草坪与地被6330㎡、花卉补种940㎡；绿地调整1000㎡；花灌木修剪4700余株（次）、绿篱51100㎡。延福绿地增设22套照明灯具，解决了市民夜间游憩的照明问题；建立玉兰园、成新绿地、肇嘉浜路绿地、南浦大桥绿地A块等4处绿地为养护示范点；完成了太平桥绿地密植植物调整工程；制定白云观周边绿地调整改造方案，通过增加高栏杆、调整绿地植保以及后期养护管理等措施，有效改善了绿地面貌。二是强化行道树规范管理。启动新一轮林荫道创建工作，陕西南路、长乐路、南昌路、兴业路、马当路等5条道路创建成为林荫道，使全区林荫道总数达到14条，列中心城区第一。按市局标准顺利完成1.1万余株行道树冬季修剪、剥芽工作，完成夏季防台加固和日常树洞修补等工作，为打造瑞金社区林荫道集中片区打下扎实基础。

绿化管理凸显成效。一是组织植树节系列活动。开展了以“建设生态文明、共建美丽黄浦”为主题的“智慧林”植树节活动，区四套班子领导参加了植树活动。积极开展全民义务植树宣传和认建认养活动。共有61家单位集体、220人参与树木、绿地认建认养，2人次参与了古树名木认养活动，营造了植绿、爱绿、护绿的良好氛围。二是做好野生动植物保护工作。按照市局部署，制定保护办法与考核标准，开展普查，对科学会堂改扩建、外滩源等地的古树严格监测。加强对古玩市场、花鸟市场的象牙制品检查，对违法经营者予以教育告诫；开展野生动物保护

宣传咨询和“爱鸟周”、夏季蛇蛙专项整治等活动，进一步增强了社会公众的野保意识。三是加强社会绿地监管。健全公共绿地管理制度，努力消灭“三无”绿地。实施绿化系统“1+6”绩效考核制度，推出奖惩、绩效、经费“三挂钩”，绿化养护管理水平得到全面提升。

公园整治突出重点。一是强化园艺特色培育。开展“特色植物专类园”创建，南园滨江绿地郁金香及菊科植物、人民公园海棠及荷花、复兴公园玫瑰园及沉床花坛已成为黄浦绿化的标志、沪上绿化的标杆。二是严格管理公园活动。重点对人民公园相亲角和延中公园鸟类市场进行了初步整治，制定整治计划，划出指定区域，集中保安力量对征婚人群和设摊摊主进行劝阻，同步发挥志愿者作用，力争相亲角不扩散、不蔓延。三是开展噪音治理。坚决执行市政府94号令，以丽园公园、复兴公园、蓬莱公园、古城公园为整治重点，加强对晨练团队的宣传、劝阻，争取理解支持，目前公园噪音问题有所缓解。

二、聚焦重点，创新举措，市容环境保障水平取得新提升

突出“重点区域、重大节庆、重要节点”的保障，试行精细化作业，开展专项整治，全力推进文明城区创建工作，市容环境保障水平得到进一步提升。

城市保障取得新实效。一是圆满完成重大节庆（活动）保障。进一步完善保障预案，先后完成了新年倒计时、“五一”、“十一”、“上海旅游节”、国际马拉松比赛等重大节庆活动市容环境保障任务，成功应对大客流带来的环境污染，确保市容环境始终保持整洁美观有序，赢得了市区领导及市民群众的广泛好评。二是全力以赴迎战“双高”。今年夏季35摄氏度以上的高温天数达到47天，给环卫作业、绿化养护行业带来严峻考验。根据高温情况，周密部署，科学安排，通过增加垃圾清运频次，调整工人作业时间，及时维护保养设施设备等手段，既保障了市容环境，又保障了职工安全。三是严格做好H7N9禽流感防控工作。第一时间组织力量对15座集贸市场和零散摊点的家禽开展集中收运，共计3220公斤。建立全区唯一的活禽中转点，共转运禽类约100余只，为防控H7N9禽流感提供有力保障。

道路保洁水平取得新提升。一是试行精细化管理、“五定”作业模式。在道路保洁企业试点推行“五定”作业模式，做到任务细化到岗、标准量化到位、责任强化到人。目前，各公司“五定”工作有序推进，成效已初步显现。在外滩滨水区先行试点，制定《外滩滨水区精细化作业实施方案》等一系列制度，探索形成“一岗、二全、三化、四导、五规范、六件套”的作业服务模式，外滩保洁水平进一步提升。在市局开展的全市绿化市容窗口行业市民满意度测评中，黄浦区道路保洁名列第一。二是试行暴露垃圾快速处置模式。在五里、打浦、淮海三个街道开展暴露垃圾治理试点，形成了暴露垃圾管理一方牵头、多方联动的模式，完善了源头快速发现、信息资源共享和高效处理反馈3项工作机制。8月1日试行以来，据“城管通”平台数据反馈，暴露垃圾滞留时间明显缩短，接单数量呈现逐步下降态势。三是加强垃圾清运规范运输管理。继续深化单车承包机制，加强对驾驶员的工作考核，将考核工作与作业车辆安全运营、文明作业、渗沥液排放等挂钩，清运作业管理进一步规范。在市局开展的全市绿化市容窗口行业市民满意度测评中，黄浦区垃圾清运名列第二。

环卫设施设备展现新面貌。一是抓好区政府实事项目。完成51座倒粪站除臭装置安装及更新改造工作，超额完成区政府实事项目，得到市民百姓广泛好评。二是加强设施设备改造更新。配合垃圾减量，在环卫码头安装了2台单壳粉碎机，提高了菜场垃圾、居民区湿垃圾、中药渣等末端处置量；

完成了南苏州路186号等7座小压站、10座公厕、7座道班房的更新改造，对64处五小设施进行维修和整治；更新部分一级道路废物箱1210只、垃圾方桶2000余只、小畚箕300余只，并制定了废物箱管理机制；完成了20辆生产车辆的政府采购、上牌、试运行及验收工作。三是启动电子政务基础项目建设。顺利完成指挥中心与中心机房、全局系统组网工程两大内容的主体建设。新建成的指挥中心与中心机房是集全局动态指挥协调与保障、业务信息系统、车载视频监控、网络、视频会议等各类综合信息于一体的系统工程。目前，视频会议系统已投入运用。四是强化公厕文明行业创建。开展了公厕“双治”专项工作，以示范公厕为抓手，“先治懒，再治脏”，坚决杜绝责任性问题发生，公厕“窗口”行业服务和管理水平得到明显提升。在市局开展的全市绿化市容窗口行业市民满意度测评中，黄浦区公厕管理名列第四。

创建文明城区注入新活力。一是完善组织构架，营造宣传氛围。结合区创建文明城区动员大会精神，按照《黄浦区创建文明城区目标责任书》要求，制定局创建文明城区方案，成立局创建文明城区领导小组，并建立综合、绿化、环卫3个保障组，进一步细化措施，落实责任，定期召开工作例会，确保各项工作有序推进。切实开展创建文明城区社会宣传工作，为400余辆绿化环卫车辆喷制宣传标语，成为流动宣传风景线。制作宣传吊牌5600余块，摆放易拉宝150余幅，落实公园、绿地宣传标牌900余块、电子屏15块，突出行业特色，全方位、立体化开展社会宣传工作。二是强化巡视检查，加强陋习整改。全面启动督查巡查工作机制，与质监中心日常巡查、作业单位自查相结合，建立三个督查小组，实行划块包干责任制，加大对10个测评点和380余个实地考察点巡查力度，确保督查工作做到全覆盖、无遗漏；加强对发现问题的整改督办工作，确保整改到位。结合行业“十大陋习”整改，制作9500余个卡套，将行业十大陋习整改与创建文明城区相结合，进一步提升了行业形象。三是建立协同机制，及时反馈信息。梳理细化各项创建指标，注重与文明办、街道等部门的协调、沟通，加强材料收集，规范材料报送，如期完成各类材料整理上报工作。

三、强化协调，深化服务，市容管理和服务取得新突破

坚持管理和服务并重，切实践行低碳环保理念，不断加强难点顽症治理，为民服务能级显著增强。

垃圾分类减量取得新进展。一是不断拓展“大分流”渠道。新启动菜场垃圾、中药渣、废弃酒瓶、花泥垃圾、鞭炮垃圾的专项收运处置，拓展湿垃圾处置渠道，购置两台粉碎机，对菜场垃圾、厨余垃圾、中药渣等进行粉碎处置，日均粉碎处置20余吨。2013年超额减量4028吨，日均处理705吨，超额完成了市局下达的716吨的减量指标，列中心城区第二。二是有序推进“小分类”工作。全区生活垃圾分类试点已覆盖515个场所，试点垃圾分类的居民小区达262个，涉及居民家庭10万余户。其中，半淞园路、五里桥、打浦桥三个街道实现了垃圾分类整区域、全覆盖推进，学校、机关、菜场、公园四类场所实现了分类试点全覆盖，在7个小区开展了绿色账户试点。通过采取“五定”、“以奖代拨”等措施，积极推进生活垃圾分类工作，取得了较为显著的成效，在市局年度考核中名列第一。三是缜密协调垃圾物流去向。积极与多稼路中转站协调，就开平公司生活垃圾纳入中转站中转处置达成共识，12月1日起试运转，2014年1月1日起正式运行，不断提高生活垃圾运转效能，减少运输成本。

难点顽症治理取得新成效。一是加强渣土运输源头管理。认真把好申报关，共受理渣土申报674件，处置渣土117.8万余吨；加强日常监管，确保车容整洁，杜绝车辆超

载污染周边环境现象；加强部门联动，完善应急预案，有效遏制渣土偷乱倒现象。二是规范餐厨废弃油脂监管。开展上海市政府97号令和98号令宣传，重点告知废弃油脂产生单位，同时做好申报培训，共对新增的471个新产生单位进行了申报，共收运废弃食用油脂3106.30吨、餐厨垃圾19857.94吨。

为民服务水平取得新提升。一是圆满完成“两会”意见、提案办理工作。认真做好两会意见、提案的办理工作，共办理“两会”书面意见和提案26件，其中主办件解决采纳率达82%。二是加强工作绩效监督考核。制订实施“1+6”目标考核和综合业务考核办法，实施业务工作综合考核，采取日常督查、定期和不定期抽查等办法，对部分基层企事业单位及领导班子的目标考核实行“双挂钩”，将考核结果与任务量经费以及领导奖金直接挂钩，不断夯实行业规范化管理基础。三是快速处理“夏令热线”等市民诉求。今年共受理各类投诉1444件，其中环卫类投诉1004件，绿化类投诉440件；夏令热线期间，共接听受理152件，处理率、及时率均达到100%；新增5条“阿”字热线，实现“阿”字热线街道区域全覆盖，社区居民反响良好。四是强化安全生产及防暑降温工作。落实安全生产责任制签约，加强教育培训和安全生产大检查，加强整改落实，确保消防安全和生产安全。全面做好防暑降温各项工作，及时启动防暑降温工作预案，实行“做两头、歇中间”避高温模式，确保职工安全度夏。

四、规范建设，依法行政，确保行业队伍和谐稳定

坚持以人为本，加强职工队伍建设，不断转变工作作风。坚持依法行政，认真做好信访维稳工作，推动了绿化市容行业和谐稳定发展。

“三找”活动凸显实效。巩固和深化“三走”活动成果，集中开展以“找问题、找差距、找不足”为主要内容的“三找”活动，坚持到基层一线了解情况，到党员群众中听取意见，到实际工作中发现问题。自活动开展以来，各基层单位共召开分析会50余场、座谈会151次、走访社区、单位558家、发放行业陋习调查问卷2038份。共查找出问题95个，差距168条，并梳理出行业内“十大陋习”。目前，“三找”活动所查找各类问题与差距已基本整改完毕，行业工作作风、效能和形象得到进一步提升。

依法行政全面推进。认真做好信息公开及法制工作，主动与市局、区法院、区法制部门汇报，并与横向相关单位及时沟通，同时加强宣传教育工作，努力做到信息公开程序法定，行政诉讼案件零纠错率。目前，累计主动公开政府信息298条，行政诉讼胜诉10起。

信访维稳管控有力。将信访工作纳入年度考核体系，与奖惩挂钩。认真做好初信、初访的处理，及时率和办结率达到100%。积极做好延中三期、事转企等信访矛盾的化解工作，谈话接待124次277人次，处理来信137件，信访维稳工作总体平稳有序。加强与街道、公安联动，按照“3+X”要求，较好完成了重要节点的信访维稳任务。

队伍建设不断加强。完成企业职工增资工作，沪籍在职职工平均增资270元，外来务工人员平均增资180元。开展事业单位绩效工作改革，调整规范事业单位退休人员补贴标准，共对2469名事业单位退休人员进行了补贴规范和发放工作。分二批从退伍军人和环境学校学生中招录机修工、驾驶员、普工三个工种共53人，进一步优化了企业员工队伍结构。

（二）静安区

静安区建设和交通委员会

2013年是实施“十二五”规划承前启后

的关键一年，是深入推进现代化国际城区建设的起步年，也是建交系统各项工作的推进年。在区委、区政府的正确领导下，区建交委认真贯彻十届市委三次全会以及九届区委五次全会的精神，紧紧围绕“坚持一流标杆，建设现代化国际大都市标志性地区”的目标，不断深化改革、完善制度，推动系统各项工作平稳有序规范有序推进，为我区城区建设和管理工作奠定了良好基础。

一、建设行业管理基础进一步夯实

截至目前，我区受监在建工程 365 个，在建建筑面积约 112.7 万平方米，其中土建工程 18 个，市政工程 4 个，装饰装修工程 343 个。

深化有形市场体系建设。推动建设工程和建筑市场监督机构的优化调整，强化窗口建设，依法做好建设工程受理服务和监督。研究制定了《静安区建筑建材业企业信用管理办法》和《静安区建设工程领域开展建筑施工企业从业信用评价的办法》，设定信用等级评价标准，根据企业不同信用评价等级，在招标投标、项目监督、评优评奖等环节实施分类管理，并依托市建筑建材业信息平台，建立企业信用档案，如实记录企业信用信息，积极营造“守信受益、失信惩戒”的建设环境。

不断落实分类分级管理体制。制定了《关于落实本区建设工程管理分工的实施意见》，基本落实了各部门的职责分工。建立健全建设工程社会监督实施细则、规划许可实施细则、监理报告实施细则、分包备案实施细则等 14 项监管细则，不断巩固区整治办联合检查、执法的工作机制，在质量安全整治、小型工程督导、第三方评估和专业培训等方面，充分发挥各专业监管部门、街道和社会监督的合力，积极弥补监管盲点。

加大建设工程稽查力度。成立了委稽查办和安委会，对相关建设管理部门的行政检查、行政审批、行政处罚、行政处理和行政强制等行政行为开展督察，巡查行政行为内容、程序以及效果。通过专项稽查和专案稽查，针对稽查发现的突出问题和薄弱环节，向相关管理部门提出警示预警，督促其进一步履行相关职责，并跟踪督促其整改落实。

强化社会监督体系建设。进一步深化“五个一”和“两项服务”的“5+2”社会监督体系建设，将第三方专业评估、法规政策和专业知识培训、专项问题专家咨询研究等纳入服务范围，不断扩展社会组织参与建设管理的深度、广度。同时，实现工地联络员网络常态运转，加强对联络员履职情况的考核，确保监管要求能落到实处。

二、有效推进民生工程

旧改征收补偿工作有序推进。67 街坊旧城区改建项目是我区首幅实行“新政”的旧改地块，共有居民 2910 户，目前签约率已达 89.21%。已完成 66 街坊、59 街坊一期二轮旧改征询提前达标成效，66 街坊共有 1124 户，已签约 962 户，完成 85.58%；59 街坊一期共 515 户，已签约 463 户，完成 85.03%。。1–11 月份全区共完成 2247 户居民签约，提前完成市里下达的旧改指标。

结转收尾项目加快推进。平稳实施了 24 件司法强制执行。完成大中里、恒丰消防站地块收尾。86 号、95–C、78 号一期等地块签约率均超过 97%。54–A、78 号二期、103 街坊、118–3 等旧改地块动迁有序推进。

旧改维稳确保一方平安。坚持“减少存量，控制增量，防止变量”的原则，注重工作前移、源头控制，加强旧改队伍建设，规范动迁和征收行为，加强在拆基地和即将新拉开地块矛盾的预警和排查，力争减少矛盾增量。

旧改资金房源保障有力。加大统筹协调力度，积极克服政策调整和融资困难的不利因素，认真做好资金等各项推进保障工作。通过积极争取，提高了旧改专项资金和贴息资金额度。加大房源统筹力度，梳理盘活历年存量房，通过市场转让、基地互调等方式，减少房源资金沉淀。进一步加强与市相关部门沟通，提高了市属配套房房源额度和房源适配度。

三、重大工程建设取得重大进展

行政审批制度改革不断优化。不断深化落实设计文件审查改革，重点开展建设工程设计文件审查和竣工验收备案改革工作，梳理审批流程，创新了“非国有投资的非居住类房屋装饰装修工程审批制度”，极大地简化了楼宇装修工程手续办理，加快了项目推进。持续优化政府投资项目代建制。搭建了建设单位与职能部门的联系平台，并对政府投资项目、商业投资项目对建设单位和代建单位开展了业务培训。

服务企业的机制初步形成。推动重大建设工程“一评（项目社会稳定风险分析和评估）两测（开工前周边房屋及检测、施工过程中对房屋及周边环境实时监测）三会（通报会、协调会、联席会）四方案（安全施工方案、文明施工方案、维稳方案、维修方案）”机制的落实，充分发挥街道与管理部门共同牵头的建设工程维稳联席会议的协调作用，有效化解工地矛盾，推进重大项目的正常建设。实现严家宅三期周边房屋维修和居民维稳工作基本落地，协和广场建设单位正在与街道、置业集团研究落实房屋维修和居民维稳工作，梅村、华谊等项目已经顺利实现开工和复工。

民生实事工程加快推进。105 地块项目正进行外立面和配套施工。常德路 370 号、区老干部活动中心及党校已开工建设。区老年健康中心、区检察院业务大楼改建及装修工程、区法院扩建审判庭大楼、区文化馆改建工程等 4 个政府财力投资项目正有序推进。积极配合相关部门，加快推进地铁 12 号线南京西路站、13 号线南京西路站、13 号线自然博物馆站以及 60 号地块地下工程等涉及市地铁的建设项目。

楼宇经济载体建设取得重大突破。静安寺交通枢纽综合项目、华敏帝豪、嘉里商务二期按节点顺利竣工，全年新增商业商务面积 66.17 万平方米，有效拓展了区域经济载体体量。协和二期北块土建工程已全部完成，正启动竣工验收工作。坚持依法合规、优质安全和社区和谐的原则，有序推进了大中里、南京西路 688、世纪盛荟广场等重大国际商务港载体项目建设。

推动“印象张园”保护性开发。按照“政府主导、企业运作、社区认同、多方共赢”的原则，积极完善管理体系和运作体系两个体系，发挥了“一办三部”综合协调和服务保障功能。深入开展调查研究，召开多次专家研讨会，编制了详细的项目定位以及产业、功能与形态规划。

四、加快城区地产项目开发

加快土地出让。60 号街坊以 37 亿元出让，并完成出让合同签订。地铁 12 号线南京西路站、地铁 13 号线南京西路站、长宁路 113 地块出让工作有序推进。梅村地块在建工程建设进展顺利。

加速项目转让。中凯豪生酒店、中华企业大厦已完成转让。华敏帝豪大厦项目转让手续已办结。静安寺交通枢纽综合项目两家单位的股份转让手续、工商变更及外资的第一次增资也已完成。全年共推动入库税收 5.05 亿元，其中区级 3.52 亿元。

推动楼宇开发。总体上，已开工的各商业楼宇建设项目进展顺利，按节点推进大中里、南京西路 688、60 号地块地下工程等项目建设。静安寺交通枢纽综合项目、华敏帝豪大厦和嘉里中心二期项目完成竣工验收。

拓展房产销售。优化房地产交易流程，推进服务高效化和便捷化，远中风华联排别墅、豪景苑 7-8 号楼等新建房屋已预售。加强服务，活跃了区域二手房销售市场。

五、基础保障工作再上新台阶

市政基础设施建设进展平稳。实加强市政道路、下水道设施的日常养护管理，督促养护承包单位落实安全生产、文明施工，提高市政设施养护质量，保障设施常态完好。完成12条道路大修、中修项目和5条道路信息架空线整理工程。完成愚园路、胶州路、海防路等6条道路人行道整治。完善道路巡查机制，快速处置市政设施和道路管线突发事件。协调推进燃气隐患管网改造。完成全区天然气转换工作。完成110KV区域电站选址调整工作。

加强区域静态交通管理。完成《静安区静态交通规划》初稿编制工作。继续做好机动车、非机动车停放管理，基本实现全区道路机动车停放点手持式POS机收费全覆盖。已落实可增加60个停车泊位的临时停车场，通过主动与中企物业协调开展错时停车，落实可供错时停车位约200个，基本完成公共停车设施建设指标。

防台防汛和交通战备等工作有序推进。继续推进“快速反应、科学应对”的防台防汛应急处置机制建设，认真做好汛期应急处置准备工作，完成江宁路881弄、921弄和泰兴路703弄道路下水道改造等政府实事工程，成功抵御台风“菲特”侵袭。完善应急应战交通战备保障各项预案和机制。加强国防交通保障大队各专业分队的专业训练和应急演练。

静安区绿化和市容管理局

2013年，区绿化市容局以实际行动贯彻落实党的“十八大”、市第十次党代会、十届市委四次全会和区第九次党代会和九届区委六次全会精神，以“常态长效，永争一流”为目标，以“党建为引领，管理在城区，服务在街道，自治在社区”为统领，健全完善“快速反应、便捷操作、高效运行”的城区管理扁平化模式，狠抓落实、狠抓推进，做到管理不松懈、标准不降低、问题少回潮，圆满完成全国文明城区复检迎检工作，获得2013年上海市市容环境卫生状况社会公众满意度测评上半年全市唯一一个“优秀区”的称号。

（一）精心组织按时保质，全力推进政府实事和重点工作

1. 政府实事——垃圾分类减量工作

作为全市唯一整区域推进的行政区，今年完成了6个菜场、50个机关企事业单位、38所学校、2座公园、249处居民区的分类收集工作。在静安区市政市容联席会议办公室下成立了生活垃圾分类减量工作小组（简称“分减小组”），制定并印发《2013年静安区开展生活垃圾分类减量工作实施方案》。分类设施设备招标程序于4月底启动实施。各个街道共计开展了74余场宣传培训活动，活动包括户外设摊宣传、垃圾分类专题知识讲座、动员大会、垃圾处置厂参观、资源回收换物等。并在《静安时报》上开设了垃圾分类专栏。在拟定静安区干湿垃圾日常分类绿色账户激励试点方案的基础上，8月起，静安区在万航公寓、沁园邨小区、三义坊、古柏小区、向新小区5个小区1400余户居民中首批试点运行“干、湿分类”激励机制，组织开展了资源回收日活动，推行“生活垃圾分类投放积点奖励”，逐步探索形成以“绿色账户”为主要载体的生活垃圾分类激励机制。全区每个居委会、学校以及涉及单位将于10月底完成网上“绿色帐户”的注册工作。

2. 重点工作——市政市容指挥中心建设

去年10月29日，区发改委批复立项后，年前进入公开招投标。今年上半年按照区委、区府的部署要求，做好项目建设各项筹备工作。年初制定区市政市容管理指挥中心平台项目建设计划，确定各阶段目标，严格按照计划有序开展工作，加强与相关部门的沟通协调。经过公开招投标程序，装修工程项目和信息化项目分别于3月22日和4月27日定标。标结束后签订施工、监理合同，申办施工许可证之后进入施工，4—9月为项目建设阶段。4月底完成装修设计、监理合同备案。5月23日签订信息化项目合同。6月5日签

订信息化项目监理合同。9月20日装修工程全部完成，包括弱电工程、大屏安装调试、空调风口安装、新风机调试等。目前正进行功能BUG修改、平台门户开发、巡更棒接口调试、网闸数据交换及灯光系统接口等合成调试。11月项目试运行及验收。

（二）调整机制重心下移，深化管理体制创新

在去年开展联勤联动的基础上，今年通过对街道市容环境卫生管理所原有职能、岗位的调整，将原市容所的职能从四大项扩充为九大项，强化市容所“小平台”、街道“中平台”、联席会议“大平台”的融合衔接。通过“做实做强”街道市容所，调整优化市容所职责，将工作重点向基层倾斜、加强市容所与渣土管理、市容景观等专业所之间的协作，强化发现、处置、反馈等诸多环节的衔接，通过规范、完善各环节之间衔接的流程，缩短各事件、部件解决的时间，合理调配资源，使街道市容所真正发挥派出机构的作用，切实做到管理前置、执法跟进、后续反馈环环相扣，连贯衔接，实现“将常态工作在基层做好，将易发生的问题在基层迅速解决”的管理目标。截止10月10日，各街道市容所共巡查发现景观广告类问题295件，移送295件，整改165件；巡查发现渣土管理类问题234件，移送234件，整改219件。

（三）强化措施狠抓落实，全面完成系统各项工作

1. 市容管理

（1）按照市“特定区域”（即菜市场、医院、学校、地铁出入口周边和旧式小区及周边等区域）环境治理工作的统一安排，制订了“特定区域”市容环境整治三年行动计划，在全面梳理“特定区域”无序设摊、跨门营业、车辆乱停放、暴露垃圾以及“五乱”（乱刻画、乱涂写、乱张贴、乱悬挂和乱发小广告）等难点问题的基础上，通过常态管理与集中整治相结合，巡查治理与日常固守相结合，专业管理与社会参与相结合的方式，重点整治了新镇宁集市周边、地铁2号线静安寺出入口、安乐坊居民区等三处区域。

（2）加强对责任区的管理，以第一时间发现各类市容环境问题为目标，从平面到立面，从道路到小区，形成全方位、全覆盖的立体巡查发现机制，将日常管理、执法有机结合，进一步完善和优化门责管理工作内涵。锁定全区门责重点违章单位，通过各街道相关部门的共同努力，在街道日常管理中，对重点违章单位进行复查验收，对连续2个月复查未通过的单位，退回相关街道重新进行申报、验收。特别是在东方书报亭的日常管理中，市容所将日常巡查中发现的情况及时与其主管单位联系，加强对个点的监管，成效显著，受到市局的肯定。

（3）进一步强化区联席会议平台的指挥协调作用，明确各成员单位的任务，有分有合地开展责任区管理和整治，每月定期召开文明办、工商、商委、城管、街道、市容所等部门参加的工作例会。今年主要开展了商业街市容环境专项整治、安远路道路整治，重点对跨门经营、流动设摊及“五乱”等市容环境影响大，群众反映强烈等问题实施整治。通过整治，清除我区最后一个占道亭棚（巨鹿路661号的弄口设摊）。

（4）今年静安寺街道、南西街道率先在街道辖区范围内建立联勤联动整治队伍，通过对原有固守队伍的人员调整，尝试将固守队员固守区域、固守时段按照实际情况进行合理安排，变绝对固守（定时、定点）为相对固守（视实际需要）。

2. 景观管理

一是实行店招店牌完善工作。在去年年底延安中路南侧（陕西北路—富民路）户外招牌、篷幔设施设置导则的编制基础上，今年上半年启动延安路店招店牌整治试点工作。在试点基础上，以街道为单位，推进全区招牌、沿街篷幔设置导则及实施细则编写

工作。完成户外广告钢结构抽查及户外招牌设施安全抽查工作。

二是加强重点区域灯光建设。进一步完善《静安南京路景观灯光规划》、《静安南京路户外广告阵地实施方案》。重点推进市少年宫围墙、展览中心、集邮大厦等景观灯光设施新建工作，做到补暗增亮，形成体系，和南京路商业氛围相匹配。完成静安寺庙一期景观灯光建设、嘉里二期灯光改造方案评审和静安南京路历年彩灯会展工作。完成嘉里二期灯光改造方案评审工作。

三是打造低碳环保节日彩灯。今年国庆期间，以“优秀彩灯汇展”为主题，以“全面促进资源节约”为原则，布置静安南京路节日彩灯，采用了2006年、2010年、2012年的经典彩灯集中展示，“笑脸”、“玫瑰花瓣”和“五角星”彩灯使静安的夜空更加璀璨迷人，在全市节日彩灯循环利用布置方面起到了示范引领作用，做到节省资源、降低成本。

3. 园林绿化

2013年计划发展绿化19000平方米，截止至10月20日，已超额完成1.9万平方米绿化建设任务，建成各类绿化面积27254平方米，为全年计划的143%。其中，建成公共绿地5955平方米、建成专用绿地16666平方米、建成屋顶绿化4633平方米。在上半年完成2012年雕塑展资料归档、工程审价、雕塑评审工作、总结经验与不足的基础上，全面启动2014年雕塑展筹备工作。

4. 城管执法

通过开展无违道路创建活动，强化“标准化大队”创建工作，以重大活动、传统节日、夜间时段等关键节点为“支撑点”，开展绿色护考、“夏令热线”等城区环境执法保障工作，对夜排档、乱设摊、占道经营、盒饭摊点、暴露垃圾、弄口废品摊整治等开展实施执法联动行动。期间共出动各类人员32922人次，执法车辆7908车次，教育47183人次，制发《责令改正通知书》610份，暂扣788起（其中盗版音像制品4715件，盗版图书315册，其他假冒侵权商品136件），处置夜排档403起，救助流浪乞讨人员175人次；受理违法建筑的投诉举报249件，实际立案109件，共拆除违法搭建50起，拆除面积1205平方米。受理各类来信、来访、来电1513起，办理人大、政协提案件21件，全部按期办结。

5. 环卫服务

在环卫作业上，以道路整洁为重点，紧扣“点上作业要高效、线上流程要顺畅、面上环境要洁净”三个环节，加强环卫作业精细管理，做好任务量测算、人员配置、作业车辆定额管理等工作。道路保洁方面，以四月份全国爱国卫生月活动为契机，针对满意度测评中市民反映的道路保洁“死角”问题，积极组织开展“爱整洁，清死角”道路保洁专项整改活动。全区共排摸出各种道路污染源头64处。其中，道路污染24处（占37.5%），暴露垃圾18处（占28.1%），跨门、乱堆物15处（占23.4%），门责不洁（占10.9%）。公厕服务方面，开展“流动红旗”评比，引导岗位创优。在全区挑选出10座保洁水平较高的公厕实行亮身份、亮承诺挂牌上墙举措，提升服务水平。

（四）广泛动员迅速行动，全力完成全国文明城区复检迎检、市民满意度测评等工作

结合元旦、五一、十一等重要时间节点，落实城区市容环境保障工作，全力打造整洁、美观的城区环境，今年上半年获得上海市市容环境卫生状况社会公众满意度测评全市唯一一个“优秀区”的称号，区内五个街道全部进入优秀、良好街道行列。在认真总结和发扬近几年工作中积累的有益经验的基础上，依托区市政市容管理联席会议组建实地考察组，针对去年工作情况和今年实际情况召开专题分析动员会，巩固好的经验和做法，

找准存在的问题和不足，启动迎检指挥平台，坚持落实集体办公、每日例会等在历次实检中形成的有效做法。6月份开始，组织各单位开展自查自纠，针对面上存在的乱设摊、乱停放、弄口收废品等现象，落实整改措施，加强巡查监管、宣传引导和突击整治。同时，建立监督员队伍，做好晨检、午抽、夜查，做到落实责任，不留死角，不留情面。迎检前一周，区绿化市容局按照每个单项的具体内容，由班子成员带队兵分5路，每天上、下午各两次对全区域进行巡查，及时将发现的问题分解到各街道和有关单位，做到即知即改，于8月初圆满完成市文明办组织的检查验收。

（三）徐汇区

徐汇区建设和交通委员会

2013年是全面贯彻落实党的“十八大”精神之年，是“十二五”规划实施承前启后的关键年。区建交委在区委、区政府和建交党工委的正确领导下，进一步深入贯彻落实科学发展观，按照“创新驱动、转型发展”的总体要求和“建设一流中心城区”的目标要求，加大推进重大项目、旧区改造、基础设施和城区管理等方面的工作，基本完成了确定的年度各项目标任务。

一、创新突破政策瓶颈，着力开展旧区改造工作

今年，市政府与区政府签约的旧区改造目标是完成1300户以上改造任务。围绕“十二五”期间基本完成成片旧区改造的目标，按照“启动一批、收尾一批、储备一批”的总体思路，年内启动了全部集体土地旧区地块的改造，推进了历年结转遗留项目的收尾工作，全年完成旧区改造1305户，顺利完成年度旧区改造目标。

1. 着力加快新地块启动改造。针对今年集体土地多、前期程序周期长的特点，加强组织协调，合理制定征收环节时间节点，确保年内计划地块启动改造。强化征收补偿方案的统筹制定，确保各个地块补偿的总体平衡。进一步推行征收补偿信息的全公开，确保补偿公开、公平、公正。9月份王家厅地块率先启动改造并平地，11月老坟山地块启动改造，12月许家堰、张行浪、南朱家宅、西湾、黄家里启动改造，全年共新启动改造地块7块，居民1001户。

2. 继续全力推进历年遗留项目。继续有序推进2012年启动的乔家塘高家浜、夏泰浜、吴家宅和徐家潘家塘等四个地块的旧改签约，启动责令交地程序工作，全年已作出责令交地9件，推动改造进程。全力以赴组织推进历年遗留项目的收尾工作，坚持诉调对接和强制执行联动，根据政策调整及时研究完善强制执行程序，年内完成了麦其里、龙华后马路等8个地块的腾地收尾工作。全年完成2012年结转项目和历年遗留地块签约725户。

3. 加强资金房源的管理。创新融资办法，拓宽渠道，提高土地储备主体的融资能力，今年尝试王家厅、许家堰等地块由地块所在街镇出资参与改造；继续推进市、区房源落实，积极与市对接，落实市属房源，争取三林、浦江镇等转化房源。加快水利工程公司、广厦等安置房地块的土地出让工作，为明年开工建设创造条件。加快在建就近安置房建设，协调推进盛华景苑、世家花园等竣工入户工作。加强建设管理，确保华悦家园等安置工程质量。加强房源的统筹管理，对分配到基地房源实时跟踪，增强房源的适配性，避免房源分配后多次调换现象。

4. 加快毛地出让地块处置协调。针对全区剩余6块毛地出让地块，未雨绸缪，结合市毛地处置政策和开发单位实际情况，加快

处置方案研究，“一地一案”，与开发单位沟通明确改造路径，推动相关地块的受让方调整、政府收回等工作，为明年实质性启动改造工作作好技术储备。

二、建立健全工作机制，全力推进重大项目建设

重大项目建设在2013年全面加快推进，重点推进了23个、390万平方米的区重大项目，在机制完善、合力形成、落地开工、科学管理等方面逐渐形成了高效、有序的工作态势。

1. 建立健全了推进机制。年初区委区政府专门成立了区重大办，建立了重大项目常态化的推进机制，组织人员力量，建章立制，迅速进入常态工作状态。依托重大办平台，明确区相关职能部门工作职责，在项目推进上形成了合力。按照“服务、协调、督促、推进”工作原则，明确了重大办职能定位和与建设单位的关系、责任划分。开发了重大项目信息管理系统，实现重大项目建设进度的实时跟踪。

2. 按目标加强重大项目协调推进。今年23个区重大项目，建筑面积390万平方米，其中17个项目推进年内开工。以“抓腾地、优审批、促开工”三个环节为重点，推进完成徐家汇中心、上影广场、龙华机场等最后腾地扫尾工作，龙华A地块进入最后收尾攻坚，保障了相关项目的土地出让和建成开放。牵头各审批单位加强联动，创新优化审批方式，有效缩短了南部医疗中心、教堂广场、西亚宾馆等项目审批周期，争取了开工时间。加强南部医疗中心、宜山路公交枢纽、枫林生命医药城等重大项目开工前协调，确保顺利开工。年内陆家堰、西亚宾馆、南部医疗中心、教堂广场、南站商务区等13个项目开工，西岸传媒港完成出让后试桩，嘉会国际医院年内奠基。

3. 探索提升重大项目推进手段。针对建设单位对项目管理熟悉程度的不同，分别建立不同频率、不同内容的定期沟通例会制度，开展具有针对性的分类指导，帮助协调解决各类问题。开展了数批建设单位项目审批前集中培训，与审批部门联手建立了审批绿色通道、批前咨询会、联审会等，大大减少了建设单位在审批过程中的误解和反复。建章立制，对区级政府投资项目全面实行了代建制，着手研究重大项目建设管理办法。

四、完善功能、有序开展，市政基础设施建设稳步推进。

更加注重区域系统性、综合性和前瞻性工作和项目推进，打造功能化、网络化、智能化的基础设施建设和管理体系，年内计划开工的财政性投资市政基础设施项目已经全部开工。

1. 协调做好市重大项目综合配合工作。继续积极配合轨道交通11、12号线16个站点建设，做好站点建设周边交通组织工作，其中11号线建成通车。完成沪闵中环WS匝道腾地工作。抓紧启动虹梅南路－金海线路高架徐汇段前期准备工作。配合市相关部门做好轨道交通15号线、龙水南路越江隧道等规划方案的深化研究，争取最优方案。落实新宛平、龙华机场等泵站的腾地和开工。继续配合好交响乐团、中山医院等重大公共项目的建设。

2. 积极推进市政道路工程建设。积极推进市大型居住社区配套道路工程老沪闵路拓宽工程，加快前期手续办理和前期施工准备工作，完成前期腾地、施工招投标等工作，启动实施管线搬迁工作。加快推进区区对接重点工程虹漕路古北路连接工程，完成道路及桥梁工程建设，协调确定交通组织方案，尽快开通投入使用。推进宜山路道路辟建工程，基本完成腾地协调工作，桂林路－中山西路段已经启动管线搬迁工作。做好重点地块徐家汇中心、滨江区域相关道路配套工作，协调确定云锦路跑道公园建设方案及管线搬迁方案。

3. 加强道路整治工程建设。年内实施对华济路、桂林路、虹漕路等道路整治工程。结合道路大修、绿化改造、街面整治，整体制订龙吴路大修及综合整治方案。对 5 条道路隔离护栏实施了专项整治工作，共拆装护栏 6,848 米，使道路视觉景观得到了明显改善。

4. 加强综合交通规划研究。结合近年来地区发展情况，完成《徐汇区停车规划》的完善修编工作，为今后区域停车科学设置和规范管理提供参考依据。加大漕开发地区交通改善工作的系统研究，制订了近期、中期、远期三方面结合的综合治理措施，目前已完成漕宝路中环口渠化工程等近期交通小改小革项目，启动了田林路跨中环地道建设方案的规划红线调整工作。完成徐汇区非机动车整治方案制订，并启动实施，改善徐家汇商圈及周边的慢行交通环境。实施了淮海中路–陕西南路周边交通设施的综合整治工作。开展徐汇区南部地区公共交通整体优化方案研究，完成南部地区公交网络现状排摸工作，结合市建交委推进“最后一公里”出行的契机，调整完善我区南部区域公交网络。

5. 加快推进交通设施建设。推进宜山路凯旋路交通枢纽站项目建设，年内开工，结合地块开发落实公交南浦站枢纽建设。根据市有关部门的要求，积极开展公交候车亭建设工作，年底内完成 223 个尚未建设候车亭的各公交站点的改建工作。完善徐家汇内环线以内地区停车诱导系统，完成徐家汇停车诱导系统三级屏的建设。配合龙华机场地块改造，协调 734、933 路公交首末站临时搬迁，推进滨江部分公交首末站临时搬迁，试点开通环滨江公交线路。

6. 加大水环境改善改造工作。完成蒲汇塘漕河泾局部防汛墙改建工程、蒲汇塘 3 号桥（危桥）应急抢修工程、东上澳塘河道综合改建工程等 10 项工程项目。有序推进淀浦河护岸综合改建工程、西上澳塘北泵闸翻建工程、吴中排水系统市政管道雨污混接调查工作。加快田林雨污混接改造（二、三期）工程、徐汇区河道未纳管污染源改造工程一期、徐汇区华泾港局部防汛墙改建工程、吴中地区雨污混接调查改造工程；别为河道污染底泥清除技术应用试点工程、春申港（罗秀路桥—龙吴路桥）河道综合改造工程、港口九队泵站改造工程。协调推进龙漕路污水总管工程项目，争取污水总管工程与轨道交通站点建设同步实施。配合推进白龙港污水厂南支线工程。

7. 积极配合落实水电煤配套。配合推进变电站建设项目。冠生园变电站完成建筑主体工程，加快设备安装及外围电缆排管；协调推进华展、龙南、云锦、丰谷、双峰等变电站规划选址、优化建设方案、用地协议等工作。推进管线设施配套。协调推进本区燃气隐患管网改造工作，完成区内天然气用户切割及管网改造工作；完成三江路电力配套项目建设。加快推进消防站建设落实工作，完成徐镇消防站主体工程及外围管线配套工程，推进南站消防站地块规划调整、和腾地工作。

四、加强探索、落实常态，精细化管理和城区安全运行有序

1. 完善制度规范建筑业行业管理。组织制定《徐汇区政府投资建设项目代建制管理办法》、《徐汇区小型建设工程安全生产监督管理办法》、《徐汇区建筑节能扶持资金管理办法（绿色建筑示范项目部分）》、《关于徐汇区进一步推进装配式建筑发展的实施意见》等一系列规章与制度，进一步规范建筑市场建设管理工作，提高建设管理的科学性、前瞻性。开发了建筑企业信息化管理平台并投入运用，通过各部门对工地的执法检查信息的汇总累积，逐步建立起本区建筑行业诚信考评体系和市场准入退出规则，目前记录信息已在税务、人口等部门对工地的监管中发挥作用。加强安全质量监管，建筑工

地安全生产总体受控，重点加强世家花园配套商品房项目等4个保障性住宅项目质量监督抽查工作，保障民生工程质量。推进建筑节能工作，通过推广绿色建筑，建设高标准建筑，年内推进了滨江上海航空器适航审定中心项目、西亚宾馆改造等4个项目、约52万平方米绿色建筑的建设。

2. 加大静态交通管理工作。配合停车场（库）管理事权下放，牵头做好停车场（库）相关管理工作，指导监督道路车辆停放管理工作，指导上海市停车服务业行业协会徐汇区工作委员会的正常、规范化运行。牵头组建徐汇区静态交通管理办公室，具体负责区内静态交通管理工作。委托专业设计单位研发徐汇区静态交通管理信息平台，目前已完成平台的框架搭建。会同区文明办继续加强我区非机动车停车管理工作，认真监督各街道（镇）非机动车管理队伍的业务能力培训和实际工作情况。做好建设项目停车场（库）审批、验收工作，2013年累计完成设计方案和设计文件审批30余件，竣工验收10余件，并按照市交通港口要求及时上报有关备案材料。

3. 加大市政日常养护管理工作。根据区域特点，确保城区运行保障，结合文明城区创建、重点地块开发建设等因素，落实以重点道路、重要场所部位、重点设施为主、涉及民生、城区运行为重、兼顾全面的道路、水域、桥梁管线等市政设施养护方案，引入先进管理理念和技术，不断提高养护管理工作能力和水平，确保了城区工作生活秩序平稳高效运行和文明城区创建、2013年国际马拉松赛事等重要活动的市政基础设施保障工作。有序高效处置应急事件。根据水、电、煤、气、市政基础设施突发事件处置保障的特点，在进一步优化预案的基础上，注重实效、条块联动，不断提高区域水、电、汽相关的市政设施和城市道路、水系、桥梁等突发事件应急处置能力。

4. 全面完成防汛防台工作任务。修订完善了区防汛防台专项预案，修订了《宛平路地区防汛排水专项联动预案》。汛前、汛中，组织多方开展了全方位、多层次、广覆盖的防汛安全检查，涉及一线堤防、水闸泵站、河道水系、排水管道与下立交、在建工地（含轨交）、地下空间、物业小区、拆房基地、户外广告、地铁运营站点等10个专项，确保设施安全运行状况，组织指挥、责任落实、人员与物资准备、预案修订、汛期值班等责任落实。实施了杨家桥、上中西路等12个积水点改造工程，改善了这些积水区域的排水能力，为今年安全度汛打下了坚实的基础。今年汛期，我区共遭受“苏力”和“菲特”台风、6月7日、25日，8月1日、29日与9月13日等5次强降雨侵袭及8次天文大潮侵袭，通过协调各级防汛成员单位和抢险队伍，奋力备战，最大程度保障了城区运行。

徐汇区绿化和市容管理局

2013年，区绿化和市容管理局在区委、区政府的领导和市局的指导下，以迎接全国文明城区创建检查为契机，认真做好市容绿化管理、市容整治和环卫作业、拆违控违等各项工作。全年，区绿化和市容管理局主要做了以下几方面工作：

一、完善机制措施，提升市容综合管理水平

1. 依托门责管理系统，建立市容综合管理机制。着眼门责管理信息化在城市管理中的运用，进一步强化、完善门责督查和考评机制。依托门责管理信息化系统，聘请第三方对全区门责情况开展检查，对检查整改情况进行督办。协调各街道、镇整合各部门的执法管理资源，加大即知即改、“联、动、推”衔接和市容市貌整治、整改力度，督查整改情况。

2. 落实自律约束机制，加强渣土监管力度。全面落实建筑渣土网上申报流转、三级审批制度，建设单位、施工单位及运输企业规范装运渣土自律承诺制度。确保每天二次对全区的出土工地、渣土中转码头、易发偷乱倒点进行巡查。坚持每周定期检查和视频每日监控等方式，加强对渣土转运码头的日常检查及渣土流向的监控。定期开展区级层面的联勤联动执法，重点整治渣土运输车辆未密闭运输、散落、车容不洁等违规行为。渣土总申报量为744万吨。

3. 全面实行网上审批，推进户外广告及店招设置规范化。全面实行户外广告及店招店牌网上审批，制订对旗等临时性户外广告设施管理办法，落实挂放路段、挂放方式以及维护方案。加大违规广告清除力度，建立无证户外广告及店招拆除工作流程。加强对户外广告、店招店牌等设施公共安全监管和检查，发放防台防汛户外设施安全检测告知书17000份，督促商家自查，加强维护。

4. 加强公厕基础管理，创建公厕文明行业。完成华山路绿地公厕方案调整、茶陵路绿地及华发路公厕新建工程和乐山新村公厕等6座公厕的改造任务，完成漕溪、襄阳、桂林三座公园内的6座公厕改建及8座旅游公厕的申报与复核，并以襄阳南路公厕为试点逐步推广公厕生态除臭项目。各环卫保洁公司努力提高服务标准，积极争创旅游标准化公厕。

5. 落实绿化养护机制，提升精细化管理水平。开展林荫道创建，东泉路、桂果路、高安路被命名为“上海市林荫道”。针对新创道路，更换破损的树穴盖板，更新淘汰了一批长势弱，树型差，受虫害严重，影响景观的树木，同时对道路两侧的绿地进行整治。成立绿化巡查队伍，注重公共绿地养护管理。对肇嘉浜路沿线、龙吴路中烟隔离带、中山南二路、天钥桥路零陵路绿地、华山路绿地等进行整治，铺设草皮22000平方米，补种地被2656平方米。更新完成新乐路、武康路、太原路、华泾东路等9条道路树穴盖板1725套。

6. 加强监管考评，落实餐厨垃圾、废弃油脂管理新法规。为落实97、98号令新规，与区食药监分局联合研究，针对新规变化，归纳并出台了一系列细化措施。加强监管考评，深化落实新规，充分发挥申报前置的约束作用。目前申报率保持为96.77%，申报后签约率100%。全年，餐厨垃圾申报单位为1871家，废弃油脂申报单位为 1765家，收集餐厨16244吨，废弃油脂1572.12吨。

二、开展建设整治，改善城区市容环境面貌

1. 推进生态建设工程，全面完成各项绿化建设改造。完成生态一标段停车场建设，并移交宁国寺管理。完成生态二标段人行道铺设、绿地防护网片安装。城建搅拌站土地已全部移交。完成淮海西路绿地、银都路龙吴路20米绿地、古井路吴中路绿地等5公顷新辟公共绿地建设任务。累计布置花坛花境约2.3万平方米，花球约500个、花卉组合容器约3250个（组/米）、布置了主题绿化景点5处（次）。同时配合滨江西岸音乐节，在滨江布置花球162只，布置钢结构立体花墙160平方米计1850格花槽，种植草花5500盆。区域总用花量达到近200万盆。完成了嘉川路小游园，徐汇中学外绿地、漕溪北路300米绿地、宛平路10弄绿地共计3.45万平方米。完成天平敬老院、徐汇检察院、环卫设施所等新辟屋顶绿化约15000平方米。

2. 加强巡查力度，加大景观灯光的综合管理力度。坚持长效管理机制，落实亮化工程的节能减排工作，对区内50%的楼宇景观灯光进行安全普查，加强夜间灯光的巡查力度，确保景观灯光的完好率、开灯率达到市局考核标准。全年，修复因自然损坏、老化或设施故障而导致不亮的景观灯光1237处，修复率达到100%。

3. 围绕民生，推进环境治理长效化。根据市、区有关部门要求，制订《2013年徐汇区“特定区域”环境治理实施方案》，以突出重点、整治难点、关注热点的方式，有计划、分步骤地开展集市菜场、轨交站点、医院、校园周边，城中村和老旧小区周边市容环境综合治理。枫林街道先行先试，联合集中整治，拆除各类违章霓虹灯广告18块，取得初步成效。会同徐家汇街道与长宁区新华路街道联建合作，联手治理区际道路，确保重点区域市容环境处于可控状态。

4. 主动积极作为，开展拆违专项行动。全区共拆除违法建筑1000余处、51275平米（其中存量44805平方米，新建、在建6470平方米），超额完成年初制定拆除计划4万平方米指标的。开展以天平和湖南地区为重点的拆违控违“百日行动”，一方面抓关注度高的违法搭建案件，如稳妥处理了“知名配音演员童自荣投诉相邻方违法搭建”、“南昌路东方巴黎破墙开窗”、“优秀历史保护建筑懿园违法搭建”，“桂平路月季园天井内违章搭建”等案件。另一方面抓对地区影响和处理难度大的案件，如对龙华机场内中航油西块内5600平方米存量违法建筑进行了助除；对吴中东路419号上海铁路局（工务段）1900平方米存量违法建筑进行强除；拆除轨交三号线宜山路站申通集团遗留的违法建筑150平方米、无证商铺10间；启动虹梅南路高压线下成片违法建筑的整治排摸，已拆除500平方米。

5. 强化安全管理，做好各项应急保障工作。完善安全生产规章制度，建立全局环卫作业车辆的信息系统，定期开展安全生产隐患排查。完善局防台防汛预案，积极参与区防汛办组织的防汛演练，及时补充和更换物资器材，对重点区域、易积水地段和存在安全隐患问题的部位开展专项检查，给户外广告、店招店牌商家发放告知书。“9.13”特大暴雨和“菲特”台风期间，环卫、绿化、灯光抢险队伍全员上岗不分昼夜奋力抢险，及时有效地排除险情隐患。今年迎新春撞钟祈福活动、龙华庙会、西岸音乐节、西岸双年展等活动规模大、参与人数多，区绿化和市容管理局全日制值班、重点保洁、巡回督查，圆满完成市容环境保障任务。

三、落实便民措施，提高为民服务水平

1. 完善工作机制，固化示范街道创建成果。发挥街道（镇）主体作用，结合各自区域特点，努力固化、提升枫林、田林、斜土、湖南等已创建成示范街道的成果，积极指导、协调徐家汇、康健街道示范街道再创和申报工作，顺利实现天平街道创建成市市容环境综合管理示范街道的目标。

2. 加强软硬件管理，优化园容园貌。完成徐家汇公园水体清淤和衡山公园改造的方案深化设计。在上海植物园2013上海花展中徐汇区参赛作品“花园书吧”荣获园艺金奖。积极开展“戏曲进公园”、“电影进公园”、“体育进公园”等各种形式的文明游园主题活动。加强园容园貌的景观面貌养护和公园服务窗口的管理，树立文明窗口形象。

3. 按照全覆盖目标，扎实推进生活垃圾分类减量。根据市深化生活垃圾分类减量的工作部署，我区推进减量设施设备的配套到位，在有物业条件的居住区实现生活垃圾分类减量的整区域全覆盖。生活垃圾全年日均产量为918.57吨，完成市局下达的920吨/日的指标，共新增试点居住区517个，居民211947户。

4. 推动绿化进社区，加强老居住区绿化改造。植树节期间在辖区内开展“建设生态文明，共建美丽家园”为主题的春季全民义务植树活动。积极协调区四套领导班子在“嘉川小游园”植树活动，共种植香樟、枫香、红叶李等160余株，同时联合区教育局在徐汇中学门口植树活动，共种植银杏、海棠等20余株。配合街道完成东安一村、零陵路250弄、东兰、古美小区、航天新苑等小区绿化改造约7.5万平方米。

（四）长宁区

长宁区建设和交通委员会

2013年是全面深入贯彻落实党的十八大精神的开局之年，是区“凝聚力工程”建设20周年，是实施“十二五”规划承前启后的关键一年。区建交党工委和区建交委在区委、区政府的正确领导下，深入落实十八大精神，紧紧围绕“十二五”规划目标，坚持“三个城区”建设和“五个提升”要求，面对建交委牵头的4项区委督查项目，牵头的14项区政府重点工作目标，认真细化重点目标任务，聚焦重点区域功能提升，倒排时间节点，狠抓落实推进，基本完成各项目标要求。

一、坚持党的领导，提升党建成效

（一）坚持思想引领

建交党工委把学习贯彻党的十八大精神、十八届三中全会精神与加强干部思想政治建设相结合、与提升城区建设管理水平相结合、与贯彻党的群众路线相结合，使学习成效体现在振奋精神、提升能力、促进工作上。一是加强宣传教育。以大口中心组为平台，经常性地开展行业建设管理、干部心理素质、反腐倡廉等联组学习和专题讲座，通过不间断的学习、讨论、交流，使干部队伍始终保持思想常新。同时，加强工作宣传，围绕长宁新虹桥商业中心建设、网格化管理、全行业管理等重点工作，先后在上海电视台、解放日报、城市导报、长宁时报等市区级媒体和政务微博等平台，开展20余次专题宣传报道、发布信息2894条，及时宣传工作中的好做法，努力树立“信念坚定、满怀激情、敢于担当、争创一流”的城建队伍形象。二是保持压力传递。党工委积极搭建干事创业、创先争优的平台，将全年的各项工作分解到每一个责任单位和责任人，明确时间节点，使人人背负责任、个个感到压力，推动系统全体干部提高工作执行力。三是注重典型引领。培育树立了一批建交系统在新形势下的先进典型，以身边典型为榜样，进一步激发党员干部的工作激情。通过思想教育、责任分解和典型引路等一系列措施，干部队伍保持了敢打硬仗、昂扬向上的精神状态。如今年“8.1”、“9.13”特大暴雨及“菲特”台风来袭期间，区市政、河道、绿化、市容、房管、环保等单位数百名干部职工，连续数日坚持在抵御台风暴雨的第一线，及时开展检查和应急抢险，成功应对了持续性强降雨的考验，确保了市民群众生活正常，保证了城区正常运行。

（二）加强队伍建设

深化干部教育培训工作，组织开展建交系统依法行政专项培训班，依托华东政法大学的教学资源，以“规划土地类、建设交通类、城市管理类”等为培训主题，对全系统机关中层干部、35周岁以下青年和事业单位班子成员开展为期3个月的法律实务知识培训，着力提高系统各级干部运用法治思维和法治方式开展工作、处理问题、化解矛盾的意识和能力。加大干部培养力度，针对系统干部基层经历较少的现状，通过青年团队联系街道、机关和事业单位双向挂职锻炼等方式，有系统、分步骤地为各类型干部搭舞台、压担子、补经历。坚持严格管理，从请销假、文风会风、公务用车等小事和细节抓起，完善制度，严肃纪律。对工作表现差、履职不到位、群众满意度差的个别干部，敢动真格，敢于较真，给予年度考核不称职的评定。重视党外代表人士队伍建设，积极落实区委2号文件，切实做好学习宣传、发现培养、选拔使用、科学管理、结对联系等各项工作，更好地发挥党外干部的积极作用。重视人才工作，针对系统高级职称人才总量少（24位）、分布不均衡的情况，制定建交系统人才鼓励性政策，引导系统专业技术人员不断提高业务水平。

（三）狠抓党风廉政

建交党工委注重对重点岗位、重点人员和关键部门的监督和管理，注重在工程建设、国企改革、物资采购等方面加强监管，及时开展提醒教育谈话、建立规章制度、开展信访调查等多种措施，从源头上预防违纪违规情况发生。一是坚守干部清廉底线。建立了以党工委书记为第一责任人的党风廉政建设责任体系，并逐级签订《党风廉政建设责任书》，使每一级党政班子成员都负起“一岗双责”的廉政责任。尤其是中央“八项规定”出台后，严格按照市委的实施办法和区委的实施细则贯彻执行，党工委公开作出廉政承诺，接受群众监督。自今年2月份以来，建交委以及各基层单位停止了所有的公款接待和公费旅游，并对公务用车等也严加控制；建交委及下属单位在精简会议、改进会风、密切联系群众和加强调查研究等方面都加大执行力度，使每位党员干部牢固树立勤政廉政的好思想、好作风，并把“八项规定”的落实情况作为各级领导年终述职述廉的内容。二是切实加强廉政风险防控。党工委坚持从苗头性、倾向性问题抓起，加强内部控制和监督。建立内审机制。对建交委及直属单位财务收支、工程建设、物资采购等进行定期审计，对机构合并、主要领导调整的单位进行重点审计，通过审计对带有普遍性、倾向性的问题，建立针对性制度和措施。认真落实风险点防控工作。比如，建交委机关绘制工作流程图21个，查找出廉政风险点58个，提出58项防范措施；四个直属事业单位共绘制工作流程图44个，查找出廉政风险点99个，提出99项防范措施。及时提醒教育。进一步完善领导班子谈话制度，党工委书记经常与班子成员谈心谈话，班子成员相互之间、班子成员与分管部门也经常谈心，沟通思想、交换意见、增进共识，基本做到干部本人生日、生病或家中有重要事情，组织必定给予关心。对反映干部廉洁自律、工作作风的来信来访，党工委都认真进行调查、逐一谈话，查处属实的，按规定处理；查处不实的，也在一定范围予以澄清。三是狠抓项目管理规范。严格按照区“1+15”管理办法的程序进行工程项目建设和管理，成立由纪工委书记牵头，监察科、财务科、建管科、法制科、建管署等参加的建设工程监管小组，对小型建设项目实行严格监管，完善了《长宁区建交委小型建设工程项目招投标管理若干规定》，制定了《项目监督管理小组议事规程（试行）》、《项目招投标代理单位选定办法（试行）》、《关于委托社会中介审价单位的选取办法（试行）》等规范要求，从源头上规范工程项目的立项、招投标、报建等环节。小型建设项目管理工作的开展，改变了原来由下属单位自行委托承发包的做法，进一步加强了建交委对财政投资项目的监管，保证了各建设工程项目健康有序实施。四是坚持严格执行制度。坚持以制度建设为抓手，通过强化制度设计和制度执行，严肃纪律、改进作风。比如，在内部管理方面，在请销假、文风会风、公务用车等具体事项上抓落实，正作风、强纪律、严要求。在贯彻“三重一大”制度方面，完善了机关和事业单位“三重一大”集体决策执行和上报、备案制度，做到每周预报、每季上报、年终补报。在干部队伍管理方面，党政班子领导思想高度一致，严格按考核制度规范要求执行，对极个别工作表现差、履职不到位、严重违反劳动纪律、群众满意度差的干部，敢动真格、敢于较真，决不姑息。在企业监管方面，加强对区国资委委托监管企业（上海永达市政建设养护工程有限公司）的监管，制定了企业管理、企业产权代表业绩考核、企业经营者薪酬管理和企业重大事项报告管理等“1+3”的管理办法，规范企业日常决策和运作。

（四）推进行业党建

顺应全行业管理的要求，以“困难群体

关爱行动”和“六个便利服务联盟”为载体，不断拓展行业党建。在“困难群体关爱行动”中，组织系统30个基层党组织与29家居民区党组织、142户困难家庭结对帮扶，定期关心慰问，解决困难，仅今年春节期间新春暖流活动中就支出各类帮扶资金28万元。坚持开展以“多份关心、多份和谐”为主题的关爱农民工系列活动，定期送法律、送服务、送温暖、送文化到工地、送企业。在“六个便利服务联盟”中，以区凝聚力工程学会城建专委会为平台，完善办理流程，缩短审批时限，形成了“贴心五办”等特色做法。与此同时，着力推进工地党建、地铁党建、物业党建、公园党建、公交党建等各领域党建工作。如，今年在推进公交行业党建中，联合市交港局和相关街镇在全区17个公交始末站点设立便民利民服务站，每天早晚高峰时段由周边文明单位的职工担任志愿者上岗维持秩序，实现文明志愿行动常态化，形成行业党建开放合作的工作格局。

（五）统筹工青妇工作

坚持党建带群建，群建促党建，充分发挥工会组织、引导、服务和维权职能，开展系统“工人先锋号”优秀班组和“先进职工”评选工作，努力营造学习先进、争创一流的良好氛围。重视共青团工作，开展“优秀青年、团员、团干部”争创活动，举办学雷锋树志愿行动，推动团建创新。

二、围绕发展重点，推进项目落地

（一）着力推进经济楼宇

开工项目10个，共计51.5万平方米，截至目前，已开工项目7个，即临空10–1地块、缤谷二期、九华．福缘湾广场、新虹桥俱乐部、昭化路48街坊项目、索菲亚商务大厦和临空11–2地块（远洲宾馆），共计31.1万平方米，占正式开工计划的60.3%。已开工项目进度：临空10–1地块桩基完成100%；九华．福缘湾广场进行地下室施工；新虹桥俱乐部基坑施工完成60%。缤谷二期完成基坑施工35%。昭化路48街坊完成基坑施工40%。尚未开工项目审批进度：何家角办公楼9月3日取得基坑安评批复，并将总体设计文件正式送审市审查中心进行部门征询，11月7日取得桩基部分建设工程规划许可证，计划11月27日完成施工招投标工作，预计12月上旬开工。力争开工项目进度：临空16–1地块（建滔宾馆）所有专项评审已经完成，总体文件征询意见汇总待核发，预计12月开工；临空24号地块（黄金交易中心）完成地质勘探，基本完成基坑安全评估报告的编制。由于卜蜂莲花清退等问题，开工存在较大难度。

另外：虹桥31号地块10月31日已完成初步设计批复，即将进行施工招投标，力争年底开工。古北5–2地块已向区政府提交三种拆分立项比选方案；SOHO公司已初步选取设计单位，做好深化方案等工作。因项目涉及土地出让合同签约和土地出让金的延期，将影响前期手续办理，同时因属于外资项目，立项工作存在一定难度，需区发改委尽快牵头协调，予以落实。区建交委将继续做好跟踪服务工作，充分发挥专题推进小组和工作例会作用，实时掌握进展，及时协调解决，有效推进项目进度。该项目年内开工预计有较大难度。

14个在建项目均按计划有序推进。

竣工项目2个，即神州数码项目改建、上海金虹桥国际中心，总建筑面积达到31.7万平方米，完成全年目标的70%。其余2个项目（民营城、临空10–3）预计均可年内竣工。

（二）全力提升形态功能

虹桥地区：在步行系统建设上，紫云路（上海城一期—尚嘉中心）和仙霞路（尚嘉中心—友谊商城）人行地道工程已完成施工许可证的办理，继续与尚嘉中心沟通对接，其中仙霞路人行地道将于12月上旬正式开展管线搬迁工程，开工建设。遵义路（虹桥天都－绿城广场）人行地道目前已完成初步设计审批，进入施工、监理以及管线搬迁招投标阶段，将于12月底正式开展管线搬迁工作，开工建设。紫云路（绿城广场 - 上海城三期）人行地道工程已完成初步设计调整和概算报送，将于12月底开展管线搬迁工作，开工建设。紫云西路(古北路—娄山关路)辟通工程已完成全部前期手续办理，古北路至原弓公司段已完成公用管线和排水管道铺设工作，正在进行道路结构层施工。整合各部门资源，继续开展对原弓投资管理公司的征收谈判和调查取证、综合整治等工作，计划近期由建交委直接约谈原弓公司负责人，并组织实施娄山关路至原弓公司段道路施工。在道路景观提升上，古北路（天山 - 虹桥）景观提升工程已完成，另根据区政府要求增加古北路（仙霞 - 虹桥）慢行系统，相关经费已在中期调整中落实，现在正在施工中。遵义路（仙霞 - 茅台）、茅台路（遵义 - 古北）景观提升工程正在施工。虹桥中央公园地下贯通正在深化方案研究，力争年底前结合15号线走向完成初步方案编制。

临空地区：核心四街坊步行系统勾连已完成项目建议书批复和工程可行性研究报告，工程计划于今年12月与北翟路快速路工程同步开工。结合福缘湾项目建设，淞虹路、可乐路已完成初步设计批复、规划用地许可、建设用地批文等手续，其中淞虹路已开工，可乐路已完成与动物园养殖场征收协议并于年内开工建设。

中山公园地区：在综合配套建设上，二层平台正在进行设计方案编制，地下空间开发一期已完成可研批复，报送市规土局方案审核，力争年底前开展相关管线搬迁工程；二期方案已与市绿化市容局进行对接，并完成方案调整，将上报区政府审核。一纺机项目，10月28日区委、区政府主要领导约谈湘江实业主要负责人后，湘江实业已口头承诺尽快进行实质性建设。11月20日，湘江实业已按约定向太平洋机电支付了部分租金和水电、劳务费，并于11月下旬正式开工建设一纺机项目。同时，区建交委积极做好项目实质性复工的监管、协调、矛盾稳控等协调工作。

（三）全面加强职能管理

在静态交通管理上，交通诱导三期项目完成安装调试，已正式启用；体操中心立体车库项目已完成；与虹联公司赴杭州对高架下立体车库进行实地踏勘后，委托市政设计院编制新虹桥中心绿地立体车库项目方案，并对原延安西路高架结构安全作出复核，已初步获得市路政局的支持，设计单位已编制方案论证报告初稿，目前正在进行方案深化。已经完成新增公共停车位411个，完成全年目标的102.7%：通过对内环线桥荫桥孔综合整治，新增车位81个；定西路、宣化路通过调整道路停车场，增加车位38个；仙霞街道通过小区道路拓宽，新增车位45个；古羊路新增夜间道路停车位40个；新泾镇通过小区道路拓宽，新增车位50个；周家桥文化创意园区通过错时利用，开放夜间停车位45个；体操中心立体车库改造完成，新增机械式泊位97个；周桥街道通过小区道路综合整治，新增停车位15个。

在前期手续办理上，种德桥路项目已完成规划选址；新渔路项目已完成土地征收，并已开工；配合市建设单位推进北翟快速路前期手续办理工作，目前市建设单位已完成工可批复。

在开展“十二五”中期评估上，区建交委高度重视“十二五”规划《纲要》评估工作，纳入党政班子议事日程，共梳理出“十二五”规划《纲要》项目9大类、20项；区城区建设和管理“十二五”专项规划6大类、27项。区建交委认真评估“十二五”规划两年半以来的实施情况，并积极与区发改委对接，已完成相关评估报告。

另外，愚园路大修主体工程已完工；姚虹西路（虹桥—红宝石）道路大修基本结束；基本完成非标护栏整治；非标道板整治项目已完成50%的工作量。无障碍设施进家庭已进场施工，完成259户，占全年计划的129%。排堵保畅项目已经竣工。周家浜联泾港等河道疏浚、周家浜午潮港河道周边整治改造、凯旋路（万航渡路－虹桥路）和新华路（淮海西路－延安西路）排水管网非开挖等工程正在施工。三福院外环线声障屏工程项目已完成招投标，正在办理施工许可证。

（四）全面做好城区安全运行保障

认真平稳开展防汛防台，加强汛前准备，落实2013年防台防汛应急预案，针对防汛安全隐患和薄弱环节积极落实整改措施，从6月1日起至9月30日安排24小时防汛值班。加强防汛检查，消除隐患，开展入汛前防汛安全专项检查，查漏洞、排隐患、促整改，对区内的重大水利建设工程进展、建筑工地防汛管理、市政公用防汛抢险装备维护运行情况、物业应急维修中心应急保障以及大型户外广告牌安全情况进行了重点抽查。同时，针对长宁区范围内苏州河防汛墙安全进行专项检查，对沿线“三违一堵”、建筑工地施工以及危险薄弱段等方面进行了重点检查。加强汛期值守，全力抢险，在迎战6月7日、8月1日、9月13日、10月7日等暴雨期间，我区防汛管理部门迅速行动，全面响应，努力减少损失。

全面做好防暑降温，针对今年连续高温天气，要求各在建工地切实抓好防暑降温工作，保障职工生命安全和身体健康，严禁11:00–15:00期间进行户外施工作业，合理调整作业时间，采取“做两头，歇中间”的方式，避免高温天气的露天室外作业；严格控制夜间施工，严禁施工扰民，避免文明施工管理不到位造成不良社会影响。自7月开始，不断加强对高温施工、汛期以及工地食品卫生抽查，加强动态控制，发现隐患督促整改，对隐患严重、或不及时整改的依法进行处理。依托移动网络信息平台，及时通过短信平台向区域建设工地及时发布高温预警，严格落实安全技术交底、重大危险源监控、带班检查制度、起重吊装监控等措施，确保安全施工。加强高温走访慰问，班子成员带队走访系统相关单位、相关公交线路，上门慰问老干部、退休工人、结对助学对象，关爱农民工在沪子女；走访长宁路1488弄和1600弄等街坊道路整治工程现场，为一线工作人员送去高温慰问品。

（五）深化社会管理创新

按照区委《关于全面总结社会管理创新综合试点成效与经验系统谋划和推进社会管理工作的调研报告》的要求，区建交委深化推进社会管理创新工作，针对开展全行业管理创新试点、深化完善网格化与门责制相结合管理机制，以“城区管理”融入“社会管理”为理念，有效整合我区全行业监管力量，不断深化网格化与大门责制相结合。目前，由我委牵头相关部门制定的13个全行业管理办法已通过区政府常务会议审议并全面实施。为形成常态长效评估奠定基础，区建交委委托零点研究咨询公司建立长宁区网格化管理评估体系，综合区域内各网格内商家数、实有人口数、重点路段（区域）及网格化部事件数等元素，对54个网格的等级权重进行分类，完成2013年上半年试评估。加强对重点区域和路段商家门责制履职情况巡查、督查，组织青年党员团队每月一次对“9+2+X”重点区域（路段）内沿街商家的“两书”上墙率、门责员职责知晓率、标识佩戴率、商家星级评定公示情况、门前履责成效等进行抽查，同时，在区绿化市容局的协助下，将抽查路段与市容管理人员队伍工作职责相对应，进一步明确管理范围及相关责任人。每月将抽查情况形成专报报分管区长并通报各街镇。

迎接文明城区复评，结合国家卫生城区复查和上海市文明指数测评，加强自查整改。针对道路、建筑工地、公交始末站、道德讲堂等考察点位，严格对照检查标准，开展巡视检查，发现问题，迅速整改。针对公用电话亭畅通率、工地宿舍规范化等重点标准，开展专项检查，问题处置率达到100%。针对占掘路审批、建筑工地施工等行业管理，进一步严格规范，加强管理。加强公益广告宣传，在全区27个工地建筑围挡完成263幅公益广告画。利用停车诱导系统，滚动播放“讲文明、树新风”宣传口号。加强实地踏勘，在保证防汛防台安全的情况下，利用人非隔离栏等市政设施，配合完成“遵德守礼”等公益宣传。在迎检过程中，区建交委注重条块联动，资源整合，积极与街道、公安等部门对接，做到迎检工作一盘棋。积极整合巴士集团、电话亭公司等单位资源，确保各项迎检任务落实到位。

（六）积极参与区委调研

根据区委的要求和部署，积极开展建交系统“深化拓展凝聚力工程建设，提高新形势下党的群众工作能力”的分课题调研，成立调研工作领导小组，系统内34个基层党组织全员参与，走访旧改指挥部、建筑业管理署等7家基层党组织和服务对象，专程征求洪梅芬等专家学者意见，召开各类座谈会27次，发放调查问卷850份，梳理了建交系统“服务中心、服务基层、服务群众”方面的有益经验和先进典型，明确了在新形势下做好群众工作、密切党群关系的方向和举措，梳理并形成了《深化拓展“凝聚力工程”建设，提高新形势下党的群众工作能力的问题梳理分析报告》（及5个课题报告）和《深化拓展“凝聚力工程”建设提高新形势下党的群众工作能力调研报告》。同时，在调研基础上，对接“三个城区”建设目标、顺应社会管理创新要求，将调研思路转化为实际成果，形成了《关于进一步加强长宁区建交系统行业党建工作的若干意见》。

在“关于优化楼宇经济服务机制、加快重点区域综合功能配套，提升以贸易为引领的现代服务业能级的调研”方面，会同区商务委开展总报告的调研工作，并牵头推进《提升临空、虹桥重点区域综合配套环境对策措施的调研》分报告，同时，以项目化形式形成“十二五”期间重点区域目标任务，下一步继续推进。

（七）努力保证安全稳定

按照市委、区委部署，认真办理市、区党代表联系社区代表答复意见，共收到办理件9件，涉及工程施工、人行道整修、城市道路灯等问题，8月底前已全部完成。同时，在信访稳定方面，与相关责任单位签订安全生产责任书和消防安全责任书，实行责任追究制度，定期排摸上报信访矛盾，做好信访信息报告工作。对因信息掌握不准、矛盾纠纷排查不到位、调处工作乏力、措施不落实引发重大群体性事件甚至激化升级的，坚决追究有关责任人责任，确保取得实效。定期开展保障性安居工程、大型机械和重点节点的安全专项检查。另外，重点针对凯德置地、联建新村、复旦西校等群体性矛盾，加大化解力度，通过领导包案等各种形式，会同有关部门和街镇全力做好群众工作。今年以来，累计接待和处理各类信访件112件，处置率达99.1%。

另外，区建交委积极主动、敢于担当推进凝聚力工程博物馆建设，做好前期审批、施工监管、协调沟通、产证办理等工作，预计年底取得凝聚力工程博物馆产证。

三、加强机关自身建设

（一）落实政务公开

区建交委严格执行《长宁区建设和交通委员会关于政府信息公开办理工作暂行规程》、《长宁区建设和交通委员会政府信息公开审核、统计与检查评议制度》等规定，明确申请范围、办理环节和时限等细节，主动公开信息，做好依申请公开信息工作，并通过政府门户网站对外公布，及时开展信息公开的统计；完善电子档案管理制度，及时修订部门电子档案归档范围和保管期限表；

及时公布行政许可决定，定期统计、汇总、公布城区建设和管理项目进展情况，第一时间答复市民有关区建交委职能的相关咨询。截至目前，区建交委共发布政府信息公开154件，没有收到一起行政复议和行政诉讼申请。

（二）加强行政效能

深入贯彻学习十八大和十八届三中全会精神，学习党在新时期的路线方针政策以及经济法律等相关专业知识，学习行业先进典型，加强党性修养，不断提高思想政治素质、业务素质和履职能力水平，要求基层纪检干部主动配合党政主要领导全面落实本单位党风廉政建设各项工作，把中央、市、区关于加强反腐倡廉的各项要求不折不扣地落到实处，不断提高办事效率。今年，区建交委承担的可乐路改建工程行政效能监察项目取得良好成效。

（三）坚持依法行政

区建交委认真谋划好今年的政风行风建设工作，继续做好民主评议、实例调查、专项治理等工作，加强对公权力大、与群众联系密切的单位和部门进行检查和监督，推动各单位和部门工作上新的台阶；不断创新工作机制，改进工作方法，提高管理服务质量，区建交委机关和相关管理部门要加强窗口服务建设，加强对管理人员的责任教育和素质教育，加大对存在问题查纠和整改力度。

（四）认真执行财政收支

区建交委按区人大通过的年度部门预算批复要求实施部门预算管理，较好地完成年度预算执行和财务收支工作目标。在经济活动中，能自觉遵守法律、法规、规章和规定确保制度执行的有效性。在预算执行中，区建交委坚持严肃、规范，并定期地进行预算执行情况的检查；对集中支付项目资金和政府采购项目资金申请时，认真把握审核关。本委的预算管理工作多次被区财政评为优胜单位。在国库管理方面，应收的各类资金全额收缴，全面反映，并能按照财政国库管理的要求，及时解缴入库，规范操作。在会计基础工作方面，区建交委能按照《会计法》和《会计基础工作规范》的要求，实施会计核算和管理。区建交委本部被评为上海市A类财务会计信用等级单位。

（五）积极开展电子政务

区建交委大力推进信息化建设，在“4+2”电子政务平台建设与应用工作中取得明显成效。通过电子政务三年行动纲要的实施，已在办公、经济、城建等多个领域全面地应用了“4+2”跨部门综合平台和一批重点部门业务系统，信息资源公开和共享机制已建立。完成城区建设与管理信息系统，在参与建设的10家单位中全面运行，其中建设项目并联审批系统和土地储备系统运转良好。开展基础地理信息平台数据维护更新工作，完成专业数据更新。应用公务员统一门户和机关办公系统情况良好。按审改办要求，不断推进行政审批网上办事系统。加强应用政府投资项目监督管理系统，做好信息的及时录入。在信息安全方面，区建交委积极遵循信息系统安全管理办法，按时申报部门信息安全月报，严格内外网分离制度，规范安全使用和操作，积极参与城区建设和管理平台建设，起到牵头抓总作用。

长宁区绿化和市容管理局

2013年，在区委、区政府的领导下，以加快建设“三个城区”、努力实现“五个提升”为目标，区绿化市容局紧紧围绕“建管并举，精品精细”这条主线，落实“保常态、做精品、重管理、强队伍”工作思路，加强统筹谋划，提升为民服务，圆满完成年度42项重点工作。

一、围绕保常态任务，优化完善各项管理机制

（一）强化“大门责”市容综合管理

一是整合队伍、完善机制。完成市容协管类队伍有效整合，强化属地管理；牵头街

镇每月开展“六个一”市容环境卫生集中整治；加强门责宣传，强化考核奖惩，组织街镇互查互评，不断提高商家自律自责，门责值班员标识佩戴率达75.5%；星级评定公示率达86.5%；告知书上墙率89%；承诺书上墙率93%；商家履责率97%。推进大门责管理信息纳入区实有单位管理信息系统，输录签约单位8980家。

二是有序规范户外广场展示展销。开展大型户外广场搭棚展示展销活动评审会，严格落实暂行办法，共计评审120余次广场搭棚活动。联合区商务委结合购物节、旅游节、文化节共同规范节日广场活动。专题研究中山公园地区商家广场规范设摊，明确具体管理办法，进一步规范我区户外广场展示展销活动。

三是深入推进“特定区域”市容环境治理。条条联手、条块结合，整合资源，综合治理。联合区商务委每2周开展全区菜市场环境考核，并在《长宁时报》通报；结合文明城区、爱国卫生城区复查，将整治范围拓展到二级医院、地段医院；结合轨交文明站点创建，开展轨交站点专项治理；联合区教育局，对学校周边进行市容整治；精心准备，提早启动，有序推进特定区域市容环境整治。

（二）科学管理，确保街面环境平稳有序

一是总量管控，推进“三班四岗”勤务模式。城管执法全面推行“三班四岗”勤务模式（即“勤务编班、值班、带班”和“上岗有要求、执岗有督查、换岗有衔接、下岗有讲评”），通过全区设立10个“勤务一级岗”，各中队辖区设立16个“勤务二级岗”，强化勤务布控、跟进督察，有效提高勤务出现率、管事率与有效率。乱设摊（跨门营业）得到有效控制，主要道路基本无乱设摊。全年街面乱设摊（跨门营业）总量控制年平均总数为409处。

二是创新机制，疏堵结合综合治理。加强社会管理创新，深化乱设摊治理探索，根据区政府疏堵结合要求进一步推进乱设摊综合治理。巩固提升天山西路158号、遵义路780弄等2处疏导点管理水准，新增长宁路1120弄便民服务点1处；运用大门责工作机制推进跨门营业专项治理；积极开展“十街十路”市容环境秩序“示范道路”创建；持续加强“五个周边”特定区域整治，确保街面秩序平稳有序。

三是关注民生，专项整治市容顽症。对长宁路1120弄口长期固定占道集聚性设摊难点、仙霞地区夜间集聚性排挡及仙霞西路福泉路长期占道夜排档、长宁支路集聚性乱设摊等难题顽症开展专项整治。加强天山五村综合整治，小区主干道基本保持畅通，脏乱无序现象明显改善。配合区政府旧区改造推进，整治撤除延安西路1573弄、万航渡路1384弄设摊管控点，并加强后续管控。有效应对全市禽流感防控，加强对道路活禽交易流动设摊的整治查处，禽流感执法防控工作受到市局领导高度赞扬和充分肯定。

四是依法履职，加大执法办案力度。拓展执法办案领域，加大考核力度，提升一线队员执法办案能力。围绕推进大门责常态化管理的要求，注重办案引导性，加大执法办案及行政处罚力度。全年查办简易程序案件5247件，同比上升153.6%；行政处罚25.4万元，同比上升142.1%；一般程序案件1003件（立案），已结案613件，同比上升63.4%；行政处罚46.4万元，同比上升72.6%。继续加强执法领域拓展，工程渣土、餐厨垃圾、绿化、路政、环保、建设、规划物业等案件办理情况稳步提高。治理“五乱”工作进一步巩固，告知电信部门停机数159件；查办案件156件，行政处罚42800元，累计恢复通信工具号码使用145件。

（三）优化机制，依法拆除违法建筑

一是理顺流程，提高效率。一方面优化平台回复流程，把握回复周期及进度，积极化解矛盾；另一方面理顺案件操作流程及细节，提升拆违效率。二是加强协调，强化机制。提高站位，努力协调各类涉违疑难案件，先制止违建行为，快速指定执法主体，以街道（镇）平台参与治违工作为抓手，进一步落实拆违工作“四个机制”。三是积极申请，落实保障。完成拆违保障队落实，保障拆违现场秩序稳定。成功拆除轨交3、4号线虹桥街道沿线、延安西路1573弄、中山公园1号门两侧、虹桥路959弄6号等多处存量违法建筑；有效处置“剑河家园”居民搭建；快速稳妥拆除苏州河50米林带油罐。全年受理投诉1020起，立案拆除289处，新增违法建筑拆除率为96.4%。拆除存量违法建筑28处，拆除面积为10321平方米。

（四）做好基础作业养护，确保城区整洁、美观

一是有效提升道路洁净工程。一是加强主要道路人力、物力配置，添置设施设备，实现机械化清扫、冲洗全覆盖；突出道路保洁精细化管理要求，进一步优化配置保洁工艺流程，提升道路总体保洁水平。二是制定《长宁区2013–2014年度道路保洁和垃圾清运及公厕管理文明行业创建实施意见》，组织开展我区道路保洁和垃圾清运文明班组创建申报及培训，确保本年度文明班组创建成功率，做好年度道路保洁和垃圾清运文明行业创建工作。

二是扎实推进废弃物管理。完成田度排水管道沉淀池改造等6项配套改建；完善餐厨垃圾全覆盖管理；探索废弃油脂收运单位的招标模式；加强渣土运输车辆管理，组织夜间联合执法；做好管理、执法、作业相互衔接。

三是更新改建环卫设施设备。全面完成10座公共厕所、76座垃圾箱房、2座小压站、7座道班房、1座倒粪站（小便池）建设改造任务；协调区采购中心完成环卫作业车辆、生活垃圾桶、分类垃圾桶、不锈钢废物箱招投标；稳步推进公厕达标创建活动，不断提升窗口服务形象。

四是全面开展群众绿化工作。完成春季全民义务植树宣传活动；积极开展“美丽长宁，绿色生活”绿化服务进社区巡回讲座，配合各街镇做好绿化宣传和咨询工作；完成古树名木市级测绘和资料录入。

五是“三乱”治理力度不减。加强对社会购买服务的监管，排摸多发区域开展巡回清除整治，完善管理标准和相关考核制度。全年清除440411处；接网格单459张，较上一年度下降35%。

二、围绕做精品目标，提升城区环境景观效应

（一）打造绿色生态景观

一是推进西部6座公园建设。临空一号公园建设前期工作有序推进，完成项目建议书、选址意见书、环评批复、土地预审和可行性研究报告编制等各项手续办理；临空二号公园绿化完工，建筑开工建设；苏州河50m绿带11–1段、11–3地块开工建设，11–2段地块推进前期手续办理；外环400m林带推进地上主体建筑和地下空间建设；中新泾绿地二期完成前期手续办理；新泾公园完成公园设计方案深化。

二是推进公园绿地改造提升。完成中山公园形态改造，恢复英式公园风格，重现历史知名的“双湖环碧”等十二处景点和“四不像”等四处景观小品，增加了塑胶跑道等健身休闲设施，使公园形象焕然一新；凝聚力工程博物馆顺利完工；完成虹桥公园改造；完成延天绿地灯光提升。

三是推进道路绿化景观提升。完成虹桥路道路绿化景观提升；稳步推进古北黄金城道周边绿化景观提升；结合林荫道建设，对银珠路、玛瑙路等道路绿化景观提升；按照林荫道标准对虹古路、华阳路等道路进行改造提升。完成花卉景观常态长效工程，“五一”“十一”花卉布置景观效果突出。

四是推进新增公共绿地建设。新增公共绿地3.8万平方米。完成上钢十厂公共绿地前期手续办理，移交征收；完成北翟路205街坊公共绿地前期手续办理；完成丝绸厂公共绿地初步设计编制。

五是推进立体绿化建设。积极协调、鼓励社会单位参与。屋顶绿化，完成尚街会馆、多媒体广场等处6960平方米。绿篱围墙（含破墙透绿），完成上海动物园、虹桥迎宾馆虹桥路段等处共计2314米。

（二）营造重点区域景观灯光

一是完成重点区域景观灯光建设，完成中山公园地区20幢楼宇、3处绿地的景观灯光建设提升；完成天山二村景观灯光建设；天山茶城景观灯光维护；推进虹桥路绿地配套景观灯光提升。

二是完成临空园区景观灯光提升方案的设计。根据区政府安排，积极推进，完成临空园区景观灯光提升方案的设计工作。

三是完成新泾镇景观亮化工程。已完成竣工验收，亮化工程功能落地，效果凸显。

四是推进虹桥古北、黄金城道步行街景观灯光提升方案设计整合。完成项目报建，积极推进方案深化设计、相关前期协调、及施工招标工作。

（三）推进重大项目有效落实

一是全面推进垃圾分类减量工作。编制《长宁区2013年生活垃圾分类减量实施方案》和《长宁区生活垃圾分类减量考核暂行办法》，落实经费预算，加强宣传力度。有机垃圾（湿垃圾）生物消纳处置车间投入运行；13辆分类收运车辆完成采购。全区源头分类推进新增小区357个、机关12个、企事业单位32个、公园绿地7个、菜场19家、学校44所。全区28家菜场全部推进分类到位，49所公立学校全部进入垃圾分类实施阶段。各类场所推进数均足额或超额完成今年推进任务。承办“2013年上海绿色帐户工作启动仪式”；完成垃圾减量5%的指标。

二是提升虹桥天山商务区综合景观。深化方案设计，明确建设标准、功能定位，严格按时间节点抓进度、抓质量、抓安全，完成遵义路（仙霞－茅台）、茅台路（遵义－古北）、古北路（天山－虹桥）市容景观提升工程。

三是落实缤谷二期高洁公司停车场搬迁。落实哈密路北翟路口临时绿地建设临时停车场进行过渡，竣工验收并已交付使用。

三、围绕重管理理念，细化行业管理机制

加强全行业、全要素、全覆盖的行业管理，编制完成《长宁区景观灯光设施建设和管理办法》、《长宁区户外招牌管理实施细则》、《长宁区环境卫生行业管理办法》、《长宁区绿化行业管理办法》，对管理范围、管理标准、责任落实、考核奖惩等予以明确。完成《长宁区主要道路户外招牌控制导则》编制，完成《长宁区户外广告控制区设施设置实施方案》。全面推进长宁区景观灯光建设和管理办法的落实，建后严格按照管理办法明确主体，政府监管与市场化运作相结合。落实环境卫生行业管理办法，加强道路清扫保洁、公厕保洁、生活垃圾清运、废弃物管理工作，不断提高行业管理水平。完成立体绿化建设和养护管理办法、公共绿化精品精细化管理办法，推动养护作业市场化改革，加强监督考核。

四、围绕强队伍目标，提高干部队伍执行力

一是加强组织建设，提升队伍素质。强化理论学习，发挥党委中心组学习平台作用，组织区党的建设工作会议精神、十八大精神解读、生态文明建设、绿化建设和管理等内容学习；举办中层干部及青年培训班，拓宽干部队伍解决实际问题的能力。抓好领导班子自身建设，坚持集体讨论，民主决策；坚持调查研究，尤其在干部培养、安全防范、先进评选、文明指数测评过程中，班子成员带头下基层调研，到一线听取民意。加强干部人才选拔培养，调整一批骨干力量，2013年机关、企事业单位共提拔39人，任命了11名助理，交流20人次；选派技术人员参加技能培训竞赛；继续发挥绿化专家工作室作用，实施导师带教计划；组建11个青年调研小组，分析业务难点及管理瓶颈并提出对策建议。营造团结向上的集体氛围，做好统战对象的登记备案，发挥群众团体作用；组织参加"中国梦、劳动美"职工诗词创作大赛；举办职工运动会；做好关爱帮扶维稳工作；营造积极向上，充满活力的文化氛围。

二是深化内部管理，保证安全高效。强化内审工作，监督基层财务会计运作，规范企业运行，真正起到"体检、合规、提升"作用。一是制定内审办法、完善内审计划；二是组织岗位专题培训，增强内审人员业务素质；三是完成6个企事业单位内部审计。加强权力监管，严格执行"三重一大"制度，定期检查；强化工程项目招投标管理，纪监财务部门全程监管。规范行政审批，优化并联审批事项办理流程，推进事项网上审批，进一步健全规范、高效、透明的审批体系。加强执法队伍管理，一是开展城管执法队员百日作风纪律教育整顿活动，树立良好的执法作风；二是确定党建管理、队伍管理、执法管理、行政管理等各项制度，并汇编执行；三是强化执法办案能力，全年办案数量明显增加，行政处罚力度明显加大。注重安全保障，牢固树立"安全第一"的思想，加强教育，完成"安康杯"和"安全宣传月"活动；加强监管，制定安全生产"三项行动"实施计划；加大检查力度；提高安全意识，做好防汛防台工作，"菲特"台风期间，及时启动应急保障机制，确保各项工作有序开展。

三是创新党建工作思路，联系服务群众。加强党风廉政建设，坚决贯彻中央"八项规定"、切实做到"五个严禁"，对执行情况进行检查；健全党风廉政建设责任制，深化廉政风险防控，严格执行"三重一大"制度。扎实开展精神文明建设，开通局官方微博并专人日常维护，做好舆论引导；与区文明办对接，牵头举办"道德讲堂"；以党支部为单位，开展帮困、扶贫、爱幼、助老等各种形式的"岗位学雷锋，争做好员工"主题活动；组建公园"三位一体"等志愿者服务团队。创新党建载体，各党支部积极加入"困难群体关爱行动"，与社区、敬老院等结对；做好信访工作，积极化解矛盾，妥善处理好环卫事转企改革中职工退休待遇问题。发掘先进典型，深入基层、挖掘事例、涌现出全国优秀环卫工人陈豪杰等一批先进代表；在局系统内开展争创"十佳先进集体、十佳先进个人"活动，形成争当先进、争创一流的良好风气。推进政风行风建设，举办群众诉求处置工作培训会，制定《长宁区绿化和市容管理局关于做好政风行风群众诉求处置工作的暂行规定》；进社区听意见，着力解决群众关注的难点和突出问题，推动长效管理机制建立。

2013年，在全局干部职工的努力下，在精品景观建设、城区精细管理、科学决策水平、服务民生水平上都有进一步提升，完成年初预定的各项任务目标。但仍存在一些薄弱环节，一是精品化建设还有较大差距，二是精细化管理还不够到位；三是创新城区管理上难点顽症还没能真正解决，需要进一步提高认识，通过有效措施切实加以解决。

（五）闸北区

闸北区建设和交通委员会

2013年我区城建工作按照区委、区政府谱写"中国梦闸北篇"的总体要求，围绕"两聚焦、三确保"的工作总基调，坚持聚焦苏河湾开发建设，加快推进"南高中繁北产业"

发展战略，旧区改造、重大工程推进、市政基础设施建设和各类商品房开发取得重要进展；建设交通管理持续形成并固化长效常态工作机制，有效促进城区公共安全、运行安全和生产安全。闸北建交委积极履行建设和交通工作管理职能，全面实现区委、区政府下达的2013年各项城建工作年度目标

一、继续围绕“两个聚焦”，加快推进旧区改造

2013年，闸北区继续按照“由南向北，成片开发”的原则，聚焦苏河湾区域、聚焦结转基地收尾，确立了全年完成受益居民4200户，收尾基地“保4争7”的工作目标。在区委、区政府正确领导和区各相关部门、街道、征收事务所（拆迁公司）、旧区地块广大居民群众积极参与、配合与支持下，全区旧区改造质量明显提升，提前两个月实现市政府下达的旧区改造完成受益居民目标。2013年全年累计完成受益居民4307户，拆除二级旧里以下房屋建筑面积7.69万平方米，完成中兴城6、7号地块等4个基地收尾。闸北区积极加快在拆基地收尾，集聚资源逐个突破，加大在拆基地促谈促迁和矛盾化解的力度，加快推进收尾基地行政裁决和征收补偿决定全覆盖工作，有效实现基地收尾年度目标。同时，我区精心筹备启动新开基地，共拉开新基地4个。其中，鸿临二期于3月30日启动签约征询，经过75天居民签约比例超过90%，成为全市首个房屋征收二次征询安置补偿签约生效比例达到90%以上的大中型旧改基地，创下了闸北旧区改造房屋征收新速度。黄山路地块二次征询7月18日开始正式签约，仅28天已达到85%的签约生效比例，目前该基地签约率已达90%；星火电影院基地于8月12日启动二次征询，目前已达到90%生效比例。为确保实现搬迁受益居民年度目标，9月30日闸北区正式启动晋元地块二次征询，10月24日居民签约率达到85%征收协议生效比例，标志着闸北区提前两个月实现搬迁受益居民4200户的年度目标；截至10月29日，晋元地块房屋征收签约率已达91.48%，又一次创造闸北旧区改造房屋征收新速度，成为全市首个在一个月内房屋征收签约率达到91.48%的大型旧改基地。闸北苏河湾核心区旧区改造已进入攻坚阶段，为实现苏河湾地区“三年大变样”创造了有利条件。

按照区委、区政府关于必须牢固树立旧区改造“三个坚持”理念，即坚持速度、成本、稳定相统一，坚持队伍、机制、考核相协调，坚持聚焦苏河湾、聚焦结转收尾、成片开发相结合，闸北区集聚各方资源，形成工作合力，破解难题、攻坚克难，强势推进旧区改造工作。

（一）以拓宽筹集渠道为抓手，破解旧改资金瓶颈。闸北区通过包进度、包稳定、包房源的“三包”承诺，提升开发商投入旧改的信心，大力支持开发商融资工作。区相关部门以“不踩红线”为前提，在牵线搭桥、行政审批、项目包装等方面开通绿色通道，跨前一步、积极协助，积极争取市里的政策、资金倾斜，加快启动市区联手土地储备项目，并争取市里扩大本区的市区联手土地储备范围，为“十二五”后两年旧改做好储备。

（二）以建立健全成本控制机制为抓手，提高旧改综合效益。多方采取措施，坚决抑制旧改成本上升势头。建立本市各区典型项目补偿安置方案数据库，研究本区各区域补偿安置平均水准。由区旧改总办统一审查、平衡各基地方案，在评估单价及安置房源价格稳定的前提下，确保补偿安置标准大体持平。树立“当家人”观念，逐步探索征收财务成本与劳务费用挂钩的劳务费结算模式，继续完善概预算、审计跟进、中期评估和后评估等在内的一系列制度设计，精打细算，提高旧改资金利用效率，盘活存量，减少沉淀，以免造成资金闲置，融资成本上升。

（三）以完善落实考核制度为抓手，打

造优秀旧改队伍。建立多层级、常态化的考核制度，提升队伍素质，激发队伍活力。建立科学的指标体系，从进度、成本、稳定等多方面对征收事务所（拆迁公司）进行考核，并与劳务费、奖励费挂钩，加大奖优惩劣的力度。把正式员工比例作为考核和旧改业务配置的指标之一，鼓励征收事务所（拆迁公司）扩大自有员工队伍，建立一支有归属感的“子弟兵”。把考核和主题实践活动、劳动竞赛相结合，树立先进典型，发扬示范作用，传递旧改行业精神的“正能量”。加强群众工作培训，强化服务导向，打造一支作风硬、业务精、工作细、对人民群众感情深的旧改工作队伍。

（四）以加强精细化操作为抓手，深化阳光旧改机制。进一步细化补偿安置工作政策公平、操作公正、信息公开的措施，完善“阳光旧改”工作体系。进一步扩大公开内容，每户评估单价、人口面积、安置房源及使用情况、托底保障对象、帮困对象、补偿安置结果等内容全部公布于众。同时畅通监督渠道，在基地、街道、相关部门、区政府建立多层级的信访举报受理平台，完善内部监督与外部监督相结合、行政监督与群众监督互补充的监管体系。运用“制度＋科技”手段，推广补偿协议电子签约系统，优化赛琳信息管理系统，尽量缩小自由裁量空间。提高签约生效比例，逐步实现户数较少基地签约率达到 90% 甚至 95% 生效（有条件的基地也可适当划小），为政策“一竿子到底”减少障碍。

（五）以建立联动网络为抓手，做实维护稳定工作。坚持“底线”思维，加强工作联动，毫不懈怠地做好维稳和矛盾化解工作。在已有的一岗双责制度、稳定风险评估制度、应急处理制度的基础上，科学分解任务，明确工作主体，狠抓责任落实。集中精力解决历史积案，限期化解多年结转地块遗留问题，到期予以终结。完善第三方参与矛盾化解机制，对居民家庭矛盾、居民不认可安置政策引发的矛盾、行政和司法程序引发的矛盾，依托街道社区、党务部门、人民团体一起做好矛盾化解工作。

二、加快重大工程建设，推进商品房开竣工

2013 年区政府确定重大工程项目 80 项，其中开工项目 15 项、竣工项目 15 项、推进项目 50 项。今年以来，全区重大工程建设管理推进情况良好，重大工程建设质量、施工安全和形象节点总体受控。80 项重大工程按时间节点有序稳步推进，全面实现年度目标。重大工程开工项目凯林特二期、大宁中心广场四期、新龙广场、绿洲雅宾利三期等 15 个项目年内全面开工建设；重大工程竣工项目凯林特一期、莱茵三期、场中路 340 街坊、明园三期、大宁凯科、先锋电机厂公租房等 15 个项目已经全面竣工；重大工程推进项目，43 街坊百联四行天地项目、市北 7 号地等 25 个项目已进入施工阶段。闸北区全面有效推进重大工程按照形象节点高标准高质量实施建设，加快实施对全区经济社会发展具有重大影响的建设项目，推动重大工程建设早出形象、快出效益，每年竣工一批、开工一批、推进一批、储备一批，不断打造闸北经济社会发展及城市建设的新亮点，加快推动实施闸北“南高中繁北产业”发展战略，为闸北经济社会“创新驱动、转型发展”提供楼宇载体。

此外，重大工程建设有效推动全区城市建设及房地产开发持续稳定快速发展。全区各类商品房开竣工年度目标各 80 万平方米。截止 12 月底，全区各类商品房开工面积 80.87 万平方米，竣工面积 81.28 万平方米，全面实现年度目标，为闸北经济社会持续稳定发展奠定了扎实基础。

三、推进市政设施建设，提升综合配套功能

根据上海市政交通基础设施建设总体安

排和闸北经济社会发展总体战略，我区继续推进重大市政交通基础设施建设，完善路网结构、消除交通拥堵，显著提升城区综合配套功能。

（一）加快市政道路建设。区与区对接道路康宁路（区界－场中路）新建、场中路（闸北／宝山区界－共和新路）拓宽工程抓紧实施：康宁路工程总体推进情况良好，整个工程年内已具备通车条件。场中路工程正在实施前期管线搬迁及架空线入地工作，并在同步进行因架空线入地而新增的电站站址腾地工作。宝山路（虬江路－宝源路）拓宽工程已经竣工并投入正常使用。

（二）配合轨交枢纽建设。加强与申通集团沟通、协调和配合，推进汉中路综合交通枢纽，轨道交通12号线天潼路站、曲阜路站及3、4号线换乘大厅建设；并抓紧研究3、4号线分线运行方案对周边环境影响，并根据市总体部署，协调落实区内相关工作。

（三）积极推进市政配套。按照闸北区电力建设联席会议制度要求，今年区建交委与上海市电力公司市北供电公司签订了共建合作协议。目前，徐家宅11万伏电站（位于桥东二期保障房项目内），已签定建设协议；甘肃路11万伏电站已签订供地协议，电力部门正在办理前期审批手续。11万伏宝昌路电站正在土建交接，11万伏平顺站已进行开工准备，北广场地区11万伏电站抓紧落实电站选址。我委还与市北燃气公司协商天燃气管网改造及开发配套事宜，今年天燃气管网改造在我区中华新路、延长路、临汾路等道路逐步展开，并顺利完成。

（四）加强道路设施维修。闸北区积极提升市政设施养护质量，将有限的养护经费发挥更大的使用效能，加快推进道路整修工程，整体提高市政设施完好率，相继完成芷江西路（西藏北路－共和新路）、延长路（共和新路－北宝兴路）新辟非机动车道工程，华盛路（汉中路—恒通路）、柳营路（谈家桥路－沪太路）、谈家桥路（柳营路－谈家桥支路－普善路）、谈家桥支路（中山北—谈家桥）道路整修工程，恒丰路（长安路口）、阳曲路（景凤路－保德路）下水道改建工程，老沪太路（大宁路－彭越浦）积水点改善工程等市政道路项目。

（五）推进河道整治工程。按照市水务部门统一调度，闸北区继续实施彭越浦、走马塘、夏长浦等河道引清调水，逐步改善区域中小河道水质；先后完成彭越浦—东茭泾河道疏浚、徐家宅河生态河道整治、西泗塘样板段建设、星级河道创建等项工程。同时，加强水利设施运行养护，共养护堤防护岸64000米、防汛通道20889米、河道绿化313921平方米、护栏8299米、铭牌1159块、泵闸3座，打捞水域垃圾600余吨。

四、组建执法管理队伍，强化静态交通管理

2013年中心城区静态交通由市一级管理发展为市、区二级管理。闸北区委托专业单位编制完成闸北区静态交通规划，有序推进静态交通二级管理。今年区建交委通过内部人员挖潜和综合协调，安排借用、聘用相关专业人员进行了行政执法上岗培训，组建闸北区静态交通执法管理队伍；同时，加强建章立制，理顺管理机制，实行停车场（库）规范化标准化精细化管理，完善和规范全区建设项目停车场（库）审核。按照市建交委下达的指标，本委会同区相关部门落实2013年全区挖潜新增公共停车位300个，医院新增停车位100个，解决小区停车难新增停车位1600个的目标任务。目前，全区已完成挖潜新增停车泊位2000余个。根据区文明办工作要求，闸北区开展非机动车规划布点调整工作，已完成全区非机动车规划方案调整。此外，结合静态交通管理，有效配置交通战备人力物力资源，落实年度交通战备工作，完成全区交通战备保障大队和交通保障分队、汽车运输排的整组，并按照区武装部要求开展交通保障大队民兵点验工作。

五、开展建筑市场稽查，推进文明施工管理

根据市建交委稽查办总体部署，今年闸北区建筑市场重点开展各类专项稽查工作：一是根据春节前建筑工地特点，会同区安监局、消防支队开展了《建设工程领域安全生产和防火安全联合大检查》；二是开展《闸北区分级分类管理体制执行情况的建筑业管理专项稽查》；三是会同区安监局、消防支队、城管执法局开展《2013年上半年度建设工程综合执法大检查》工作；四是会同八街一镇对本区“六无”工程进行排摸；五是开展既有玻璃幕墙的专项整治，共排摸闸北区既有玻璃幕墙建筑157幢，并聘请技术专家组成巡查组每周一次对本区重要地段、人员流动密集地段开展既有玻璃幕墙建筑抽巡查工作，目前已抽查49幢，开具安全隐患整改单17份。此外，闸北区还加大质量安全行政执法力度，累计签发质量问题整改通知单27份、局部停工单25份；签发安全隐患整改通知书97份；全面停工单4份、暂缓施工单23份。在各类检查中，实施行政处罚22起，处罚金额94.53万元。

根据市、区文明指数测评要求，闸北区建筑工地持续推进文明施工常态化管理。一是坚持施工总包负责，监理狠抓落实。建设单位落实文明施工措施；监理单位将文明施工管理落实到位；施工单位按照市建设工程文明施工标准，对施工现场进行布置。二是完善常态长效机制，强化日常监管。闸北区已将建筑工地文明施工状况同安全生产标准化考核和市、区各类优质工程评选相挂钩。三是开展专项检查测评，优化管理模式。通过邀请市民巡访团和党团员青年加强文明工地的巡查，闸北区近2个月在全市建设工程文明施工指数测评中都名列前茅，进一步有效推动全区文明施工管理。

六、完善抢险工作预案，落实防汛准备工作

年初，闸北区对原有防汛预案进行修订，在完善总体预案基础上编制了人员撤离专项预案。汛期，按照“六个不放过”要求，区领导多次带队，持续开展防汛安全专项检查。为缓解共和新路大宁路区域相关小区遇暴雨积水问题，闸北区加快推进完成共和新路2205弄、大宁路181弄“小包围”工程建设，为粤秀路318弄小区增排了一路800毫米口径的防汛排水管道，并协助汶水路51号上海电气汽车销售公司完成一项“小包围”工程的建设，提高地区设防标准。各防汛职能单位对各类防汛设施作了重点检修和保养工作，各街道（镇）也在汛前将各自的临泵作了检修和调试，提高了防汛设备的完好率。9月13日下午15:30起，闸北区遭遇暴雨袭击，南部地区雨量普遍超过70毫米，其中雨量最大的福建北路泵站达83毫米，造成河南北路海宁路、中山北路平型关路等6条路段积水，20户居民家中进水。10月6日至8日，受今年第23号强台风“菲特”外围影响，全区受灾较重，特大暴雨引起场中路、中山北路等9条道路（段）严重积水；计有658户居民家中严重进水。每次灾害发生后，区领导都亲临防汛指挥部坐镇指挥，市政、房管部门和有关街镇都积极努力，全力抢排积水，取得了积水少、退水快、社会影响小的良好效果。全区防汛工作总体运行平稳，各方严阵以待，确保安全度汛。

闸北建设和发展正处于“半坡”方位，未来发展任重道远。在区委、区政府坚强领导下，区建交委将积极会同区相关部门、街道（镇）及建设单位，振奋精神、乘势而上，坚定信心、攻坚克难，加快推进各项城建工作，不断打造闸北经济社会发展及城市建设的升级版。

闸北区绿化和市容管理局

2013年，在区委、区政府坚强领导下，

区绿化和市容管理局深入贯彻落实科学发展观和党的十八大精神，牢牢把握“两聚焦三确保”总基调，站在全市行业发展高度，联系闸北市容环境实际，以创建国家卫生区为契机，以增亮、添绿、治乱为导向，振奋精神转作风，创新思路促发展，雷厉风行抓落实，努力推进市容环境建设，狠抓市容顽症治理，经过全局干部职工的共同努力，圆满地完成了2013年各项工作任务，实现了新的跨越。

一、加强机制建设，市容管理水平有新提高

实施第三方市容环境实效测评。为客观公正地反映街镇工作实效，区联席办制定了《区市政府市容管理工作实效测评实施办法》，经区十五届政府第57次常务会议讨论同意，并由区府办转发。依据《办法》，区联席办于4月份正式启动了委托第三方对街镇市容环境工作实效进行双月测评，通过数据分析全面、客观地反映了街镇辖区阶段性市容环境工作实效，为市容环境决策提供了依据。

加强市容环卫责任区管理。开展了全区市容环卫责任书上墙情况全覆盖检查，针对责任书缺损、法人变更等情况，印制送达责任书8000余份，组织宣传动员，对照创卫检查标准和要求加强对责任单位的监督，重点开展对小餐饮店、小百货店、水果店、五金加工店、物流打包站等易污染易占道经营沿街单位的指导，要求加强自律，履行门前职责。

深入开展优化市容环境行动。按照精细化管理要求，在巩固主要道路和重点区域水平，保持面上道路常态水准的基础上，3月份起采用“一路一策”分批整治41条中小道路，针对道路状况落实保洁措施，整治乱涂写760余处，跨门营业900余处、乱晾晒340余处。与街道联动，对“13+3+2”道路和重点区域进行复查，对沿街立面和店招店牌污损现象及时进行处置，巩固了主要道路与重点区域的市容环境水平。启动了“老旧小区周边、集市菜场周边、轨交站点周边、医院周边、学校周边”，特定区域市容环境整治，通过管控与整治，特定区域的市容环境状况有所改善。

开展城市精细化管理（绿化市容部分）调研。针对城区管理中出现的新情况、新问题，积极探索创新，努力消除服务管理的漏洞和空白点，2月启动了精细化管理调研（市容、环卫、执法三方面）。目前已初步完成调研，进入合成初稿阶段。

二、推进景观建设，城区景观面貌有新亮点

推进景观道路建设。实施河南北路（北苏州路—天目东路）、沪太路（宜川路—晋城路）道路综合景观建设，另外，结合区联办“特定区域”环境治理，配合延长路拓宽配套实施综合景观建设，工程已于9月底竣工，河南北路、沪太路景观工程绿化部分于10月施工，年内完成。

启动苏河湾地区景观灯光广告规划编制。配合苏河湾开发建设，于3月份启动了苏河湾地区景观灯光广告规划编制，目前与完成规划初稿，将形成苏河湾地区景观风貌规划、苏河湾地区景观（灯光）设计导则等三大成果，提交区规划列会讨论通过。

加强店招店牌管理。为进一步加强本区户外招牌的设置管理，制定了《闸北区户外招牌设施管理暂行办法》，根据《办法》，于与4月底完成对全区1.4万余块店招店牌调查摸底，并逐一拍照建档，对其中705块严重破损店招店牌以书面告知责任单位落实整改，确保了创卫检查期间店招店牌完好整齐。

开展临时广告专项整治。根据市局《关于集中开展违规临时性户外广告专项整治行动实施方案》，全覆盖对临时广告进行检查，重点检查区域为三条高架两侧，治理整顿有碍市容景观的违规临时性户外广告298处，有效遏制了违规、无序设置临时性户外广告现象。

三、加大工作力度，环卫作业质量有新提升

继续推进生活垃圾分类减量工作。目标任务是实现全区菜集市场、中小学校、机关单位的生活垃圾分类全覆盖，同时推进大宁、临汾2个街道辖区内居住区、企事业单位、公园等全覆盖（计27个菜集市场、65所学校、26个机关单位、74个居住区、36个企事业单位和4座公园）。在街道和辖区单位、居民的积极参与和配合下，本年度生活垃圾分类任务如期完成。

实施环卫设施改造。根据区政府实事项目安排，实施50座沿街生活垃圾箱房和30座倒粪站改造，实际完成垃圾箱房53座，倒粪站31座。配合创卫，维修垃圾箱房468座，更新垃圾桶4000只，新增、更新道路废物箱586只，设置半固定式垃圾桶250只。

四、打造宜居环境，绿化管理建设有新成效

提前2个月完成2013年新建各类绿地8.35公顷任务。屋顶绿化完成3871平方米、墙面绿化完成1700平方米。补种行道树212株，新种100株，更新行道树树穴盖板共计720株。配合创卫以及重大活动保障，实施街头绿地花卉、花箱、绿雕建设，共用花90万盆。继续推进浙北绿地、彭越浦楔形绿地、456街坊公共绿地建设的前期工作。配合有关单位完成了岭南公园、彭浦公园、不夜城绿地、大宁灵石公园、闸北公园无线局域网建设。开展了加强公园绿地噪音防治的宣传和劝导、控制。大宁路创建成为2013年度上海市林荫道。在2013年上半年上海市绿化行业全市与各区（县）社会公众满意评价中闸北公园排名第五名，全市公园“五一”花坛花境上半年评比工作，闸北公园荣获花境布置二等奖、大宁灵石公园荣获花境布置三等奖。

五、聚焦创卫迎检，管理建设工作有新发展

创建国家卫生区是今年区委、区政府的重点工作。围绕创卫，一是全面发动。3月份召开了优化市容环境暨创卫工作推进大会进行工作部署，6月份召开会议进行创卫迎检临战动员。7月初对照创卫指标和分值对各业务条线任务逐条进行梳理，细化工作步骤与措施。11月16日召开创卫技术评估动员大会。二明确任务、责任到人。按照分工，划分责任区域，明确工作标准，将创卫迎检成绩纳入对个人年度工作目标考核。三是落实项目化管理。一手抓指标性项目的建设，按照时间节点，积极组织环卫设施等基础性硬件设施建设，同时着力市容景观、道路清扫、环卫设施保洁改善与提升。由于宣传发动到位，组织安排到位，措施落实到位，纵横协调到位，较圆满地实现了2013年创卫目标。

六、重视统筹兼顾，综合行政工作有新进展

依法行政有效落实。依照法定权限，受理行政许可（审批）事项申请463件（绿化41件，广告156件，环卫54件，渣土212户/次），办结率为100%，行政审批程序进一步规范，网上审批全面推开。行政审批改革工作继续推进。开展了绿化、建筑垃圾和工程渣土行政审批标准化建设，内部审批权限、职责分工和审批流程进一步完善。开展了审批工作提速，在保证办事质量的前提下，通过抠细节、简流程、提效率，有12项得到提速，平均提速时间约25%。信息公开工作有序开展。主动公开政务信息40件，向市局、区政务平台发送稿件1360余篇，发送微博1415条（其中原创微博300余条）。督办和信访及时办理。办理区“两会”意见和提案36件、区党代表联系社区意见20件、上级机关督办件34件、人民来信52件，接待来访20批，办结率100%。在区委、区政府高度重视下，“事转企”改革遗留问题得到妥善解决。义务献血完成指标。经过各单位积极动员和组织，完成义务献血指标134袋。区绿化和市容管理局并被评为2013年度上海市义务鲜血工作先进集体。安全运行态势平稳。生产安全、消防、防台防汛等公共突发事件的应急措施得到落实，全局安全运行处于良好状态。

在2013年里，区绿化和市容管理局的各项工作取得了长足进步，成绩来之不易，成绩难能可贵。这些成绩的取得充分反映出了全局干部职工在区委、区政府的正确领导下，忠于职守、勇于实践、团结拼搏、岗位争先的结果。回顾、总结2013年工作，我们有以下三方面体会：

一是贯彻落实十八大精神，坚持用中国梦闸北篇凝聚干部群众意志。一年来，区绿化和市容管埋局坚持以邓小平理论、“三个代表”重要思想、科学发展观为指导，认真贯彻落实十八大精神，自觉把握“两聚焦三确保”现价段闸北发展总基调，坚持用谱写中国梦闸北篇凝聚全局广大干部职工的意志，坚持将党的群众路线与市容环境工作实际紧密结合，坚持正确的政治导向和价值取向，从而极大地激发了广大干部职工的积极性。尤其是在创卫工作中，区绿化和市容管理局广大干部职工立足本职、忠于职守，不惧困难、全力以赴，为实现创卫阶段性目标作出了重大贡献。

二是认清闸北发展“半坡”方位，坚持夯实城区转型发展的市容环境。一年来，区绿化和市容管理局认真贯彻落实区委、区政府一系列重大部署，坚持围绕中心、服务大局，以建设“活力闸北、平安闸北、和谐闸北”的为目标，聚焦苏河湾开发建设、招商引资、旧区改造、改善民生、社会建设和管理等重点工作，不断增强大局意识和服务意识，加大工作力度，从完善城区功能、提升城区形态、建设宜居城区入手全面推进市容环卫管理与建设，为促进城区社会和经济事业的快速发展提供了有力的市容环境支撑。

三是抓住创卫机遇促进事业发展，坚持强化市容环境常态长效管理。一年来，区绿化和市容管理局牢牢把握创建国家卫生区这一难得的机遇，化压力为动力，站在行业高度，瞄准一流水平，把握市容环境发展前景，借势借力、乘势而为，在具体工作的推进过程中做到以项目为导向，以群众关心的“急难愁”问题为导向，不断创新工作思路，优化工作方法，完善工作机制建设，狠抓基础管理落实，实现了亮点建设和顽症治理两手抓、两手硬，为城区绿化市容环境事业的跨越发展打下了良好的基础。

尽管在2013年里我们付出了艰辛的努力，取得了良好成效，但是城区市容环境工作依然面临着一系列困难和问题，一是闸北是老城区，各种基础设施欠账较多的情况尚未根本改变；二是市容管理与群众期待相比有不小差距，市容环境难点顽症和瓶颈问题难以从根本上解决；三是长效管理机制尚未建立，市容管理理念与管理方式创新还有很大的提升空间；四是与上级领导的要求和面临的形势任务相比，各级干部职工的综合能力有待进一步增强，对此全局上下必须保持清醒认识。

（六）虹口区

虹口区建设和交通委员会

一、重大工程、重点项目和停缓建项目建设情况

2013年闸北区共有重大工程7项，其中轨道交通1项，基础设施3项，预备项目3项。重点项目22项，其中北外滩区域6项，四川北路区域5项，其他区域8项，预备项目3项，

项目总建筑面积为298.39万平方米，在建面积为145.53万平方米，建成商业、办公楼宇面积32万平方米。

（一）重大工程

1. 轨交12号线：2013年底建成投入运营。

2. 广中路地道北地道：继续开展维稳相关工作，推进项目正常施工，力争2014年6月底完成地道主体建设。

3. 东长治路道路改建工程（与地铁12号线重叠段）：电力架空线入地工程协议文本已与市区供电公司签订。公平路—海门路段道路的施工已基本完成，其余路段由12号线项目公司落实。

4. 虹口港泵闸工程：市水务局正组织进行施工招投标工作，闸北区配合开展施工期间交通组织等工作。

5. 新汉阳二期排水系统：项目主体为市排水公司，闸北区配合完成配套道路改造工程。工可待市发改委批复。

6. 北横通道：设计招标已完成，目前正编制工可方案。区建交委重点就涉及闸北区的出入口与征收范围等问题进行深入研究，并保持与市建交委的积极沟通。

7. 海伦路拓宽：目前按市领导和市相关部门意见，完成工程方案和征收方案深化工作，正与市发改委协商资金分摊比例。

（二）重点项目

1. 俞泾浦、虹口港（四平路桥—汉阳路桥）防汛墙景观步道工程：已完成建设。

2. 上海国航中心：东块现场地下结构施工，地上已获初步设计批复，建设单位报规划工程许可、施工招投标等手续。中块设计方案已获市规土局批复，扩初设计编制中，力争年底开工。西块16、17号楼内部装修施工，室外总体施工基本结束，港池、船闸区域施工中，2013年底竣工。

3. 浦江国际金融广场：幕墙吊装施工收尾，辅楼外立面基本结束，内部装饰装修中。项目整体预计比原计划延后，2013年底基本建成，2014年上半年竣工。

4. 白玉兰广场：酒店区域内部安装施工，预计2015年二季度竣工。办公主楼区域核心筒地上36层结构施工，外围结构至31层。裙房区域C区（近旅顺路）基坑开挖到底，部分区域地下结构施工；临近地铁的D区地下结构施工，预计2016年底竣工。

5. 海南路10号地块：桩基施工结束，2号基坑地下结构施工，预计2014年底竣工。

6. 轨道交通10号线海伦路站综合开发项目：现场桩基、地下连接墙施工，预计2015年底竣工。

7. 北苏州路190号地块：1区B4结构施工，4区基坑开挖施工。项目基坑邻近地铁12号线盾构，与四川北路108号地块基坑分别位于盾构南侧与北侧，开挖会对盾构产生影响，区建交委协调两个项目开挖顺序，预计2016年第二季度竣工。

8. 四川北路108号地块：已获地下室结构施工许可，现场基坑开挖，预计2016年底竣工。

9. 中美信托金融大厦：地块内进行清障工作，预计2016年底竣工。

10. 瑞虹新城6号地块：10、11号楼（连体）结构封顶，内部二结构施工和机电安装；1～9精装修施工中；室外总体开始施工；建交委牵头协调周边道路停车、摊贩管理。项目预计2014年二季度竣工。

11. 彩虹湾保障房基地一期A块公共租赁住房项目：地上18层结构施工，预计2015年二季度竣工。

12. 彩虹湾一期B块动迁安置房项目：东区8号楼结构封顶，9号楼地上6层、10号楼地上18层结构施工，11号楼地上16层结构施工；西区1～5号楼结构封顶，6、7号楼地上4层结构施工，预计2015年二季度竣工。

13. 场中路555号地块综合开发项目：结构封顶，内部安装施工，预计2014年二季度竣工。

14. 绿地浦创国际广场：现场地上结构19层施工。

15. 虹口法院审判大楼项目：2013年9月17日已开工建设。建交委协调基坑边仓库加固事宜。

16. 瑞虹新城3号地块：规划设计方案深化调整。现场动迁收尾，10月基本结束，土地将移交给瑞虹新城公司。受动迁进度影响，预测开工日期延后3至4个月。

17. 彩虹湾二期：2013年9月已获施工许可，正在解决施工用电问题。现场已开始桩基施工，基地东北角保留建筑的不予保留部分开始拆除。

18. 凉城中心商办楼：现场基坑开挖施工。

19. 提篮桥消防站项目：规划方案区规土局已审核，可研报告已报市发改委审批。

20. 中西医结合医院特色楼新建项目：项目方案已批复；项目东南角房屋征收工作已启动，项目初步设计编制中。

21. 海门路55号地块：开发单位办理立项手续，项目一期、二期已报建，区建交委协调后续招投标手续办理等工作。

22. 商丘路387号地块：2013年7月24日出让，竞得方上海融创绿城投资控股有限公司，成交价格10.44亿元。土地出让合同已签订并完成交地，目前正在方案设计阶段。

23. 虹口看守所项目：工可报市发改委，设计方案调整，代建单位办理设计招投标工作。

（三）停缓建项目推进情况

闸北区停缓建项目共有21项，基地面积为26.35万平方米，总建筑面积约为73.11万平方米，预计今年建成面积为6.67万平方米。经协调推进，其中浦江国际金融广场等5项纳入2013年区重点项目正常建设，华虹国际大厦、黄山坊、宏惠花苑、大世界城等8项取得较大进展。

二、抓好行业管理工作

（一）市政水务管理

一是做好市政水务养护。2013年，区建交委共养护整治车行道26845平方米、人行道7254平方米、下水道500928米。二是推进市政工程建设。2013年，区建交委进一步完善了《虹口区建交委市政水务项目管理暂行办法》、《虹口区市政水务工程招投标工作实施意见（试行）》、《虹口区市政水务工程监理管理制度（试行）》等文件，建立和完善监理、设计、招标代理等服务单位的准入制度和基础库容建设。截止2013年年底已完成霍山路积水点道路配套工程；完成哈尔滨路积水点改善工程；推进广中支路、溧阳路积水点改善道路配套工程前期工作；完成多伦路路面局部改造工程；完成辽宁路防汛墙主体结构；继续推进东大名路地道、乍浦路地道、天潼路地道和瑞虹地道等项目的前期工作。三是强化防汛防台工作。2013年汛期间(6月–9月）共发布预警14次，其中蓝色2次、黄色10次，橙色2次。汛期后，因受强台风“菲特”影响，市防汛指挥部于10月7日至10月9日之间，又发布了防汛防台预警（最高等级为红色）。今年汛期，“9.13暴雨”及强台风“菲特”对闸北区造成了一定的影响。由于恶劣天气导致的瞬时降雨量强，累计降雨量大，部分道路出现积水，居民家中进水。对此，区防汛办积极应对，及时启动有关响应，努力将灾害天气的影响降到最低，确保了城区正常运行。

（二）建筑业管理

一是开展整治闲置厂房违法建设专项工作。2013年2月，区建交委会同区内相关部门出台《关于加强制止闲置厂房违法建设行为的实施意见》，建立了发现、执法主体确认、横向部门书面告知、部门联合约谈处置等机制。上半年，发现并介入处置天通庵路690号、溧阳路185号、霍山路309号、岳州路50号等11个违法违规插层、擅自分割出租的闲置厂房。二是积极推进建筑节能工作。配合市节能办参编《上海市公共建筑绿色建筑设计标准》；上海国际航运服务中心中块港运大厦改建项目已获上海市建筑节能示范项目称号，西块通过上海市建筑节能示范项目第一次专家评审，正在筹备参评三星级绿色建筑标识；彩虹湾一期项目达到65%节能率；白玉兰广场、浦江国际金融广场、海南路10号地块、海伦路综合开发和彩虹湾二期等项目已将获得绿色建筑标识作为项目建设目标。三是加强建筑业行业监管和服务工作。截至2013年年底，闸北区共有在建工地71个，其中住宅项目9个，其他21个，装饰装修37个，市政4个，建筑面积达227.93万平方米，工程造价总计94.4亿元。区建交委在做好这些项目的质量、安全、文明施工等日常监管工作的同时，还积极服务项目建设，牵头协调白玉兰广场、四川北路108地块、中美信托金融大厦等项目在建设过程中遇到的困难，化解施工矛盾。另外，针对闸北区部分项目存在用电困难问题，区建交委积极与市、区电力公司沟通，配合解决项目施工用电、配套用电和变电站设置等难题。四是完成全区既有玻璃幕墙建筑普查工作。为切实有效消除玻璃幕墙引发的公共安全隐患，根据上级管理部门的要求，区建交委于今年6月委托上海市装饰装修行业协会组织专家现场普查，信息采集及安全隐患排查工作，共走访幕墙建筑近500栋，采集有效信息497栋，并对每一栋幕墙建筑都拍摄了影像资料。普查结果表明，大部分既有玻璃幕墙建筑单位能够做到安全使用和日常维护，并对发现玻璃幕墙损坏或存在安全隐患及时采取相应措施。但仍有部分建筑玻璃幕墙使用责任主体未尽到相关义务，未及时对存在安全隐患的玻璃幕墙采取必要措施。此次检查巡查小组共向业主和物业管理单位发放《上海市玻璃幕墙资料汇编》近500册，开出整改通知单17份，占此次普查比例的3.4%。此次普查工作为虹口区下一步建筑幕墙专项管理提供了准确、全面的基础资料。

（三）静态交通管理

引入虹镇老街地区“最后一公里”公交1219路并完成结算。完成停车诱导系统一期（四川北路沿线）建设及工程结算。完成虹口龙之梦交通枢纽站移交协调工作。完成四川北路有轨电车可行性研究的报告。推进北外滩地区交通商业研究课题。做好静态交通属地化管理衔接工作。

（四）公共事业管理

推进天燃气转换工作，完成3.26万户转换任务。推进不安全灶具淘汰工作，完成600户安装任务。做好明支管改造工作。完成20公里任务数。督促做好燃气隐患管网改造工作，完成18公里改造任务。做好燃气管道占压清除工作，清除广中路682号等5处占压。积极配合、协调电力抓好盗电排查和整治工作。

三、提升依法行政管理水平

（一）做好信访接待、12345市民热线、网格化工作

截至2013年年底，共收到信访件282件；接待来访150批1400人次；收到来信45件，网上信访电子邮件52件；接听来电35个。完成12345市民热线306件。网格化管理收到网格化案卷数7782件，及时处理7111件，已退单148件，及时率91.38%。

（二）推进矛盾化解工作

2013年初，区建交委自排A档矛盾5项，包括榆林路114弄居民矛盾、广中路北地道建设施工矛盾、市政行业“管养分开”改革矛盾、中环线矛盾和松花江路2606号农民工欠薪矛盾。目前，松花江路2606号农民工欠薪矛盾已经得到解决，其余4项矛盾正在积极协调解决中。与此同时，区建交委积极推进轨道交通12号线国客中心站、大连路站；特运办拆建工程；轨道交通10号线综合开发项目；天宝路410弄等施工矛盾化解工作．做

好轨道交通4号线保民新村；轨道交通8号线绿寓小区等地铁运营矛盾协调工作。

（三）完善法制工作

加强依法行政工作，规范执法职权、完善制度建设，开展行政执法工作自查，严格执法程序、自由裁量权、规范法律文书，维护法律、法规的严肃性，提高区建交委行政执法人员依法行政能力；加强委机关合同协议等法律事项审核、把关。加强执法人员的业务知识培训和基本法培训，进一步完善和推进行政执法人员执法培训、考核、资格确认、责任追究制度。

虹口区绿化和市容管理局

2013年是全面深入贯彻落实党的十八大精神的开局之年，也是实施“十二五”规划、深入推进虹口“新崛起”战略的关键之年。区绿化市容局在区委、区政府的领导下，围绕区委、区政府年初制定的重点工作目标，以提升城区整体环境面貌为着力点，扎实推进各项工作，不断促进我区绿化市容管理行业稳步发展。

（一）服务全局，全力配合做好经济社会发展工作

按照区委、区政府年初的总体工作部署，围绕区域经济社会发展年度工作重点，积极配合，有序推进各项工作开展。一是主动衔接，对旧改征收中涉及拆违、整治和执法管理等工作，实行一口受理、统筹推进，为旧改征收提供外围保障。二是立足本局工作实际，加强机动车停车收费管理、垃圾收费管理以及市容建设运输管理等工作，从经济发展上努力实现“开源节流”。三是将局属单位主动服务社区、服务群众、服务基层单位，纳入年度工作考核目标，要求局属单位，主动加强为社区、为群众、为基层单位服务意识，认真履行本职工作，力争为全区的社会管理、民生服务做出贡献。

（二）攻坚克难，全力抓好城区市容环境管理工作

一是按照区领导提出的“禁增量、减存量”的要求，始终保持对新增违法建筑“即搭即拆”的高压态势，一批存续历史较长的违法建筑也得到彻底拆除。截至9月底，全区已拆除各类违法建筑36720平方米，其中新建违法建筑4673平方米，存量违法建筑32047平方米，完成年度计划任务的91.8%。二是依托区市政市容联席会议平台，协调街道和区相关职能部门力量，形成合力，破解市容管理顽症。三是加大对建筑工地和渣土执法管理力度，打击和遏止渣土非法运输和偷倒等违法行为。四是结合社会高度关注的“地沟油”问题，专门成立了以城管执法机动中队为主的餐厨垃圾专项检查组，对餐饮单位相对集中的四川北路沿线及龙之梦进行专项检查和整治。五是按照区政府的部署，积极参与对辖区活禽售卖情况进行检查和取缔工作。六是稳步推进绿化、景观、环卫等重点项目建设。完成新辟公共绿地6000平方米和虬江路7000平方米绿地的调整工作；新辟和调整花园路西江湾路西南转角绿地；完成2013年度甜爱路、车站南路、曲阳路等路段林荫道的创建。按照年度计划，积极发展和建设特色绿化，全年新建11730平方米屋顶绿化；新建5200米墙体绿化；新辟专用绿地10189平方米。北外滩和四川北路景观灯光建设正有序推进。环卫五小设施和生活垃圾小型压缩站的改造工作按时间节点完成。七是全力推进垃圾分类工作。同时，为完成全年垃圾减量目标，继续采取多项措施，减量生活垃圾。八是继续深化第三方测评、社会公众满意度测评以及落实责任区管理制度，按照市的要求，加强了对特定区域的环境综合治理。

（三）加强调查，努力破解转型发展的突出矛盾

区绿化市容局历经多次改革、转制，发展过程中累积了不少历史矛盾和问题。如“环

卫职工的增资问题”、环卫单位“事转企”问题、环卫聘用制女干部涉龄退休问题等，对局系统稳定工作提出了挑战。今年，局党工委根据工作实际，在充分梳理的基础上，针对一些区绿化市容局面临的热点和难点问题，有重点地开展了调查研究。一是按照分工，与区人大办共同承担了“提高我区公共绿地等资源空间利用效率”的调研课题。二是局层面组织开展了“局系统机构职能优化和队伍建设”、“环卫用工机制优化”等课题调研，对区绿化市容局今后工作的决策和推进将提供有利的帮助。三是加强调查和协调，充分发挥区市政市容管理联席会议的管理平台，使一些跨部门、跨条线的城市管理问题得以解决或推进。

（四）加强党建，大力推进班子、队伍建设

首先，认真组织开展“十八大”会议精神的学习。专门邀请了市绿化和市容管理局领导专程来区绿化市容局作党的十八大学习辅导报告。组织举办了“2013 年虹口区绿化和市容管理局系统基层单位党组织书记学习贯彻党的十八大精神研讨班”。积极发动党员参与了上海基层党建网“领悟十八大”专题活动。

其次，根据区委、区政法委的统一部署和要求，认真做好重要节点和日常历史遗留矛盾的缓解、稳控工作。加强了专题研究会议和督查制度，进一步深化、细化排摸、研判、协调机制，积极做好主要领导接访、分管领导接访、邀请市有关部门联合接访等工作，较好地稳控了历史遗留矛盾集中爆发的缓解任务。

第三，重视和加强党风廉政和政风行风建设。局党工委、行政进一步加强了党风廉政和政风行风建设的力度，针对城管、环卫直接体现出“可见、可感受”民生的特点，开展了城管、环卫百日“作风纪律教育整顿”专项活动；重新聘请了 12 位特邀政风行风监督员，邀请他们参加我区重大整治、重点工作及日常长效管理的巡访、督查，主动接受监督；局行政进一步加强了本部、所属单位的内审制度。

今年以来，区绿化市容局各项工作虽然取得了一定的成绩，但我们也清醒地认识到，我区市容环境的总体水平与人民群众的要求仍有较大差距。主要体现在：城市管理难题顽症治理的常态长效机制还没有真正形成。乱设摊、跨门营业、违法建筑、渣土违规处置等困扰城市管理的难题顽症还没有从根本上解决，综合管理能力需要进一步提高。加之人口、基础设施、文明素质、困难群体等多种因素的叠加，我们改善城区环境的努力仍将持续一个较长的过程。

（七）普陀区

普陀区建设和交通委员会

2013 年，区建交委牢牢把握区委、区政府的战略布局，把完成市、区关注的重点项目与做好民生实事工程相结合，全力以赴地做好创卫工作，各项工作有序推进，为提升普陀城市建设管理能级做出了突出贡献。

一、着力推进市政基础设施建设

1. 积极推进重大工程建设。协调推进轨道交通 13 号线建设按计划实施。会同相关单位，开展真光路桥普陀区范围的前期相关工作。开展轨交 14 号线、拆迁征地调查摸底、政策方案等工作。配合市机关单位、部门对轨交 15 号线、北横通道进行论证工作。建议市里对云岭西路跨苏州河桥梁选址做了调整，目前在做征询居民意见的工作。完成武威路 1087 弄 25——31 号房屋“拆落地”工作。协调开展了轻轨高架普陀段沿线属地化管理及环境综合整治前期相关工作。积极开展沪嘉高速公路普陀段沿线环境综合整治工作。

落实市、区统一部署，进行了北横通道普陀段摸底调查等前期工作。协调开展重大工程动迁费用审计等工作。

2. 着力推进重点项目。已完成大渡河路道路拓宽和景观建设、水泉路（富平—交通）新建、常德路（长寿—澳门）拓宽等道路工程建设。金沙江真北路人行天桥新建工程、金沙江路（中山北路——大渡河路）道路大修工程、武威东路辟通工程、真华路一期（规划桃浦—铜川）新建工程等道路工程正在加紧施工。沪嘉 3 号、4 号地道积水抢险工程正在积极推进，确保明年上半年汛期前完成。花溪路（兰溪—桐柏）积水点改造工程年底前基本完成。梅岭南路、枫桥路等截污纳管工程等正抓紧办理前期手续，确保按时间节点实施。按计划推进 2013 年市水利专项工程，目前 “普陀区西虬江、大头浜、小宅浜河道整治工程”已开工，“俞店浦水系河道（李巷泵闸）综合整治工程”和“张泾河、新河南浜河道整治完善工程”项目，桃浦镇正着手开展前期腾地相关工作。长风地区天然气高中压调压站按区领导要求完成建设。

3. 认真做好实事和民生工程。完成了铜川路（静宁—曹杨）拓宽改建、杏山路（中山北—梅川）道路整治、城区公共消防水源 50 个消防栓安装和李子园六村等 7 项截污纳管等项目工程建设任务。协调促进石榴苑受损房屋修缮工作实施和吉镇路 450 弄受损房屋矛盾化解工作。完成月星环球港周边道路交通改善工程。推进居民小区楼宇无障碍设施工作，并完成 13 个新建项目的无障碍验收工作。协助做好甘泉街道宜川街道下水道管网调研及改造工程。完成区领导关注的合阳路大修及接管工作。加大对老旧小区、集市菜场、轨交站点、医院周边、校园附近等地区的环境整治和管控力度，进一步优化环境。牵头开展普陀区轨道交通 3、4 号线综合治理和曹杨八村破墙开店专项整治行动。

二、积极配合，牵头落实，助力打造“桃浦安防智慧谷”

由于“桃浦安防智慧谷”规划范围有所调整，我委根据要求，结合新的控详规划，分别委托相关专业单位对道路系统规划、交通设施系统规划、轨道交通与铁路支线规划、电力专项规划、燃气专项规划、给排水专项规划、信息设施专项规划共 7 个专项规划进行规划设计。目前各设计单位正根据调整后的新要求深化设计，下一步，我们将继续跟进、协调并落实好这项工作，为桃浦高起点规划，功能转型升级和发展做好服务保障工作。

三、重点做好建筑、交通和河道的监管工作

1. 不断加强建筑业管理工作。为巩固整治成果，确保我区建设工程安全质量全面受控。我们坚持日常抽巡查与开展各类专项检查相结合，专门成立市场行为巡查组，对在建工程的市场行为实施不定期抽巡查监督。开展了以“监理报告制度执行情况”为重点的综合检查，涉及在建项目 30 个，开具质量问题局部暂缓施工通知单 5 份，质量问题整改通知单 23 份，通报批评了 4 家企业。加大对监理工作质量的监督力度，落实各项监理制度，制订了“普陀区建设工程监理报告处置工作制度”，今年，区域内监理月报信息系统网上上报率已达到了 95% 以上。加强建材质量监督抽检，全年累计抽查 91 个建设项目，确保了本区建设工程质量安全。

2. 进一步强化交通管理工作。成立区交管中心，落实了事业编制。完成 166 户公共场库、59 条道路停车场属地化管理交接等工作。完成年度新补停车场位 1700 个目标，开展工程配建停车场泊位、审核、验收工作。进一步推进智能化停车诱导系统工作和道路、街道、小区停车泊位增量的可行方案研制，逐步缓解区域内停车难问题。配合交警落实轨交 3、4 号线曹杨站点非机动车免费管理试点 2 处，逐步推进轨交 3、4 号线其他三个站点有序管理。针对区域内公交空白点和公交线路少、出行量高的地铁进行了调研、勘察，并向市有关部门提出了需求申请，其中2条短驳线路列入市准备开通计划，市相关部门正研究运行方案。按照市交通战备办公室和区国动委的年度工作要求，完成机构调整工作，健全完善了各种应急应战保障方案，落实专业队伍年度整组、训练、点验等工作。积极牵头做好春运工作计划，协调成员单位落实春运保障措施和相关工作。加强铁路道口安全管理，确保安全无事故。

3.努力做好河道建设及养护工作。9月，河道所与长征、桃浦水务所合并，成立了普陀区河道管理所，全区河道管理体制初步形成。8月底桃浦河（武威东路—横港泵站桥）、彭越浦（交通路桥—中华新路桥）、李家浜东岸(沪嘉高速以北)段共3个防汛墙应急抢险工程完工验收。完成“普陀区西虬江、大头浜、小宅浜河道整治工程”、“普陀区桃浦镇俞店浦水系河道（李巷泵闸）综合整治工程”、“普陀区桃浦镇张泾河、新河南浜河道整治完善工程”前期工作。推进南张华浜河道新建工程复工。做好2014年市水利专项工程立项和工可、初步设计编制。抓紧开展2013年汛后桃浦河出险段应急抢险工程和新槎浦出险段应急抢险工程的项目前期准备，力争2014年汛前完成项目主体结构。推进南张泾景观和生态建设等7项工程。加强河道日常养护工作，已完成堤防护岸养护11450米，河道护栏维护更新30388米，防汛通道修复1500平方米，河道铭牌及里程桩维护更新384块。打捞河道垃圾5895.45吨，调换水量1609万立方。组织开展了3月22日世界水日宣传系列活动。加强河道执法和水利普查工作。

四、不断加强城市建设的运行维护工作

1.不断加强市政设施维护管理工作。加强市政设施日常养护。截至12月，日常养护维修资金已完成5058.19万元。共完成车行道保养86382平方米、人行道保养42541平方米、侧平石调换和补缺4560米、各类隔离设施调换和保养108516米、桥梁（含天桥、地道）维修保养193座/次；疏通各类排水管道604357米，维修保养各类检查井和进水口87667只。提高市政设施管理水平。完成我区297套主、次干道新增B型路铭牌安装的市补贴资金的申请和拨付工作。委托专业单位对管理范围内的108座桥梁进行全覆盖的普查和数据摘录。委托完成云岭西路蔡家浜桥、梅川路朝阳河桥、梅岭北路朝阳河桥的结构安全性检测。强化行业管理工作。增强对在市政重大建设的可控力，加大对在建工地的监管力度。及时更新GIS系统数据3次，更新管线总长度11199.67米。

2.扎实做好规划建设管理工作。积极开展玻璃幕墙专项整治工作，7月底汛期前，对辖区内693幢既有玻璃幕墙建筑进行了安全检查，对存在安全隐患的116处既有玻璃幕墙建筑物业主或物业公司，开具了书面整改通知书。3月份组织区属单位赴武汉光谷、武汉国际博览中心、花山新城参观考察，学习了兄弟省市的先进技术和经验，完成了2013年度42栋楼宇分项计量装置安装和9栋医疗系统楼宇能源审计的走访调研、政府采购、招投标、签订合同等程序，并上报市节能办落实对2012年28栋楼宇分项计量安装验收的节能补贴资金。全力确保系统内安全生产工作，相继对桥洞、工地、道班房等开展了专项检查，与区安监局开展了联合检查，目前已完成了对各基层单位的走访检查工作。严格执行建设工程“分级分类”管理各项规定。严格执行区府关于“六无”工程管理、住宅修缮工程实施、限额以下小型建设工程项目管理的各项规定。

3.切实做好市政市容管理工作。2013年，普陀区市政市容联席办，以争创国家卫生区为契机，以“特定区域”环境治理工作为重点，有序推进了各项工作。对城乡结合部（城中村）环境卫生，开展了专项整治行动。改造垃圾箱房13只、新增2个设摊疏导点、清除偷乱倒垃圾1951吨等。塑造城市景观形象品质。完成大渡河路全长3.2公里、4.8万平方米绿化建设和823株大规格行道树种植，完成全区范围内9万平方米围墙立面粉刷等工作。做好重要节点市容环境保障工作。长风、武宁、管弄、甘泉和清涧公园花坛花境在全市公园花境评比中包揽前三，被市公园协会推荐为全市同行观摩学习的示范项目。全力推进“特定区域”环境治理工作。坚持将“特定区域”环境治理活动与创建国家卫生区的工作紧密结合，并通过及时、高效的联动联勤机制来加以推动。

4.高标准做好防汛防台工作。入汛以来，防汛工作全面贯彻“安全第一、常备不懈、以防为主、全力抢险”的防汛方针，落实防汛工作责任制，做到“不死人、少伤人、少损失”，经受住了“菲特”台风带来的“风暴潮洪”四碰头和“9.13”等5场局部大暴雨的严峻考验，保障了城区正常运行和市民生产生活安全有序，做到了安全度汛。建立5支防汛专业抢险队伍，共有应急队员734人，“菲特”台风影响期间，应急抢险队伍更是扩大到了26支，实现了对全区所有街镇做到全覆盖。建立物资储备仓库4座，配备防汛抢险车辆22台、编织袋4万只、抽水泵35台。按照“六不放过”原则，全面梳理薄弱环节，并明确下立交、市政道路、住宅小区、旧改基地、危棚简屋、中小河道防汛墙薄弱段、泵闸、地下空间、高空构筑物、灯箱广告、建筑工地等分别由各责任单位牵头落实，对发现的126项隐患限期整改。

五、全力做好创建国家卫生区工作

今年在区委、区府的领导下，按照区创卫办的部署全面推进普陀区创建国家卫生区工作，尤其在7、8月份的酷暑季节，市政、河道养护工人、工地管理人员和站点值勤志愿者克服百年未遇的连续高温，出大力、流大汗，坚守在创卫迎检的一线。创卫期间，为营造创卫宣传氛围，努力提高“三率”，即“知晓率、参与率、满意率”，我委大力开展创卫宣传工作，悬挂“创卫”横幅203条，制作“创卫”宣传扇3000把，宣传书签5000张，“创卫”宣传电子屏3个，在公交候车亭挤出100个点位安装创卫公益广告200张，在19个轨交站点发放创卫宣传台卡200个，折页2000张；联合《新普陀报》策划并刊印了建设系统创卫工作专版，联合普陀有线台策划了建设系统创卫访谈，于8月18日播放，均收到良好宣传效果。委各单位全员发动、全力以赴、全身投入，为创卫工作向纵深推进打下扎实基础。创卫期间，通过微信工作平台和会议协调等工作机制，委与街镇以及其他委办局之间畅通了工作渠道，形成了条块结合、合力创卫的良好氛围。全国专家组来我区暗访期间，委上下严阵以待，全力迎检，在市政、河道、工地以及公交轨交长途汽车站等方面确保了未失一分的良好成绩，也赢得了区领导的高度肯定。明查阶段，委又积极作为，确保不失分。

六、扎实推进党风廉政建设和信访稳定工作

印发了《建交委关于改进工作作风、密切联系群众有关规定的具体措施》，鼓励督促党员干部更加求真务实、改革创新、攻坚克难、负责担当地开展工作。在系统下发了厉行节约，严格落实各项节约措施的《通知》，进一步控制和压缩“三公”经费支出。开展形式多样的廉政专题学习。在委直属单位组织开展“廉政风险点”排查和防范工作，进一步完善建设系统惩治和预防腐败体系。召开了党风廉政建设工作会议，明确各级党政领导班子和领导干部党风廉政建设的责任。组织了系统各单位对党风廉政建设责任制，“三重一大”贯彻落实情况进行了自查。认真开展对区历年动迁安置、住宅公建配套房源以及区国有企业和集体企业、国有资产和集体资产梳理排查工作。围绕我区创建国家卫生城区的中心工作，结合建设系统工作任务要求，重点加强对河道管理、市政道路、建筑工地等重点工作，加强效能监察，提高工作效率。为保证我区国资国企改革工作有序推进和顺利实施，委纪工委下发了《建交委关于加强国资国企改革工作纪律的通知》，明确纪律要求，严格落实监督检查。

今年信访矛盾总体呈现信访矛盾总量下降、信访人数总量下降以及信访人诉求、要价上升趋势，群体性矛盾依然居高不下，历史遗留矛盾凸显、高发等特点。信访室共受理信件421件，办理市、区各类转办、交办件984件，网上受理信件188件，受理投诉、求决来电567件，接待上访群众1296批/2828人次。积极完成积案的化解终结和人大、政协提案等工作。负责“积案”专项治理4件，化解3件、终结1件，化解率75%；100%完成包案工作。牵头对30名对象的信访事项进行核查。

普陀区绿化和市容管理局

2013年，区绿化市容局在区委区府的领导下，紧紧围绕“建设上海西部新兴商贸科技区”目标，努力强化绿化市容行业建设和管理，积极投身创建国家卫生区重点工作，真抓实干，攻坚克难，全力保障区域绿化市容环境，圆满完成了全年各项任务。

一、创卫工作取得阶段性成效。

1.创新管理，提升道路保洁水平。对照创卫指标要求，结合道路洁净工程标准，全区所有道路每天循环保洁时间不少于12小时，其中一级道路实行24小时保洁，全区道路机扫率80%，冲洗覆盖率82%。同时，通过中小道路轮番整治，大胆实践，条块联合，多方联手，探索出“城管、公安整治，建交委设路政隔离障，环卫清除垃圾，绿化补种植被，市容改造店招店牌”的联勤联动整治模式，其中较有成效的整治项目有真如镇金汤路、万镇路、南石二路、南石四路、长寿街道常德路、长风街道枣阳路等。

2.完善机制，快速清除各类垃圾。充分发挥应急指挥平台作用，运用无线对讲机等管理资源，整合了绿化、市容、环卫业务资源，畅通了区、街镇、作业服务单位三个不同层面的快速反应机制，及时发现问题，加快整改清除速度。在确保我区日均1000吨居民生活垃圾和日均650吨建筑垃圾的日常处置之外，清除创卫期间各类整治行动产生的整治垃圾近1.5万吨，整治力度和覆盖面均高于世博期间。

3.改造更新，全力确保设施设备完好。对照《城市环境卫生设施设置标准》要求，对全区垃圾收集容器、生活垃圾中转站、公共厕所等环卫设施进行了全面检查。结合局环卫设施标准化建设三年行动计划，对全区34座公厕和23座垃圾压缩站进行升级改造，76座生活垃圾压缩站和100余座环卫公厕及公园内公厕安装了除臭设备，新增及更新沿街废物箱1000只。

4.广泛发动，营造创卫宣传氛围。因地制宜，多管齐下，多种形式，努力营造创卫氛围。在全区学校、医院、机关企事业单位等公共场所悬挂创卫宣传横幅200条；在武宁路等区主干道沿线设置宣传对旗300组；设置创卫广告牌980平方米；在8处LED大型户外显示屏投放创卫宣传内容，同时将景观围墙美化与创卫宣传密切结合，精心绘制创卫宣传口号与图片，提升市民知晓度和关注度。

二、不断加强绿化建设管理。

1.有力推进绿化建设。全年新增绿地23.75万平方米，其中公共绿地14.46万平方米。完成行道树种植1044棵，垂直绿化2030米，屋顶绿化1.9万平方米。配合大渡河路拓宽改造，完成4.8万平方米绿化建设和823株大规格行道树种植。桃浦中央公园一期顺利开工。有序推进南大地区综合整治绿化建设工程、沪嘉高速公路沿线整治绿地建设项目、上海西站综合交通枢纽南广场公共绿地工程以及大渡河路景观工程二期项目前期手续的办理。

2. 切实提高公共绿地和行道树管理。完成公共绿地调整改造 13.53 万平方米，超额完成 12 万平方米的年度计划。按照市林荫道创建标准，提前排摸，有序推进，成功创建延长西路（双山路—宜川路）、延川路（祁连山南路—万镇路）、江宁路（澳门路－安远路）3 条道路（路段）市级林荫道，林荫道总数为 13 条，创建数量名列全市前茅。结合“五一”、“十一”等重要节点和重大活动，做好全区主要道路、重要区域花卉景点布置，累计布置 50 处，武宁路第一岗等 4 处立体花坛获得良好的景观效果。

3. 全力提升公园服务于民功能。全面开展公园环境整治，通过粉刷立面、油漆栏杆、补种植被等措施，提升游园环境。与区体育局多次协调，在武宁、祥和公园改建塑胶健身跑道 600 米，在长风、祥和公园改建健身场地 750 平方米，为市民强身健体提供场所。长风、武宁、管弄、甘泉和清涧公园花坛花境在全市公园花境评比中包揽前三名，被市公园协会推荐为全市同行观摩学习的示范项目。进一步加大公园文化阵地建设，全年在公园举办社区艺术节、学雷锋活动基地、水资源保护宣传、苏州河文化艺术节、群众文艺天天演等各类大型活动 60 多场，丰富群众生活，有效提高公园服务于民的社会效益。

三、扎实提升市容环境水平。

1. 大力开展区域环境整治。按照创卫要求，结合年度环境整治计划，点面结合大力开展区域环境整治。全年开展中小道路市容环境、户外非广告设施和城乡结合部（城中村）环境卫生三项综合整治，累计拆除户外非广告设施 2349 处，清除各类“三乱”（黑色广告）1000 余处，完成立面粉刷 4 万多平方米。在金沙新村主弄设立临时疏导点，由长风街道引入第三方企业协助管理，进一步改善了周边的街面市容秩序。对枣阳路、金汤路和南石二路、南石四路以及东新支路街面市容秩序开展点上综合整治，彻底改变持续多年的脏乱差状况。启动“特定区域”市容环境和街镇社会管理突出问题治理活动，通过治理，两个先行先试活动点的整治成效显著，其它区域周边环境整治也取得阶段性成效。

2. 努力提升市容景观面貌。通过调查走访，根据各街镇的实际需求，以及创卫工作的宣传要求，全面考虑区域的相对平衡发展以及存在的节、难点问题，确定全年的市容综合建设项目，提升硬件环境质量。在全区多条路段改造、维修店招店牌 1272 块；完成大渡河路（三段）、怒江北路以及祁连山路四个路段累计 1770 平方米艺术绘画景观围墙建设；完成金汤路 450 平方米的“十二生肖”主题景观围墙建设；完成全区范围内 9 万平方米围墙立面粉刷。完成大渡河路沿线绿地景观灯光建设。通过一系列景观提升工程，为区域市容环境增添多道群众喜闻乐见的风景线。

3. 着力突破顽症治理难点。在去年两个乱招贴疏导点试点成功的基础上，深入推进“三乱”疏导管理，对市民广告信息需求量大、无序“三乱”易发的路段进行排摸、筛选，在桃浦、长征等重点地块新增 16 个“张贴栏”疏导点，疏导作用逐渐显现。进一步推进无序设摊疏导管理，今年分别在桃浦镇的连亮路、长风街道的顺义路设立了两个设摊疏导点，累计经营面积约 400 平方米，疏导摊位 84 个，不断改善街面市容秩序。

四、努力强化服务民生能力。

1. 切实加强废弃物处置管理。在生活垃圾处置管理方面，在集市、学校、机关扎实推进生活垃圾分类减量工作。完成我区 5 个垃圾分类中转点的布局与建设，组织落实生活分类二次分拣与收运服务的政府采购，完成全区生活垃圾产生量及成份分析调研报告。全区新增生活垃圾分类场所132处(个),其中菜场36个,小区32个,机关8个,学校37个,公园10个,企事业单位9个,做到集市、学校、公园生活垃圾分类全覆盖。2013年,我区生活垃圾日均处置量为970.87吨,完成减量5.93%,超额完成减量5%的年度指标。在渣土运输管理方面,进一步规范我区建筑渣土排放、运输与处置过程,通过对专营企业的细化考核,优化奖惩机制,推行渣土履职评议等手段,促进建筑渣土运输处置市场平稳有序发展,推动建筑渣土管理工作社会化、市场化、信息化、规范化进程。

2. 及时处理百姓民生诉求。今年我局共收到市、区"两会"意见、提案和党代表意见共35件,其中市"两会"会后意见2件,均为会办件,已办结;区人大书面意见6件,其中主办件6件,现场咨询3件;区政协提案5件,主办件3件,会办件2件;党代表意见22件,目前均已办复,委员满意率达100%。2013年我局共受理各类来信来访159件,处理完毕156件,办结率98%;受理各类投诉意见2452件,处理率和满意率均达100%;圆满完成今年"夏令热线"市民诉求的处理,及时解决市民急难愁问题,树立行业良好形象。

3. 不断推进全系统各行业文明创建。围绕核心价值体系建设,推进新一轮全系统文明创建系列活动。本系统创建基础进一步拓展;创建的覆盖面进一步向基层单位、服务窗口和一线员工扩大;文明行业、文明单位、文明机关、文明班组等各类精神文明创建活动相互融入、相互促进、共同提升的格局进一步形成;精神文明创建的集群效应进一步放大。今年共申报6个道路保洁班组、4个垃圾清运班组参与文明班组创建。全区102个公厕被评为2012年度上海市文明公厕。通过不断加强对全系统各行业服务人员的培训管理和监管考核,全系统各行业为民服务理念和技能得到有效提升。

五、进一步夯实自身建设。

1. 不断深化依法行政。大力推进行政审批标准化改革工作,完成了31大项、41小项行政审批事项办事指南的编制工作,新增的户外广告设施设置和渣土处置实行网上审批的第一年,运作平稳,行政效率进一步提高。同步跟进的行政审批信息公开范围进一步扩大,公开信息数较2012年增长144%,行政行为透明度进一步提高。

2. 认真开展巡察工作。2013年7月,区委第二巡察组对我局开展了进驻期为一个月的巡察工作。在巡察过程中,我局广泛宣传动员,积极配合,完成了巡察审计和党政主要负责人经济责任审计、访谈座谈、台帐资料检查等各项工作。同时,对照巡察报告,制定整改措施,形成整改问题责任分解表。通过问题的整改落实,进一步提升我局的行政效能和工作实效。

3. 顺利完成国资国企等改革。按照区委区府关于国资国企改革的工作要求,成立局专项工作小组,严格进行资产梳理和统计等相关工作,顺利完成普环公司、园开公司国资国企的划转,确保思想不乱、人心不散、工作不断。同时,根据市区人事制度改革要求,完成了事业单位绩效工资改革工作,并同步出台了《普陀区绿化和市容管理局所属事业单位绩效考核及奖励办法》,解决了两局合并以来,原绿化局和原市容局下属事业单位薪酬待遇不统一的历史遗留问题。

回顾一年来的工作,我们在肯定成绩的同时,也清醒地认识到绿化市容环境、城市管理水平的质量与其他先进区相比,还有差距,特别是一些市容顽症管理难点还没有得到很好的根治。在新的一年中,区绿化市容局将以建设上海西部新兴商贸科技区为目标,团结一心,抢抓机遇,克难前行,开拓进取,争创上海市文明城区,进一步提高市容环境的美誉度和满意度,不断开创绿化市容事业新局面！

（八）杨浦区

杨浦区建设和交通委员会

一、围绕中心，全面推进党建各项工作，形成党建工作新气象

（一）紧扣中心，切实发挥党工委政治核心作用

明确党建工作项目化和责任分解，形成党工委牵头、党群各部门和基层各党支部齐抓共管的工作格局。开展“十八大”精神和“中国梦”学习宣传，抓好干部队伍思想教育。围绕工作中的热点难点，建立了9个课题组，进一步破解工作中的瓶颈与难题。根据区委要求，开展“提高执政能力，狠抓群众工作方法”主题教育实践活动。就加强“五种能力”建设，明确了20项工作措施，不断提高工作执行力。

（二）强基固本，加强基层组织和干部队伍建设

根据人员变动，及时调整配备原市政水务署和新江湾所党支部书记和支委会人选。做好机关离退休支部换届选举工作。在系统内全面推进“一支部一品牌”和“党员承诺践诺活动”，进一步，提高党支部的凝聚力和党员干部的战斗力。进一步规范“三会一课”，机关党支部“让历史告诉现在、让历史启迪未来”荣获区“十佳”组织生活案例。开展分类分级培训，举办中层干部培训班、青年干部井冈山培训班等。

（三）筑牢防线，营造风清气正良好氛围

坚持用制度管人、按制度办事，认真执行民主集中制，在“三重一大”事项上严格按照党政班子集体讨论决定原则办理。召开党风廉政建设大会，进一步落实党风廉政建设责任制。严格落实“八项规定”和“五个严禁”。开展新一轮廉政风险点排查，共排查出风险点72个，制订防范措施84条，完善制度5项。

（四）围绕大局，扎实有效推进各项工作开展

在大定海低标排水系统改造工程中，有效整合建设单位、施工单位等13家单位的资源，形成凝心聚力、协同一致的工作态势，确保工程建设的顺利推进。以党建带群建，加强对工、团工作的研究和指导。工会在提升职工综合素质，保障职工教育，关怀帮扶职工中发挥积极作用。

全年在《杨浦时报》和杨浦有线台等媒体上，新闻报道9篇（条）；杨浦党建网录用信息49篇；委政务微博上发布工作信息155条，回应解决问题10个；《杨浦论坛》发表文章2篇。

二、服务重点，开拓创新工作局面，推进城区建设新面貌

（一）扎实有效，推进重大工程有序有力

1. 配合市相关部门，推进轨道交通12号线施工，年底实现试通车目标。

2. 做好中环线新增国定东路下匝道工程、北横通道（杨浦段）、周家嘴路越江隧道的方案深化研究工作，通过多个方案的比选，形成了既有利于改善交通、又最大化节约建设成本的方案。

3. 大定海排水系统建设正按节点积极推进。完成了滨江开发地块排水系统专业规划的上报和专家评审工作，初步确定丹东、松潘排水系统的选址方案，并已委托市设计部门编制项目建议书。

4.50万伏虹杨变电站经过前期协调，已开工建设。22万伏洞庭和11万伏内江站建设顺利。协调了11万伏民府站结合项目建设。完成了11万伏双辽站的土建工作。区建交委还协调处置了83家单位的用电申请，基本

确保了项目建设的正常用电，协调推进了供电部门对我区16个区域进行了低电压电网改造，惠及23350户居民。

5. 启动了长阳路（内江路－军工路）辟通工程。积极推进长阳路（大连路－内江路）拓宽工程前期工作。江浦路（杨树浦路－安浦路）拓宽工程已基本完成。双辽支路辟通工程2013年底启动工程建设，现已完成管道铺设。

6. 世界路（国和路－嫩江路）大修工程、平凉路（怀德路－江浦路）、（齐齐哈尔路－兰州路）积水改善工程等两项实事工程全面完工。

（二）加强预判，创新机制，提高长效管理水平

1. 工程前期研究

推进江湾－五角场副中心三门路广场地下空间综合开发利用研究课题，并通过成果评审。协调设计单位对杨浦滨江捷运线进行前期可行性研究。对安浦路闸桥方案进行综合分析研究，提出初步比选方案。组织开展杨浦区周家嘴路以南市政路网完善计划课题研究，梳理路网问题。

专题研究淞沪路地道等地下空间研究，提出优化建议，确保地块开发与公共设施建设相协调。

2. 市政管理

临青路（龙口路—平凉路）等5个路段大中修项目得到有力推进，兰州路、佳木斯路、民京路、临青路、国权东路大修工程已竣工；黄兴路桥、黑山路桥、严家桥等3座桥梁加固维修已全面完成；控江路景观改造按节点完工，取得良好效果。

3. 水务管理和防汛工作

在做好排管养护、河道管理等日常水务管理工作的基础上，针对今年汛期灾害性强降雨多发的特点，通过汛前优化防汛预案、落实防汛储备、确保设施正常运行、普及防灾知识，汛中积极应对灾情，全力抢险减灾，汛后及时排堵保畅，确保全区平安度汛。区建交委还会同相关单位完成47只市政消火栓整治优化。

4. 建筑业管理

提高审批效率，依托杨浦区建设工程受理服务中心平台，精简优化审批流程，加快了项目审批速度。建立远程视频监控系统，全面推进落实监理报告制度，加大专项检查力度，提高监管效能。深化既有玻璃幕墙整改工作，查明区既有玻璃幕墙871幢，发放整改通知书32份，选择专业施工单位作为抢修突击力量。完成14.23万平方米绿色建筑创建、6.8万平方米可再生能源应用、15.13万平方米既有公共建筑节能改造，超额完成年度指标。制定《杨浦区装配式建筑工作方案》，推进落实装配式建筑指标。

5. 交通管理

会同区相关部门编制《杨浦区停车设施专项规划》，提出杨浦区停车发展战略。制定《杨浦区错峰停车管理办法》，并在杨浦商城等多个区域开展试点试点。新增1462个停车泊位，超额完成市静态交通领导小组下发的公共停车设施建设任务分解指标。确保停车设施配建标准作为强制性审核指标得到有效落实。启动了五角场地下空间人行诱导系统初步方案的研究，优化调整多条线路方案，促进公交优先发展。完成杨浦区国防交通整组工作。

6. 信访维稳

全年信访受理170批/件、209人次，受理“12345”市民服务热线242批/件、242人次，回复率达100%，受理范围的受理率达100%。积极协调申通公司，推进8号线、10号线、12号线沿线受损房屋加固修缮处置工作。着力化解了双辽路变电站等多项重大工程施工引发的周边居民矛盾及仁恒怡庭房屋质量问题引起的群体矛盾。区建交委共收到两会主办、合办的书面意见和提案49件，约占全区办理总数的六分之一，办理态度满

意率为100%。

杨浦区绿化和市容管理局

2013年，区绿化市容局（区城管执法局）在区委、区政府的正确领导和市绿化市容局（市城管执法局）的指导下，紧紧围绕杨浦国家创新型试点城区建设这一主线，不断健全、完善“管理重心下移、管理资源整合、城区环境联建、行政执法联动、社会公众参与”的市容环境综合管理机制，积极推进管理创新，巩固管理成果，提升管理效能，促进城区生态建设，着力提升市容环境综合管理水平和公众满意度，服务城区经济社会发展。

全面完成了全年各项目标任务。人均公共绿地面积预计达4.25平方米，生活垃圾日均处置量预计控制在市下达的900吨指标内，成功创建靖宇东路（敦化路—延吉东路）等5条（段）市级林荫道，完成年度计划的167%。及时受理、处置市民市容环境问题投诉，全面完成由我局承担的四项2013年区政府实事项目，圆满完成区政府十二五规划中期评估工作。在上半年全市市容环境公众满意度测评中，我区在全市17个区（县）中位列第7。在今年上半年的政风行风测评中，区绿化市容城管部门的得分位列全区城建管理类7个单位中第1名，在2013年度党风廉政建设考核中，考评为“优秀”。局系统1家单位被评为“2011-2012年上海市文明单位”，3家单位被评为“2011-2012年杨浦区文明单位”，局机关被评为“2012年度绿化市容系统政务微博优秀单位”，局办公室荣获“2011-2012年度区青年文明号”称号，局机关青年学习小组荣获“2012年度上海市优秀青年学习型组织”，局受理投诉处理中心在市局2013年市民诉求处置优秀案例评比竞赛中获“优秀组织奖”，局门户网站获“2012年度杨浦区优秀网站”称号，1人荣获“全国优秀环卫工人”和“上海市优秀农民工”称号。

一、加强市容环境管理，全力保障城区整洁有序

以国家创新型试点城区建设和“上海市长国际企业家咨询会”市容保障工作为主线，强化长效机制建设，突出重点问题治理，营造良好市容环境。提升城区清扫保洁水平，城区道路整洁优良率达90%。

（一）市容环境治理持续推进。一是夯实街镇管理，巩固提升4个示范街道、8个达标街道创建成果，为新一轮上海市市容环境综合管理示范（达标）街道镇申报、推选打实基础。二是全面完成48条（段）示范道路创建和脏、乱、差道路整治，切实提升市容环境常态长效管理水平。三是堵疏结合治理无序设摊，将原有23个设摊控制点压缩为18个。指导街镇落实“一点一策”管控措施，强化疏导点建设，进一步规范设摊管理。四是加强违法建筑整治，全年拆除违法建筑4.39万平方米，其中新建0.59万平方米，存量3.8万平方米。五是“特定区域”治理工作初见成效，全年完成12个集市菜场，8个轨交站点，18所中小幼学校，2所三甲医院，60个旧小区周边区域市容环境整治任务。

（二）市容景观进一步优化提升。一是加强景观绿化建设，突显重点区域景观特色。在黄兴路、淞沪路“二片”中及五角场核心区域等处分别布置《花蛇纳福》、《聚焦》、《和》等大型主题景点，共栽植各类花卉约185万盆，布置容器花箱613组，花球100只，改建、保留景点6处。二是大力推进景观灯光建设，新建完成黄兴路（控江路-周家嘴路）内环高架立柱、五角场淞沪路绿地等景观、楼宇灯光6处，完成楼宇灯光大修4处。三是强化户外广告设施管理，全年拆除违章固定广告、临时广告（对旗、横幅）、店招、指路牌、其它吊绳等近700处。

（三）绿化环卫作业水平不断增强。一是进一步加强绿化养护物业化管理，推出示

范绿地概念，充分发挥样板示范作用，以点带面，进一步提升管养水平，提高城区绿化景观面貌。二是优化环卫资源配置。贯彻落实“管理重心下移、减少管理层级、夯实基层组织、完善管理机制、增强管理活力、提升管理水平”工作要求，撤销原有4个分公司和12个作业队，整合组建8个社区服务分公司、4个运输分公司，促进环卫作业服务管理水平不断提升。三是进一步做好扬尘控制。落实作业规范化建设，加强环卫作业车辆维护保养，保持车容车貌整洁，减少运输途中尘土飞扬、散落、滴漏、拖挂等现象，同步做好洒水降尘，有效遏制扬尘，全区道路保洁质量优良率达90%。四是深入推进社区公园改造。按照改善公园安全设施、便民服务设施、园容园貌的要求，全面完成波阳、工农、内江、松鹤4座社区公园改造。

（四）社会动员更加广泛深入。一是重视舆情分析，增强市民共建共享意识。全年共编写《舆情汇总分析专报》48期，处理答复市级媒体舆情33件、区督查件13件，市民反映的其他问题42件。二是加强公共服务能力建设，充分发挥门户网站信息公开平台和微博服务民生的作用。局门户网站获“2012年度杨浦区优秀网站”称号，全年局政务微博粉丝数达8402人，累计发布信息3418条，我局先后荣获“2012年度区社会宣传和动员工作推进小组优秀成员单位”和“2012年度绿化市容系统政务微博优秀单位”称号。三是深入开展“绿化市容·城管执法进社区”主题实践活动。围绕绿化城市美化家园、生活垃圾分类减量等专题，全年累计组织开展“绿化市容进社区”主题实践活动近50余场，发放各类意见征询表4000余份，参与市民达4000余人次。四是加强市容环境第三方巡查发现机制，继续委托社会第三方机构开展每月一次的市容环境综合管理实地实效检查评估和每季一次的社会公众满意度测评，及时解决群众反映集中的城市管理顽症。在上半年全市市容环境公众满意度测评中，我区在全市17个区（县）中位列第7，在北四区中排名第1。

二、深入开展生活垃圾分类减量试点，提高环卫建设和管理水平

以生活垃圾分类减量工作为抓手，加强环卫设施设备建设，优化环卫作业配置，提升环卫建设和管理水平。

（一）进一步扩大生活垃圾分类减量覆盖面。一是生活垃圾分类减量覆盖面有效拓展，今年新增10家机关单位、64家教育单位、6个公园、21个菜场及193个居住区开展生活垃圾分类覆盖工作，完成年度工作目标的106%。居住区累计生活垃圾分类覆盖率达48%，位于全市前列。菜场累计生活垃圾分类覆盖率达56%，机关单位、教育单位、区属公园累计生活垃圾分类覆盖率均为100%。二是深入推进“绿色账户”工作，进一步扩大宣传面，增强市民垃圾分类意识。全年全区共开展绿色大讲堂126次，组织“绿色星期六资源回收日”活动154次，注册绿色家园169户。

（二）进一步推进环卫公共服务设施建设改造。根据生活垃圾分类减量工作要求，不断优化环卫设施设备建设。全面完成45座环卫公共服务设施新建、改造，其中包括新建2座公共厕所，新建3座小型压缩式生活垃圾收集站，改造2座小型压缩式生活垃圾收集站，改造18座公共厕所，改造20座垃圾厢房。提前完成20处垃圾分类中转点改造项目。进一步健全完善生活垃圾“大分流、小分类”物流运输体系，配备小型机动收集车替代以往的小型电瓶垃圾收集车，配齐配强运输人员。

（三）稳步提升城市废弃物管理水平。一是加强渣土管理，全年共出动渣土运输检查执法人员1055人次，检查工地1881家次，检查渣土车4644辆次。二是加强废弃油脂管理。启动7次废油脂外运的应急预案，共外

运废油脂约240吨。三是加强对餐厨垃圾产生单位的申报管理，建立产生单位“一户一档”管理制度，落实申报和专项收运。

三、积极推进市容环境建设，持续提升城区生态环境质量

根据城区功能规划建设和绿化生态功能总体需要，加快生态建设项目落地，优化城区绿化品质，提高城区生态环境水平。

（一）不断强化规划引领作用。一是做好规划编制，规划引领作用不断凸显。完成绿化市容十二五专项规划中期评估；编制完成《新江湾城部队留用土地绿化市容规划》、《滨江（南段）绿化市容规划》；参与编订《新江湾城发展和建设情况汇报》、《杨浦滨江（南段）公共空间和综合环境城市设计实施方案》、《杨浦区生态文明建设“十二五”规划中期评估》等规划。二是完成区保障房建设、新江湾城功能性项目建设、滨江开发和大连路总部聚集区功能性项目建设等85项建设项目的行政审批和行政审核。

（二）扎实推进环境项目建设。一是按照启动一批、建设一批、储备一批的要求，做好区级重大项目建设。按时间节点启动轨交12号线站点公共绿地项目、105街坊E4-8地块公共绿地项目等4个建设项目，推进周家嘴路荆州路公共绿地项目建设，储备临青路公共绿地项目、惠民中学公共绿地项目等4个待建项目。二是新建绿地4.68公顷，完成年度计划的100%，其中新建公共绿地2.58公顷，人均公共绿地面积预计达4.25平方米。完成轨交8号线黄兴路站绿地、大连路隔离带绿地等共7932平方米的绿地改造。新种补种行道树283株，新建屋顶绿化1.03公顷，完成市局下达计划的103%。同步推进轨交12号线沿线站点配套绿化和行道树恢复工作。成功创建靖宇东路（敦化路—延吉东路）、政通路（国定路—国宾路）、国权路（政修路—邯郸路）、沙岗路（佳木斯路——国顺东路）、殷行路（政悦路——淞沪路）等5条（段）市级林荫道，不断提升城区生态绿化品质。

四、深化制度建设，不断增强依法行政能力

以切实增强行政效能和执法能力为出发点，进一步优化行政审批流程。加强法制化建设，规范合同管理，完善律师参与机制。推动城管执法队伍法治化、规范化建设，不断增强行政管理执法能力。

（一）进一步强化服务意识。一是制定实施《行政审批（行政许可）责任制实施细则》，优化规范38项行政审批（行政许可）事项、3项预审事项工作流程，其中涉及工程建设领域的行政许可和行政审批事项的审批周期在区行政审批期限基础上压缩20%，大力提升行政效能。二是认真做好“两会”提案意见办理工作。今年我局承办“两会”提案意见共24件，答复率、办结率、满意率均为100%。三是推进局962348事务受理服务平台建设，落实“三个二”工作机制，加强绿化市容问题的受理和处置。全年共受理处置绿化市容、城管执法问题146558件，受理率和处置率均为100%，满意率93.7%。四是做好平凉、延春等6座社区公园夏令延长开放。

（二）严格规范行政行为。一是规范合同管理，制订实施《绿化市容建设和管理项目合同管理若干规定》，继续加强对规范性文件，尤其对合同等的合法性审查，聘请律师参与合同管理，为合同合法性及有效履行提供法律支持。全年共对76份2012年度尚在履行过程中以及100余份今年签订的合同进行合法性审查及备案，有效规避了法律风险。二是加大信息公开力度。全年共主动公开43份公文类信息，依申请公开28份，其中受理公开申请1起。

（三）切实提高行政执法效能。一是开展“四乱”专项整治。今年以来，先后开展针对“乱设摊、乱占道、乱设置、乱搭建”

四类街面违法行为的执法专项行动以及“双迎”、“春雷”、“百日”、“夏令”等专项整治行动，市容环境顽症治理取得阶段性成效。二是大力开展市级规范化达标中队的复验迎检工作，已创建的12个中队分两批接受了市局的复验。优化执法勤务模式，加强差别化、精细化执法，积极构建联勤联动等执法机制，强化应急机动力量建设，行政执法效能不断提升。全年城市管理行政执法累计立案30，768件，办结29，846件，处罚金额296.84万元。

五、加强行业建设，有效夯实行业发展基础

坚持重基础、重管理，切实转变政府职能，夯实行业发展基础，不断开创工作新局面。在今年上半年的政风行风测评中，区绿化市容城管部门得分位列全区城建管理类7个单位中第1名。

（一）政风行风水平持续提升。一是着力解决群众反映集中的渣土偷乱倒问题，认真开展渣土管理履职评议工作。通过坚持“专营”管理、深化“五定”机制、拓展消纳渠道、缓解处置压力，开展重点区域、路段等专项整治，进一步加强渣土管理，切实提高群众满意度。我区渣土管理工作得到市纠风办和监督员的充分肯定。二是深入推进政风行风建设，聘任政风行风监督员，与17家局属企事业单位主要负责人签订具有各自岗位特色的《政风行风建设目标责任书》，分区域召开3次政风行风建设座谈会，向广大居民、政风行风监督员及各街镇通报工作情况、听取意见建议，更好地查找不足、整改提高。三是坚持“三定”联系居委会工作机制，各基层队所坚持每月向居委、企事业单位主动上门通报月度主要工作安排，问政、问计、问需于民。四是组织开展以群众诉求整改“三个二”机制落实情况为重点的定期监察和即时监察，确保问题整改及时到位。

（二）行业文明程度不断提高。一是大力开展文明创建活动，逐步提高行业整体文明程度。文明公园创建显成效，在2013年上半年度绿化市容行业满意度测评中，我区在绿化行业中排名第8位，较2012年下半年度上升1位。区属各公园的排名大都有所提升，杨浦公园排名第7位，比2012年下半年度上升1位，取得历史最好成绩。继续抓好文明公厕创建，巩固提升2012年创建成功的129座公厕创建成果。二是深入开展志愿服务活动。以“建设生态文明，共建美丽家园”为主题，结合“3.5学雷锋”、“3.12植树节”、垃圾分类减量“社区资源回收日”等活动，依托“绿化市容、城管执法进社区”平台，打造“绿色生活，服务市民，我们在行动”志愿服务品牌。

（三）文化建设进一步增强。制定实施《2013年“杨浦绿化市容学习课堂”安排》，组织“党的十八大精神”、“反腐倡廉建设”专题讲座，开展“读一本好书，写一篇读后感，组织一次交流”活动，积极参与区第七届读书节活动。全年累计在《杨浦论坛》、《上海环卫》等杂志发表文章3篇，区环发公司《加强环卫职业道德教育，促进环卫队伍建设》获“杨浦区2011—2012年度思想政治工作研究优秀成果”三等奖。

（四）内部管理进一步规范。一是加强财务管理，把紧“钱袋子”，严格控制各类经费开支，坚决抵制铺张浪费。局机关及局属单位已于一季度全部建立国库单一账户体系，并于年初制定实施《公务卡支付制度》，全年局现金支出7.86万元，局公务卡支出131.62万元，现金支出仅占公用经费支出的1.34%，公务卡支付制度执行良好。严格公务用车，认真落实公务用车审批制度。全年公车使用各项经费22.3万元，比年初核定预算节省13%。严格按照区有关规定完成政府采购，今年通过区采购中心集中采购项目20个，涉及经费3066.8万元。二是加强人事管理。贯彻落实市、区人保局联合印发的《关于杨浦区其他事业单位绩效工资实施办法的通知》要求，计划今年在局属事业单位中全面推行绩效工资制度。贯彻落实区人社局等六部门联合印发的《杨浦区关于规范机关事业单位用工的实施意见》要求，开展聘用人员清理工作，局机关今年计划清退合同到期的聘用人员1人，局属事业单位计划清退5人。三是加强信访矛盾化解工作。今年共受理处置各类来信来访144件，办结率98.6%，其中局属事业单位退休女职工信访矛盾、区环发公司部分职工要求增资等信访矛盾目前正在积极协调处理中。根据区委统一部署，组织开展“双百”为民行动。其中涉及我局职能的公厕开放时间、道路绿化养护、餐厨垃圾处置等4个“双百”问题，均与相关居委进行对接，并提出解决方案。四是加强安全生产和防汛防台工作，全年无重特大事故发生。今年共开展安全生产检查16次。

六、加强党的建设，保障行业健康发展

以弘扬“四敢精神”，提升“五种能力”为重点，落实基层党建工作责任制，深入推进创先争优活动，扎实开展基层党的思想、组织、制度、作风和党风廉政建设，为全局工作开展提供坚强有力的政治保障和组织保障。

（一）贯彻落实党建责任制，夯实基层党建工作基础。一是与系统各基层党组织签订《2013年度党建工作目标责任书》，明确考核和考核成果运用办法，做到职责明确，责任落实。二是突出公开重点，加强载体建设，拓宽公开渠道。依托局门户网站和局官方微博推进党务公开工作，全年累计公开信息60余条。三是坚持每月对局系统各党组织工作落实情况进行监督检查，检查结果纳入年度考核。

（二）开展弘扬“四敢精神”，提升“五种能力”主题教育实践活动，提高干部队伍整体素质。一是加强教育培训，开展“转型升级过程中的上海城市发展”、“创新群众工作”等系列讲座，切实提高广大干部把握大局、创新发展和服务群众的综合能力。二是积极实践提高，与五角场街道文化花园居民区党总支结对联建，开展创建卫生小区、加强社区环境卫生宣传等活动；认真实践“一线工作法”，及时解决群众反映强烈的急、难、愁问题；落实在职党员干部社区报到“双重管理”制度。三是及时总结评议，以弘扬“四敢精神”，提升“五种能力”的工作举措是否实在、工作推进是否有利、组织作用是否发挥、工作成效是否突出为内容开展总结评议，确保教育实践活动取得实效。

（三）深入推进创先争优活动，健全常态长效工作机制。一是组织党员干部以争当“五带头”优秀共产党员、创建“五个好”先进基层党组织为目标，结合本部门工作职能、党员岗位职责进行公开承诺，并通过党务公开栏予以公示，主动接受监督。二是制定实施《局开展机关干部结对联系服务基层工作制度》，以科室为单位与局属事业单位及基层党支部结对共建，并通过“六个一”的工作机制，即参加一次党组织生活、参与一次“绿化市容进社区活动”、开展一次谈心谈话活动、组织一次座谈交流活动、开展一次调研活动、解决一个实际问题，做到“下基层接地气、察民情办实事、抓基层打基础”。

（四）加强组织建设，增强党组织凝聚力和战斗力。一是加强组织建设。调整充实区环发公司基层党支部，配齐专职党务干部，进一步夯实基层党组织工作基础。加强党员发展和党员管理工作，全年新发展党员11人，预备党员转正10人。二是加强自身建设。以基层党组织的“三会一课”制度的落实为重点，进一步规范组织生活。

（五）加强党风廉政建设，为事业发展保驾护航。一是健全完善和贯彻落实“三重一大”制度，加强对廉政风险点及防控措施的检查考评，加大对重大决策部署贯彻执行情况的监督检查，确保政令畅通。二是认真贯彻中央“关于改进工作作风、密切联系群众的八项规定”，进一步规范财务管理，坚决抵制铺张浪费。化集中通报为分别沟通，精简会议，改进调查研究，规范外事活动。三是开展园林绿化工程建设管理廉政风险防控工作。围绕项目规划、报建、招投标等管理环节，深入查找各阶段流程存在的廉政风险点、风险表现形式，评估确定风险等级，制定防控措施，不断推进园林绿化工程建设管理工作规范、透明、有序发展。四是不断加强廉政宣传教育，发挥廉政文化的渗透作用。通过加强理想信念教育、广泛发动参加“机关廉政月”各项活动、开展警示教育等形式丰富的主题活动，营造讲廉促廉的良好氛围。在2013年度党风廉政建设考核中，考评为“优秀”。

（六）加强群团工作，推进行业精神文明建设。调整充实局机关及相关局属企事业单位基层工会组织，积极参加市“工人先锋号”、“巾帼文明岗”等评选活动。认真开展帮困送温暖活动，健全帮困送温暖长效机制，落实职工互助医疗保障、女职工“特种重病保障计划”互助保障、工会会员服务卡等工作，着力构建和谐劳动关系。组织参加丰富多彩的文体活动，展现职工良好精神风貌。我局绿化管理事务中心被评为“2011-2012年上海市文明单位”，局机关、局执法大队、区绿化管理事务中心被评为“2011-2012年杨浦区文明单位”，局办公室荣获“2011-2012年度区青年文明号”称号，局机关青年学习小组荣获“2012年度上海市优秀青年学习型组织”。1人荣获“全国优秀环卫工人”和“上海市优秀农民工”称号，1人获第三届“杨浦好儿女”提名。2人荣获“2012年度杨浦区优秀志愿者”称号，结对助老志愿服务项目获“2012年度杨浦区十佳志愿服务”奖项提名。

（九）浦东新区

浦东新区建设和交通委员会

（一）重大工程和一般市政项目年度投资计划和工程形象进度目标全面实现

紧紧围绕更好发挥基础设施建设的先导性和基础性作用，按照“储备一批、开工一批、建成一批、移交一批”的原则，发扬善打攻坚战、敢啃“硬骨头”的干劲和毅力，积极破解来自动迁清盘、手续办理、资金筹措、社会维稳等各种瓶颈难题，继续完善“枢纽型、功能性、网络化”市政基础设施体系，有力支撑了重要产业、重大项目、重点区域建设和城乡一体化发展。

工程前期依法合规。从确保项目技术方案科学合理入手，进一步夯实前期工作基础，完成新区公路网（乡道）规划和骨干路网规划编制，做好黄浦江前滩地区（ES4单元）外围路网交通疏解方案和大芦线整治二期（浦东段）接线路网研究，对轨交配套、骨干路网等61个项目的初步设计进行批复，完成杨高路商务走廊配套工程前期研究及世纪大道商业化改建初步方案。在搞好技术方案研究审批的同时，积极协调办理规划许可、土地指标、施工许可、供地批文等工程开工以及进场施工所需各项手续，尽最大努力做到证照齐全，较好执行各项基本建设程序，切实提高依法合规建设水平。通过扎实有效、深入细致的前期工作，保证了中环线浦东段（东段）等13项重大工程顺利开工。

建设进度紧扣节点。共完成12项重大工程建设，包括大居外围市政配套的航头公交枢纽、川沙公交枢纽、航头拓展供水项目、拱为路，商飞市政配套的科苑路和张东路，区区对接的下盐公路以及确保轨交11号线北段（罗山路－迪士尼乐园）按期腾地。其余56项重大工程也均按计划节点加紧建设、进展顺利，其中16项大居外围市政配套项目、9项迪士尼市政配套道路、2项商飞市政配套道路全面加快建设，中环线浦东段（东段）工程进入主体施工，罗山路快速化改建工程完成过半，东西通道工程洋泾港桥施工基本完成。此外，50个一般市政项目实现竣工9个、正常推进41个，新农村建设和经济薄弱村路桥改造按计划完成道路改造70条、桥梁改造5座。

移交接管顺畅规范。进一步理顺工程移交接管程序，沈梅路等21个项目完成移交接管，既有道路改扩建施工期间日常养护费用和公路项目正式移交前质保期内设施修复费用等历史遗留问题得到有效解决，轨交6号线、轨交16号线等相关附属设施落实属地化管理，有力推动上述项目全面发挥经济社会效益。

一年来，由区建交委作为建设主体负责推进的138项财力投资项目和由区建交委协调推进的10大板块68项市、区重大工程（市重大工程33项，区重大工程35项），分别完成投资97.49亿元和142亿元，各占年度投资计划的103%和102%，轨道交通前期、大居外围市政配套、迪士尼市政配套、商飞市政配套、区区对接、骨干路网、配套商品房等各项重大工程以及一般市政项目始终处于受控状态。

（二）建筑市场秩序和建设工程安全质量同步改善

突出把握建筑工程点多面广量大、安全生产事故易发的行业特点，坚持市场和现场联动、科技和机制并举，进一步健全完善隐患排查整改机制，发现整改各类隐患3300处，查处违规行为193起、罚款803.28万元，较好消除重大安全隐患和质量通病，建筑建材业受理服务全市考评第一。

建筑市场诚信体系建设趋向完备。完成区委下达的《完善城市建设领域市场机制》研究，课题研究成果逐步转化落实；严格市场准入，在全市区、县率先建立企业资质审批专家评审机制、率先完善企业资质网上全流程审批，全面落实企业资质批后监管；在全市率先试点建筑施工企业从业信用评价，将评价结果运用至工程招投标活动中；实行建设工程电子招投标，推动建筑市场更加开放透明。建设工程招标发包率、公开招标率、工程量清单招标率继续保持100%，全年累计受理报建项目229个、核发施工许可证352个、完成施工发包581个标段。

建设现场检查执法管理更加严格。试点安质一体化监管，进一步落实“四查”方式，推动检查、整改和处罚力度“三加大”，节后复工、大型机械设备、防高处坠落、消防安全等系列专项行动取得显著成效，进一步强化实体检测推动保障房质量全面提升。全区1200个建筑工地未发生一起较大以上质量安全死亡事故，一般事故大幅度减少（发生事故2起、死亡3人，死亡人数同比下降70%，控制在市、区规定指标内）。

建设领域行政审批改革稳中有进。配合开展新区行政审批改革研究，制订《浦东新区建设领域改革深化方案及工作任务草案》（纳入区政府审改文件发布）；探索建立设计文件归口审查规范标准库，初步形成《浦东新区建设工程设计文件归口审查技术咨询与审查要求汇编》；完成建设工程“第三集装箱”设计文件审查审批协同办理平台建设。

节能建筑绿色建筑加快推广。完成新区既有大型公共建筑信息调查，建成区级能耗监测平台，加强新建建筑分项计量审查，建筑能耗监测系统得到进一步完善。共建成市、区优质结构单位工程212个、绿色建筑27.03万平方米、可再生能源建筑19.74万平方米，完成既有公共建筑节能改造17.07万平方米。

（三）公交规划建设和运营服务齐头并进

紧紧抓住《国务院关于城市优先发展公共交通的指导意见》和《上海市交通发展白

皮书》发布契机，以公交城区创建为抓手，坚持硬件改善、软件提升和服务保障一体发展，前沿研究、规划引领和项目落地互为支撑，进一步提升公交出行便捷度和群众满意度。

公交设施规划建设大力推进。编制《浦东新区公交场站设施专项规划》，提出76处公交枢纽和17处公交停车场规划建设任务。大居配套公交枢纽建设加快发力，川沙、航头临时公交枢纽基本建成，民乐大居公交枢纽完成开工准备。与此同时，实现新场公交枢纽开工，完成泥城公交枢纽工可评审，推动曹路公交停车场年内开工，并积极协调项目主体单位推进滴水湖公交枢纽、前滩公交首末站、周康航拓展基地公交首末站等16处公交场站建设，积极向市交港局争取公交基础设施建设项目市级补贴资金（改变“东事东办”投资模式，争取公交基础设施建设项目补贴资金达到3200万元）。

公交布局规划研究拓展深化。将线网研究由以线为对象转为以区域为对象，显著提高公交配套的整体性和综合性。完成《世博区域公交专项研究》，开展《金桥经济开发区公交专项研究》，并指导张江管委会、自贸实验区管委会、陆家嘴管委会等开展公交专项研究，指导曹路镇、新场镇启动镇域公交专项研究。同时，对公交线路开辟、调整、终止的边界条件、操作流程、管理措施等事项进行研究，形成《浦东新区公交线路开辟调整终止管理办法（草稿）》。此外，按照交通部规定的公交城区创建指标要求，制订了《浦东新区公交城区创建方案》；围绕提高公交行业文明程度和群众满意度，制订了《浦东新区创建上海市地面公交文明行业三年行动实施方案》。

公交运营服务水平稳步提高。全年延辟调公交线路（含轨交配套线路）114条（新辟45条、调整60条、撤销9条），突出完善世博地区和大居周边公交配套。通过增加周边配车、加强现场管理，有力保障国际公路自行车联盟锦标赛、15届浦东国际车展、桃花节、音乐节、烟火节等重大活动，较好满足客流集散需要。同时，充分运用信息化手段，提高公交服务智能化水平，重点探索了“定制”服务模式（着眼于保障工作生活型客流，为社区居民量身定制“公交私家车”——开通公交1053路），加快了智能公交建设（完成交通部和市交港局部署的公交信息专项调查），推动公交集群调度覆盖率提升至62%（涵盖180余条线路，2300余辆公交车），以及试点“掌上公交”（发布100条线路的实时信息）。此外，将百万张公交地图陆续发放到社区居民家中。

轨交公交零距衔接高效落实。牵头开展轨交16号线站点周边道路及公交设施配套建设（涉及的7条道路、7处公交首末站、4处港湾式公交站基本完成建设），期间协调解决了设施、道路、线路以及安全等方面的上百个问题。同时，及时跟进制订轨交和公交衔接方案，为轨交16号线配套公交线路49条（新辟18条、调整13条、过境18条），为轨交11号线、轨交12号线浦东段配套公交线路20条和19条(均涉及6个轨交站点)。

（四）交通运输和港航海事长足进步

沉着应对人流物流车流高度集聚的复杂形势，将管理提效、服务提质摆在突出位置，更好发挥信息化支撑作用，推动交通运输行业安全态势稳定可控。

春运交通平安快捷。加强科学调度，完善应急预案，优化服务措施，狠抓服务质量，全力以赴做好春运工作，保障人民群众春节期间便捷、顺利、平安、满意出行。春运期间，共发送人员147945人次，同比增加3.22%。

内河航运畅通有序。落实港口码头管理“六个一”要求，进一步加大无证码头整治(34家码头通过改造达标，52家无证码头取缔)。加强船厂、危险品码头污染防治，形成由点及面的污染防治和应急处置框架体系。《川杨河超限船舶管控方案》制订出台并经市海事局批准实施。全年进出港签证船舶122832艘次、货物吞吐量2311万吨。

陆上交通加大创新。积极推进“三联”（联动、联检、联控）协调防范机制有效运作，防范重特大道路运输事故发生。试点在浦兴路街道开展“汽修一条街”工作，探索建立“便捷、规范、透明、低碳”的现代汽修服务体系。持续推进出租车候客站点建设，通过合理设置站点和调配运能，进一步改善交通出行条件。积极适应临港地区区域出租车发展需要，协调投入20辆区域出租车，解决出行难问题。

静态交通迈开步伐。推动成立新区静态交通领导小组，明确“突出重点区域、突出重点项目，突出重点措施”的工作方针，着力抓好“P+R空白、扶植政策空白、社会资金参与停车场建设空白”等三个关键指标的落实突破。新建项目严格配建，共审批新（改、扩）建项目23个（配建63086个车位）、核查验收项目89个（2.54万个车位）、备案投入运营公共停车场（库）403家（新增停车泊位3550个）。老旧小区挖潜增建，新增车位2500多个。利用闲置空地规范改建，建成停车位426个。此外，积极协调支持东方医院、儿童医学中心、公利医院等扩建停车场，新增350多个停车位，缓解医院停车难矛盾。同时，推动塘桥、潍坊、浦兴路等街道和周边企业探索商居楼宇错时停车（共涉及15个点、近600个车位），形成共赢局面。

国防交通保障有力。进一步完善《浦东新区战时交通保障计划》、《浦东新区应急作战交通动员计划》等方案预案。积极落实“神十”卫星发射保障任务。规范“红网”建设，组织开展《应急专业保障手册》前期调研。推动成立浦东新区机场净空保护领导小组，保障民航飞行安全。

（五）房地产市场监管和物业管理效能显著提升

严格落实国家房地产调控政策和上海市有关规定，将房地产登记核查、行情分析和案件执法有机结合，将旧住房综合改造和优化物业服务有机统一，保持房地产市场安全交易、稳步发展，推动居民居住环境继续改善。

市场监管稳健把控。加强楼盘现场检查，严格执行“一房一价”、明码标价、商品房销售备案管理等规定；严格房地产登记核查，完成登记文件核查9.5万件，有效保障交易安全；严格遵循ISO9001质量管理体系要求，加强窗口建设，平稳应对“国五条”引发的交易高峰；完成各类商品房交易登记发证25万件、成交面积390万平方米；做好房地产市场月报、季报、年报及快报；加强房地产测绘，实测商品房房屋面积1293万平方米。

物业服务贴近民生。以区人大审议物业管理工作为契机，研究细化、分解落实15项具体任务，促进面上物业服务质量整体提升。完成248万平方米早期动迁安置房专项整修和193万平方米旧住房综合整新；建立旧住房物业服务补贴资金，实行“面上考核、按实差额奖励”，进一步加强条块联动，稳步提高老旧小区居住品质，并较好实现住宅修缮与节能改造的有机结合。通过新建完善20个物业应急维修特约服务站，制订《浦东新区住宅小区机动车停放管理指导意见》，指导支持沪东等街道开展综合性停车解决方案试点（新增小区停车位2800个），有效改善了区域物业服务质量和群众满意度。

执法管理配足力量。将执法管理贯穿于房管工作全过程、摆在重要位置，成立房管系统稽查执法工作领导小组及办公室，在3个基层单位各增设1个内设执法机构，进一步强化执法职能和执法力量；积极探索共有产权房和公共租赁房等保障房供后执法管理，规范房地产经纪人员和机构经纪行为，共立案查处房屋违法行为118件、以行政告知等方式查处案件1321起。通过严格有效执法，促进了房管工作成效显著提高。

（六）征收动迁清盘和旧区改造任务超额完成

始终突出更好服务重大工程建设、重点区域开发、重要项目落地，全力以赴抓好征收动迁、清盘腾地，千方百计推进旧改项目落地签约，努力在规范和效率之间寻求黄金平衡点，极大解放了生产力、增强了发展活力，产生了巨大的经济社会效益。

征收动迁实现超量。主要通过推动区政府建立健全对街镇的清盘考核制度（坚持每双月通报）、加快征收手续办理确保征收项目及时启动、协调法制部门加大司法强制执行力度，不断将征收动迁清盘引向深入。全年作出征收决定和补偿公告55个、行政裁决和责令交地书166个，共完成征收动迁9500户、基地清盘101个，分别超年度计划19个百分点和26个百分点。尤其突出做好对重大工程和重点项目的服务保障工作，通用四期、罗山路、轨交11号线北段（红线范围）等近40个项目按期腾地，有力保证项目及时落地、工程如期建设。

旧区改造难中求进。着眼于突破旧改资金落实难这个最大瓶颈，一手抓区政府鼓励郊区城镇棚户简屋改造政策落地，较好对接满足郊区各镇旧改需求；一手抓通过规划参数支持、预登记备案等方式加快征收手续办理、帮助融资主体解决融资困难，较好破解了旧改资金难题。与此同时，切实加强了保障房对旧改的倾斜和支撑。全年完成旧改2305户，超年初计划近5个百分点。

（七）“四位一体”住房保障体系逐步健全

紧紧围绕分层次、多渠道、成系统改善住房条件，着力营造和夯实有利于保障房建设管理的制度环境和制度保障，推动新建筹措、竣工配套、供应交付和供后管理更紧密衔接，确保年度各项建设管理任务全面完成，进一步解决了中低收入家庭住房困难。

开竣工计划和配套建设任务同步落实。制订并实施《浦东新区加快征收安置房建设指导意见》，全面完成市、区保障房年度开竣工任务，分别为市大居竣工51万平方米，区级征收安置房开工102万平方米、竣工206万平方米，区级公共租赁房开工25万平方米，促使全区逾期在外过渡征收农（居）民由年初的1.37万户下降至0.8万户；基本完成110个大居配套项目的建设、开工和前期手续办理任务，确保明年可全面开工和竣工（现已实现开工73项、竣工11项）。另新建商品房项目配套保障房300套。

保障房供应和供后管理有力跟进。做好各类保障房年度供应工作，其中经济适用房购房签约2684户、签约率68%，超市里考核指标18个百分点；完成市筹公租房供应受理审核配合工作，做好区级公租房供应各项准备（研究制订的《上海市浦东新区公共租赁房供应管理实施细则》已经区政府同意出台）；新增廉租受益家庭815户、实物配租270户；临港限价房（第二批）完成申请人摇号排序。在抓好保障房供应的同时，制订实施《浦东新区共有产权保障住房（经济适用房）供后管理实施方案（试行）》，有效提高保障房供后管理水平。

住宅配套和产业化加快发展。加强城市基础设施配套费征收和使用，完成征收116个项目、推进建设46个项目，计划执行率达到100%，做到征收足额到位、使用效能提升，特别是“十二五”规划急需的36所配套学校推进力度显著加大，已按计划完成第一阶段任务（实现全面立项）。围绕推进住宅产业化，新建“四高”小区8个、全装修项目22个，落实装配式住宅建设指标60万平方米，推动46个住宅配套项目开工建设。

（八）人防民防和地下空间管理扎实推进

紧密结合当前国家安全和社会公共安全的复杂态势，坚持以人防战备为重点，积极推进“两防一体化”建设，大力提高准军事化建设水平，夯实战时准备工作，提高民防建设管理水平。在全国人防训练比武竞赛中荣获南京军区先进集体，2名同志受到国家人防办表彰。

人防应急准备扎实。推进《浦东新区防空袭预案》等各类规划、计划和预案的编修完善；加强人防指挥所的建设和维护；批准结建各类民防工程96项（建筑面积65.9万平方米）、竣工各类民防工程87项（建筑面积45.2万平方米、使用面积38.3万平方米），开展国防教育日警报试鸣及防空防灾等系列演练，完成“东方—2013”演习。

地下空间确保安全。推动陆家嘴等3个街道全面运用地下空间网格化管理信息系统（一期），建立完善高桥镇指挥所指挥通信要素设施设备，进一步改善和提高人防战备硬件水平和科技含量；深入开展形式多样的地下空间安全大检查，培训地下空间安全员1500人，推动街镇更好落实属地化管理，37个在用民防工程落实地下空间综合责任保险，总计6713个（建筑面积1635.3万平方米）地下空间保持安全使用。

民众防护服务升级。培训民防教师90名，举办第三届浦东新区社区民防知识竞赛，开展基层民防建设调研、民防应急箱使用管理检查、民防集中宣传以及防震减灾应急演练培训等多样活动，继续做好地震监测，完成地震安全示范社区创建试点。

（九）机关党建和基层党建持续深化

按照领导干部先行、机关处室先行的原则，整体推进党的思想、组织、作风、制度和反腐倡廉建设，进一步巩固政风行风公众满意度稳步提高、全系统争先创优氛围愈加浓厚的良好局面，为中心工作提供了坚强的思想政治保证、坚定的作风纪律支撑。

组织建设突出基础。抓好十八大精神学习贯彻，深化中心组学习、书记宣讲团等载体平台作用，面向基层党组织和全体党员宣讲十八大精神，开展“感怀十八大、感受新变化”征文活动，大力强化干部职工“三个自信”；抓好基层特色党建，开展“学习型党组织”创建、“特色党建示范点”创建、“基层党建故事汇”展示、“道德讲堂”设立等丰富多样活动，健全党建联建机制，进一步规范和提升基层党组织建设水平；抓好各类人员培训，深化机关和基层凝聚力建设，积极支持老干部、工青妇和协会发挥作用。

队伍建设加大力度。突出实践导向和群众公认原则，积极开展干部选拔任用和轮岗交流，共选拔任用处级干部和事业单位其他班子成员15人（其中处级干部8人）、交流处级干部和事业单位其他班子成员16人次（其中处级干部12人次），完成事业单位52个中层岗位竞聘和28人次内部交流，完成临时机构挂职锻炼人员轮换，选派4名干部到西藏、自贸区等地区和部门挂职锻炼。推进干部人事制度改革，完善干部考察办法、做到“三个更加注重”（更加注重基层和群众认可度；更加注重对干部过去经历的延伸考察；更加注重在重点难点工作中培养和考验干部），进一步提高了干部的事业心、责任心和综合能力。

作风建设持续改进。严格执行中央八项规定、市委30条和区委28条，并结合实际制订《进一步改进工作作风实施细则》，突出服务街镇、服务基层、服务群众这一着力点和突破口，将区委主要领导街镇调研反映事项办理作为大事；进一步深化委领导街镇调研走访制度，在抓落实、抓推进、抓跟踪、抓深化上下功夫。通过扎实解决基层反映的问题和困难，基层和一线对机关作风的改善给予了充分肯定。机关作风测评进步指数在全区47个委办局中名列前茅、上升幅度为历年最高（上升至前6名）。在机关作风的带动下，政风行风建设也取得了新突破，“窗口”单位规范服务水平进一步提升，各行业政风行风测评排名和测评指数均有所提高。

反腐倡廉保持强度。严格落实上级各项

廉洁自律规定，抓好委15项廉政建设任务的落实和检查；建立对138个风险岗位的廉政风险防控机制；深入开展重大工程争创“双优”活动；继续强化审计监督，完成各类审计项目48个，严格财经纪律，确保资金安全；坚持利用各种机会、采取廉政手机报等各种形式对干部“敲警钟”、“拉袖子”，对新提任的领导干部开展集中廉政教育和任前谈话，对涉及廉政问题的干部进行诫勉谈话和教育警示，做好对发生违法违纪案件的人员的查处问责。

（十）依法行政和效能建设紧扣中心

紧盯“两高一少一好”的政府建设目标，全面提升计划财务管理和行政运行效能，着力提高信访维稳和依法行政水平，有效支撑中心工作正常推进、顺利完成。

计划财务管理稳健科学。计划管理有条不紊，科学编制基建财力投资等6大计划，在发挥计划的综合作用、适应计划管理新模式上取得新进展；项目前期管理更加深入，确保项目前期论证合理、项目前期储备高效，全年启动20个储备项目的前期研究，完成14个储备项目的立项批复和8个储备项目的工可编报，并做好世纪大道商业化改建、济阳路快速化改造等重大项目方案研究；资金管理安全可控，共筹措落实建设资金、补贴资金等各类资金134.59亿元，有力保障重大工程等正常顺利推进；预算管理规范透明，积极落实厉行节约等各项规定，委系统预算外资金专储率、正常经费执行率、国库单一账户执行率、政府采购计划执行率均达到100%，荣获“浦东新区财务管理A级单位”、“浦东新区区级部门预算管理工作先进单位”、区级统计工作“先进集体”。

行政运行保障有力有序。进一步加强办文办会、督查督办、两会办理、热线承办、信息化建设、公务保障、档案管理、科技咨询、信息宣传等各项工作，较好发挥了业务运行的平台作用。全年收发各类公文5519份、协调落实各类会议2057个，进一步提高了文字审核、程序把关和节点把控的质量和水平；开展督查128起，确保区委、区政府关注关心的重要事项和委重点工作全面落实、及时反馈（区委主要领导和委领导调研街镇等44家单位反映的290个问题，总体解决率达到65.5%，作为先进典型在全区进行了交流）；做好146件市、区“两会”件办理工作，区人大书面意见和区政协提案解决率分别达到62.7%和68%，均超新区平均线5个百分点；承接市民热线各类工单2678个，全区考核优秀；扎实推进8个信息化项目普及应用，较好发挥信息技术对各项工作的支撑促进作用，特别是结合智慧城市试点建设，对智慧交通、地下空间安全使用、建设工程管理、保障房管理等进行了有益探索和有效规划；政务信息报送获新区先进集体（录用230篇）；后勤保障更加细致稳妥，完成公务车改革系列任务，进一步规范和加强基层单位办公用房装修管理（完成3个基层单位办公用房装修），建立落实应急保障联动机制，妥善应对“9.13”特大暴雨等突发应急事件。此外，在课题研究和档案管理上进一步加大力度，完成科研课题10个、开展科技评审619项，交接接收档案842844卷、制作进库档案113220卷。

信访矛盾调处尽心尽力。落实“一岗双责”，围绕化解行业不稳定因素和信访矛盾，做好周二、周四信访接待（现场接待信访人近1700批约3000人次），加强群体性矛盾缓解化解，加大初信初访化解力度，共处理各类信访件7276件，按时办结率达到100%，总计71项的“四大专项矛盾”（信访积案矛盾、领导包案矛盾、突出疑难矛盾、突出群体性矛盾）总体化解率达到49.3 %（化解24件、终结22件），超额完成新区考核指标，行业未发生一起影响面上和谐稳定的重大事件，未发生行政诉讼败诉和行政复议被撤销（在全区委办局中保持最低）。与此同时，完成本年度审改所涉及的23项行政审批事项的清理精简，向世博办、临港委下放相关事权；加大与群众利益密切相关领域政府信息主动公开力度（主动公开量为去年的3.4倍，达到15899条）。

浦东新区环境保护和市容卫生管理局

2013年，新区环保市容局深入贯彻落实党的十八大精神，自觉践行科学发展观，根据中央建设生态文明的战略要求和区委、区政府打造生态之城、宜居之城的总体部署，按照“十二五”各专业规划以及第五轮环保三年行动计划中确定的项目安排，围绕重点，突破难点，打造亮点，全面推进生态建设，全面加强环境保护，全面提升城管水平，顺利完成了全年各项计划任务，为新区发展提供了有力的环境保障。

一、全力推进基础设施建设

（一）狠抓市区重大工程

计划执行率达102%，名列新区前列。其中滨江森林公园二期工程完成了土地征收批文，全年完成投资额15亿元；投资额12亿元的黎明垃圾焚烧厂主体工程竣工，运行后将有效缓解长期以来困扰曹路地区的臭气扰民问题；商飞护场河一期工程1标、2标、5标已完工验收；迪斯尼围场河西北段、东南段已基本完工，中心湖一标、二标建设有序推进；开天窗补绿工程和南汇生态专项工程各完成10公顷和2公顷绿化种植，执行投资额7.77亿元。

（二）完善生态设施布局

全面开展绿化、林业、水务、环保、环卫等生态工程建设，拓展基础设施生态功能。继续推进高南河水系建设，初步形成水系沟通格局；完成咸塘港、曹家沟河道整治工程；张家浜、曹家沟、三八河、赵家沟航道整治工程也进展有序；完成70个绿化专项，共安排资金5400万元，建设北蔡鹏海、三杨、川杨河、周康航大居配套等绿地项目，新辟各类公共绿地97公顷；完成2013年1717亩公益林建设项目作业设计；唐镇生活垃圾分流转运中心已竣工并投入运行；九段沙浦东码头及基地工程竣工并移交接管等。

（三）深化民生项目建设

完成惠南、周浦等地老公房天然气配套共484户；对老芦公路等6个路段约4850米道路增装路灯158盏，投资金额约650万元；改造5座老公园，夜公园开放扩展至7座公园；实施327座农村桥梁的改造工程；开展外环线张江段噪音治理；在17个镇实施村庄改造的河道整治工程；低压水网改造共计2万多户，受益人口6.4万人，总投资9000多万元；对康桥、航头、张江等15个镇实施生态（中小）河道整治工程，总投资1.2亿元；在川沙、曹路、北蔡等16个镇推进中小河道轮疏工程等。

二、严格实施环境监管保护

（一）推进三年行动计划

召开了第五轮环保三年行动计划推进联络员会议，印发了《浦东新区第五轮环保三年行动计划各责任单位2013年任务清单》，建立健全“一项目一档案”，探索实施分类推进，新区第五轮环保三年行动计划108个项目，除调整“白莲泾两侧商圈垃圾分类与收运处置系统建设”、“新建南汇北水厂一期工程”2个项目外，106个项目均已启动，完成31个项目，完成率为29.3%，整体形象进度为66.8%。其中，36个工程性项目已开工29个（已完成12个）；70个管理性项目已完成19个；市下达54个项目已全部启动，已完成项目16个。

（二）加强环境监察执法

组织开展了对国控、市控重点企业、重金属企业、危废企业、环境安全风险企业、燃煤、燃重油锅炉使用企业、总量控制重点企业、重点企业以及废水直排企业、百家污染源、禽畜牧场、医疗废物处置企业等各类专项执法监督。共检查企业9835户次，出动执法力量2.79万人次，立案查处违法企业191户，已经实施行政处罚161户，处罚金额达727.6万元；共征收排污费3509户次，收费金额达1181万元；强化辐射安全日常监管工作，开展检查300余次，还与公安机关开展联合执法等。

（三）创新环境监管模式

试行并推广企业分类监管机制，逐步构建覆盖全区、责任到人、监管到位的监管网络；积极开展软硬件的研发调试，探索环保移动执法机制；开展重点监管企业法人代表培训；对50家企业安装在线监测设备；根据空气质量新国标的实施要求，加快环境监测点和空气质量发布平台建设；加强水源保护区污染防治，有效防止非点源污染；共削减COD 59.44吨、NH3-N 24.65吨、SO2 1135.8吨、NOX 497.38吨；强化九段沙湿地等生态系统的保护；开展对野生动植物的检验检疫、病虫害防治和保护执法等。

三、不断加强城市综合管理

（一）完善市容管理机制

以上海市开展的“美丽上海、洁净城市”系列活动为抓手，坚持全程监管、全面覆盖、标本兼治，推进城市管理重心下移和条块结合、条线联动；超额完成十二个中心城区街道“特殊区域”整治的年度目标，名列全市第三；积极开展各项示范创评及达标创建工作，市级市容环境综合管理示范街镇已达9家；加强景观灯光、户外广告等各项管理工作；完成了上海市第十次党代会、市“两会”、国际女子公路自行车赛、“第三届国际职业技术教育大会”、桃花节等系列重大活动市容保障工作等。

（二）加大城管执法力度

进一步优化城管执法力量的机构设置和整合配置，开展了多次“春辉”系列行动，共出动执法人员47.4万人次，出动车辆14.7万车次，检查道路12万条次，教育劝阻20.7万人次，整改违法行为10.7万起；开展集中整治5300多次，查处乱设摊7.6万起，跨门经营2.7万起；查处水务案件538件、非法营运车辆148辆、渣土类违法违规行为519起、超限运输155起；共拆违111.6万平方米，其中存量违法建筑73万平方米，超额完成市下达的60万平方米的任务。

（三）提升综合管养水平

接管了3.19平方公里公共绿地、73.15公里道路、14.48公里河道；修复路面275.6万平方米、人行道40.6万平方米，推进新区道路预养护50万平方米，金科路等被命名为市级文明样板路，新区的文明样板路已占全市40%以上；完成250座公路桥梁和31座城市桥梁的定期结构检测；实施S1外圈全线道路、川沙路川杨河桥等一批道路和桥梁大中修工程；开展上海市道路保洁文明行业创建工作，提高道路、水域、公厕等日常保洁水平，强化渣土源头管理等；加强绿化设施管养，创建碧云路、世纪大道两条林荫道。

四、切实优化公共服务效能

（一）大力服务经济建设

按照7+2的生产力布局和“强镇优衔”的基本要求，进一步理顺和优化了环评审批、店招店牌审批、夜间施工审批、住宅小区绿化审批等各项事权的平移、监管和服务等各项制度；完成迪士尼配套工程、航头、惠南等大型居住社区建设、前滩、金桥汽车等630个重点项目的环评审批；开展百家污染源整治，加速淘汰劣势企业，开展352台中小燃煤（重油）锅炉和139台窑炉的清洁能源替代，提升区域环境容量；维修改造12个镇的排灌设施，在宣桥、书院、大团等镇建设高水平农田水利；还推进经济果林标准化基地建设等。

（二）强化公共服务职能

加大检查、督促和整改力度，协调水电气等公用事业安全平稳运行；共办理市、区“两会”书面意见和提案111件，主合办件“已经解决”率占63.8%，满意率达96.6%，均远高于新区平均水平；进一步做优“环境热线”、“12345热线”、“夏令热线”等公共服务品牌，共受理各类信访件9万多件，同比增长46.8%，办结率98.74%，荣获2013年市绿化市容局市民诉求处置案例评比“优秀组织奖”；办理行政处罚案件9000多件、行政许可4000多件，新增主动公开政府信息353条，受理依申请公开552件等。

（三）确保城市运行安全

围绕“两个确保、六个减少”的目标，落实各项防汛防台工作。共疏通排水管道3319公里、检查井33万座次、进水口60万座次，清捞污泥量3.48万立方米；引水共计5亿立方米，排水近13亿立方米；开展了商飞应急排涝渡汛、海塘防汛墙专项、大治河水闸南岸防汛道路维修等专项工程，经受了1次台风外围影响、2次大暴雨、8次暴雨以及9次天文大潮的严峻考验；进一步完善应急处置预案和运行机制，妥善处置了杨高路川杨河桥污水管爆裂等40多起环境和城管突发事件。

五、深入开展两型社会建设

（一）推进节水社会建设

落实最严格水资源管理制度，配合开展南片地区水价调整工作，发挥水价的经济杠杆作用，加强计划用水管理；进一步加强示范经验推广，对5家开展水平衡测试成效显著的单位进行适当经费补贴，完成了多个单位的水平衡测试和节水型企业创建，76家小区被命名为“上海市节水型小区”，上海外国语大学附属浦东外国语学校被命名为“上海市节水型学校”；继续推进新区供水集约化，六团水厂、黄楼水厂管网改造完成供水切换，共建设大口径管网5.6公里，改造小口径管网200余公里。

（二）深化垃圾减量分类

新区原生生活垃圾混合处置量为4143吨/日，同比下降2%。积极推进“大分流”，严格落实“小分类”，新增垃圾分类居民近20万户、机关29个、公园20所、校区359个。日均收运集贸垃圾422吨、居民厨余果皮110吨、装修垃圾563吨；累计收集电子废弃物83万件合计1.49万吨；启动了绿化垃圾资源化处置，建立了工业垃圾分类处置体系；开展对83家作业公司895辆环卫作业车辆IC卡的清理和规范化管理，完成11处计量称重点设备的升级改造，进一步提高生活垃圾计量的准确性、及时性。

（三）加强餐厨垃圾监管

与上海大学等开展餐厨垃圾收运处一体化管理模式及“泔水油”、“地沟油”资源化处置技术研究，在陆家嘴区域内试点推行废弃油脂电子联单收运操作模式，开展对废油脂收运企业专营招投标工作，进一步杜绝废油脂收运过程中的违规行为，日均收运餐厨垃圾100多吨，其中废弃油脂12.3吨；研究制定《浦东新区企事业单位生活垃圾处理费征收和管理实施方案》，与7059家单位签订垃圾有偿收运合同8804份，合同金额1.15亿元，超额完成年度指标；还试点推行了收费员政府招标购买服务等。

六、有效提高队伍综合素质

（一）抓好干部队伍建设

在局系统全面学习和深入贯彻党的十八大精神，开展了党的群众路线教育实践活动的前期准备工作；基层党建工作规范有序，“一线去”成功入选新区基层党建品牌化培育重点项目；完成新一轮市区两级文明单位、文明行业创建预申报，建成16个道德讲堂，组织开展28项学雷锋志愿服务活动；不断强化领导干部队伍建设，充实了多个处室和基层单位的领导岗位，在局系统范围内开展中层干部轮岗，稳妥实施绩效工资改革工作，加强各类培训教育等，进一步激发干部队伍活力。

（二）加强机关作风养成

开展党风廉政、政风行风和机关作风建设，落实反腐倡廉宣传教育、党风廉政责任制和“六个一”的规定动作；坚持以“四不承诺”和“三服务”为导向，局领导定点联系走访基层，全覆盖新区36个街镇，整理意见和建议124条；对川沙新镇72个村居、两新党组织开展走千听万活动；完成市政风行风测评与新区作风建设测评情况的分析梳理和74个市、区反馈案例的督促落实整改，以及15件市“纠风在线”转办件、16件行政效能投诉的处理，各行业测评满意度均有所提升。

（三）夯实各项基础工作

继续推进网格化平台的区域拓展建设，建成南片4个镇级平台，实现南北网格化管理一体化运行，共计受理各类城市管理案件23万多件，同比增长25.6%；完成局房屋（土地）资产统计调查，形成了局事业单位国有资产管理办法；建成道路管线监察管理系统、水闸监控系统、行政许可系统与市局对接项目等；完成了绿化养护平台的设施普查和模块设计；完成本年度森林资源数据库动态更新；还实施了20多个科研项目，《排水性沥青路面关键技术研究及应用》课题获得中国公路学会科技奖二等奖，申请专利21项等。

此外，工青妇、老干部、宣传、计财、安全维稳、公车改革、水利发展改革等基础工作也成效显著，为各项业务工作的顺利开展奠定了坚实基础，特别是滨海论坛的成功参与，有效展示了浦东环境建设的成果和形象。

（十）宝山区

宝山区建设和交通委员会

2013年，区建交委认真贯彻党的十八大、十八届三中全会、中央经济工作会议和市、区委全会和区人代会精神，按照区委、区政府确定的目标任务，紧紧围绕宝山发展的重点，尽早明确了全年工作思路和任务，坚持以贯彻落实党的十八大精神为主题，以加快推进城乡建设管理转型发展为主线，以关注民生为重点，抓转型、促提升；转作风、重实干；快协调、破难点；严监管、保安全，经过全委上下奋力拼搏，完成了全年工作目标任务，取得了重大工程有力推进、交通港航加快发展、创卫工作成效显著、队伍建设明显加强、转型发展步伐加快、城市运行安全有序的新成绩。委系统持续呈现心齐劲足、竞相争先的良好局面。区春运办被市评为“春运先进集体”、区交运署被交通运输部评为“2013年交通运输行政执法优秀单位”和“市运管系统行政执法考核评比第一名”、区公路署获“市建交委公路行业执法考核区县第一名”和市路政局授予“上海市路政执法规范化示范点”、区建管所在全市率先实施电子化施工招投标，被区纪委评为2013年度区纪检监察系统“十佳工作项目”；组织实施的区法院项目获全国建筑工程质量奖最高奖“鲁班奖”、华山医院、区检察院和零点广场项目获“上海市白玉兰奖”；组织司法强制执行6次8户（为历年来最高数量）；牵头罗店大居市政公建配套指挥部和外配套指挥部的84项工程的组织推进。

一、全力推进重大工程建设，城乡基础设施建设取得新发展

按照新型城镇化建设要求，以市、区重大工程、区区对接道路、大居内外配套设施和五大地区建设为重点，加大统筹协调力度，提高服务监管效能，扎实推进工程项目建设，各项重大工程实现了预定目标。

（一）市、区重大工程

G1501越江隧道已完成工程开工所需动迁和腾地工作；S7一期因红线调整方案待批；S6公路（S20-嘉定区界）完成所有动迁；长江西路越江隧道尚余2户企业3户居民未动迁，2户居民已进入调解程序；富长路（S20-金石路）完成初步设计；宝钱公路（蕰川路-

潘泾路）工程完成 50%。

（二）区区对接道路

宝安公路富长路－沪太路段建成通车，富长路－蕰川路段机动车道已贯通，沪太路以西至区界菊泉新村段完成所有居民动迁，工程加快施工；宝嘉公路沪太路 –S7 公路段基本完成，S7 公路－区界段完成工可调整报告；康宁路 S20– 长江西路段建成通车；嘉盛公路（沪太路－嘉定区界）完成评估调整报告；集宁路工可通过专家评审；殷高路正在加快施工；场中路开工已完成自来水、煤气等管道搬迁割接和道路便道施工。

（三）大居外配套设施建设

潘广路工程完成 10%；陆翔路（美兰湖路－杨南路）段工程完成 60%；杨南路工程完成 50%；月罗路排水工程建成；罗南新村临时枢纽站基本建成，顾村枢纽站规划方案公示。

（四）大居内配套设施建设

2011 年 6 项市政工程 5 项已开工，慈沟工程完成初步设计批复，陆翔路污水泵站基本建成，15 项公建已部分开工；2012 年度 12 项市政道路工程开工，学校、菜场等 6 个项目部分完成立项批复。

（五）重点基建工程

一钢医院、罗店医院完成初步设计批复；月浦文化馆影剧院正进行桩基施工；零点广场一期基本建成，二期结构封顶；宝中心病房大楼工程具备开工条件。

（六）五大地区建设

南大地区：南大路一期、祁连山路一期工可上报；丰翔路项建书已上报；南陈路等 3 条道路正研究调整方案；环镇北路开工。

滨江地区：滨江大道漠河路－密山东路段工程完成 30%，宝杨支路段基本建成。

二、加强协调管理，罗店大居配套项目建设有力有序推进体现新力度

组织实施罗店大居配套项目建设是区府明确由区建交委牵头的一项重要任务。罗店大居需配建 42 个市政项目、35 个公建项目及排水管线等设施，共 77 个项目，总投资 46 亿元。坚持以加快完善基地配套建设为目标，加强统筹协调，加快项目推进。一是建立工作机制，坚持定期召开指挥长工作会，每月召开施工现场推进会，及时召开难题破解协调会，对大居整体风貌、管线配置、绿化建设、工程推进作出具体部署；二是加强协调沟通，主动与规划、土地、绿化、管线、设计等部门沟通，确保项目审批规范、流畅；三是严格现场管理，强调按施工规范、程序和要求组织实施，发挥监理监管职能、努力提高施工质量，确保工程安全和时间节点。已开工 4 条市政道路、1 座泵站和 6 个公建项目正在加快推进。

三、坚持公共交通优先，拓展思路解决群众出行难获得新突破

面对群众不断提高的出行需求，聚焦公交发展重点和难点，拓展思路，破解难题，加快公共交通发展。一是圆满完成春运任务。春运 40 天共接送旅客 27.8 万人次，接送车辆 3.1 万辆次。二是推进公交发展。贯彻公交优先，认真办理区人大 04 号议案，完成了《宝山区加快发展公共交通政策扶持办法》的修改下发，制定了《宝山区关于优先发展公共交通实施意见》、《宝山区域公交客运服务公司筹建方案》，形成《宝山区静态交通专项规划》初步成果；新辟调整公交线路 31 条，其中新辟 5 条，调整优化 12 条，票价改制 3 条，解决和方便了罗泾洋桥、罗店、宝山城市工业园区、顾村和大场等地区沿线居民公交与轨交衔接的出行，公交服务质量有了明显提高。三是加强公交设施建设。推进完成了菊盛路、洋桥等 2 个公交首末站建设及罗南公交枢纽站、盛桥云林路枢纽建设方案，新建 50 个公交候车亭，开发运用“宝山智能公交信息平台”，在友谊路东段设置 10 个公交电子站牌，完成长途客运站视频监控、危险品运输监控组成信息建设。建成淞

宝地区 47 个公共自行车服务网点。四是加强协调遏制非法客运。充分利用联勤联动机制，加大对市联席办明确的 7 个重点区域执法力度，积极推进各街镇园区 82 个重点区域“一点一方案”，加强对各街镇的非法客运属地管理职责进行暗访检查和集中考核，落实街镇属地管理责任。探索开展便衣核实证据工作，提高监控中心管理水平。全年开展整治行动 141 次，检查疑似违法车辆 1022 辆，查扣非法营运车辆 257 辆，维护正常客运秩序；全年出动执法人员 15328 人次，检查各类车辆 5726 辆，立案 1817 件。五是依法加强水上航运管理。对到期的 63 家码头企业进行全面审核和现场检查，严格港口经营资质许可，深入开展“打非治违”专项行动，发现隐患 37 处，查处超载 347 起。

四、切实加强城市管理，落实区府为民办实事等工作创出新亮点

（一）加强路政燃气行业管理

市政公路大中修工程实现预定目标。宝杨路大修正推进道路施工；宝杨支路改建主体工程竣工；18 项市政道路大中修项目，15 项已完成，3 项正在加快推进。完成公路大中修项目和农桥改造 31 项，罗北路创建为区级文明样板路，抚远路、陈川路创建为农村公路示范路。严格规范掘路管理，切实加强道路网格化管理，全年发现病害 16646 起，应处置 13582 起，及时处置 13570 起，处置率达到 99.9%；协调落实轨交 1、3 号线站点等设施移交接管。发挥燃气行业管理协调作用，完成大场地区 481 户未安装管道燃气综合改造和友谊地区 5000 户天然气置换。开展锦秋花园 545 户燃气用气隐患治理。全年入户安检 186725 户，督促整改 4265 户，整改率达 36%；开展联合执法 93 次，取缔无证经营 65 处，消除安全隐患 336 处，确保了城市供气安全。

（二）区府实事项目圆满完成

按时完成月浦、友谊地区 13820 户居民煤气内管改造和方正路等 3 条道路沿线路灯安装。

（三）建设工程监管进一步加强

一是切实加强建筑工程安全质量现场管理。全年监管工程项目 441 个，建筑总面积 997.08 万㎡，建安总量 241.49 亿元；受理报监项目 238 个，建筑总面积 358.06 万㎡，建安工作量 114.94 亿元；完成竣工备案项目 158 个，总建筑面积 292.41 万㎡，建安工作量 52.08 亿元。加强源头管理，注重建材抽验，推进一户一验，举办现场观摩会，树样板、提水平；充分发挥建筑信息化综合管理平台和街镇专管员队伍的作用，以加强深基坑等危险源和保障房安全质量监管为重点，多次开展各类专项检查，严格依法监管，全年开具质量安全整改单 335 份，暂缓单 62 份，停工单 35 份，行政处罚立案 47 件，罚款 712 万元；建成信息平台二期，“用工管理”和诚信系统，并开始运行。尤其是 8.31 事故发生后，引以为戒，认真贯彻落实区委、区府部署要求，立即组织为期三个月全覆盖、零容忍的建设工程、路政燃气、公共交通大检查、大整治行动，出动 1304 人次，发现隐患 244 个，发出暂缓施工指令单 2 张，整改通知单 90 张，限时整改、决不手软，实行安全隐患整治闭合管理。二是切实加强建筑市场管理。全年窗口受理各项行政审批和备案事项 2368 个，其中受理报建 300 个，施工许可证 197 个，合同备案 1127 个，专业交易 114 个，建材交易 498 个，直接发包 132 个，各项目办结率 100%。开展建筑企业资质核查，在全市率先实施电子化施工招投标，完成招标项目 441 个（其中公开招标 371 个，邀请招标 70 个），没有一起信访和投诉，招标率和公开招标率达到 100%；发放大型居住社区中标通知书 65 份，确保大居工程按目标推进。加强项目审批管理，严格规范程序，全年完成初步设计批复 115 个，比上年增 27%。负责协调 G1501 越江隧道、沪通铁路和 S7 公

路等市重大工程的实施方案，开展了南大地区等6项道路改建工程技术储备。三是积极开展工程创优活动。全年有79个单体申报区优质结构，其中12个申报市优质结构；申报区文明工地36个，其中申报市文明工地8个；申报宝山杯11个、市白玉兰工程9个、申安杯工程1个、国家优质工程1个，鲁班奖1个。

（四）扎实开展创卫工作，环境面貌进一步改善

将创卫工作列为一项重要任务来抓，加强领导，落实责任，认真实施，充分发挥管理职能作用，实现管理、环境双提升。一是制定整治方案，明确目标任务。制定了“区建交委宝山区创建国家卫生区行动实施方案”，层层将整治工作任务细化分解到部门和班组，责任到人；二是建立工作机制，确保有序推进。建立了工作例会、领导包干、定期报送、检查督查、应急保障等制度，保障创卫工作扎实开展；三是全员积极参与，各司其职形成合力。通过加强道路设施维护整治、强化执法加强交通运营秩序管理、分组包干加强建筑工地监管、宣传整治双管齐下确保燃气市场安全稳定，整治工作成效显著。四是拓展思路创新管理，努力争创工作亮点。加强沟通，促进轨道交通站点设施顺利移交接管，推进建筑工地实现人机结合科学监管，实现文明样板路成功创建，认真搞好创卫评估迎检，形成人人参与支持创卫工作的良好氛围，为全区创建成国家卫生区而不懈努力。

（五）认真办理人大政协意见提案，努力化解信访矛盾维护社会稳定

承办人大、政协意见提案共101件（其中主办76件，会办25件）。经梳理分类，委召开了办理工作会议，各级领导重视，落实责任，加强沟通，注重落实率，按照要求认真办理。76件主办件已全部答复；25件会办件按时完成。承办的市两会9件意见提案按规定时间办理完毕。坚持依法行政，夯实法制工作基础，组织33名新录用人员培训，完成区法制办“六五”普法教育中期验收，开展建筑业行政处罚专题检查。全年受理信访件717件，已办结689件，其余28件正在抓紧办理，按时办结率100%；接待集访68批次、455人次，经过艰苦细致工作，尤其是加强全国“两会”、党的“十八大”期间突出矛盾化解，信访矛盾处于可控状态。处理建筑业民工上访85批次，涉及民工1571人，解决拖欠民工工资2430.74万元，维护了民工合法权益，确保了社会稳定。

五、认真学习贯彻党的十八大精神，党员干部和职工队伍综合素质展现新提升

以加强党的执政能力建设、先进性和纯洁性建设为主线，认真落实全年组织人事、宣传、纪检监察工作要点和党风廉政建设工作任务责任制分工。加强班子建设。注重考核结果应用，抓好民主生活会整改方案落实，调整优化班子结构，提拔干部17名；加强干部教育培训。针对干部思想和综合素质状况，举办了科级后备干部和新录用人员专题培训班，委领导亲自授课，并采用集中培训和现场教育相结合的多种教育方法；举办8次专题培训讲座，依托院校教授、专业人士对建设交通管理、提升能力形象和人文道德等知识进行强化培训。通过多形式、多角度、多层次的教育培训，使干部开阔了视野，增强了奋发向上的工作热情，推动学习教育经常化、制度化、规范化。加强干部管理制度建设。党委从转变工作作风、密切联系群众着手，从领导干部谈心谈话制度落实抓起，先后建立完善基层中层干部、专业技术人员竞岗、聘用管理制度、新任干部及新进人员师徒带教和年轻干部挂职锻炼等一系列制度。同时推进基础性管理，编写了《新进人员工作手册》、《工作人员信息管理档案》。加强党风廉政建设。从教育、制度和监督三管齐下，以警示教育为主，强化廉政自律意识，开展系列活动；突出“制度加科技”建设，

委系统5个信息化平台建设有力推进；开展半年对党风责任制进行检查，定期公布“三公”经费，做好党政“一把手”经济责任审计，积极推进党务公开、政务公开、“三重一大”等各项监督制度。加强以德为先精神文明建设，深入推进文明单位创建，教育和引导干部和职工树立良好的社会公德和家庭美德，爱岗敬业，勤奋工作，充分发挥工作积极性和创造性；发挥工、青、妇等群团组织作用，开展各类文体等竞赛活动，切实做好扶贫帮困送温暖工作，不断增强委系统的凝聚力和战斗力。

全年工作有以下几个特点：

1. 早谋划争主动，合力推进工作早启动。体现在：思想发动早，从2012年四季度就着手谋划2013年工作；任务确定早，区委区府明确全年工作目标任务后，区建交委尽快明确了全年的目标任务；责任落实早，通过层层分解细化，明确责任部门和责任人；工作启动早，形成早安排、早推进的工作格局，措施有力，工作扎实，为全年工作任务完成奠定了良好基础。

2. 快转型促提升，更好发挥区建交委的职能作用。按照区委区府要求，区建交委站在新的起点上，着力抓转型、促提升，将工作重心及时转到加强指导、协调、服务和监管上来，推进管理创新，探索建设交通管理系统化、标准化、信息化，推进完善建设工程、道路管理、公共交通、水上航行、行政审批五大信息平台；加快推进管理体制、工作机制创新和完善，认真落实区府批复新“三定”方案，优化整合委机关科室职能和委系统力量配置，突出重大工程、市政运行、建筑安全、交通管理等方面综合调控力，确保任务、安全、运行等可控。

3. 抓重点促发展，积极探索新型城镇化道路。按照中央推进新型城镇化建设的要求，积极探索宝山特色的城镇化道路。针对区域内南部（外环以南）、中部（外环与郊环之间）、北部（郊环以北）三大地区、三种状况，予以聚焦，分类处理，实施差别化政策，既注意均衡化，又注重因地制宜，全面统筹，争创亮点。做好十二五规划中期评估，把规划变成三年行动计划、项目和政策。

4. 转作风重实干，着力推进工作落到实处。坚决贯彻中央关于转变作风、密切联系群众的八项规定和市、区委的要求，深入基层、深入一线，抓重点，重实干，办实事。建立领导联系包干重大项目、重点信访、重点人大政协意见提案办理、创卫重点道路等制度；针对工作推进中遇到的突出问题，列出了八个专题，由委领导带队深入开展调查研究，推进机制和制度创新。

经过全委上下的艰苦努力，在任务特别繁重、矛盾难题增多、协调难度加大的情况下，战胜了百年一遇的持续高温和重大工程瓶颈凸现的困难，各项工作推进有力，实现了预定的目标。成绩来之不易。同时，我们又清醒认识到工作中存在的不足：一是实施重大工程、大中修项目遇到一些新情况和新问题，难度加大，需要进一步拓展思路，加强协调，全力予以突破，确保工程顺利实施；二是面对城市化进程加快和人民群众日益增长的需求，城市管理还存在一些薄弱环节，需进一步提高管理水平；三是要发挥区建交委统筹综合协调职能作用，需加快推进转型创新，队伍素质亟待进一步提高，工作力度有待进一步加大。

宝山区绿化和市容管理局

宝山区绿化市容局全面贯彻落实十八大精神，紧紧围绕“两区一体化”和“五个好”总体要求，按照以问题为导向、以创建为抓手、以队伍建设为保障、以“三个提升”为目标的工作思路，全局干部职工凝智聚力，奋发有为，全年各项工作进展平稳有序。

（一）聚焦卫生创建，城市面貌进一步改善

将创卫作为全局中心工作，在巩固绿化市容创卫指标的基础上，着力提升基础作业水平，着力打造区域景观亮点，着力实现市容常态长效。尤其是迎检期间，我局克服了夏季高温带来的客观困难，进行普遍性自查和整改，实施超常规环卫作业保障，加强对核心创建区的行业指导和支持。工作的力度和强度达到历史最高。为顺利通过创卫暗查做出了贡献。在创卫过程中，建立和完善了一批工作机制和方法，管理、执法、作业“三位一体”联勤联动机制在各街镇推行，继续实施“市民评判、社会评价、数据评定”三评机制，启动“特定区域”环境治理三年行动计划，今年完成35%工作量，4160人参与“门责管理万人培训”。2013年上半年市民满意度测评排名全市第六、郊区组第一。

（二）聚焦民生服务，环卫作业进一步夯实

采取多种措施加强生活垃圾分流和减量，全区生活垃圾外运量保持在日均1480吨，泰和路环卫码头日均转运装潢垃圾量698吨，菜场垃圾日处理量约17吨，开辟社会码头转运建筑渣土渠道。结合渣土履职评议加强渣土治理，相关投诉和清运量下降约50%。吴淞街道、张庙街道全面推行居民生活垃圾分类。2410家餐饮企业、17家超市、19家食品厂规范申报废油脂，24家农贸市场试点废油脂统一收运，毛油收运量2414吨，同比增加126%。泰和路环卫码头菜场垃圾处置设备完成扩容改造，罗店、顾村、大场、高境环卫停车场等设施正在逐步推进，大场生活垃圾压块机项目建成。结合垃圾分类工作对全区1871间垃圾箱房进行了大修。开展垃圾焚烧厂项目前期研究。

（三）聚焦生态环境，绿化建管进一步提升

今年成功获评“全国绿化模范城区”。新建各类绿地165公顷，南大一期、华山医院周边整治、张庙一条街整治、镜泊湖路等绿化项目竣工、祁连公园、一二八纪念路、郁江巷路、阳泉路市民广场、泗塘公园改造等绿化项目进场施工，全区绿化覆盖率达到42.6%，绿地率41.5%，人均公共绿地23.2平方米。炮台湾公园创建国家级湿地公园进入国家林业局总评阶段，上海市绿化合格单位增加至275家，37家上海市花园单位通过复查。完成永清公园整体改造和2处街头绿地灯光小品建设，优化了宝杨路景观灯光设计方案，开展了户外广告基础信息普查工作。完成立体绿化1.1万平方米，牡丹江路和盘古路被评为上海市林荫道。结合创卫加强了绿地保洁和日常养护。

（四）聚焦队伍建设，整体素质进一步增强

深入开展十八大精神学习活动，各级党组织落实“三会一课”制度，认真执行中央作风建设八项规定。举办了基层党政一把手培训班和第四期中青年干部培训班，对14家基层单位领导班子进行了充实调整，现职干部新老交替和后备干部梯队建设稳步推进。17人参加入党积极分子培训班，新发展预备党员8人。六家单位荣获市级文明单位称号，六家单位荣获区级文明单位称号。进一步完善环卫职工收入正常增长机制，制定了宝山区环卫最低工资标准、早晚班津贴、劳务工工龄工资等政策。完成事业单位绩效工资改革。开展“心系职工情、温暖进万家”主题活动，向1600名清道工人发放了羽绒服。妥善处理了“事转企”改革、征地工、事业退休等稳定问题。

（十一）闵行区

闵行区建设和交通委员会

根据区委、区政府“十二五”规划的的总体部署，2013年，全委将紧紧围绕城市建设和管理的中心任务，做到四个“全力”，即：全力推进道路设施完好、运行安全平稳为总体目标，使市政公路设施不断完善，综合管理水平有明显提高；全力推进“一个平台、四项制度”建设，建立完善智能监管模式；全力推进智能公交、低碳运营、便捷出行的公共交通一体化模式；全力推进大居外围配套和区区通未开工项目建设，有序推进市属重大项目建设。具体重点工作和创新点汇报如下：

第一方面：重大工程领域

1. 搭建平台，加大前期推进力度：充分利用区委、区政府建立的重大项目推进机制，搭建推进工作平台，加强综合协调。重大问题及时上报区政府领导决策解决。同时，进一步搭建市区相关部门之间、区级部门之间以及区镇之间的三级沟通服务平台，共同推进重大工程建设前期进程。

2. 牵头协调，促进优化方案落地：从有利于区域经济和社会发展、有利于减少社会矛盾和有利于地区交通出行等角度出发，做好重大工程的方案优化。将继续协调、促使嘉闵高架、虹梅南路高架、昆阳路红线调整等优化方案获得市相关部门的确认。

第二方面：建设领域

1. 推进“一个平台、四项制度”建设：加快建设信息管理平台、狠抓分包合同备案执行、全面实行监理报告制度、推进市场稽查制度的执行、推进信用制度的建设。

2. 探索、改进施工现场监管模式：探索和尝试“人力 + 科技 + 智慧”新型监管模式，与巨一公司商谈引入实时监管系统，通过电脑、手机等平台实时掌握工地状况和管理人员到岗情况。

3. 积极培育，引入社会中介力量：积极培育工程质量安全监督的社会中介组织，参与、介入建设工程监督管理。目前在街镇项目监管、材料检测、分户验收等方面引入第三方机构监管，取得了较好成效。

4. 加强培训，建立建筑产业大军：将行业培训工作纳入日常管理工作。对内开展安全质量监管人员的培训，提高监管技能和水平；对外发挥行业协会作用，组织对农民工开展上岗培训和技能培训，逐步建立现代化建筑产业大军。

第三方面：交通领域

1. 自行车服务新政：实行押金办卡、超时收费模式，扶持信息技术研发，适度发展总量控制，对公共自行车项目实行二级管理。即：区建交委负责计划制定、行业指导工作，日常监管和服务由自行车网点所在镇、街道负责实施归口管理。

2.CNG 加气站建设：积极协调市、区政府相关部门对建设 CNG 加气站建设的支持，在符合安全规范的前提下，督促相关部门加快审批进程，为区域出租车车辆使用 CNG 提供加气的便捷。

3. 公交终点站电子信息系统：协调区科委等相关部门，建立公交终点站电子信息屏建设，及时向乘客发布车辆班次、发车时间等相关信息。

4. 大居配套公共交通设施建设：根据相关规划，公共交通设施配套方面共规划建设 2 个公交枢纽，13 个公交首末站，配套始发线路 28 条。截止目前，已经建成并投入使用的公交首末站有 5 个，入驻线路 10 条。银春路枢纽和鲁汇枢纽均处于前期工作阶段，2013 年上半年将建成银春路枢纽建设。

5. 加强静态交通管理：完成静态交通规划编制，启动社会车辆智能停车诱导系统建设，在充分依托现有社会停车资源的基础上，开辟新的停车场所。

第四方面：市政领域

1. 开展样板路创建：加强道路养护精细化管理水平，规范道路设施，计划在 2013 年创建莘松路、东川路、古北南路、金都路、七莘路、莲花路和漕宝路等 7 个道路样板路段，做到道路平整、设施设置规范齐全、排水通畅、绿化美观。

2. 破解市政基础设施管理盲点：计划从2013年起，联动相关部门，用两年时间：一是对红白杆、护栏、窨井盖等道路附属设施进行梳理和整治；二是对厂区、园区道路进行摸底调查，明确道路产权主体，落实养管单位。

3. 地铁周边和高架下相关地带管理：2013年，将进一步明确对沪闵高架投影地带和地铁站点道路地坪的管理部门，落实养管单位，按照不同分类进行规范化管理。

闵行区绿化和市容管理局

2013年，区绿化市容局紧扣时间节点，认真推进各项工作落地，年初8个方面39个子项的工作目前均已完成。在市绿化市容局上半年度第三方市民满意度测评中，我区绿化、市容环卫和城管执法系统排名分别位列郊区组一、二、三名。参加全市“五一”、“十一”花境、花坛竞赛活动，体育公园花境获一等奖，吴泾公园、莘庄公园花境获三等奖，黎安公园花坛获三等奖。在2013年3月的“香港国际花展”上，我局代表上海市绿化市容局参展的作品《城市慢生活》荣获最佳设计和最具特色双金奖，向香港市民展示了闵行群众绿化工作的新高度。在市局、青年报共同主办的“青年人最喜爱的上海十大公园”评选活动中，闵行体育公园入选“青年人最喜爱的上海十大公园”、莘庄公园入选“青年人最喜爱的上海十大公园”最具人气奖。我局获得区政府2013年度办理人大代表书面意见和政协提案先进单位。区城管大队李宁同志被评为上海市城管执法系统“十佳文明规范执法标兵”；区城管大队荣获“上海市绿化市容市民诉求处置”优秀案例评比竞赛三等奖；在“创一流业绩、树公仆形象”争做人民满意公务员主题实践活动中，记市集体三等功。我区绿化市容城管部门政风行风测评居31个测评部门第一名。我区生态环境质量持续改善，市容市貌整洁有序，城市长效管理不断提升，行业发展基础更加扎实。

（一）生态环境建设持续推进。完成公共绿地建设25公顷，立体绿化项目35个，总面积约5万平方米。文化公园已完成一期工程（20公顷）建设并对外开放，二期主体工程基本完成。外环生态专项（莘庄段）已完成土地收储、设计招投标等手续，且完成设计方案优化并报市绿化市容局初审。外环生态专项（梅陇段）已完成立项、规划定界选址、环评，并委托完成该项目可行性研究报告文本等工可报批前期手续。郊野公园一期已启动方案设计工作。100亩林海公路（闵行段）通道防护林建设项目已全面完成造林任务。200亩疏林地改造项目（浦江镇黄浦江水源涵养林及部分与涵养林接壤的浦江片林）已完成项目设计方案编制、资金细化评审等基础工作。野生动物保护栖息地建设项目选址已报市局。

（二）生活垃圾管理深化拓展。2013年，生活垃圾分类减量工作被列为区人大议案，以此为契机，把议案办理作为推进垃圾分类的重要抓手，已完成新增150个居住小区、机关、企事业单位、学校和公园的垃圾分类工作任务；全区有机垃圾处置量达120吨/日。区固体废弃物资源化利用处置中心建设已完成技术工艺路线竞标工作。目前，已向相关部门上报《上海市闵行区餐厨废弃物资源化利用和无害化处理调整实施方案》，待批复后加快项目立项、环评等前期工作。闵吴环卫码头集装化改造前期工作基本完成，确保2014年正式施工。

（三）市容市貌保持整洁有序。目前全区13个镇、街道、莘庄工业区均通过了市级责任区管理达标创建。古美路街道、新虹街道获得了上海市市容环境综合管理示范街道称号。巩固“百街千路”道路洁净工程管理成果，落实常态长效管理，组织开展了“爱整洁、清死角”道路保洁专项整改活动，将渣土管理、环卫车辆“跑冒滴漏”整治作为夏季常态工作推进，保持道路环境卫生优良率。中心城区机扫率达到80%、冲洗率达到75%，全区有82条（段）道路通过市级验收。创新乱设摊治理机制，规范设摊疏导点设置，重点区域、重点道路乱设摊现象得到有效改善。

（四）环卫绿化创新发展亮点多。树立规划先行的理念、发挥规划引领作用，开展了闵行区环卫设施专项规划编制工作。对照环卫设施设置现行规范标准和行业规划发展方向，结合本区实际及街镇需求，完善规划研究，配合对接市局环卫设施综合规划情况，为以后的环卫设施建设夯实基础、指明方向。创新实现绿化和环卫道班房资源共享，解决绿化环卫工人休息场所缺乏问题。转变林业发展思路，调整林业建设模式，积极挖掘农村、河道、道路、公共绿地等林业建设潜力资源，实行绿林一体，促进绿化林业又好又快发展。

（五）公共服务水平不断提升。倾听市民诉求，落实“3个2”投诉处理制度。2013年，共受理绿化林业信访投诉820起，处理率100%，工作日反馈及时率99%，满意率99%；受理市容环卫信访投诉3436起，处理率100%，工作日反馈及时率99%，满意率97%。夏令热线创特色。设立“闵行区市容环境夏令热线”活动日，进一步提高了整改处置能力。利用“公园、社区、志愿者”三位一体管理机制，开展了以“营造公园舒适环境，需要你我共同参与”为主题的噪音控制主题宣传活动，营造公园舒适环境。

（十二）金山区

金山区建设和交通委员会

2013年区建设交通委在区委、区政府的正确领导下，坚持“聚焦、突破、转型、提升”的工作要求，细化制定了31项委重点工作，以发展、服务、保障为主线，努力构建建设交通行业道路网络、公交网络、航运网络和安全保障网络，进一步提升管理水平，为实现“十二五”时期“两个倍增、两个同步”目标任务做出了应有的贡献。

一、聚焦重点、统筹兼顾，确保各重点项目顺利实施

伴随13年区重大办职能划转，区建设交通委积极对接，将重大办工作与委项目管理科工作有机结合，坚持委内牵头的重点项目建设和全区重大工程项目推进两手抓、两不误。在由委牵头负责的重点建设项目方面：高标准完成了以231座农村桥梁改造和303.7公里农村经济相对薄弱村村内道路改造为重点的农村基础设施建设，为改善村居出行条件、拉近镇村联系、加快新农村建设打下良好基础；高质量实施了以亭卫公路大修和松卫北路建设为重点的路网建设项目，为扩大我区对内对外的交通通行能力，保障区域经济发展和惠及民生起到了积极作用；高要求推进了以枫泾交通枢纽一期工程为重点的枫泾特色镇建设交通配建工作，为改善区域交通环境，实现综合交通一体化，加快枫泾特色镇建设推波助澜。此外，漕廊公路铁路跨线桥的有条件通车、板桥西路（东平南路—卫零路段）、临桂路（同凯路—亭卫南路）新建道路工程的顺利竣工以及金廊公路、朱吕公路等大中修工程的按期完成，进一步保障了我区交通路网的“畅、安、舒、美”。

在推进全区重大工程和实事项目方面：区建设交通委通过建立完善联系--协调--反馈机制，加强与各项目主管单位的联系、沟通，做好监督协调工作。2013年48个重大工程和实事项目最终22个项目竣工（包括10项实事项目），20个项目进入实施阶段，6个项目处于办理前期手续或方案阶段，项目开工率达到87.5%。好于2012年水平。

二、亡羊补牢、深入探索，全力保障城市运行安全

城市运行安全与市民日常生活息息相关。区建设交通委深刻吸取“1.10”水污染事件教训，“痛定思痛，痛定治痛”，彻查“风险点”、“危险源”，为提高城市安全度加码。

通过以“1.10”事故源头 – 码头管理为突破口，举一反三，着重制度建设，逐步将依法治理、确保城市安全延伸至行业内各重点领域，形成监管合力。全年全委共上报区委区政府专报 37 篇（重大办 4 篇），有 22 个相关议题经区政府常务会等会议讨论并通过。单独或联合相关单位制定的相关管理办法和制度，进一步规范了我区建设交通行业管理。

通过制定专项整治方案，对全区 194 家码头企业和 28 家道路危运企业进行了梳理，锁定目标，切实开展行动。并在此基础上延伸到全行业治理，开展无证码头清理整治、黑车整治、桥孔整治、超限运输整治等工作，确保了城市交通运行的安全有序。

通过加强建筑市场监管，在进一步加强企业资质动态核查，强化招投标过程监管的同时，制定了《金山区建筑业农民工工资保证金制度实施暂行规定》，为预防和解决建筑业企业拖欠农民工工资问题提供了有力抓手。

通过建立健全施工现场监管机制，以百日安全生产大检查和质量月活动为契机，按区域划分开展监管。全年共开展抽、巡查工地 2210 个次、排摸重大危险源 177 个，确保了全区 250 多家在建工地 2013 年未发生安全生产死亡事故。

通过积极开展恶劣天气防范、防汛抗台、运输安全保障等应急演练，从组织体系健全、责任制签署、物资储备、风险识别、预案启动、泵站联动等各方面完善了《2013 年防汛排水和突发事件应急处置预案》，进一步加强了应对灾害性天气和突发事件的处置能力，为成功抵御冰雪灾害天气、“菲特”台风和“10.8”特大汛情等灾害侵袭提供了基础保障。

通过与各有关镇政府签订《金山区 2013 年度铁路道口安全监护目标责任书》并加强道口检查的方式，切实落实道口安全管理责任制。

通过制定《金山区铁路下立交的管理办法》和《考核办法》，对全区 43 个铁路下立交的管理主体、行政主管部门和管理养护单位的权利、责任进行了明确，明晰了相关专项养护资金来源和发放标准。

三、以人为本、改善民生，稳步推进惠民实事工作

区建设交通委始终把保障和改善民生作为建设交通发展的出发点和落脚点，努力办好直接关系民生需求的重要实事。

（一）编制交通基础设施规划。主要有：金山区综合交通发展战略和若干重点问题研究、金山新城静态交通规划研究、金山区内河港区布局规划、金山区骨干路网的规划研究等四项。为提高我区交通服务水平和居民出行效率提供了技术支撑。

（二）积极开展项目前期工作。具体包括：配合开展平申线航道整治工程前期准备、新沪杭公路选线、亭枫公路四拓六改建工程研究等；积极开展 G60 枫美路新建工程方案优化、金山新城公交总站方案论证、卫零北路 – 东贤路选线等工作。为新型工业化专项改革试点和新型城镇化建设做好前期谋划和准备。

（三）进一步优化公交线网。通过协调公交公司归并 4 条区级重复线路、开通 2 条快速公交线路、延伸金山 8 路、新辟金山医院配套线路——山阳 1 路并正式开通朱泾 3 路区间车和朱泾 6 路公交车，进一步优化了我区公交线网。

（四）圆满完成燃气改造工作。组织协调燃气行业完成了 2013 年度石化地区天然气转换配套道路管道敷设工程选线规划评审工

作，并加强与石化街道的沟通协调，全年累计完成天然气转换 25084 户，超额完成原定 1 万户转换指标。

（五）高效办理人大、政协、党代表提案和来信来访。共主办区人大代表书面意见 32 件、政协提案 18 件、市、区党代表联系社区意见 65 件。达到了走访率、答复率、满意率三个 100%。接待受理各类人民群众来访、来信、来电、来邮 223 批次，4076 人次，信访办结率 100%。

四、着眼实效、创新转型，不断深化自身建设

区建设交通委围绕实现建设交通科学发展和转型发展的目标，以更大的决心与勇气推进改革创新工作。一是结合重大办、燃气管理、初步设计审批等职能归入，撤销了公路市政科和项目管理科，新建了综合规划科、路政燃气科和重大工程管理科，使区建设交通委科室职能分配越趋合理；二是先行先试，开展行政审批改革试点工作， 以批管分离为核心，全区率先成立行政许可科，将 37 项原本分散在各条线的审批事项集中至委行政许可科统一受理，进一步优化流程，提升效率；三是开启路网信息化管理新模式，以实现对全区公路设施管理、养护管理、路政执法管理、应急处置管理和信息应用的信息化综合管理为目标，分期建设“一个平台、五个业务管理系统”的区公路路网管理分中心，加强对区域内各项业务的实时动态管理。一期建设已完成并投入使用。

五、围绕中心、加快融合，深入推进党的建设

委党工委在区委区政府的正确领导下，加强学习贯彻落实党的十八大精神，坚持围绕中心、融入中心、服务大局、服务百姓的工作原则，进一步抓好思想建设、组织建设、作风建设、反腐倡廉建设和制度建设，加大干部队伍和人才队伍建设力度，为实现建设交通工作和谐发展提供坚强的政治、思想和组织保证。

一是认真组织学习十八大和十八届三中全会精神，贯彻落实中央“八项规定”、习总书记在全国宣传思想工作会议上的讲话以及党政机关国内公务接待管理规定等内容，引导党员干部廉洁自律。全年公务招待开支得到有效控制，较去年减少 16%。

二是努力提升新形势下做好群众路线工作的能力，开展新一轮“双百结对”活动，完善走访联系基层制度，并继续发扬志愿服务精神，为保障社会稳定和城市运行安全发挥了积极作用。

三是切实打造高素质执政骨干队伍，完善“选”、“育”、“用”、“管”四位一体的工作机制。创新开展“助理制”和“一帮一”带教结对等干部选拔培养模式，为行业发展做好人才储备。

四是坚持贯彻民主集中制，不断完善党内民主决策机制和民主监督制度，严格执行“三重一大”决策集体讨论决定制度。

五是有效落实党风廉政建设责任，落实谈心提醒教育预防等制度，增强对各单位领导干部履行“一岗双责”意识。

六是不断推进群团建设，发挥桥梁纽带作用。充分发挥工、青、妇、民兵等群团组织在组织、引导、服务群众和维护群众合法权益方面的作用，更好地调动委系统群众参与建设交通事业发展的积极性和创造性，为实现建设交通工作又好又快发展提供了坚实保障。

金山区绿化和市容管理局

2013 年，在区委、区政府的正确领导下，在市绿化市容局的关心指导下，区绿化市容局以党的十八大精神为指导，紧紧围绕“三个金山”建设总体部署，以“创建第二轮上海市文明城区”、“村（居）社会管理专项治理活动”、“特定区域市容环境治理活动”等重点工作为主线，着力优化区域生态环境、

创新城市管理模式、提升服务管理水平，推动行业科学发展，大力营造“绿色、整洁、有序、宜居”的市容环境，圆满完成了全年的各项目标任务。

一、2013 年工作总结

（一）突出重点，生态环境建设持续推进

1. 重大绿化工程有序开展。金山现代农业园区景观观光带绿化改造工程（镇区段）、老龙泉港（蒙山路～卫零路）生态绿地建设、“上海金山永久生活垃圾处理厂周边环境整治工程（一期）”、G15 金山新城出入口周边绿化改造工程及张堰公园改造顺利完成。全年完成各类绿化建设 22.1 公顷，其中公共绿地 14.1 公顷。

2. 城区景观面貌不断优化。结合“沙排赛”、“沙滩音乐节”、“烟火节”等重大活动，在中心城区“三纵三横”主要道路节点及高速出口等绿地进行景观布置，共更新和新增主题景点 6 个，更新花坛花境 8400 平方米、容器组合 330 组 / 个，城区累计更换各类花卉约 25 万盆；对前京大道竹林、五一广场绿地及临潮三村中心绿地等进行改造，改造面积 7050 平方米；在城市沙滩、戚家墩等重点区域及松卫南路、卫零路、卫清路、沪杭路等主要沿线，开展绿化巡查与环境整治工作，共整治绿地 85000 平方米、补种行道树 40 株。滨海公园获得“迎十一”郊区组花景鼓励奖。

3. 科技兴绿工作扎实推进。改造扩大园林树枝等废弃物循环利用规模，全年共计树枝粉碎堆肥约 800 吨，用于绿地土壤改良和草花生产；开展绿地科技课题试验，在松卫南路（金山大道－南方寝室）路段，卫清路（东平路—杭州湾大道）引进娜塔栎、加拿大紫荆等新品种丰富植物配置；开展有机湿垃圾消纳利用中试试验，应用在建成林地、新建绿地及发芽和盆栽等方面；开展立体绿化建设，完成屋顶绿化面积 3907 平方米、垂直绿化 1540 平方米、沿口绿化为 425 平方米、棚架绿化为 1122 平方米。

4. 绿化管养质量不断提升。加强有害生物预警监测和防控力度，落实“两病两虫”防控措施，有效降低了我区有害生物发生危害基数；有序推进林荫道创建工作，卫二路（沪杭路—金一路）成功创建为市级林荫道，成为本区第 4 条市级林荫道。同时，积极做好古树名木保护工作。全年，新增古树与古树后续资源各 1 株，目前共有古树 81 株，古树后续资源 47 株，共计 128 株。

（二）巩固提升，生活垃圾管理深化拓展

1. 实施对上海金山再生能源有限公司的运营监管。制定了《金山环境再生能源有限公司项目运行监管方案》、《金山环境再生能源有限公司试运行生活垃圾运输方案》等管理制度；加强对生活垃圾运输车辆行车路线、车容车况、文明及安全行车的巡查；委派 2 名专职人员驻厂监管，实时监督运营期间的各类指标排放情况，确保了系统安全有序、平稳运行。全年，处理生活垃圾 272879.79 吨，发电 6077 万度。

2. 完成末端处置设施配套项目的建设。全区生活垃圾收运系统（全区 8 个转运站）于 4 月底建设完成，5 月底全部进入了试运行；炉渣资源化利用项目于 4 月底建设完成，5 月初进行设备调试，8 月初进入了正式营运。目前，各配套项目运行情况良好，为生活垃圾末端处置发挥了积极作用。

3. 推进生活垃圾分类促进源头减量工作。年初确定石化街道、金山卫镇、山阳镇、漕泾镇的 39 个居住小区、18 个机关、477 个企事业单位、44 个学校、6 个公园、12 个菜场共 596 家单位为全区 2013 年生活垃圾分类减量实施单位，并制定了《金山区 2013 年生活垃圾分类减量工作方案》，积极开展垃圾分类工作指导、培训、检查、考核，巩固和提升了分类减量工作，基本完成年初制定的生活垃圾分类指标，实现人均末端处置减量5%。

（三）多措并举，市容环境面貌不断优化

1. 强化市容环卫长效管理机制。规范建筑渣土源头管理。完成了渣土运输处置企业招标工作，共受理申报企业194家，申报量277万吨，并积极开展违法违规运输处置渣土行为联合整治行动，共检查工地56个，查获违规车辆5辆；强化全区废弃油脂处理管理，落实收运单位，开展申报管理，加强监管，共收含水量地沟油1494.164吨，处置量853.92吨。推进机动车辆清洗场（站）规范化管理。严格执行备案程序，新增3家机动车辆清洗备案企业。完成《金山区户外广告设施设置阵地实施方案》编制。严格规范户外广告的审批，加强对店招店牌的日常管理，共审批户外广告设施22处，店招店牌备案23家。做好景观灯光的日常监管工作。完成了沪杭公路庭院灯、龙山路桥梁灯光、金海岸花苑聚光灯等10处景观灯光设施大修工作。

2. 开展市容环境专项整治活动。启动“特定区域”市容环境专项治理三年行动工作，加强对列入今年治理范围的22个售后公房小区及周边、13个集市菜场周边、金山北站及金山铁路沿线3个站点出入口周边、金山医院周边、16所学校周边及39个行政村的行业指导监督，强化检查考核，使“特定区域”环境面貌逐步改善；扎实推进城乡结合部镇村环境治理工作，共整治暴露垃圾463.5吨，清除黑色广告4592处，整治废品收购点42处，清除河道垃圾235.9吨，清理宅前屋后乱堆物1038处，新建、维修优化环卫设施243个，优化绿化8505平方米，改造店招店牌225.5平方米，白化墙面13880平方米；加大环卫设施更新改造，共新增环卫车辆31辆，中心城区维修改造11座垃圾房、2座公厕、4座环卫工人作息点，新增490只废物箱。开展黄浦江水域上游专项治理，积极应对“死猪事件”，配合相关职能部门运输处置死猪，确保市民用水安全。

3. 开展各类创建指导。深入推进公厕文明行业创建。细化目标，落实责任，加强整改，全区145座公厕创建成上海市“文明公厕”。推进道路保洁和垃圾清运文明行业创建工作。进一步优化保洁作业模式，提升市容环卫作业水平和服务质量，共申报19个道路保洁班组和12个垃圾清运班组。开展指导检查市容环境综合管理示范街（镇）创建。石化街道成功创建为市容环境综合管理示范街道。有序推进枫泾镇巩固国家卫生镇迎复审工作。积极与枫泾镇沟通，指导国家卫生镇复审指标的完成。

（四）创新实践，城市管理水平稳步提升

1. 深化城管执法管理机制。按照“垂直体制、双重管理、以块为主”的管理思路，制定《金山区城管执法业务“属地化”管理实施意见》，10月组建成立城管执法大队亭林中队和城管枫泾中队，属地化中队全区覆盖显现雏形；推行大队领导挂帅攻坚，机关干部参与一线执法工作机制，全力攻克各类顽症难题；加强装备建设，推进执法手段科学化，基本建成了由车载移动、办公和受力点定点监控、“全球眼”、街面监控、车位点GPS等组成的城管执法指挥监控中心，初步形成政令畅通、公开透明的勤务指挥体系。

2. 优化勤务模式，提升城管执法实效。采取“5+2”、“白加黑”的作息时间做到24小时值勤、备勤，加强在重要时段、重点区域的执法保障工作，圆满完成了“两会”、“节庆假日”“世界沙排赛”“沙滩音乐节”、“烟火节”等重大活动期间的城管执法保障任务；加强与工商、公安、民政、文化执法、食药监等相关职能部门的沟通协作，开展迎春专项整治、松卫南路专项整治、迎沙排赛专项整治、防范和打击医保欺诈违法整治、绿色护考、“H7N9”禽流感防控、夏令热线专项整治、中秋国庆食品安全专项整治、严格防控无证家禽贩卖现象等联合执法，有效化解城市管理中的各类顽症。全年，共出动执法人员66831人次、13051车次，教育纠正各类违法行为54237余处。其中，当场处罚和一般程序案件456件，罚款539181万元。检查渣土运输及道路污染403处；检查建筑工地及夜间施工685处；教育纠正学校周边环境6123处。

3. 加强队伍建设，提升城管形象。以城管参公管理为契机，进一步理顺职责，加强管理，通过开展城管执法作风纪律教育、队员岗位培训以及规范化中队迎复验建设等活动，不断提升城管队员的综合素质，塑造城管文明执法形象。

（五）数字先行，网格化管理成效显著

1. 市民服务热线运行平稳。完善“12345”市民服务热线工作机制，规范热线受理流程，制定了《金山区“12345”市民服务热线工作考核办法（试行）》及相关热线工作规定，形成了信息共享和工作联动，建立了24小时轮流值班制度。全年，我区共收到市民服务热线转送事项5002件，其中区级热线平台共接到市级平台派送的工单3415件，已办结2419件，办结率98.25%；各行业部门接件单1587件，办结1199件，办结率75.55%。

2. 强化网格化管理案件处置能力。加强监督员培训，开展专业技术、部门基础信息、城市管理法律法规的专项学习，进行每月经典案例分析，提升监督员的案件甄别能力，提高分转处置工作效率。全年，共计立案39549件，其中，监督员发现35912件，公众投诉受理3624件，12319转办13件。结案数38169件，结案率96.51%，其中监督员自处理案件19087件，占案件总数的48.3%。

3. 网格化管理区域拓展有序开展。完成网格化六期项目的前期调研、实地勘察、外业部件调查、数据录入汇总及人员培训工作。12月2日，项目顺利启动实施，金山卫镇、新城区、山阳镇、朱泾镇、枫泾镇，共计13.74平方公里的区域纳入网格化管理。

（六）关注民生，行业服务水平再上台阶

1. 秉持便民原则，深化行业审批制度改革。初步理顺张江高新区金山分园行业审批优化机制；深化实施“两集中、三到位”工作制度，不断完善行业审批工作服务发展的路径和能力。完成新一轮行业审批事项调整清理，全面加强审批工作目录化管理；修编完成《办事指南》和《工作手册》，明确办理依据、梳理审批环节、优化工作流程，积极促进行业审批标准化建设。完成建筑渣土处置核准并网上线；完善绿化审批网上材料审核、一门式工作办理。全年，园林绿化、市容环卫共计受理审批事项761件，均按照规范、高效、廉洁、便民原则在承诺期限内办结完成。

2. 引导群众参与，倡导共建共享理念。以纪念全民义务植树运动32周年为契机，开展义务植树系列活动。发放各类绿化宣传资料300余份，回收废旧电池10多公斤，换出盆花2900盆。植树节期间，累计参与人数900余人，种植树木3400余株，植树面积27000余平方米；积极开展绿化认建认养信息，全年共有9家单位，19位市民参与了我区绿化认养活动，共计认养绿地2万余平方米、古树及古树后续资源13株；组织开展了绿化知识“六进”服务、城管执法“五进”等活动，不断扩大公众参与度，也让更多的人理解并支持绿化市容和城管执法工作。

3. 加强技能培训，提升行业服务能力。开展全区范围内绿化市容从业人员技能素质情况的调研；开展绿化工（中、高级）、植保、春季花灌木修剪等竞赛培训，共有301人参加；与区总女工委共同主办了“强丰杯”金山区市容环卫行业女职工岗位技能竞赛，共130余人参加了活动；同时还组织参加了市绿化职业技能竞赛花坛布置、花灌木修剪、常见病虫害识别和植物识别四个项目的竞赛，通过活动不断提高职工技能水平，有效增强行业服务能力。

4. 畅通投诉渠道，及时回应民主诉求。按照“加强资源整合、提升工作效能”的总体要求，不断加强局系统投诉受理事务中心建设，确保案件处置及时、人民群众满意。同时积极开展行业“夏令热线”活动，及时解决市民反映的难点热点问题。全年共受理并处理各类行业案件 2495 件。

2013 年，我区绿化市容行业始终保持着科学发展的势头，但也应该清醒地看到行业工作中存在的一些问题：

一是科技兴绿的理念需要进一步宣传，绿化养护管理方面需要进一步精细化，提升机械化程度；绿化网格化管理以及投诉受理工作的及时性需进一步加强；绿化行业基层养护工人的整体素质需要进一步加强。

二是违规的户外广告设施整治工作未能有效开展，规范审批率较低；建筑渣土和装璜垃圾乱倫倒现象时有发生，特别是建筑垃圾黑车运输现象时有发生，造成乱倫倒情况比较严重。

三是乱设摊现象有所回潮，影响市容市貌现象较突出。

（十三）松江区

松江区建设和交通委员会

2013 年是全面贯彻落实党的十八大精神的开局之年，一年来，在区委、区府的正确领导下，在委广大干部职工的共同努力下，紧紧围绕创新驱动、转型发展，坚持砥砺奋进、大胆创新，全委以突破项目建设瓶颈为重心，城市各项建管工作齐头并进，讲创新、强实效、抓勤政、履职责，工作推进成效明显，较好地完成区委、区府各项工作要求和年初委确定的具体目标，树立了务实、高效、廉洁的良好政府职能部门形象。

（一）在项目推进中求突破

在重点工程“扎堆”的情况下，全体干部职工“咬定目标不放松”，迎难而上，众志成城，聚焦群众反映的热点、难点问题，抽丝剥茧，理清思路，合力推进。

一是重大工程建设推进有力。加大沟通协调力度，对项目管理进行大胆改革，采取“见缝插针”、分段实施、各个突破的方法，强势推进一批重点工程建设；市重点工程大居配套道路，业煌路年底全部完工，刘五路、古楼路基本完工。沪松公路、长兴西路和长兴东路年内完成部分设施量。佘北公路、千新公路开工；区重点工程林荫新路竣工通车；卖新公路、叶新公路（新浜段）、松蒸公路（辰塔路 - 玉树路）拓宽、北松公路拓宽改建等其他区重点道路进展顺利。

二是热点难点问题逐个破解。创新思路，推动调整腾地补贴政策。突破动迁难题，辰塔路跨江大桥、嘉闵高架等一批市重点工程艰难推进；委班子深入基层，抓落实，努力解决闵行水厂水管搬迁、901 码头动迁、金山支线大叶公路下穿等一批难题；申嘉湖高速遗留的第一、二批资金到位；完成新浜镇 100 万伏皖电东送工程动迁，为今年 12 月全线送电奠定了基础；协调保障嫦娥三号测轨任务圆满完成；燃气第二门站建设取得重大突破，得以实质性启动。

三是城市配套功能优化完善。积极牵头组织和参与 G60 沪杭高速公路抬升、沪杭铁路既有线南移、有轨电车示范线路、松江南北纵轴连通等项目的研究；大力推进高速公路上下匝道建设前期工作；针对人大代表集中反映的北翠路、南青路等道路路灯问题，认真跟踪办理，多次现场踏勘，目前已委托市路灯中心编制路灯工程方案；积极研究推动天然气旧网改造、燃气智能表使用及浦南天然气总管建设；以民生保障为根本，完成老城零星小区的天然气接装工作，对中山街道168户、永丰街道382户接装天然气，实现老城区符合接装条件的小区天然气全覆盖；完成农村危旧房改造56户，农村危桥改造15座，薄弱村道路建设328条，共164公里；推进无障碍设施进家庭，完成16户提高型进家庭无障碍设施改造项目。

（二）在深化改革中促高效

“以改革统领发展全局，以改革推动社会发展”，是十八届三中全会提出的未来发展的指导思想，今年以来，区建设交通委积极稳妥地革故鼎新，坚持从实际出发，稳扎稳打，不断提高政府效能。

一是机制体制进一步理顺。年内在区委、区府对委领导班子成员进行调整之后，班子成员明确职责，做到既分工协作又高度统一；对委部分科室职能进行调整，强化工作职责，提高工作效率；不断完善内部考核办法，建立对干部、部门的考核评价体系，将考核结果直接与干部任用、评先评优挂钩。先后制定出台《建交委基层单位目标管理实施意见》，《建交委干部岗位绩效考评实施意见》，进一步规范党员干部管理；深入细致开展群众工作，顺利、平稳地完成关于公路管理所原事业身份涉及到的275名人员“管养分开”遗留问题处置。

二是行政审批改革不断深化。积极筹备入驻行政服务中心工作，成为首批入驻中心办公的单位；对审批事项进行最大限度的减量，“5+10+5”的审批时限，在去年优化为“3+7+2”，流程缩短8天的基础上，今年再度做减法，受理环节再缩短一天；中心的各受理环节全面步入标准化，走在全市建筑建材业服务行业的前列；积极探索建立网络查询渠道，经过模拟调试，已在建管署网站上建立起较为完善的网络沟通平台，为方便办事方查询受理事项进度，提供了更加便捷高效的服务模式。

三是政府效能得到提高。以道路设施运行维护为核心，全年完成公路及城市道路养护货币工作量2.71亿元、2996万元，计划外项目货币工作量9860万元。全区公路及城市道路路容路貌明显提升，顺利通过市路政局年终养护考核；以严格履行法定程序为抓手，做到适用法律正确，执法程序合法，自由裁量权规范，确保行政执法工作的公正、规范。全年共审核行政处罚案件152起，处罚金额1162.1万元。建筑建材业行政处罚力度居全市各区县之首；以逐步实现建设工程招投标电子化为目标，积极开展试点工作，力争招投标监管工作有新突破。共完成建设工程招标项目501项，与去年同比增加73.96%，其中公开招标387项，公开招标率93.83%，共签署留税三方协议50份，实现税收4094.01万元，同比增长16.34%，为本区经济发展作出积极的贡献。

（三）在城市运行中保安全

坚持城市运行安全走长效之路，社会参与、政府监督、网络信息化等管理手段并举。

一是推进管理创新。严厉查处违法违规行为。以大联动平台为依托，在公路、建筑工程、燃气等领域开展各类专项检查，突出抓好重要时段、重点地区、重点企业三方面的专项整治；推行“政府购买服务”，择优选取第三方联合检查，弥补监管力量不足，提高监管效能；开展公路和交警联合治超行动，严格执行已建立的行之有效的非公路标志执法长效机制和联合治超执法机制，确保公路畅通安全；燃气行业始终保持高压打黑态势，今年1–12月，共开展联合执法49次；收缴非法经营钢瓶3054个；由公安部门行政拘留违法经营者42人，端掉非法经营窝点68家；加大维权力度，形成建筑业农民工维权三级网络，全年共接待上访民工337批次，涉及民工工资款3324.4822万元，协调解决率97.47 %；进一步畅通来信来访渠道，源头治理、防范在先，提升“12345”市民服务热线的服务水平，热线办结满意率为90%。

二是加快科技创新。全面铺开远程视频监控系统的安装使用，与招投标、窗口、安全、质量多部门协作，引导工程安装远程视频监控、指纹考勤系统和注册登录信息管理系统；积极推行区招投标办事流程电子化信息系统；试点使用无线远程安全型智能燃气表；公共建筑能耗监管平台年底建成；积极筹备松江区路网检测分中心，提高区域路网的运行监测能力和突发事件处置能力，目前已完成硬件设施建设。

三是加强制度创新。出台《松江区小型工程和中小修养护整治项目履行简易建设程序暂行规定》、《关于进一步明晰各类工程建设项目行政监督职能分工的意见》；针对建筑市场监管盲点，起草了《关于实施各职能部门联动，加大装饰装修工程违法施工整治力度的意见》、《关于各街镇（开发区）设立建筑管理站的实施意见》；为加快建立车辆超载长效机制，起草了《松江区车辆超限超载治理长效管理实施办法》；为进一步规范招投标监管，起草了《关于进一步规范松江区政府性投资项目施工招标投标活动的若干规定》；为将天然气引入浦南地区，起草了《浦南地区燃气管网方案》。

（四）在党建工作中显活力

"打铁还需自身硬"，党的建设永远都是推进各项事业的基石。一年来，区建设交通委积极依托党内主题活动，加强党风廉政建设，着力充实干部队伍，上下齐心聚力，彰显党建新活力。

一是教育活动紧扣主题，形式多样。2013年，委党委一方面紧扣学习党的十八大精神，通过"三抓"促进"三入脑"，即抓中心组理论学习、学习型机关创建、理论全覆盖促进科学理论入领导头脑、干部头脑、群众头脑。先后邀请中央党校、市委党校和区委党校的专家、教授进行专题辅导，受教育面达到650人次。另一方面紧扣社会主义核心价值体系建设，通过"三开展"促进"三到位"，即开展职工素质教育活动、主题宣传教育、文明单位创建促进思想政治教育到位、健康向上的舆论氛围营造到位、素质提升到位。以征文、学习、讲座、电教、参观、论坛等多种形式广泛开展教育活动，取得了较好的效果。

二是党风廉政夯实基础，警钟长鸣。2013年，区建设交通委以贯彻落实党风廉政建设责任制为抓手，细化责任，量化指标，确保党风廉政建设各项工作稳步推进。通过签订党风廉政建设责任书，做到责任分解，落实到人；严格执行重大事项报告、"三重一大"、"八项规定"等各项制度，班子领导以身作则，带头执行规定，各单位、部门认真贯彻落实，加强日常管理，从简安排一切活动。2013年春节期间，共取消团拜会、职工年夜饭、联欢会等8项活动安排，节省费用31.3万元；深入开展对新提拔的科级干部进行任职廉政谈话，切实推进党风廉政各项制度的贯彻执行。

三是作风建设展示形象，突显成效。领导带队深入基层，解决一批群众最关心、最直接、最现实的利益问题。坚持民主集中制，对重大决策、干部任免等分别酝酿、集体讨论。从委班子到基层单位，充分体现了精诚团结、相互补台、谋事干活的良好风气。广大干部职工学习作风、工作作风、纪律作风、生活作风有了很大转变。

四是干部培养加大力度，人尽其用。开展了机关优秀公务员评选、处级后备干部和优秀青年干部推荐，1名同志提拔为副处级干部，推荐了2名同志加入了区青年人才档案库，调整了5名干部；积极开展区优秀科级干部推荐工作。

五是基层党建彰显特色，内容丰富。公路署坚持文化育人，文化强署，几年来文化建设一直走在全市各区县建设系统的前列，并在委基层各单位得到了借鉴和推广；建管署注重培养专业人才，坚持以制度管人管事，花了大量的人力、物力、精力对所有制度进行梳理修编，着眼长远，值得肯定；燃气所志愿者服务队走进学校、走进社区、走进家庭，通过安全讲座、上门安检、走访慰问等多种形式的社会宣传，为居民增强燃气安全防范意识做出了积极的贡献；文件审查中心创新学习模式，建立党组织集中学习制度和自学经验交流制度，充分调动了学习积极性；竣工验收中心切实加强内部管理，逐步制定和完善各项规章制度，形成了良好的工作秩序；凯达公司注重凝聚子公司力量，开展了创建“五好党支部”系列活动，挖掘和弘扬基层党支部工作亮点；开天、设计院注重党建工作，以两新组织为抓手，积极参加委组织的各项活动，以精神文明建设为目标创造企业文化，以打造企业文化促进精神文明建设大幅度提高。

回顾一年来工作，成绩显著。建管署在建筑建材业行政处罚工作考核中列全市第一；由凯达公司负责施工的文翔路－联阳路转体桥获得市政金奖；公路署蝉联市级文明单位六连冠；项目办获得上海市重大工程立功竞赛优秀集体；窗口受理服务中心获得市级青年文明号；区建设交通委在国家探月工程“嫦娥三号”VLBI 侧轨系统中作出积极贡献，受到嘉奖；今年区建设交通委以道路设施建设为重心的重点工程建设全面推进，被市、区誉为近年来推进力度、效果最为明显的一年。

松江区绿化和市容管理局

2013 年，区绿化市容局按照区委、区政府和市局年度工作总体部署和要求，紧紧围绕全面提升绿化市容管理和城管执法工作的整体水平，坚持以重点工作的突破带动和推进年度目标任务的全面完成，实现了城市管理基本面有效受控、行业社会形象整体提升、单位系统建设健康持续发展的工作目标。主要工作和成效体现在以下“四个坚持、四个有所强化”上：

（一）坚持以优化环境为牵引，管理服务的质量和效益有所强化

今年，绿化、市容、环卫、城管执法行业的社会公众满意度全面上升。上半年，绿化管理的得分和排名较去年实现双提升，市容环境质量综合测评郊区第一，公共厕所管理郊区第一、全市第三，城管综合执法郊区第一、总得分高于全市平均水平。在市政府下达的生活垃圾分类减量每年 5% 指标的基础上，今年自加压力，确定三年减量 20% 的指标。截至 10 月底，全区生活垃圾分类减量达到 17.63%（未考虑人口增长因素），提前完成市下达的 3 年减量指标任务，走在了全市的前列。对生活垃圾填埋场启动终场覆盖并生态修复，对固废厂实施跟踪督促整改，最大程度地控制垃圾异味扰民的影响。按节点推进“天马项目”前期工作，12 月初将正式开工。按照标准和要求，扎实有效推进国家卫生区复审工作，接受了国家和市爱卫办的验收性暗访检查，顺利通过复审。

（二）坚持以工作问题为导向，破解难题和创新实践的能力有所强化

重视年度区人大、区政协议提案和上级督办件，以及“12345”、“12319”和夏令热线投诉案件的办理，截止 10 月底共受理各类投诉案件 12694 件，实现处置率 100%，结案率 98%、满意率 90% 以上。加大对违章乱搭建、渣土偷乱倒等城市管理顽症的治理力度。截止 10 月底，全区共拆除违法建筑 184708.64 平方米（其中存量 146807.04 平方米，新增 37901.6 平方米），提前超额完成了年度市、区两级下达的 12 万平方米的拆违指标，没有发生一起群体性事件。试行《关于进一步加强我区建筑垃圾和工程渣土管理暂行办法》，打破渣土运营利益固化，使运营审批、监督、执法得到进一步规范，整治偷乱倒渣土 194 起，处罚金额 129.52 万。深

化对机制和工作方式的探索实践，不断充实调整完善绿化市容和城管执法属地化管理实施方案，招募启动了绿化市容管理和城管执法“微博网友巡访团”，设立了舆情工作室，探索开展了城管队伍心理健康工作，协调建立了环卫工人工资正常增长机制，促进了行业健康发展。整合局系统办公场所资源，实现了城管大队独立办公、单立运行，年内，城管执法大队成功创建“上海市标准化城管执法大队”。

（三）坚持以转变作风为抓手，落实的执行力和实效性有所强化

坚决贯彻执行中央八项规定，结合单位实际，制定了《加强和改进领导机关作风建设的实施细则》，加强了以廉政风险防控为重点的党风廉政建设，先后对公务接待、公务用车、会议活动、经费使用、交叉任职等19个方面的内容作出明确规定。截止10月底，全局系统公务接待费同比下降48.52%，会务费同比下降36.40%。在局领导机关开展了为期一个月的作风纪律整顿，建立了领导班子成员定点联系基层制度，倡导和践行立说立行抓落实的工作作风。进一步完善各级各类应急预案，会同相关部门和地区，稳妥有效地应对了黄浦江上游漂浮死猪公共事件；扎实有力地展开“抗旱保绿”行动；协同参与台风“菲特”交通排堵、堤坝加固等应急抢险行动；认真配合做好“5.24”专项工作、禽流感防控，以及“龙舟赛”、“啤酒节”、“绿色护考”、旅游购物节等大项活动的市容管理和执法勤务工作，为城市整洁有序、安全运行提供了有力的保障和支撑。

（四）坚持以队伍建设为核心，干部职工的精神状态有所强化

始终坚持把领导班子和干部队伍建设作为推进事业发展的第一要务紧抓不放，通过落实领导班子中心组理论学习制度、召开民主生活会、开展谈心交心活动，在领导班子中积极倡导并形成了“六讲”、“六靠”的良好风气，局领导班子在区届中考核中被评为优秀。召开了中层干部思想作风纪律教育大会，组织开展了以“治庸、治懒、治散、治乱”为主题的百日作风纪律教育整顿活动，在基层班子召开了以“管好自己带好兵，树立形象转作风”为主题的民主生活会，不断加强基层班子的自身建设。通过建立健全基层党组织、推行“一树三靠”的党员干部教育管理制度，积极开展创优争先、“三型”党组织创建、立功竞赛、业务技能竞赛等活动，坚持文化育人强队，各级党组织的战斗力、凝聚力得到进一步增加，党员干部的模范带头作用得到进一步发挥，全局上下较好地形成了团结拼搏、锐意进取、奋发有为的风气和局面。局文化建设和城管队伍建设的做法先后得到市局的肯定和推广。

虽然今年以来，全局系统的各项工作任务基本完成、目标基本实现，有些工作也取得了突破，但在自身队伍建设，尤其是在垃圾处置等涉及民生工作的推进上，还存在着有时标准还不够高、节奏还不够快、协调解决还不到位等问题，区绿化市容局将在一下步工作中不断加以克服和改进。

（十四）嘉定区

嘉定区建设和交通委员会

2013年是全面贯彻十八大精神的开局之年，也是实施推进“十二五”规划的关键之年。区城市建设交通工作切实按照区委、区政府的决策部署，解放思想、凝聚力量，突出重点、狠抓落实，围绕“产业转型发展、城市品质发展、社会和谐发展”，全力推进重大工程和基础设施建设，着力提升城市发展品质，城市功能逐步增强，城市形象明显改善，为打造长三角综合性节点城市夯实了基础。

（一）重大工程

2013年，共安排重大工程建设项目42个，年度完成投资约99.5亿元，总体进展较为顺利。上海联影医疗科技公司产业园、韩天衡美术馆、嘉定一中改造、嘉定城北大型居住社区菊园动迁安置基地、嘉定云翔大型居住社区动迁配套基地项目一期等5个项目建成或基本建成；伊宁路（沪宜公路－广玉路）、智慧城市（一期）、上海（嘉定）国际金融科技服务中心、同济科技园（一期）等13个项目实现新开工；嘉定原水支线（陈行水库－嘉定）、中福会幼儿园等4个项目基本具备开工条件；嘉闵高架路一期、国际汽车城汽车研发科技港、嘉定体育中心（一期）等在建项目进展平稳。

（二）道路体系

骨干快速路方面。S5（沪嘉高速）大修二期已完成S20至G1501段中分带改造、路灯安装及最外侧车道注浆加固，计划2014年上半年进行面层沥青重新摊铺后全面完成。S6（沪翔高速）除南翔1家企业涉及范围处外，其余已基本建成，其中G15至沪宜公路段于2013年6月开通。嘉闵高架路北段一期（北翟路–G2）于2012年启动建设，动迁腾地已完成，计划2014年第3季度建成通车，二期工程(G2–S6)于2013年12月启动建设，有望在“十二五”期末基本建成；区区对接道路方面。嘉盛东路二期（浏翔公路－宝山区界）、外青松公路（墨玉北路－宝安公路）全面开工，塔新东路(浏翔公路－宝山区界)、纪鹤路跨吴淞江桥（博园路－闵行区界）已进场施工，华江路跨吴淞江桥（爱特路－闵行区界）正在抓紧落实项目前期工作；大居外围配套道路方面。除陈翔路东段（沪宜公路以东)正在调整方案外，嘉盛路–G15立交、世盛路、陈翔路（沪宜公路以西）及世盛路污水管已基本建成，平城路公交枢纽和爱特路（金园一路－金沙江西路）主体结构完成，惠平路（崇教路－金昌路）、塔新东路、和宁路南段（沪宜公路－嘉安公路）、华江路（G2–爱特路）等道路正在加紧施工；嘉定新城中心区道路方面。伊宁路/S5立交与S5拼宽段与S5大修二期同步实施并已基本完成。沪宜公路（S6–叶城路）改建工程已上报可研报告，并完成环评和稳评，计划2014年上半年开工。

（三）规划布局

充分发挥规划引领城市功能布局的作用，加强总体层面规划研究，完成了“推进板块紧密联动”调研课题，着力塑造贯穿三大组团的特色空间连续走廊，建设南部城市化地区城市景观核心脉络。完成了新城主城区空间映像研究、蕰藻浜城市设计国际方案征集、新城静态交通系统专项规划等项目的中期成果。细化完善了江桥镇、外冈镇总规编制，完成了沪嘉高速沿线、新城远香湖、沪宜公路沿线城市设计成果，郊野单元规划方案和郊野公园（一期）规划方案的初步方案均已编制完成。按照“严控总量、优化结构、区别对待、有保有压”的原则，合理安排新增建设用地计划。全年完成新增建设用地计划180.72公顷，其中：用于公建和市政等项目80.27公顷，经营性和动迁安置项目55.13公顷，工业项目45.32公顷。组织编制完成2013年–2015年新一轮土地储备规划和2013年土地储备计划，年内共储备土地61幅，用地面积374.67公顷，其中：经营性用地39幅315.55公顷，工业用地22幅59.12公顷。全年全区共征收居民2700户、企业246家，腾空基地33个。稳步推进土地供应，全年供应土地431.34公顷，其中：经营性用地107.3公顷占25%，保障性住房用地57.86公顷占13%，工业用地62.64公顷占15%，社会事业和公共基础设施用地等其它用地203.54公顷占47%。

（四）城市管理

网格化管理方面。2013年，共发现各类案件58009件，立案57880件，结案57543件，结案率为99.42%。城市管理指数测评的效果日益显现，有力促进了街镇提升城市精细化管理水平。嘉定城市网格化管理工作在上海市数字化城市管理联席会议办公室发布的数字化城市管理绩效综合评价中名列郊区县前茅。道路设施管理方面。健全完善道路大中修质量标准体系，认真做好城市道路、公路的日常养护管理，城市道路综合完好率为 93.32%，较 2012 年提升 0.94%，公路县道优良路率 90.96%。进一步完善了桥梁安全监测机制，委托专业检测单位对桥梁开展定期检测，建立“一桥一档”，确保桥梁处于安全受控状态。完成农村公路管理站的建设，有序推进农村公路养护及大中修工程，改善农村公路路况。

（五）环境建设

绿化建设方面。圆满完成“百个公园、千块绿地、万亩林地”工程，新增各类绿地 21.63 公顷，新建四类林 582 亩，四旁林 22500 株，疏林地改造 425 亩；推进嘉北郊野公园前期准备工作，S5（沪嘉高速）沿线景观工程、金鹤公园、安亭古银杏园景观改造等顺利完成，进一步提高森林、湿地和绿化覆盖率。水环境方面。全年新增污水管网 23.3 公里，练祁河（四期）、毛家湾、南泾河、车站河、安亭泾河道整治工程完成，新泾河河道整治正在抓紧推进，河道水环境面貌焕然一新。陈行原水支线、泰和水厂扩建以及南翔污水处理厂等项目扎实推进。环境综合治理方面。第五轮环保三年行动计划进展良好，市区两级 95 项任务中已启动 94 项，启动率为 98.9%，市级项目启动率 100%。污染减排任务推进有序，实现消化增量、削减存量、控制总量的目标。再生能源利用中心选址顺利获批，加强垃圾分拣压缩中转站建设，积极推动生活垃圾分类减量。

（六）民生项目

公共交通方面。围绕“公交优先”发展战略，优化区域公交线网布局，继续推进轨交 11 号线配套公交枢纽建设，年内建成公交嘉定西站，完成了公交嘉定新城临时站的搬迁启用及配套公交线路调整。全年新增公交车 72 辆，新辟公交线路 3 条，调整公交线路 7 条，新建候车信息亭 100 座，新增新型电子站牌 50 座，市民出行环境不断优化。静态交通管理水平不断提升，登记备案公共停车场（库）经营单位 67 户，停车泊位 16750 个，已纳入道路停车收费管理的泊位 2377 个，基本完成区域静态交通规划编制工作，完成新增居住区、医院、公共停车挖潜泊位数 600 个、55 个、200 个的工作任务，缓解停车供需矛盾初显成效。住房保障方面。“四位一体”的住房保障体系全面覆盖，全年新增廉租受益家庭 81 户，累计廉租补贴家庭 649 户，发放补贴金额 551 万元。全年经济适用房 373 户准购家庭，预计 2014 年 1 月将完成选房工作。全年新增租赁公租房 2051 套（间）共计 8.6 万平方米。大力推进大型居住社区建设，竣工面积 34 万平方米，入住居民 6521 户；全年商品房新开工 561.1 万平方米，竣工商品房 486.6 万平方米；全年新开工动迁安置房 97.63 万平方米，竣工 13.23 万平方米，超额完成年度计划，为 3 年内解决目前 6600 余户在外过渡动迁户奠定扎实的基础。农民工工资清欠方面。全年共接待、受理民工上访 166 起，接待上访民工 717 人，涉及被拖欠民工 4475 人，解决拖欠金额 6591 万元，解决率为 99%，与 2012 年同期相比，2013 年民工上访的数量、涉欠人数有所下降，但涉欠金额上升 10%，清欠形势依然较为严峻。道路设施完善方面。针对群众反映强烈的公路安装路灯问题，积极联系相关部门，相继落实徐潘路、徐曹路、金沙江西路、爱特路、嘉朱路、胜辛南路等路灯安装工程。

（七）建筑业管理

安全质量监督管理方面。不断强化对建设工地质量安全的监管，重点开展了对重大工程、保障性安居工程和“高、大、深”工程等多个专项检查，确保重点区域、重点项目工程质量安全达标。2013 年，共受理报监项目 461 个，建筑面积 972 万平方米；备案项目 215 个，建筑面积 512 万平方米。建筑市场管理方面。积极加强资质动态监管，提高准入标准，共注销企业资质 8 家，66 家企业列入整改；进一步加强企业技术人员上岗培训，培训人次 3657 人；积极开展建筑业协会主席轮值制，强化协会的社会功能。招投标管理方面。共受理建设工程报建项目 309 个，建筑面积 689.48 万平方米；核发建设工程施工许可证 308 项，建筑面积 712.69 万平方米。同时，深化招投标监管，大力推进电子化招投标。建设项目审批方面。进一步落实审批制度改革各项要求，提高审批水平，加快审批速度，共办理初步设计审批项目共 105 个；审图合同备案项目 136 个，出具征询意见汇总项目 118 个，建筑面积 425.8 万平方米；完成施工图审查备案项目 181 个。建筑节能方面。 完成既有公共建筑节能改造 8.4 万平方米，可再生能源建筑一体化应用 14.3 万平方米。组织区“建筑节能示范项目”的申报，其中汇丰凯苑公寓式酒店（配套商业）获批“上海市建筑节能示范项目”。同时积极推进国家机关和大型公共建筑能耗监测工作，完成 12 幢楼宇的分项计量装置安装。

在党的建设方面，区建设交通党工委根据“围绕中心抓党建、抓好党建促中心”的总体思路，深入开展“六建”工程，不断夯实党建工作基础，党组织的凝聚力和战斗力明显增强，为圆满完成中心工作提供了有力保障。

嘉定区绿化和市容管理局

2013 年，区绿化市容局紧紧围绕区委区府中心工作，认真学习贯彻党的十八大精神，着眼我区加快创新驱动、转型发展的总体思路，牢牢把握区委区政府提出的加速新一轮城市化进程，“全面打造长三角综合性节点城市”的战略目标，以建设环境优美、生态宜居、文明和谐城市为总体目标，抓住机遇、加快发展、优化服务、强化管理，推进生态环境建设、城市管理水平、市容环境面貌不断提升。

（一）加强干部队伍建设，提升干部队伍凝聚力和战斗力。

1. 根据工作实际需要，调整和充实中层干部力量。2013 年共选拔任用科级干部 13 名，其中正科级领导干部 1 名，副科级领导干部 7 名，主任科员 2 名，副主任科员 3 名。严格执行区委组织部下发的《嘉定区科级干部选拔任用工作记实暂行办法》的指示精神和具体要求，坚持德才兼备、以德为先，坚持任人为贤、注重实绩，坚持民主推荐、公正公开，按制度、按法规、按程序选好干部、用好干部。

2. 认真查找“四风”问题，切实转变工作作风。7 月份，区绿化市容局认真执行区委有关开展群众路线教育实践活动准备工作的通知精神，扎实开展系列专项调研工作，共召开座谈会 15 次，查找了一批“四风”方面和群众最期盼解决的问题，并及时进行了认真整改；另外，围绕保持和维护党的先进性和纯洁性这条主线，扎实开展了“零距离服务群众工程”、机关干部“六个一”活动和城管系统文化建设等系列主题活动；“一月一案一例”廉政教育，引导机关党员干部追求高尚的道德情操，牢筑廉洁从政的思想防线，增强拒腐防变的能力。

3. 进一步健全和落实管理制度，加强监督制约。

为更加规范管理干部，今年又研究制定了《嘉定区城管执法局科级非领导职务晋升管理办法（试行）》、《关于进一步明确街镇城管执法中队岗位设置及岗位职责的通知》两项措施；为进一步加强后备力量的培养和储备，制定了《关于进一步加强后备干部和专业技术人员培养工作的意见》（讨论稿），正在全面征求党员干部意见建议；坚决贯彻中央“八项规定”和市委、区委实施办法，制定局实施办法，并督促各基层单位建立抓落实的长效机制；加强因公出国（境）管理，严格执行公务接待的预算经费，做到资金专款专用。这些制度、举措和形式，为促进绿化林业、市容环卫和城管事业的健康发展提供坚强的政治和纪律保证。

（二）以重点项目建设和重点整治为抓手，推动行业整体发展。

结合区绿化市容局系统工作实际，狠抓工作重点，以“百千万”绿化工程、垃圾末端处置项目和城管指挥中心建设三个重点工程项目和渣土整治、户外广告整治和废弃油脂整治三项重点整治为抓手，促进了使局系统园林绿化、市容城管和林业工作的整体发展：

1. 园林绿化方面：

全年新建各类绿地 21.6304 公顷，其中公共绿地 9.9814 公顷，使建成区的绿化覆盖率达 38.3%，人均公共绿地面积达到 16.5 平方米。

夯实“百、千、万”工程基础。S5 高速公路沿线景观提升工程年底顺利开工，完成区财政核拨日常维护及工程类项目 11 个（包括金鹤公园、安亭古银杏园的景观改造等）。

在区政府周边、嘉定影剧院、博乐路沿线等重点景观区域实施花卉常态布置，进一步提升了绿地品质。

2. 市容环卫方面：

垃圾分类减量工作有序推进，在全区 97 个居住区、55 个集贸市场、122 所学校、3 座公园及 10 家机关企事业单位等 287 个场所推进实施了生活垃圾分类减量工作，以点带面，逐步推进，有效提升区域分类减量实效，进入市、区两级生活垃圾处置系统日均生活垃圾处置量 983 吨。

环卫作业服务能力稳中有升，新改建各类环卫公厕 11 座，新增公厕导向标牌 27 块，新增各类环卫车辆 42 辆，进一步健全完善了环卫作业服务规范化建设标准，开展环卫作业扰民专项治理工作，对检查发现的各类问题以整改单形式告知相关责任单位落实整改，提高了作业服务质量和行业窗口形象。

渣土管理履职工作通过评议。今年，市纠风办在全市范围内将渣土管理问题列入履职情况调查评议，区绿化市容局对照标准要求，进一步规范了行政审批行为，加强了工地源头管理，规范了区域运输行为。全年渣土申报工地数 129 个，渣土申报量 711 万吨。

户外广告招牌管理有序推进，按照《嘉定区户外广告设施设置阵地实施方案》，实行市绿化市容局行政审批系统和嘉定区户外广告设施设置网上行政审批系统同步录入运行审批，提高了行政审批效率，全年共理审批固定户外广告设施设置 17 件 67 块。同时，积极引导街镇通过采取事前备案、事中跟踪、事后监管的措施办法，逐步规范区域招牌设置行为。对发现的 260 余块各类破损或不符要求设置的招牌及时进行了更换。

餐厨废弃油脂收运处置运行正常，全年废弃食用油脂申报率和收运签约率分别达到 98.97%、96.7 %，日均收运量超过 3 吨，比去年同期上升 17.6%。对所有收运车辆安装 GPS 监控系统，在初加工场所安装视频监控系统和计量系统等监管措施，并实现网上实时监控。通过与区食安办的协作配合，及时通报相关信息，实现资源共享，提升了管理实效，确保做到收运作业规范、处置流向清晰、监管措施有力。

区域景观灯光建设管理水平逐步提升。启动实施了州桥老街延伸段景观灯光设施建设；加强了区级景观灯光设施日常管理和养护，确保各类设施设置规范、设施完好、运行安全；对嘉定新城、菊园北水湾等重点区域新建的景观灯光设施设置实行登记备案管理，并将各类基础数据录入了市景观灯光普查系统。

市容环境质量监督体系日趋完善。通

过采取署月抽查（季度普查）与街镇月普查相结合、例行检查与专项检查相结合、街镇对口交流检查和召开现场交流会相结合等方式，做到及时发现问题，落实整改措施，形成长效机制，市容环境卫生质量实效得到有效提升。截止12月底，共例行检查样本15205个次，发现问题2219个次；专项检查样本1579个次，发现问题196个次；移送街镇质量问题1972个次，整改合格率97.68%。

3. 城管执法方面：累计查处各类城管执法案件6174件，处罚金额179万元。无一起行政复议、行政诉讼案件。

完善执法督察工作机制，提升执法督察实效性。完善了督察工作日巡查、月通报制度和督察告知单制度，建立督察案件跟踪督办机制，落实实效督察和队容风纪督察“两手抓”，通过加强监督管理，严格督察纪律，加大考核力度，防止执法“不公正、不作为、不规范”等现象出现。大队今年共出动督察人员544人次，开具《督办单》82份。

狠抓重点领域整治，不断改善市容环境。加强了对市民群众集中反映较多的无证瓜果摊点、夜排档、偷乱倒渣土、收运地沟油等民生领域的专项整治，确保城市环境面貌总体整洁有序。全年累计消除设摊集聚点128个，整改63452起，处罚4359起。同时，按照“三不”（不推诿、不扯皮、不动粗）、“三导”（疏导、劝导、引导）原则，协调各街镇在不影响交通出行和市容环境的地方设置了255处统一规范的瓜果摊疏导点；以政风行风履职评议为抓手，进一步加大了渣土整治力度，共出动执法队员13135人次，开展区级以上渣土整治行动15次，检查渣土车辆4554车次，查处渣土案件306起；坚持把非法处置餐厨垃圾、废弃油脂整治工作作为一项践行群众路线、服务群众民生的重点工作来抓，实施行政处罚25起；专门制定了《2013年户外广告专项整治方案》，6月份，辖区内的商业队旗广告基本清除完毕。对全区“五乱”非法小广告落实分片分段包干，责任到人。共收缴小广告1357公斤，停机数604起，处罚201起。

积极开展重大节日和活动执法保障，包括清明祭扫、F1、绿色“护考”、房车赛执法保障等。

推进队伍规范建设。研究制定了《规范行政处罚自由裁量权行使制度》，进一步梳理并明确了城管执法在法律、法规、规章规定的权限、程序、种类和幅度范围内行使选择的权力；13个基层中队全部一次性通过规范化中队复检验收；加快了“智慧城管”建设步伐，在去年简易程序案件全面录入《上海城管综合执法平台》的基础上，全区12个街镇中队及机动中队所承办的一般程序案件也陆续通过市局信息平台登记入库；启动了城管指挥监控中心项目建设，并在11月底完成了项目招标工作。

4. 林业方面：

稳步推进林业建设。2013年完成四类林建设582亩，完四旁林建设22500株，疏林地改造425亩，经济果林规模化标准化生产基地100亩。

推广林业技术，2013年完成了4044亩的公益林抚育面积，3月制定了《嘉定区经济果林“双增双减”实施方案》，并以此在全区开展了政策宣传、农资申报、核查采购发放、公示、自查复查等工作，对我区现有近2万亩经济果林实施补贴农资的推广使用，发放推广套袋、农药、有机肥，惠及面积1.8万亩。

监管森林资源。完成了嘉定区湿地资源调查工作总结验收。认真开展野生动物疫源疫病监测。加强我区四个监测点的管理，实行工作月例会制度加强站点监测人员的业务能力和应急处置能力。积极开展浏岛市级监测点的创建工作。经初步统计，2013年，全区林地总面积达到7820公顷，森林覆盖率为

11.13%。

做好森林防火，及时转发上级重要防火文件，部署防火工作，落实森林防火责任制，完善森林防火工作机制，设立专项防火工作经费。年内集中检查2次，出动24人次，查处火灾隐患23处。

（三）重视行业基层队伍建设，扎实提高基层业务技能。

1. 狠抓城管队伍建设。制定并实施了城管系统教育培训实施大纲，开展了百日纪律作风教育活动，全面加强城管队伍文化建设。进一步建立健全了大队各类规章制度，相继制定并实施了《新录用人员试用期管理考核办法》、《请销假制度》、《走访慰问制度》，要求各中队、各科室严格按照新规范管理，使队伍管理逐渐有序化、制度化和规范化。不间断地充实队伍，今年新招录队员10名。

2. 加强行业指导与培训。绿化署以林荫道的创建为抓手，加强对伊宁路、清峪路行道树养护的技术指导，使清峪路创建林荫道获得成功。一季度对我区悬铃木的修剪和剥芽情况作了巡查，针对部分街镇、养护单位存在的问题，召开现场会，进行修剪示范，取得了较好的成效；环卫署在道路保洁和垃圾清运方面，积极开展从业人员上岗培训和再教育培训，培训人次达到2000余人次；城管大队除了做好2012年新招录人员复训工作外，还完成了新招录人员初任培训、科级干部任职培训、科级干部依法行政培训、中队长培训等项目，促进了城管队伍整体素养的提升。

3. 积极组织参加各类评比创建

——参加市绿化行业技能竞赛活动。今年是市绿化合格单位评选年，园林署组织各街镇和直管公司一线工人参加了市绿化局组织的行业技能竞赛，内容包括花坛布置、花灌木修剪、病虫害识别与防治等。

——开展“绿化合格单位”和“园林式小区”创建工作。上半年对教育局等13个创建单位进行了创建初审和预检。9月，市考核专家组来我区进行了“市合格单位”创建验收、评审。会同房管局对今年申报市级园林式居住区的“迎园东一坊”、“泰辰雅苑”等4个小区进行创建预检和指导，最终选取1家上报并获验收通过。

——参加林业养护技能比武大赛。林业站举办了嘉定区首届林业养护技能比武大赛，并推荐获奖选手参加了市林业养护技能比武大赛，分获病虫害识别第二名和团体第一名。

——通过引导示范提升环卫整体服务质量。今年，在道路清扫保洁、公厕保洁服务以及垃圾清运等方面树立了一批标准高、业务精、服务好的示范单位。通过召开现场交流会引导示范，在行业中形成了你追我赶的良好氛围，进一步提升了全区环卫整体服务质量。

——推进城管“规范化达标中队”复检工作。按照“抓基层、打基础、利长远”的要求，专门制定了规范化中队复检迎检工作方案，将13个基层中队全部列入复检范围，明确工作目标、措施和步骤，全面提升创建质量。在8月至10月市局组织的复检当中，13个基层中队全部一次性通过复检验收。

（四）认真做好社会宣传工作，不断优化政务环境。

1. 社会宣传

深入推进“绿化知识六进”宣传活动。在嘉定、新成路等7个街道10多个社区举办了绿化宣传咨询便民活动。活动用KT展板、横幅、发放绿化资料、免费赠送盆花、现场咨询等多种形式，引导居民养成爱绿护绿的良好习惯。共组织“进社区”80次，“进学校”35次，“进军营”2次，“进园区”17次，“进楼宇”45次，“进村宅”18次，活动内容丰富，受益人数达4万多人，共赠送盆花8700盆，深受广大市民的欢迎好评。

为更好地推进全区垃圾分类减量工作，

今年我们通过向居民发放《嘉定区生活垃圾分类指导手册》、在社区进行分类展板巡展、在投放点设置分类投放温馨提示牌等多种形式，逐步提高居民知晓率、参与率和正确投放率，普及垃圾分类知识，鼓励资源回收利用。全区195家分类场所注册登记了绿色家园账户，开展社区资源回收专项活动34次。通过在学校、社区开展“小手牵大手”、“绿箱子”、“有奖知识问答”等各类活动，积极倡导“垃圾分类、人人参与、人人有责”的文明理念。同时，利用嘉定电视台、嘉定报社、街镇社区报等渠道，对区域垃圾分类减量工作进行了连续跟踪报道。

林业站利用“植树节”、“爱鸟周”、“湿地保护日”等重大节日，通过电视台、电台、报社等各类媒体，大力宣传保护生态环境，维护生态平衡的重要性，在全社会营造人与自然和谐相处的良好氛围。

2. 便民服务

汇龙潭、秋霞圃在十项便民利民措施的基础上，近两年又推三项新举措：每日为游客免费提供茶水，每周一次家庭养花咨询，每周一次健康咨询活动，得到了游客的好评。此外，每月还在汇龙潭茶室组织2次家庭盆景技术交流，提高市民盆景培养艺术。

城管部门推出了“进社区、进企业、进工地、进学校、进商家”的“五进”便民利民服务举措，积极开展法律宣传、定期沟通、排忧解难等工作，不断扩大城管工作影响力。今年累计开展“法律进社区”活动30余次。

3. 投诉处理

区网格化全年共接单2257件，全部处置完成。其中暴露垃圾1573件，行道树270件，公共绿地293件，及时率达98.65%。

城管方面，1至11月份，共计受理信访投诉5472件，受理及时率达100%，满意率达96.91%。绿化方面投诉受理案件119件，其中110案子17件，媒体2件，值班热线电话32件，已全部及时处理完毕。市容环卫受理各类投诉1430起，处理率和及时率100%，满意率96.7%。局受理信访件13起，其中人大政协提案4起，受理来电来访30件。投诉热线和信访件回复率100%，满意率100%。

10月份，为健全完善局绿化市容城管投诉处理“一口受理”平台，畅通群众利益诉求渠道，真正做到“民有所呼，我有所应”，组织开展了局系统投诉工作人员培训。

（十五）青浦区

青浦区建设和交通委员会

一、加快实施以重大项目为主的市政基础设施建设

1. 启动实施中国博览馆外配套市政道路

由区建交委承担的中国博览馆四项外配套道路，即新建规划六路（诸光路—盈港东路）已于去年6月份开工建设，目前正在路面黑色摊铺施工，基本完成道路主体工程。诸光路拓宽工程，一期工程（崧泽大道—规划六路）10月中旬开工，先期段正进行结构施工；二期（天山西路—崧泽大道）由市公投公司实施，三期（规划六路—沪青平公路）已完成工可批复，扩初上报待批。盈港东路三期（西郊大公馆—涞港路）拓宽工程已于去年6月进场开工，电力排管完成设计调整，编制上下水、路灯拆迁预算，信息管线施工中，完成黑色摊铺；六期（华徐公路—西郊大公馆）13年12月完成施工、监理招投标。崧泽大道（诸光路—涞港路）拓宽工程进行初步设计和施工图编制，12月份完成招标工作。

2. 组织推进大居区外围配套道路

徐乐路二期（纬三路—崧泽大道）已完成主体工程；三期（崧泽大道—盈港路）完成雨水管道铺设，正在上达河桥桩基施工；

山周公路（沪青平公路—松江区界）三标施工队伍已进场，正在进行石灰土施工；一标、二标完成招投标工作。嘉松公路（沪青平公路—松江区界）完成部分路段粗中粒式沥青面层施工；佘北公路完成弱电动迁和雨水管铺设，部分有条件的路段已完成结构层施工。

3. 加快实施区与区对接道路及区域内其他道路

外青松公路南段拓宽改建工程，已完成青松路至油墩港桥接坡的半幅通车，油墩港桥半幅13个承台桩基完成，正在主桥承台施工。蒸俞路进入征地镇保及征地包干阶段，已拆除淀东河桥和淀西河桥老桥，正在桩基施工，欧风路到淀东河桥北侧正在进行土路基施工。青赵公路西大盈港桥与秀横路油墩港桥完成供地方案，进入征地镇保与征地包干阶段，完成招投标工作。

4. 推进轨交17号线同步工程的相关道路

盈港路四期已取得施工许可证，一标正在青山港桥施工，其余三标基本停工。五期已完成监理招标、工程招投标工作，因受轨交17号线施工影响处于停工状态。盈港路二期完成初步设计和投资计划批复，正在办理供地方案和绿化搬迁，弱电搬迁和桥梁招投标工作。城中北路延伸段完成投资计划批复，进入供地镇保与包干阶段，老毛河泾桥开始桩基施工，因受居民阻扰目前暂停。根据轨交17号线对盈港路进行封闭施工的要求，区建交委积极组织实施相关交通配套方案，于去年9月份之前完成了对青赵公路拓宽改建、胜利路与青安路等部分路口车道渠化工程。

5. 协调配合市相关重大项目建设

做好对S26沪常高速的前期动迁和腾地工作及相关施工协调和善后工作；S26胜利路出口正在挡墙和路面施工，完成小赵屯港桥施工。G50赵巷出口收费站改造工程自去年8月份进场施工，基本完成全部改造工程。沪青平公路嘉松公路跨线桥已完成工可批复。318国道沪青平公路青浦城区段改线方案、崧泽高架西延伸工程正在同市相关部门努力争取的推进中。

二、推进以农村公路桥梁建设为主的城镇化进程

1. 道路养护管理

区管公路全长171.58公里，年度养护经费13250万元，日常养护3700万元，目前已完成工作量的91.02%，大中修项目9个，其中上年结转4个，2013年计划5个，均于年底全面完成。区管市政道路全长79.224公里，年度市政设施养护经费计划3000万元，目前已完成投资2630万元，完成率87.7%，市政大中修项目北淀浦河综合整治、胜利路东侧人行道改造主体结构工程全部完成。农村公路年度养护投资计划9204万元，目前完成9204万元，完成率100%。今年的7只大中修项目，已完成2项，在建5项，计划今年一季度全部完成。

农村桥梁改建，2012年计划138座，实际完成135座（其中3座因涉及郊野公园暂缓实施），目前已全部竣工验收，完成投资8079.95万元。今年计划改建200座（属市政府实事项目148座），其中10座桥梁因涉郊野公园暂缓，7座航道桥梁正在办理基本建设手续，其余183座桥梁，已开工171座，完成165座。农村经济相对薄弱村村内道路今年计划改造222条，市政府实事项目要求192条，改造道路全长117.806公里，列入市政府实事工程的192条道路改造任务已全面完成。

2. 完善管理体制

一年来，区建交委积极开展对公路行业管理体制改革完善工作，拟定并经区政府批转实施了《青浦区农村经济薄弱村村内道路改造实施意见》。为适应当前道路建设的发展形势和调动街镇的积极性，区建交委认真组织修订区管公路建设政策并上报区政府，去年8月区府办批转了《青浦区区管公路建

设管理若干意见》予以实施。面对当前农村公路管理体制所存在的突出问题，区建设交通委会同公路管理部门认真开展调研工作，积极听取区相关部门、各街镇的意见，吸收其他区县的经验和做法，正在对《青浦区农村公路养护管理体制改革实施方案》作进一步的修改完善，为2014年启动做准备。

认真开展公路路政执法工作，截至目前清除各类违章堆物505平方米，计218吨，清理违章设摊268处。清理建筑物、构作物98处，面积约281平方米；清除各类违章广告、指示牌、横幅387块。受理路政许可30件，完成审批30件。办理收取公路路产赔（补）偿费367.23万元，共59件；执行行政处罚39起，收取罚款3.59万元。

三、抓好以燃气为主的民生服务工程

1. 燃气行业服务供应情况

全年共发展天然气用户9651户，现有天然气用户97660户；现有人工煤气用户9717户；液化气用户全区发展4389户，现有液化气用户233816户。天然气销售8833万立方米；人工煤气销售952万立方米；液化气销售16594吨。

燃气建设项目主要有：上年结转项目青浦金泽商榻段天然气主干管工程已于上半年完成；嘉松公路天然气复线工程，总投资547.94万元，待办理由市路政局审批的掘路许可手续后即可组织实施；青浦天然气桥管防腐油漆工程已完成；青浦老城区天然气户内管及表具改造工程，正在办理招投标工作，准备开工；青浦重固门站二期工程，工可上报待批。城中南路天然气管道工程，总投资244.79万元，已完成政府采购手续，办理招投标准备开工。同时按时间节点对管道气用户进行2年一次的上门安检工作。

2. 农村危旧房改造实事工程

农村危旧房改造是解决农村低收入户群众基本居住安全问题和改善农村人居环境的重要民生工程，也是我区关注民生、关爱社会弱势群体的政府实事项目。2013年全区农村低收入危旧房改造实际完成计划51户，其中列入去年计划39户（翻建24户、修缮15户），列入今年计划提前至2013年实施的有12户（翻建2户、修缮10户），区、镇两级财政投资283.5万元。项目已经完成竣工验收，争取做好资金请款下拨、档案整理归档等工作。

3. 认真开展节能减排工作

建筑节能是节约能源、保护环境、贯彻执行国家可持续发展政策的重要组成部分，对于节约建筑材料、节省能源消耗、保护自然生态、改善人居环境有着显著的成效。全区既有建筑节能改造计划10万平方米，目前已完成10.0891万平方米。能源审计，已通过政府采购招标手续，对19幢机关办公建筑进行能源审计，该项已进入收尾阶段；为配合市区级能耗监测系统平台建设，对全区25幢机关办公建筑和14幢社会投资的大型公共建筑安装分项计量装置，其中机关办公建筑正在施工阶段。

4. 加强政务公开和信息公开

推行政务公开、强化信息公开工作，是推进责任政府、服务政府的重要途径，2013年区建交委主动政府信息公开125条，发布其他类政务信息494条，“12345”市民热线处置88件，及时办理率100%；积极办理群众来信来访246件；认真办理人大代表书面意见、政协提案46件；全年无行政投诉案件发生。

四、完善以安全质量为主的行业自身建设

1. 建筑建材业管理

全年报建工程517个，总面积645.74万平方米，总投资451.48亿元；工程报监300项，总建筑面积580.8万平方米，总投资164.8亿元；施工许可发放249个，总面积474.44平方米，总造价113.12亿元；竣工备案201个，总面积350.88万平方米，总造价67.83亿元。

建材备案 72 件；办理新型墙体材料专项预缴 180 个，征收专项基金 5043.9 万元，办理新型墙体材料核定手续的建设项目 166 个，征收粘土砖专项资金 95.56 万元；办理散装水泥核定手续的建设项目 166 个，其中全部使用预拌砂浆的建设项目 47 个，征收散装水泥专项资金 16.22 万元，全区公开招标项目 297 各标段，面积 210 万平方米，中标价 84.73 亿元；邀请招标 31 个标段，面积 117 万平方米，中标价 26.94 亿元；小型项目招标 264 个标段，中标价 2.59 亿元。勘察公开招标 29 个、邀请招标 20 个；设计公开招标 51 个，邀请招标 21 个；监理公开招标 69 个、邀请招标 17 个。全区初步设计受理项目 168 个，通过审批项目 137 个，待批项目 31 个，总建筑面积 228.76 万平方米，总投资 181.28 亿元。总体设计文件受理项目 120 个，通过项目 114 个，待审项目 6 个，总面积 498.72 万平方米，总投资 245.64 亿元。网上施工图备案 196 个项目。

认真开展以“美丽的青浦、洁净的城市”为主题的建筑工地文明施工整治行动方案，结合专项检查、现场观摩、安全生产月等不同载体，有计划地进行系列文明施工宣传，对促进全区建筑工地文明施工起到十分重要的作用。通过青年志愿者服务队举办文明施工义务宣传活动，同区文明办联合开展文明施工专项检查、对 5 个重点镇进行重点抽查，开展文明施工督查讲评会通报项目推进情况，我区的建筑工地文明施工指数测评名列全市郊区前三位，始终保持较好的态势。严格住宅工程质量，严把保障房质量关，采取五项方法加强专项监管，开展对“盈浦动迁基地”、“双桥动迁基地”等区 6 个保障性安居工程项目质量大检查，对发现的问题严格整治落实到位。2013 年根据规范整顿建筑业市场的要求，先后出台了《关于落实限额以下工程监督管理工作及加强手续不全项目处理的办法》、《青浦区建筑业农民工工资保证金管理办法》等一系列建筑行业管理制度，是我区建设工程规范有序，促进民工工资权益保障提供了制度的依据。

2. 开展安全生产工作

年初委同基层单位 7 家企事业单位，签订了 2013 年安全生产责任书，明确安全生产工作职责、权限，考核指标详细并同年度考核奖挂钩。年初开展火灾隐患排查整治；上半年在全区范围内深入开展餐饮场所燃气安全专项治理；“五一”节对部分建筑、道路施工现场、液化气供应站进行安全大检查；5 月上旬开展防震减灾、安全用气宣传活动；先后举行了三次应急演练，即市政冰雪天气公路应急、燃气道阀泄漏突发事件和建筑工地火灾应急救援及疏散应急演练活动；积极抗击“菲特”等强台风，加强应急值守，及时排除道路积水，确保公路、高速公路下穿孔交通畅通。有效提升各行业的应急能力，适应城市安全运营的迫切需要。

3. 配合开展相关专项规划

青西湿地郊野公园是全市近期启动的四个郊野公园之一，为积极配合青西郊野公园的规划建设，区建交委开展了青西郊野公园现状路网的梳理，完成了郊野公园对外交通研究及路网建设方案并上报区政府。根据区政府的布置，我为配合完成推进华新镇加快转型发展城乡建设交通专项规划工作。同时认真开展我区城镇建设和管理的专项规划的中期评估工作，在充分调研的基础上，完成了重点研究专题青浦区“十二五”时期重大项目实施进展及深化项目管理机制改革建议的研究报告，撰写区城镇建设和管理第十二个五年规划的中期评估报告。

五、提高以队伍能力建设为主的思想作风建设

区建交委广大干部职工认真学习贯彻十八大精神，深入开展以“为民、务实、清廉”为主要内容的党的群众路线教育实践活动，着力解决突出问题，提升新形势下的工作能

力，在以下五个方面下功夫，促发展、保先进、取实效：

在党员队伍管理上，落实五项制度，即谈心谈话制度、干部外出报告制度、企事业单位职工（代表）大会召开评议领导班子和领导干部制度，经济责任离任审计制度及对新提拔的科级干部进行廉政教育制度。在干部作风建设上，坚决贯彻中央八项规定及市、区相关精神，反对“四风”，做到令行禁止。坚持党员干部队伍从严教育、从严管理、从严监督，为了进一步增强党员干部廉洁自律意识，建立和完善预防违纪违法和职务犯罪长效机制，区建交委牵头区检察院与区公路署联合开展重大建设项目“工程优质、干部优秀”联创活动。区建交委积极开展建设工程行政管理廉政风险防控。围绕项目报建、建设工程招投标、设计文件审查管理、施工许可证审核发放、施工过程安全质量监管、项目竣工验收备案等六个环节，抓好廉政风险的制定、落实和监管，确保廉政风险防控落到实处。在人才队伍建设上，成立委人才工作协调小组，落实分工责任，对系统内的专业技术服务人员进行统计建立人才数据库；开展委领导班子成员与高级职称专业人员结对联系制度，听取意见建议，帮助解决困难，激发创新激情；成立青浦区知识分子联谊会建交委分会，为知识分子搭建平台；继续完善短信服务平台，定期发送相关信息加以引导、关怀、提醒；向同济等大学招聘应届毕业生共4名，向社会招聘合同制形式项目管理、技术人员10名，充入专业队伍。在创先争优活动上，保持势头强劲、活力不减、成效不断，组织全区建筑企业开展“建设‘一城两翼’、打造宜居城市”的建筑行业职工劳动竞赛活动，委系统开展巾帼文明岗、青年文明号创建系列活动，公路工程公司成功创建市级文明单位，是区建交委系统第一家市级文明单位。在项目行政审批上，认真落实《青浦区产业项目行政审批流程（试行）通知》精神，区建交委编制了《青浦区产业项目建设工程设计文件审查并联审批操作流程》、《青浦区产业项目建设工程竣工验收备案操作规程》等7项配套实施细则，报区审改办审核通过实施，通过对产业项目的试点，加快流程设计、缩短审批周期、提升工作效率。

过去的2013年，在取得成绩的同时，还要看到存在的问题和工作中薄弱的环节，对青浦经济社会发展、人民生活质量有着十分密切关系的城市基础设施建设、管理工作，面临着新形势、新情况、新问题，必须予以研究新对策、新举措，来适应经济社会发展的要求、适应人民生活质量的需求。应该看到：青浦基础设施有历史的欠账，更有发展的需求，研究处理好前期动迁工作进度与重大项目建设推进之间的突出矛盾，处理好项目任务集中建设期同现有专业管理队伍不足之间的突出矛盾，协调好工程项目建设同周边居民之间的突出矛盾，协调好城区交通基础设施同解决交通瓶颈之间的突出矛盾，解决好服务民生工程让老百姓得到更多的实惠，解决好农村公路养护管理体制以利于提高农村公路养护质量和管理水平，解决好城区建设工程同做好建筑工地扬尘控制工作相结合等等，必须积极面对，高度重视，研究对策。

青浦区绿化和市容管理局

2013年是开拓创新、探索途径、勇于实践的一年，是强化管理、攻坚克难、巩固成果的一年。一年来，区绿化市容局以党的十八大精神为指南，紧紧围绕区委、区政府建设生态宜居现代化新青浦战略目标，始终保持昂扬向上的精神状态，继续把握好稳中求进的工作总基调，满怀激情，埋头苦干，各项工作在去年赢得翻身仗的基础上，又取得了可喜的成绩。

（一）“三化”管理取得新的进展

1. “差别化”管理进一步放大。由去年的中心城区拓展到全区各街镇网格化管理区域，管理标准进一步提高。合理全区 150 条道路、67 个主要区域、40 条河道管理类别，并按时间、区域、路段设定工作要求、管理标准、具体目标，注重市容环境、公共绿化、环境卫生、市政设施、交通管理、城管执法、网格化管理的融合性、互动性和有效性。合理配置监控力量，管理内涵进一步深化。按照“突出重点、兼顾一般”的管理原则，对应不同区域和路段，全方位落实监管措施，有效提升了我区城市化地区的市容环境面貌。

2. “一体化”管理进一步规范。为提升城区范围内环卫保洁作业质量，我局制订并下发了《青浦中心城区“一体化”管理环卫保洁服务实施方案和质量规范的通知》，明确道路机械保洁冲洗、绿化保洁、公厕保洁、环卫设施保洁等方面的作业时间、保洁频率及各项环境质量控制指标，并建立相应的管理考核标准，形成了环卫作业一体化构架，使环境面貌发生了根本性变化。

3. “属地化”管理进一步显现。按照“条块结合，以块为主”的原则，进一步明确街镇在市政市容管理中的主体职责，使区域领导和职能部门压力感、紧迫感明显增强。各街镇城管中队以推进属地化管理为抓手，全力推行新的勤务工作模式，“出现率”、“管事率”大幅度提升，为市容环境综合治理工作有序推进提供了保障。

（二）生活垃圾分类减量取得新的成绩

1. 工作有序化。着力推进“四个全覆盖”和整区域试点镇工作，全区垃圾分类居住区达 45 个（17634 户）、机关 39 个、企事业单位 101 个、学校 81 个、菜场 20 个、公园（包括绿地）12 个。同时充分利用社会资源，以文艺表现形式，深入街镇社区大力宣传生活垃圾分类减量的意义和知识，为推动生活垃圾分类减量工作发挥了积极作用。通过宣传引导，点面双向推进，生活垃圾分类减量成绩显著，全年减量达到 5% 以上。

2. 监管常态化。督促街镇全面落实和规范执行垃圾分类工作相关要求，建立健全考核和通报机制。同时，委托第三方对垃圾分类工作实效进行测评，形成街镇自查、专业考核、第三方测评相结合监管体系，促进了生活垃圾分类规范化、制度化、常态化。

3. 措施制度化。着力推进“大分流、小分类”体系建设，促进生活垃圾减量。按照各街镇年度控量指标，督促街镇认真落实分类减量措施，实现分类收运、分类处置常态化运行，确保年度减量任务完成，使街镇生活垃圾减量工作不断深化、细化。

（三）城市环境形成新的亮点

1. 示范道路创建稳步推进。根据区政府提出的市政市容示范道路创建思路，重点推出了 11 条道路及 G50 朱家角出入口处景观改造，道路改造总长度约为 10425 米，总投资约 7970 万元，金泽镇的岑杨路创建已基本完成。

2. 景观灯光配置更趋合理。邀请专业设计单位对浦仓路桥、外青松公路沿线绿地、公园路沿线绿地和曲水园周边的景观灯光进行专业设计。曲水园周边的景观灯光已竣工，显现了优美的景观效果。其他三个景观灯光工程已相继进入实质性施工阶段，预计 2014 年 1 月底前全面完成。建筑、街面、绿地相得益彰，体现出整体性、协调性和艺术性的特点。

3. 绿化景观建设亮点凸显。在城区主要路口、广场绿地布置 4 组立体主题景点 430 ㎡，各类花坛花境 1500 ㎡。实施绿地设施调整改造，完成了万寿四区花园、法院北侧花园等栏杆迁移 1735 米，盈港路、夏阳湖华磊酒店、浦仓路、科技创业中心等栏杆安装 2794 米。实施道路改造和绿化建设配套项目，完成了港俞路、外青松路铺道、万寿二路、青峰路等 294 套行道树盖板新建和修复工作，形成了优美景观效果。

4. 水体保护措施有力。强化水域环境综合管理和综合协调机制，启动了水域环境污染源全面排查机制，进一步整合资源，与区水务局、区环保局等就各类水体污染事件、蓝藻暴发事件建立信息互通、资源共享机制，形成了水域环境保护齐抓共管良好格局，使水体质量进一步攀升。

（四）渣土管理水平得到新提高

严格按照法律、法规规定，实施本区建筑渣土运输企业招投标工作，严格招标程序，经过公开、公平竞争，三家企业成为本区建筑渣土运输处置中标企业，并签订了《建筑垃圾和工程渣土运输处置项目监管协议》。同时进一步健全渣土审批链，落实资质人员参与项目监测、审核，严格执行运输处置审报制度，资料收集、现场踏看、领导审批三结合原则，全面启动渣土电子审批制度，严格把好外区渣土进入本区消纳关口，充分发挥区渣土整治领导小组协调作用，着力开展“雷霆”“月光”等系列专项整治行动，会同公安分局交警支队、城管执法大队、建管所等职能部门，采取技防、巡查、固守等检查的方式，开展对违法违规处置工程渣土集中整治。据统计，全区城管系统共出动2112人次，550车次，开展渣土整治22次，检查建筑工地243家，查处渣土违法违规运输、处置案件109起，共处罚金63.86万元。有效遏制了渣土运输车辆超载、违规行驶和污染路面行为。

（五）网格化管理效能取得新的提升

2013年区网格化中心共立案10.76万件，结案10.67万件，同比分别增长104.4%和102.9%，结案率达99.2%，同比提升了0.7个百分点。网格化在有序推进各项工作的同时，加大对市政市容管理的巡查力度，强化对市政市容工作中的难点的督察，细化对事件类案件的调查分析，凸显了网格化工作在市政市容管理中的重要地位。

（六）机关作风建设取得新的成效

加强机关作风建设工作。制定2013年度机关作风建设工作实施意见，进一步加强制度建设，重点在执行力上下功夫，做到以制度管事，以制度管人，有力推动机关作风建设，干部责任意识明显增强，履职能力、办事效率不断提高。

（十六）奉贤区

奉贤区建设和交通委员会

2013年，奉贤区建设和交通委员会在区委区府的坚强领导下，紧紧围绕“三化两建设”总体目标，坚持深入贯彻落实科学发展观，全力推动我区交通基础设施建设，切实加强建设交通行业管理工作，为实现我区“十二五”规划目标奠定了坚实的基础。

一、聚焦新城，不断推进重大基础设施建设

（一）开展重大交通基础设施规划和研究

2013年，是我区重大交通基础设施规划的关键之年。BRT快速公交系统（南桥新城～东方体育中心）专项规划获批，完成项目建议书上报；启动奉贤区公共交通规划研究，参与组织“上海市奉贤区公共交通发展规划暨创建公交示范城区研讨会”；开展南桥新城有轨电车专项规划，完成南桥新城有轨电车网络规划初步成果及示范线选线工作；开展金山铁路奉贤支线专项规划研究，预可行性研究成果已上报市铁路指挥部和市发改委；深入南桥新城综合交通枢纽研究，启动南桥新城综合交通枢纽综合开发策划。

（二）推进重要道路工程项目建设

大居外配套道路项目有序推进。环城北路沿线动拆迁已全部完成，环城北路、奉浦大道二座金汇港大桥实现主桥合拢；团青公路完成初步设计批复。区与区对接道路项目稳步实施。目前，平庄公路全线贯通；瓦洪公路完成道路贯通；航塘公路抓紧桥梁施工。

二、强化监管，确保行业生产安全有序

（一）大力开展安全生产整治专项行动

集中开展了安全生产和消防安全大检查大整治行动，采取全面排查与重点整治，监督检查与联合执法，主责推进与领导督查等相结合等方式，对建筑工地、水陆运输、港口码头、公路市政设施、燃气等行业领域存在的安全隐患进行了检查和整治；围绕持续开展安全生产领域“打非治违”专项行动，以行业为单位分别组织开展了深基坑工程质量安全专项检查、餐饮场所燃气安全专项治理、百日危爆物品安全检查整治行动、A30环南高速公路横向跨线桥防抛网整治行动、水上超载运输整治等一系列专项行动，有力保障了建设交通行业安全稳定。

（二）创新行业监管举措

建筑建材业继续完善三级监管体系，通过联动检查、现场观摩、对标指导、驻站学习等方式，不断提升各建管站的监管能力；公路市政业积极开展南桥城区排堵保畅工程，对环城西路、沪杭公路、航南公路等路段进行交叉口梁化、增设港湾式车道、安装隔离护栏、绿化改造；交通运输业严查严处客运服务和营运中的违法违规行为，积极探索停车行业创新管理办法，寻求解决停车难的途径，挖掘现有资源，增加停车泊位，并实施部分路段的错时停车措施；航务海事业加强航道检查和水上工程监管力度，对辖区内航道金汇港和浦南运河规划建设开展调研；燃气行业加大安全用气宣传力度，开展隐患排查。

三、关注民生，深化服务型政府建设

（一）全面完成各类处置事项

积极开展区人大和政协的书面意见和提案的办理工作，今年承办两会提案和意见总数达90件，答复完成率达100%；进一步加强城市综合管理应急联动工作，今年我委共接到“大联动”案件3457件，及时处置3451件，结案3441件，结案率99.5%，在全区大联动工作中名列前茅；处理群众来电来访1046件，各类网络舆情104件，答复完成率达98.6%。

（二）深化行政审批制度改革

自2013年1月1日起，我委建立了行政许可科加行政许可事务中心的管理模式。目前，除涉及水上船舶作业的3项行政许可采用现场审批方式外，其余35项审批事项，集中许可科窗口办理，审批流程控制为最多四个环节，采取从受理、办理到最后发证、送达的“一站式”审批模式，确保审批事项、审批权限的真正到位，全年共完成行政审批事项2397件。

奉贤区绿化和市容管理局

2013年，区绿化市容局深入贯彻落实党的十八大和市十次党代会精神，以“十二五”规划为引领，切实按照区委、区政府“环境优先”的工作要求，坚持“创建、巩固、提升”的工作原则，把握机遇，关注民生，破解顽症，转变作风，科学创新，市容环境卫生质量不断提高，绿化建设亮点不断彰显，城市管理秩序面貌不断提升，行业发展基础不断夯实，各项任务圆满完成，绿化市容工作又上新台阶。

一、“三创”阶段工作目标圆满达成

（一）“特定区域”治理有亮点。制定下发《奉贤区“特定区域”市容环境治理三年行动计划》和《“特定区域”环境治理实效考评工作方案》，对2013年需治理的12个集贸市场、22所学校、11个老旧小区周边及31个城乡结合部全面查找问题，落实项目化管理机制，全面开展整治，环境面貌有效改善。

（二）创建活动推进有成效。一是协助和指导庄行和柘林镇顺利完成机制达标验收，帮助和引导奉城、四团和金汇等镇做好“责任区达标”创建申报。二是实施第三方检查、差别化实效考评和摘牌机制，积极开展立功竞赛活动，确保了27条“洁净道路”、20个区级和3个市级村容整洁示范村、10条示范街的成功创建。三是深化“文明公厕”创建，年内完成改、扩建公厕11座，20座公厕被评为市级“文明公厕”，27座公厕安装了63套除臭装置。

（三）公园绿地建设管理有提升。一是结合文明指数测评和抗旱保绿工作要求，调整和补种文化广场、育秀学校绿地、望园路解放路绿地等约12500平方米绿地地被植物，完成了20块测评点位绿地和2个广场绿地园林设施维修，做好了古华公园局部植物绿景调整和部分建筑设施的修缮维护，改善了绿化环境和面貌。二是积极指导推进“一镇一园”建设，协助完成了柘林公园的方案设计，推进海湾旅游区慈慧公园建设的前期报批。三是进一步完善区绿化林业信息系统网络数据，输入绿地数据145条，覆盖绿化面积161公顷。四是大力开展“群绿”工作，做好了市绿化合格单位创建和市级花园单位复查工作，扎实开展“3.12”植树节活动和行业技能比武以及中级工培训等活动。

二、重点工程建设稳步推进

（一）生活垃圾分类减量工作顺利完成。制定年度生活垃圾分类减量实施方案，明确各属地政府分类减量目标。全年生活垃圾日处理719吨，实现年度减量5%的目标。全区11套湿垃圾末端处置设备中8套已基本建成使用，南桥镇和奉浦社区的设施即将建成，四团镇已启动设施选址。110个小区、94459户居民、50所机关、22个菜场、60所学校以及200家企事业单位开展生活垃圾分类试点。做好了相关分类桶的配置准备和垃圾分类收运车政府采购，初步构建了干、湿垃圾分类收运处置系统，为明年全面启动“小分类”打下基础。

（二）生活垃圾末端处置系统建设切实推进。一是生活垃圾末端处置中心完成了二次环评公众座谈会和土地权属报告书编制等一系列前期工作，已于2013年12月27日正式开工建设。二是生活垃圾中转系统垃圾渗滤液预处理设施建设方案和垃圾渗滤液外运、作业异味控制环境建设工程方案设计基本完成。

（三）绿浓景美的工作构想得到落实。一是绿化建设成效显现，解放中路（城乡路—南桥路）和菜场路（轿行路—A30）成功创建为年度市级林荫道，环城西路（南亭公路—环城南路）、环城南路（贝港河—沪杭公路）、望园路（航南公路—南港路）等林荫道相继建成，并通过竣工验收；中央生态林地、大居结构性绿地、南方国际二期屋顶绿化等重点项目建设进一步推进，大居社区25公顷周边结构性绿地已进入施工阶段，南门港公共绿地相关建设手续抓紧办理。二是积极拓展垂直绿化建设探索，在解放路S4广告牌、汇贤中学、富康花苑和各镇（开发区、社区）的环卫设施等区域种植绿篱近8000平方米，实现多层次、多色彩的垂直绿化效果。三是城市灯光景观继续优化，完成了解放路8幢楼宇景观灯光维修和南桥城区景观灯光远程遥感控制系统的升级优化，协调完成金海苑、银河丽湾、卓越、奉贤中学等新城区域以及阳光家园、阳光春城等老城区的新建景观灯光工程。

三、管理执法能力和公共服务水平不断提升

（一）城管执法实效得到提升。一是调整优化执法勤务模式、提高执法办案目标管理值、进一步加大城管执法力度，提升了各城管中队工作绩效，显现了执法保障作用，开展了“狩猎”、“南容”、“夜莺”等系列专项整治行动，营造执法高压态势，对市民投诉较为集中的乱涂写、乱张贴、乱设广告、乱设摊和跨门经营、擅自收运处置餐厨垃圾（地沟油）等多类违法（章）形成了长效监管模式。二是通过对渣土车 GPS 监控、设卡检查、突击整治相结合的模式，加大对偷乱倒渣土行为的执法整治力度，年内行政处罚案件 599 起，查处道路污染案件 292 起。三是联合市容管理部门，开展了南桥、奉浦地区外挑式 LED 电子显示屏等户外广告设施整治行动，取缔电子显示屏 196 块，责令拆除 863 块，有效改善了中心城区视觉污染。

（二）行业服务保障能力不断增强。一是切实做好文明指数测评、上级领导巡视检查、音乐节等重大活动以及防台防汛、冰冻天气、道路污染等应急保障。二是加强公园游园服务，古华公园开展各类活动，全年接待游客 160 万人次。三是行政审批服务工作继续优化，实现了行政审批“三集中三到位”的转变，全年完成行政许可 537 起。

（三）群众呼声得到充分响应。一是在充分征求小区居民意见的基础上，完成了南亭新村绿化改造试点，切实提升小区绿地品质，缓解破坏小区绿化的难题。二是认真受理群众投诉，做好信访工作，全年共受理市、区两级分转的各类投诉 14238 件，各类信件 168 封，上门投诉 181 人次，涵盖乱晾晒、乱设摊、乱设或毁坏户外设施、小区内擅养家禽、占绿毁绿等案件。绿化、市容环卫、城管执法等部门及时受理、认真处置，案件处置率 100%、及时率 97%、反馈率 99%，满意率不断提高。三是关注社会热点，联合相关单位，分别开展了预防禽流感相关治理、加强餐厨垃圾申报和规范征收管理等工作，取得了良好的社会实效。

（四）强化安全生产责任制的落实，修订完善防台防汛四色应急预案，巩固日常安全生产自查自纠制度。结合节假日期间、灾害性天气等重要时间节点，开展公园游乐设施、店招店牌、户外广告、景观灯光、“三站一码头”等安全隐患排查，强化应急处置力度，为社会提供优质、安全、高效的公共服务。

四、行业发展基础不断夯实

（一）注重规划引领。发挥行业专业规划的规范指导作用，突破原有政府单一从事城市景观建设瓶颈，有效运用政策激励、行政审批等方式引导和带动社会力量科学规范的参与景观建设；推动《南桥新城行道树规划》、环卫设施设置和景观灯光配建、家庭厨余垃圾粉碎机推广等在南桥新城和大居社区等建设中落地实施。完成了绿化市容行业“十二五”规划中期评估，以及绿化和市容环卫两份专项规划修编，使行业今后发展能更好的服务于奉贤新一轮发展的城市定位。

（二）注重政风行风水平提升。深入开展工程建设领域突出问题专项治理，加强对绿化、市容等工程项目招投标、工程实施等过程的监督；研究制定《局行政效能监察约谈工作暂行办法》，开展以对部分城管执法车车巡执勤模式、日常工作纪律等为内容的暗访调查，对影响行政效率的行为和事项，实施行政效能监察约谈；层层签订政风行风目标责任书，落实优化窗口服务新举措，加强同各相关部门的走访沟通，主动征求意见和建议，并及时整改到位。全年绿化、市容、城管部门政风测评群众满意度位列城建管理类第一。

（三）注重制度研究制定。针对“五乱”、乱设摊等城市管理顽症，积极开展课题调研，征求多方意见，制定了《奉贤区乱设摊综合治理实施意见》和《奉贤区市容环境“五乱”综合治理实施意见》，旨在进一步明确条块职责，加强条块联动，形成工作合力，力求为针对性解决工作中管理顽症、保持长效常态打下扎实基础。

（四）注重队伍管理。开展“走基层、解难题、强管理、促服务”主题活动，针对性解决基层单位在工作中所存在的突出问题，进一步改进工作作风和完善规章制度，营造“能者上、平者让 、庸者下”的良好氛围；

行业内部持续挖掘、培育、宣传"每季一星"、"党员示范岗"、"感动奉贤十大人物"等先进人物事迹，大力开展文明城区志愿服务、城管执法百日作风纪律教育整顿和"三严两提升"等活动，激发干部职工创先争优的主人翁精神；认真贯彻落实中央八项规定，经常化、制度化开展党风廉政教育，强化对重点岗位和领域的廉政风险防控，不断提升行业拒腐防变的能力。

（五）注重岗位练兵。积极开展"大培训、大练兵"活动。通过组织开展中层干部队伍的各类业务讲座、在线学习、封闭培训班、调研难题顽症等活动，提升中层干部的执行力、创造力和管理队伍的能力；提升业务技能，分别开展道路清扫保洁、绿化修剪养护、投诉受理实务操作、案例探讨等各具行业特色的技能培训和比武，促进广大职工作业、服务、管理、执法的技能得到有效提高；分别在绿化、市容环卫、城管执法等行业中开展行道树倒伏、应对灾害性天气道路保洁、乱设摊引起的群体性事件等科目的应急处置演练，提高各部门在处置突发事件中的协调性和配合性，增强维护城市安全稳定运行的能力。

（十七）崇明县

崇明县建设和交通委员会

2013年，在县委、县政府坚强领导和各乡镇的大力支持下，县建交委紧紧围绕"创新驱动，转型发展"的总体要求，继续坚持"以人为本、安全为先、管理为重"方针，一手抓行业安全生产管理和行政服务效能提升，一手抓重大工程项目推进和民生实事工程建设，圆满完成了年初确定的各项任务。主要开展了以下四个方面的工作：

（一）全面加强了行业安全生产管理。吸取当前频发的各类重大安全事故的教训，全面排查安全隐患，切实抓好行业安全监管。一是开展建筑市场专项整治。组织开展了保障性住房质量专项检查、重大工程质量安全专项检查、公共建筑综合执法大检查、在建工程建材质量抽查、大型起重机械专项检查、玻璃幕墙专项整治、各类节前节后安全检查等，通过全覆盖、多层次的各类检查，摸清了现状、发现了问题、整改了隐患，有效地促进了县建设工程质量安全水平不断提高；与此同时，小型工程项目分级分类管理体制进一步明确和完善；招投标各环节监管不断加强；工程建设参与各方的工程创优工作成效明显。此外，还组织了对乡镇、委局、园区（公司）建设工程管理人员、执法人员等的业务培训。二是加大燃气安全检查和宣传力度。规范燃气经营市场，清理整顿违规行为，对全县84家供应站和储配站进行全面检查；联合公安、安监、质监等相关部门，开展"打非治违"工作，坚决取缔燃气非法经营站点。整合各方力量，建立安全用气长效管理机制，会同燃气经营企业、教育局、民政局、机关事务管理局等开展燃气安全进餐饮场所、进学校、进养老院、进机关及事业单位食堂活动，共检查餐饮场所603家、养老机构43家、学校40余所、机关事业单位食堂120多家。此外还开展燃气安全事故应急演练，提高应急抢险队伍应对紧急突发事件的意识和能力。持续加大燃气使用安全宣传力度，在城桥镇、长兴镇等地区设点宣传，全年共发放宣传资料43800多份，服务咨询群众5000余人；开展"每周一镇"燃气安全进农村专项行动，努力减少和降低农村地区燃气事故的发生率。三是坚持路政日常巡查和超载超限治理工作。开展路政日常巡查，共出动820车次、2348人次，清理非公路标志293块，清理设摊252处，清理公路及公路用地范围内堆物192处共计1610平方米。查处损坏公路设施案件24起（其中一般程序

3件)，共收取赔偿费9.4万元；当场处罚6起，收取罚款5200元。开展货运车辆超载超限专项治理工作，检测车辆134辆，其中超限3辆，作当场处罚款2500元。

(二)大力推进了重大工程项目建设。按照年初的目标任务，创设条件、攻坚克难、突破瓶颈，各项目建设成效显著。一是全力推进重点地区公路建设。北陈公路中段及南段Ⅱ标分别建成通车，南段Ⅰ标陈彷公路至江韵路段道路施工已完成，陈东小区段240米段维稳施工已完成。蟠龙公路南段由于征地拆迁问题，可作业段道路约1700米，其中约1570米完成三渣基层，1120米完成粗料摊铺。道路所涉2座桥梁工程已完成。其余路段推进情况视征地拆迁进度而定。推虾港路已完成征地、规划用地许可证办理、民居动迁、工程招标及施工便道。正在办理养吸劳手续，但受申能崇明燃气电厂厂区建设滞后影响，道路主体工程完成时间调整为2014年12月。二是有序推进市政道路建设。大陈路新建工程、东引路新建工程已建成通车。堡镇工农路和石岛路前期工作已展开，准备实施协议拆迁。学宫路前期手续办理基本完成，完成招投标，准备前期拆迁。高岛路协助新城公司完成立项。三是顺利推进县政府事实工程。200座农村危桥改造和500公里农村道路建设按计划顺利完成。四是大力推进惠农工程。2500户农村低收入户危旧房改造工作基本完成。五是按计划完成各类大中修工程。16个公路大中修项目和2个桥梁大修项目全部竣工，利民路西半幅市政道路整治工程按时完成。六是有效推进建筑节能改造工作。完成23家改造单位共计5万平方米的既有公共建筑节能改造工作。

(三)大幅提升了行政服务效能。按照已制定的工作规范和指导意见，完善依法行政、窗口受理、信访维稳等方面的服务标准和要求。一是进一步规范行政审批管理。共审批公路行政许可31件、市政道路行政许可39件，办理项目报建235个，总投资108.8亿元；发放施工许可证68张，合同备案653个；建材交易291个，专业交易25个，审批通过117家安全生产许可证申请。在企业资质资格受理方面，共审批新申报建筑施工企业资质128家，施工企业资质增项26家，劳务企业资质升级3家，资质重新核定2家，三级升二级建筑施工企业资质4家。共受理新申请小型项目负责人备案619人。二是进一步加强建筑节能审查监督管理。继续推进可再生能源建筑应用示范县工作，落实示范项目16个，建筑面积共计69万平方米，已竣工项目9个，建筑面积22万平方米，在建项目7个，建筑面积47万平方米；对县总工会、县电信大楼等6幢办公大楼安装了分项计量装置；对县广电中心、县残联等5幢建筑开展了能源审计工作；办理民用建筑节能审查备案项目24个，建筑面积58.8万平方米；民用建筑节能工程竣工验收项目29个，建筑面积99万平方米。三是及时完成各类提案、意见、信访件的办理工作。完成了对22件人大代表书面意见和15件政协委员提案的办理工作，办理率和走访满意率均达到100%。同时，全年共完成了118件来信来访办理及答复工作。四是积极稳妥推进委属事业单位改革。委属事业单位调整方案获得批复，县建筑建材业管理所、县安质监站等单位的筹备工作基本就绪，为加强行业管理奠定了基础。五是完成了阶段性的各项重点工作。完成国际女子自行车赛赛道保障工作，完成防汛防台工作，完成公务用车改革工作。

(四)全面加强了党的建设。以党的十八大精神为指引，认真落实中央政治局关于改进工作作风、密切联系群众八项规定，着力推进党的思想、组织、作风、制度和反腐倡廉建设，为确保完成今年目标任务提供了坚强保证。一是认真抓好领导班子建设。认真学习党的十八大精神，坚持用科学理论武装头脑，提高领导班子理论素养；重视调查研究，开展班子下基层、大走访等活动，提高领导班子决策水平；召开每月一次的行政办公会议，研究破解发展中的难题。二是不断加强基层党建工作。完成五好基层党组织的评选工作；完成机关作风建设督查工作；完成党外代表人士的推选工作；完成15直属党支部和2个党总支换届选举工作；按期转正党员4人，发展党员2人；深入推进党务公开各项工作。三是切实加强干部人才队伍建设。进一步调整优化委领导班子，推动委事业单位中层干部轮岗交流工作规范化、常态化发展；完成了委系统4名中层干部的民主推荐及考察工作，调整充实委后备干部；做好事业单位招聘工作，调整和招录事业单位人员9名。四是全面推进精神文明建设。在公路市政行业，深入推进文明走廊创建、文明样板路建设、立功竞赛功臣评选等活动；在燃气行业开展“微笑服务”文明窗口建设；在建设行业开展全县文明施工综合指数测评工作；在全行业开展结对共建、志愿服务活动、环境洁净日活动等精神文明工作；此外不断提升行政服务中心建交委窗口服务水平。五是进一步加强党风廉政建设。扎实推进党风廉政建设责任制落实，制定了2013年度《崇明县建设交通委党风廉政建设和反腐败主要工作分工安排》，签订目标责任书；认真开展专项治理，不断强化小型项目管理，继续深入开展“小金库”、礼金礼券购物卡专项治理；认真查信办案，严格查处违法违纪行为；开展廉政风险防控“回头看”工作，逐步形成廉政风险防控的常态机制、规范机制和督查机制。

崇明县绿化和市容管理局

2013年，县绿化市容局秉承县委县政府关于生态岛建设和社会管理的新要求，工作目标和工作任务在原有职能的基础上，已有了较大幅度的延伸和拓展。县拆违办（实体运作）、县网格办、县联动办、县市政市容联席办均设在县绿化市容局，我们既为县委县府的信任而感到自豪，也为日益加重的责任而倍感担忧，惟恐力所不及，辜负了领导的厚爱和希望。因此，全局上下始终以负重奋进的精神和勇气不懈努力，以精益求精的标准一以贯之，深入研究，致力调优。

2013年县绿化市容局主要围绕日常工作和拓展工作两个方面。其一，城乡综合管理大联动。其中以“两违”整治为重点，以环境优化为要义，以秩序井然为标准，以完善考核为抓手，以健全巡查体系为基础，以造就有效处置队伍为核心。其二，本局系统重点工程和专题工作。其中，在环卫方面，垃圾焚烧厂项目是龙头，中转站建设和提升是支撑，垃圾分类是基础。在市容景观方面，绿化建设是前提，大树保护是抓手，户外广告阵地规范是亮点。

（一）狠抓城乡综合管理大联动工作向纵深拓展，突出重点，全面覆盖，务求实效。

其一，在突出重点上化足心思，用足力气，以机制建设使“两违”整治落到实处，以严格考核使问题责任追查到人，以定量指标使推进任务逐级消化。机制建设上，将“止新”的巡查发现落实到网格巡查员和“两违”眼线人员，将发现后的及时比对落实到镇级平台和镇规土所、村建办，将比照后属实的“两违”案件的及时制止职责落实到乡镇人民政府，县城管大队驻各乡镇的中队随时作好配合支持准备（涉及县条线部门的，由县级平台和规土、房管、城管负责比对，并承担制止职责）。机制建设的核心是“属地负责，主职牵头，多方联手，城管公安保障”。严格考核上，县人民政府已以〔2013〕20号文在奖惩措施和责任追究上做了明确规定。既有对违规问题处置不力的经济惩罚，也有对相关领导干部和公职人员的行政处罚措施。定量指标上，县拆违办明确了2013年新生违建零发生率的目标，对历史存量违建按照县府已发的〔2013〕20号文的要求，分门别类对农村应拆未拆房，经营用违建房等逐乡镇核定下发了年度工作任务量，要求乡镇排出年内逐渐消除的时间节点计划，并加强日常监督指导。为起到面上的引领效果，2013年10月进行了违法建筑回头看工作，对本县2010年以来新生违法建筑已经锁定的属于乡镇处置权限的835起案件，经过核清底账、锁定目标，分解任务、落实责任，逐点拔除、全面清理三个阶段，截止10月31日，全县十八个乡镇已彻底拆除新生违法建（构）筑物320件，局部拆除并已规整新生违法建（构）筑物499件，有效协调解决13件，消案率达到了99.6%。尚余3件正在处置过程中，总体效果较好，全县上下止违的氛围明显变浓，起到了较好的宣传和震慑作用。

其二，在全面覆盖上，据实分析，合理取舍，以能进则进为原则助动各级各部门更好地主动联起手来，以标准建设为抓手推动各个联动环节切实可行可操作，以培训教育为方法帮助巡查处置及时规范有效果。

能进则进原则是指但凡可以纳入社会管理，尤其是与环境及秩序相关的管理内容，可以充分运用大联动的巡查队伍和平台沟通纳进来；但凡县委县政府觉得有些社会管理职能，需要联动巡查发现并可以通过平台更高效便捷的管理内容纳进来；但凡大联动觉得有些管理可以在原有的基础上作适当延伸便于综合力量一起管更为有效的，只要部门之间协商一致，也可以纳进来。目前的联动工作监控内容已在原有“两违”控制，市容环境面貌和社会安全稳定三大板块98项事部件的基础上，又加入了渔业资源保护、文化执法、重大动物防疫、秸秆焚烧、农村污水处理站监控、农田环境综合整治、农产品安全监管、林业防灾、河道岸坡环境监控等诸项内容，一线巡查的面日益宽泛，巡查的任务相应增加。

标准建设抓手是指原有内容的巡查和处置标准在新的形势条件下，从整合资源，高效运作的角度来考量，再作提高和调整。这方面，主要做了“两个对接”。一是与上海城市文明指数测评标准相对接。将市文明指数测评中环境和秩序类的内容逐一分解落实到日常巡查的相应内容中，融入不进去的，则做了添加，标准一律从高。二是与本县生态岛建设纲要的指标体系所需要的管理标准相对接。譬如绿地建了以后管不好变成荒地易形成指标虚数，因此必须加大对绿地养护的监管和督促，需要有更严格的养护要求和标准，这一块，标准也从高。在两个对接的同时，强化新添加的诸项内容的标准磨合与确认，新进内容的标准由各主职部门提出，联动办与相关部门共同研究，确定简明扼要，易于操作的巡查标准和处置流程。这样，才能使工作落到实处，切实可行可操作。

培训教育方法主要是帮助联动工作巡查和处置环节的人员队伍提高业务技能研判能力和处置水平。有行为规范培训，巡查和处置的流程和要求培训，更有这些环节中人员的责任心和职业道德教育，县联动办专门排定了培训计划，并通过分片召开现场案例教育等方式，逐渐统一人员的行为规范，提高其业务水平。

（二）着力推进重点工程，致力抓好专题工作，建管并举，重在管理，不断提高。

本局系统2013年的重点建设工程涵盖两方面。一是环卫方面。包括垃圾焚烧厂建设工程和横沙中转站工程。横沙中转站工程目前已竣工试运行。其工程投资617万元。日压缩中转能力为50吨。垃圾焚烧厂项目已完成项建书批复，设计日处理能力为500吨，焚烧厂区界内外工程总投资估算4.39亿元。投资主体是崇明县人民政府，市补资金为1.25亿元，项目采用BOT方式运行，项目法人是上海城投瀛洲生活垃圾处置有限公司，该项目前期准备近两年来，调整的东西较多，一是规模由原900吨调整至500吨。二是焚烧物由原来含污泥到不再含污泥。三是填埋库已由单一的烧结物和本厂飞灰到包含医疗废弃物和有毒有害工业废弃物的烧结物和飞灰一并入库，四是项目用地面积由原有的68亩调整为52亩。设计调整几经反复，相应标准有所变更，投资规模也多次修改，影响了各项工作的推进，截止目前选址已确定，环评已基本完成，预计2014年2月开工。

二是绿化建设和养护方面。为确保至2020年人均公共绿地面积能达到15平方米我们主要聚焦了以下几方面工作，一是改造乡镇公共绿地，提升绿化环境。先后完成了东平镇林风公路口转角绿地改造、新河镇转角绿地改造等，使乡镇公共绿地面貌得到进一步改观。二是养护管理上，除开展日常培训外，出台了《乡镇公共绿地管理考核办法》，逐步向乡镇实行监管并举，改进了政府管理方式，不断提高乡镇绿地建设养护水平。

本局系统全年的专题工作，主要有以下三个专项。

其一，垃圾分类和资源化利用工作。2011年开展分类减量工作以来，依照“试点先行、及时总结、努力推进、不断完善、逐渐覆盖”的原则，通过调查摸底、宣传培训、设备配置、试点实施、推进拓展等阶段渐次推进。同时制定了垃圾分类减量方面的实施意见、实施方案以及宣传培训工作意见，成立了以分管县长为组长，各乡镇委局办主要领导为成员的领导小组。成立了县文明办、绿化市容局、妇联联合工作小组，共同指导推进工作。

做法上，根据崇明实际，结合崇明农村化地区的特点以及终端处理技术多元化发展要求，从“大分流、小分类、细处理”着手，重点推进六大专项系统建设。具体为：一是不断完善餐厨垃圾专项管理系统；二是建立废弃食用油脂专项管理系统；三是强化有毒有害垃圾专项回收系统；四是健全可回收利用垃圾管理系统；五是规范城区建筑装璜垃圾管理系统；六是加快垃圾收集、运输、处置设施设备更新完善及垃圾处理能级的提升。通过六大垃圾专项管理系统的升级和完善，不断提高我县生活垃圾分类收集覆盖率和资源化利用率，并考虑远期规划与现状处理相结合，即目前推行的六大垃圾管理系统建设和完善为崇明垃圾焚烧场建设奠定基础。至目前共推进了862个企事业单位、99个居住区（包括农村行政村）涉及90158户，13个菜场，24所学校，43个机关和3座公园的生活垃圾分类工作。对城堡两镇170家产生餐厨垃圾垃圾进行日常收集，日均收集量为9.8吨。对废弃油脂做到了应收尽收，截止10月底共收集307吨，日均处置1.02吨。共回收破旧衣物7.2吨，碎玻璃16吨，有害垃圾5.2吨，建筑装璜垃圾和渣土共处置94万多吨，日均处置生活垃圾392吨，比市局下拨的计划数减量4.1%，生活垃圾减量指标领先全市其它区县。

其二，大树保护工作。县人大将本县大树保护作为本次人代会的一项议案，需要县

政府制定相应的政策性文件。为此县绿化市容局一是做好了本县大树的全面摸底，开展了依条例要求的保护工作；二是草拟了保护大树的若干实施意见。三是正在筹备大树保护爱心认养活动，以期缓解保护基金的压力。在保护大树上奉行单位要主动尽责，民间要强化意识，部门要加强指导，社会要共同监管的原则。采用古树名木及其后续资源挂牌锁定，确认大树定位建档，大树生长定期巡查，毁损大树严厉处罚的办法。认真思考并理性处理大树保护与建设开发的关系，建立从规划开始就充分沟通的协调机制，实事求是，朝保护与开发双赢的方向探索。目前已锁定了本县大树保护的范畴，将40年以上，或树种稀少，或树杆树冠粗壮、树形奇特，或具有历史价值、崇明本土人文价值和特殊纪念意义的大树列入保护范围。两次普查汇总结果表明，本县除已经登记在册的古树名木和后续保护资源外，尚有散落民间的大树1690株，包括40年至50年间的708株，50至80年间的739株，80年至100年的159株，100年以上的84株。其中80年以上的243株将进一步鉴定，有望列入上海市古树名木及其后续保护资源的范畴（不包括行道树、公园内的40年以上大树资源）。在普查汇总的同时对这些树木按树龄、树种分类建档。对其中树龄长、树种名贵的树木已先期开展保护协议预签，尽可能地防止突击转移大树现象的发生。

其三，渣土专营工作。渣土管理上，县绿化市容局努力缩短市场无序到相对规范的转折过程，（1）严把准入关。不达专营许可前提要求的企业坚决不予准入。（2）加强指导关。对努力要进入该市场的企业加大能力建设和设施配置指导，以服务指导体现公正之心。（3）严肃招投关。公开招投标，规范招投标行为，公平取舍。（4）建立协商机制。将来渣土运输由建设方、开发商和渣土运输方三方见面，约定价格，防止成本加价。（5）适度增加专营企业数。有利于竞争比价。（6）制定指导价。作为市场价格的一种参考。（7）实行黑名单制。对准入后的企业运营中设定禁止性条款，如有违规，予以淘汰，或在下一轮招投标时予以剔除。按照上述原则，今年有6家企业获准专营资格，止目前渣土市场运行良好。

（二）以廉政风险防控为重点，扎实推进党风廉政建设和反腐败工作。

一是加强督查监管。党政主要领导时时过问，纪委具体负责，今年开始全面实行重点工作、重大项目季度自查申报制度。对基层单位凡涉及工程建设项目管理、项目招投标、劳务中介、大额采购（1万元以上）等工作实行季度自查申报制度，专门设计下发了一张自查申报表，由各单位一季度开展一次自查，梳理汇报本季度目标任务，完成情况，具体措施，存在困难和问题，无涉及项目也必须零报告。在此基础上，党委按照各单位自我申报情况进行抽查核实，切实抓好督查监管。

二是全面开展廉政风险防控建设。要按照县纪委的统一部署，参考借鉴试点单位的成功经验，6~8月份在全系统重点开展廉政风险点排摸工作。9~11月审定廉政风险防控措施。各单位都能将工程建设项目管理、设施设备采购、行政审批、城管执法、留用车辆管理等列入风险排查重点，认真开展风险排查和制定相应措施。

（三）以作风建设为抓手，努力提升系统政风行风建设水平。

一是开展教育培训，增强为民服务意识。结合课题调研，局党政班子决定在全系统相当长一段时间里，掀起了一股改进机关作风建设宣传教育的小高潮。2月安排了机关效能和党风廉政教育专题培训班，4月结合央视《焦点访谈－正风肃纪在行动》宣传片的学习讨论，全局上下掀起第三次作风建设学习讨论热潮。6月底结合“七一”纪念活动召开奋进精神现场教育会，8月邀请组织部进行党务工作培训，10月组织开展党组织负责人培训班。

二是完善规章制度，提升制度执行力。以《规范机关及系统制度建设》的课题调研为抓手，督促系统各单位、各部门调整完善各项规章制度。全面实行了基层单位年度财务内审制度，对审计中发现的问题及时予以整改，对可能出现风险隐患的问题同各单位党政领导及相关责任人进行诫勉谈话。坚持对重点领域、关键岗位党员领导干部的廉政谈话制度，今年已就渣土专营招标、环卫设备采购、劳务中介资金划拨、留用公车管理等事项与相关责任人开展廉政谈话。贯彻落实中央八项规定，严格整肃“四风”，研究出台了五个一律不予的工作要求：即一是系统内部会务安排一律不予摆放水果，不予安排就餐；二是大型会议必须借用会场的，一律不予租用宾馆，改为协商借用兄弟单位会场，不予制作背景面板，不予摆放鲜花；三是年度各类培训如需安排参观考察，一律不予安排出市，如需出岛一般不予安排住宿；四是精简会议，能用通报方式予以解决的一律不予安排会议；五是精简文件简报，保留一份综合简报，能通过网络传输解决的问题，一般不予发放纸质材料。

三是开展履职情况调查评议，重点关注社会反映热点。按照市纠风办关于对有关政府部门履职情况开展调查评议的工作要求，6月份，县渣土办以自身及中标企业政风行风为重点组织开展企业内部检查与考评，并建立诚信档案，落实整改督查。

编者按：本栏目选编了与本市建设、交通和城市管理相关的地方性法规，以及政府规章、沪府和沪府办颁发的规范性文件等内容，以当年发布时间顺序排列。

目 录

棚户简屋改造试行意见的通知》有效期的通知（沪府办发〔2013〕33 号）

9. 上海市单位生活垃圾处理费征收管理办法（沪府发〔2013〕45 号）

10. 关于本市廉租住房和公共租赁住房统筹建设、并轨运行、分类使用的实施意见（沪府发〔2013〕57 号）

11. 上海市城市网格化管理办法（上海市人民政府令第 4 号）

12. 上海市高速公路管理办法（上海市人民政府令第 5 号）

13. 上海市人民政府关于延长《上海市征收集体土地房屋补偿暂行规定》有效期的通知（沪府发〔2013〕78 号）

14. 上海市非机动车管理办法（上海市人民政府令第 9 号）

15. 上海市轨道交通管理条例（上海市第十四届人大常委会第九次会议修订）

16. 上海市城市地下空间建设用地审批和房地产登记规定（沪府发〔2013〕87 号）

17. 上海市住宅物业保修金管理暂行办法（沪府办发〔2013〕68 号）

18. 上海市住宅修缮工程管理办法（沪府办发〔2013〕69 号）

19. 上海市取水许可和水资源费征收管理实施办法（上海市人民政府令第 11 号）

20. 上海市地下空间规划建设条例（上海市第十四届人大常委会第十次会议通过）

2013年市政府要完成的与人民生活密切相关的实事

（沪府办发〔2013〕11号 2013年3月1日）

一、完成农村经济相对薄弱村村内道路改造1000公里、危桥改造500座；推进新农村建设，完成郊区县100个村庄改造。

二、新增5000张养老床位；为28万名需要生活照料的老人提供社区居家养老服务；新设40个社区老年人助餐点；新建20家老年人日间服务中心；开展老年人社区援助服务，为10万名高龄老人提供家庭互助服务；为1000个低保困难老年人家庭提供居室适老改造服务。

三、新增30所幼儿园；为300所郊区初级中学更新、配齐实验室设施设备；完成300所中小学校园直饮水工程建设；扶持70所老年学校开展标准化建设。

四、为1000个社区（农村）消防工作站配备手抬机动消防泵等基础消防装备，完成4万名消防安全网格管理人员消防业务培训，在每个居民小区组织开展至少一次消防疏散演练；完成30万农民工安全生产培训。

五、为1万名符合条件的残疾人补贴提供个性化适配辅助器具；为2万对符合条件的计划怀孕夫妇提供免费孕前优生健康检查服务。

六、鼓励创业带动就业，帮助成功创业1万人；支持建立80家示范性家政服务站。

七、在5家批发市场、5家加工企业、10家配送中心、200家大卖场、600家标准化菜市场建设粮食追溯系统，在20家配送中心、200家大卖场、470家标准化菜市场建设水产追溯系统；支持建设80家标准化大众早餐门店、4个主食加工配送中心。

八、在无线局域网（WLAN）覆盖的450处公共场所，为公众用户提供每用户每天2小时的免费上网服务；在80个社区文化活动中心新建旅游信息服务点。

九、在公园、公共绿地新建60条百姓健身步道，完善20家社区活动中心的健身设施；新建5个区级市民体质监测指导中心；新建7所学生体质健康监测中心。

十、推进实施“百万家庭低碳行，垃圾分类要先行”生活垃圾分类减量项目，完成1000所学校、300个菜市场、100个公园、300个机关单位的垃圾分类收集处置，为80万户居民家庭免费发放环保大礼包；建立300支共1万人的青年志愿者队伍，推广“城市文明新约”。

附件：2013年市政府要完成的与人民生活密切相关的实事项目进度及负责部门、责任人

附件

2013年市政府要完成的与人民生活密切相关的实事项目进度及负责部门、责任人

一、完成农村经济相对薄弱村村内道路改造1000公里、危桥改造500座；推进新农村建设，完成郊区县100个村庄改造。

完成农村经济相对薄弱村村内道路改造1000公里、危桥改造500座。具体实施进度：第一、二季度明确项目实施计划，落实区级配套资金；第三季度完成项目立项审批、施工图设计和招投标，启动开工建设；第四季度项目竣工交付使用。该项目由市发展改革委、市建设交通委、相关区（县）政府负责，市财政局、市农委、市水务局配合。其中，市发展改革委责任人为沈晓初副主任，市建设交通委责任人为戴晓坚秘书长，市财政局责任人为马正文副局长，市农委责任人为张贵龙副主任，市水务局责任人为刘晓涛副局长，相关区（县）政府责任人为分管副区（县）长。

以提高、改善农村农业地区基础设施水平和生态环境为重点，对郊区（县）100个村庄实施改造，配套开展生活污水处理、村内水系环境整理、环卫设施建设、宅前屋后

环境整治、村庄绿化等。具体实施进度：第一季度完成改造选点、方案报送等准备工作；第二季度完成项目批复，启动改造；第三季度继续推进项目实施；第四季度全面完成。该项目由市农委、市建设交通委、相关区（县）政府负责，市发展改革委、市财政局、市规划国土资源局、市环保局、市水务局、市绿化市容局配合。其中，市农委责任人为张贵龙副主任，市建设交通委责任人为倪蓉副主任，市发展改革委责任人为沈晓初副主任，市财政局责任人为赵伟星副局长，市规划国土资源局责任人为徐毅松副局长，市环保局责任人为方芳副局长，市水务局责任人为刘晓涛副局长，市绿化市容局责任人为唐家富总工程师，相关区（县）政府责任人为分管副区（县）长。

二、新增5000张养老床位；为28万名需要生活照料的老人提供社区居家养老服务；新设40个社区老年人助餐点；新建20家老年人日间服务中心；开展老年人社区援助服务，为10万名高龄老人提供家庭互助服务；为1000个低保困难老年人家庭提供居室适老改造服务。

新增5000张养老床位，着力缓解本市特别是中心城区机构养老服务资源供需矛盾。具体实施进度：第一季度完成养老床位建设各项筹备工作；第二季度启动养老床位建设；第三季度完成500张；第四季度完成4500张。该项目由市民政局、各区（县）政府负责。其中，市民政局责任人为周静波副局长，各区（县）政府责任人为分管副区（县）长。

进一步拓展居家养老服务受益面，为28万名需要生活照料的老人提供上门或日托等形式的社区居家养老服务，重点为80岁以上的高龄、独居、纯老家庭中的老年人提供服务，对其中生活自理障碍且经济困难者经评估后提供政府服务补贴。具体实施进度：第一季度为27.2万名服务对象提供服务；第二季度服务对象增加到27.4万名；第三季度服务对象增加到27.6万名；第四季度服务对象增加到28万名。该项目由市民政局、各区（县）政府负责。其中，市民政局责任人为周静波副局长，各区（县）政府责任人为分管副区（县）长。

以老龄人口密度大、需求高的中心城区为重点，新设40个社区老年人助餐服务点，满足老年人特别是独居、高龄、生活自理有困难老年人的助餐服务需求。具体实施进度：第一季度完成各项筹备工作；第二季度启动建设；第三季度完成10个；第四季度完成30个。该项目由市民政局、各区（县）政府负责。其中，市民政局责任人为周静波副局长，各区（县）政府责任人为分管副区（县）长。

新建20家老年人日间服务中心，就近为老年人提供助餐、助浴、群体康复、读书读报等日间照顾服务。具体实施进度：第一季度完成各项筹备工作；第二季度启动建设；第三季度完成5家；第四季度完成15家。该项目由市民政局、各区（县）政府负责。其中，市民政局责任人为周静波副局长，各区（县）政府责任人为分管副区（县）长。

为10万名高龄老人提供家庭互助服务，委托专业机构对低龄老年志愿者开展家庭志愿服务培训后，组织其为高龄老人提供生活物资代购、陪伴就医、精神慰藉等服务。具体实施进度：第一季度制定项目实施方案，完成市、区（县）两级层面招投标、志愿者培训课程开发和培训师培训工作，完成低龄老年志愿者与高龄老人家庭的配对；第二、三季度开展低龄老年志愿者培训和家庭互助服务；第四季度继续推进志愿者培训和家庭互助服务，开展志愿者评选和服务对象满意度调查，完成项目评估。该项目由市民政局、各区（县）政府负责。其中，市民政局责任人为高菊兰副局长，各区（县）政府责任人为分管副区（县）长。

为1000个低保困难老年人家庭提供居室适老改造服务，委托专业机构为低保困难老人家庭安装防滑扶手、铺设防滑地砖、更换老化设备、重铺水管电路、添置卫生设施，使其住房达到适老住房标准。具体实施进度：第一季度制定细化项目实施方案，完成专业机构招投标工作；第二季度开展家庭筛选和评估，确定施工单位；第三季度完成500个家庭居室适老改造；第四季度全部完成，开展验收评估。该项目由市民政局、各区（县）政府负责。其中，市民政局责任人为高菊兰副局长，各区（县）政府责任人为分管副区（县）长。

三、新增30所幼儿园；为300所郊区初级中学更新、配齐实验室设施设备；完成300所中小学校园直饮水工程建设；扶持70所老年学校开展标准化建设。

通过公建配套、改扩建、新建等途径，新增30所幼儿园，进一步满足适龄儿童接受学前教育的需求。具体实施进度：第一季度向各区（县）下达建设任务；第二季度启动施工建设；第三季度加强指导和监督，推进新增园所建设；第四季度全面完成，做好检查和总结工作。该项目由市教委负责，市建设交通委、市规划国土资源局、市住房保障房屋管理局、各区（县）政府配合。其中，市教委责任人为尹后庆巡视员，市建设交通委责任人为秦云副主任，市规划国土资源局责任人为徐毅松副局长，市住房保障房屋管理局责任人为顾弟根副局长，各区（县）政府责任人为分管副区（县）长。

为300所郊区初级中学更新、配齐实验室设施设备，使教学实验室符合二期课改要求。具体实施进度：第一季度开展调研，制定工作计划；第二季度启动实验设施设备招标采购工作；第三季度利用暑期，实现设施设备的配置到校；第四季度全部完成，开展检查验收。该项目由市教委负责，各区（县）政府配合。其中，市教委责任人为尹后庆巡视员，各区（县）政府责任人为分管副区（县）长。

为逐步统一全市中小学校饮用水供水模式，提高饮用水的安全和质量，在已有500余所中小学建立直饮水系统的基础上，进一步完成300所中小学校园直饮水系统建设，在教学楼（寄宿制学校的宿舍）安装净水设备和直饮水龙头，并建立定期维护、保养、监督等后续管理机制。具体实施进度：第一季度制定《上海市中小学校校园直饮水工程建设和维护标准》，确定建设学校名单；第二季度制定具体建设方案，启动招标工作；第三季度完成招标工作，进入实施建设；第四季度全面完成建设，开展验收。该项目由市教委负责，市卫生局、市水务局、市质量技监局、各区（县）政府配合。其中，市教委责任人为李骏修副主任，市卫生局责任人为肖泽萍副局长，市水务局责任人为陈远鸣副局长，市质量技监局责任人为郑光辉副局长，各区（县）政府责任人为分管副区（县）长。

扶持70所老年学校开展标准化建设，新建或改扩建专用功能教室，添置为老服务设施设备，改善校舍装修和校园环境，进一步提升办学水平。具体实施进度为：第一季度明确建设目标和任务，确定70所老年学校名单，出台标准化配置要求；第二季度分批开展老年学校建设和改造，配置老年教育标准化设施设备；第三季度实施建设工作中期评估，加强对学校内涵建设指导；第四季度完成建设，开展检查验收。该项目由市教委负责，相关区（县）政府配合。其中，市教委责任人为袁雯副主任，相关区（县）政府责任人为分管副区（县）长。

四、为1000个社区（农村）消防工作站配备手抬机动消防泵等基础消防装备，完成4万名消防安全网格管理人员消防业务培训，在每个居民小区组织开展至少一次消防疏散演练；完成30万农民工安全生产培训。

为1000个社区（农村）消防工作站配备手抬机动消防泵和消防水带、消防枪、接合器、运输工具等配套器材，组织4万名消防安全网格管理人员开展消防知识、技能培训。同时，巩固前两年“全民消防安全疏散演练活动”的效果，在每个居民小区组织开展至少一次消防疏散逃生演练。具体实施进度：第一季度制定实施方案，确定增配手抬机动消防泵等基础消防装备的消防工作站名单，制定消防装备配备参考标准，完成消防业务培训教材编写、疏散演练示范片制作；第二季度完成消防装备器材的采购招投标工作，消防安全网格管理人员培训和疏散演练完成目标任务总量的30%；第三季度完成消防装备器材的配发和使用技能培训，消防安全网格管理人员培训和疏散演练达到目标任务总量的70%；第四季度全部完成，组织验收。该项目由市消防局、各区（县）政府负责，市文明办、市综治办、市民政局、市财政局、市工商局、市质量技监局、市住房保障房屋管理局、市安全监管局、市民防办配合。其中，市消防局责任人为赵子新局长，市文明办责任人为陈振民巡视员，市综治办责任人为谷继明副巡视员，市民政局责任人为华源副局长，市财政局责任人为田春华副局长，市工商局责任人为钟民副局长，市质量技监局责任人为杨江波副局长，市住房保障房屋管理局责任人为黄永平副局长，市安全监管局责任人为吴春源巡视员，市民防办责任人为费跃副主任，各区（县）政府责任人为分管副区（县）长。

以安全生产规章制度、操作规程以及作业场所内的安全防范措施、劳防用品使用知识等为重点，对30万名农民工开展安全生产培训，进一步提高其安全生产和防护技能。具体实施进度：第一季度培训3万人；第二季度培训11万人；第三季度培训12万人；第四季度培训4万人。该项目由市安全监管局负责，市人力资源社会保障局、市总工会、各区（县）政府配合。其中，市安全监管局责任人为齐峻局长，市人力资源社会保障局责任人为应鸿庆副局长，市总工会责任人为杜仁伟巡视员，各区（县）政府责任人为分管副区（县）长。

五、为1万名符合条件的残疾人补贴提供个性化适配辅助器具；为2万对符合条件的计划怀孕夫妇提供免费孕前优生健康检查服务。

为本市1万名重度残疾、生活困难并经专业评估的残疾人补贴提供个性化适配辅助器具。其中，为5000名视力残疾人补贴提供适配的助视器；为1300名成年听力障碍者补贴提供适配的助听器；为500名临床康复患者补贴提供适配的个性化辅助器具；为200名残疾人补贴提供高额电动类辅助器具租赁服务；为3000名残疾人补贴提供个性化辅助器具服务，根据需要实施家庭无障碍设施改造。具体实施进度：第一季度制定实施方案，完成1270名残疾人辅助器具评估适配；第二季度完成3730名残疾人辅助器具评估适配；第三季度完成3730名残疾人辅助器具评估适配；第四季度完成1270名残疾人辅助器具评估适配。该项目由市残联负责，市卫生局、市民政局、市建设交通委配合。其中，市残联责任人为季敏副理事长，市卫生局责任人为瞿介明副局长，市民政局责任人为周静波副局长，市建设交通委责任人为马云安副主任。

为降低新生儿出生缺陷发生率，对本市2万对符合生育政策、自愿接受孕前风险评估、具有一定风险因素的计划怀孕夫妇提供免费孕前优生健康检查服务。具体实施进度：第一季度完成4000对；第二季度服务对象增加到1万对；第三季度服务对象增加到1.6万对；第四季度服务对象增加到2万对。该项目由市人口计生委负责，各区（县）政府配合。其中，市人口计生委责任人为黄红副主任，各区（县）政府责任人为分管副区（县）

长。

六、鼓励创业带动就业，帮助成功创业1万人；支持建立80家示范性家政服务站。

继续开展“鼓励创业带动就业行动”，进一步形成共同支持创业促进就业的合力，支持和帮助1万人成功创业。具体实施进度：第一季度帮助1500人成功创业；第二季度累计帮助5000人成功创业；第三季度累计帮助8000人成功创业；第四季度全部完成。该项目由市人力资源社会保障局负责，市发展改革委、市经济信息化委、市教委、市科委、市农委、市财政局、市规划国土资源局、市地税局、市工商局、市统计局、市金融办、各区（县）政府配合。其中，市人力资源社会保障局责任人为周海洋局长，市发展改革委责任人为肖林副主任，市经济信息化委责任人为傅新华副主任，市教委责任人为李瑞阳副主任，市科委责任人为陈杰副主任，市农委责任人为邵林初副主任，市财政局责任人为赵伟星副局长，市规划国土资源局责任人为局党组肖征忠副书记，市地税局责任人为许建斌巡视员，市工商局责任人为陈学军副局长，市统计局责任人为朱章海副局长，市金融办责任人为马弘副主任，各区（县）政府责任人为分管副区（县）长。

为促进本市家政服务市场规范发展，支持建立80家示范性家政服务站，组织开展家政服务员技能培训，建设全市家政服务员信息平台。具体实施进度：第一季度制定示范性家政服务站相关标准，组织开展申报工作；第二季度完成申报审核，开展家政服务员技能培训，启动建站工作；第三季度基本建成80个示范性家政服务站和家政服务员信息平台，继续开展家政服务员技能培训；第四季度完成服务站年度达标考核评估工作。该项目由市妇联、市人力资源社会保障局、市商务委负责，各区（县）政府配合。其中，市妇联责任人为翁文磊副主席，市人力资源社会保障局责任人为应鸿庆副局长，市商务委责任人为顾军副主任，各区（县）政府责任人为分管副区（县）长。

七、在5家批发市场、5家加工企业、10家配送中心、200家大卖场、600家标准化菜市场建设粮食追溯系统，在20家配送中心、200家大卖场、470家标准化菜市场建设水产追溯系统；支持建设80家标准化大众早餐门店、4个主食加工配送中心。

为进一步推进本市食品流通安全信息追溯系统建设，在5家批发市场、5家加工企业、10家配送中心、200家大卖场、600家标准化菜市场建设粮食追溯系统，在20家配送中心、200家大卖场、470家标准化菜市场建设水产追溯系统。具体实施进度：第一季度制定实施方案，组织开展申报工作；第二季度制定技术方案，开展招投标工作，落实项目实施单位；第三季度全面开展施工、安装、系统集成调试；第四季度全面完成，开展评估验收。该项目由市商务委负责，市工商局、各区（县）政府配合。其中，市商务委责任人为张新生副主任，市工商局责任人为彭文皓副局长，各区（县）政府责任人为分管副区（县）长。

为提高早餐供应的安全性、便利性，支持通过招标选择的企业建设80家标准化大众早餐门店、4个主食加工配送中心。具体实施进度：第一季度完成各区（县）早餐市场调研，细化建设任务；第二季度制定细化项目实施方案，确定项目实施企业；第三季度全面开展项目建设；第四季度全部完成，组织验收。该项目由市商务委负责，市食品药品监管局、市质量技监局、市环保局、市财政局、各区（县）政府配合。其中，市商务委责任人为顾军副主任，市食品药品监管局责任人为谢敏强副局长，市质量技监局责任人为郑光辉副局长，市环保局责任人为孙建副局长，市财政局责任人为钟景秋副巡视员，各区（县）政府责任人为分管副区（县）长。

八、在无线局域网（WLAN）覆盖的

450处公共场所，为公众用户提供每用户每天2小时的免费上网服务；在80个社区文化活动中心新建旅游信息服务点。

推进本市公共场所无线局域网（WLAN）覆盖工作，在本市人流较为密集、窗口功能突出的约450处主要公共场所（包括公共交通枢纽候客站、商业街圈休息区、公园绿地和旅游景点游客休憩区、会展中心会议与展览厅、文化场馆活动区、公立医院候诊区、体育场馆观众活动区、行政服务办事大厅等领域）实现WLAN全覆盖，为公众用户提供每用户每天2小时的免费上网服务，主要包括网页浏览、邮件收发、即时通信等基本应用。具体实施进度：第一季度新增50处公共场所WLAN覆盖并开通试运行，制定发布《上海市公共场所WLAN覆盖检测规范（暂行）》，完成第三方检测机构招投标工作；第二季度新增100处公共场所WLAN覆盖并开通试运行，维护优化2012年已建成300处公共场所WLAN覆盖网络；第三季度开发i-Shanghai网上查询系统，完成全部450处场所WLAN覆盖的检测工作和i-Shanghai服务标牌张贴；第四季度完成对450处场所的服务验收并正式开通运行。该项目由市经济信息化委负责，市建设交通委、市交通港口局、市旅游局、市绿化市容局、市商务委、市机管局、市体育局、市卫生局、市文广影视局、各区（县）政府配合。其中，市经济信息化委责任人为刘健副主任，市建设交通委责任人为江绵康巡视员，市交通港口局责任人为高奕奕副巡视员，市旅游局责任人为杨劲松副局长，市绿化市容局责任人为方岩副局长，市商务委责任人为顾嘉禾副主任，市机管局责任人为王国平副局长，市体育局责任人为陈一平巡视员，市卫生局责任人为许速副巡视员，市文广影视局责任人为王玮副局长，各区（县）政府责任人为分管副区（县）长。

进一步将旅游信息服务向社区延伸，在80个社区文化活动中心设立旅游信息服务点，设置信息查询触摸屏，定期配送宣传资料。具体实施进度：第一季度确定社区选址，实施软硬件设备政府采购；第二季度完成旅游信息服务网点网站英文版开发；第三季度安装40台设备；第四季度再安装40台设备。该项目由市旅游局负责，市文明办、市文广影视局、各区（县）政府配合。其中，市旅游局责任人为杨劲松副局长，市文明办责任人为陈振民巡视员，市文广影视局责任人为王小明副局长，各区（县）政府责任人为分管副区（县）长。

九、在公园、公共绿地新建60条百姓健身步道，完善20家社区活动中心的健身设施；新建5个区级市民体质监测指导中心；新建7所学生体质健康监测中心。

在公园、公共绿地建设60条各长300米的塑胶健身步道，完善20家社区活动中心的健身设施，进一步满足市民体育健身的需求。具体实施进度：第一季度进行选址勘测；第二季度完成立项，全面开工；第三季度竣工验收；第四季度全部完成，新建成设施向社会开放。该项目由市体育局负责，市绿化市容局、市文广影视局、各区（县）政府配合。其中，市体育局责任人为李伟听副局长，市绿化市容局责任人为方岩副局长，市文广影视局责任人为王小明副局长，各区（县）政府责任人为分管副区（县）长。

进一步完善市、区（县）、街道（镇）三级科学健身指导网络，新建5个区级市民体质监测指导中心，依据体质测试结果，开具运动处方，指导市民科学健身。具体实施进度：第一季度进行选址勘测；第二季度确定建设方案，开展专家评审；第三季度竣工验收；第四季度全部完成并向社会开放。该项目由市体育局负责，各区（县）政府配合。其中，市体育局责任人为李伟听副局长，各区（县）政府责任人为分管副区（县）长。

在2012年已建成10所学生体质健康监测中心的基础上，再建设7所（黄浦、普陀、静安、闸北、虹口、青浦、松江区各1所）学生体质健康监测中心，配备标准化监测设备和专业测试人员。初步形成市、区体质监测网络体系，使学生体质监测常态化，促进学生科学锻炼，提高学生体质健康达标率。具体实施进度：第一季度完成方案设计、选址，办理立项手续；第二季度全面启动建设，完成测试器材统一招标，开展专业测试人员培训；第三季度实现设施、器材配备到位；第四季度开展试运行并组织验收。该项目由市教委负责，相关区政府配合。其中，市教委责任人为李骏修副主任，相关区政府责任人为分管副区长。

十、推进实施“百万家庭低碳行，垃圾分类要先行”生活垃圾分类减量项目，完成1000所学校、300个菜市场、100个公园、300个机关单位的垃圾分类收集处置，为80万户居民家庭免费发放环保大礼包；建立300支共1万人的青年志愿者队伍，推广“城市文明新约”。

为进一步推进垃圾分类和减量工作，实现“以2010年为基数，全市每年人均生活垃圾处理量降低5%”的目标，完成1000所学校、300个菜市场、100个公园、300个机关单位的垃圾分类收集处置，居民区垃圾分类收集处置新增覆盖80万户，免费发放80万份环保大礼包（包含《家庭环保指导手册》和户内分类投放垃圾袋）；对环保志愿者和小区居民开展800场以上的培训，在社区学校开展100场专题培训；在35个社区开展六次资源回收活动。具体实施进度：第一季度制定实施计划，分解落实各区（县）任务；第二季度完成年度计划的30%；第三季度完成量达到年度计划的70%，制定考核工作方案；第四季度全部完成，开展考核检查。该项目由市绿化市容局、市妇联、市文明办负责，市建设交通委、市发展改革委、市商务委、市教委、市经济信息化委、市科委、市农委、市财政局、市环保局、市规划国土资源局、市旅游局、市住房保障房屋管理局、市食品药品监管局、市质量技监局、各区（县）政府配合。其中，市绿化市容局责任人为唐家富总工程师，市妇联责任人为张辰副主席，市文明办责任人为陈振民巡视员，市建设交通委责任人为王以中巡视员，市发展改革委责任人为周强秘书长，市商务委责任人为张新生副主任，市教委责任人为李骏修副主任，市经济信息化委责任人为尚玉英副主任，市科委责任人为陆晓春副主任，市农委责任人为殷欧副主任，市财政局责任人为马正文副局长，市环保局责任人为吴启洲副局长，市规划国土资源局责任人为俞斯佳总工程师，市旅游局责任人为杨劲松副局长，市住房保障房屋管理局责任人为黄永平副局长，市食品药品监管局责任人为谢敏强副局长，市质量技监局责任人为沈伟民副局长，各区（县）政府责任人为分管副区（县）长。

为宣传推广爱护环境、不在公共场所大声喧哗、不乱穿马路、尊重他人隐私等城市文明新约，推动市民文明素养的进一步提升，设计“新约家族”系列卡通形象，发放1万个“文明行囊”，出版“新约家族”系列动漫口袋书1万套；建立300支共1万人的青年志愿者宣传员队伍，在公共场所开展志愿推广活动3000次；在商务楼宇、公交车、地铁、出租车、社区等投放“城市文明新约”公益宣传片；开展“城市文明新约”公益广告设计大赛等活动，编发手机报、电子杂志各1万份，联合媒体和网络开展“城市文明新约”推广。具体实施进度为：第一季度确定“城市文明新约”核心内容和宣传推广方案，设计文明卡通形象，组建50支共1500人的青年志愿者队伍，开展志愿服务和推广活动500次，发放漫画口袋书1万套，编发手机报、电子杂志各2000份；第二季度组建250支共8500人的青年志愿者队伍，开展志愿服务和推广活动1000次，制作公益宣传片并在相关媒体渠道进行社会宣传，举办“城市文明新约”公益广告设计比赛，发放“文明行囊”3000只，编发手机报、电子杂志各3000份；第三季度开展志愿服务和推广活动1000次，发放“文明行囊”5000只，编发手机报、电子杂志各3000份，举行“城市文明新约”生活衍生品创意作品征集、手机游戏设计比赛；第四季度全部完成。该项目由团市委负责，市文明办配合。其中，团市委责任人为徐未晚副书记，市文明办责任人为陈振民巡视员。

上海市天然气分布式供能系统和燃气空调发展专项扶持办法

（沪府办发〔2013〕14号　2013年3月19日）

为提高清洁能源综合利用效率，推进节能减排和能源供应方式转型发展，促进分布式供能规范有序、健康持续发展，并通过示范项目带动能源科技创新和装备产业发展，按照《国家发展和改革委员会、财政部、住房和城乡建设部、国家能源局关于发展天然气分布式能源的指导意见》、《上海市节能减排专项资金管理办法》等的规定以及“效率为先、择优支持、创新机制、营造环境”的原则，制定本办法。

第一条（支持对象）

（一）在本市医院、宾馆、工厂、大型商场、商务楼宇、综合商业中心等建筑物以及工业园区、大型交通枢纽、旅游度假区、商务区等园区建设的单机规模1万千瓦及以下的天然气分布式供能系统项目。

（二）应用燃气空调的项目。

第二条（实施年限）

本办法适用于2013年至2015年建成的项目。

第三条（资金来源）

用于补贴天然气分布式供能项目和燃气空调设备投资的资金，在市节能减排专项资金中安排。

第四条（支持方式和标准）

（一）对分布式供能项目按照1000元/千瓦给予设备投资补贴，对年平均能源综合利用效率达到70%及以上且年利用小时在2000小时及以上的分布式供能项目再给予2000元/千瓦的补贴。每个项目享受的补贴金额最高不超过5000万元。

对燃气空调项目按照200元/千瓦制冷量给予设备投资补贴。

（二）燃气供应企业要优先保障天然气供应，实施优惠气价，如遇上游天然气门站价格调整，实行上下游价格联动调整。

对用户红线外的燃气管道及其配套设施工程列入燃气发展规划的，原则上按照规划要求，落实配套。对替代燃煤（重油）锅炉未列入燃气发展规划，需要建设用户供应专线（支线）的天然气分布式供能项目，由燃气企业按照《上海市公用管线工程预算定额（2000）》标准的40%，收取排管工程费（供需双方另有约定的，从其约定）。

（三）优先将天然气分布式供能系统和燃气空调项目的燃气排管工程列入道路掘路计划。排管工程需在新建、扩建、改建的城市道路竣工后5年内或者大修的城市道路竣工后3年内开挖施工的，市、区（县）路政管理部门按照《上海市城市道路掘路修复工程结算标准》按实收取掘路修复费（不收取加倍掘路修复费）。

（四）对经核准建设、符合《分布式供能系统工程技术规程》（上海市工程建设规范DG/TJ08-115-2008）并按照“以热（冷）定电”原则运行的天然气分布式供能项目，本市电网企业要按照“优化并网流程、简化并网手续、提高服务效率”的原则，办理并网业务，并网申报、审核和批准过程原则上不超过20个工作日。电网企业要加强配电网建设，将天然气分布式供能纳入区域电网规划范畴。

对总装机容量500千瓦及以下的项目，免收系统备用容量费；对总装机容量500千瓦以上的项目，用户若已按变压器容量或最大需量缴纳基本电费，则不再收取系统备用容量费。

（五）支持区域型分布式供能项目发电上网，上网电价政策由市物价部门另行制订。

（六）政府投资的医院等公益性项目和年用能（热、电、冷）超过5000吨标准煤的重大基础设施建设项目，项目设计单位应在编制可行性研究报告阶段比选论证天然气分布式供能系统的可行性，具备安装使用条件的，应使用该系统。

（七）对天然气分布式供能项目建成投产后3年内开展后评估，后评估结果作为申请设备补贴和确定上网电价的依据。天然气分布式供能项目后评估办法另行制订。

（八）支持电力、燃气等能源企业和节能服务企业发挥技术、管理和资金等方面的优势，结合能源行业结构调整、节能减排等工作，组建专业的能源服务公司。

第五条（补贴资金申请程序）

（一）由市发展改革委会同市建设交通委、市财政局、市经济信息化委、市科委等部门组成市推进天然气分布式供能系统和燃气空调发展工作小组，办公室（以下简称“市分布式供能推进办”）设在市燃气管理处（地址：徐家汇路579号8楼，电话：53018165，网址：www.shgas.sh.cn）。

申请设备投资补贴的项目单位，可以向市分布式供能推进办领取《天然气分布式供能系统和燃气空调设备投资补贴申请表》（以下简称《申请表》），也可在市分布式供能推进办的网上下载《申请表》。

（二）燃气空调和天然气分布式供能项目单位在项目建成投产后，按照规定向市分布式供能推进办提交以下申请材料：

1. 内容填写完整的《申请表》一式三份；

2. 购机合同、购机发票（复印件）。如是外文合同、发票，需有中文翻译件；

3. 有关项目的项目可行性研究报告以及项目核准或审批文件；

4. 系统调试验收报告；

5. 企业法人营业执照（复印件，加盖企业公章）。

市分布式供能推进办自收到申请材料10个工作日内审核完毕，并将审核意见报送市发展改革委。

分布式供能项目单位自项目建成投产后3年内提交年平均能源综合利用效率自评报告和一个完整年度的在线监测数据。市分布式供能推进办自收到自评报告和监测数据起10个工作日内对项目实施后评估，对经后评估年平均能源综合利用效率达到70%及以上并且年利用小时在2000小时及以上的分布式供能项目，将后评估结果和审核意见报送市发展改革委。

（三）市发展改革委会同市有关部门审核后，根据市节能减排办下达的资金使用计划，提出补贴资金发放意见函告市财政局。

（四）市财政局收到市发展改革委补贴资金发放意见后，将补贴资金直接拨付到享受补贴的单位。

第六条（计划编制程序）

（一）各区县政府、燃气企业与能源服务企业应认真调研并于每年8月底前编制天然气分布式供能和燃气空调系统计划报市分布式供能推进办。计划包括发展台数、装机容量、制冷量和燃气需求量等内容。

（二）市分布式供能推进办对各区县分布式供能系统和燃气空调计划进行汇总平衡后，编制全市年度推进计划，于每年9月底前报市节能减排领导小组办公室。

（三）市分布式供能推进办在市节能减排领导小组办公室同意后正式下达年度推进计划。各区县主管部门与能源服务企业应按照下达的推进计划实施，并按季度向市分布式供能推进办报送推进计划的落实情况。

（四）市分布式供能推进办负责对推进计划实施进行检查与协调。

第七条（部门职责）

市发展改革委负责协调推进本市分布式供能系统和燃气空调的发展工作。

市建设交通委负责市分布式供能推进办的日常管理，组织制订、协调实施、检查分布式供能系统和燃气空调项目推进计划；组织开展技术指导、咨询、宣传等服务；推进燃气管道建设，做好掘路计划审批和掘路修复费核收等工作；组织分布式供能项目能源综合利用效率后评估，评估费用列入部门预算。

市财政局会同市有关部门对专项资金的使用情况进行监督和专项审计。

市经济信息化委、市科委进一步加大支持力度，组织相关设备制造企业、科研、设计机构开展对分布式供能系统技术的攻关，促进关键设备的标准化、规模化生产，提高系统集成水平，降低设备造价和系统维护成本。

市规划国土资源局、市环保局、市审计局等部门按照各自职责，做好相关工作，促进天然气分布式供能系统和燃气空调的推广应用。

第八条（附则）

（一）本办法由市发展改革委会同市建设交通委、市财政局负责解释。

（二）使用沼气的分布式供能项目，参照本办法执行。

（三）本办法自印发之日起30日以后施行。

关于本市贯彻《国务院办公厅关于继续做好房地产市场调控工作的通知》的实施意见

（沪府办发〔2013〕20号 2013年3月30日）

为贯彻落实《国务院办公厅关于继续做好房地产市场调控工作的通知》（国办发〔2013〕17号），进一步按照“以居住为主、以市民消费为主、以普通商品住房为主”的原则，完善房地产市场体系和住房保障体系，巩固调控成果，促进本市房地产市场平稳健康发展，现提出如下实施意见：

一、明确2013年度本市新建商品住房价格控制目标。根据本市居民人均可支配收入增长等经济社会发展目标、物价水平，2013年度本市新建商品住房价格控制目标为：按照保持房价基本稳定的要求，切实贯彻落实各项房地产市场调控措施。

各区县、各有关部门要坚决贯彻落实国家和本市各项房地产市场调控政策措施，切实承担稳定房价、稳定市场的责任。确保政策落实到位，目标任务完成。

二、坚决抑制投资投机性购房。进一步严格执行国家和本市的住房限购措施和相关操作口径。房屋管理、税务、人力资源社会保障、民政等部门要加快研究建立购房人及其家庭成员在本市拥有住房情况、购房人纳税或社会保险缴纳情况、购房人婚姻状况信息交互共享，完善住房限购措施的操作流程。

要继续严格实施差别化住房信贷政策。银行业金融机构要进一步落实好首套房贷款的首付比例和贷款利率政策；严格执行第二套住房信贷政策，重点强化对异地、外籍、离异、低龄人群等借款人的贷款资格审查，不得向不符合信贷政策的借款人违规发放贷款；严禁发放第三套及以上购房贷款。银行业监管部门要加强对银行业金融机构执行差别化住房信贷政策的日常管理和专项检查，对违反规定的及时加以制止、纠正。金融管理部门要加强政策实行效果监测和评估，做好预案，并根据市场变化，适时调整第二套住房贷款的首付比例和贷款利率。

税务、房屋管理部门要密切配合，对出售自有住房按照规定应征收的个人所得税，通过税收征管、房屋登记等历史信息能核实房屋原值的，依法严格按照转让所得的 20% 计征。继续稳步实施个人住房房产税改革试点，引导住房合理消费。税务部门要继续推进应用房地产价格评估方法加强存量房交易税收征管工作。

三、增加普通商品住房用地供应。按照全年供应量不低于前 5 年年均实际供应量的要求，结合实际，统筹安排编制本市 2013 年度住房用地供应计划，保证普通商品住房、保障性住房土地供应，一季度公布全市年度供地计划。规划国土资源等部门要按照计划推进，确保全年土地供应稳定、均衡、合理。

规划国土资源部门要会同发展改革、城乡建设、房屋管理等部门提出商品住房项目的建设套数、套型建筑面积、设施条件、开竣工时间、住宅产业化等要求，作为土地出让的依据，并纳入出让合同。同时，建立土地出让前研判制度，完善优化土地出让方案，搞好市场分析监测，稳定土地市场预期。

对中小套型住房套数达到项目开发建设总套数 70%以上的普通商品住房建设项目，银行业金融机构在符合信贷条件的前提下，优先支持其开发贷款需求。

四、深化完善“四位一体”住房保障体系，全力推进大型居住社区建设和旧区改造。要进一步推进旧住房综合改造，切实改善市民居住条件。根据确定的目标任务，确保全年新开工建设、筹措各类保障性住房和旧住房综合改造 10.5 万套、750 万平方米，基本建成保障性住房 10 万套、730 万平方米。

要细化完善保障性住房分配供应政策，合理扩大廉租住房实物配租供应范围。优化共有产权保障住房（经济适用住房）、公共租赁住房申请分配工作，完善两代及以上成年人复合家庭住房面积核查口径。

要全面推进旧区改造工作。重点推进中心城区成片二级旧里改造，逐步推开郊区城镇棚户简屋改造。出台“城中村”改造政策和措施，并继续推进国有农场职工危旧房改造。全年拆除二级旧里以下房屋70万平方米。推进完善大型居住社区基地内市政公建配套设施，全年完成40个外围市政配套项目建设，加快引进教育、卫生、商业等优质资源，确保入住居民基本生活需求。鼓励有条件的产业园区、企事业单位、农村集体经济组织等按照相关规定，建设公共（单位）租赁住房，向符合条件的来沪务工人员供应。

要开展保障性安居工程的全过程监督检查，确保保障性住房工程质量。加快推进本市住宅产业化，完善激励政策，健全标准规范，构建技术平台，加大装配整体式住宅项目建设力度。

五、加强市场监管，查处违法违规行为。要严格执行商品房预销售各项制度规定，房屋管理与价格主管部门要加强配合，进一步严格执行“一房一价”、明码标价，商品住房销售方案备案审核等规定。对预销售方案报价过高且不接受房屋管理部门管理指导的，可暂不予受理销售方案备案、暂不核发预售许可证。对擅自超过备案价格销售，违反明码标价，“一房一价”规定的，采取暂停网上签约等措施，并依法严厉查处。

房屋管理、发展改革、规划国土资源、金融、财政、税务、人力资源社会保障、工商、公安等部门要研究建立信息共享、联动配合的工作机制，加大对违法违规行为的查处力度。对发生违反限购政策、捂盘惜售、闲置土地和炒地、挪用信贷资金等违法违规行为的房地产企业，各有关部门要按照各自职责，在网上签约资格、土地竞买、开发项目贷款、批准上市、融资等方面予以处罚和限制。税务部门要进一步加强土地增值税的征收管理，严格按照不同销售价格，确定预征率，并严格按照有关规定，进行清算审核和稽查。

房屋管理、工商等部门要联合开展房屋中介市场的专项治理，重点查处房产中介机构和房产经纪人员教唆、协助购房人伪造证明材料，规避限购措施，骗取购房资格的违法违规行为；对涉案房地产中介机构和房地产经纪人员，可暂停网上销售、责令停业整顿；情节严重的，依法吊销营业执照和经纪执业证书；涉嫌犯罪的，按照规定移送司法机关追究其刑事责任。

六、加强房地产市场监测和走势研判。各有关部门要全面、准确、及时发布房地产市场信息，正确解读政策，稳定市场预期，引导居民理性消费。要加强舆情监测，对涉及房地产市场的不实信息，要及时、主动澄清。

上海市共有产权保障住房（经济适用住房）准入标准和供应标准

（沪府发〔2013〕24号　2013年4月8日）

根据《上海市经济适用住房管理试行办法》（沪府发〔2009〕29号）的规定，制订本市共有产权保障住房（即经济适用住房，下同）准入标准和供应标准如下：

一、准入标准

同时符合下列标准的本市城镇居民家庭，可以申请购买共有产权保障住房：

（一）家庭成员在本市实际居住，具有本市城镇常住户口连续满3年，且在提出申请所在地的城镇常住户口连续满2年。

（二）家庭人均住房建筑面积低于15平方米（含15平方米）。

（三）3人及以上家庭人均年可支配收入低于6万元（含6万元）、人均财产低于15万元（含15万元）；2人及以下家庭人均年可支配收入和人均财产标准按前述标准上浮20%，即人均年可支配收入低于7.2万元（含7.2万元）、人均财产低于18万元（含18万元）。

（四）家庭成员在提出申请前5年内未发生过住房出售行为和赠与行为，但家庭成员之间住房赠与行为除外。

同时符合上述标准，具有完全民事行为能力的单身人士（包括未婚、丧偶、或者离婚满3年的人士），男性年满28周岁、女性年满25周岁，可以单独申请购买共有产权保障住房。

二、供应标准

对申请购买共有产权保障住房的，按照下列标准供应：

（一）单身申请人士，购买一套一居室。

（二）2人或者3人申请家庭，购买一套二居室。

（三）4人及以上申请家庭，购买一套三居室。

（四）申请家庭人员较多、申请家庭人员代际结构较复杂，或者经区（县）住房保障机构同意，申请家庭将原有住房交政府指定机构收购的，区（县）政府可以酌情放宽住房供应标准，但须报市住房保障房屋管理局备案。

申请家庭可以根据自身情况和房源供应数量，选择申请购买较小的房型。

上述准入标准和供应标准，自2013年5月1日起实施。

上海市人民政府关于调整和完善本市廉租住房政策标准的通知

（沪府发〔2013〕25号　2013年4月8日）

各区、县人民政府，市政府各委、办、局：

为进一步完善本市住房保障体系，稳步扩大廉租住房政策受益面，经研究，市政府决定，调整和完善本市廉租住房政策标准。现就有关事项通知如下：

一、申请条件

同时符合下列条件的本市城镇居民家庭，可以按照规定申请廉租住房：

（一）申请家庭成员之间具有法定的赡养、抚养或者扶养关系，且共同生活；

（二）申请家庭成员在本市实际居住，具有本市城镇常住户口满3年，且具有申请所在地城镇常住户口满1年；

（三）申请家庭人均居住面积低于7平方米（含7平方米）；

（四）3人及以上申请家庭人均年可支配收入低于25200元（含25200元）、人均财产低于80000元（含80000元），2人及以下申请家庭人均年可支配收入低于27720元（含27720元）、人均财产低于88000元（含88000元）；

（五）申请家庭成员在申请前5年内，未发生过因出售或赠与住房而造成住房困难的行为。

同时符合上述条件，且具有完全民事行为能力、年满35周岁的单身人士（包括未婚、丧偶或者离婚满3年的人士），可以单独申请。

符合本市廉租住房申请条件且具有下列情形之一的本市城镇居民家庭，可以优先承租廉租住房实物配租房源（以下简称“廉租房源”）：

（一）本市无子女的老年人家庭；

（二）中重度残疾人或者1～4级残疾军人家庭；

（三）重大疾病患者家庭；

（四）完全丧失或者大部分丧失劳动能力人员的家庭；

（五）烈属、因公牺牲人员家属；

（六）获得省（部）级及以上劳动模范称号人员的家庭；

（七）获得全国“三八红旗手”或者两次获得省（部）级“三八红旗手”称号人员的家庭；

（八）1966年底以前归国华侨的家庭。

二、配租标准

（一）配租面积

廉租住房配租面积为申请家庭（含单身人士，下同）已有住房面积与廉租住房保障面积的差额面积。廉租住房保障面积按照人均居住面积10平方米计算。廉租住房租金配租申请家庭配租面积不足居住面积10平方米的，按照10平方米计算。

（二）实物配租选房面积标准

廉租房源最小按照成居室供应。根据供应的房源情况，允许申请家庭在配租面积基础上放宽一定幅度，选择租赁廉租房源。申请家庭的最小选房面积原则上不少于居住面积10平方米；最大选房面积原则上不得超过配租面积的1.5倍，但该面积不是必须达到的选房面积标准。

申请家庭选择经批准可转化为共有产权保障住房（即经济适用住房，下同）的廉租房源，可以按照本市共有产权保障住房供应标准，租赁成套住房。申请家庭租赁居住满一定年限后，具有支付能力并符合共有产权保障住房申请条件的，可以按照共有产权保障住房有关规定申请购买。具体办法，由市住房保障房屋管理部门另行制订。

申请家庭自愿将已有住房交区（县）政府指定机构代理经租，且区（县）政府指定机构同意的，区（县）政府可以酌情放宽房源供应标准。

放宽选房面积或者房源供应的具体标准，由区（县）住房保障房屋管理部门结合实际情况制订，报市住房保障房屋管理部门备案后实施。

三、租金配租补贴标准

按照基本租金补贴标准实施补贴的家庭，即3人及以上、人均年可支配收入低于14400元（含14400元），或者2人及以下、人均年可支配收入低于15840元（含15840元）的家庭，每月每平方米居住面积租金补贴：黄浦、静安、徐汇、长宁、普陀、闸北、虹口、杨浦、浦东新区9个区为86元，闵行、宝山、嘉定3个区为68元，金山、松江、青浦、奉贤、崇明5个区（县）为46元。

按照基本租金补贴标准的70%实施补贴的家庭，即3人及以上、人均年可支配收入在14400元（不含14400元）至20400元（含20400元）间，或者2人及以下、人均年可支配收入在15840元（不含15840元）至22440元（含22440元）间的家庭，每月每平方米居住面积租金补贴：黄浦、静安、徐汇、长宁、普陀、闸北、虹口、杨浦、浦东新区9个区为60元，闵行、宝山、嘉定3个区为48元，金山、松江、青浦、奉贤、崇明5个区（县）为32元。

按照基本租金补贴标准的40%实施补贴的家庭，即3人及以上、人均年可支配收入在20400元（不含20400元）至25200元（含25200元）间，或者2人及以下、人均年可支配收入在22440元（不含22440元）至27720元（含27720元）间的家庭，每月每平方米居住面积租金补贴：黄浦、静安、徐汇、长宁、普陀、闸北、虹口、杨浦、浦东新区9个区为34元，闵行、宝山、嘉定3个区为27元，金山、松江、青浦、奉贤、崇明5个区（县）为18元。

四、实物配租租金标准与承担

（一）租金标准

廉租房源租金标准，由实施实物配租的政府指定机构参照住房所在地市场租金的一定比例确定，报同级价格主管部门和住房保障房屋管理部门备案后执行。住房所在地市场租金，经符合条件的房地产估价机构评估产生。具体办法，由市住房保障房屋管理部门会同市价格主管等部门另行制订。

廉租房源租金标准确定后，在租赁合同期内保持不变。租赁合同期满重新签订租赁合同的，按照届时重新确定的租金标准执行。

（二）自付租金

选择的廉租房源面积未超过配租面积1.5倍的，按照基本租金补贴标准实施补贴的申请家庭，以家庭月可支配收入的5%承担自付租金；按照基本租金补贴标准的70%实施补贴的申请家庭，以家庭月可支配收入的6%承担自付租金；按照基本租金补贴标准的40%实施补贴的申请家庭，以家庭月可支配收入的7%承担自付租金。

选择的廉租房源面积超过配租面积1.5倍的，超过的面积由申请家庭按照廉租房源租金标准的30%承担自付租金。

（三）租金补贴规定

廉租住房实物配租的租金补贴为廉租房源租金标准扣除申请家庭自付租金以外的差额部分。廉租住房实物配租的租金补贴，列入区（县）年度廉租住房资金预算。

（四）自付租金减免规定

对承担自付租金确有困难的申请家庭，区（县）政府可以制订减免自付租金的条件、审批程序等办法，报市住房保障房屋管理部门备案后实施。

上述申请条件和标准自2013年5月1日起实施，在此之前，原执行的有关标准继续有效。已经享受廉租住房保障的家庭，在按照廉租住房复核办法等规定重新核准前，维持原配租标准。

上海市地面沉降防治管理条例

（沪府发〔2013〕25号　2013年4月8日）

第一章　总则

第一条　为了加强和规范地面沉降防治工作，避免和减轻地面沉降造成的损失，维护人民生命和财产安全，促进经济和社会可持续发展，根据《地质灾害防治条例》和其他有关法律、行政法规的规定，结合本市实际情况，制定本条例。

第二条　本条例适用于本市行政区域内因抽取地下水和工程建设活动等引起的地面沉降的监测、防治及其相关监督管理活动。

第三条 市和区、县人民政府应当加强对地面沉降防治工作的领导，组织有关部门采取措施，做好地面沉降防治工作。

第四条 市规划国土资源行政管理部门是本市地面沉降防治工作的综合监督管理部门，并具体负责区域性地面沉降防治的监督管理。

市水务行政管理部门负责本市地面沉降防治工作中的地下水开采与回灌的监督管理。

市和区、县建设交通行政管理部门按照职责分工，负责建设工程涉及的周边地面沉降防治的监督管理。

市发展改革、财政、交通港口、民防、房屋等行政管理部门在各自职责范围内，协同实施本条例。

第五条 市和区、县人民政府及其有关部门应当鼓励和支持地面沉降防治的科学技术研究，开展宣传教育，普及地面沉降防治的科学知识和防灾减灾等常识。

第六条 市和区、县人民政府及其有关部门应当按照有关防灾应急预案的要求，及时处置因地面沉降引发的地质灾害事故，采取工程治理或者搬迁避让措施，保证受灾居民的生命和财产安全。

第二章 地面沉降防治规划

第七条 市规划国土资源行政管理部门应当结合本市地质环境状况，组织开展地面沉降调查，并通过政府网站等渠道发布本市年度区域性地面沉降的相关数据。

第八条 市规划国土资源行政管理部门编制城乡规划应当充分考虑地面沉降防治要求，合理控制开发强度，避免和减轻地面沉降造成的损失。

第九条 市规划国土资源行政管理部门应当会同市水务、建设交通行政管理部门编制地面沉降防治规划，经市人民政府批准后公布，并报国土资源部备案。地面沉降防治规划在报批前，应当组织专家论证。

市规划国土资源行政管理部门会同市水务、建设交通行政管理部门编制地面沉降防治规划时，应当根据地面沉降调查与监测成果，划定地面沉降易发区，并根据地面沉降的发育和危害程度、城市建设现状和发展等因素，在地面沉降易发区中划定重点防治区。

第十条 市规划国土资源行政管理部门应当会同市水务、建设交通行政管理部门，根据地面沉降防治规划，编制地面沉降防治年度工作计划。

地面沉降防治年度工作计划主要包括以下内容：

（一）地面沉降年度控制目标；

（二）地面沉降监测方案；

（三）地下水开采和回灌方案；

（四）地面沉降监测设施和回灌井的建设及维护方案。

第十一条 市规划国土资源行政管理部门应当根据城市总体规划、地面沉降防治规划，组织编制监测设施的布设方案。

市规划国土资源行政管理部门应当会同市水务行政管理部门根据城市总体规划、地面沉降防治规划和供水专业规划，组织编制防治设施的布设方案。

建设地面沉降监测设施和防治设施，应当遵循节约用地原则，合理高效利用资源。布设方案确定的设施用地，应当在控制性详细规划中予以落实，并依法办理审批手续。

第三章 地面沉降监测设施和防治设施的建设与管理第十二条 市规划国土资源行政管理部门应当会同市水务、建设交通行政管理部门建立地面沉降监测网络，对土层形变以及地下水水位、水质等实施动态监测。

第十三条 地面沉降监测设施和防治设施的新建、改建、扩建，应当符合有关布设方案的要求。

建设地面沉降监测设施和防治设施，可以依法征收土地和房屋。

第十四条 地面沉降监测设施由政府投

资，由市规划国土资源行政管理部门负责组织建设和维护。

回灌井由政府投资，由市水务行政管理部门负责组织建设和维护。采灌井由地下水的开采者投资建设和维护。

新建、改建、扩建地面沉降监测设施和防治设施，应当委托具有相应资质的单位进行。

市规划国土资源、水务行政管理部门应当根据各自职责，建立并完善地面沉降监测设施和防治设施的维护和运行管理制度。

第十五条 市规划国土资源、水务行政管理部门应当在地面沉降监测设施和防治设施周围设置警示标志。

任何单位和个人不得侵占、损毁或者损坏地面沉降监测设施和防治设施。

第十六条 已经建成的地面沉降监测设施和防治设施，不得擅自拆除；因工程建设确需拆除的，应当就近迁建。就近迁建方案应当由建设单位报市规划国土资源行政管理部门或者市水务行政管理部门同意。

迁建的相关费用由建设单位承担。迁建的用地由市规划国土资源行政管理部门落实。

第十七条 地面沉降监测设施和回灌井因损坏无法使用，确需报废的，由市规划国土资源行政管理部门和市水务行政管理部门按照各自职责，办理报废手续。

采灌井因损坏无法使用，确需报废的，使用者应当事先向市水务行政管理部门备案，并委托具有相应资质的单位实施封井作业。

第四章 地面沉降防治措施

第十八条 本市对地下水开采实行总量控制。具体年度地下水开采总量应当在地面沉降防治年度计划的地下水开采方案中明确。

除战备、应急备用等特殊情形外，禁止在自来水管网到达区域开采地下水。自来水管网到达区域的具体范围，由市水务行政管理部门公布。

第十九条 地面沉降防治年度工作计划中的地下水回灌方案，由市水务行政管理部门组织实施。

回灌井的地下水回灌作业由市水务行政管理部门委托运营单位按照分解的地下水回灌计划实施回灌。

采灌井的使用者应当按照采灌平衡原则，承担地下水回灌义务。市水务行政管理部门可以与采灌井的使用者协商约定超出回灌义务的地下水回灌量。采灌井的使用者停止开采地下水的，应当继续完成市水务行政管理部门下达的当年度回灌计划。

回灌井的回灌费用由市财政承担。采灌井的回灌费用中相当于取水量的部分，由采灌井的使用者承担；超出取水量的部分由市财政承担。

回灌井和采灌井回灌水的水质应当符合国家生活饮用水卫生标准。

第二十条 采灌井的使用者将采灌井移交他人的，回灌义务一并转移，并报市水务行政管理部门备案。

已经纳入防治设施布设方案的采灌井停止开采地下水的，采灌井的使用者可以将采灌井移交市水务行政管理部门，作为回灌井使用；市水务行政管理部门应当给予相应补偿。

第二十一条 市规划国土资源行政管理部门应当会同市建设交通行政管理部门，根据本市地质条件以及地面沉降的发育和危害程度，制定分区地面沉降控制要求。

市规划国土资源行政管理部门应当根据分区地面沉降控制要求，编制分区地面沉降危险性评估报告，并及时向社会发布。

第二十二条 在地面沉降易发区内进行基坑开挖深度七米以上的建设工程（以下简称深基坑工程），建设单位在可行性研究阶段进行地质灾害危险性评估时，应当将地面沉降危险性评估作为主要内容。

基坑开挖深度七米以上不足十五米的，建设单位在进行地质灾害危险性评估时，地面沉降危险性评估部分可以直接采用市规划国土资源行政管理部门发布的分区地面沉降危险性评估报告。基坑开挖深度十五米以上的，建设单位应当委托具备相应资质的评估单位，根据分区地面沉降控制要求，对地面沉降危险性进行评估。评估报告应当经专家评审通过，并由建设单位报市规划国土资源行政管理部门备案。

第二十三条 地面沉降危险性评估报告应当包括以下内容：

（一）评估区范围和建设工程本体以及周边建筑物、构筑物遭受地面沉降危害的可能性；

（二）建设工程在建设中、建成后引发或者加剧地面沉降的可能性及可能影响的范围；

（三）地面沉降防治措施的建议。采用降排水法施工的深基坑工程，需要回灌的，应当提出采取回灌措施的建议；地面沉降重点防治区内经专家评审认为需要阻断降水目的含水层的，应当提出采取阻断降水目的含水层施工方法的建议。

建设单位编制的建设工程项目概算应当包括地面沉降危险性评估报告明确的监测、回灌和其他防治措施的费用。

第二十四条 深基坑工程的设计方案与施工方案应当根据经备案的地面沉降危险性评估报告明确地面沉降监测和防治要求。地面沉降监测和防治要求主要包括深基坑工程的施工方法、地下水水位的监测区域、地下水水位控制要求、地面沉降控制要求以及防治措施等内容。深基坑工程的设计方案与施工方案应当经专家评审通过，并按照规定进行施工图设计文件审查。

地面沉降重点防治区内采用降排水法施工的深基坑工程，经专家评审认定需要采取阻断降水目的含水层施工方法的，建设单位应当保障费用。

第二十五条 施工单位应当按照评审通过的深基坑工程设计方案与施工方案进行施工。

深基坑工程采用降排水法施工的，施工单位应当安装计量装置对排水量进行计量，并委托具有相应资质的监测单位监测地下水水位和地面沉降量。

地下水水位或者地面沉降量超出深基坑设计控制要求时，监测单位应当及时报告施工单位和监理单位，施工单位应当按照深基坑工程设计方案与施工方案中的监测和防治方案采取回灌等防治措施。当发生地面沉降重大险情时，施工单位和监理单位应当立即向建设交通行政管理部门报告。建设交通行政管理部门应当立即到现场进行处置。

第二十六条 深基坑工程回灌水的水质应当符合国家生活饮用水卫生标准或者与降排水同质。

深基坑工程施工结束后，施工单位应当按照规定，进行封井作业。封井应当经监理单位验收合格。

第二十七条 深基坑工程施工结束后，建设单位应当将地面沉降影响监测资料汇交至市规划国土资源行政管理部门。

第二十八条 市规划国土资源行政管理部门应当设立重大市政工程设施地面沉降预警标准，与运营单位共同建立地面沉降监测与安全预警机制，提高安全运营保障能力。

市规划国土资源行政管理部门应当定期进行重大市政工程设施沉降监测网与全市地面沉降监测网的联测，并对重大市政工程设施沿线的地面沉降情况进行综合分析。重大市政工程设施运营单位应当将其设施沉降监测数据定期报送市规划国土资源行政管理部门。市规划国土资源行政管理部门应当将联测结果和综合分析报告，提供给重大市政工程设施运营管理单位。

第五章 监督检查

第二十九条 市规划国土资源、水务、建设交通行政管理部门应当按照各自职责，配备相应的监督管理人员和装备，建立巡查制度，加强对地面沉降防治的监督检查。

第三十条 市规划国土资源、水务、建设交通行政管理部门应当建立工作协调制度，定期沟通和分析本市地面沉降防治工作情况，协助配合解决地面沉降防治工作中的重大问题。

第三十一条 市规划国土资源、水务、建设交通等行政管理部门在各自职责范围内履行监督检查职责时，有权采取下列措施：

（一）向有关单位和个人查阅、复制有关资料；

（二）要求被检查单位或者个人就有关问题作出说明；

（三）进入被检查单位或者个人的生产场所进行调查；

（四）法律、行政法规规定的其他措施。

第六章 法律责任

第三十二条 违反本条例规定的行为，法律、行政法规已有处罚规定的，从其规定。

第三十三条 违反本条例规定，有下列行为的，由市水务行政管理部门按照下列规定予以处理：

（一）违反第十五条 第二款、第十六条 第一款规定，侵占、损毁、损坏或者擅自拆除地面沉降防治设施的，责令停止违法行为，限期恢复原状或者采取补救措施，可以处五万元以下罚款。

（二）违反第十七条 第二款规定，未按照规定履行备案义务的，责令限期改正；逾期不改正的，处五百元以上五千元以下罚款。

（三）违反第十七条 第二款规定，未按照规定实施封井的，责令限期改正；逾期不改正的，处五万元以上三十万元以下罚款。

（四）违反第十九条 第三款规定，拒绝承担地下水回灌义务或者未完成规定回灌量的，责令限期改正；逾期不改正的，处一万元以上十万元以下罚款。

第三十四条 违反本条例第二十五条 第二款规定，施工单位未按照规定安装计量装置的，由建设交通行政管理部门或者其他有关部门责令限期改正；逾期不改正的，处一万元以上三万元以下罚款。

第三十五条 违反本条例规定，有下列行为的，由市规划国土资源行政管理部门按照下列规定予以处理：

（一）违反第十五条 第二款、第十六条 第一款规定，侵占、损毁、损坏或者擅自拆除地面沉降监测设施的，责令停止违法行为，限期恢复原状或者采取补救措施，可以处五万元以下罚款。

（二）违反本条例第二十七条 规定，未按照规定汇交监测资料的，责令限期改正；逾期不改正的，处一万元以上五万元以下罚款。

第三十六条 违反本条例规定，有关行政管理部门和机构直接负责的主管人员和其他直接责任人员玩忽职守、滥用职权、徇私舞弊的，由其所在单位或者上级主管部门依法给予行政处分；构成犯罪的，依法追究刑事责任。

第七章 附则

第三十七条 本条例有关用语的含义：

地面沉降监测设施，是指为取得地面沉降数据而建造的设施，包括监测土层形变的各类测量标志及其配套的仪器设备，监测地下水动态的观测井（孔）等各类水文地质监测设施，以及为保护前述设施而建造的防护栏、房屋等建筑物、构筑物。

重大市政工程，是指易受地面沉降影响的轨道交通、高铁、磁浮、高架道路、越江隧道、跨海跨江桥梁、防汛墙、海堤、高压油气管道等线状市政工程。

第三十八条 本条例自 2013 年 7 月 1 日起施行。

上海市推进城乡一体化发展三年行动计划（2013年-2015年）

（沪府办发〔2013〕27号 2013年5月9日）

为深入贯彻落实党的“十八大”和市第十次党代会精神，加快转变本市经济发展方式、调整经济结构、促进城乡协调发展，进一步落实《关于本市加快城乡一体化发展的若干意见》（沪府发〔2011〕77号）和《上海市推进城乡一体化发展“十二五”规划》(沪府发〔2012〕16号）（以下简称《若干意见》和《城乡一体化规划》），明确细化城乡一体化各项任务和目标，推进城乡一体化发展的各项工作，制定本行动计划。

一、指导思想与基本原则

（一）指导思想

高举中国特色社会主义伟大旗帜，以邓小平理论、“三个代表”重要思想和科学发展观为指导，按照实现“四个率先”、建设“四个中心”和社会主义现代化国际大都市的总体目标，围绕着“创新驱动、转型发展”，以深化城乡一体化领域改革创新为突破口，以加大投入力度和促进农民增收为主要抓手，坚持新型城市化和新农村建设双轮驱动，将郊区和农村建设放在现代化建设更加重要的位置，进一步完善促进郊区又好又快发展的体制机制，加快城乡资源要素自由流动，优化城乡人口结构和布局，推进建立城乡一体的资源配置、优势互补的发展机制。提高郊区（县）发展的自主性和积极性，逐步实现以城带乡、城乡一体、成果共享。

（二）基本原则

1. 突出区县在推进城乡一体化工作中的主体作用。要充分发挥相关区县政府在推进城乡一体化工作中的积极性和主动性，积极总结区县城乡一体化中的经验，及时发现困难与不足，并加以支持协调。

2. 突出市级部门政策支持引导作用。各部门要根据全市城乡统筹工作的主要目标以及各区县的政策诉求，加快制定出台一批政策措施，为本市城乡一体化发展工作创造良好的体制机制和政策环境。同时，鼓励区县根据自身实际发展制定相应扶持政策。

3. 突出行动计划的目标导向作用。市相关部门要结合城乡一体化三年行动计划的节点目标，进一步完善本市城乡一体化评价考核指标体系，并作为衡量区县和部门推动城乡一体化工作推进情况的重要参考。

二、主要目标和任务

（一）主要目标

全面完成《若干意见》和《城乡一体化规划》确定的各项目标。到2015年，基本形成城乡一体的规划建设体系，郊区新城建设和村镇发展有序推进，实现城区现代繁荣、乡村生态优美；基本形成城乡一体的公共资源统筹共享机制，优质公共服务资源进一步向郊区倾斜，基本实现城乡基本公共服务均等化；基本形成农村居民收入增速不低于城镇居民收入增速的收入增长机制，农村居民各类保障体系更加完善，城乡居民收入差距不断缩小；基本形成城乡统筹协调互动发展新格局，力争城乡一体化发展走在全国前列。

（二）主要任务

1. 统筹城乡规划，加快市域空间一体化建设和发展。要进一步完善城乡各级规划体系，加快新城重点项目建设和扶持政策落地，加大农村村庄和城镇旧房改造力度。同时，加强郊区城市化地区和城乡结合部警力和城管力量配置，持续推进“镇管社区”工作。

2. 深化农村土地改革，加快形成城乡土地同地、同权的利益共享机制。开展农村集体土地所有权、农村宅基地使用权和农用地使用权的确权登记工作，继续推进农村土地流转试点、农村集体产权制度改革和土地综合整治等工作。

3. 推进产业融合，加快形成城乡产业经济协调发展态势。加快转变农业发展方式，持续推进农田水利设施建设，提高农林业科技水平，积极培育农业龙头企业，切实保障农产品质量安全。加快产城融合，提升郊区制造业水平，推进工业企业向产业区块集聚。积极发展郊区生产性服务业和生活性服务业。

4. 统筹城乡基础设施和生态环境建设，改善郊区农村居民生产生活环境。建设完善郊区路网和公共交通体系，进一步加强郊区水务、能源及信息化建设和运营，保护、治理郊区环境，并加快郊区生态建设。

5. 统筹城乡社会事业发展，促进基本公共服务均等化。加快城乡学校硬件建设，积极引导中心城区优质教育资源向郊区新城、大型居住社区等流动和辐射。提升区级医疗服务水平，全面推进乡镇社区卫生服务体系建设。健全多级公共文化、体育服务体系。

6. 加快制度衔接，推进城乡就业和社会保障一体化。健全城乡一体化的就业促进政策和以创业带动就业的政策，加大就业服务特别是涉农职业技能培训力度，加快完善郊区农村社会保障体系。

7. 增加资金投入，完善城乡统筹工作体制机制。进一步推进城乡一体化领域改革，加大财政资金对城乡统筹工作的倾斜力度，提高农民各项收入水平，并积极加强农村综合帮扶工作。建立城乡一体化评价指标体系，开展区县测评工作。

8. 推动试点建设，鼓励城乡一体化创新发展。鼓励奉贤区开展统筹城乡发展专项改革试点，支持闵行现代农业改革及扶持经济薄弱村建立农民长效增收机制试点建设。

三、具体要求

（一）积极对接“十二五”城乡一体化目标任务及年度工作安排。各相关区县政府、部门在实施本行动计划过程中，要主动对接《城乡一体化规划》等相关规划，并在各自年度工作安排中落实相关目标任务。

（二）着力解决城乡一体化推进过程中的突出问题。在落实相关目标任务时，要结合本区县、本部门在推进城乡一体化过程中出现的新情况、新问题，以解决短期内的突出问题为主，兼顾长远发展和体制创新。

（三）注重项目带动与政策机制推动相协调。各相关区县政府、部门要切实推动城乡一体化实质性措施落地和项目建设。同时，制定出台相关倾向性和扶持性政策，并积极开展相关区域、领域内城乡体制机制改革等前瞻性研究。

（四）鼓励各相关区县政府、部门加强探索试点创新。在本行动计划所安排任务和目标的基础上，各相关区县政府、部门可根据领域发展实际和总体目标定位，积极探索创新，并在解决若干重大问题上开展各类试点工作。

（五）确保任务目标全面实现。各相关区县政府、部门要按照本行动计划中所明确的责任要求和分工，加强落实推进。同时，可根据本行动计划要求，结合各自实际，进一步研究制定具体措施，并在实践中不断加以完善，切实保证节点目标全面实现。

上海市人民政府办公厅关于延长《上海市人民政府办公厅转发市建设交通委、市住房保障房屋管理局关于开展本市郊区城镇棚户简屋改造试行意见的通知》有效期的通知

（沪府办发〔2013〕33号　2013年6月3日）

各区、县人民政府，市政府各委、办、局：

《上海市人民政府办公厅转发市建设交通委、市住房保障房屋管理局关于开展本市郊区城镇棚户简屋改造试行意见的通知》（沪府办发〔2011〕28号）经评估需继续实施，有效期延长至2015年3月31日。

特此通知。

上海市单位生活垃圾处理费征收管理办法

（沪府发〔2013〕45号　2013年6月24日）

第一条（目的依据）

为提高生活垃圾处理质量，推进生活垃圾处理减量化、资源化、无害化，改善城市生态环境，促进可持续发展，根据《城市市容和环境卫生管理条例》、《城市生活垃圾管理办法》、《国务院批转住房城乡建设部等部门关于进一步加强城市生活垃圾处理工作意见的通知》（国发〔2011〕9号）的规定，结合本市实际，制订本办法。

第二条（适用范围）

本办法适用于本市行政区域内单位生活垃圾处理费的征收及其相关监督管理活动，建筑垃圾和工程渣土除外。

第三条（征收对象）

凡在本市产生生活垃圾的国家机关、企事业单位（包括船舶等交通运输工具）、社会团体、个体经营者等，均应当缴纳生活垃圾处理费。

第四条（征收原则）

向单位征收生活垃圾处理费，本着下列原则：

（一）有利于宣传倡导节能减排、环境保护理念；

（二）有利于体现“谁产生、谁付费”，“多产生、多付费”，“少产生、少付费”；

（三）有利于完善征收方式，规范征收行为，方便单位缴费，体现公正、公平、公开。

第五条（收费性质）

单位生活垃圾处理费为经营服务性收费，实行政府指导价管理。

第六条（管理部门）

市绿化市容管理部门主管本市单位生活垃圾处理费征收管理工作，负责本办法的组织实施。

区（县）绿化市容管理部门在同级政府的领导下，负责本辖区内单位生活垃圾处理费征收的组织和管理工作。

市、区（县）物价部门会同同级绿化市容管理部门按照管理权限，负责具体制定、调整单位生活垃圾处理收费标准，并对收费行为进行监管。

市建设交通、财政、地税等部门按照各自职责，协同实施本办法。

第七条（征收单位）

单位生活垃圾处理费由所在地的区（县）绿化市容管理部门指定的专门机构负责征收。

船舶生活垃圾处理费由市绿化市容管理部门指定的专门机构负责征收。

第八条（计量方法和标准）

单位生活垃圾处理费以按量收费为基础，采取基数内外不同收费标准，并按不同行业实行分类计费。收费标准参照城市生活垃圾处理成本合理确定。具体收费标准及有关事项，由市价格主管部门、市绿化市容管理部门另行通知。

生活垃圾产生单位应当设置符合市容环境卫生要求和标准的生活垃圾收集容器，并保持容器整洁完好。

第九条（餐厨垃圾收费规定）

产生餐厨垃圾的单位和饮食业经营者应当按照规定的收费标准，缴纳生活垃圾处理费。餐厨垃圾的收费标准，由有关部门另行规定。

第十条（船舶生活垃圾收费规定）

船舶生活垃圾处理费征收办法和标准，由市物价、绿化市容、财政、建设交通等相关部门另行规定。

第十一条（特殊废弃物收费规定）

对城市生活垃圾中的特殊废弃物，开征特殊废弃物处理费。具体征收办法和标准，由市物价、财政、绿化市容等相关部门另行规定。

第十二条（基数核定）

单位生活垃圾处理量基数一年核定一次。

区（县）绿化市容管理部门根据各单位自行申报的生活垃圾产生量，结合上年度实际收运量，核定当年基数，以适当方式向社会公示，并书面告知相关单位。

对新设立单位的生活垃圾处理量基数，由区（县）绿化市容管理部门参照同行业、同等规模单位的数据确定。

第十三条（收费减免）

对养老院、残疾人企业、特殊教育学校等公益性较强的单位产生的生活垃圾，由各区（县）政府决定收费减免事项。

各区（县）政府可对开展生活垃圾分类减量达到规定要求的单位实行收费减免。具体实施细则，由区（县）绿化市容管理部门会同同级价格主管部门另行制定。

第十四条（征收规范）

市容环境卫生收费机构应当按照规定的收费项目和收费标准，收取单位生活垃圾处理费，做到应收尽收，不得重复收费，严禁乱收费。

市容环境卫生收费机构应当依法向主管税务机关办理税务登记。收费人员应当做到持证上岗，收费时开具符合规定的票据。

第十五条（收费用途）

单位生活垃圾处理费实行专户管理，专门用于支付生活垃圾收集、运输和处理费用以及征收单位的基本征收管理费用。任何部门和单位不得擅自减免、截留和挪用单位生活垃圾处理费。

第十六条（收费监管）

各区（县）政府和各级绿化市容管理部门应当加强对单位生活垃圾处理费征收和使用情况的监督管理。各级物价、财政、税务等部门应当根据相应的职责，加强对单位生活垃圾处理费征收活动的监督检查。对应收不收、应收少收，占用、挪用生活垃圾处理费，违反票据管理规定等违规行为，按照有关法律、法规依法查处。

第十七条（施行日期和废止事项）

本办法自印发之日起施行，有效期至2018年6月30日。2004年9月14日市人民政府批转的《上海市单位生活垃圾处理费征收管理暂行办法》（沪府发〔2004〕32号）同时废止。

关于本市廉租住房和公共租赁住房统筹建设、并轨运行、分类使用的实施意见

（沪府发〔2013〕57号　2013年7月31日）

关于本市廉租住房和公共租赁住房统筹建设、并轨运行、分类使用的实施意见

为有效整合住房保障资源，提高政府资金和房源使用效率，促进租赁型保障住房专业化管理和可持续发展，根据国务院办公厅《关于保障性安居工程建设和管理的指导意见》（国办发〔2011〕45号）、上海市人民政府办公厅《关于进一步加强本市保障性安居工程建设和管理的意见》（沪府办发〔2012〕38号）等的要求，本市各区（县）廉租住房和公共租赁住房（指区、县政府出资组建专门机构投资建设筹措的房源和按照规定在商品住宅项目中配建的房源，不包括由企事业单位或产业园区投资建设并供本单位职工租赁的房源）实行统筹建设、并轨运行、分类使用，以政府切实履行住房保障管理职责、公共租赁住房运营机构实施专业化运营为原则。现提出实施意见如下：

一、房源统一建设筹措，分类安排使用

区（县）公共租赁住房运营机构按照《本市发展公共租赁住房的实施意见》（沪府发〔2010〕32号）及相关规定建设筹措的公共租赁住房，可用于廉租住房实物配租。区（县）人民政府制订年度公共租赁住房建设筹措和供应计划时，应当按照廉租住房实物配租的

任务目标，安排一定比例小户型、简装修、租金适当的适用适配房源，定向供应给廉租住房实物配租保障对象使用，并建立专门台帐，搞好房源管理。

各区（县）住房保障机构已筹措的存量廉租住房，应当委托公共租赁住房运营机构实施租赁管理；具备条件时，房屋产权可逐步归并到公共租赁住房运营机构名下。区（县）政府在商品住宅中配建的公共租赁住房，房屋产权应当登记在公共租赁住房运营机构名下。上述房源，可作为政府对公共租赁住房运营机构的实物出资，计入公司资本金。廉租住房按照规定转化为共有产权保障住房出售给原保障对象时，公共租赁住房运营机构应当支持配合。

二、申请条件统一审核，分类供应配租

廉租住房实物配租保障对象的申请受理和审核，由区（县）和街道（乡镇）住房保障机构按照廉租住房相关规定实施。公共租赁住房保障对象的申请受理和审核，由区（县）住房保障机构按照公共租赁住房相关规定实施。区（县）住房保障机构可在街道（乡镇）或公共租赁住房运营机构设立受理窗口，委托实施申请受理和审核工作。

符合廉租住房实物配租申请条件的保障对象，可按照本市廉租住房有关规定，租赁定向用于廉租住房保障的公共租赁住房；供应配租由区（县）住房保障机构按照廉租住房实物配租相关规定实施。符合公共租赁住房申请条件的保障对象，可按照本市公共租赁住房有关规定，租赁使用公共租赁住房；供应配租由公共租赁住房运营机构按照公共租赁住房供应配租相关规定实施。

三、租赁价格统一制订，分类补贴租金

廉租住房和公共租赁住房并轨后的租赁价格，统一按照略低于市场租金水平制订，市场租金水平经符合条件的房地产估价机构评估产生。廉租住房实物配租房源的租赁价格方案，由房屋产权单位授权的公共租赁住房运营机构报同级价格主管部门会同住房保障房屋管理部门审核同意后执行；公共租赁住房的租赁价格方案，由房屋产权单位授权的公共租赁住房运营机构报同级价格主管部门和住房保障房屋管理部门备案后执行。廉租住房实物配租对象承担的自付租金及政府补贴租金，按照本市廉租住房有关规定实施；公共租赁住房承租对象的租金补贴，可由用人单位自行设定。

四、租赁管理统一实施，分类确定要求

廉租住房和公共租赁住房的租赁管理，由公共租赁住房运营机构统一实施。廉租住房实物配租保障对象应当与公共租赁住房运营机构签订《公共租赁住房（廉租住房实物配租）租赁合同》，租赁合同期限不得超过3年。合同期满，经复核仍符合廉租住房实物配租申请条件的，可以续租；经复核不符合廉租住房实物配租申请条件的，应当按照规定退出廉租住房实物配租。公共租赁住房保障对象的租赁管理，按照市政府批转的《本市发展公共租赁住房的实施意见》（沪府发〔2010〕32号）及相关规定实施。

五、财政资金统一使用，完善运营监管

市和区（县）政府采用资本金注入和运营补贴等方式投入公共租赁住房运营机构的资金，统一用于公共租赁住房和廉租住房的建设筹措和租赁运营。

公共租赁住房运营机构应当注重体现公共服务的功能，并坚持市场机制运作，按照公司法等的要求，做到自主经营，统筹收支，产权清晰，管理规范。政府管理部门应当统筹考量公共租赁住房运营机构建设筹措房源的成本、租赁价格水平、租赁运营成本、商业设施配套比例等要素，以合理的投资回收期限和经济、社会综合效益为目标，逐步建立分层次、规范化的公共租赁住房政策支持和运营补贴核定机制。区（县）住房保障机构等产权单位应当根据房源租赁实际条件和管理成本，向受委托负责租赁管理廉租住房的运营机构支付委托租赁管理费用。

区（县）住房保障机构根据市住房保障房屋管理局原定计划继续定向筹措廉租住房的，房源筹措专项补贴仍按照规定从市和区（县）政府廉租住房专项资金中安排。区（县）住房保障机构拥有产权的廉租住房，实行“收支两条线”管理，租金收入应当单独核算，并按照政府非税收入管理的规定缴入同级国库；廉租住房维护、管理等支出，纳入财政预算安排。

各区（县）政府要进一步完善政府注入资本金的公共租赁住房运营机构的监管体制和考核评价机制，注重发挥住房保障管理部门对公共租赁住房运营机构的支持引导和管理监督作用。可根据本区（县）实际，委托区（县）住房保障房屋管理部门对公共租赁住房运营机构统一实施国资管理，或以区（县）住房保障房屋管理部门为主，负责对公共租赁住房运营机构实施业务监管和经营业绩考核。公共租赁住房运营机构负责人和员工的薪酬，参照同类型国资企业薪酬水平并结合企业考核情况确定。

此外，市属企业集团投资建设的公共租赁住房，以及市公积金管理中心投资收购的廉租住房、公共租赁住房，按照规定用途使用；根据实际需要和条件，市住房保障房屋管理局可在市筹公共租赁住房中，安排部分适配房源用于廉租住房实物配租。

市筹房源由投资单位自行组建或委托符合条件的公共租赁住房运营机构实施租赁管理；委托实施租赁管理的，有关费用由产权单位负担。

本意见自印发之日起实施，有效期至2015年12月31日。

上海市城市网格化管理办法

（上海市人民政府令第4号　2013年8月5日）

第一章 总则

第一条（目的）

为了加强城市综合管理，整合公共管理资源，提高管理效能和公共服务能力，根据本市实际，制定本办法。

第二条（定义）

本办法所称的城市网格化管理，是指按照统一的工作标准，由区（县）人民政府设立的专门机构委派网格监督员对责任网格内的部件和事件进行巡查，将发现的问题通过特定的城市管理信息系统传送至处置部门予以处置，并对处置情况实施监督和考评的工作模式。

责任网格是指按照标准划分形成的边界清晰、大小适当的管理区域，是城市网格化管理的地理基本单位。

部件是指窨井盖、消火栓、电力杆、电话亭、防汛墙、道路护栏、公交站亭、交通信号灯、道路指示牌、垃圾箱、行道树、加油站等与城市运行和管理相关的公共设施、设备。

事件是指占道无照经营、非法占道堆物、毁绿占绿、违法搭建、非法客运、无证掘路、餐饮油烟污染、非法行医、非法食品加工等正在发生的影响公共管理秩序的行为，以及暴露垃圾、道路破损、墙面污损等影响市容环境的状态。

第三条（管理原则）

本市城市网格化管理遵循“条块联动、资源整合、重心下移、实时监督”的原则。

第四条（部门和单位职责）

市数字化城市管理联席会议负责本市城市网格化管理重大事项的综合协调。

市建设交通行政管理部门是本市城市网格化管理的行政主管部门，其所属的市数字化城市管理机构负责本市城市网格化管理的具体工作。

区（县）人民政府是所辖区域内城市网格化管理的责任主体，其所属的城市网格化管理机构承担具体实施工作。

本市城管执法、交通港口、规划国土、房屋、路政、环保、水务、公安、消防、安全生产监管、食品药品监管、卫生等有关行政管理部门以及环卫、道路和绿化养护、燃气、供水、排水、电力、通信等承担公共服务的单位（以下简称“公共服务单位”）负责各自职责范围内城市网格化管理的处置工作。

第五条（信息共享和执法对接）

本市城市网格化管理信息系统应当预留接口，逐步与其他管理领域实现信息共享。

区（县）人民政府应当建立城市网格化管理与现有的联合执法体系的对接机制；城市网格化管理中发现的疑难问题，可以根据实际需要，通过联合执法体系予以处置。

第六条（经费保障）

相关行政管理部门因承担城市网格化管理相关工作所需要的经费，由市和区（县）财政予以保障。

公共服务单位因承担城市网格化管理的处置工作所需要的经费，应当纳入本单位现有的经费渠道予以解决。

城市管理信息系统中的相关工作量数据，可以作为所需经费的测算依据。

第二章 规划、工作标准与信息系统建设

第七条（规划）

市建设交通行政管理部门应当会同相关行政管理部门根据国家数字化城市管理模式建设的要求和本市实际情况，组织编制本市城市网格化管理发展规划。

城市网格化管理发展规划应当明确本市城市网格化管理的对象、区域、标准、流程以及信息系统建设等内容。

市数字化城市管理机构应当根据城市网格化管理发展规划，制定相应的实施计划。

区（县）人民政府应当根据城市网格化管理发展规划和实施计划，制定本行政区域城市网格化管理的具体实施方案，并报市建设交通行政管理部门备案。

本市新城、新市镇建设应当同步建立城市网格化管理体制。

第八条（网格化管理内容）

对公用设施、建设管理、道路交通、交通运输、市容环卫、环境保护、园林绿化、工商行政、食品药品监督、安全生产监督、公共卫生等管理领域内可以通过巡查发现的部件、事件问题，应当纳入城市网格化管理的内容。

第九条（工作标准的制定）

市建设交通行政管理部门应当会同有关行政管理部门和公共服务单位制定本市城市网格化管理工作标准和城市网格化管理信息系统技术标准，并向社会公布。

城市网格化管理工作标准应当明确纳入城市网格化管理的部件和事件的具体类别、名称及其说明、责任分工、案件分派规则、处置要求、处置流程、处置时限等内容。

城市网格化管理信息系统技术标准应当明确系统功能与性能、运行环境、编码体系和基础数据管理等内容。

第十条（信息系统建设）

市数字化城市管理机构应当根据国家、本市信息化工程建设规划以及城市网格化管理发展规划的要求，建立市级城市网格化管理信息平台，用于记录、监管全市城市网格化管理的运行情况。

区（县）人民政府应当根据本行政区域城市网格化管理具体实施方案的要求，建立区（县）城市网格化管理信息平台，用于部件和事件问题的受理、分派以及处置情况的监督，并可以根据所辖区域实际情况，要求乡（镇）人民政府或者街道办事处建立城市网格化管理信息分平台。

本市有关行政管理部门、公共服务单位应当配备本部门、本单位的城市网格化管理处置信息终端，用于接收部件、事件问题的分派信息和反馈处置情况。

市数字化城市管理机构应当对区（县）城市网格化管理信息平台的建设提供技术支持。

第十一条（信息系统维护要求）

本市城市网格化管理信息系统的运行维护，应当遵守全市统一的要求。

市数字化城市管理机构应当制定本市城市网格化管理信息系统运行维护方案，明确维护要求、维护方式等内容。

第三章 管理流程

第十二条（巡查、发现和立案）

区（县）城市网格化管理机构应当安排网格监督员对责任网格进行日常现场巡查。

网格监督员对于巡查中发现的部件、事件问题，应当通过拍照或者摄像等方式，即时将相关信息报送区（县）城市网格化管理机构予以立案。对于巡查中发现的能够当场处理的轻微问题，网格监督员应当当场处理，并即时将处理信息报送区（县）城市网格化管理机构。

对于本市相关服务热线等渠道转送的市民投诉、举报问题，区（县）城市网格化管理机构应当安排网格监督员进行现场核实；经核实属于城市网格化管理的部件或者事件范围的，应当予以立案。

第十三条（网格监督员的管理）

区（县）城市网格化管理机构应当负责本行政区域网格监督员的管理，并为网格监督员配备必要的工作设备、交通工具和休息场所。

市数字化城市管理机构应当制定全市统一的网格监督员工作规范和实务操作流程，并组织实施网格监督员的培训。

第十四条（案件分派）

区（县）城市网格化管理机构应当根据案件内容和职责分工，在规定的时限内将案件分派至相关行政管理部门或者公共服务单位。相关行政管理部门和公共服务单位应当落实专门人员负责接收区（县）城市网格化管理机构分派的案件信息。

案件涉及多个行政管理部门或者公共服务单位的，区（县）城市网格化管理机构可以指定一个行政管理部门或者公共服务单位负责接收分派的案件信息。

第十五条（案件处置和反馈）

相关行政管理部门或者公共服务单位收到区（县）城市网格化管理机构分派的案件信息后，应当在规定的时限内完成案件处置工作，并将案件处置结果反馈至区（县）城市网格化管理机构；未在规定的时限内完成案件处置工作的，应当及时告知区（县）城市网格化管理机构并说明理由。

对于需要给予行政处罚的案件，区（县）城市网格化管理机构传送的照片、录像等信息经相关行政管理部门核实后，可以作为行政处罚的证据。

第十六条（核查和结案）

区（县）城市网格化管理机构收到反馈的案件处置结果后，应当安排网格监督员对案件处置结果进行现场核查。经核查，案件处置结果符合处置要求的，区（县）城市网格化管理机构应当予以结案；不符合处置要求的，应当将案件退回并要求重新处置。

第十七条（案件信息管理）

区（县）城市网格化管理机构应当及时将案件的巡查、立案、分派、处置、核查、结案、督办等信息如实录入城市网格化管理信息系统，不得擅自修改、删除和泄露。

相关行政管理部门、公共服务单位应当定期分析城市网格化管理信息系统中的相关案件信息，并作为提高城市网格化管理效率、改进行业管理水平、加强城市综合管理科学决策的依据之一。

第四章 特殊案件的处理

第十八条（联合执法）

对于网格监督员发现或者现场核实的情况复杂、需要多个行政管理部门共同处置的案件，区（县）网格化管理机构可以将该案件信息及时上报区（县）人民政府；区（县）人民政府可以组织相关行政管理部门采用联合执法等方式对案件进行处置。

第十九条（特殊案件的分派和处置）

对于属于跨区（县）行政区域或者市级有关部门管理情形的案件，区（县）城市网格化管理机构应当及时将该案件上报市数字化城市管理机构予以分派。

对案件处置存在争议的，市建设交通行政管理部门应当负责案件处置的协调；必要时，可以直接指定相关行政管理部门或者公共服务单位进行处置。

第二十条（案件督办）

相关行政管理部门或者公共服务单位未按照本办法的规定完成案件处置工作，且未说明理由或者理由不成立的，市建设交通行政管理部门或者区（县）人民政府可以对案件进行督办。

第五章 评价和考核

第二十一条（监督检查）

市数字化城市管理机构应当对区（县）城市网格化管理工作进行监督、检查。

第二十二条（评价）

区（县）城市网格化管理机构应当对本行政区域行政管理部门和公共服务单位的处置工作定期进行评价，并将评价结果报区（县）人民政府。

市数字化城市管理机构应当对区（县）城市网格化管理工作情况以及市级行政管理部门和公共服务单位的处置工作定期进行评价；评价结果经市建设交通行政管理部门审核后，报市数字化城市管理联席会议。

第二十三条（考核）

本办法第二十二条 规定的评价结果，应当作为下列考核的依据之一：

（一）市人民政府对各区（县）人民政府、市级相关行政管理部门和公共服务单位的城市管理目标考核；

（二）区（县）人民政府对乡（镇）人民政府、街道以及区（县）相关行政管理部门和公共服务单位的城市管理目标考核；

（三）相关的行业管理考核。

第二十四条（社会监督）

任何单位和个人发现城市网格化管理工作有违反本办法规定的情形的，有权向市建设交通行政管理部门或者相关区（县）人民政府举报。市建设交通行政管理部门或者相关区（县）人民政府应当对举报及时进行核实和处理，并将处理结果予以反馈。

经核实的举报，应当作为本办法第二十二条 规定的评价的依据之一。

第六章 法律责任

第二十五条（阻挠网格化管理行为的处理）

任何单位或者个人有下列行为之一的，由公安机关依照《中华人民共和国治安管理处罚法》等相关规定予以处理；构成犯罪的，依法追究刑事责任：

（一）恐吓、威胁或者伤害网格监督员的；

（二）破坏、抢夺网格监督员的工作装备、交通工具的；

（三）阻挠网格监督员正常履行巡查、发现职责的其他行为，依法应予处罚的。

第二十六条（网格监督员的违规处理）

网格监督员未遵守本办法规定的网格监督员工作规范和实务操作流程，致使部件或者事件重大问题未及时发现造成不良后果的，区（县）城市网格化管理机构应当对其作出处理。

第二十七条（公共服务单位违规处置行为的处理）

公共服务单位未按照本办法的规定进行处置的，市数字化城市管理机构或者区（县）城市网格化管理机构应当告知相关行业主管部门；由相关行业主管部门依照行业法律、法规、规章的规定予以处理。

第二十八条（行政责任）

违反本办法规定，本市相关行政管理部门、城市网格化管理机构有下列行为之一的，由上级主管部门依据职权责令限期改正、通报批评，并可以对直接责任人员依法给予警告、记过或者记大过处分；情节严重的，给予降级、撤职或者开除处分：

（一）未按照规定安排网格监督员进行巡查的；

（二）未按照规定予以立案的；

（三）案件处置不及时，造成不良后果的；

（四）怠于履行特殊案件的上报或者处置协调职责的。

第七章 附则

第二十九条（专业网格化）

本市尚未纳入城市网格化管理的专业管理领域，可以按照本办法的有关规定，建立专业网格化管理平台，并接入城市网格化管理信息系统。

第三十条（施行日期）

本办法自 2013 年 10 月 1 日起施行。

上海市高速公路管理办法

（上海市人民政府令第 5 号　2013 年 9 月 10 日）

第一章 总则

第一条（目的和依据）

为了加强本市高速公路管理，保障高速公路完好、安全和畅通，根据《中华人民共和国公路法》、《公路安全保护条例》、《收费公路管理条例》、《上海市公路管理条例》等法律、法规的有关规定，结合本市实际，制定本办法。

第二条（适用范围）

本办法适用于本市行政区域内高速公路的建设、养护、经营、使用和管理。

本办法所称高速公路，包括收费高速公路（含政府还贷高速公路、经营性高速公路）和免费高速公路。

第三条（监管部门）

市建设交通行政管理部门是本市高速公路的主管部门，其所属的市公路管理机构具体承担高速公路行政管理职责。

高速公路所在区（县）人民政府和市发展改革、公安、财政、规划国土、绿化市容、水务和交通港口等部门按照各自的职责，协同实施本办法。

第四条（信息公开）

市建设交通行政管理部门应当按照国家规定，向社会公布收费高速公路及收费站名称、收费单位、收费标准、收费期限等信息。

收费高速公路经营管理者应当按照国家规定，定期向社会公布通行费收支情况。

第二章 建设和养护管理

第五条（建设管理制度）

新建、改建、扩建高速公路应当按照国家规定的建设程序和相关强制性技术标准进行，并保证合理的建设周期和施工工期。

对政府投资的高速公路建设项目，市财政部门应当会同市建设交通行政管理部门对建设资金使用情况实施监管。

对国内外经济组织投资的高速公路建设项目，市建设交通行政管理部门应当对建设资金到位和使用情况进行监督检查。

第六条（工程质量和安全管理）

高速公路项目建设单位和养护单位应当建立健全工程质量和安全生产管理制度，落实工程质量和安全管理责任。

第七条（建设项目前期管理）

高速公路建设项目建议书和工程可行性研究报告由市建设交通行政管理部门组织编制，报市发展改革部门批准；高速公路建设项目初步设计文件和施工图设计文件由高速公路项目建设单位组织编制，报市建设交通行政管理部门批准。

高速公路建设需要依法征收土地和房屋、填埋沟渠、调整地面通道的，沿线区（县）人民政府应当给予支持和协助。

第八条（附属设施建设）

高速公路项目建设单位应当按照国家和本市有关技术标准建设监控、收费、通信、超限检测、交通量观测、电子不停车收费车道等附属设施。本市高速公路附属设施建设标准由市建设交通行政管理部门制定。

高速公路附属设施应当与高速公路主体工程同步设计、同步施工、同步验收、同步交付使用。

第九条（路网信息系统建设）

市公路管理机构应当建立全市高速公路路网管理信息系统。

高速公路试运行前，高速公路项目建设单位应当将通信、监控、收费系统接入路网管理信息系统，并通过市公路管理机构组织的联网测试。

新建、改建、扩建高速公路，按照国家和本市有关技术标准铺设的通信管道，其冗余管道容量应当留作路网管理信息系统扩容、升级之用。高速公路经营管理者将上述管道容量用于其他用途的，应当承担重新铺设通信管道的费用。

第十条（非高速公路设施的移交接管）

高速公路交工验收合格后，高速公路项目建设单位应当及时向所在地区（县）建设交通行政管理部门移交下列设施，所在地区（县）建设交通行政管理部门应当及时接管、养护：

（一）上跨高速公路的桥梁；

（二）下穿高速公路的通道及其泵站；

（三）连接收费站与其他道路的通道等设施。

第十一条（养护管理要求）

高速公路经营管理者应当按照国家和本市有关高速公路养护的技术规范和操作规程，对高速公路实行预防性、经常性养护，使高速公路处于良好的技术状态。

鼓励采用新技术、新材料、新工艺、新设备实施养护作业，提高高速公路及其附属设施的养护水平。

第十二条（年度养护运行计划）

高速公路经营管理者应当根据高速公路及其附属设施的技术状况和使用情况，按照国家和本市规定的养护标准和定额，落实养护所需经费，编制高速公路年度养护运行计划。

政府还贷高速公路和免费高速公路的年度养护运行计划，应当经市建设交通行政管理部门同意后组织实施。经营性高速公路的年度养护运行计划，应当书面征求市公路管理机构的意见后组织实施。

市建设交通行政管理部门应当会同有关部门对高速公路养护资金的落实和使用情况进行监督检查。

第十三条（日常巡查）

高速公路经营管理者应当按照国家和本市的有关规定，对高速公路进行巡查，并制作巡查记录。发现高速公路有坍塌、坑槽、隆起等情形，或者发现隔离栏、防眩板、声屏障等附属设施损坏，危及交通安全的，应当及时设置警示标志，并采取措施修复。

第十四条（公路检查、检测）

高速公路经营管理者应当按照有关技术标准，定期对高速公路进行检测和评定，对技术状况达不到国家和本市有关公路技术标准的，应当进行维修；对其中不符合车辆通行安全要求的，还应当通知公安交通管理部门，并及时发布相关信息。

市公路管理机构应当定期对高速公路进行检查、检测。对技术状况达不到有关技术标准的高速公路，应当责成高速公路经营管理者限期采取相应措施。

第十五条（桥梁、隧道管理）

高速公路经营管理者应当按照国家和本市的相关要求，配置桥梁、隧道养护专业技术人员对桥梁、隧道进行检查、检测。高速公路桥梁、隧道特殊检测应当委托具有相应资质的专业检测单位实施。

高速公路桥梁、隧道经检测承载能力达不到原设计标准的，高速公路经营管理者应当及时采取限载、加固等措施；桥梁、隧道严重损坏，影响车辆通行安全的，应当通知公安交通管理部门，并配合其采取相应的交通管制措施。

第十六条（小修保养）

高速公路经营管理者应当按照国家和本市的公路养护技术规范，对高速公路及其附属设施开展日常养护，及时修补轻微损坏部分。

第十七条（中修和大修工程管理）

高速公路及其附属设施的中修项目由高速公路经营管理者按照初步设计文件深度编制工程可行性研究报告，经市公路管理机构组织技术审核通过后，方可组织实施。

高速公路及其附属设施的大修项目由高速公路经营管理者分别编制工程可行性研究报告和初步设计文件，报市建设交通行政管理部门审批。

第十八条（中修和大修工程验收）

高速公路中修和大修工程应当按照国家和本市的有关规定组织验收。

监控、通信和收费系统大修工程在验收前，应当通过市公路管理机构组织的联网测试。

第十九条（紧急维修工程）

因自然灾害、交通事故等突发事件造成高速公路及其附属设施损坏，影响正常通行和行车安全的，高速公路经营管理者应当立即组织有相应资质的养护作业单位实施紧急维修。

第二十条（养护作业安全要求）

高速公路养护作业人员作业时，应当穿着统一的安全标志服。公路养护车辆、机械设备作业时，应当设置明显的作业标志，开启危险报警闪光灯。

养护作业影响车辆安全行驶的，高速公路经营管理者应当在作业现场设置安全防护设施，并通过电子显示屏等设施进行限速、警示提示；严重影响车辆安全行驶的，应当编制养护作业路段交通组织方案，并在实施前报市公路管理机构和公安交通管理部门备案。

第三章 收费、服务和使用管理

第二十一条（收费标准）

收费高速公路经营管理者应当按照经批准的收费标准和收费期限，向通行收费高速公路的车辆收取车辆通行费，但依法免交车辆通行费的车辆除外。

车辆驶离出口时不能提供有效的通行凭证且无法提供进入入口证明，或者经查实互换通行凭证的，收费高速公路经营管理者可以按照路网内离该出口最远路径收取车辆通行费，并对不能提供通行凭证的车辆用户收取通行凭证的工本费。车辆用户事后提供进入入口证明的，收费高速公路经营管理者应当按照实际行驶里程收取通行费。

第二十二条（车辆快速通行保障）

收费高速公路经营管理者应当根据车流量，开通足够数量的收费道口，保障车辆正常通行。

除公安交通管理部门采取通行管理措施外，当收费道口待交费车辆排队长度超过市建设交通行政管理部门规定的距离时，收费高速公路经营管理者应当在不妨碍前方道路通畅的情况下，在收费道口采取部分或者全部车道免费放行措施。收费高速公路经营管理者应当在规定距离处设置免费放行标志及监控设施。

节假日、重大活动等特定时段依照国家规定实行免费通行的，市建设交通行政管理部门应当会同相关部门和收费高速公路经营管理者采取相应的措施，确保高速公路安全、畅通运行。

第二十三条（电子不停车收费管理）

收费高速公路经营管理者应当按照国家和本市相关技术标准，设置和运行电子不停车收费车道。

电子不停车收费具体管理办法，由市建设交通行政管理部门另行制定。

第二十四条（联网收费）

本市收费高速公路实行联网收费。

收费高速公路经营管理者共同认可的单位负责本市收费高速公路联网收费资金的结算和清分等管理工作，产生的相应费用由收费高速公路经营管理者共同承担。

第二十五条（信息服务）

市公路管理机构应当会同高速公路经营管理者建立高速公路信息发布制度，通过网站、服务热线、电子诱导系统等向社会提供高速公路交通路况、气象预警等出行信息服务。

第二十六条（服务区管理）

收费高速公路经营管理者应当按照规划配置服务区，设置停车场、公共厕所、车辆维修点、加油站、餐饮部等服务设施，并使其保持良好的运行状态。当停车场、公共厕所不能满足公众需求时，应当及时改建或者扩建。

收费高速公路经营管理者因养护维修等原因确需临时关闭服务区的，应当经市公路管理机构同意。

第二十七条（清障施救牵引服务）

高速公路经营管理者可以自行配置符合技术规范的清障施救牵引车辆或者委托符合条件的清障施救牵引服务企业，提供高速公路清障施救牵引服务。市公路管理机构应当对高速公路清障施救牵引工作进行指导。

高速公路经营管理者接到清障救援信息后，应当立即派出清障施救牵引车辆和人员赶赴现场进行紧急处理。根据就近、安全、便捷的原则，将障碍物或者故障车辆拖移至距事发地最近的出口处或者与当事人商定的地点。

高速公路经营管理者或者其委托的清障施救牵引服务企业应当按照市价格主管部门制定的高速公路清障施救牵引服务收费标准收取费用，不得擅自增加收费项目、提高收费标准。

禁止其他单位和个人在高速公路上实施清障施救牵引活动。

第二十八条（服务要求）

收费高速公路经营管理者应当加强对收费人员的业务培训和职业道德教育。收费人员应当做到文明礼貌，规范服务。

收费高速公路经营管理者应当建立投诉受理机制，向社会公开投诉方式，及时反馈处理意见。

第二十九条（资料报送）

高速公路经营管理者应当按照国家和本市有关规定，向市公路管理机构及时提供收费、还贷、路况、交通流量、养护和管理等有关信息资料。

第三十条（车辆通行要求）

车辆进入高速公路和高速公路服务区，不得有下列行为：

（一）拒交、逃交、少交车辆通行费；

（二）违反规定驶入电子不停车收费车道；

（三）在高速公路上和高速公路服务区内转运货物。

第四章 路政管理

第三十一条（巡查制度）

市公路管理机构应当建立高速公路路政巡查制度，依法做好高速公路保护工作。

高速公路经营管理者在日常巡查过程中发现侵害高速公路设施的行为时，应当及时制止，保护现场，并报告市公路管理机构依法处理。

第三十二条（建筑控制区管理）

高速公路建筑控制区的范围为公路用地外缘起算向外30米的距离；弯道内侧、互通立交以及平面交叉道口的建筑控制区范围根据安全视距等要求确定。

高速公路按照前款规定确定建筑控制区时，市公路管理机构应当设置建筑控制区分界标志，并按照国家和本市有关建筑控制区管理规定进行管理。

第三十三条（超限运输检查）

高速公路经营管理者应当在高速公路入口处及隧道等相关设施的显著位置，设置车辆限载、限高、限宽标志。

除经批准运载不可解体物品的超限运输车辆外，其他超限运输车辆不得上高速公路行驶。

市公路管理机构可以在高速公路出入口、服务区及其他不影响主线通行的场所进行超限运输检查，发现超限运输车辆的，应当就近引导至固定超限检测站点进行处理。

第三十四条（禁止行为）

除遵守《上海市公路管理条例》第二十九条 的规定外，任何单位和个人不得在高速公路及高速公路用地范围内从事下列行为：

（一）利用隧道、涵洞堆放物品，搭建设施以及铺设高压电线和输送易燃、易爆或者其他有毒有害气体、液体的管道；

（二）利用高速公路附属设施架设管道、悬挂物品。

第三十五条（设施损坏的赔偿、补偿）

任何单位和个人对高速公路及其附属设施造成损坏、污染的，应当按照本市财政、价格主管部门核准的赔偿、补偿标准进行赔偿、补偿。

高速公路经营管理者收取设施损坏的赔偿、补偿款时，应当向当事人开具符合规定的收费凭证，并对损坏设施按原技术标准进行修复。

第三十六条（非高速公路设施的安全管理）

上跨高速公路的桥梁、下穿高速公路的通道、高速公路沿线户外广告设施等设施可能危害高速公路交通安全的，设施管理单位应当立即采取措施加以修复或者清除。

高速公路经营管理者发现前款规定的设施可能危害高速公路交通安全的，应当及时设置警示标志，并立即通知相关设施管理单位进行处置。情况紧急，需要当场清除障碍物的，高速公路经营管理者应当立即进行处置。

在高速公路建筑控制区外修建的建筑物、地面构筑物以及其他设施不得遮挡公路标志，不得妨碍安全视距。

第三十七条（突发事件应急管理）

市建设交通行政管理部门应当组织制定本市高速公路突发事件应急预案，报市人民政府批准后实施。

高速公路经营管理者应当根据市高速公路突发事件应急预案制定具体应急预案，并报市公路管理机构备案。

高速公路经营管理者应当根据应急预案组织应急队伍，储备抢险物资和设备，定期组织应急演练。发生突发事件时，应当按照应急预案采取相应措施，并协助和配合市建设交通行政管理部门做好应急处置工作。

第五章 法律责任

第三十八条（违反养护规定的处理）

违反本办法第十一条 第一款规定，收费高速公路经营管理者未按照国家和本市规定的技术规范和操作规程进行高速公路养护的，由市建设交通行政管理部门责令限期改正；逾期不改正，经催告仍不改正，其后果已经或者可能危害交通安全的，市建设交通行政管理部门可以委托符合条件的单位代为养护，养护费用由该收费高速公路经营管理者承担。拒不承担的，由市建设交通行政管理部门申请人民法院强制执行。

第三十九条（违反快速通行规定的处罚）

违反本办法第二十二条 规定，收费高速公路经营管理者有下列情形之一的，由市建设交通行政管理部门责令改正，处3000元以上3万元以下罚款：

（一）未开通足够数量的收费道口，造成车辆堵塞的；

（二）待交费车辆排队长度已超过规定距离，免费放行车辆不会妨碍前方道路畅通时，未实施免费放行措施的；

（三）未依照国家规定在特定时段实施免费放行措施的。

第四十条（违反服务区管理的处罚）

违反本办法第二十六条第一款规定，未按照规定在高速公路服务区设置服务设施，或者未按照规定及时改建、扩建停车场、公共厕所的，由市建设交通行政管理部门责令限期改正；逾期不改正的，处5000元以上5万元以下罚款。

第四十一条（违反清障施救牵引规定的处理）

违反本办法第二十七条第二款规定，高速公路经营管理者接到清障救援信息后不履行清障施救牵引义务的，由市建设交通行政管理部门处3000元以上1万元以下的罚款；情节严重的，处1万元以上5万元以下的罚款。

违反本办法第二十七条第四款规定，其他单位和个人在高速公路上实施清障施救牵引活动的，由市建设交通行政管理部门处1000元以上5000元以下的罚款。

第四十二条（违反专用车道通行规定的处罚）

违反本办法第三十条第二项规定，车辆违反规定进入电子不停车收费车道的，由市建设交通行政管理部门予以警告；情节严重的，处100元罚款。

第四十三条（委托处罚）

市建设交通行政管理部门可以委托市公路管理机构实施本办法规定的行政处罚。

第四十四条（行政责任）

违反本办法规定，市建设交通行政管理部门和市公路管理机构以及其他相关管理部门及其工作人员有下列行为之一的，由所在单位或者上级主管部门依法对直接负责的主管人员和其他直接责任人员给予记过或者记大过处分；情节严重的，给予降级或者撤职处分：

（一）未依法履行高速公路检查、检测职责的；

（二）发现超限运输车辆不依法进行查处，造成后果的；

（三）行政执法无法定依据或者违反法定程序的。

第六章 附则

第四十五条（实施日期）

本办法自2013年11月1日起施行。

上海市人民政府关于延长《上海市征收集体土地房屋补偿暂行规定》有效期的通知

（沪府发〔2013〕78号 2013年10月21日）

上海市人民政府关于延长《上海市征收集体土地房屋补偿暂行规定》有效期的通知

各区、县人民政府，市政府各委、办、局：

《上海市征收集体土地房屋补偿暂行规定》（沪府发〔2011〕75号）经评估需继续实施，有效期延长至2015年9月30日。

特此通知。

上海市非机动车管理办法

（上海市人民政府令第9号 2013年10月20日）

第一章 总则

第一条（目的和依据）

为了加强非机动车管理，保障道路交通安全和畅通，保护公民、法人和其他组织的合法权益，根据《中华人民共和国道路交通安全法》、《中华人民共和国产品质量法》、《中华人民共和国道路交通安全法实施条例》等法律、法规，结合本市实际，制定本办法。

第二条（适用范围）

本市行政区域内非机动车的生产、销售、登记、通行以及相关管理活动，适用本办法。

第三条（职责分工）

市公安局是本市非机动车管理的行政主管部门。公安机关交通管理部门具体负责非机动车的登记和通行管理。

质量技术监督部门负责非机动车生产质量的监督管理。

工商行政管理部门负责非机动车销售的监督管理。

经济信息化、建设交通、环境保护、城市管理行政执法、残疾人联合会等部门和单位按照各自职责，做好非机动车管理相关工作。

区、县人民政府负责组织相关部门做好辖区内非机动车道路停放管理工作。

第四条（调控措施）

本市根据城市道路交通发展需求和环境保护实际情况，对特定种类的非机动车实行总量调控或者采取淘汰措施。

第二章 非机动车生产、销售管理

第五条（安全技术要求）

在本市生产、销售的非机动车应当符合有关国家标准。

电动自行车国家标准中的电动机功率、残疾人机动轮椅车国家标准中的汽油机排量等推荐性项目，在本市强制执行。

第六条（产品目录）

本市对符合国家和本市标准要求的电动自行车、残疾人机动轮椅车实行产品目录管理制度。因不符合国家和本市标准要求而未纳入产品目录的电动自行车、残疾人机动轮椅车，不得在本市销售和登记上牌。

电动自行车产品目录由市经济信息化委会同市质量技监局、市工商局、市公安局、市环保局等部门以及相关行业协会编制。残疾人机动轮椅车产品目录由市经济信息化委、市残疾人联合会会同市质量技监局、市工商局、市公安局、市环保局等部门编制。

电动自行车产品目录、残疾人机动轮椅车产品目录应当载明生产企业、品牌、型号、定型技术参数等项目，向社会公示安全性能良好的产品，并适时更新。

第七条（变更技术参数）

已经纳入产品目录的电动自行车、残疾人机动轮椅车的技术参数发生变更的，负责目录编制的部门应当重新进行核定。

生产者擅自更改定型技术参数的，其相应产品从产品目录中删除。

第八条（销售承诺）

电动自行车、残疾人机动轮椅车的销售者，应当在销售场所醒目位置公示现行有效的产品目录，并通过店堂告示、销售凭证中载明等方式，向消费者承诺其销售车辆已纳入产品目录，符合本市登记上牌条件。

消费者购买的电动自行车、残疾人机动轮椅车因未纳入产品目录无法在本市登记上牌的，可以依法要求退货。

第九条（禁止拼装、加装、改装）

禁止单位和个人从事下列行为：

（一）拼装非机动车；

（二）在非机动车上加装动力装置、座位、高分贝音响或者擅自加装车篷；

（三）改变非机动车排气装置的尺寸或者擅自更换动力装置；

（四）拆除或者改动非机动车的消音、限速、尾气处理装置；

（五）其他更改非机动车定型技术参数、影响非机动车通行安全的拼装、加装、改装行为。

禁止销售拼装、加装、改装的非机动车。

第十条（举报投诉）

对违法生产、销售非机动车的行为，单位或者个人可以向质量技术监督部门、工商行政管理部门举报、投诉。质量技术监督部门、工商行政管理部门接到举报、投诉后，应当依法及时查处。

对调查属实的违法行为，质量技术监督部门、工商行政管理部门应当及时将查处情况通报市经济信息化委、市残疾人联合会等相关部门和单位。

第十一条（协调配合机制）

公安机关、质量技术监督部门、工商行政管理部门建立协调配合的执法机制。

公安机关发现违法生产、销售非机动车的，应当及时通知质量技术监督部门、工商行政管理部门，质量技术监督部门、工商行政管理部门应当依法及时查处。对阻碍质量技术监督部门、工商行政管理部门依法执行职务的行为，公安机关应当依法予以制止和处理。

第十二条（环保要求）

电动自行车所有人应当将电动自行车的废旧电池送交电动自行车生产者、销售者处理，或者送交具有危险废物处置资质的单位集中处置。

电动自行车生产者、销售者应当采取以旧换新等方式回收电动自行车的废旧电池，建立回收台账，送交具有危险废物处置资质的单位集中处置。

鼓励电动自行车生产者、销售者采取以旧换新等方式回收废旧电动自行车。

第十三条（残疾人轮椅车的更新补贴）

本市对残疾人机动轮椅车实行更新补贴制度。已经登记上牌的残疾人机动轮椅车送交指定单位回收的，由残疾人联合会按照规定给予补贴。

第三章 非机动车登记管理

第十四条（登记车种）

下列非机动车，应当经本市公安机关交通管理部门登记，取得非机动车号牌和行车执照（以下称非机动车牌证）：

（一）电动自行车；

（二）残疾人机动轮椅车；

（三）人力三轮车；

（四）市人民政府规定应当登记上牌的其他非机动车。

自行车、残疾人手摇轮椅车实行自愿登记，其所有人申请登记上牌的，公安机关交通管理部门应当予以办理。

第十五条（申请登记上牌）

对本办法第十四条 第一款规定的非机动车，其所有人应当自购车之日起15日内，到公安机关交通管理部门申请登记上牌，现场交验车辆并提交下列材料：

（一）身份证、户口簿或者单位营业执照等合法有效的非机动车所有人身份证明；

（二）购车凭证或者其他非机动车合法来历证明；

（三）非机动车整车出厂合格证明；

（四）公安机关交通管理部门要求提交的其他材料。

残疾人机动轮椅车的所有人申请登记上牌的，应当到常住户口所在地的区、县公安机关交通管理部门办理，除前款规定的材料外，还应当提交本市残疾人联合会出具的相关证明。

第十六条（登记上牌的特殊要求）

残疾人机动轮椅车仅限于符合条件的下肢残疾人员申请登记上牌，每人可以登记一辆。

人力三轮车仅限于市政、环卫等单位因作业需要申请登记上牌。

第十七条（登记上牌）

对申请登记上牌的非机动车，公安机关交通管理部门应当进行查验。材料齐全、符合规定的，应当当场登记并发放非机动车牌证；不予登记上牌的，应当向申请人书面说明理由。

非机动车牌证由公安机关交通管理部门统一监制。

第十八条（变更登记）

已经登记上牌的非机动车有下列情形之一的，非机动车所有人应当向公安机关交通管理部门交验车辆，申请办理变更登记：

（一）更换车身、车架的；

（二）因质量原因更换整车的；

（三）残疾人机动轮椅车更换符合安全技术要求的动力装置的；

（四）残疾人机动轮椅车所有人的常住户口所在地发生变动的。

第十九条（转移登记）

已经登记上牌的非机动车所有权发生转移的，非机动车的受让人应当向公安机关交通管理部门交验车辆，申请办理转移登记。

人力三轮车不予办理转移登记。

第二十条（注销登记）

已经登记上牌的非机动车被盗、遗失、灭失或者因质量原因退车的，非机动车所有人应当向公安机关交通管理部门申请办理注销登记。

第二十一条（牌证换领、补领）

非机动车牌证损坏、灭失的，非机动车所有人应当向公安机关交通管理部门交验车辆，申请换领或者补领非机动车牌证。

第二十二条（外省市非机动车登记）

外省市号牌非机动车需要在本市通行的，非机动车所有人应当按照本办法规定向公安机关交通管理部门申请登记，取得本市非机动车牌证。

第二十三条（信息公开和便民措施）

公安机关交通管理部门应当将非机动车登记的条件、程序、需提交的材料和申请表示范文本等向社会公布，并采取增设登记办理点、简化办理程序等方式，为市民办理非机动车登记提供便利。

第二十四条（宣传教育）

公安机关交通管理部门应当结合非机动车登记管理，对非机动车驾驶人进行道路交通安全法律、法规、规章的宣传教育，增强其道路交通安全意识。

第二十五条（登记办法）

非机动车登记的具体办法，由市公安局另行制定。

第四章 非机动车通行管理

第二十六条（通行车辆）

下列非机动车可以上道路行驶：

（一）已经登记上牌的电动自行车、残疾人机动轮椅车、人力三轮车；

（二）自行车、残疾人手摇轮椅车；

（三）市人民政府规定可以通行的其他非机动车。

应当登记上牌的新购车辆，驾驶人可以持购车凭证在购车后 15 日内临时通行。

禁止本条第一款、第二款规定以外的其他非机动车上道路行驶。

第二十七条（牌证使用）

驾驶已经登记上牌的非机动车上道路行驶的，应当随车携带行车执照，并按照规定安装非机动车号牌，保持号牌清晰、完整，不得故意遮挡、污损。

禁止伪造、变造或者使用伪造、变造的非机动车牌证。禁止使用其他车辆的非机动车牌证。

第二十八条（基本安全要求）

驾驶非机动车上道路行驶的，应当保持制动器、夜间反光装置等安全设施性能状况良好。

第二十九条（一般通行规定）

驾驶非机动车上道路行驶，应当遵守道路交通安全法律、法规关于道路通行的规定和下列规定：

（一）在非机动车道内行驶；在没有划设非机动车道的道路上，自行车、电动自行车在车行道右侧边缘线向左 1.5 米的范围内行驶，残疾人手摇轮椅车、残疾人机动轮椅车、人力三轮车在车行道右侧边缘线向左 2.2 米的范围内行驶。

（二）除法定可以借道行驶的情况外，不得驶入机动车道。

（三）不得驶入高速公路、高架道路、越江隧道和越江桥梁等禁止非机动车通行的区域。

（四）行经人行横道时，减速行驶，遇行人正在通过人行横道的，停车让行；行经没有交通信号的道路时，遇行人横过道路的，应当避让。

（五）转弯前减速慢行，伸手示意，有转向灯的开启转向灯；超越前车时不得妨碍被超越的车辆行驶。

（六）不得实施其他影响安全行驶的行为。

禁止驾驶拼装、加装、改装的非机动车上道路行驶。

第三十条（特别通行规定）

驾驶电动自行车、残疾人机动轮椅车上道路行驶，除遵守第二十九条 规定外，还应当遵守下列规定：

（一）驾驶人年满 16 周岁；

（二）最高时速不得超过 15 公里；

（三）非下肢残疾人员不得驾驶残疾人机动轮椅车。

第三十一条（载人规定）

自行车、电动自行车载人，应当遵守下列规定：

（一）驾驶自行车、电动自行车限载 1 名 12 周岁以下的未成年人；

（二）驾驶自行车、电动自行车搭载 6 周岁以下未成年人的，使用固定座椅；

（三）16 周岁以下的未成年人驾驶自行车不得载人。

第三十二条（载物规定）

非机动车载物，应当遵守下列规定：

（一）自行车、电动自行车、残疾人手摇轮椅车、残疾人机动轮椅车载物，高度从地面起不得超过 1.5 米，宽度左右各不得超出车把 0.15 米，长度前端不得超出车轮，后端不得超出车身 0.3 米；

（二）人力三轮车载物，高度从地面起不得超过 2 米，宽度左右各不得超出车身 0.2 米，长度不得超出车身 1 米；

（三）非机动车载物应当采取加固措施，防止发生货物散落、飘洒等影响道路通行的情况。

第三十三条（道路停放）

在道路上停放非机动车，应当使用非机动车道路停放点。

各区、县人民政府应当根据非机动车道路停放点设置规范，编制本区、县非机动车道路停放点的设置规划，指定专门管理部门落实非机动车道路停放点的设置工作，并组建专门管理队伍，加强非机动车道路停放点的日常管理。

第三十四条（专用停车场地）

车站、码头、轨道交通站点等交通集散地以及医院、学校、商场、集贸市场、步行街、影剧院、体育场馆、展览馆等人员流动较多的场所，其管理者应当设置非机动车专用停车场地，并落实专人管理或者委托专业服务机构管理。

第三十五条（非机动车保险）

本市鼓励非机动车驾驶人投保第三者责任保险、人身伤害保险和财产损失保险。

第五章 法律责任

第三十六条（指引条款）

违反本办法规定的行为，《中华人民共和国道路交通安全法》、《中华人民共和国道路交通安全法实施条例》、《上海市道路交通管理条例》等法律、法规有处理规定的，从其规定。

第三十七条（对违法生产、销售非机动车行为的处罚）

违反本办法第五条 第一款规定，生产、销售不符合国家标准的非机动车的，由质量技术监督部门、工商行政管理部门按照《中华人民共和国产品质量法》、《上海市产品质量条例》的规定处理。

违反本办法第六条 第一款规定，销售未

纳入产品目录的电动自行车、残疾人机动轮椅车的，由工商行政管理部门处5000元以上5万元以下罚款。

违反本办法第八条 第二款规定，拒不退货的，由工商行政管理部门按照《中华人民共和国消费者权益保护法》的规定处理。

第三十八条（对拼装、加装、改装非机动车及其销售行为的处罚）

违反本办法第九条 规定，从事经营性拼装、加装、改装非机动车或者销售拼装、加装、改装非机动车的，由质量技术监督部门、工商行政管理部门按照各自职责处2000元以上2万元以下罚款。

第三十九条（对非机动车道路交通安全违法行为的处罚）

违反本办法第十四条 第一款、第二十六条 第三款规定，驾驶无牌无证的非机动车或者禁止通行的非机动车上道路行驶的，由公安机关交通管理部门处50元以上200元以下罚款。

违反本办法第二十七条 第一款、第二十八条 、第二十九条 第一款、第三十条 、第三十一条 、第三十二条 、第三十三条 第一款规定的，由公安机关交通管理部门处警告或者5元以上50元以下罚款。

违反本办法第二十七条 第二款规定，伪造、变造或者使用伪造、变造的非机动车牌证的，以及使用其他车辆的非机动车牌证的，由公安机关交通管理部门处50元以上500元以下罚款；情节严重的，处500元以上1000元以下罚款。

违反本办法第二十九条 第二款规定，驾驶加装动力装置的自行车、人力三轮车上道路行驶的，由公安机关交通管理部门责令改正，处警告或者5元以上50元以下罚款；驾驶其他拼装、加装、改装的非机动车上道路行驶的，由公安机关交通管理部门责令改正，处50元以上200元以下罚款。

违反本办法第三十三条 第一款规定，非机动车未停放在非机动车道路停放点，影响其他车辆和行人通行且行为人不在现场的，公安机关交通管理部门可以会同城市管理行政执法部门对现场予以清理。

第四十条（治安管理处罚和刑事责任）

违反本办法规定，构成违反治安管理行为的，由公安机关依法给予治安管理处罚；构成犯罪的，依法追究刑事责任。

第四十一条（行政责任）

违反本办法规定，相关行政管理部门及其工作人员有下列行为之一的，由所在单位或者上级主管部门依法对直接负责的主管人员和其他直接责任人员给予行政处分；构成犯罪的，依法追究刑事责任：

（一）不依法履行非机动车生产、销售监督管理职责，不依法查处违法生产、销售非机动车行为的；

（二）不依法履行非机动车登记、通行管理职责，不依法查处非机动车违法通行行为的；

（三）无法定依据或者违反法定程序执法的；

（四）其他滥用职权、玩忽职守、徇私舞弊的行为。

第六章 附则

第四十二条（过渡期管理措施）

对本办法公布前已经购买但因未纳入产品目录不能登记上牌的电动自行车，其所有人在本办法实施之日起6个月内向公安机关交通管理部门申领临时通行凭证的，可以自本办法实施之日起3年内上道路行驶，并遵守有关非机动车通行管理的规定；期满后，不得上道路行驶。

前款管理措施的具体办法由市公安局另行制定。

第四十三条（实施日期）

本办法自2014年3月1日起施行。2001年9月19日上海市人民政府令第108号发布的《上海市非机动车管理办法》同时废止。

上海市轨道交通管理条例

（上海市第十四届人民代表大会常务委员会第九次会议修订　2013年11月21日）

第一章 总则

第一条 为了加强轨道交通管理，促进轨道交通建设，保障安全运营，维护乘客的合法权益，根据有关法律、行政法规的规定，结合本市实际情况，制定本条例。

第二条 本条例所称轨道交通，是指本市地铁、轻轨等城市轨道公共客运系统。

本条例所称轨道交通设施，是指轨道交通的轨道、隧道、高架、车站（含出入口、通道）、车辆、机电设备、通信信号系统和其他附属设施，以及为保障轨道交通运营而设置的相关设施。

第三条 本条例适用于本市行政区域内轨道交通的规划、建设、运营及其相关的管理活动。

第四条 市交通行政管理部门主管本市轨道交通管理工作，负责本条例的组织实施，并可以委托其所属的交通行政执法机构实施本条例规定由市交通行政管理部门实施的行政处罚。

市人民政府确定的轨道交通企业具体负责本市轨道交通的建设和运营，并按照本条例的授权实施行政处罚。轨道交通企业执法人员应当取得执法身份证件，规范执法、文明执法。

市发展改革、建设、规划国土资源、公安、安全生产监管等有关行政管理部门，按照各自的职责实施本条例。

区、县人民政府应当协助做好轨道交通建设、运营服务和应急事件处置等有关工作。

第五条 本市轨道交通实行统一规划、配套建设、安全运营、规范服务的原则。

第六条 本市优先发展城市轨道公共客运交通。本市各级人民政府应当对轨道交通的投资、建设和运营给予支持。

第七条 市人民政府有关部门应当加强对轨道交通建设资金、运营和综合开发收益等情况的监督。

第二章 规划和建设

第八条 轨道交通专项规划应当根据国民经济和社会发展规划编制，并按照国家和本市规定的程序报经批准后，纳入本市相应的城乡规划。

轨道交通专项规划包括网络系统规划、选线专项规划以及系统配套设施规划。

市规划国土资源行政管理部门应当会同市发展改革、建设、交通等相关行政管理部门和轨道交通企业组织编制网络系统规划、选线专项规划，并划定轨道交通规划控制区。

市交通行政管理部门应当会同市规划国土资源行政管理部门和轨道交通企业组织编制轨道交通系统配套设施规划。

编制轨道交通专项规划，应当统筹安排轨道交通不同线路之间、轨道交通与其他交通方式之间的换乘衔接。

编制轨道交通专项规划，应当按照法定程序听取沿线区、县人民政府、有关单位和公众的意见。

第九条 轨道交通规划控制区内不得擅自新建、改建、扩建建筑物、构筑物。确需新建、改建、扩建建筑物、构筑物的，市和区、县规划国土资源行政管理部门应当书面征得市交通行政管理部门同意后，依法作出审批。

第十条 市发展改革行政管理部门应当会同市规划国土资源、建设、交通等相关行政管理部门组织编制轨道交通建设规划。

轨道交通建设规划按照国家规定的程序批准后组织实施。

第十一条 城乡规划确定的轨道交通用地，未经法定程序调整，不得改变用途。

本市鼓励对新建轨道交通设施用地按照市场化原则实施综合开发。实施综合开发的，开发收益应当用于轨道交通建设和运营。

第十二条 轨道交通企业应当在轨道交通建设项目可行性研究阶段，对建设项目的安全风险及其对周边环境影响进行评估，并按照建设程序报批。轨道交通企业应当采取措施，防止和减少对上方和周围已有建筑物、构筑物的影响，保障其安全。

第十三条 相关区、县人民政府和市规划国土资源行政管理部门在编制轨道交通车站所在区域的控制性详细规划时，应当预留换乘枢纽、公共汽（电）车和出租汽车站点、停车场、公共厕所等公共交通和公共设施用地。

第十四条 轨道交通勘察、设计、施工、监理等活动应当符合有关法律、法规和技术标准的规定。

轨道交通企业在组织工程项目建设时，应当根据国家、本市规定的技术标准以及轨道交通运营功能配置规范，配置安全可靠的轨道交通设施，建设完善的轨道交通安全监测和施救保障系统，保障乘客乘车安全、便捷。

第十五条 轨道交通工程完工后，轨道交通企业应当按照设计标准进行工程初步验收，并按照国家有关规定进行不载客试运行。

轨道交通工程投入试运营前，市交通行政管理部门应当组织有关部门和专家认定，具备基本运营条件的，报市人民政府批准后，方可进行试运营。

轨道交通工程竣工，按照国家有关规定进行验收。经验收合格后，方可交付正式运营。

第三章 运营服务

第十六条 轨道交通企业应当设置售票、检票、自动扶梯、公共厕所、通风、照明、废物箱等轨道交通服务设施，并定期检查，及时维修、更新，保持完好，确保轨道交通设施处于可安全运行的状态。

第十七条 路政管理部门、轨道交通企业应当按照国家有关标准和本市有关规定，在车站周边、车站出入口以及车站内设置轨道交通导向标志、安全标志等运营服务标志。

路政管理部门、轨道交通企业应当做好运营服务标志的日常管理和维护工作。

第十八条 轨道交通企业应当按照国家和本市规定的标准和要求，在轨道交通车站配套建设无障碍设施，设置指导和提示标志，并进行日常养护和维修。

任何单位或者个人不得损坏、擅自占用无障碍设施，或者改变无障碍设施的用途。

第十九条 市交通行政管理部门应当制定本市轨道交通运营服务规范，并向社会公布。轨道交通企业应当按照服务规范的要求，提供安全、便捷的客运服务，保障乘客的合法权利。

第二十条 轨道交通企业应当根据轨道交通沿线乘客出行规律及变化，以及其他相关线路的列车运行情况，合理编制运营计划，报市交通行政管理部门备案。

列车运营时间、运营间隔应当向社会公布。

第二十一条 轨道交通企业应当按照以下要求向乘客提供信息服务：

（一）通过广播、电子显示屏等向乘客提供列车到达、间隔以及安全提示等信息；

（二）在车站醒目处公布首末班车行车时刻、列车运行状况提示和换乘指示；

（三）在车站提供问讯服务，车站工作人员在接受乘客问讯时，应当及时准确提供解答；

（四）需要调整首末班车行车时间，或者发生非正常情况、设施故障影响正常运营时，及时通过多种信息发布手段对乘客进行告知。

第二十二条 轨道交通企业应当采取以下管理措施，为乘客提供良好的乘车环境：

（一）建立车站卫生保洁制度，保持站内设施和车厢清洁，出入口和通道畅通；

（二）建立急救协助制度，按照规定在车站配备医药箱；

（三）建立紧急关闭装置巡查制度，轨道交通运营期间遇有紧急情况时，及时启动紧急关闭装置。

第二十三条 区、县人民政府和轨道交通企业应当对各自责任区域加强市容和环境卫生管理。

第二十四条 轨道交通企业的驾驶员、调度员、车站值班员等工作人员必须经培训考核后，持证上岗。

轨道交通企业的工作人员应当按照规定统一着装、佩戴标志，礼貌待客、文明服务。

第二十五条 车站、车辆的广告设置应当合法、规范。广告设置不得影响服务标志的识别，不得影响轨道交通运营安全和服务设施的使用。

车站商业网点的设置应当符合运营安全、方便乘客、统筹规划、因地制宜的要求。除轨道交通车站设计方案确定设置的商业网点和设置在站台的自动售货机、书报亭外，禁止在车站出入口、站台及通道设置商业网点。

轨道交通企业应当定期对广告设施、商业网点进行安全检查。广告设施、商业网点使用的材质应当采用难燃材料，并符合有关消防规定。

广告设施、商业网点的设置作业或者维护作业应当在轨道交通非运营期间进行。

第二十六条 市交通行政管理部门应当定期通过乘客满意度调查等形式，对轨道交通运营服务情况进行评价。对评价中发现的问题，轨道交通企业应当及时改进，市交通行政管理部门应当加强监督。服务评价结果和改进情况应当通过多种方式向社会公布。

第二十七条 轨道交通票价应当与本市其他公共交通的票价相协调。票价的确定和调整应当依法召开听证会，广泛听取社会各方面意见，经市物价管理部门审核并报市人民政府批准。

轨道交通企业应当执行市人民政府批准的票价并予以公布。市物价管理部门应当对轨道交通票价的执行情况进行监督检查。

第二十八条 轨道交通运行过程中发生故障而影响运行时，轨道交通企业应当组织力量及时排除故障，恢复运行。一时无法恢复运行的，轨道交通企业应当组织乘客疏散和换乘，并及时向市交通行政管理部门报告。

轨道交通因故障不能正常运行十五分钟以上的，轨道交通企业应当出具延误证明，乘客有权持有效车票要求轨道交通企业按照原票价退还票款。

第二十九条 市交通行政管理部门应当制定《轨道交通乘客守则》。乘客进站、乘车应当遵守《轨道交通乘客守则》。

第三十条 乘客应当持有效车票乘车，乘客越站乘车的，应当补交超过部分的票款。

乘客无车票或者持无效车票乘车的，轨道交通企业可以按照轨道交通网络单程最高票价补收票款，并可加收五倍票款。市交通行政管理部门应当加强对轨道交通企业加收票款的监督。

享受乘车优惠的乘客应当持本人有效证件乘车。乘客不得冒用他人证件、使用伪造证件乘车。

乘客有冒用他人证件、使用伪造证件乘车和其他逃票行为的，有关信息可以纳入个人信用信息系统。

第三十一条 在轨道交通设施范围内禁止下列行为：

（一）拦截列车；

（二）擅自进入轨道、隧道等禁止进入的区域；

（三）攀爬或者跨越围墙、栅栏、栏杆、闸机；

（四）强行上下车；

（五）吸烟，随地吐痰、便溺，乱吐口香糖渣，乱扔纸屑等杂物；

（六）擅自涂写、刻画或者张贴；

（七）擅自设摊、停放车辆、堆放杂物、卖艺、散发宣传品或者从事销售活动；

（八）乞讨、躺卧、收捡废旧物品；

（九）携带活禽以及猫、狗（导盲犬除外）等宠物；

（十）携带自行车（含折叠式自行车）进站乘车；

（十一）使用滑板、溜冰鞋；

（十二）违反法律、法规规定的其他行为。

第三十二条 禁止乘客携带易燃、易爆、有毒、有放射性、有腐蚀性以及其他有可能危及人身和财产安全的危险物品进站、乘车。危险物品目录和样式由市公安、交通行政管理部门公告，由轨道交通企业在车站内予以张贴。

轨道交通企业应当按照有关标准和操作规范，设置安全检查设施，并有权对乘客携带的物品进行安全检查，乘客应当予以配合。对安全检查中发现的携带危险物品的人员，轨道交通企业应当拒绝其进站、乘车；不听劝阻，坚持携带危险物品进站的，轨道交通企业应当立即按照规定采取安全措施，并及时报告公安部门依法处理。

公安部门应当对轨道交通安全检查工作进行指导、检查和监督，并依法处理安全检查中发现的违法行为。

第三十三条 公安部门负责轨道交通的治安、消防管理，维护轨道交通的安全运营。

电力、供水、通信等相关单位应当保证轨道交通用电、用水、通信的需要，协助轨道交通企业保障轨道交通正常运营。

第三十四条 市交通行政管理部门和轨道交通企业应当建立投诉受理制度，接受乘客对违反本条例运营规定行为和服务质量的投诉。

轨道交通企业应当自接受投诉之日起十个工作日内作出答复。乘客对答复有异议的，可以向市交通行政管理部门申诉。

市交通行政管理部门应当自接受乘客投诉或者申诉之日起十个工作日内作出答复。

第四章 安全管理

第三十五条 轨道交通企业是轨道交通运营安全的责任主体，应当按照有关规定设置安全生产管理机构，配备专职安全生产管理人员，建立健全安全生产管理制度和操作规程，维护轨道交通运营安全。

第三十六条 轨道交通企业应当设置报警、灭火、逃生、防汛、防爆、防护监视、紧急疏散照明、救援等器材和设备，定期检查、维护，按期更新，并保持完好。

第三十七条 轨道交通应当设置安全保护区。安全保护区的范围如下：

（一）地下车站与隧道外边线外侧五十米内；

（二）地面车站和高架车站以及线路轨道外边线外侧三十米内；

（三）出入口、通风亭、变电站等建筑物、构筑物外边线外侧十米内。

第三十八条 在轨道交通安全保护区内进行下列作业的单位，其作业方案应当经过市交通行政管理部门同意，并采取相应的安全防护措施：

（一）建造或者拆除建筑物、构筑物；

（二）从事打桩、基坑施工、挖掘、地下顶进、爆破、架设、降水、钻探、河道疏浚、地基加固等工程施工作业；

（三）其他大面积增加或者减少载荷的活动。

市交通行政管理部门应当先将上述作业方案送轨道交通企业进行技术审查，轨道交通企业应当及时提出技术审查意见；市交通行政管理部门根据技术审查意见作出是否同意作业方案的决定后，应当及时告知轨道交通企业。

市交通行政管理部门应当会同轨道交通企业制定安全保护区作业方案技术审查规定，根据作业区域与作业类别的不同明确技术审查期限。

第三十九条 轨道交通企业应当建立相关制度，在安全保护区内组织日常巡查，同时按照技术审查意见，对第三十八条 第一款有关作业的安全性进行日常监督，对作业项目相邻的轨道交通设施加强监护监测。

经同意在轨道交通安全保护区内的作业出现危及轨道交通安全情况的，或者未经同意在轨道交通安全保护区内进行作业的，轨道交通企业应当通知作业单位立即停止作业并采取相应的安全措施，同时报告市交通行政管理部门。

第四十条 在轨道交通线路弯道内侧，不得修建妨碍行车瞭望的建筑物、构筑物，不得种植妨碍行车瞭望的树木。

禁止向轨道交通轨道、高架或者隧道内抛掷杂物。

第四十一条 禁止下列危害轨道交通设施的行为：

（一）非紧急状态下动用紧急或者安全装置；

（二）损坏车辆、轨道、路基等设施和隧道、高架、车站及其附属设施；

（三）干扰机电设备和通信信号系统；

（四）损坏轨道交通设施的其他行为。

第四十二条 轨道交通企业应当开展日常安全隐患排查，并定期对轨道交通设施进行安全检查。发现安全隐患的，应当及时消除。

市交通行政管理部门应当对轨道交通运营安全实施动态监督检查；需要进行技术检测的，可以委托专业机构实施。

市交通行政管理部门应当建立轨道交通安全评价体系，定期组织专业机构对轨道交通运营情况进行安全评价。

对监督检查和安全评价中发现的问题，市交通行政管理部门应当提出整改意见，轨道交通企业应当按照要求予以落实。

第四十三条 市交通、建设行政管理部门应当会同公安等行政管理部门按照有关法律、法规以及本市突发事件总体应急预案的规定，组织编制本市轨道交通突发事件应急预案，报市人民政府批准后实施。

轨道交通企业应当根据轨道交通突发事件应急预案，编制本企业的具体应急预案，并报市交通、建设行政管理部门备案。

市交通行政管理部门、轨道交通企业应当定期组织运营应急演练。

发生自然灾害、恶劣气象条件或者发生运营安全事故以及其他突发事件时，相关行政管理部门和轨道交通企业应当及时启动应急预案进行处置。

第四十四条 因节假日、大型群众活动等原因造成客流量上升的，轨道交通企业应当及时增加运力，疏导乘客。

当发生轨道交通客流量激增而可能危及运营安全等紧急情况时，轨道交通企业应当按照有关规定采取限制客流量的措施，确保运营安全。

采取限制客流量等措施后仍然无法保证运营安全时，轨道交通企业可以停止轨道交通线路部分区段或者全线的运营，并应当立即报告市交通行政管理部门。

采取限制客流量、停运措施，造成客流大量积压的，市交通行政管理部门应当组织采取疏运等应对措施。

第四十五条 发生轨道交通运营安全事故时，轨道交通企业应当立即排查事故原因；经查清原因、消除妨碍后，在确保运营安全的情况下，及时恢复正常运行。

市人民政府及其安全生产监管、交通等行政管理部门应当按照国家和本市的有关规定对轨道交通运营安全事故组织调查和处理，公布事故原因和处理结果。

第四十六条 轨道交通运营中发生人身伤害事故，轨道交通企业应当及时抢救人员，妥善保护现场，维持秩序；公安部门应当及时对现场进行勘查、检验，依法进行现场处理。

第五章 法律责任

第四十七条 违反本条例规定的行为，有关法律、行政法规已有处罚规定的，从其规定。

第四十八条 违反本条例规定，轨道交通企业有下列行为之一的，由市交通行政管理部门按照下列规定予以处罚：

（一）违反第十四条 规定，轨道交通建设不符合运营功能配置规范的，未配置安全可靠的运营、服务设施或者未建设完善的安全监测和施救保障系统的，责令限期改正，处二万元以上二十万元以下罚款。

（二）违反第十六条 、第三十六条 规定，未管理和维护好轨道交通设施的，责令限期改正；逾期不改正的，处三千元以上三万元以下罚款。

（三）违反第十七条 规定，未按照国家有关标准和本市有关规定设置、维护轨道交通导向标志、安全标志等运营服务标志的，责令限期改正；逾期不改正的，处三千元以上三万元以下罚款。

（四）违反第二十条 、第二十一条 规定，未按规定公布或者告示有关事项，或者未按要求向乘客提供信息服务的，责令限期改正；逾期不改正的，处一千元以上五千元以下罚款。

（五）违反第二十二条 规定，未按规定采取管理措施的，责令限期改正；逾期不改正的，处三千元以上三万元以下罚款。

（六）违反第二十四条 规定，有关工作人员无证上岗或者工作人员未规范服务的，责令限期改正；逾期不改正的，处五百元以上二千元以下罚款。

（七）违反第二十五条 规定，在禁止设置区域内设置商业网点或者设置、维护广告设施、商业网点不符合规定的，责令限期改正；逾期不改正的，处一万元以上三万元以下的罚款。

第四十九条 违反本条例第三十条 第三款，冒用他人证件乘车的，由轨道交通企业处五十元以上五百元以下罚款；使用伪造证件乘车的，由轨道交通企业移交公安部门依据《中华人民共和国治安管理处罚法》予以处理。

违反本条例第三十一条 第一项、第二项、第三项、第四项，第四十一条 规定的，轨道交通企业有权对行为人进行劝阻和制止，并移交公安部门依法处罚。

违反本条例第三十一条 第五项、第六项、第七项、第八项、第九项、第十项、第十一项规定的，由轨道交通企业责令改正，处警告或者五十元以上五百元以下罚款。

第五十条 违反本条例第三十八条 第一款规定，未经同意或者未按照同意的作业方案在安全保护区内作业的，由市交通行政管理部门责令限期改正，处二万元以上二十万元以下罚款。

第五十一条 违反本条例第四十条 第一款规定，修建妨碍行车瞭望的建筑物、构筑物的，由市交通行政管理部门责令限期改正；种植妨碍行车瞭望的树木的，由市交通行政管理部门责令限期修剪或者迁移。

违反第四十条 第二款规定，向轨道交通轨道、高架或者隧道内抛掷杂物的，由市交通行政管理部门予以警告，并可处五百元以下罚款。

第五十二条 拒绝、妨碍市交通行政管理部门及其所属的交通行政执法机构或者轨道交通企业的执法人员依法执行职务，违反《中华人民共和国治安管理处罚法》的，由公安部门依法处罚；构成犯罪的，依法追究刑事责任。

第五十三条 违反本条例规定造成轨道交通设施损坏的，除依法给予行政处罚外，还应当承担相应的民事赔偿责任。

因轨道交通建设或者运营造成建筑物、构筑物损坏的，由轨道交通企业根据其损坏程度予以修复，或者给予相应的经济赔偿。

第五十四条 市交通行政管理部门及其所属的交通行政执法机构以及其他有关行政管理部门的工作人员有下列行为之一的，由其所在单位或者上级主管部门依法给予警告、记过或者记大过处分；情节严重的，给予降级、撤职或者开除处分：

（一）未依照本条例规定组织轨道交通试运营认定的；

（二）违法实施轨道交通安全保护区作业许可的；

（三）未履行安全检查、安全评价等安全监管职责的；

（四）其他滥用职权、玩忽职守、徇私舞弊的行为。

第六章 附则

第五十五条 磁浮交通的规划、建设、运营和管理参照本条例执行。

第五十六条 本条例自 2014 年 1 月 1 日起施行。

上海市城市地下空间建设用地审批和房地产登记规定

（沪府发〔2013〕87 号　2013 年 11 月 26 日）

各区、县人民政府，市政府各委、办、局：

现将《上海市城市地下空间建设用地审批和房地产登记规定》印发给你们，请按照执行。

上海市人民政府上海市城市地下空间建设用地审批和房地产登记规定

第一条（目的和依据）

为加强对城市地下空间建设用地审批和房地产登记的管理，促进地下空间合理开发利用，根据《中华人民共和国城乡规划法》、《中华人民共和国土地管理法》、《中华人民共和国城市房地产管理法》、《城市地下空间开发利用管理规定》、《上海市房地产登记条例》等，制定本规定。

第二条（适用范围）

本规定适用于本市国有土地范围内地下空间开发建设的用地审批和房地产登记，但因管线铺设、桩基工程等情形利用地下空间的除外。

本规定所称的地下空间开发建设，包括下列情形：

（一）由同一主体结合地面建筑一并开发建设的地下工程（以下称“结建地下工程”）；

（二）独立开发建设的地下工程（以下称“单建地下工程”）。

第三条（供地方式）

地下空间开发建设的用地，可以采用出让等有偿使用方式，也可以采用划拨方式。具体建设项目的供地方式，参照适用国家和本市土地管理的一般规定。

第四条（用地审批）

结建地下工程随地面建筑一并办理用地审批手续。

单建地下工程用地采用划拨方式的，建设单位取得建设工程规划许可证后，应当向土地管理部门申请取得《地下建设用地使用权划拨决定书》。单建地下工程用地采用出让方式的，建设单位应当按照有关规定，签订土地使用权出让合同，缴纳土地出让价款。

第五条（建设工程规划审批）

规划管理部门在核发建设工程规划许可证时，应当明确地下建（构）筑物水平投影最大占地范围、起止深度和建筑面积。

第六条（土地使用权范围）

建设单位应当在经批准的建设用地范围内，依法实施建设。竣工后，该地下建（构）筑物的外围实际所及的地下空间范围为其地下土地使用权范围。

第七条（房地产登记）

地下建（构）筑物的土地使用权、房屋所有权、房地产他项权利等的房地产权利登记，应当按照本市房地产登记方面的法规、规章和技术规范处理。

房地产登记机构在办理地下建（构）筑物的土地使用权初始登记时，应当按照建设工程规划许可证明确的地下建（构）筑物的水平投影最大占地范围和起止深度进行记载，并注明“地下建（构）筑物的土地使用权范围为该地下建（构）筑物建成后外围实际所及的地下空间范围”。

对2006年9月1日前经批准建造的地下建（构）筑物，在申请房地产登记时，应当提交《上海市房地产登记条例》第二十四条、第二十五条和第二十七条规定的文件，但地下部分的建设用地批准文件除外。其中，房地产登记申请人与相关批准文件记载的主体不一致的，还应当提交房地产权属来源证明；登记机构受理登记申请后，应当向有关部门核查，并将有关情况在本市主要报纸或者其他媒体上公告。公告6个月期满无异议的，应当核准当事人的登记申请。

第八条（房地产权证注记）

房地产登记机构应当在地下建（构）筑物的房地产权证中注明“地下空间”；属于民防工程的，还应当注明“民防工程”，并记载其平时用途。

第九条（房地产测绘）

地下空间的房地产测绘规范，参照适用《城镇地籍测量规范》、《上海市地籍测量规范》和《房产测量规范》等有关规定。

第十条（生效日期）

本规定自印发之日起施行，有效期至2018年9月30日。

上海市住宅物业保修金管理暂行办法

（沪府办发〔2013〕68号　2013年12月10日）

第一条（目的和依据）

为了加强住宅物业保修金管理，维护业主的合法权益，保障相关物业在保修期内的正常使用和维修，根据《中华人民共和国建筑法》、《建设工程质量管理条例》、《上海市住宅物业管理规定》和《建设工程价款结算暂行办法》等法律、法规、规章，制定本办法。

第二条（适用范围）

本市行政区域内新建住宅及同一物业管理区域内其他建筑物的物业保修金的交存、使用、退还及监督管理，适用本办法。

第三条（定义）

本办法所称住宅物业保修金（以下简称“保修金”），是指建设单位按照规定比例向房屋管理部门交存，作为建设单位履行保修义务的保证金。

本办法所称业主，是指房屋所有权人，但不包括建设单位。

第四条（管理原则）

保修金的管理，遵循“统一交存、资金归属不变、专款专用、政府监管”的原则。

第五条（管理部门）

市房屋管理部门负责全市保修金的监督管理。

区、县建设部门负责本辖区内建筑工程的质量监督管理和质量问题纠纷的协调。

区、县房屋管理部门负责本辖区内保修金的交存、使用、补足、退还等日常管理。

第六条（交存标准）

新建住宅及同一住宅物业管理区域内其他建筑物，由其建设单位按照建筑安装总造价的3%交纳保修金。

符合以下情形之一的建筑物，经房屋管理部门审核同意，建设单位可免予交纳保修金：

（一）住宅物业管理区域内的所有住宅及其他建筑物，建设单位均不预（出）售的；

（二）建设单位不预（出）售的整栋建

筑物，但归业主共有的房地产、机动车车库、公益性公共服务设施房地产以及其他公建配套设施设备等除外；

（三）建设单位已投保的工程质量保证保险符合国家和本市规定的保修范围和保修期限的。

第七条（交存时限）

建设单位应当在办理房屋所有权初始登记前，持下列文件，向房屋所在地的区、县房屋管理部门提出核定保修金交纳金额的手续：

（一）本建设项目立项批文及附图；

（二）住宅交付使用许可证；

（三）发包、承包双方签字盖章后的建设项目竣工总结算报告；

（四）竣工总平面图等相关图纸；

（五）建设单位签署盖章的《履行保修义务承诺书》。

区、县房屋管理部门应当在受理申请后5个工作日内，出具《住宅物业保修金交存通知单》，告知建设单位交存保修金的具体金额和专户账号；建设单位应当在收到《住宅物业保修金交存通知单》后10日内，一次性足额交存保修金；保修金开户银行应当在收款后，出具收款凭证。

建设单位凭《住宅物业保修金交存通知单》和保修金开户银行出具的收款凭证，向区、县房屋管理部门申办业主共有的房地产和公益性公共服务设施房地产的认定手续。

属于第六条 免予交纳保修金第（一）、（二）种情形，建设单位在办理房屋所有权初始登记后需要出售房屋的，应当在办理房地产转移登记手续前，持上述文件向房屋所在地的区、县房屋管理部门办理核定保修金交纳金额的手续，交存房屋所在整栋建筑物的保修金。

第八条（账户设立）

区、县房屋管理部门应当在市房屋管理部门指定的商业银行，开设一个保修金专用存款账户。以住宅物业管理区域为单位设立分户，同一住宅物业管理区域内分期开发的，以分期开发区域为单位进行核算。

第九条（建设单位保修义务）

建设单位应当与房屋买受人在房屋预（出）售合同中，约定房屋保修范围、保修期限、维修时限等相关保修责任和内容。物业保修期限内物业出现质量问题的，建设单位应当在接到维修要求后，按照合同约定时限，派人到现场核查；属于建设单位保修范围的，建设单位应当及时进行维修。

第十条（保修金的申请使用）

建设单位拒不履行保修义务或者因歇业、破产等原因无法履行保修义务的，业主、业主大会或者物业服务企业可以持下列书面材料，向区、县房屋管理部门申请使用保修金：

（一）申请使用保修金报告；

（二）生效的法院判决书或者仲裁委员会裁决书。

区、县房屋管理部门应当在受理申请后10个工作日内，对符合使用条件的，出具《住宅物业保修金使用事项告知单》，告知申请人使用保修金的有关事项。

第十一条（组织维修）

经区、县房屋管理部门审核同意使用保修金的，业主、业主大会可以委托物业服务企业代为组织维修，并与维修施工单位签订书面工程合同。维修工程预算、决算费用应当经具有相应资质的中介机构审价。

第十二条（保修金的划转和结算）

业主、业主大会或者物业服务企业应当根据工程合同的约定，持下列书面材料向区、县房屋管理部门申请维修费用的划转：

（一）住宅物业保修金划转申请表；

（二）工程合同；

（三）中介机构出具的维修工程预算审价报告；

（四）维修施工单位出具的维修费用发

票。

维修工程竣工前，申请划转的维修费用不得超过维修工程预算审价报告总价款的60%。

维修工程竣工后，业主、业主大会或者物业服务企业应当持下列书面材料，向区、县房屋管理部门申请维修费用的结算：

（一）住宅物业保修金划转申请表；

（二）中介机构出具的维修工程决算审价报告；

（三）维修施工单位出具的维修费用发票。

维修工程结算费用应当以经中介机构审价的决算费用为准。

区、县房屋管理部门应当在受理申请后5个工作日内，向保修金开户银行出具《住宅物业保修金划转通知书》。保修金开户银行应当在收到《住宅物业保修金划转通知书》后5个工作日内，办理相关划转业务。

第十三条（保修金的补足）

区、县房屋管理部门应当在出具《住宅物业保修金划转通知书》后10个工作日内，向建设单位出具《住宅物业保修金交存通知单（补足）》；建设单位应当在收到《住宅物业保修金交存通知单（补足）》后10个工作日内，将需补足金额存入保修金专用存款账户。

第十四条（保修金收支情况对账）

市房屋管理部门应当定期对保修金及其管理情况进行检查，加强监管；保修金开户银行应当定期与区、县房屋管理部门进行对账，每半年向建设单位递送保修金收支对账单。

第十五条（保修金退还申请）

建设单位可在保修金对应区域内首套房屋交付满10年后，凭首套房屋交付使用交接书和保修金开户银行出具的收款凭证，向区、县房屋管理部门提出退还申请。

区、县房屋管理部门应当在受理申请后10个工作日内，就拟退还保修金事项书面征询区、县建设主管部门意见，并在相关物业管理区域内的房屋管理部门网站上公示，公示期为30日。

公示期满无异议或者异议无效的，区、县房屋管理部门应当在5个工作日内，出具《住宅物业保修金领取通知书》。建设单位凭《住宅物业保修金领取通知书》，到保修金开户银行领取保修金。公示期内建设单位履行保修义务未完毕的，保修金暂不予退还。

房屋因不可抗力、拆除等原因灭失的，建设单位凭相关部门出具的灭失证明，向区、县房屋管理部门申请退还保修金。

第十六条（建设单位的变更）

建设单位发生企业更名的，应当凭更名后的企业法人营业执照、组织机构代码证、工商管理部门出具的更名批复，向区、县房屋管理部门申办保修金账户信息变更手续。

建设单位因破产、解散或者其他情形丧失主体资格的，应当将保修金变更至其法人股东名下，在清算时明确承担保修义务的一个法人股东，并持下列材料，向区、县房屋管理部门申办保修金信息变更手续：

（一）住宅物业保修金账户信息变更申请书；

（二）公司清算时，全体股东一致同意变更事项的书面材料；

（三）变更后的法人股东签署的履行保修义务的《履行保修义务变更承诺书》；

（四）变更后的法人股东的企业法人营业执照等相关证明材料。

区、县房屋管理部门应当在受理申请后的5个工作日内，出具《变更住宅物业保修金账户信息通知书》，通知保修金开户银行变更相应账户信息。

第十七条（对违反物业保修金交存规定的处理）

建设单位违反本办法，未交存或补足保修金的，由区、县房屋管理部门责令限期改正；逾期不改正的，处1万元以上5万元以下的罚款，并自逾期之日起，按日加收万分之三的滞纳金。

第十八条（对有关部门和保修金管理机构的工作人员违反本办法的处理）

房屋管理部门工作人员违反本办法规定，有下列行为之一的，对直接负责的主管人员和其他直接责任人员依法给予行政处分；构成犯罪的，依法追究刑事责任：

（一）截留、挪用、侵占保修金；

（二）未按照本办法规定进行管理，造成保修金流失的；

（三）在保修金使用、划转和退还中，故意刁难或者拖延的；

（四）其他玩忽职守、滥用职权、以权谋私的行为。

第十九条（施行日期）

本办法自印发之日起施行，有效期至2015年12月31日。

上海市住房保障和房屋管理局

2013年11月22日

上海市住宅修缮工程管理办法

（沪府办发〔2013〕69号 2013年12月16日）

第一章 总则

第一条（目的依据）

为加强本市住宅修缮工程的建设管理，依据《上海市建设工程质量和安全管理条例》等的规定，制定本办法。

第二条（适用范围）

本办法适用于本市行政区域内投资额在100万元以上的住宅修缮工程的实施及其建设管理。

第三条（管理机构）

市住房保障房屋管理局是本市住宅修缮工程管理的主管部门。各区县住房保障房屋管理局负责本辖区内住宅修缮工程的具体管理。

市、区县建设交通委对住宅修缮工程建设活动进行综合协调管理。绿化市容、质量技监、卫生、人防、气象、公安等部门以及供水、排水、供电、供气、信息等市政单位按照相关法律法规的规定以及各自职责，负责相关设施设备的修缮、改造和维护的管理。

第二章 工程实施管理要求

第四条（计划立项）

实施住宅修缮工程的项目，由业主（指房屋所有权人或者经业主大会授权的业主委员会，未成立业主委员会的可委托所在地居民委员会）向所在地的区县住房保障房屋管理局备案。

享受市财力补贴的住宅修缮工程项目，由区县住房保障房屋管理局报市住房保障房屋管理局立项；享受区级财力补贴的住宅修缮工程项目，由区县住房保障房屋管理局立项，汇总后报市住房保障房屋管理局；其他住宅修缮工程项目，由区县住房保障房屋管理局出具备案证明，汇总后报市住房保障房屋管理局。

第五条（编制修缮实施方案）

住宅修缮工程项目应选择具有相关工作业绩并拥有监理、造价等专业人员的单位或者项目管理公司作为实施单位。享受政府补贴资金的住宅修缮工程项目，由区县住房保障房屋管理局在征求工程项目所在地业主和居委会意见后，选择实施单位；业主自筹资金实施的住宅修缮工程项目，由业主自行或者委托区县住房保障房屋管理局代为选择实施单位。

由业主、物业公司、实施单位会同相关专业单位共同确认住宅修缮工程的修缮科目。实施单位据此委托专业单位进行查勘设计或者施工设计，并编制修缮实施方案。修缮实施方案内容主要包括修缮科目（包括对消防设施的修缮改造方案）、工程概算、资金来源、安全质量风险评估、安全质量等防护措施、工程周期等。

需要进行房屋安全、质量等检测的，实施单位委托房屋质量检测单位进行检测后，将检测报告报市住房保障房屋管理局备案，并依据检测报告编制修缮实施方案。

第六条（修缮实施方案公示）

修缮实施方案报区县住房保障房屋管理局审核后，向实施范围内业主公示并征询意见。修缮实施方案经实施范围内三分之二以上业主同意后，方可进行工程报建。需动用维修资金的住宅修缮工程项目，还应经专有部分占建筑总面积三分之二以上的业主且占总人数三分之二以上的业主同意，并符合《上海市住宅物业管理规定》及相关程序、要求。

第七条（修缮工程报建）

由实施单位填报《上海市建设工程报建表（住宅修缮工程）》，并准备工程报建需提供的有关材料，向区县住房保障房屋管理局办理工程报建手续，经区县住房保障房屋管理局审核后，取得上海市建设工程项目编码和《上海市建设工程建管程序告知单（住宅修缮工程）》。

第八条（合同备案和开工审核）

实施单位按照工程报建告知要求，完成施工单位等承发包手续，并签订施工（包括分包）和监理等合同。在开工前，填报住宅修缮工程开工审核单，向区县住房保障房屋管理局申报施工、监理等合同备案和开工审核。

住宅修缮工程及相关防护措施等存在潜在安全和质量风险的，实施单位可委托市住房保障房屋管理局组织设计方案及施工组织设计评审。

享受市财力补贴的住宅修缮工程项目，由区县住房保障房屋管理局完成开工审核后，报市住房保障房屋管理局进行复查。其他项目，由市住房保障房屋管理局组织抽查。

第九条（竣工备案）

区县住房保障房屋管理局在住宅修缮工程实施中，按照规定进行安全质量监督管理。住宅修缮工程结束，在施工单位完成验收自评，监理单位完成复验评定，实施单位组织施工单位、设计单位、监理单位、物业公司、业主、居委会、居民代表和相关管理部门等共同完成工程竣工综合验收和移交接管后，实施单位向区县住房保障房屋管理局办理竣工验收备案。

享受市财力补贴的住宅修缮工程项目，由区县住房保障房屋管理局通过竣工验收备案后，报市住房保障房屋管理局进行复查；其他项目，由市住房保障房屋管理局组织抽查。

第十条（审价决算）

住宅修缮工程应委托专业审价审计单位进行工程审价和财务决算审计。享受市财力补贴的住宅修缮工程项目的审价审计单位由市住房保障房屋管理局指派，实施单位将审价审计报告报区县住房保障房屋管理局汇总后，报市住房保障房屋管理局，由市住房保障房屋管理局汇总后报市财政局。

第三章 工程建设管理要求

第十一条（工程承发包）

施工单位应在其资质等级许可范围内从事工程建设活动，不得转包和违法分包工程。住宅修缮工程承发包，按照国家以及本市有关规定执行。

第十二条（工程监理）

住宅修缮工程按照《上海市建设工程监理管理办法》相关规定进行管理。监理单位应具备房屋建筑工程监理乙级以上（含乙级）资质。区县住房保障房屋管理局可通过招标投标方式，确定每年度的住宅修缮工程监理单位，市住房保障房屋管理局指导招标工作。实施单位应与受委托的监理单位签订工程委托监理合同，并将合同报区县住房保障房屋管理局备案。住宅修缮工程监理费的收缴，执行国家和本市有关规定。其中，享受政府补贴项目的监理费可实行财政直拨。

本市住宅修缮工程实行监理单位向区县住房保障房屋管理局定期报告制度。监理单位应按照有关规定，切实落实施工现场的监理责任，并审查施工组织设计中的安全技术措施落实情况以及专项施工方案是否符合工程建设强制标准。对工程现场中的各类工程建设违法违规行为，应及时发现、及时制止。对安全质量隐患和问题，应要求施工单位停工或者整改，并书面告知实施单位；制止无效时，应及时报告区县住房保障房屋管理局。

对监理单位未履行对安全质量隐患督促、整改和报告责任的，由有关方面依据相关规定予以处理。

第十三条（工程合同）

住宅修缮工程承发包双方应签订承发包合同。合同签订后，实施单位应向工程所在地区县住房保障房屋管理局备案；需要实施项目分包的，应向工程所在地区县住房保障房屋管理局办理分包合同备案后，方可组织实施。

区县住房保障房屋管理局应定期开展检查，发现与合同备案信息不相符的住宅修缮工程项目，应责令施工单位停工并按照规定重新办理备案手续。同时，将处罚信息报区县建设交通委录入企业诚信手册，作为企业参与其他住宅修缮工程施工招投标时的依据之一。

第十四条（工程材料）

住宅修缮工程使用的建设工程材料的质量，应符合国家、行业、本市地方标准。鼓励新技术、新工艺、新材料、新设备应用于住宅修缮工程，严禁使用列入国家、本市建设工程材料禁限目录的材料。施工单位应对进场材料进行报验，监理单位应对报验材料进行进场检验签证，需要复试的应见证取样复试，复试合格后方可使用。

市住房保障房屋管理局应对各区县住宅修缮工程使用的主要材料进行抽检。区县住房保障房屋管理局也应对辖区范围内的住宅修缮工程使用的主要材料定期进行现场抽样，委托专业单位出具检测报告，并将结果报市住房保障房屋管理局备案。对存在不合格或者假冒伪劣材料的，除要求整改外，还应依据相关规定，对实施单位、施工单位和材料供应商等予以处罚。

第十五条（工程质量）

住宅修缮工程实行“谁设计、谁负责，谁施工、谁负责”的原则。勘察设计等单位应加强工程施工过程中的现场服务。施工单位应在施工现场建立项目管理机构，配备相应的管理人员，建立健全施工管理的各项制度，保证工程质量。监理单位应加强对实施过程中的监督管理。

住宅修缮工程质量标准，按照《房屋修缮工程技术规程》和国家、本市有关工程技术规范执行。

第十六条（工程安全）

住宅修缮工程施工单位对施工安全负责，监理单位对施工安全承担监理责任。实施单位负责协调管理，并按照合同约定，督促各参与单位落实安全生产责任。施工单位应设立安全生产管理部门，配备施工现场的专职安全生产管理人员，负责对工地安全生产进行现场监督检查，及时制止各类违章行为。发现安全生产事故隐患，应向项目负责人反馈，及时整改，并向区县住房保障房屋管理局或者其他有关部门报告。

施工单位应执行《上海市建设工程施工安全监督管理办法》等要求，按照施工方案、技术标准和施工规范进行施工，并认真落实通过监理等审查的施工组织设计中的安全质量防护措施。对存在危险性的分部分项工程，应制定专项施工方案，确保施工安全。

特种作业人员应按照有关规定，经过专业的作业培训，取得特种作业操作资格证书后，方可上岗作业。

第十七条（消防安全）

住宅修缮工程执行《上海市建筑工程施工现场消防安全管理规定》，严格动火制度，设置消防分区，并接受消防部门的管理。对消防部门提出的问题和隐患，应认真整改。

第十八条（文明施工）

住宅修缮工程执行《上海市建设工程文明施工管理规定》和《上海市建设工程文明施工标准》。实施单位和施工单位应结合工地现场的实际情况，针对施工现场的安全防护、便民措施、小区安全巡逻值班制度、材料统一堆放、施工或者危险区域的警示标志、减少施工扰民行为、加强工地宿舍管理等，制定文明施工的措施和应急预案。

第四章 群众工作要求

第十九条（业主和居民意愿）

住宅修缮工程实施前，应充分体现业主和居民的意愿。实施单位在编制和公示修缮实施方案时，应认真听取业主和居民意见，不断优化方案。

第二十条（业主和居民参与）

住宅修缮工程实施中，应充分依靠业主和居民。区县住房保障房屋管理局应会同相关街镇、居委会、社区等细化工作措施，取得业主和居民的理解、支持和配合。

实施单位和施工单位在实施过程中，应坚持“便民、利民、少扰民”的原则。实施单位应建立“十公开制度”，并在住宅修缮工程现场设置公告栏，接受业主和居民的监督。“十公开制度”内容为：居民意见征询结果公开，修缮科目和内容公开，施工队伍公开，监理和设计单位公开，主要材料公开，施工周期公开，文明施工相关措施公开，现场接待和投诉电话及地址公开，开工审核情况公开，竣工验收移交结果公开。

第二十一条（业主和居民评估）

住宅修缮工程实施后，应充分重视业主和居民的评估意见。区县住房保障房屋管理局应建立和完善住宅修缮工程的居民满意度回访和测评制度，由居民参与评定和反馈住宅修缮工程的质量和效果。对业主和居民提出的问题和反映不满意的地方，应及时进行总结并跟踪整改。同时，汇总分析，作为相关管理、实施和施工等单位的考评评估依据。

第五章 监督管理

第二十二条（工作责任）

市住房保障房屋管理局要明确监督管理责任，制定和完善相应的管理制度，加强对区县住房保障房屋管理局的业务指导和检查考核，开展对相关从业人员的技术培训。

区县住房保障房屋管理局要根据属地管理的原则，切实履行辖区内的住宅修缮工程的管理职责，确保管理的全覆盖；明确住宅修缮工程的管理部门，配备专业技术人员，保证工作经费；结合实际，制定住宅修缮工程实施和质量安全等监督管理具体措施，严格工程实施全过程的监督管理；加强对辖区内住宅修缮工程的现场巡查，强化安全质量和文明施工等的动态监管。

第二十三条（监督管理）

市住房保障房屋管理局和区县住房保障房屋管理局在进行监督管理时，对不按照本办法实施的住宅修缮工程，应依照相关法律、法规、规章等规定进行处理。

第二十四条（市民监督员制度）

建立住宅修缮工程市民监督员制度。区县住房保障房屋管理局要会同街镇和居委会选聘符合相关条件的实施范围内业主或者居民代表作为市民监督员，对工程安全生产、文明施工和工程质量等进行监督，发现问题及时向工程所在地的区县住房保障房屋管理局报告，并参与项目的工程竣工综合验收。

第二十五条（社会监督制度）

住宅修缮工程接受社会监督。住房保障房屋管理热线（962121）负责受理市民对住宅修缮工程各类违规行为以及涉及工程安全质量、文明施工等的投诉举报，并做好跟踪处理、核处回复工作。住宅修缮工程项目现场应张贴住房保障房屋管理热线投诉电话的告示铭牌。

第二十六条（信息公开）

依托全市统一的建设市场管理信息平台，向社会公布住宅修缮工程项目的各类信息。

各级管理部门要进一步完善市和区县、各有关部门共享的数据库，利用信息化手段推进住宅修缮工程的管理，促进住宅修缮工程监督的公开透明、公平公正。对发生的安全质量事故、监督检查情况以及违法违规行为，要及时在建设市场管理信息平台公布。

第二十七条（责任追究）

市、区县住房保障房屋管理局相关工作人员应遵纪守法、秉公执法。对在住宅修缮工程实施管理和工程安全质量监管工作中玩忽职守、滥用职权、徇私舞弊的，依法给予行政处分；构成犯罪的，依法移交司法机关，追究其刑事责任。

第六章 附则

第二十八条（其他规定）

拆除重建、加高加层、增加面积等成套改造工程及其他涉及主体承重结构变动的修缮工程项目，按照国家和本市有关规定，纳入建设部门管理范围。

对住宅或者设施设备进行维修、养护的住宅维修养护项目投资额低于100万元（含100万元）的，应纳入各区县限额以下小型工程建设监督管理范围。具体办法，由区县住房保障房屋管理局与区县有关部门结合实际制定。

居住类优秀历史建筑或者文物建筑的修缮工程项目，按照相关法律法规的规定执行。

居住类房屋应急抢修的修缮工程，按照有关规定执行。

第二十九条（实施日期）

本办法自印发之日起施行，有效期至2018年12月31日。

上海市取水许可和水资源费征收管理实施办法

（上海市人民政府令第11号　2013年12月3日）

第一条（目的和依据）

为了加强水资源管理和保护，促进水资源的节约与合理开发利用，根据《中华人民共和国水法》、《取水许可和水资源费征收管理条例》（以下简称《条例》），结合本市实际，制定本办法。

第二条（管理部门）

市和区（县）水务行政管理部门（以下统称“水务行政管理部门”）按照分级管理权限，负责取水许可制度的组织实施和监督管理。

本市水务、财政、发展改革和价格行政管理部门依据本办法规定和管理权限，负责水资源费的征收、使用及其监督管理。

第三条（取水总量控制）

本市取水实行总量控制。

本市建立取水总量控制指标体系，实际取水量不得超过国家批准的取水总量控制指标。第二章 取水许可

第四条（取水许可的原则）

实施取水许可应当首先满足城乡居民生活用水，并兼顾农业、工业、生态与环境用水以及航运等需要。

实施取水许可应当坚持取水总量控制与定额管理相结合，坚持地表水与地下水统筹考虑，严格控制取用地下水，鼓励使用海水、雨水等非常规水源。

第五条（取水总量分配方案）

市水务行政管理部门应当会同市发展改革行政管理部门根据本市取水总量控制指标，结合本市国民经济和社会发展五年规划、本市水中长期供求规划、本市供水专业规划，制定大型企业（集团）及各区（县）的中长期取水总量分配方案。

市水务行政管理部门应当根据大型企业（集团）及各区（县）的中长期取水总量分配方案，结合下一年度预测地表水来水量、地下水水位变动情况以及本市经济社会发展情况，制定大型企业（集团）及各区（县）的年度取水总量分配方案。

中长期取水总量分配方案应当向社会公布。

第六条（行业用水定额）

行业用水定额由市水务行政管理部门负责组织或者协同各相关部门编制，并报市质量技术监督行政管理部门审定后颁布。

编制行业用水定额，应当充分听取相关企业和行业协会的意见，听取意见可以采用座谈会、听证会等方式。

尚未制定本市行业用水定额的，可以参照国务院有关行业主管部门制定的行业用水定额执行。

第七条（取水许可申请的范围）

除《条例》第四条 第一款规定的情形外，取用水资源的单位和个人均应当申请领取取水许可证。

《条例》第四条 第一款第（二）项规定的家庭生活和零星散养、圈养畜禽饮用等少量取水的限额，是指日最高取水量10立方米。

第八条（取水许可审批权限）

本市取水许可实行分级审批。

下列取水许可申请，除国家规定由流域管理机构审批的外，由市水务行政管理部门负责审批：

（一）由国家和市级主管部门审批、核准或者备案的建设项目的地表水取水许可申请；

（二）日取水量在2万立方米以上（含2万立方米）的地表水取水许可申请；

（三）地下水取水许可申请。

除由流域管理机构和市水务行政管理部门审批外的取水许可申请，由区（县）水务行政管理部门负责审批。

第九条（取水申请）

申请取水的单位或者个人（以下统称“申请人”），应当按照本办法第八条 规定，向具有审批权限的水务行政管理部门提出申请。

取水许可权限属于流域管理机构的，申请人应当向市水务行政管理部门提出申请。

第十条（申请材料）

申请取水应当提交下列材料：

（一）取水许可申请书；

（二）申请人法定身份证明材料；

（三）有利害关系第三者的承诺书或者其他文件。

建设项目需要取水的，申请人还应当提交建设项目水资源论证报告书及其审查意见；建设项目取水量较少且对周边影响较小的，可以不编制建设项目水资源论证报告书，但应当提交建设项目水资源论证表，具体要求由市水务行政管理部门另行规定。

前款中根据本市有关规定已通过规划水资源论证的工业区块内的建设项目，申请人无需再提交建设项目水资源论证报告书或者论证表。

第十一条（取水许可决定）

水务行政管理部门应当根据审批权限，对受理的申请材料进行审查，综合考虑取水可能对水资源的节约保护和经济社会发展带来的影响，决定是否批准取水申请。

水务行政管理部门应当自受理取水申请之日起35个工作日内，作出批准或者不予批准的书面决定。

水务行政管理部门作出批准决定的，应当根据中长期取水总量分配方案以及行业用水定额，核定申请人的取水量。

第十二条（建设项目的取水审批）

取水申请经审批机关批准，申请人方可兴建取水工程或者设施。建设项目未取得取水许可批准文件的，项目主管部门不得审批、核准该建设项目。

第十三条（取水许可批准文件的失效）

取水申请批准后 3 年内，取水工程或者设施未开工建设，或者需经审批、核准的建设项目未取得审批、核准的，取水许可批准文件自行失效。

建设项目中因取水量增加、取水地点变更、取水用途变化的，建设单位应当重新进行建设项目水资源论证，并重新申请取水。

第十四条（现场核验）

取水工程或者设施竣工后，申请人开始试运行的，应当告知水务行政管理部门。试运行满 30 日的，申请人应当在 10 日内，按照规定向水务行政管理部门报送取水工程或者设施试运行情况等相关材料，水务行政管理部门自收到报送材料后 20 个工作日内，对取水工程或者设施进行现场核验，并出具验收意见。

第十五条（核发取水许可证及公告）

取水工程或者设施经验收合格的，水务行政管理部门应当在 5 个工作日内核发取水许可证。

直接利用已有的取水工程或者设施取水的，经审批机关审查合格，自批准文件发放之日起 5 个工作日内，核发取水许可证。

水务行政管理部门应当对取水许可证的核发情况予以公告。

第十六条（取水口标识牌）

获得取水许可证的取水单位和个人（以下统称“取水户”），应当在指定位置设置取水口标识牌，并保持取水口标识牌的完好。

取水口标识牌由水务行政管理部门统一设计、制作和维护，具体办法由市水务行政管理部门另行规定。

第十七条（取水许可证的期限）

取水许可证有效期限最长不超过 10 年，地下水取水许可证有效期一般不超过 5 年。水务行政管理部门可以根据取水用途和实际需求确定具体许可期限。

第十八条（取水许可证的延续）

取水许可证有效期届满，需要延续的，取水户应当在有效期届满 45 日前向原审批机关提出申请，并提交以下申请材料：

（一）延续取水许可申请书；

（二）原取水申请批准文件和取水许可证。

原审批机关应当按照规定对原批准的取水量、实际取水量、节水水平和退水水质状况以及取水户所在行业的平均用水水平、当地水资源供需状况等进行全面评估。评估可以委托有资质的水资源论证机构进行。

原审批机关应当在取水许可证届满前，决定是否批准延续。准予延续的，原审批机关应当根据评估结果、中长期取水总量分配方案和行业用水定额，重新核定取水量。

第十九条（取水许可证的变更）

在取水许可证有效期限内，取水户要求变更取水许可证载明事项的，应当依照规定向原审批机关提出变更申请，并提交以下申请材料：

（一）变更取水许可申请书；

（二）申请人法定身份证明材料；

（三）原取水许可证；

（四）本办法第十条 规定的其他材料。

取水户需要变更其名称（姓名）、法定代表人的，只需提交前款第（一）项、第（二）项、第（三）项规定的材料。

原审批机关应当自收到申请材料之日起 20 个工作日内作出是否同意变更的决定，审查同意的，应当核发新的取水许可证。

第二十条（免予许可的取水管理）

《条例》第四条 第一款第（三）项、第（四）项规定的取水，应当在危险排除或者事后 10 日内将取水情况报取水口所在地的区（县）水务行政管理部门备案。

《条例》第四条 第一款第（五）项规定的取水，应当在开始取水前向取水口所在地的区（县）水务行政管理部门提出申请，区（县）水务行政管理部门应当自收到申请之日起 3 个工作日内作出是否同意其取水的决定；逾期未决定的，视为同意。

属于流域管理机构管理权限的，区（县）水务行政管理部门应当自收到申请之日起 3 个工作日内转报流域管理机构。第三章 水资源费征收和使用的管理

第二十一条（水资源费和累进水资源费）

取水户应当缴纳水资源费。取水户应当按照经批准的年度取水计划取水。超计划取水的，对超计划部分累进收取水资源费。

第二十二条（水资源费征收标准的制定和调整）

本市水资源费征收标准由市价格行政管理部门会同市财政、水务行政管理部门制定，报市人民政府批准，并报国务院价格、财政和水务行政管理部门备案。

水资源费征收标准可以根据本市经济社会发展的实际进行调整，并按照规定报送批准和备案。

水资源费征收标准应当向社会公布。

第二十三条（水资源费的分级征收）

本市水资源费实行分级征收管理，由水务行政管理部门按照取水审批权限进行征收。取水许可由流域管理机构审批的，水资源费由市水务行政管理部门代为征收。

征收的水资源费，按照规定的比例分别解缴中央、市和区（县）国库。

第二十四条（水资源费缴纳数额的确定）

水资源费缴纳数额根据本市水资源费征收标准和实际取水量确定。

实际取水量按照取水计量器具提供的数据确定。未安装计量器具或者计量器具损坏未及时修复的，按照取水设施设计最大取水能力 24 小时连续运行计算日取水量，计征水资源费。

火力发电企业贯流式冷却用水，暂时无法安装计量器具的，可以按照企业实际发电量和相应的水资源费征收标准确定水资源费缴纳数额。

第二十五条（水资源费的缴纳）

取水户应当自收到缴纳水资源费的《非税收入一般缴款书》之日起在规定的缴款期限内办理缴纳手续。

取水户对水资源费缴纳数额有异议的，可以向发出通知的水务行政管理部门提出；水务行政管理部门应当在 7 个工作日内进行复核，并将结果告知取水户。

第二十六条（水资源费的使用和管理）

征收的水资源费应当全额纳入财政预算管理，由市、区（县）两级财政行政管理部门按照批准的部门财政预算统筹安排。水务行政管理部门编制水资源费收支预算，应当听取发展改革行政管理部门的意见，经同级财政行政管理部门审核后，纳入年度部门预算管理。其中，涉及固定资产投资的，应当纳入固定资产投资计划统筹安排使用。

水资源费专项用于下列水资源的节约、开发、利用、保护和综合管理工作：

（一）水资源调查评价、规划、分配及相关标准制定；

（二）取水许可的监督实施和水资源调度；

（三）江河湖库及水源地保护和管理；

（四）水资源管理信息系统建设和水资源信息采集与发布；

（五）节约用水的政策法规、标准体系建设以及科研、新技术和产品开发推广；

（六）节水示范项目和推广应用试点工程的拨款补助和贷款贴息；

（七）水资源应急事件处置工作补助；

（八）节约、保护水资源的宣传和奖励；

（九）水资源的合理开发。

任何单位和个人不得截留、侵占或者挪用水资源费。第四章 监督管理

第二十七条（年度取水计划的确定和下达）

水务行政管理部门应当按照统筹协调、综合平衡、留有余地的原则，根据年度取水

总量分配方案、取水户提出的下一年度取水计划建议，确定并于下一年度 1 月 31 日前向取水户下达年度取水计划。

取水户应当在每年的 12 月 31 日前向原审批机关报送本年度的取水情况和下一年度取水计划建议。

第二十八条（年度取水计划的调整）

取水户确需调整年度取水计划的，应当按照审批程序向原审批机关提出申请并提供取水量调整的原因、节水措施落实情况、工业用水重复利用率和内部用水管理制度等材料。原审批机关应当根据年度取水总量分配方案于 20 个工作日内作出是否同意的决定。

确定和调整后的年度取水计划均不得超过取水许可证所核定的取水量。

第二十九条（水平衡测试）

日取水量 15 万立方米以上（含 15 万立方米）的取水户应当根据国家技术标准对用水情况进行水平衡测试，改进用水工艺或者方法，提高水的重复利用率。

水平衡测试结果可以作为取用水评估的依据。

第三十条（取水计量实时监测）

年取水量在一定规模以上的取水户，以及使用备用取水设施的取水户，其安装的计量设施必须满足纳入取水实时监测系统的要求。具体情形和要求由市水务行政管理部门另行规定。

第三十一条（水务行政管理部门的监督检查职责）

水务行政管理部门在进行监督检查时，有权采取下列措施，取水户应当予以配合：

（一）要求被检查的取水户提供取用水台账、取水统计报表、计量设施检定证书、退水水质监测报告、用水工艺流程图等；

（二）要求未安装计量器具的取水户，限期安装计量器具；

（三）进入被检查的取水户的主要用水场所进行调查；

（四）责令被检查的取水户停止违反本办法的行为，限期整改，履行法定义务。

第三十二条（层级监督）

市水务行政管理部门应当加强对区（县）水务行政管理部门的监督，发现有越权审批、未按照许可条件进行取水审批、年度取水计划超过取水许可证所核定的取水量或者下达的年度取水总量分配方案、未按照规定征收水资源费的，应当及时予以纠正。

各级水务行政管理部门应当按照规定向上一级水务行政管理部门或者流域管理机构报送本区域上一年度取水监督管理、水资源费征收等情况。第五章 法律责任

第三十三条（行政机关及其工作人员的责任）

水务行政管理部门或者其他有关部门及其工作人员违反本办法，有滥用职权、玩忽职守、徇私舞弊行为的，由其上级行政机关或者监察机关责令改正；情节严重的，对直接负责的主管人员和其他直接责任人员依法给予行政处分；构成犯罪的，依法追究刑事责任。

第三十四条（违反水平衡测试或实时监测要求的处罚）

有下列情形之一的，由水务行政管理部门责令其限期改正；逾期不改正的，处以 5000 元以上 2 万元以下的罚款：

（一）违反本办法第二十九条 第一款规定，取水户未按照规定进行水平衡测试的；

（二）违反本办法第三十条 规定，取水户未按照规定安装取水计量实时监测装置的。第六章 附则

第三十五条（定义）

本办法所称取水，是指利用取水工程或者设施直接从江河、湖泊或者地下取用水资源。

本办法所称取水工程或者设施，是指闸、坝、渠道、人工河道、虹吸管、水泵、水井等。

本办法所称行业用水定额，是指根据一

定方式测试并确定的，在一定时间内、一定条件下，相关行业生产单位产品或者完成单位工作量所一般消耗的新水量（第一次利用的水量）。

第三十六条（施行日期）

本办法自2014年2月1日起施行。1995年6月15日上海市人民政府令第7号发布，根据1997年12月14日上海市人民政府令第53号修正的《上海市取水许可制度实施细则》同时废止。

上海市地下空间规划建设条例

（上海市第十四届人民代表大会常务委员会第十次会议通过　2013年12月27日）

第一章　总则

第一条 为了加强对本市地下空间开发的规划和建设的管理，保障相关权利人合法权益，促进地下空间资源的合理利用，适应城市现代化和可持续发展的需要，根据《中华人民共和国物权法》、《中华人民共和国城乡规划法》、《中华人民共和国土地管理法》等有关法律、行政法规，结合本市实际，制定本条例。

第二条 本市行政区域内地下空间开发的规划、建设及相关管理活动，适用本条例。

第三条 本条例所称地下空间是指本市行政区域内地表以下空间。

第四条 地下空间开发应当遵循统筹规划、综合开发、合理利用、安全环保、公共利益优先、地下与地上相协调的原则。

第五条 市和区、县规划国土资源行政管理部门承担地下空间开发的综合协调职责，负责规划和用地管理。

市和区、县建设行政管理部门负责地下空间开发的建筑活动的监督管理和地下市政基础设施建设管理的协调工作。

市和区、县民防行政管理部门负责民防工程建设的监督管理和地下空间开发兼顾民防需要的监督管理。

市和区、县房屋行政管理部门负责地下建筑物、构筑物的权籍管理和交易管理。

其他有关行政管理部门按照各自职责，做好地下空间的相关管理工作。

第六条 市和区、县规划国土资源、建设、房屋等行政管理部门应当根据各自职责，依法开展地下空间调查，调查涉及的有关单位和个人应当予以配合。

第七条 市和区、县规划国土资源、建设、民防、房屋及其他有关行政管理部门应当按照各自分工，履行对地下空间开发的监督检查职责。

第二章　地下空间规划

第八条 本市地下空间分为浅层、中层和深层。

本市地下空间实行分层利用。地下空间开发应当优先安排市政基础设施、民防工程、应急防灾设施，并兼顾城市运行最优化的需要。

第九条 市规划国土资源行政管理部门应当组织编制本市地下空间总体规划，作为专项规划纳入城市总体规划，并向社会公布。

地下空间总体规划的内容应当包括：地下空间开发战略、总体布局、重点建设范围、竖向分层划分、不同层次的宜建项目、同一层次不同建设项目的优先顺序、开发步骤、发展目标和保障措施。

中心城分区规划、郊区区县总体规划、新城总体规划、新市镇总体规划应当包括地下空间规划内容，地下空间规划内容应当符合地下空间总体规划。

第十条 编制涉及地下空间安排的控制性详细规划，应当明确地下交通设施之间、地下交通设施与相邻地下公共活动场所之间互连互通的要求。

市人民政府确定的重点地区的控制性详

细规划，还应当对地下空间开发范围、开发深度、建筑量控制要求、使用性质、出入口位置和连通方式等作出具体规定。其他地区的控制性详细规划可以参照重点地区对地下空间的规划要求作出具体规定。

第十一条 涉及地下空间安排的各类专项规划，由市有关专业管理部门会同市规划国土资源行政管理部门组织编制，经批准后纳入相应的城乡规划。

市民防行政管理部门应当制定民防工程建设规划，对单建民防工程的布局，以及地下空间开发兼顾民防需要的重点区域和技术保障措施等作出规定。

第十二条 规划国土资源行政管理部门应当会同建设行政管理部门根据控制性详细规划和相关专项规划，结合城市道路、公路的建设，制定地下管线综合规划。

制定地下管线综合规划应当征求管线建设单位及相关行政管理部门的意见。

第十三条 控制性详细规划和相关专项规划应当在相应地下空间预留地下管线位置。已经预留地下管线位置的区域不得新建架空线及其杆架。

本市新城、国务院和市人民政府批准设立的经济开发区应当制定综合管沟规划。已经制定综合管沟规划的区域，应当集中敷设电信电缆、电力电缆、给水管道等管线。相关管线规划应当与综合管沟规划相衔接。

已明确纳入综合管沟的管线，相关规划不再另行安排管线位置。

第三章 地下空间建设

第十四条 地下空间建设应当遵守国家和本市规定的建设程序。结建地下工程的相关行政审批，应当随地上工程的行政审批一并办理。

结建地下工程应当遵循先地下、后地上的建设顺序。

第十五条 地下空间建设不得危及地上及地下相邻建筑物、构筑物、附着物的安全。

地下空间建设因通行、通风、通电、排水等必须利用相邻建设用地的，相邻建设用地使用权人应当提供便利条件。建设单位的通行、通风、通电、排水等应当符合相关法律法规、标准和规范的要求，尽量避免对相邻建设用地使用权人造成损害；造成损害的，应当给予赔偿。

第十六条 建设地铁、隧道、综合管沟、地下道路等市政基础设施以及单建式地下工程，应当符合国家有关地下工程建设兼顾民防需要的标准。

建设单位新建民用建筑，应当按照国家有关规定，结建可用于民防的地下室。

第十七条 列入国家《划拨用地目录》范围的地下建设项目可以采用划拨方式取得地下建设用地使用权，其他地下建设项目应当以出让、租赁等有偿方式取得地下建设用地使用权。

建设项目的结建地下工程应当随其地上部分一并取得建设用地使用权。

第十八条 地上的建设用地使用权人可以申请开发其建设用地范围内的地下空间，但市政基础设施、民防工程等公益性建设项目需要使用地下空间的除外。

地上的建设用地使用权人开发其建设用地范围内的地下空间的，应当符合控制性详细规划的要求。

第十九条 地下建设项目的建设用地使用权出让，应当采用招标、拍卖、挂牌的方式，但符合下列情形之一的，可以采用协议方式出让：

（一）附着于地下交通设施等公益性项目且不具备独立开发条件的经营性地下建设项目；

（二）地上的建设用地使用权人在其建设用地范围内单建的经营性地下建设项目；

（三）国家和本市规定的其他符合协议出让条件的情形。

第二十条 地下建设项目的建设用地使用权出让金的收取，由市人民政府制定具体办法，向社会公布并依法接受监督。

第二十一条 规划国土资源行政管理部门应当根据控制性详细规划核定地下建设项目的规划条件。控制性详细规划中未明确地下空间的规划要求的，应当根据规划管理技术规定核定规划条件。

市人民政府确定的重点地区的地下建设项目，以划拨方式提供建设用地使用权的，规划国土资源行政管理部门应当在核发选址意见书时，核定地下建设项目的规划条件；以出让方式提供建设用地使用权的，规划国土资源行政管理部门应当在签订建设用地使用权出让合同前，核定地下建设项目的规划条件。规划条件应当明确地下建设项目的用地性质、最大占地范围、开发深度、建筑量控制要求、与相邻建筑连通要求等规划设计要求。

其他地区的地下建设项目，规划国土资源行政管理部门应当在审定建设工程设计方案前明确地下空间的建设内容。

结建建设项目的地下空间开发范围，不超出地上建设用地使用权的用地界线。

第二十二条 在集中开发的区域，涉及地下空间的建设工程设计方案应当经集中开发区域的管理机构综合平衡后，方可报规划国土资源行政管理部门审批。建设工程设计方案未经综合平衡的，规划国土资源行政管理部门不予受理相关建设工程规划许可申请。

集中开发区域的管理机构可以对地下空间实施整体设计、统一建设；建成的地下空间可以单独划拨或者出让，也可以与地上建设用地使用权一并划拨或者出让。

第二十三条 规划条件对地下建设工程有连通要求的，地下建设工程的设计方案应当明确与相邻建筑的连通方案。相邻建筑已经按照规划预留横向连通位置的，新项目的横向连通位置应当与之相衔接。新项目建设单位负责建设衔接段的地下通道，并可以取得地下通道的建设用地使用权。

规划条件对地下建设工程未明确连通要

求的，建设单位可以与相邻建筑所有权人，就连通位置、连接通道标高、实施建设主体和建设用地使用权等内容达成协议，形成连通方案，纳入建设工程设计方案一并提交审核。

衔接段的地下通道需要穿越城市道路、公路用地的，规划国土资源行政管理部门应当征询建设行政管理部门的意见，并在土地划拨决定书或者出让合同中明确建设单位建设地下通道的义务、地下通道建成后的使用方式和维修养护义务。

第二十四条 地下工程建设应当符合工程建设安全和质量标准，满足防汛、排涝、消防、抗震、防止地质灾害、控制震动影响和噪声污染等方面的需要，以及设施运行、维护等方面的使用要求，使用功能与出入口设计应当与地上建设相协调。

地下建设工程之间的距离，应当符合相邻地下设施安全保护的要求。

控制性详细规划应当根据相关专项规划或者行业标准，明确隧道、地铁、综合管沟等大型地下市政基础设施的安全保护区范围。需要在安全保护区范围内进行地下工程建设的，项目可行性研究报告和建设工程设计方案的审批应当征求相关行业行政管理部门的意见；建设单位应当依法向相关行业行政管理部门报批施工保护方案，并委托有资质的监测单位对市政基础设施的安全进行监测和检测，采取相应的安全措施。

第二十五条 建设单位应当按照规划许可进行地下空间建设，不得擅自变更规划许可内容；确需变更的，必须向规划国土资源行政管理部门提出申请。规划国土资源行政管理部门受理后，应当会同相关部门进行审核。变更的内容不符合规划要求的，规划国土资源行政管理部门不得批准。

第二十六条 建设地下管线工程的，建设单位应当委托具有相应资质的测绘单位开展地下管线跟踪测量。建设单位在向规划国土资源行政管理部门申请《建设工程规划许可证》时，应当提交地下管线跟踪测量合同。

地下管线工程覆土前，建设单位应当通知测绘单位按照地下管线跟踪测量合同，实施跟踪测量。

第二十七条 地下建设工程竣工规划验收前，建设单位应当提请城建档案管理机构对地下建设工程档案进行专项预验收。

建设单位应当在申请地下建设工程竣工规划验收时，将竣工图、竣工测绘报告等资料的纸质文本和电子数据报送规划国土资源行政管理部门。未按照要求报送竣工验收资料的，规划国土资源行政管理部门不予受理其竣工验收申请。

建设单位应当对其报送资料的准确性负责。因资料不准确导致地下管线等设施在施工时受到损坏并给他人造成损失的，建设单位应当依法承担赔偿责任。

规划国土资源行政管理部门应当及时将建设单位报送的有关电子数据分送建设、民防、房屋等行政管理部门。

市规划国土资源、建设、民防、房屋等行政管理部门应当根据各自的功能使用要求，完善地下空间信息系统，实现各专业系统的信息共享，并依法实行信息公开。

第二十八条 建设项目的结建地下工程应当与其地上部分一并办理建设用地使用权和房屋所有权初始登记。单建地下建设项目单独办理地下空间建设用地使用权和房屋所有权初始登记。

地下建设用地使用权的权属范围，按照土地审批文件中载明的地下空间建设用地使用权范围确定。按照规划许可建成的地下建筑物、构筑物，通过竣工规划验收后，其权属范围应当以地下建筑物、构筑物外围所及的范围确定。

地下空间的房地产权利人在办理房地产登记前，应当委托有关机构开展地下空间地籍调查和房屋权属调查。

第二十九条 地下空间建设用地使用权的登记和地下建筑物、构筑物的房地产登记，按照国家和本市房地产登记的有关规定执行。

第四章 法律责任

第三十条 违反本条例规定的行为，《中华人民共和国城乡规划法》及其他法律、行政法规已有处罚规定的，从其规定。

第三十一条 建设单位违反本条例第二十三条 第一款规定，未按照规划预留横向连通位置，或者未按照要求对横向连通位置进行衔接的，由规划国土资源行政管理部门责令改正，处建设工程造价百分之五以上百分之十以下的罚款。

第三十二条 建设单位违反本条例第二十六条 第二款规定，未通知测绘单位对地下管线工程进行跟踪测量的，由规划国土资源行政管理部门责令限期改正；逾期未改正的，处补测费用两倍以上三倍以下的罚款。

第三十三条 规划国土资源、建设、民防、房屋等行政管理部门有下列行为之一的，由本级人民政府、上级主管部门或者监察部门依据职权责令限期改正，通报批评；对直接负责的主管人员和其他直接责任人员依法给予行政处分：

（一）违反本条例第九条 、第十条 、第十一条 、第十二条 、第十三条 、第二十四条 第三款规定，未按照要求编制相关规划的；

（二）违反本条例第二十一条 规定，未按照要求核定规划条件的；

（三)违反本条例第十一条 第二款规定，未按照要求编制民防工程建设规划的；

（四）违反本条例第二十八条 、第二十九条 规定，未按照要求进行地下空间房地产权利登记的；

（五）违反本条例第七条 规定，未按照职责对地下空间开发进行监督检查的。

规划国土资源、建设、民防、房屋等行政管理部门的工作人员玩忽职守、滥用职权、徇私舞弊构成犯罪的，依法追究刑事责任。

第五章 附则

第三十四条 本条例所称结建，是指由同一主体结合地上建筑一并开发地下空间的建筑活动。

本条例所称单建，是指独立开发地下空间的建筑活动。

第三十五条 本条例自 2014 年 4 月 1 日起施行。

2013 年大事记

一月～二月

2012 年 12 月 31 日，为轨道交通 11 号线南翔站配套的公交南翔站正式启用。这是在继公交安亭站、马陆站、昌吉东路站后，启用的第四个为轨交 11 号线配套的永久性公交枢纽站。公交南翔站位于 11 号线南翔站综合开发项目——中冶祥腾城市广场商业办公楼下，占地面积约 3900 平方米。该站共配南翔 1 路、南翔 2 路、南翔 3 路、南翔 5 路、嘉翔线 5 条线路，站内配有较为完善的导乘系统，为乘客出行提供了人性化的服务。公交南翔站与轨道交通 11 号线一路之隔，市民可通过天桥或地面道路实现公交和轨交之间的零换乘。

1 月 5 日，市建设交通两委机关召开 2013 年务虚会。市建设交通工作党委书记许德明同志主持会议并讲话；市建设交通委主任黄融同志就今年的工作情况和明年工作思路作主题发言，两委分管领导、部分处室负责人围绕 5 个专题进行了交流发言。市建设交通两委领导班子成员、两委机关各处室正、副处长（主任）和直属单位党政主要领导出席会议。许德明同志就做好 2013 年工作提出四点意见。一是要深入贯彻落实党的十八大精神；二是要牢固树立群众观点，坚持走群众路线，真正做到群策群力、共建共享；三是要坚持不懈地推进从严治党，切实加强干部队伍和作风建设。黄融同志回顾总结了 2012 年工作，分析了 2013 年的工作形势，并提出工作思路。他在讲话中要求：一是继续推进国际航运中心建设；二是继续完善城乡基础设施体系；三是下更大力气狠抓城市运行安全；四是全力做好缓解交通拥堵工作；五是切实提高城市精细化管理服务水平；六是多渠道改善市民居住条件；七是促进行业创新转型发展；八是深化体制机制改革和科技创新。与会人员围绕议题，畅所欲言，集思广益，为广泛统一思想、深入凝成共识、形成 2013 年工作计划打下了扎实基础。

1 月 13 日，文翔路－联阳路跨沪杭高速公路大桥正式通车。文翔路－联阳路跨沪杭高速公路大桥工程位于上海市松江工业区，北起文翔路向南跨越沪杭高速公路至联阳路。在高速公路以北保证与文翔路衔接顺畅，以跨线桥形式上跨沪杭高速公路和繁华路，在高速公路以南落地后与联阳路现状道路顺接。文翔路－联阳路跨沪杭高速公路大桥工程自 2010 年 7 月开工建设，历经两年全封闭施工，创下了多个松江区桥梁建设的新纪录。文翔路－联阳路跨沪杭高速公路大桥工程的顺利通车将大大缓解松江工业区的车流压力，改善松江区域交通格局，促进松江经济更好更快发展。

1 月 16 日，市、区县建设交通委书记、主任联席会召开。市建设交通两委部分领导和相关处室负责人，各区（县）建设交通委书记、主任出席会议。会上，市建设交通委黄融主任介绍了 2013 年市建设交通工作会议报告的起草情况、相关内容，特别是 2013 年工作中涉及各区县的目标和任务。各区（县）建设交通委书记、主任结合本地区的工作情况作了交流发言。市建设交通工作党委许德明在讲话中要求，一是要深入贯彻落实党的十八大精神；二是要市、区县联动，形成合力，促进科学发展；三是要牢固树立群众观点，做到群策群力、共建共享；四是要推进从严治党，切实加强干部队伍和作风建设。

1 月 16 日至 25 日，12319 热线共受理市民关于春运方面诉求 914 件，较去年同期下降 5.1%。其中咨询 766 件，投诉 140 件，建议 8 件。长途客运信息占 57.9%，铁路信息占 41.4%，航空、水运信息占 0.7%。“春运热线”咨询集中在：一是长途客运班次、预定长途车票；二是询问铁路订票电话、如何预定火车票、查询铁路班次信息；三是长途票票价、春运票价上涨等事宜。投诉主要集中在：一是长途客运票价上涨幅度大；二是铁路购票难；三是长途客运私下额外收费；四是长途客运站外上客。

1 月 18 日，2012 年度上海重点工程实事立功竞赛表彰大会召开。会前，市委书记韩正，市委副书记、代市长杨雄会见了先进集体和先进个人代表，向广大建设者表示崇高敬意和衷心感谢。市建设交通委黄融主任代表市立功竞赛领导小组总结了 2012 年工作，并部署 2013 年任务。韩正指出，重点工程实事立功竞赛是上海城市建设的品牌，已经坚持了 26 届，2012 年又取得了丰硕成果。新的一年广大建设者要始终牢记“安全第一、质量优先”的原则，不搞形象工程、不搞献礼工程，全力以赴完成好各项任务。杨雄强调，推进重大工程和实事项目建设必须确保安全，要严格执行施工方案和施工规范，要加强和创新劳务管理，把监管责任落实到施工各个环节。

1月18日，中国航海博物馆成功加入中国博物馆协会。加入中国博物馆协会后，海博馆可适时获取协会及各地相关资讯，参加博协举办的各类培训、交流活动，增强与业内同行间的交流与合作，进一步提升业务能力和管理水平。同时，通过博协官网平台适时发布海博馆信息，扩大宣传，进一步提升博物馆知名度和影响力。

1月23日，本市召开2013年旧区改造工作会议，总结2012年旧区改造工作，部署2013年工作。会上，市政府与中心城区各区政府签订2013年旧区改造目标责任书。会议由市建设交通委主任黄融主持。市建设交通委副主任倪蓉作工作报告。市、区各相关管理部门负责人、企业负责人、房屋征收实施单位代表等参加了会议。沈骏副市长出席会议，并作重要讲话。2012年，本市中心城区共拆除二级旧里以下房屋71万平方米、受益居民2.53万户，拆平旧改收尾地块41块，圆满完成全年目标和任务。同时，市有关部门启动和推进了郊区城镇棚户简屋改造和开展“城中村”改造试点，继续推进郊区国有农场职工危旧房改造，开工建设职工安置房1000套。沈骏副市长指出，要深入贯彻落实党的十八大精神和市委十届三中全会精神，继续发扬不畏艰难、团结奋进的精神，积极改革创新，坚持群众路线，维护公平正义，加强旧区改造资金筹措、安置房源和队伍建设等工作，形成合力，坚定不移地推进旧区改造工作。

1月26日，副市长沈骏检查春运保障工作。市建设交通委秘书长戴晓坚陪同检查。在赴长途客运南站检查了春运保障工作并听取情况汇报后，沈骏指出，春运保障工作关系广大旅客能否欢度节日，各有关方面要严格执行各种安全生产制度，充分做好春运保障服务工作，让广大旅客安全、顺畅、高兴出行。今年上海春运要坚持安全第一，预防为主，坚决把事故苗子遏制在萌芽状态。一是坚决杜绝酒后驾车、连续疲劳驾车；二是要加强车辆等运输工具的检查、维护和保养，使运输工具始终处于良好的状态，符合安全运输要求；三是通过信息化等科技手段，保持对交通工具运行情况的跟踪，使其处于可控状态。此外，要保持整个春运工作平稳有序，从购票开始到候车、乘车、出发、返程，都要尽最大努力做好服务。坚持以人为本，给乘客更多的关怀和温馨，体现人性化服务，让乘客感觉到安全、舒心。

2月3日晚，上海打捞局“沪救14”轮成功救助韩国籍驳船。完成台湾东北洋面两艘失控驳船的救助任务，并安全返回局外高桥码头。韩国船长通过高频电话对中国救捞船员履行的国际救助义务和沪救14轮全体船员的敬业精神、高超的技艺表示衷心的感谢。

2月3日，市建设交通委主任黄融主持召开专题会议，研究推进本市2013年住宅产业化相关工作。黄融同志提出，一是要有紧迫感，并应把握好发展装配式住宅和绿色建筑的契机。二是为增加企业积极性，除研究明确节能专项补贴资金及容积率奖励政策外，还应研究加快项目审批流程。三是2013年的工作目标应与工作计划结合起来。四是委局成立工作小组，明确各自职责分头开展工作，三月份向分管市长汇报情况，并适时召开现场工作推进会。

2月5日，副市长姜平到市交通港口局调研指导工作。姜平副市长在讲话中指出，市委、市政府高度重视交通港航工作。近年来，在交通港航全体干部职工的努力下，上海国际航运中心建设扎实推进，公共交通服务能级显著提升，取得了令人瞩目的成绩。针对下一步的工作，姜平副市长强调，要从上海转型发展的高度，充分认识交通港航工作发展的责任感。一是要立足现代化国际大都市，满足人民群众日益增长的公共交通需求，提供便利服务；二是要坚持以人为本、安全为先、管理为重的原则，提升法制化、科学化和精细化管理水平；三是要围绕交通卡押金、驾驶员培训、车牌拍卖、出租车管理和集卡经营模式等人民群众关心的热点问题，进一步加强研究，提出对策。会上，市交通港口局孙建平局长汇报了上海交通港航五年来的工作和2013年工作任务，市建设交通委黄融主任就国际航运中心建设、集卡运输经营模式、交通白皮书编制、交通保障联席会议、公交优先和节能减排等重点工作作了补充发言，明确了工作要求。市交通港口局领导班子成员和相关处室负责人出席会议。

2月5日，副市长姜平一行先后来到长途客运总站、铁路上海站视察指导春运情况并慰问一线春运服务人员。姜平表示，除了要严格保证春运的安全，提高危险品、违禁品的检出率，还要尽力将春运变得更人性化、服务化。市建设交通委领导黄融、孙建平、戴晓坚陪同检查。

2月9日0:00至15日24:00，本市顺利完成春节期间高速公路小型客车免费通行工作。春节期间，本市道路交通运行状况总体安全有序、平稳畅通。高速公路网总流量为346.2万辆次，同比去年春节长假增长59%。下阶段，将认真总结春节期间高速公路运行保障工作中的经验和不足，针对即将到来的“清明”、“五一”等假期，制定更具有针对性的运行保障方案，为广大市民的出行创造良好的道路通行条件。

2月9日~15日，春节期间本市水务（海洋）系统服务保障平稳有序。中心城区最高日供水量528.64万立方米，最低日供水量464.83万立方米，日均供水量484.92万立方米，未发生大口径爆管事件。防汛排水正常，各供排水企业受理的报修事件均得到妥善处理。

2月9日~15日，12319热线市民来电量5424个，受理与建设交通行业相关的市民诉求4643件，其中，咨询3059件、投诉1252件、举报126件、建议85件、报修74件、表扬47件。市民较为关注的前五位问题是：出租车拒载、出租车服务态度、出租车绕道多收费、公交乱（不）停站、公交服务态度。春节期间，市民来电量下降，今年春节期间来电量同比下降32.8%，来电以咨询为主，占受理量的65.9%；交通出行诉求主要集中在出租车拒载、服务态度、绕道等问题；节日期间城市运行保障良好，用水、用气情况未见异常。

2月20日，市建设交通工作党委、市建设交通委召开上海市2013年建设交通工作会议。市委常委、副市长艾宝俊，副市长姜平出席大会并作重要讲话。会议由市建设交通工作党委书记许德明主持。黄融同志总结了2012年和过去五年的工作，提出了贯彻落实十八大和市十次党代会精神的总体要求，布置了2013年主要任务。艾宝俊同志强调，全市建设交通系统和行业面对复杂严峻的形势，凝心聚力，攻坚克难，出色完成了各项任务。希望下一步深化各项改革，大力提升行业创新能力，切实加强干部队伍建设，大力加强作风建设，坚定不移推进反腐倡廉建设。姜平同志在讲话中指出，过去五年建设交通工作卓有成效，市政府予以充分肯定。

面向未来，要清醒认识困难与挑战，切实增强责任感和紧迫感。立足当前，要聚焦重点难点热点，研究思考并努力解决好航运中心建设、基础设施承载力、城市精细化管理、住房交通民生问题、生态文明建设问题和深化改革强化创新问题。2012年建设交通两委主要开展了七个方面的工作：一是加快了国际航运中心建设。二是加强了城市运行安全管理。三是推进了重大工程建设。四是提升了城市管理水平。五是落实了民生实事工程。六是促进了行业创新转型发展。七是加强了党的建设。五年来，全面完成了世博服务保障任务，国际航运中心建设取得重大突破，大力推进城乡一体化建设，初步形成了住房保障、公共交通、生态环境和供应保障四大体系框架，不断探索完善建设交通管理的体制机制法制，行业创新驱动、转型发展的步伐不断加快。2013年要重点抓好以下九项工作，一是继续推进国际航运中心建设。二是继续完善城乡基础设施体系。三是下更大力气狠抓城市运行安全。四是多渠道改善市民居住条件。五是协调推进城市交通拥堵综合治理。六是切实提高城市精细化管理服务水平。七是促进行业创新转型发展。八是深化体制机制改革和科技创新。九是全面推进党的建设科学化。

2月20日，副市长姜平到市绿化市容局调研指导工作。姜平同志在讲话中指出，市绿化市容局承担着上海生态环境建设、市容环境管理、城市管理执法的重大任务，五年来，为上海城市的建设、管理做出了重要贡献。针对下一步的工作，姜平副市长从生态环境建设、生化垃圾处理、市容环境管理等专题问题进行了探讨，并要求进一步加强虹口公园管理、市容养护作业市场化问题、外环绿化建设和环卫工人收入等问题的研究。会上，市建设交通委副主任、市绿化市容局局长马云安、党组书记陆月星汇报了上海绿化市容五年来的工作和2013年工作任务，市建设交通委黄融主任、市绿化市容局领导班子成员和委、局相关处室负责人出席会议。

2月26日，市建设交通系统召开2013年党风廉政建设大会。会议以党的十八大精神为指导，认真贯彻落实中纪委二次全会和市纪委二次全会精神，总结去年工作，部署今年党风廉政建设和反腐败工作。市建设交通工作党委许德明同志强调：一要认真贯彻党的十八大精神，切实把反腐倡廉工作放在更加突出位置。二要切实加强作风建设，努力建设为民务实清廉的干部队伍。三要坚持党风廉政建设责任制，将反腐倡廉各项任务落到实处。纪工委书记王来娣同志回顾总结了2012年党风廉政建设和反腐败工作，并对2013年反腐倡廉工作作出部署。市建设交通工作党委副书记田赛男主持会议，市建设交通两委班子成员、机关部门负责人，系统各局、各单位党政负责人、纪委负责人及各区县建设交通委纪委负责人出席会议。

2月27日，本市ETC三期试点试验工程通过专家评审。市路政局组织召开专家评审会，专家组现场察看了ETC车道的设备布置、安装和实际运行情况，并听取了工程设计、施工、监理工作的汇报。与会专家对本次ETC三期试点试验工程予以了充分肯定，一致认为实现了本市ETC车道的规范布置，提高了通行速度，较好地解决了“跟车干扰”、“旁道干扰”问题，达到了预期效果。专家组建议各项技术措施和设备技术要求经总结完善后，在后续ETC工程建设中全面推广，据此形成上海市地方标准，提升上海ETC系统的整体形象和服务水平。

2月28日，市建设交通委在浦东新区召开现场会，研究推进本市农村桥梁和村内道路改造工作。市建设交通委副主任倪蓉、秘书长戴晓坚出席会议。2013年，本市农村桥梁改造计划开工建设1000座、竣工500座，农村经济相对薄弱村村内道路改建完成1000公里，并列入市政府实事项目年度考核范围。同时，将研究完善农村村内道路桥梁设施管养体制和工作规范，确保农村村内路桥设施“有建有养，管养到位”。会议要求市、区有关单位要抓紧时间，全力以赴，完成全年目标和任务。市级部门要根据农村桥梁改造和村内道路改建工作的特点加强服务，做好指导。各区县相关部门要加强组织领导，建立工作机制，健全资金使用，完善信息系统，落实管养责任，全面完成市政府实事工程项目。

三月～四月

3月6日，姜平副市长、黄融副秘书长听取了白皮书办公室关于《新一轮交通白皮书发展战略研究》的汇报。市领导充分肯定了已有的战略研究成果，指出在当前上海城市快速发展的时期，白皮书的修编工作非常及时、非常必要。就下阶段工作，姜平副市长提出：一是要充分重视交通规划，交通规划和城市规划的关系要表达准确，交通影响评价方面的内容要进一步细化；二是要加大对轨道交通的研究，通过完善网络布局和强化沿既有轨道交通发展，充分发挥轨道交通骨干作用；三是要更加注重交通顽症的治理，呼应人民群众反映的热点问题；四是要加强对郊区新城交通模式的研究；五是要更加突出环境治理、交通安全和交通文明等方面的内容。

截止3月6日，为期50天的“春运热线”顺利结束。期间，12319热线共受理市民关于春运方面诉求2389件。热点主要集中在：长途客运线路营运咨询1271件、铁路订票咨询140件、长途客运服务质量139件、无证营运98件、站外上客83件。

3月8日，姜平副市长、黄融副秘书长一行先后赴白龙港污水处理厂、老港垃圾填埋场、民乐保障房基地调研，视察这些项目的建设、运营、发展情况。在听取了市政府相关部门、中建八局、浦东新区和市城投公司的汇报后，姜平同志在讲话中指出，污水处理和垃圾末端处理反映了一个城市的实力和综合管理水平，要做好垃圾处理“一主多辅”布点设置，做好老港垃圾焚烧厂开炉试运行的调试工作。针对本市保障房和外围配套建设，姜平同志强调，保障房建设要适当把握节奏，做到按需供给。在建设过程中，要强调分类推进，做好保障房的内外围配套建设，满足人民群众的生活需求，确保人民群众安居乐业。

3月8日下午17时，上海打捞局在历经50余天的燃油抽取、货物打捞等系列抢险打捞作业后，成功将沉没在海底51天的“曙星1”轮定点爆破，安全高效地清除了埋伏在长江口的“地雷”，有效保障了航道的安全畅通，取得了沉船打捞工程的重要阶段性成果。

3月11日下午，上海港码头中心积极开展上海水域船舶超载运输联合治理行动。该行动由市交通港口局和上海海事局联合开展，并动员各有关单位按照联合行动方案要求，认真履行职责，积极协调配合，全力做好治超工作，维护上海水域一方平安。该行动将持续到6月30日。

3月14日，上海市质量协会、市旅游局公布了2012年上海市星级饭店、连锁型酒店、A级景区的游客满意度评测结果。4A级景区中，中国航海博物馆、上海城市规划展示馆、上海博物馆位居前三。海博馆依托宏伟独特的建筑外观、创新精美的陈列展示、热情人性化的场馆服务，以及各类品牌社会教育活动，吸引了大批观众来馆参观。

3月15日，本市召开重大工程建设工作会议，姜平副市长出席会议并讲话。2013年重大工程建设将安排正式项目88项、年计划投资1193亿元，年内新开工项目14项、基本建成13项目。安排预备项目30项。姜平同志在讲话中要求重大工程建设紧紧围绕中心、服务大局，准确把握当前面临的机遇和挑战，进一步增强工作责任感和紧迫感。他要求，一是聚焦重点，抓好重要产业、重大项目、重点区域项目建设工作；二是安全为先，注重做好安全生产工作，聚焦重大风险源预控，落实责任和措施；三是创新发展，注重做好管理转变工作，加强科技创新、技术创新、工艺创新和管理创新，提升协调、管理效能；四是立足全局，注重参建单位统筹协调，狠抓推进落实，确保今年重大工程建设任务圆满完成。

3月15日，姜平副市长带队到市建设交通发展研究院调研指导工作，副秘书长黄融同志参加调研。姜平副市长一行实地查看了网格化管理和交通综合信息平台建设与运行情况，并认真听取了院党委书记、院长江绵康同志的工作情况汇报。姜平副市长指出，市建设交通发展研究院挂牌成立以来，积极开展机构整合与业务整合，逐步形成工作合力，各项工作不断不乱，顺利推进，其综合研究能力初步显现。针对下一步工作，姜平副市长要求，一是进一步发挥综合研究功能。二是进一步完善信息化建设与公共服务。三是进一步推进研究院自身发展。不断拓展业务领域，形成研究品牌，占领研究高地，适时向其他城市拓展，使研究成果转化为社会和经济效益。

3月21日，市路政行业2013年工作会议召开。市建设交通委秘书长、路政局局长戴晓坚作工作报告，市政府副秘书长、市建设交通委主任黄融出席会议，并作重要讲话。会议明确了2013年重点工作：一是稳步推进基础设施建设；二是以常态长效管理为目标，不断加大日常管养投入力度；三是以确保安全为首要任务，切实提升设施运行保障及生产作业安全管理水平；四是以依法行政为根本，有效规范管理行为；五是以开拓创新为途径，实现行业科学发展；六是以惠民利民为宗旨，积极解决市民需求诉求；七是以加强自身建设为基础，推动行业文明上台阶。

4月4日0：00至4月6日24：00（清明期间），本市高速公路小型客车免费通行情况总体安全有序、平稳畅通。路网总流量为280.4万辆次，比去年同期增长22.0%。清明当天，高速公路车流规模创历史新高，达到103.6万辆次。在市政府重大节假日免收小型客车通行费工作领导小组的统一指挥下，各成员单位各司其职、密切配合，信息共享，形成了齐抓共管的工作合力，一是开展流量预判，科学指导路网运行保障；二是针对清明运行特征，制定免费通行保障方案和措施；三是实现多渠道信息发布，为公众提供出行路况告知服务；四是及时协调落实，配合做好禽流感防控工作。下阶段，将在认真总结清明期间高速公路运行保障工作中的经验和不足，针对即将到来的“五一”假期，制定更具有针对性的运行保障方案，为广大市民的出行创造良好的道路通行条件。

4月4日至6日（清明期间），12319热线市民来电量4625个，受理与建设交通行业相关的市民诉求3164件，其中，咨询1633件、投诉1039件、举报354件、建议64件、报修51件、表扬23件。市民较为关注的前五位问题是：公交线路营运、违法建筑、查找丢失物品、出租车营运服务、乱设摊。清明期间，城市日常运行管理和交通出行情况良好。由于H7N9禽流感引发市民对于小区内饲养家禽关注度较高，受理小区内饲养家禽、鸽子问题近120件。

4月7日，姜平副市长、黄融副秘书长来到市建设交通两委调研指导。姜平副市长在讲话中充分肯定了市建设交通两委五年来取得的工作成绩。针对下一阶段工作，他要求，一是要以重大工程为抓手，持续推进城市建设；二是要以精细化管理为抓手，探索完善城市管理新机制；三是要以编制交通白皮书为契机，深入研究综合交通发展战略；四是要持续着力推进旧区改造，大力改善市民居住条件；五是要持续推进大部门制改革，着力破除制约行业科学发展的瓶颈障碍。黄融副秘书长在讲话中要求，要始终把“安全、有序、整洁、依法、规范”作为城市运行的要求和目标，要始终把民生关注的重点热点问题作为工作推进的出发点，要始终把发挥大部门制优势作为工作的发展方向，要始终把创新驱动转型发展作为深化改革的指导方针。市建设交通工作党委书记许德明主持会议，市建设交通委主任汤志平代表市建设交通两委向市领导汇报了两委机构职能概况、重点工作推进情况、目前面临挑战和下一步重点工作考虑。市建设交通两委领导、机关处室和事业单位的负责人出席了会议。

4月10日，本市召开生活垃圾分类减量推进工作联席会议。姜平副市长充分肯定了两年来的工作成效，并对做好2013年垃圾分类减量工作提出三方面要求。一是进一步提高思想认识，不断增强推进垃圾分类减量的工作自觉性。做好垃圾分类减量工作需要全市各部门协同和全社会的共同参与并持之以恒推进下去。二是要加强研究思考，正确分析形势，科学把握工作规律。三是要紧扣关键环节，大力提升工作实效，进一步增强工作推动力、聚合力、号召力、强制力，推动工作迈上新台阶。黄融副秘书长代表市政府和各区（县）政府负责人签订了2013年垃圾分类减量工作目标责任书，进一步明确了各区县今年的目标责任。

4月11日，市建设交通委主任汤志平到市建设交通发展研究院调研。汤志平主任实地查看了网格化管理和交通综合信息两平台的建设与运行情况，并听取了院党委书记、院长江绵康同志代表院党政班子所作的重点工作情况汇报。汤志平主任指出，网格化管理和交通综合信息两平台是上海城市管理的基础信息平台，汇集了大量信息数据，为政府的决策与管理提供了有效支撑。他要求，一是信息化建设方面：在推进网格化管理与其他社会管理联动时，要根据管理对象的实际完善管理标准与流程；在推进市建设交通委门户网站建设时，要突出栏目的时效性；在推进交通综合信息平台建设时，要加强货运信息采集、处理与应用的研究。二是决策咨询研究方面：要按照管建并举、管理为重的要求，加强决策咨询研究，为政府在决策与管理中遇到的问题提供系统化、制度化的参考方案；既要研究带有长远性、趋势性的前瞻问题，也要研究近期的难点、热点问题。

4月16日，首批20名乌鲁木齐市城建系统干部赴上海市建设交通系统挂职培训工作顺利完成。本批挂职培训工作自3月19日起，为期一个月，乌鲁木齐市精心选派了20名政治素质好、业务能力强，具有发展潜力和培养前途，年龄在50岁以下的优秀干部赴上海市建设交通委、市水务局、市绿化市容局、市房管局、市公积金中心、市路政局、市市场管理总站、市安质监总站等单位挂职培训。

4月17日，市政府召开上海国际航运中心建设2013年度推进大会。市委常委、副市长艾宝俊，副市长姜平，市政府副秘书长戴海波、黄融，及上海国际航运中心建设推进小组成员单位、航运企业代表出席会议。会上，上海国际航运中心建设推进小组办公室、市建设交通委主任汤志平同志就2012年航运中心建设情况及2013年工作重点进行汇报，相关单位作了补充发言。姜平副市长在讲话中指出，要全面深化落实19号文件要求，继续坚持航运主业和航运服务业“双轮驱动”。一是要保持传统物流业务的稳步发展，避免国际航运中心“空心化”；二是要提升航运发展软环境，从口岸环境、信息服务、服务功能建设等方面强化资源配置能力；三是充分发挥综合试验区效应，做大“中国洋山港”登记注册规模，扩大启运港退税试点范围，加强地方政策配套力度。艾宝俊副市长强调，要依托好“两个中心”部际协调机制，推进政策“先行先试”。自由贸易试验区方案对航运业提出了新要求，各部门要主动研究，加以适应。同时，要提升口岸服务效率，鼓励航运服务业发展，全方位地服务于航运企业。

4月19日，姜平副市长视察了宝山罗店大型居住社区配套建设情况，并召开市大型居住社区配套建设现场推进会。黄融副秘书长参加视察并主持现场推进会。姜平副市长指出，各项配套设施建设拖不得、等不起，必须加快建设才能逐步完成。一旦配套衔接不上，将直接影响入住居民的基本生活。针对下一步的工作，他要求一是基地所在区要落实工作责任，加强组织协调，加快配套建设。二是市相关部门要跨前一步，主动协调，积极帮助各区完成配套建设任务。三是围绕满足基本配套要求，健全工作机制，加强目标考核。监督检查结果要在一定范围公开，并纳入对区工作责任考核范围。

4月23日，市政府副秘书长肖贵玉一行赴12319热线调研。了解“12345”市民服务热线工作承办情况并听取下阶段热线工作的意见和建议。市建交委主任汤志平、秘书长戴晓坚、市城乡建设和交通发展研究院院长江绵康等同志出席会议。

五月～六月

4月29日至5月1日，劳动节期间城市管理平稳有序，整体运行良好。12319热线市民来电量5394个。受理与建设交通行业相关的市民诉求3377件，与去年“五一”期间相比上升17.6%，其中，咨询1692件、投诉1169件、举报396件、建议75件、报修31件、表扬14件。市民较为关注的前五位问题是：违法建筑396件、公交线路营运375件、乱设摊242件、查找丢失物品227件、出租车营运服务148件。

5月2日，上海援疆建设2012年度“沪疆杯”立功竞赛表彰暨2013年动员大会在新疆喀什举行，副市长时光辉对上海援疆指挥部和参赛单位取得的显著成绩给予高度评价。大会对在援疆工作中表现突出的122个先进个人和49个先进集体进行了表彰并颁发证书奖章。市政府副秘书长兼援疆指挥部总指挥陈靖主持会议，市建设交通党委书记许德明对2013年开展立功竞赛活动作动员，援疆指挥部副总指挥闵师林作“2012年立功竞赛总结报告和2013年工作部署”，市府副秘书长吴建融、上海以及市总工会、团市委、市妇联、市立功竞赛办等有关部门和单位领导等100多名代表出席会议。

5月7日，姜平副市长、黄融副秘书长主持召开专题会议，研究本市公交行业天然气和新能源车推广应用工作。2006年正式试点以来，本市共有节能与新能源公交车537辆，其中新能源车包括超级电容车、纯电动车、电电混合车3种，共计247辆；节能型车为油电混合车，有150辆；另有天然气汽车140辆。试点过程中存在技术需要进一步突破、基础设施配套需要进一步完善、使用成本高昂等问题。从环境整治和推进新能源产业角度出发，上海必须加大新能源及清洁能源车的推广力度。下一步工作中，一是将因地制宜，稳步扩大试点。二是加强部门联动和政策储备。三是进一步加大财政支持力度，共同做好推广应用工作。

5月10日，市建设交通系统召开党政负责干部会议。会议的主题是通报今年市建设交通两委重点工作，进一步学习贯彻党的十八大精神，按照中央和市委、市政府的要求，不断适应新情况和新变化，推动全年各项工作任务圆满完成。市建设交通工作党委书记许德明主持会议并讲话。市建设交通工作党委副书记、市建设交通委主任汤志平从国际航运中心建设、重大工程建设、旧区改造和住房保障、特大型城市的综合交通管理、城市管理、建筑业管理、小客车免费通行工作、节能减排等八个方面通报今年城乡建设交通和城市管理重点工作。市建设交通工作党委副书记田赛男、朱铁民分别通报了系统精神建设和党建、干部建设方面的重点工作。针对下一阶段工作，许德明同志要求：一要振奋精神，抓好工作推进。二要突出重点，加强改革创新。三要真抓实干，切实转变作风。市建设交通两委领导班子成员，系统各局、各单位党政主要领导，直属单位党政主要领导，两委机关各处室主要负责人出席会议。

5月14日，市建设交通委汤志平、江绵康、王以中等领导同志到市市政市容管理联席办公室调研工作。王以中同志代表市联办汇报了城市长效管理机制的建设情况和2013年市政市容管理重点工作。汤志平同志在讲话中对市联办的工作表示充分肯定，并要求各相关处室主动对接，积极研究解决市联办面临的干部人员和经费问题。针对下一步的工作，汤志平同志要求，一是要加强研究探索，力争在形成城市管理长效机制建设上有所突破；二是要加强与城市网格化管理的联动，相互借力，携手共赢；三是要落实和完善“例会、巡查、考核、信息”四项基本制度，考核和奖补相结合，维护城市环境基本保持“整洁、有序、安全、美观”的水平。

5月20日至21日，市交通执法总队联合公安交警等部门，在全市范围开展“啄木鸟三号”克隆出租车专项整治行动。一是进一步扩展查处方式，提高查处效率。交通执法人员通过GPS平台，及时查询该车牌的正规出租车目前所在位置，从而证实该车是否为“克隆出租车”。二是各部门协作加大处罚力度，叠加执法效应。目前，交通执法部门对查实的“克隆出租车”当事人一律处以5万元的行政处罚，暂扣车辆，一次性记12分，收缴非法车牌的处罚。此次整治行动共出动交通执法人员728人次，公安部门配合出动警力53人次，共检查各类营运车辆4905辆次，查处各类违法案件223件，其中“克隆出租车”13辆。

5月21日，市建设交通工作党委召集系统市水务局（海洋局）、市绿化市容局、市住房保障房屋管理局、市交通港口局以及中央在沪单位举行联席会议，专题推进干部培养锻炼交流联席会议平台建设工作，印发《关于建立建设交通系统干部培养锻炼交流工作联席会议制度的意见（试行）》。

5月22日，市建设交通两委委汤志平、袁嘉蓉、袁筱英等领导同志带队到东海救助局、上海打捞局调研。陆鼎良局长、沈灏局长分别代表东海救助局和上海打捞局向汤志平主任一行作了总体工作汇报。在听取两家单位的工作汇报后，汤志平主任在讲话中对东海救助局和上海打捞局长期以来在维护上海城市安全、服务上海国际航运中心发展方面做出的不懈努力表示感谢，并表示希望双方在今后的工作中继续加强合作、加强联系，市建设交通委将一如既往地支持东海救助局和上海打捞局的各项工作。调研期间，汤志平主任一行还参观了东海救助局救助指挥值班室，并观看了中国救捞宣传片《沧海狂涛铸忠诚》。

5月23日，市建设交通两委汤志平、朱铁民、袁筱英等领导同志到上海海事局调研工作。上海海事局徐国毅局长、李青书记分别汇报了上海海事局近阶段重点工作。汤志平同志在讲话中对上海海事局的工作表示充分肯定，并要求委内处室主动对接，积极服务上海海事局解决发展过程中遇到的问题，携手推进航运要素集聚和环境改善，推动国际航运中心建设。

5月23日，市委副书记、市长杨雄、市政府秘书长蒋卓庆到市建设交通两委调研指导工作。市建设交通工作党委书记许德明汇报了党的建设重点工作。市建设交通工作党委副书记、市建设交通委主任汤志平汇报了城乡建设和交通以及城市管理等重点工作推进情况以及下一步工作考虑。市建设交通两委领导班子成员、两委机关处室负责人、部分直属单位党政主要领导参加调研。杨雄同志指出，近年来市建设交通两委在重大工程推进、旧区改造、国际航运中心建设、矛盾化解等各项工作中做了大量的工作。面临今后的繁重任务和新的矛盾问题，他要求，一是综合交通，要以交通白皮书编制为契机，认真思考规划大型城市缓解交通拥堵措施，研究推出一些控源头、治根本、管长远的政策措施。二是城市管理，要以网格化平台为基础，不断丰富管理内容，拓展管理范围，进一步形成体系架构，走出一条具有上海特色的特大型城市管理新路。三是重大工程，要不断适应新形势新情况的要求，进一步加强前期工作，完善规划方案，明确市、区分工，形成规范性的办法。四是旧区改造，要解决好土地储备机构名录问题，探索融资新渠道。五是航运中心建设，要配合自由贸易区试点，研究梳理政策创新内容，积极争取国家有关部委的支持。六是诚信体系建设，要加快构筑建筑市场诚信体系，并尽快在招投标中试点应用。七是矛盾化解，要站在群众的立场，兼顾长远利益、整体利益与局部利益。要培养一支善于做群众工作的队伍，改进作风，深入一线，使矛盾逐步解决、平稳化解。八是深化改革，要按照市委、市政府的要求推进机构改革，加快职能转变，进一步理顺委局关系，落实差别化管理。

5月24日，市建设交通委汤志平主任、蒋曙杰副主任、秦云副主任一行赴松江调研工作。松江区委书记盛亚飞、区长俞太尉、副区长于宁等领导出席调研会。双方就推进松江区重大市政工程，加快大型居住社区外围市政配套等工作进行交流，重点围绕部分高速公路增加匝道、G60松江新城段整体抬升、沪杭铁路南移改线、区域轨道交通网建设等重点问题进行了沟通。汤志平同志感谢松江区政府在本市重大工程建设、保障性住房建设等工作中对我委工作的支持，希望委与松江区全力协作配合，在大居外围配套、城市养护体制改革、城市管理和绿色建筑方面，加强合作，共同推进松江区实现跨越式发展。

5月25日，按照总装备部和交通运输部对神舟系列载人航天工程工作任务的总体要求，由部救捞局主办、东海救助局承办的“神十海上应急救援保障综合演练”成功在沪举办。交通运输部副部长何建中、总装备部司令部副参谋长余同杰、市建设交通委主任汤志平、国家载人航天工程办公室副主任杨利伟，以及交通运输部有关司局领导和上海市政府相关单位领导近150余人应邀莅临观摩演练。救捞系统出动了5艘专业救助船舶、1艘专业救助艇、两架专业救助直升机和一支应急反应救助队等专业救助力量参加了演练，圆满完成了船机联合搜寻打捞返回舱、返回舱转运、落水航天员海上搜救等预定科目，受到了交通运输部领导、总装备部首长和上海市建设交通委领导的肯定。

5月28日，市政府召开2013年上海市防汛工作会议，全面部署今年的防汛防台工作，副市长、市防汛指挥部总指挥姜平出席会议并讲话。会前，姜平副市长一行前往黄浦江苏州河对堤防、河口水闸等防汛设施准备情况进行了专项检查。据预测，上海今年汛期具有高温天数和强对流天气偏多的特点，黄浦江苏州河口高于4米的天文潮位有36次，同时今年发生局部性暴雨、龙卷风、冰雹等灾害的概率仍可能较高，对可能发生的台风灾害、暴雨内涝和太湖洪水等必须保持高度警惕。

5月30日，市委常委、市纪委书记杨晓渡同志一行到市建设交通委调研。市建设交通委主任汤志平汇报了建筑信息模型（BIM）应用推进、行政审批制度改革和权势相关重点工作进展情况。市建设交通工作党委书记许德明补充汇报了工程建设领域专项治理、行政审批制度改革和工作作风建设情况。杨晓渡同志在讲话中指出，BIM技术代表未来的发展方向，要积极探索，加快试点，抢占制高点和主动权；要从调整生产关系促进生产力的高度，积极推进审改工作；要进一步加快完善筑市场信息平台建设，争取走在全国前列；要认真做好工程建设过程中涉民矛盾化解，加快推进重大工程建设。市建设交通两委部分领导、机关处室和事业单位的负责人出席了会议。

截至5月31日，在共有产权保障住房方面，本市已有13个区（县）启动了2013年批次的申请受理工作。奉贤、金山、松江、嘉定4个区将在6月底前启动，预计今年申请家庭户数在2万户左右。廉租住房方面，各区（县）已及时启动廉租住房新政策常态化受理工作，并根据区域实际，明确了实物配租受理方式。新政策实施以来累计受理1261户。在公共租赁住房方面，市筹公租房地产集团馨越公寓项目5月14日正式启动供应，相关的12个区受理窗口已累计受理1123户。

6月1日，市建设交通委与上海海事大学正式签订战略合作协议。市建设交通委主任汤志平在讲话中表示，上海国际航运中心建设在各方面已经取得了不少成绩，但中国建设航运强国、上海建设国际航运中心的空间和潜力依然巨大，对各类航运人才和知识服务依然存在巨大的需求。上海海事大学的强势学科和特色专业与上海国际航运中心建设高度相关，在人才培养和知识服务上给上海国际航运中心建设提供了有力支撑。此次双方签订战略合作协议，将有利于提升市建交委在航运领域的决策能力和上海海事大学的研究咨询能力和创新能力。双方将共同努力推进上海国际航运中心建设，提升航运软实力，增加国际航运话语权。

6月3日，市市级机关工委副书记徐善良一行赴市建设交通两委调研机关创建学习型党组织工作。市建设交通工作党委秘书长、市建设交通机关党委书记张旗、市建设交通机关党委相关人员参加调研。在了解有关情况后，徐善良同志充分肯定了市建设交通两委机关创建学习型党组织工作取得的成绩，对下一步工作提出四点指导意见：一是形成创建共识。抓住机关党支部这个关键，深化党支部、党员对创建学习型党组织的认识，调动党支部和党员的创建工作积极性，形成一种责任和习惯。二是夯实支部基础。定期分析党支部和党员队伍情况，对支部提出要求，把制定支部考核制度和创建学习型党支部结合起来。三是紧密结合实际。结合党支部、党员队伍实际以及两委工作实际，特别是紧紧围绕杨雄同志在建交委调研工作时提出的十个问题进行系统深入的思考，举一反三，分阶段提出创建目标，增强创建工作的前瞻性、针对性，不断增强执政能力。四是完善激励措施。把创建成果跟干部考核、评优和晋升合理对接，提高创建工作的有效性。张旗同志对两委机关下一步创建工作提出设想：一是充分发挥机关党委组织、引导、展示、服务作用；二是实现党支部和党员干部自主创建、自我需要、自我成长的功能；三是进一步完善制度、创新载体；四是处理好创建工作和平时培训、先进党支部评选和先进处室评选、创建结果和公务员提拔晋升这三组关系。

6月4日，上海建设交通行业2013年精神文明建设工作会议召开。市委宣传部副部长、市文明办主任燕爽出席会议并讲话。市建设交通工作党委书记许德明对市建设交通系统精神文明建设工作提出要求。市建设交通工作党委副书记、市建设交通委主任汤志平主持会议。市建设交通工作党委副书记田赛男总结了去年精神文明建设工作，对今年的工作进行了部署。市建设交通工作党委副书记朱铁民通报了获得“上海市文明行业”、“上海市文明单位”、“上海市建设交通系统文明单位”荣誉的单位名单。市建设交通两委领导班子成员，建设交通系统各局、各单位党政领导、文明办负责人，部分企事业单位领导、文明办负责人，市建设交通两委机关各处室主要负责人，委直属单位主要领导，部分建设交通系统精神文明建设监督员，市文明行业、市规范服务达标先进行业、市规范服务达标行业、市文明单位、市建设交通系统文明单位代表等参加会议。燕爽同志充分肯定了市建设交通系统精神文明建设工作所取得的成绩，指出，市建设交通系统各行业要继续以着力解决人民群众关心的突出问题为目标，把精神文明建设工作与各类主题活动结合起来，大力开展“垃圾分类减量”、“地铁社区同创共建文明站点”等活动，为维护城市文明形象、提高城市文明程度作出更多贡献。许德明强调，精神文明建设要虚事实做，要把精神文明创建工作落到实处。要转变作风，真抓实干，坚决防止应付评比检查，搞形式主义、表面文章。要群策群力，开拓创新，讲求实效，一切从效果出发。要坚持一抓到底，一项活动，一个载体，一条创意，实践证明效果显著，群众满意的，就要抓住不放，持之以恒，抓出成效。

6月5日，香港特别行政区行政长官梁振英等一行20余人到上海航运交易所参观考察。上海目前正在加快建设国际航运中心，香港作为国际航运中心，沪港双方可以在多个领域进行合作。梁振英表示，希望能与上海携手发展，共同推进航运中心建设。

6月26日，上海中国航海博物馆馆长暨上海市国际航运中心建设工作推进小组资深专家聘任仪式隆重举行，在交通运输部、上海市政府、市建设交通两委、市有关委办局、航运机构、文博机构、高校领导和代表的共同见证下，全国政协委员、中国航海学会理事长、原交通运输部副部长徐祖远受聘成为上海中国航海博物馆首任馆长及上海市国际航运中心建设工作推进小组资深专家。徐祖远同志曾任交通运输部副部长，现任全国政协委员、中国航海学会理事长。徐祖远同志受聘为上海中国航海博物馆馆长及上海市国际航运中心建设工作推进小组资深专家，将为航海博物馆的发展提供有力的智力保障和学术支撑，也将指导和帮助上海国际航运中心建设。

6月28日，市建设交通系统召开纪念建党92周年大会。市建设交通工作党委书记许德明出席会议并讲话。会上，播放短片集中展示了水务、住房、交通、绿化市容、交通发展研究、民航、救助、打捞、海事、铁路、鲁矿、核电、中建、石油等26个单位和行业基层党组织建设优秀成果，并重温了入党誓词。市建设交通两委领导班子成员，市建设交通系统各局、各单位党政主要领导、分管领导，组织部门负责人，委直属单位党政主要领导，市建设交通两委机关各处室正、副处长，市建设交通系统部分市第十次党代会代表，以及市建设交通系统部分离退休老同志等180余人参加了会议。许德明同志在充分肯定基层党建工作取得丰硕成果的基础上，对下一步的工作提出三点要求：一要扎实开展党的群众路线教育实践活动。根据中央要求和市委统一部署，从今年下半年开始，开展党的群众路线教育实践活动。这项活动主要任务聚焦作风建设，集中解决形式主义、官僚主义、享乐主义和奢靡之风这“四风”问题。活动分两批开展，每批历时半年，具体以“一级带一级”的方式压茬进行。中央以及外省市驻沪机关、企事业单位，依据干部管理权限，按照其上级主管部门部署开展活动。各单位要认真做好教育实践活动的准备工作，深入开展调查研究，广泛听取群众意见，制定好实施方案，为顺利开展群众路线教育实践活动打好基础。二要深入推进资源整合型党建工作。要结合实现创新驱动、转型发展的目标任务，进一步深化地铁建设运营、物业管理、城管执法、工地建设、市政设施维护等领域与社区的党建联建工作，重点推进大型居住区党建联建工作；民航、铁路、邮政、海事、燃气、市容环卫等与群众关系密切的行业，要紧紧围绕解决群众反映的突出问题，不断丰富资源整合型党建工作内涵，探索具有自身特点的党建工作方法与模式，在区域内逐步形成从事公共服务、社会管理各行业之间的联动，实现党的工作覆盖。三要切实加强新形势下党员发展和党员管理工作。要根据中央和市委要求，结合建设交通实际，加强入党积极分子培养教育，严格入党标准和程序，提高党员发展质量。要着力在工人中发展党员，重视从青年工人、知识分子中发展党员，优化党员队伍结构。要强化党员管理，严格党内组织生活，严明党的纪律，及时处置不合格党员，改进流动党员管理，健全党内激励关怀帮扶机制，构建党员联系和服务群众工作体系，增强党员队伍生机活力，夯实党的执政基础。

七月～八月

6月下旬至7月底，市绿化市容局在全市范围内开展为期一个月的违法经营活禽专项整治活动。一是开展集中整治。各区县城管执法部门对所辖区域内的菜市场周边、居民小区内、区际结合部等活禽交易违法行为易发多发区域，联合相关部门集中整治。二是加强巡查。在集中整治的基础上，在易发路段、重点时段加强巡查，及时发现、取缔市场外占用道路、流动设摊的无照经营活禽违法行为。三是强化快速处置。各级城管执法部门加强与农委、商委、工商部门的协调配合，建立违法经营活禽行为的投诉举报、受理处置机制。接到投诉举报后，执法人员应及时到现场进行处置。

7月1日，上海公积金在已有的上海住房公积金网、12329住房公积金热线、手机客户端短信服务平台的基础上，又开通了官方微博服务平台。上海公积金官方微博将设置最新闻、微解答、网点直通车、家家小课堂、12329 盘点等栏目。

7 月 6 日，第五届厦金海峡横渡活动在厦门环岛路椰风寨举行，来自两岸四地的 192 名游泳健将以接力赛形式参加了比赛。东海救助局厦门基地应赛事主办方邀请，派出“华英 391”艇和应急分队等专业救助力量，圆满完成了水面安全保障和赛区外围海域警戒等水上安保任务，受赛事主办方高度好评，这已是厦门基地连续第五次为厦金海峡横渡活动提供水上安全保障。

7 月 11 日上午 8：30，市建设交通委、上海广播电视台、新民晚报社合作举办的 2013 年“夏令热线”活动，在 12319 城建热线服务中心举行了开通仪式。市委常委、副市长姜平宣布 2013 年“夏令热线”正式开通，并接听了三个来电。接听完毕后，姜平同志立即要求有关责任单位赶赴现场、实地察看，妥善处置后尽快答复来电市民。随后，姜平同志亲切慰问了 12319 城建服务热线接线员以及“夏令热线”活动志愿者。市建设交通委、市水务局、市绿化市容局、市住房保障房屋管理局、市交通港口局、市环保局、申通地铁集团、上海电力公司、市路政局等部门和单位的有关领导出席了仪式。2013 年“夏令热线”活动开展时间为 7 月 11 日 -8 月 11 日，为期一个月。

7 月 11 日，市建设交通委召开建设交通系统防台防汛联络员会议，部署安排，层层落实各级防汛责任制，切实提高防台风意识。一是高度重视，全面落实国家防总、交通运输部、市防汛办的会议和文件要求；二是强化预警，落实防台举措，结合各单位实际，根据防台防汛工作的部署，按照“早准备、早部署、早检查、早落实”的要求，提前做好应急准备工作；三是加强应急值守和信息报送，明确专人专岗，确保防汛信息传递通畅。

7 月 23 日，住房城乡建设部、国家发展改革委、财政部、国土资源部、农业部、国家林业局等部委联合召开“全国棚户区改造工作电视电话会议”，贯彻落实国务院《关于加快棚户区改造工作的意见》，部署 2013–2017 年棚户区改造工作。市、区两级旧改、发展改革、财政、规划土地、房管等部门负责同志参加上海分会场会议。市建设交通委主任汤志平出席会议，并就贯彻落实好电视电话会议精神提出三点意见：一是抓紧研究出台上海贯彻落实意见，继续做好中心城区成片二级旧里以下房屋改造、郊区城镇棚户简屋改造和“城中村”改造、国有农场职工危旧房改造和监狱系统农场危旧房改造等工作；二是全力以赴完成今年旧区改造任务。市旧改办将进一步加强统筹和政策支持，加大考核和督促力度；各区要结合实际，逐一落实项目，倒排时间节点，全力组织实施；三是研究完善有关政策和措施，在改造资金筹措、在拆基地收尾、“毛地出让”地块处置等方面加强研究，敢于创新，勇于突破。

7 月 18 日，市政府副秘书长黄融带队视察了轨交 3 号线虹桥站、曹杨路站周边环境整治情况，并召开专题工作会，市市政市容联席会议相关成员单位、市市政市容管理联席会议办公室、各区县市政市容管理联席会议办公室和建设交通委、以及申通集团等陪同视察并参加了会议。

7 月 27 日，市十四届人大常委会第五次会议听取并审议了市建设交通委主任汤志平所作的关于本市旧区改造工作情况的报告。市人大常委会主任殷一璀主持全体会议并讲话。今年上半年，中心城区共拆除二级旧里以下房屋18.86万平方米、占全年计划26.7%，受益居民8948户。闸北、黄浦、杨浦、长宁、徐汇、静安等区完成全年目标50%以上。下一步，市建设交通委将按照市人大会议的要求，针对旧改中存在的难点问题，积极拓宽融资渠道，督促各区加快平地速度，提高安置房源的吸引力，提高“二次征询”质量，形成合力，全力以赴，打好旧区改造的攻坚战。

7月29日，市建设交通工作党委召开党的群众路线教育实践活动动员会，深入学习贯彻习近平总书记重要讲话精神，认真落实中央和市委的工作部署。市建设交通工作党委书记崔明华同志作动员报告，市委第七督导组组长茅明贵同志作重要讲话。会议由市建设交通工作党委副书记朱铁民同志主持。市委第七督导组同志，市建设交通两委领导，系统各局、各单位领导班子成员、组织部门负责人，市建设交通两委机关干部，系统市第十次党代会代表、人大代表、政协委员以及部分老同志代表参加了会议。会议的召开，标志着，市建设交通系统党的群众路线教育实践活动正式启动。

8月6日，杨雄市长、李逸平秘书长召开群众路线教育实践活动联系点基层干部座谈会，专题听取基层干部的意见和建议。来自建设交通系统的7位基层干部结合各自工作作了交流发言。在认真听取各位基层干部的发言后，杨雄同志说，大家提的一些意见，反映了政府工作中存在的深层次问题，可以说是久治难愈的“顽症”，这就更要求我们下定决心，以更大勇气和智慧，创新体制机制。市委、市政府将结合党的群众路线教育实践活动，进一步广开言路，听取民意，汇聚民智，切实解决“四风”方面存在的问题，把政府各项工作做得更好。

8月6日，市委常委、浦东新区区委书记沈晓明，市政协副主席、浦东新区区长姜樑，浦东新区副区长卫明一行到市建设交通委研讨工作。市建设交通委主任汤志平、市建设交通委副主任蒋曙杰出席会议。双方就推进浦东新区轨道交通、越江设施、快速路网、重大工程和旧区改造等工作进行交流。汤志平同志感谢浦东新区政府在本市重大工程建设、旧区改造等工作中对市建设交通委工作的支持，希望委与浦东新区全力协作配合，建立定期沟通协调工作机制，在市政道路设施建设、城市管理和绿色建筑方面，加强合作，共同推进浦东新区在“二次创业”过程中实现跨越式发展。

8月7日上午，市建交委安全生产委员会召开第一次全体会议，总结今年以来本市建设交通系统安全生产工作情况，部署下一阶段重点工作。2013年上半年，全市建设交通系统共发生12起死亡事故，死亡12人，与2012年同期的15起，16人相比，事故起数下降20%，死亡人数下降25%，未发生较大及以上事故。下一阶段，市建设交通系统将继续认真贯彻落实党中央、国务院领导同志关于安全生产工作的重要指示精神，把集中开展安全生产大检查作为当前工作的首要任务，严厉打击无证施工及违规违章等行为，切实做好建设交通系统的安全生产工作，保障城市运行安全。

8月8日，蒋卓庆副市长带队赴市绿化市容局进行工作调研，市政府副秘书长黄融、市建设交通委主任汤志平陪同参加，市绿化市容局全体党政班子领导及副总工、各处室主要负责人参加了调研。

8月16日，蒋卓庆副市长和黄融副秘书长到市重大办调研。市建设交通委汤志平、蒋曙杰、刘军等领导参加了调研活动。市领导一行察看了市重大办工作场所，并主持召开了座谈会。座谈会上，蒋曙杰同志就重大工程建设推进相关情况作了汇报，汤志平同志做了补充汇报。在认真听取汇报后，蒋卓庆副市长指出，市重大办在重大工程的建设中，发挥了重要作用。同时，重大工程当前的推进机制已无法完全满足新形势下的需求，要求市重大办通过体制机制的创新，解决推进中的问题。特别是要通过制定重大工程管理办法、建立“专用、快速、高效”审批通道、建立协调推进领导小组、会同市府督查室和市监察局等单位建立健全重大工程考核体系、通过考核激励和效能监察等多种手段来推动重大工程建设工作。

8月22日，蒋卓庆副市长实地察看了普陀区金沙新村、曹家村等旧改地块，并召开座谈会。蒋卓庆同志对普陀区健全完善体制机制、大力推进旧改工作的举措及取得的成绩予以肯定。蒋卓庆指出，旧改工作是事关民生的重大工程，各级政府要将旧改工作作为群众路线教育实践活动的一个重要抓手，切实解决好人民群众的实际困难。今年旧改工作中遇到了一些实际困难，但市政府决心非常坚定，今年全市3万户旧改任务必须完成。蒋卓庆说，要统一思想认识，深入基层一线做好居民群众的工作，通过市区联手、强化合力，确保完成今年旧改任务目标任务；明年普陀区旧改任务比较重，要积极谋划，早作准备，实事求是排定项目计划，抓紧时间做好项目分析、手续办理等前期工作；要尽快研究、着力破解旧改工作中的困难和瓶颈问题，扎实推进旧改工作。

8月23日，市建设交通委主任汤志平会见了由墨西哥通信与交通部长赫拉尔多·鲁伊斯·埃斯帕萨率领的代表团一行。汤志平对来访的客人表示欢迎，他说，墨西哥城和上海都是世界上最大的城市之一，面临同样的交通发展难题，希望两个城市间加强合作交流，包括政府层面、企业层面合作交流，加深两国间的了解。希望部长阁下接下来在上海的考察访问获得成功，过得愉快。综合交通处处长徐立君向客人简要介绍了上海交通和航运中心建设概况。航运建设协调处、办公室负责同志参加会见。

8月24日，市建设交通工作党委召开党的群众路线教育实践活动专题学习会。两委领导班子成员围绕马克思主义群众观点和党的群众路线，结合思想和工作实际，交流学习体会。市委督导组副组长秦冰同志参加会议，市建设交通两委机关各处室负责人也列席了会议。崔明华同志在发言中指出，做好群众工作必须在三方面下力气：一要强探索。妥善处理委局关系，增强全局意识。二要敢担当。要敢于协调，对符合群众利益的事情要敢于一抓到底。三要真落实。对查摆出的问题，能即知即改的马上整改，对顽症难题要抓紧研究，早出成果。

九月～十月

10月17日，市建设交通委汤志平主任会见越南建设部长郑庭勇一行。汤志平主任向客人介绍了上海城市建设与管理的政府构架、建设与管理的基本概况和保障房工作的基本情况。

10月22日，市建设交通委汤志平主任召开专题会议，研究完善建筑业行政执法工作。袁嘉蓉副主任、裴晓副巡视员参加会议。目前，市级建筑业行政执法体制是在2008年按照“统一执法”的原则建立的。近年来，年均处罚500个案件，处罚金额约1000万元。这一执法体制下，存在统一执法综合性不够、行政执法检查尚未制度化、缺乏部门间协同和联动机制、监督考核机制不完善等问题。针对这些问题，下一步将原基于单部门的“统一执法”模式，调整为多部门的“综合执法”体系，完善分工，建立执法检查协同机制，完善执法信息系统，建立监督考核制度，加强人员培训教育。

10月29日、30日，市委副书记、市长杨雄全程参加市建设交通党政两委班子群众路线教育实践活动专题民主生活会。市建设交通工作党委书记崔明华通报民主生活会的准备情况和两委领导班子的对照检查情况。市建设交通工作党委副书记、市建设交通委主任汤志平，以及各领导班子成员作对照检查。领导班子成员之间开展批评。杨雄同志对市建设交通两委专题民主生活会给予充分肯定。杨雄指出，高质量的专题民主生活会只是一个好的开端，作风建设是一项长期艰巨的任务。在问题查摆清楚的情况下，下阶段关键要抓好整改落实和建章立制，绝不能停留于教育实践活动的几个月，绝不能停留于简单的就事论事或“墙上挂挂”，要拧成一股绳、卯足一股劲，聚焦突出问题抓整改，聚焦建章立制抓长效，切实做到思想不放松、标准不降低、力度不减弱，既解决思想作风问题，也解决具体工作问题；既立足当前，也管好长远。

10月24日，市建设交通委主任汤志平、副主任蒋曙杰主任等一行带队到奉贤区政府商研工作，双方就虹梅南路－金海路通道工作（奉贤段）、嘉闵高架南延伸、S3沪奉高速公路、六奉公路延伸段、新沪杭公路、昆阳路越江、南桥新城－东方体育中心BRT、轨道交通5号线延伸等项目进行了商研。汤志平主任要求委各相关部门高度重视和理解奉贤区政府对加快推进基础设施项目建设的诉求，对区里提出的几个项目进行分类梳理。奉贤区委书记周平、区长庄木弟、副区长徐剑萍以及区建设交通委、规划局等部门出席了双方的会谈。

10月29至31日，由市委组织部、市公务员局、上海行政学院和市建设交通委、市住房保障房屋管理局共同举办的“领导干部推进旧区改造专题研讨班”在市委党校举办，蒋卓庆副市长出席开班式，并作了题为“当前上海旧区改造工作的形势和要求”的开班授课。17个区（县）分管旧区改造工作的副区长、区旧改办负责人、建设交通委主任、房管局局长和房屋征收事务所负责人、市地产公司、市城投公司、市久事公司相关负责人等60人参加了培训。

十一月～十二月

11月4日，市建设交通委汤志平主任召开4个专题会议研究相关工作。蒋曙杰副主任、袁嘉蓉副主任、戴晓坚秘书长分别参加相关专题会议。会议先后研究了2014年财政预算初步安排、本市照明节能、区域对接道路规划建设和轨道交通二环线设计方案等工作。

11月5日，市政法委副书记、市综治办主任林化宾一行来委调研城市综合管理工作。市建设交通委汤志平主任，江绵康、王以中巡视员，市建设交通发展研究院袁刚副院长出席会议。会谈中，双方就加强城市管理和社会管理的融合交流达成初步意向。下一步，市综治办和市建设交通委将就加强城市网格化管理和大联勤、大联动的互动合作进行课题研究。

11月5日，市级机关工委常务副书记应雪云、工委组织部长王朝霞等同志来建设交通机关调研机关党建工作。调研中，应雪云同志听取了市建设交通工作党委秘书长、机关党委书记张旗、专职副书记赵颖关于机关党建工作开展情况和明年工作设想的汇报，并就近年来党建工作中遇到的难题和瓶颈问题，共同进行了交流探讨。

11月6日，市建设交通委召开交通运行情况月度分析及交通形势研判工作会议，蒋曙杰副主任主持会议。10月份，上海日均客运量约1753万乘次；轨道交通日均客运量707万乘次；上海火车站和虹桥机场日均到发客流再创历史新高，铁路日均到发客流42.8万人次，虹桥机场10月份日均客流10.3万人次。

11月8日，蒋卓庆副市长召开市城市养护作业市场化改革工作专题会议，推进城市养护作业领域市场化改革工作。市建设交通委主任汤志平主持会议。养护作业市场化改革是今年市委重点推进的八项重点工作之一。9月份，市政府印发了《关于进一步深化本市城市养护作业领域市场化改革工作的指导意见》。

11月14日，市人大常委会薛潮副主任带队赴杨浦、虹口两区调研旧区改造工作。薛潮副主任一行先后实地察看了虹口区虹镇老街旧改地块、杨浦区大桥123、124街坊旧改地块，并在大桥123、124街坊旧改基地召开现场座谈会。王以中巡视员出席会议。座谈会上，薛潮副主任一行听取了市建设交通委、市住房保障房屋房管局、杨浦区对今年旧区改造目标推进落实情况的汇报，对今年旧改工作的推进情况给予肯定。

11月21日，交通运输部召开改进提升道路运输服务工作电视电话会议。本市设立了分会场，市政府副秘书长黄融，市建设交通委副主任、市交通港口局局长孙建平出席了会议。交通运输部部长杨传堂在会上就如何提升交通运输服务强调，一是加快实施优先发展战略，提升城市公交服务水平。二是加快完善运营网络结构，提升城乡客运服务水平。三是加快推进行业转型升级，提升货运物流服务水平。四是加快智能交通技术应用，提升公共信息服务水平。五是加快建立质量管控体系，提升汽车维修服务水平。六是加快创新管理方式，提升市场监管服务水平。

电视电话会议结束后，黄融同志和孙建平同志就我市贯彻部电视电话会议精神提出了要求。黄融同志明确，要充分运用信息化手段提升交通运行水平和管理服务能力，充分发挥市、区交通主管部门、管理机构、运输企业干部职工的作用，认真研究贯彻落实好部会议精神。孙建平同志提出要按照国家和市领导的要求，制定贯彻落实意见、明确目标任务，将各项工作落到实处。

11月23日，市建设交通委会同市绿化市容局专题研究城市管理工作。委领导汤志平、陆月星、江绵康、王以中出席会议。

11月26日，市建设交通委汤志平主任牵头召开了多层住宅加装电梯协调会议。市住房保障房屋管理局、市规划土地局、市财政局、市政府法制办、市发展改革委、市绿化市容局、市公积金中心、市电力公司和委内相关处室参加会议。会议总结了前一阶段工作，梳理分析了目前工作中存在的问题，并对下一步本市进一步深化多层住宅加装电梯试点工作进行了研究。

11月27日，市建设交通两委在长宁区召开“转变作风、加强城市管理”专题调研会。长宁区、徐汇区、虹口区、浦东新区、奉贤区围绕调研专题分别进行了汇报。在听取各区的汇报后，市建设交通委主任汤志平充分肯定了各区在城市管理方面好的经验和做法，提出要按照市委市府要求，做好今年收尾工作和明年的开局工作。

12 月 2 日，市人大常委会薛潮副主任带队赴闸北、普陀两区调研旧区改造工作。薛潮副主任一行先后实地察看了闸北区苏河湾三街坊和晋元旧改地块、普陀区铁路新村地块旧改地块，并在普陀区召开座谈会。倪蓉副主任参加会议。座谈会上，薛潮副主任一行听取了市建设交通委、市住房保障房屋管理局、市规划土地局、普陀区政府对今年旧区改造目标推进落实情况的汇报，对今年旧改工作的推进情况给予充分肯定。

12 月 4 日，长三角（两省一市）交通运输信息资源共享合作第二次联席会议在杭州召开。市建设交通委江绵康巡视员出席。会议签署了《长三角交通运输信息资源共享合作框架协议》，并通报了下一步息资源共享合作重点工作安排。省际间信息资源整合工作是 2014 年交通运输部信息化五大重点工作之一，有助于进一步促进长三角交通运输信息资源共享。

12 月 11 日，蒋卓庆副市长、黄融副秘书长调研公积金工作。蒋卓庆副市长在听取汇报后指出，上海是住房公积金制度的诞生地。实践证明，住房公积金制度在促进社会和谐、保障民生等方面具有重要意义。近几年来，市公积金中心按照国家宏观调控要求，结合上海实际，狠抓制度创新和功能完善，在维护职工权益、支持保障性住房建设、促进职工住房消费等方面做了许多工作，发挥了积极作用，取得了很好的成绩。

12 月 25 日，市政府召开全市燃气隐患管网改造工作会议。蒋卓庆副市长、黄融副秘书长出席会议。市建设交通委汤志平主任主持会议。市建设交通委戴晓坚秘书长通报了全市燃气隐患管网工作总体情况，申能集团、徐汇区、黄浦区分别结合各自工作情况作了交流发言。蒋卓庆副市长在讲话中充分肯定了燃气隐患管网改造工作已取得的成绩，认为两年完成 282 公里的改造任务，成绩可圈可点，并要求各有关部门和单位要坚定目标，进一步开拓创新，齐心协力，团结协作，在 2014 年底全面完成 338 公里燃气隐患管网改造工作。市建设交通委、市安委办、市发展改革委、市国资委、市公安局交警总队、市路政局、市燃气管理处、申能集团以及徐汇、黄浦等 11 相关区政府、区建设交通委、区交警支队负责同志出席会议。

12 月，市政府副秘书长黄融同志主持召开会议，专题研究部署 2014 年市建设交通系统安全生产工作。市建设交通委、市交通港口局、市绿化市容局、市住房保障房屋管理局和市水务局分别汇报了 2014 年本部门安全生产工作设想。市建设交通委副巡视员裴晓同志汇报市建设交通委近期安全生产工作。会议要求，2014 年市建设交通系统安全生产工作必须深入贯彻落实习近平总书记在青岛黄岛输油管线爆炸现场的讲话精神，加大安全生产责任落实力度。

2013年上海市建设和管理文件选编目录

一、综合管理

1. 国务院关于加强城市基础设施建设的意见（国发〔2013〕36号）

2. 国务院关于印发全国资源型城市可持续发展规划（2013-2020年）的通知（国发〔2013〕45号）

3. 国务院办公厅关于印发质量工作考核办法的通知（国办发〔2013〕47号）

4. 国务院办公厅关于印发当前政府信息公开重点工作安排的通知（国办发〔2013〕73号）

5. 国务院办公厅关于进一步加强政府信息公开回应社会关切提升政府公信力的意见（国办发〔2013〕100号）

6. 国务院办公厅关于集中开展安全生产大检查的通知（国办发明电〔2013〕16号）

7. 上海市人民代表大会常务委员会关于促进改革创新的决定（上海市人民代表大会常务委员会公告第2号）

8. 上海市人民政府关于印发上海市质量发展规划（2011-2020年）的通知（沪府发〔2013〕1号）

9. 上海市人民政府关于本市建立行政处罚裁量基准制度的指导意见（沪府发〔2013〕32号）

10. 上海市人民政府印发《关于2013年至2017年本市进一步推进法治政府建设的意见》的通知（沪府发〔2013〕79号）

二、城市规划土地管理

1. 城乡规划违法违纪行为处分办法（住房和城乡建设部令第29号）

2. 土地复垦条例实施办法（国土资源部令第56号）

3. 国土资源部关于进一步加快农村地籍调查推进集体土地确权登记发证工作的通知（国土资发〔2013〕97号）

4. 国土资源部办公厅、住房城乡建设部办公厅关于坚决遏制违法建设、销售“小产权房”的紧急通知（国土资电发〔2013〕70号）

5. 国土资源部办公厅关于加快开展基本农田数据库建设的通知（国土资厅发〔2013〕38号）

6. 国土资源部办公厅关于开展农村集体土地所有权确权登记发证国家级抽查工作的通知（国土资厅发〔2013〕41号）

7. 住房城乡建设部关于印发传统村落保护发展规划编制基本要求（试行）的通知（建村〔2013〕130号）

8. 上海市地面沉降防治管理条例（上海市人大会常委会公告第1号）

9. 上海市地下空间规划建设条例（上海市人大会常委会公告第6号）

10. 上海市人民政府印发关于统筹优化全市工业区块布局若干意见的通知（沪府发〔2013〕33号）

11. 上海市人民政府关于印发上海市城市地下空间建设用地审批和房地产登记规定的通知（沪府发〔2013〕87号）

12. 上海市人民政府办公厅转发市国资委等六部门制订的《关于进一步完善国有企业空转土地管理的若干规定》的通知（沪府办〔2013〕91号）

三、房屋管理

1. 国务院关于加快棚户区改造工作的意

见（国发〔2013〕25号）

2. 国务院办公厅关于继续做好房地产市场调控工作的通知（国办发〔2013〕17号）

3. 住房和城乡建设部关于修改《房地产估价机构管理办法》的决定（住房和城乡建设部令第14号）

4. 住房城乡建设部关于做好2013年城镇保障性安居工程工作的通知（建保〔2013〕52号）

5. 住房城乡建设部关于加强住房保障廉政风险防控工作的指导意见（建保〔2013〕153号）

6. 住房城乡建设部财政部国家发展改革委关于公共租赁住房和廉租住房并轨运行的通知（建保〔2013〕178号）

7. 住房城乡建设部办公厅关于贯彻实施《住房保障档案管理办法》的意见（建办保〔2013〕4号）

8. 住房城乡建设部国家发展改革委财政部关于做好2013年农村危房改造工作的通知（建村〔2013〕90号）

9. 住房城乡建设部中国残联关于优先支持农村贫困残疾人家庭危房改造的通知（建村〔2013〕103号）

10. 住房城乡建设部关于印发《农村危房改造最低建设要求（试行）》的通知（建村〔2013〕104号）

11. 住房城乡建设部工商总局关于集中开展房地产中介市场专项治理的通知（建房〔2013〕94号）

12. 住房城乡建设部关于进一步规范房地产估价机构管理工作的通知（建房〔2013〕151号）

13. 最高人民法院关于违法的建筑物、构筑物、设施等强制拆除问题的批复（法释〔2013〕5号）

14. 上海市人民政府关于批转市住房保障房屋管理局等四部门制订的《上海市共有产权保障住房（经济适用住房）准入标准和供应标准》的通知（沪府发〔2013〕24号）

15. 上海市人民政府关于调整和完善本市廉租住房政策标准的通知（沪府发〔2013〕25号）

16. 上海市人民政府批转市住房保障房屋管理局等五部门关于本市廉租住房和公共租赁住房统筹建设、并轨运行、分类使用实施意见的通知（沪府发〔2013〕57号）

17. 上海市人民政府关于印发《上海市征地土地补偿费标准（2013）》、《上海市征地青苗补偿标准（2013）》、《上海市征地财物补偿标准（2013）》的通知（沪府发〔2013〕61号）

18. 上海市人民政府关于延长《上海市征收集体土地房屋补偿暂行规定》有效期的通知（沪府发〔2013〕78号）

19. 上海市人民政府办公厅印发关于本市贯彻《国务院办公厅关于继续做好房地产市场调控工作的通知》实施意见的通知（沪府办发〔2013〕20号）

20. 上海市人民政府办公厅关于转发市住房保障房屋管理局制订的《上海市住宅物业保修金管理暂行办法》的通知（沪府办发〔2013〕68号）

21. 上海市人民政府办公厅关于转发市住房保障房屋管理局、市建设交通委制订的《上海市住宅修缮工程管理办法》的通知（沪府办发〔2013〕69号）

22. 上海市人民政府办公厅关于延长《关于加强经济适用住房房源管理和房地产登记的若干规定》有效期的通知（沪府办发〔2013〕76号）

23. 关于转发《住房城乡建设部办公厅〈关于组织开展保障性安居工程和城市轨道交通工程质量安全监督执法检查工作〉的通知》的通知（沪建交〔2013〕327号）

24. 上海市城乡建设和交通委员会关于转发《农村危房改造最低建设要求（试行）》的通知（沪建交〔2013〕785号）

25. 关于印发《上海市绿色养老建筑评价技术细则》的通知（沪建交〔2013〕1370 号）

26. 关于印发《上海市保障性住房（大型居住社区）配套建设管理导则（基地外围市政配套）》的通知（沪建交联〔2013〕97 号）

27. 关于开展本市农村低收入户危旧房改造的实施意见（沪建交联〔2013〕293 号）

28. 关于做好 2013 年农村低收入户危旧房改造工作的通知（沪建交联〔2013〕340 号）

29. 上海市城乡建设和交通委员会关于下发 2013 年本市农村低收入户危旧房改造任务的通知（沪建交联〔2013〕543 号）

30. 关于委托市修缮事务中心实施本市优秀历史建筑修缮工程建设管理的通知（沪建交联〔2013〕772 号）

四、城市交通管理

1. 道路危险货物运输管理规定（交通运输部令 2013 年第 2 号）

2. 上海市轨道交通管理条例（上海市人大常委会公告第 5 号）

3. 上海市高速公路管理办法（上海市人民政府令第 5 号）

4. 上海市非机动车管理办法（上海市人民政府令第 9 号）

5. 上海市人民政府关于批转市建设交通委制订的《上海市世博会园区管线综合管沟管理办法》的通知（沪府发〔2013〕28 号）

6. 上海市人民政府关于贯彻《国务院关于城市优先发展公共交通的指导意见》的意见（沪府发〔2013〕46 号）

7. 上海市人民政府关于印发《上海市非营业性客车额度拍卖管理规定》的通知（沪府发〔2013〕92 号）

8. 关于下达 2013 年市政道路重点推进项目设计前期工作计划的通知（沪建交〔2013〕21 号）

9. 关于印发《上海市城镇化地区公路工程技术标准》的通知（沪建交〔2013〕94 号）

10. 上海市城乡建设和交通委员会关于印发《2013 年公路路政行政执法监督检查工作方案》的通知（沪建交〔2013〕304 号）

11. 上海市城乡建设和交通委员会关于转发《交通运输部关于开展公路水运工程“平安工地”考核评价工作的通知》的通知（沪建交〔2013〕527 号）

12. 关于印发《上海市公路工程竣交工合并验收工作实施办法》的通知（沪建交〔2013〕656 号）

13. 上海市城乡建设和交通委员会关于做好农村桥梁改造竣工验收项目汇总工作的通知（沪建交〔2013〕726 号）

14. 上海市城乡建设和交通委员会关于成立地下管线数据建设领导小组和工作小组的通知（沪建交〔2013〕778 号）

15. 上海市城乡建设和交通委员会关于开展本市路灯普查工作的通知（沪建交〔2013〕1258 号）

16. 关于推进 2013 年本市农村桥梁改造和经济相对薄弱村村内道路改建工作的通知（沪建交联〔2013〕174 号）

17. 关于印发《上海市轨道交通大修和更新改造项目补贴资金管理办法（试行）》的通知（沪建交联〔2013〕860 号）

18. 关于印发《“十二五”区属城市道路桥梁检测市级补贴资金管理办法》的通知（沪建交联〔2013〕955 号）

19. 关于印发《上海市交通节能减排专项扶持资金管理办法》的通知（沪建交联〔2013〕1380 号）

20. 关于转发交通运输部办公厅《关于加强当前公路水运工程安全生产工作的通知》的通知（沪建交安办〔2013〕05 号）

五、燃气管理

1. 上海市人民政府办公厅关于转发市发展改革委等五部门制订的《上海市天然气

分布式供能系统和燃气空调发展专项扶持办法》的通知（沪府办发〔2013〕14号）

2. 上海市城乡建设和交通委员会关于印发《上海市餐饮场所燃气安全管理指导意见》的通知（沪建交〔2013〕532号）

3. 上海市城乡建设和交通委员会关于转发市发展改革委《关于实施本市非居民用户燃气销售价格联动调整的通知》的通知（沪建交〔2013〕771号）

4. 上海市城乡建设和交通委员会关于本市非居民用户燃气销售价格调整后燃气销售企业结算价相应调整的通知（沪建交〔2013〕933号）

5. 上海市城乡建设和交通委员会关于制定本市路政及燃气管理行政处罚裁量基准制度的通知（沪建交〔2013〕958号）

6. 关于印发《上海市天然气分布式供能系统后评估实施细则（暂行）》的通知（沪建交联〔2013〕777号）

六、园林绿化市容环卫管理

1. 湿地保护管理规定（国家林业局令第32号）

2. 住房城乡建设部印发关于进一步加强公园建设管理的意见的通知（建城〔2013〕73号）

3. 住房城乡建设部关于印发全国动物园发展纲要的通知（建城函〔2013〕138号）

4. 上海市人民政府关于批转市绿化市容局等四部门制订的上海市单位生活垃圾处理费征收管理办法的通知(沪府发〔2013〕45号)

5. 上海市人民政府转发市林业局等三部门制定的《2013-2015本市推进林业健康发展促进生态文明建设的若干政策措施》的通知（沪府办〔2013〕12号）

6. 上海市人民政府办公厅转发市农委、市绿化市容局关于本市加快林下经济发展促进林地综合利用意见的通知（沪府办发〔2013〕18号）

7. 关于转发《住房和城乡建设部办公厅关于做好2013年全国特色景观旅游名镇名村示范工作的通知》的通知（沪建交联〔2013〕646号）

8. 关于下发本市老公园改造专项补贴资金管理办法的通知（沪绿容〔2013〕229号）

七、环境保护管理

1. 国务院关于加快发展节能环保产业的意见（国发〔2013〕30号）

2. 国务院关于印发大气污染防治行动计划的通知（国发〔2013〕37号）

3. 国务院办公厅关于印发近期土壤环境保护和综合治理工作安排的通知（国办发〔2013〕7号）

4. 环境监察执法证件管理办法（环境保护部令第23号）

5. 核与辐射安全监督检查人员证件管理办法（环境保护部令第24号）

6. 放射性固体废物贮存和处置许可管理办法（环境保护部令第25号）

7. 最高人民法院、最高人民检察院关于办理环境污染刑事案件适用法律若干问题的解释（法释〔2013〕15号）

8. 上海市碳排放管理试行办法（上海市人民政府令第10号）

9. 上海市人民政府关于印发上海市2013年节能减排和应对气候变化重点工作安排的通知（沪府发〔2013〕21号）

10. 上海市人民政府批转市环保局等四部门制订的《关于在S20外环高速范围内对无国家绿色环保检验合格标志车辆实施限制通行措施的规定》的通知（沪府发〔2013〕77号）

11. 上海市人民政府关于印发《上海市清洁空气行动计划（2013-2017）》的通知（沪府发〔2013〕83号）

12. 上海市人民政府办公厅关于转发市发展改革委等十七部门制订的《上海市2013年市民低碳行动方案》的通知（沪府办发〔2013〕16号）

13. 上海市城乡建设和交通委员会关于印发《市建设交通委加强环境空气质量重污染应急处置实施细则》的通知（沪建交〔2013〕657号）

14. 上海市交通节能减排联席会议办公室关于开展《上海市交通运输节能减排"十二五"规划》中期评估工作的通知（沪交能联办〔2013〕2号）

八、勘察设计管理

1. 国家安全监管总局、住房城乡建设部关于进一步加强危险化学品建设项目安全设计管理的通知（安监总管三〔2013〕76号）

2. 房屋建筑和市政基础设施工程施工图设计文件审查管理办法（住房和城乡建设部令第13号）

3. 住房城乡建设部关于印发《工程勘察资质标准》的通知（建市〔2013〕9号）

4. 住房城乡建设部印发关于进一步促进工程勘察设计行业改革与发展若干意见的通知（建市〔2013〕23号）

5. 住房城乡建设部关于印发《工程勘察资质标准实施办法》的通知（建市〔2013〕86号）

6. 住房城乡建设部关于发布市政公用工程设计文件编制深度规定（2013年版）的通知（建质〔2013〕57号）

7. 住房城乡建设部关于印发城市轨道交通工程设计文件编制深度规定的通知（建质〔2013〕160号）

8. 关于本市开展市政基础设施及公路建设工程施工图设计文件审查的通知（沪建交〔2013〕312号）

9. 关于发布《上海市建设工程施工图设计文件审查管理规定》的通知（沪建交〔2013〕313号）

10. 上海市城乡建设和交通委员会关于发布《居住建筑节能设计软件(试行)》和《公共建筑节能设计软件（试行）》的通知（沪建交〔2013〕611号）

11. 关于印发《上海市既有多层住宅加装电梯设计导则（试行）》的通知（沪建交联〔2013〕790号）

九、建筑建材业管理

1. 国务院办公厅关于转发发展改革委住房城乡建设部绿色建筑行动方案的通知（国办发〔2013〕1号）

2. 电子招标投标办法（国家发展和改革委员会 工业和信息化部 监察部 住房和城乡建设部 交通运输部 铁道部 水利部 商务部令第20号）

3. 粉煤灰综合利用管理办法（国家发改委等10个部委令）

4. 建筑工程施工发包与承包计价管理办法（住房和城乡建设部令第16号）

5. 关于修改《公路工程勘察设计招标投标管理办法》的决定（交通运输部令2013年第3号）

6. 关于印发《预防建筑施工起重机械脚手架等坍塌事故专项整治工作方案》的通知（建安办函〔2013〕10号）

7. 住房城乡建设部财政部关于印发《建筑安装工程费用项目组成》的通知（建标〔2013〕44号）

8. 住房城乡建设部办公厅关于做好取得建造师临时执业证书人员有关管理工作的通知（建办市〔2013〕7号）

9. 住房城乡建设部办公厅关于开展建筑施工安全生产标准化考评工作的指导意见（建办质〔2013〕11号）

10. 住房城乡建设部工业和信息化部关

于开展绿色农房建设的通知（建村〔2013〕190号）

11. 住房城乡建设部印发关于建筑市场监管廉政风险防控工作的指导意见（建市〔2013〕186号）

12. 关于加强建设工程企业资质资格延续审查工作的通知（建市资函〔2013〕98号）

13. 住房城乡建设部关于印发《房屋市政工程生产安全事故报告和查处工作规程》的通知（建质〔2013〕4号）

14. 住房城乡建设部关于加强预拌混凝土质量管理工作的通知（建质〔2013〕84号）

15. 住房城乡建设部关于印发中国建筑技术政策（2013版）的通知（建质〔2013〕92号）

16. 住房城乡建设部关于印发《房屋建筑和市政基础设施工程竣工验收规定》的通知（建质〔2013〕171号）

17. 关于印发《住房和城乡建设部工程质量安全监管司2013年工作要点》的通知（建质综函〔2013〕11号）

18. 关于进一步加强隧道工程质量和安全监管工作的若干意见（交质监发〔2013〕549号）

19. 住房城乡建设部关于做好建筑企业跨省承揽业务监督管理工作的通知（建市〔2013〕38号）

20. 上海市人民政府关于印发《上海市公共机构节能管理办法》的通知（沪府发〔2013〕2号）

21. 关于印发进一步强化地区安全生产工作责任意见的通知（沪府发〔2013〕76号）

22. 上海市人民政府办公厅转发市建设交通委关于2013年各区县和相关委托管理单位建筑节能工作任务分解目标意见的通知（沪府办〔2013〕25号）

23. 上海市人民政府办公厅转发建设交通委等五部门关于本市进一步推进装配式建筑发展若干意见的通知（沪府办〔2013〕52号）

24. 上海市人民政府办公厅转发市发展改革委等四部门关于规范本市商务楼宇信息基础设施建设和运营若干行为意见的通知（沪府办发〔2013〕2号）

25. 上海市人民政府办公厅关于集中开展安全生产大检查的通知（沪府办发〔2013〕37号）

26. 上海市城乡建设和交通委员会关于印发《上海市建设工程质量安全监督工作手册》（2012版）的通知（沪建交〔2013〕14号）

27. 上海市城乡建设和交通委员会关于切实做好建设工程安全质量工作的通知（沪建交〔2013〕22号）

28. 关于印发《上海市政府投资房屋建筑、市政基础设施和公路工程建设项目检测收费管理规定》的通知（沪建交〔2013〕201号）

29. 关于政府投资项目择优选择检测机构的通知（沪建交〔2013〕202号）

30. 关于在上海市建设工程检测中使用唯一性识别标识的通知（沪建交〔2013〕228号）

31. 关于发布《上海市建设工程检测专业技术人员考核管理办法》的通知（沪建交〔2013〕229号）

32. 关于发布《上海市建设工程检测机构的资质条件现场核实与能力评估办法》的通知（沪建交〔2013〕230号）

33. 关于发布《上海市建设工程监督检测管理办法》的通知（沪建交〔2013〕231号）

34. 关于发布《上海市建设工程检测信息管理系统使用管理办法》的通知（沪建交〔2013〕232号）

35. 关于发布《上海市建设工程施工监理平行检测的若干规定》的通知（沪建交〔2013〕233号）

36. 上海市城乡建设和交通委员会关于印发《上海市建设领域稽查工作管理办法》的通知（沪建交〔2013〕360号）

37. 上海市城乡建设和交通委员会关于

成立上海市城乡建设和交通委员会安全生产委员会的通知（沪建交〔2013〕382号）

38. 关于明确本市建筑工程施工许可前质量安全措施现场审核办理程序的通知（沪建交〔2013〕405号）

39. 上海市城乡建设和交通委员会关于印发《上海市建设领域稽查工作文书式样》的通知（沪建交〔2013〕432号）

40. 上海市城乡建设和交通委员会关于印发《上海市建设领域稽查工作约谈办法》的通知（沪建交〔2013〕433号）

41. 上海市城乡建设和交通委员会关于调整上海市建设工程评标专家管理委员会成员的通知（沪建交〔2013〕484号）

42. 关于建立本市建设工程接警平台的通知（沪建交〔2013〕503号）

43. 上海市城乡建设和交通委员会关于本市贯彻实施住房和城乡建设领域现场专业人员职业标准的通知（沪建交〔2013〕784号）

44. 上海市城乡建设和交通委员会关于成立上海市建设市场管理信息平台项目领导小组及项目组的通知（沪建交〔2013〕791号）

45. 关于印发《上海市建设交通委既有建筑幕墙事故应急抢险工作预案（试行）》的通知（沪建交〔2013〕977号）

46. 上海市城乡建设和交通委员会关于开展本市公路工程施工企业安全生产三类人员考核及管理工作的通知（沪建交〔2013〕1088号）

47. 关于印发上海市建设工程质量安全巡查实施方案（试行）的通知（沪建交〔2013〕1241号）

48. 关于印发《上海市公共建筑节能改造重点城市示范项目节能量审核办法（试行）》的通知（沪建交〔2013〕1336号）

49. 关于发布使用《居住建筑节能设计软件》和《公共建筑节能设计软件》的通知（沪建交〔2013〕1348号）

50. 上海市城乡建设和交通委员会关于切实降低施工噪声减少施工扰民的通知（沪建交〔2013〕1388号）

51. 关于组织申报上海市公共建筑节能改造重点城市示范项目的通知（沪建交联〔2013〕311号）

52. 关于启用“住宅修缮工程招标投标备案章”的通知（沪建交联〔2013〕404号）

53. 关于进一步完善住宅成套改造工程建设管理分工的通知（沪建交联〔2013〕427号）

54. 关于加强本市混凝土搅拌站厂绿色环保管理工作的通知（沪建交联〔2013〕630号）

55. 关于进一步加强本市建筑渣土管理工作的通知（沪建交联〔2013〕866号）

56. 关于印发《上海市城乡建设和交通委员会安全生产委员会工作规则》的通知（沪建交安〔2013〕03号）

57. 关于转发住房城乡建设部建安办函［2013］10号等两个文件的通知（沪建交安办〔2013〕04号）

58. 关于印发《建设工程消防质量终身负责制责任追究实施办法》和《消防安全不良行为公布实施办法》的通知（沪公发〔2013〕137号）

59. 市安委会办关于开展工程建设领域预防施工起重机械脚手架等坍塌事故专项整治工作的通知（沪安委办〔2013〕17号）

60. 关于进一步规范建设工程检测行为若干规定的通知（沪建安质监〔2013〕78号）

61. 关于进一步加强本市粉煤灰综合利用管理工作的通知（沪建市管〔2013〕84号）

62. 关于对建筑用金属面绝热夹芯板进行新型墙体材料认定工作的补充通知（沪建市管〔2013〕85号）

十、水务管理

1. 城镇排水与污水处理条例（国务院令

第 641 号）

2. 国务院办公厅关于做好城市排水防涝设施建设工作的通知（国办发〔2013〕23 号）

3. 住房城乡建设部关于印发城镇供水规范化管理考核办法（试行）的通知（建城〔2013〕48 号）

4. 住房城乡建设部关于进一步加强城市窨井盖安全管理的通知（建城〔2013〕68 号）

5. 住房城乡建设部关于印发城市排水防涝设施普查数据采集与管理技术导则（试行）的通知（建城〔2013〕88 号）

6. 住房城乡建设部关于印发城市排水（雨水）防涝综合规划编制大纲的通知（建城〔2013〕98 号）

7. 上海市取水许可和水资源费征收管理实施办法（上海市人民政府令第 11 号）

8. 上海市人民政府关于划定本市地下水禁采区和限采区范围进一步加强地下水管理的通知（沪府发〔2013〕36 号）

9. 上海市人民政府办公厅关于转发市水务局等十一部门制订的《上海市实施最严格水资源管理制度考核办法》的通知（沪府办〔2013〕82 号）

10. 上海市城乡建设和交通委员会关于印发《上海市建设交通委防汛防台工作预案》的通知（沪建交〔2013〕388 号）

11. 上海市城乡建设和交通委员会关于转发住房城乡建设部《关于进一步加强城市窨井盖安全管理的通知》的通知）（沪建交〔2013〕549 号

十一、海事管理

1. 中华人民共和国海洋环境保护法）（十二届全国人大常委会六次会议修订）

2. 关于修改《中华人民共和国国际海运条例实施细则》的决定（交通运输部令 2013 年第 9 号）

3. 关于修改《中华人民共和国船员服务管理规定》的决定（交通运输部令 2013 年第 10 号）

4. 关于修改《中华人民共和国船舶油污损害民事责任保险实施办法》的决定（交通运输部令 2013 年第 11 号）

5. 关于修改《中华人民共和国船舶及其有关作业活动污染海洋环境防治管理规定》的决定

6.（交通运输部令 2013 年第 12 号）

7. 关于修改《中华人民共和国船员培训管理规则》的决定（交通运输部令 2013 年第 15 号）

8. 关于修改《中华人民共和国海上船舶污染事故调查处理规定》的决定（交通运输部令 2013 第 16 号）

9. 关于修改《中华人民共和国船舶及其有关作业活动污染海洋环境防治管理规定》的决定（交通运输部令 2013 年第 17 号）

10. 关于修改《中华人民共和国海船船员适任考试和发证规则》的决定（交通运输部令 2013 年第 18 号）

11. 关于修改《中华人民共和国船舶污染海洋环境应急防备和应急处置管理规定》的决定（交通运输部令 2013 年第 19 号）

12. 关于修改《中华人民共和国引航员注册与任职资格管理规定》的决定（交通运输部令 2013 年第 20 号）

13. 最高人民法院关于海事法院可否适用小额诉讼程序问题的批复（法释〔2013〕16 号）

14. 上海市人民政府关于印发上海市海上搜寻救助管理办法的通知（沪府发〔2013〕51 号）

十二、民用航空管理

1. 国务院办公厅关于印发促进民航业发展重点工作分工方案的通知（国办函〔2013〕4 号）

十三、邮政管理

1. 快递市场管理办法（交通运输部令2013年第1号）

2. 关于修改《快递业务经营许可管理办法》的决定（交通运输部令2013年第4号）

3. 关于修改《邮票发行监督管理办法》的决定（交通运输部令2013年第5号）

4. 关于修改《邮政行业安全监督管理办法》的决定（交通运输部令2013年第6号）

5. 关于修改《集邮市场管理办法》的决定（交通运输部令2013年第7号）

6. 关于修改《邮政行业统计管理办法》的决定

7.（交通运输部令2013年第8号）

8. 邮政局关于印发《邮政行政处罚程序规定》、《邮政管理部门行政处罚文书》的通知（国邮发〔2013〕32号）

9. 关于发布《上海市快递企业申请小型货运机动车额度和货运机动车通行证额度管理试行办法》的通知（沪建交联〔2013〕639号）

十四、铁路管理

1. 铁路安全管理条例（国务院令第639号）

2. 国务院关于改革铁路投融资体制加快推进铁路建设的意见（国发〔2013〕33号）

3. 铁路机车车辆驾驶人员资格许可办法（交通运输部令2013年第14号）

4. 铁路运输基础设备生产企业审批办法（交通运输部令2013年第21号）

5. 违反《铁路安全管理条例》行政处罚实施办法（交通运输部令2013年第22号）

6.《铁路旅客人身伤害及自带行李损失事故处理办法》自2013年1月1日起废止（铁道部令第33号）

7. 铁路主要技术政策（铁道部令第34号）

十五、气象管理

1. 防雷减灾管理办法（修订）（中国气象局第24号令）

2. 防雷工程专业资质管理办法（修订）（中国气象局第25号令）

十六、民防管理

1. 关于印发《关于优化民防行政审批流程支持本市产业园区加快建设的政策意见（试行）》的通知（沪民防〔2013〕10号）

2. 关于全面推进本市地下空间综合责任保险工作的通知（沪民防〔2013〕41号）

3. 上海市民防办关于支持本市大型居住区建设的若干意见（试行）（沪民防〔2013〕93号）

十七、行政审批改革

1. 国务院关于取消和下放一批行政审批项目等事项的决定（国发〔2013〕19号）

2. 国务院关于取消和下放50项行政审批项目等事项的决定（国发〔2013〕27号）

3. 关于废止和修改部分规章和规范性文件的决定（国家发展和改革委员会令第4号）

4. 关于废止、宣布失效、修改部分规章和规范性文件的决定（国家发展和改革委员会令第18号）

5. 关于废止和修改部分招标投标规章和规范性文件的决定（国家发展和改革委员会令第23号）

6. 上海市人民政府关于公布本市第六批取消和调整行政审批事项目录的通知（沪府发〔2013〕43号）

7. 上海市人民政府办公厅关于本市开展规章和规范性文件设定行政许可清理工作的通知（沪府办〔2013〕75号）

8. 上海市城乡建设和交通委员会关于下

放建筑工程抗震设防审查权限的通知（沪建交〔2013〕1289号）

十八、其他管理

1. 国务院关于废止和修改部分行政法规的决定（国务院令第638号）

2. 国务院关于修改部分行政法规的决定（国务院令第645号）

3. 国务院关于印发能源发展“十二五”规划的通知（国发〔2013〕2号）

4. 住房城乡建设部关于加强城市市政公用行业安全管理的通知（建城〔2013〕91号）

5. 关于印发《住房和城乡建设部城市建设司2013年工作要点》的通知（建城综函〔2013〕49号）

6. 住房城乡建设部关于进一步加强住房城乡建设行政复议工作的意见（建法〔2013〕115号）

7. 上海市人民代表大会常务委员会关于在中国（上海）自由贸易试验区暂时调整实施本市有关地方性法规规定的决定（上海市人民代表大会常务委员会公告第3号）

8. 上海市居住证管理办法（上海市人民政府令第2号）

9. 上海市城市网格化管理办法（上海市人民政府令第4号）

10. 中国（上海）自由贸易试验区管理办法（上海市人民政府令第7号）

11. 上海市城乡建设和交通委员会关于转发住房城乡建设部《关于公布纳入全国城乡建设统计专业人才库人员名单的通知》的通知（沪建交〔2013〕39号）

12. 上海市城乡建设和交通委员会关于印发市公路水路民航安全联防工作小组组织机构、成员单位及职责的通知（沪建交〔2013〕131号）

13. 上海市城乡建设和交通委员会关于下达2013年市级城市维护项目计划的通知（沪建交〔2013〕287号）

14. 上海市城乡建设和交通委员会关于转发“上海市统计局、国家统计局上海调查总队关于做好2013年统计从业资格考试培训和继续教育工作的通知”的通知（沪建交〔2013〕310号）

15. 关于对市属城市维护等项目财务监管中介机构进行考评的通知（沪建交〔2013〕582号）

16. 上海市城乡建设和交通委员会关于印发《上海市城乡建设和交通委员会部门预算执行管理和考核试行办法》的通知（沪建交〔2013〕700号）

17. 上海市城乡建设和交通委员会关于加快落实中国（上海）自由贸易试验区试点任务（航运、建筑部分）的通知（沪建交〔2013〕737号）

18. 上海市城乡建设和交通委员会关于支持市电力公司加快实施保障上海供电安全电网改造工程的通知（沪建交〔2013〕1028号）

19. 上海市城乡建设和交通委员会关于开展资产评估及股权转让可行性分析工作的通知（沪建交〔2013〕1094号）

20. 关于开展交通领域14家“万家企业重点用能单位”能源审计工作的通知（沪建交联〔2013〕212号）

21. 关于在中国（上海）自由贸易试验区设立外商投资建设工程企业有关事项的通知（沪建交联〔2013〕997号）

2013年上海市城市建设、交通运输相关数据统计

一、全社会固定资产投资

1–1　主要年份全社会固定资产投资与其他社会经济主要指标

指　标	2005年	2010年	2011年	2012年	2013年
年末常住人口（万人）	1 778.00	2 302.66	2 347.46	2 380.43	2 415.15
上海市生产总值（亿元）	9 154.18	17 165.98	19 195.69	20 101.33	21 602.12
第一产业	80.34	114.15	124.94	127.80	129.28
第二产业	4 452.92	7 218.32	7 927.89	7 912.77	8 027.77
第三产业	4 620.92	9 833.51	11 142.86	12 060.76	13 445.07
人均生产总值（元）	67 492	76 074	82 560	85 033	90 092
全社会固定资产本年完成投资（亿元）	3 542.55	5 317.67	5 067.09	5 254.38	5 647.79
第一产业	5.57	16.40	18.62	11.20	18.45
第二产业	1 082.11	1 435.37	1 295.83	1 294.14	1 242.02
第三产业	2 454.87	3 864.90	3 752.64	3 949.04	4 387.32
全社会固定资产本年完成投资相当于地区生产总值的百分比（%）	38.7	31.0	26.4	26.1	26.1
三大领域固定资产投资					
工　业（亿元）	1 074.76	1 422.08	1 282.91	1 292.61	1 236.35
城市基础设施（亿元）	885.74	1 497.46	1 157.34	1 038.61	1 043.31
房地产开发（亿元）	1 246.86	1 980.68	2 170.31	2 381.36	2 819.59
农业总产值（亿元）	233.39	287.03	314.58	320.76	323.48
工业总产值（亿元）	13 876.78	31 038.57	33 834.44	33 186.41	33 899.38
建筑业总产值（亿元）	1 889.25	4 300.19	4 586.28	4 843.44	5 102.84
地方财政收入（亿元）	1 433.90	2 873.58	3 429.83	3 743.71	2 132.48
上海市出口总额（亿美元）	907.42	1 807.84	2 097.89	2 068.07	2 042.44
社会消费品零售总额（亿元）	2 972.97	6 070.50	6 814.80	7 387.32	8 052.00
外商直接投资					
合同项目（个）	4 091	3 906	4 329	4 043	3 842
合同金额（亿美元）	138.33	153.07	201.03	223.38	246.30
实际到位资金（亿美元）	68.50	111.21	126.01	151.85	167.80

注：自2011年始，固定资产投资统计起点为500万元以上（含500万元）项目。

1-2 全社会固定资产投资主要指标 (2013)

单位：亿元

指标	合计	建设项目	城镇	农村非农户	房地产开发	农户投资
计划总投资	28 835.30	10 742.91	10 047.29	695.61	18 088.73	3.66
#本年计划投资	7 403.94	3 385.50	2 977.97	407.53	4 014.78	3.66
自开始建设累计完成投资	19 191.88	6 784.71	6 323.92	460.79	12 403.51	3.66
#本年完成投资	5 647.79	2 824.54	2 544.99	279.55	2 819.59	3.66
本年新增固定资产	2 664.81	1 307.33	1 178.99	128.34	1 354.75	2.73
全部建成尚需投资	9 643.42	3 958.20	3 723.37	234.83	5 685.22	–
固定资产交付使用率（%）	47.2	46.3	46.3	45.9	48.0	74.6
#地方项目						
计划总投资	26 814.98	9 215.98	8 531.52	684.46	17 595.35	3.66
#本年计划投资	6 775.64	2 852.24	2 449.72	402.52	3 919.74	3.66
自开始建设累计完成投资	17 924.33	5 806.88	5 354.94	451.94	12 113.79	3.66
#本年完成投资	5 094.53	2 339.47	2 063.38	276.10	2 751.40	3.66
本年新增固定资产	2 374.17	1 037.53	909.19	128.34	1 333.91	2.73
全部建成尚需投资	8 890.65	3 409.10	3 176.57	232.52	5 481.56	–
固定资产交付使用率（%）	46.6	44.3	44.1	46.5	48.5	74.6

1-3 全社会固定资产投资主要指标构成情况（2013）

指标	合计	建设项目	城镇	农村非农户	房地产开发	农户投资
本年完成投资（亿元）	**5 647.79**	**2 824.54**	**2 544.99**	**279.55**	**2 819.59**	**3.66**
#住宅投资	1 626.95	8.29	7.73	0.57	1 615.51	3.15
按隶属关系分						
中央项目	553.26	485.06	481.61	3.45	68.20	–
地方项目	5 094.53	2 339.47	2 063.38	276.10	2 751.40	3.66
按构成分						
建筑工程	3 054.29	1 359.30	1 181.39	177.91	1 691.37	3.62
安装工程	386.18	186.95	175.73	11.21	199.23	–
设备工器具购置	787.55	773.54	715.59	57.94	13.97	0.04
其他费用	1 419.77	504.75	472.27	32.48	915.02	–
按建设性质分						
#新　建	1 739.51	1 739.51	1 557.85	181.66	–	–
扩　建	310.61	310.61	273.67	36.94	–	–
改建和技术改造	428.57	428.57	400.51	28.05	–	–
单纯购置	324.92	324.92	294.99	29.93	–	–
按三次产业分						
第一产业	18.45	18.01	11.20	6.81	–	0.44
第二产业	1 242.02	1 242.02	1 042.39	199.63	–	–
第三产业	4 387.32	1 564.52	1 491.40	73.12	2 819.59	3.22
本年新增固定资产（亿元）	**2 664.81**	**1 307.33**	**1 178.99**	**128.34**	**1 354.75**	**2.73**
房屋建筑面积（万平方米）						
施工面积	17 180.27	3 645.18	2 692.61	952.58	13 516.58	18.50
#住　宅	8 188.56	45.62	36.98	8.64	8 125.74	17.20
竣工面积	2 698.35	428.92	304.67	124.25	2 254.44	15.00
#住　宅	1 439.20	7.79	7.74	0.05	1 417.41	14.00

注：按建设性质分组中不包括房地产开发和农户投资，下同。

1-4 地方全社会固定资产投资主要指标构成情况（2013）

指　标	合　计	建设项目	城　镇	农村非农户	房地产开发	农户投资
本年完成投资(亿元)	**5 094.53**	**2 339.47**	**2 063.38**	**276.10**	**2 751.40**	**3.66**
#住宅投资	1 579.06	1.85	1.28	0.57	1 574.06	3.15
按构成分						
建筑工程	2 895.02	1 241.83	1 066.71	175.12	1 649.57	3.62
安装工程	318.77	123.54	112.47	11.07	195.23	–
设备工器具购置	542.84	528.99	471.35	57.64	13.81	0.04
其他费用	1 337.90	445.11	412.84	32.27	892.79	–
按建设性质分						
#新　建	1 568.69	1 568.69	1 389.30	179.39	–	–
扩　建	208.30	208.30	171.36	36.94	–	–
改建和技术改造	352.06	352.06	325.19	26.87	–	–
单纯购置	189.48	189.48	159.56	29.93	–	–
按三次产业分						
第一产业	18.45	18.01	11.20	6.81	–	0.44
第二产业	1 031.27	1 031.27	831.69	199.59	–	–
第三产业	4 044.81	1 290.20	1 220.49	69.70	2 751.40	3.22
本年新增固定资产(亿元)	**2 374.17**	**1 037.53**	**909.19**	**128.34**	**1 333.91**	**2.73**
房屋建筑面积（万平方米）						
施工面积	16 579.88	3 383.93	2 433.19	950.74	13 177.44	18.50
#住　宅	7 942.34	30.95	22.31	8.64	7 894.19	17.20
竣工面积	2 641.90	414.56	290.31	124.25	2 212.34	15.00
#住　宅	1 413.89	7.79	7.74	0.05	1 392.10	14.00

1–5　全社会固定资产投资（按经济类型分）（2013）

单位：亿元

类　别	本年完成投资合　计	建设项目	城　镇	农村非农户	房地产开发	农户投资
总　计	**5 647.79**	**2 824.54**	**2 544.99**	**279.55**	**2 819.59**	**3.66**
国有经济	1 926.89	1 503.53	1 465.10	38.43	423.36	–
非国有经济	3 720.90	1 321.01	1 079.89	241.12	2 396.23	3.66
集体经济	102.81	52.06	24.79	27.27	50.75	–
私营经济	1 070.65	392.04	232.64	159.40	678.61	–
联营经济	13.99	9.56	8.63	0.93	4.43	–
股份制经济	1 601.33	360.29	339.03	21.26	1 241.04	–
港澳台经济	291.96	63.39	53.53	9.86	228.57	–
外商经济	602.50	439.96	419.19	20.77	162.54	–
其他经济	37.66	3.71	2.08	1.63	30.29	3.66
#地方项目	**5 094.53**	**2 339.47**	**2 063.38**	**276.10**	**2 751.40**	**3.66**
国有经济	1 445.92	1 060.08	1 022.83	37.24	385.85	–
非国有经济	3 648.61	1 279.40	1 040.55	238.85	2 365.55	3.66
集体经济	102.81	52.06	24.79	27.27	50.75	–
私营经济	1 067.49	392.04	232.64	159.40	675.45	–
联营经济	13.99	9.56	8.63	0.93	4.43	–
股份制经济	1 547.31	333.80	314.81	18.99	1 213.51	–
港澳台经济	287.46	58.90	49.04	9.86	228.57	–
外商经济	591.89	429.34	408.57	20.77	162.54	–
其他经济	37.66	3.71	2.08	1.63	30.29	3.66

1-6 全社会固定资产投资（按行业门类分）（2013）

单位：亿元

行 业	本年完成投资合计	建设项目			房地产开发	农户投资
			城 镇	农村非农户		
总 计	**5 647.79**	**2 824.54**	**2 544.99**	**279.55**	**2 819.59**	**3.66**
农、林、牧、渔业	18.45	18.01	11.20	6.81	–	0.44
采 矿 业	0.16	0.16	0.16	–	–	–
制 造 业	1 072.19	1 072.19	885.99	186.19	–	–
电力、热力、燃气及水生产和供应业	164.00	164.00	150.57	13.43	–	–
建 筑 业	5.67	5.67	5.67	–	–	–
批发和零售业	52.00	51.93	41.90	10.04	–	0.06
交通运输、仓储和邮政业	499.01	499.01	487.43	11.58	–	–
住宿和餐饮业	34.06	34.06	32.41	1.65	–	–
信息传输、软件和信息技术服务业	112.43	112.43	112.26	0.17	–	–
金 融 业	15.16	15.16	15.16	–	–	–
房地产业	2 835.09	12.35	11.25	1.10	2 819.59	3.15
租赁和商务服务业	161.06	161.06	156.94	4.13	–	–
科学研究和技术服务业	41.46	41.46	38.62	2.83	–	–
水利、环境和公共设施管理业	421.46	421.46	394.18	27.29	–	–
居民服务、修理和其他服务业	4.92	4.92	3.62	1.29	–	–
教 育	71.86	71.86	65.71	6.15	–	–
卫生和社会工作	39.93	39.93	36.46	3.47	–	–
文化、体育和娱乐业	86.84	86.84	83.65	3.18	–	–
公共管理、社会保障和社会组织	12.04	12.04	11.80	0.24	–	–

1–7　地方全社会固定资产投资（按行业门类分）（2013）

单位：亿元

行　业	本年完成投资合计	建设项目	城　镇	农村非农户	房地产开发	农户投资
总　计	**5 094.53**	**2 339.47**	**2 063.38**	**276.10**	**2 751.40**	**3.66**
农、林、牧、渔业	18.45	18.01	11.20	6.81	–	0.44
采 矿 业	0.16	0.16	0.16	–	–	–
制 造 业	914.54	914.54	728.34	186.19	–	–
电力、热力、燃气及水生产和供应业	110.91	110.91	97.51	13.39	–	–
建 筑 业	5.67	5.67	5.67	–	–	–
批发和零售业	51.78	51.71	41.68	10.04	–	–
交通运输、仓储和邮政业	366.11	366.11	355.63	10.47	–	–
住宿和餐饮业	34.06	34.06	32.41	1.65	–	–
信息传输、软件和信息技术服务业	31.79	31.79	31.62	0.17	–	–
金 融 业	1.36	1.36	1.36	–	–	–
房地产业	2 765.15	10.61	9.51	1.10	2 751.40	3.15
租赁和商务服务业	134.61	134.61	130.49	4.13	–	–
科学研究和技术服务业	32.75	32.75	31.28	1.47	–	–
水利、环境和公共设施管理业	421.46	421.46	394.18	27.29	–	–
居民服务、修理和其他服务业	4.92	4.92	3.62	1.29	–	–
教　育	63.72	63.72	57.57	6.15	–	–
卫生和社会工作	39.18	39.18	35.72	3.47	–	–
文化、体育和娱乐业	85.89	85.89	83.65	2.24	–	–
公共管理、社会保障和社会组织	12.00	12.00	11.76	0.24	–	–

1-8 全社会固定资产投资（按地区分）（2013）

单位：亿元

地 区	本年完成投资合计	#建设项目	城 镇	农村非农户	#房地产开发
总 计	**5 647.79**	**2 824.54**	**2 544.99**	**279.55**	**2 819.59**
#浦东新区	1 567.17	826.52	778.52	48.01	740.64
黄浦区	85.05	14.70	14.70	–	70.35
徐汇区	135.55	23.00	23.00	–	112.55
长宁区	89.01	15.13	15.13	–	73.89
静安区	44.10	9.97	9.97	–	34.13
普陀区	145.09	24.47	24.47	–	120.62
闸北区	139.58	10.08	10.08	–	129.50
虹口区	80.28	10.48	10.48	–	69.80
杨浦区	128.94	23.46	23.46	–	105.48
闵行区	458.27	166.77	162.85	3.91	291.51
宝山区	328.75	135.98	133.11	2.88	192.77
嘉定区	465.06	171.68	151.43	20.24	293.38
金山区	197.83	141.91	88.85	53.06	55.91
松江区	271.03	113.23	68.35	44.89	157.79
青浦区	337.82	133.02	102.78	30.24	204.80
奉贤区	296.79	168.03	104.88	63.15	128.76
崇明县	119.07	81.36	77.74	3.62	37.72

注：各区县投资项目按项目建设地址代码分组汇总，不包括跨地区项目。

二、城市建设

2-1 主要年份城市建设综合指标

指 标	2005年	2010年	2011年	2012年	2013年
实有各类房屋建筑面积（万平方米）	64 198	93 591	98 092	105 152	110 685
高层建筑（幢）	10 045	20 579	22 998	32 022	36 055
高层建筑（万平方米）	13 100	21 911	27 002	30 550	34 697
人均居住面积（平方米）	15.5	16.7	17.0	17.3	17.5
人均公园绿地面积（平方米）	11.01	13.00	13.10	13.29	13.38
绿化覆盖率（%）	37.0	38.2	38.2	38.3	38.4
自来水供水能力（万立方米/日）	1 096	1 131	1 150	1 145	1 124
污水厂污水处理能力（万吨/日）	471	684	694	701	784
煤气生产能力（万立方米/日）	1 134.30	817.40	817.40	567.40	347.40
家庭煤气用户数（万户）	236.54	132.89	101.78	75.70	43.39
家庭液化石油气用户数（万户）	253.89	316.37	310.62	328.22	330.46
家庭天然气用户数（万户）	186.37	405.89	455.92	502.81	558.19
全市桥梁（座）	8 070	11 849	12 149	12 544	12 801
#黄浦江大桥	6	10	10	10	10
长江大桥		1	2	2	2
黄浦江隧道（条）	6	12	13	13	13
长江隧道（条）		1	1	1	1
城市快速路（公里）	77	196	194	199	199
高速公路长度（公里）	560	775	806	806	815
人均道路面积（平方米）	15.40	18.13	18.44	18.88	19.05
轨道交通运营线路长度（公里）	147.78	452.57	454.10	468.19	567.42
公共汽电车运营车辆（辆）	17 985	17 455	16 589	16 695	16 717
出租汽车运营车辆（辆）	47 794	50 007	50 438	50 683	50 612

注：1、“全市桥梁”指本市所有公路桥梁和城市道路桥梁，不包括：郊区机耕桥、村内道路等不符合公路设施量标准农村桥梁，水利桥梁、闸桥合一桥梁等。2000年全市公路桥梁数据按照普查数据填报。

2、“黄浦江大桥”指本市所有跨越黄浦江的大桥；“黄浦江隧道”指本市所有穿越黄浦江的隧道，包括外滩隧道。

2-2 全市八层（含八层）以上房屋区县分布情况（2013）

地 区	合 计		8-10层		11-
	幢	面 积	幢	面 积	幢
总 计	**36 055**	**34 697**	**5 037**	**3 393**	**16 539**
浦东新区	8 318	8 095	972	747	4 397
黄 浦 区	1 241	2 245	157	158	160
徐 汇 区	2 017	2 669	283	227	558
长 宁 区	1 498	1 975	290	189	414
静 安 区	682	1 181	88	59	66
普 陀 区	2 384	2 645	249	146	749
闸 北 区	1 376	1 460	211	135	551
虹 口 区	1 363	1 602	207	125	343
杨 浦 区	1 963	1 920	271	211	772
闵 行 区	5 062	3 626	847	580	3 299
宝 山 区	2 964	2 077	454	233	1 634
嘉 定 区	2 267	1 786	251	162	1 013
金 山 区	574	386	103	57	383
松 江 区	2 356	1 648	296	192	1 327
青 浦 区	877	569	191	90	403
奉 贤 区	935	712	89	55	375
崇 明 县	178	101	78	26	95

单位：万平方米

15层	16-19层		20-29层		30层以上	
面　积	幢	面　积	幢	面　积	幢	面　积
11 183	**8 213**	**7 850**	**4 803**	**8 076**	**1 463**	**4 196**
2 994	1 856	1 783	826	1 501	267	1 069
175	230	307	457	904	237	701
460	492	581	516	960	168	441
341	282	299	381	693	131	452
61	125	134	295	546	108	380
549	553	571	647	958	186	422
406	249	253	257	456	108	211
239	347	373	339	572	127	294
560	555	532	321	530	44	86
2 099	740	715	154	198	22	34
1 010	713	601	138	190	25	43
676	753	655	233	266	17	26
232	70	69	17	27	1	2
847	622	462	109	146	2	2
238	229	189	54	51	–	–
227	393	320	58	75	20	35
70	4	3	1	2	–	–

2-3 全市居住房屋区县分布情况（2013）

地　区	各类房屋面积总计	#居住房屋合计	花园住宅
总　计	**110 685**	**58 940**	**1 752**
浦东新区	25 403	13 770	361
黄 浦 区	3 668	1 755	8
徐 汇 区	5 844	3 378	52
长 宁 区	3 959	2 406	57
静 安 区	1 740	811	21
普 陀 区	5 811	3 597	13
闸 北 区	3 675	2 192	–
虹 口 区	3 550	2 242	7
杨 浦 区	5 500	3 325	3
闵 行 区	12 265	7 163	311
宝 山 区	8 789	5 138	29
嘉 定 区	6 935	3 173	87
金 山 区	3 752	1 357	17
松 江 区	8 416	3 757	375
青 浦 区	4 770	1 856	290
奉 贤 区	4 761	2 086	94
崇 明 县	1 847	934	27

单位：万平方米

公　寓	联列住宅	新式里弄	旧式里弄	简　屋
54 319	**1 165**	**311**	**1 383**	**11**
13 071	215	3	120	1
1 352	…	88	304	2
3 216	9	53	46	2
2 325	1	18	5	…
679	1	76	33	…
3 507	22	4	51	…
2 064	…	1	127	–
1 959	…	59	214	2
3 131	11	6	174	1
6 659	144	1	48	…
4 965	94	…	49	…
2 941	120	–	24	…
1 266	36	…	37	…
3 044	299	1	39	…
1 408	122	…	36	–
1 887	70	1	34	…
845	20	–	41	2

2-4 全市非居住房屋区县分布情况（2013）

地 区	各类房屋面积总 计	#非居住房屋合计	工 厂	学 校	仓库堆栈
总 计	**110 685**	**51 745**	**23 062**	**3 127**	**1 722**
浦东新区	25 403	11 633	4 789	587	420
黄 浦 区	3 668	1 913	142	104	25
徐 汇 区	5 844	2 466	516	327	63
长 宁 区	3 959	1 552	206	122	34
静 安 区	1 740	929	63	50	5
普 陀 区	5 811	2 214	471	196	195
闸 北 区	3 675	1 483	399	101	50
虹 口 区	3 550	1 307	186	114	34
杨 浦 区	5 500	2 175	758	339	76
闵 行 区	12 265	5 102	2 712	316	233
宝 山 区	8 789	3 650	1 594	162	295
嘉 定 区	6 935	3 763	2 013	186	77
金 山 区	3 752	2 395	1 647	76	49
松 江 区	8 416	4 659	3 351	170	43
青 浦 区	4 770	2 914	2 032	82	49
奉 贤 区	4 761	2 675	1 764	116	30
崇 明 县	1 847	913	419	78	44

注：“其他”中包含饭店、福利院、公共设施用房、会所、寺庙教堂、体育馆、文化馆、文化体育娱乐用房、站场码头、

单位：万平方米

办公楼	商场店铺	医 院	旅 馆	影剧院	其 他
6 545	**6 165**	**595**	**1 197**	**56**	**9 275**
1 420	1 286	81	306	5	2 739
713	337	65	137	13	377
679	252	84	83	2	458
494	211	35	105	2	343
352	114	26	86	2	232
449	364	25	69	3	442
293	224	31	63	4	318
411	200	28	64	6	266
335	235	43	32	3	353
233	578	43	31	5	950
247	456	16	31	2	848
336	478	26	53	1	593
131	306	31	20	1	134
152	442	20	38	…	443
106	297	14	29	2	303
132	310	10	26	2	287
63	76	17	23	2	190

宗祠山庄、车库、综合楼、农业建筑、其他、公园用地、业务用房。

2-5 全市房屋拆迁区县分布情况（2013）

地区	合计		居民		单位	
	户数（户）	面积（平方米）	户数（户）	面积（平方米）	个数（个）	面积（平方米）
总计	**30 921**	**1 595 702**	**30 322**	**1 231 839**	**599**	**363 863**
浦东新区	1 940	442 336	1 846	286 196	94	156 140
黄浦区	5 170	134 135	5 170	134 135	–	–
徐汇区	220	63 562	118	4 798	102	58 764
长宁区	2 214	77 684	2 184	71 615	30	6 069
静安区	4 005	117 250	3 979	109 658	26	7 592
普陀区	1 635	39 984	1 635	39 984	–	–
闸北区	5 373	159 981	5 373	159 981	–	–
虹口区	5 991	202 335	5 862	200 838	129	1 497
杨浦区	3 529	140 511	3 400	113 446	129	27 065
闵行区	207	97 576	173	38 243	34	59 333
宝山区	97	14 977	97	14 977	–	–
嘉定区	130	35 000	125	20 000	5	15 000
金山区	235	38 771	189	15 609	46	23 162
松江区	17	2 529	17	2 529	–	–
青浦区	102	7 884	100	7 734	2	150
奉贤区	23	15 247	21	6 156	2	9 091
崇明县	33	5 940	33	5 940	–	–

注：另有协议拆迁16924户。

2-6 主要年份市区居住水平

指标	2005年	2010年	2011年	2012年	2013年
住宅建筑面积（万平方米）	37 624	52 640	55 077	56 263	58 940
城镇居民人均住房居住面积（平方米）	14.9	16.7	17.0	17.3	17.5
居民住宅成套率（%）	93.0	95.8	96.0	96.3	96.4

2–7　市属动迁安置房按地区分使用情况

单位：套

地　区	2005年	2010年	2011年	2012年	2013年
合　计	**20 228** (23.0)	**39 025**	**21 390**	**48 654**	**54 027** (31.0)
浦东新区		–	–	5 770	(31.0)
黄 浦 区	3 153 (1.2)	12 196	5 212	10 290	11 100
徐 汇 区	144 (1.8)	1 500	–	2 118	3 026
长 宁 区	1 830	3 100	–	2 100	900
静 安 区	16	4 180	–	2 700	1 600
普 陀 区	3 463	2 110	961	4 035	7 504
闸 北 区	3 205 (7.0)	5 838	10 199	4 943	16 264
虹 口 区	3 558	4 200	500	10 728	5 611
杨 浦 区	4 307	5 251	2 918	4 570	6 684
闵 行 区		–	–	–	338
宝 山 区	205	–	1 000	–	
嘉 定 区		–	–	–	
其　他	347 (20.0)	650	600	1 400	1 000

注：1、括号内数字为未折算成套数的配套商品房安排面积，单位:万平方米。
　　2、表中“其他”栏：2010年650套为世博民居文化区项目动迁。

2-8 市属动迁安置房按项目性质分使用情况

单位：套

分 类	2005	2010年	2011年	2012年	2013年
合 计	**20 228** (23.0)	**39 025** (0.0)	**21 390** (0.0)	**48 654** (0.0)	**54 027** (31.0)
环境建设	3 448 (1.2)	–	100	–	–
#绿化建设	3 270 (1.2)	–	–	–	–
污水建设	178	–	–	–	–
轨道交通	4 937	1 100	500	–	–
市政道路	1 896 (1.8)	900	600	127	1 438
旧区改造	9 088	36 375	19 190	42 957	50 563 (1.0)
其 他	859 (20.0)	650	1 000	5 570	2 026 (30.0)

注：1、括号内数字为未折算成套数的配套商品房安排面积，单位:万平方米。
2、表中“其他”栏：2010年650套为世博民居文化区项目动迁。

2-9 保障性住房建设情况（2009~2013）

单位：万平方米

指 标	2009年	2010年	2011年	2012年	2013年
保障性住房新开工建设和筹措面积	**1 234.00**	**1 209.00**	**1 751.02**	**1 292.04**	**785.17**
#动迁安置商品房	834.00	806.00	984.00	842.87	485.31
经济适用房	400.00	403.00	541.00	185.14	–
公租房	–	–	226.02	235.76	137.62
保障性住房建成面积	**449.00**	**579.00**	**498.88**	**686.58**	**796.54**
#动迁安置商品房	449.00	579.00	298.25	470.14	533.63
经济适用房	–	200.00	200.63	92.51	146.64
公租房	–	–	–	94.66	116.27

注：“#”为其中数，即分项只是部分分类项，未列出全部分类项。

2-10 主要年份市政工程设施情况

单位：套

分 类	2005	2010年	2011年	2012年	2013年
合 计	**20 228** (23.0)	**39 025** (0.0)	**21 390** (0.0)	**48 654** (0.0)	**54 027** (31.0)
环境建设	3 448 (1.2)	–	100	–	–
#绿化建设	3 270 (1.2)	–	–	–	–
污水建设	178	–	–	–	–
轨道交通	4 937	1 100	500	–	–
市政道路	1 896 (1.8)	900	600	127	1 438
旧区改造	9 088	36 375	19 190	42 957	50 563 (1.0)
其 他	859 (20.0)	650	1 000	5 570	2 026 (30.0)

注：1、括号内数字为未折算成套数的配套商品房安排面积，单位:万平方米。
2、表中“其他”栏：2010年650套为世博民居文化区项目动迁。

2-11 主要年份道路和车辆情况

单位：万平方米

指 标	2009年	2010年	2011年	2012年	2013年
保障性住房新开工建设和筹措面积	**1 234.00**	**1 209.00**	**1 751.02**	**1 292.04**	**785.17**
#动迁安置商品房	834.00	806.00	984.00	842.87	485.31
经济适用房	400.00	403.00	541.00	185.14	–
公租房	–	–	226.02	235.76	137.62
保障性住房建成面积	**449.00**	**579.00**	**498.88**	**686.58**	**796.54**
#动迁安置商品房	449.00	579.00	298.25	470.14	533.63
经济适用房	–	200.00	200.63	92.51	146.64
公租房	–	–	–	94.66	116.27

注：“#”为其中数，即分项只是部分分类项，未列出全部分类项。

2-12　主要年份公路里程情况

单位：公里

分　类	2005年	2010年	2011年	2012年	2013年
实际里程	8 110	11 974	12 084	12 541	12 633
按技术等级分					
高速公路	560	775	806	806	815
一级公路	302	335	422	423	421
二级公路	2 306	3 065	3 069	3 208	3 260
三级公路	2 548	2 602	2 616	2 709	2 685
四级公路	2 395	5 197	5 170	5 395	5 452
按行政等级分					
国　道	316	613	644	644	644
省　道	1 036	974	1 007	1 007	1 016
县　道	2 051	2 456	2 508	2 648	2 662
乡　道	4 638	6 829	6 848	7 022	7 062
村　道		1 102	1 078	1 220	1 249

注：2005年：按行政等级分另有“专用公路”69公里。

2-13　主要年份城市公共交通情况

指　标	2005年	2010年	2011年	2012年	2013年
轨道交通					
运营线路条数（条）	6	12	12	13	15
运营线路长度（公里）	147.78	452.57	454.10	468.19	567.42
运营线网长度（公里）	136.21	441.01	442.53	456.62	555.85
运营车辆（节）	695	2 842	2 899	3 130	3 490
行驶里程（万列公里）	1 141.66	4 777.60	5 405.90	5 569.50	5 871.96
客运量（万人次）	59 406	188 407	210 105	227 573	250 628
年末从业人员数（人）	5 716	25 005	26 046	28 155	28 783
公共汽电车					
公交线路条数（条）	940	1 165	1 202	1 257	1 338
公交线路长度（公里）	21 795	23 131	22 906	23 190	23 824
运营汽电车辆数（辆）	17 985	17 455	16 589	16 695	16 717
公共汽车	17 509	17 038	16 235	16 339	16 351
无轨电车	476	417	354	359	357
全年行驶总里程（万公里）	112 992	117 191	114 665	111 377	109 206
客运量（亿人次）	27.81	28.08	28.11	28.04	27.10
运营收入（亿元）	53.05	53.10	50.99	50.14	48.16
出租汽车					
年末运营车辆（辆）	47 794	50 007	50 438	50 683	50 612
#顶 灯 车	45 614	48 872	49 393	49 697	49 623
载客车次（万次）	56 401	63 307	60 859	59 503	59 571
运营里程（亿公里）	58.12	64.85	64.29	63.77	63.87
#营业里程	34.75	39.79	39.54	39.84	40.59
运营收入（亿元）	115.41	154.72	159.36	167.74	171.12
运营单位（户）	3 600	3 301	3 282	3 201	3 190
国有（控股）	55	48	42	42	42
集体（控股）	44	29	29	29	29
个　体	3 350	3 154	3 155	3 076	3 065
其　他	151	70	56	54	54
汽车租赁					
年末运营车辆（辆）	6 517	9 812	10 035	10 890	11 463
运营车日（万车日）	218.84	371.84	359.21	382.50	404.80
租赁车日（万车日）	172.61	326.94	297.84	333.70	353.84
车辆利用率（%）	78.9	87.9	82.9	87.2	87.4
运营里程（万公里）	19 383	28 697	35 725	40 448	41 660
运营收入（亿元）	6.92	12.72	12.93	14.57	15.53

注：轨道交通指标数据包含了磁浮线的有关内容。

2-14 综合交通运输情况（2009~2013）

指　标	2009年	2010年	2011年	2012年	2013年
全港货物吞吐量（万吨）	**59 206**	**65 339**	**72 758**	**73 289**	**77 575**
按港区分					
海 港	49 468	56 320	62 432	63 470	68 273
内 河 港	9 738	9 019	10 326	9 819	9 301
按内外贸分					
内 贸	33 394	35 104	38 981	37 734	39 869
外 贸	25 811	30 236	33 778	35 825	37 706
集装箱吞吐量（万TEU）	**2 500**	**2 907**	**3 174**	**3 253**	**3 362**
对外旅客发送量（万人）	**5 970**	**13 432**	**13 518**	**14 548**	**15 933**
#铁 路	–	6 095	6 198	6 758	7 972
水 路	90	90	78	66	68
公 路	2 995	3 634	3 476	3 749	3 720
航 空	2 885	3 613	3 766	3 974	4 173
货物运输总量（万吨）		**81 024**	**93 318**	**94 376**	**91 535**
#铁 路		959	888	825	694
水 路		38 803	49 389	50 302	46 697
公 路		40 890	42 685	42 911	43 809
航 空		372	356	338	335
高速公路车流量（万辆）	**20 745**	**20 745**	**22 466**	**24 417**	**27 495**
#货 车	4 226	5 521	5 836	5 940	6 544
高速公路ETC流量（万吨）	**185**	**1 168**	**2 891**	**4 154**	**5 379**

注：1、数据摘自市建设交通委综合计划处的《建设交通统计信息月报》（2009年7月起统计）
2、2009年统计数据中，未统计“对外旅客发送量（铁路）”及“货物运输总量”指标。

2–15 主要年份城市轮渡情况

指　标	2005年	2010年	2011年	2012年	2013年
年末城市轮渡实有数（艘）	71	67	62	60	54
#对江客轮渡船	53	60	56	54	54
车辆渡	7	2	2	1	–
交通艇	7	–	–	1	–
营业船数（艘）	67	62	58	54	54
全年载客总数（万人次）	12 423.26	8 906.66	7 781.59	7 238.39	6 367.68
全年载车总数（万辆次）	493.97	203.06	140.53	110.26	84.75
#机动车	470.59	193.24	132.52	103.55	79.04
年末职工人数（人）	2 563	1 514	1 426	1 576	1 449

注：城市轮渡不包括三岛客轮、游览船情况。

2-16　主要年份三岛客轮情况

指　　标	2005年	2010年	2011年	2012年	2013年
年末船舶实有数（艘）	23	15	14	13	13
#客 轮	14	8	7	7	7
客货船（车客渡）	9	7	7	6	6
年末营业船舶数（艘）	22	14	13	13	13
全年旅客人数（万人次）	482.85	167.90	188.21	189.03	148.61
全年载车总数（万辆次）	37.22	32.20	36.88	43.37	39.79
#机 动 车	37.22	32.20	36.88	43.37	39.79
年末职工人数（人）	628	373	365	329	324

2-17　主要年份黄浦江浏览情况

指　　标	2005年	2010年	2011年	2012年	2013年
年末船舶实有数（艘）	8	15	9	9	9
营业船数（艘）	7	11	9	9	9
全年游览旅客数（万人次）	66.50	120.40	58.00	56.88	47.25
年末职工人数（人）	197	265	235	322	305

2-18　主要年份燃气（煤气、液化石油气、天然气）情况

指　标	2005年	2010年	2011年	2012年	2013年
煤气生产能力（万立方米/日）	1 134.30	817.40	817.40	567.40	347.40
煤气供应总量（亿立方米）	22.86	14.22	11.85	9.04	5.93
煤气销售总量（亿立方米）	19.97	12.85	10.82	8.18	5.44
#家庭用量	17.88	6.28	5.32	3.91	2.60
煤气管线长度（公里）	8 464	5 517	4 710	3 596	2 962
家庭煤气用户数（万户）	236.54	132.89	101.78	75.70	43.39
液化石油气销售总量（万吨）	45.26	40.05	39.65	39.33	39.74
#家庭用量	23.97	23.62	20.90	21.42	23.51
家庭液化石油气用户数（万户）	253.89	316.37	310.62	328.22	330.46
天然气销售总量（亿立方米）	17.50	42.66	51.47	60.01	65.75
#家庭用量	2.65	7.79	8.63	9.93	10.99
天然气管线长度（公里）	6 370	17 316	19 068	21 283	23 156
家庭天然气用户数（万户）	186.37	405.89	455.92	502.81	558.19

2-19　主要年份自来水情况

指　标	2005年	2010年	2011年	2012年	2013年
水厂个数（个）	179	105	90	78	67
自来水供水能力（万立方米/日）	1 096	1 131	1 150	1 145	1 124
全年供水量（亿立方米）	28.65	30.90	31.13	30.97	31.91
全年售水量（亿立方米）	22.81	24.44	24.41	24.35	24.92
#工业用水	6.42	5.80	5.60	5.18	5.23
生活用水	16.39	18.64	18.81	19.17	19.69
日平均用水（万立方米/日）	624.80	669.70	668.71	667.18	682.74
供水管道长度（公里）	23 718.21	31 181.58	32 216.66	34 904.09	36 217.19

2-20 主要年份城市绿化情况

指　　标	2005年	2010年	2011年	2012年	2013年
城市绿地面积（公顷）	28 865	120 148	122 283	124 204	124 295
#公园绿地	12 038	16 053	16 446	16 848	17 142
#公园面积	1 521	1 915	2 151	2 217	2 222
街道绿地	10 516	13 418	13 499	13 865	14 167
附属绿地	11 591	18 589	19 442	20 084	20 645
生产绿地	335	230	213	269	267
公园数（个）	144	148	153	157	158
公园游园人数（万人次）	13 656	21 794	20 481	22 231	20 574
全年植树数（万株）	2 117	2 758	2 382	1 867	1 523
人均公园绿地面积（平方米）	11.01	13.00	13.10	13.29	13.38
建成区绿化覆盖率（%）	37.0	38.2	38.2	38.3	38.4
行道树实有数（万株）	83	81	93	98	99
当年造林面积（公顷）	3 827	1 349	710	1 168	862

注：2009年起，上海绿化统计根据国家建设部《城市（县城）和村镇建设统计报表制度》中“城市绿地”指标要求将城市建设用地之外的对城市生态环境质量、城市景观和生物多样性保护有直接影响的绿地如森林公园、水源保护区等纳入了城市绿地面积的统计。城市绿地由公园绿地、生产绿地、防护绿地，附属绿地和其他绿地五大类构成。

2-21 城市绿化区县分布情况（2013）

单位：公顷

地　区	绿地面积	#公园绿地	绿化覆盖面积
总　计	**124 295.03**	**17 142.39**	**134 903.91**
浦东新区	26 519.38	6 152.25	28 006.31
黄浦区	266.44	162.02	326.70
徐汇区	1 271.17	509.02	1 448.09
长宁区	1 055.09	455.65	1 167.57
静安区	107.84	47.66	161.75
普陀区	1 204.01	540.30	1 427.49
闸北区	627.04	234.58	648.36
虹口区	405.03	153.99	486.24
杨浦区	1 381.71	465.54	1 493.68
闵行区	8 387.04	2 290.44	8 859.90
宝山区	6 562.45	2 087.76	6 798.79
嘉定区	7 643.52	1 220.71	9 063.34
金山区	8 810.08	622.55	9 681.79
松江区	12 570.91	728.50	13 493.40
青浦区	10 205.92	761.24	10 930.41
奉贤区	9 816.91	423.72	10 675.17
崇明县	27 460.49	286.46	30 234.93

注：绿化覆盖面积指城市中的乔木、灌木、草坪等所有植被的垂直投影面积。

2-22 主要年份城市环境卫生情况

指　　标	2005年	2010年	2011年	2012年	2013年
卫生设施					
公共厕所（座）	3 640	6 026	5 768	6 340	6 224
生活垃圾收集点（处）	28 388	30 645	30 648	31 625	32 018
废物箱（只）	39 539	74 658	78 213	82 454	89 266
倒粪站（座）	1 689	1 900	1 868	1 837	1 800
化粪池（只）	47 424	43 170	42 652	42 306	43 887
焚烧厂（座）	2	2	2	3	4
焚烧厂设计规模（吨/日）	2 500	2 500	2 500	3 300	6 300
填埋场（座）	3	5	5	5	5
填埋场设计规模（吨/日）	6 400	6 750	6 750	7 230	11 230
综合处理厂（座）	2	4	5	5	5
综合处理厂设计规模（吨/日）	1 500	2 200	3 200	3 200	3 200
清运情况					
清扫道路面积（万平方米/日）	10 414	15 879	16 769	17 294	17 385
清运垃圾（万吨）	777	5 717	10 760	11 728	13 717
生活垃圾清运量	622	732	704	716	736
建筑垃圾和工程渣土清运量	155	4 985	10 056	11 012	12 981
清运粪便（万吨）	254	201	207	200	222
环卫机械					
扫路车（辆）	406	510	637	605	619
清洗洒水车（辆）	248	285	300	312	366
垃圾车（辆）	3 297	3 607	3 621	3 395	3 578
吸粪车（辆）	492	456	539	430	451

注：2010年起建筑垃圾和工程渣土清运量包括工程渣土、装修垃圾和泥浆产生量。

2-23 主要年份环境保护情况

指 标	2005年	2010年	2011年	2012年	2013年
废水排放总量（万吨）	199 660	248 250	214 155	220 542	222 963
#工业废水	51 047	36 896	44 626	47 657	45 426
工业废气排放总量（亿标立方米）	8 482	12 969	13 704	13 704	13 344
工业废气中:二氧化硫（万吨）	37.52	22.15	21.01	19.34	17.28
工业烟粉尘排放量（万吨）	6.02	5.15	6.64	6.37	6.72
工业固体废物产生量（万吨）	1 963.62	2 448.36	2 442.20	2 198.81	2 054.49
工业固体废物处置量（万吨）	64.66	93.86	74.89	55.86	57.99
工业固体废物综合利用量（万吨）	1 891.62	2 366.92	2 358.11	2 140.36	1 995.35
工业固体废物综合利用率（%）	96.3	96.2	96.6	97.3	97.1
突发环境事件（次）		131	197	192	251
道路交通噪声平均等效声级（dB(A)）					
昼间时段	72.0	69.8	70.0	69.3	69.6
夜间时段	65.8	64.3	64.5	64.4	64.6

三、建筑业

3-1 主要年份总承包和专业承包建筑企业主要指标

指　标	2005年	2010年	2011年	2012年	2013年
签订的合同额（亿元）	3 635.34	8 791.73	9 853.15	11 246.87	12 822.79
上年结转合同额	1 334.42	3 564.10	4 201.10	5 035.18	5 897.11
本年新签合同额	2 300.92	5 227.63	5 652.05	6 211.69	6 925.68
直接从建设单位承揽工程完成产值（亿元）	1 956.81	4 360.10	4 747.69	5 121.29	5 373.71
自行完成产值	1 669.77	3 858.60	4 117.19	4 389.64	4 621.76
分包出去工程产值	287.04	501.51	630.49	731.65	751.96
从建设单位以外承揽工程完成产值（亿元）	219.47	441.59	469.08	453.80	481.08
建筑业总产值（亿元）	1 889.25	4 300.19	4 586.28	4 843.44	5 102.84
#在外省完成产值	390.97	1 619.14	1 968.92	2 273.74	2 441.10
#装饰装修产值	196.13	410.22	478.86	514.48	553.10
竣工产值（亿元）	1 364.22	2 672.73	2 345.29	2 545.78	2 369.06
房屋施工面积（万平方米）	14 138.05	22 996.81	24 885.79	27 961.55	29 148.65
房屋竣工面积（万平方米）	5 648.85	6 217.15	5 984.74	6 476.07	6 274.25
从业人员年末人数（万人）	72.23	96.09	96.86	88.08	81.54
#工程技术人员	13.70	15.38	14.79	13.69	15.96
按建筑业总产值计算的劳动生产率（万元/人）	18.23	34.47	35.92	45.16	41.73
房屋建筑面积竣工率（%）	40.0	27.0	24.0	23.2	21.5

3-2 总承包和专业承包建筑企业签订合同情况（2013）

单位：亿元

类 别	直接同建设单位签订的合同额	上年结转合同额	本年新签合同额
总 计	**12 822.79**	**5 897.11**	**6 925.68**
按经济类型分			
#国有经济	1 833.33	872.02	961.31
集体经济	69.24	24.82	44.42
股份制经济	8 049.48	3 853.34	4 196.14
私营经济	2 372.83	959.56	1 413.27
外商投资经济	278.25	156.83	121.42
港澳台投资经济	215.76	29.56	186.20
按隶属关系分			
#中 央 属	5 377.70	2 573.13	2 804.56
市(局)属	2 676.33	1 465.73	1 210.60
区、县属	791.31	296.96	494.35
按资质等级分			
#特 级	5 966.62	3 116.56	2 850.06
一 级	4 773.41	1 953.81	2 819.59
二 级	1 462.49	624.56	837.93
三 级	593.49	187.77	405.72
按行业类别分			
房屋建筑业	8 055.19	3 938.01	4 117.19
土木工程建筑业	3 221.22	1 550.40	1 670.82
建筑安装业	664.33	155.32	509.01
建筑装饰和其他建筑业	882.04	253.39	628.65
按资质标准分			
施工总承包	11 628.69	5 513.48	6 115.21
专业承包	1 194.10	383.63	810.47

3-3 总承包和专业承包建筑企业产值、人员情况（2013）

类别	企业个数(个)	建筑业总产值(亿元)			
			建筑工程	安装工程	其他
总计	**3 180**	**5 102.84**	**4 341.92**	**656.24**	**104.68**
按经济类型分					
#国有经济	140	761.56	648.74	88.54	24.27
集体经济	98	52.62	41.60	7.62	3.40
股份制经济	576	2 662.04	2 323.93	307.63	30.48
私营经济	2 222	1 408.55	1 162.64	207.32	38.59
外商投资经济	62	117.47	90.16	19.58	7.73
港澳台投资经济	76	96.63	71.19	25.23	0.21
按隶属关系分					
#中央属	60	1 761.52	1 585.10	151.92	24.50
市(局)属	102	776.71	643.05	131.17	2.50
区、县属	197	462.05	403.27	44.99	13.80
按资质等级分					
#特级	14	1 579.97	1 488.35	83.71	7.91
一级	378	2 247.80	1 890.71	321.07	36.01
二级	913	861.37	680.47	141.37	39.54
三级	1 830	404.54	278.91	105.14	20.49
按行业类别分					
房屋建筑业	968	2 887.30	2 649.88	183.69	53.72
土木工程建筑业	602	1 257.90	1 108.17	126.69	23.04
建筑安装业	744	429.94	93.51	314.81	21.62
建筑装饰和其他建筑业	866	527.70	490.35	31.04	6.30
按资质标准分					
施工总承包	1 456	4 244.89	3 723.44	443.96	77.49
专业承包	1 724	857.94	618.47	212.27	27.20

竣工产值 (亿元)	从业人员 年末人数 (万人)	#工程技术人员	计算劳动生产率 的平均人数 (万人)	按建筑业总产值 计算的劳动生产率 (万元/人)
2 369.06	**81.54**	**15.96**	**122.28**	**41.73**
311.13	6.36	1.74	16.84	45.23
30.64	1.66	0.33	1.98	26.60
1 268.65	25.61	5.60	54.12	49.19
665.82	45.42	7.51	45.13	31.21
69.22	1.45	0.43	2.14	54.86
23.32	0.99	0.34	1.96	49.27
557.04	8.06	3.05	26.94	65.38
604.27	5.56	1.60	14.86	52.27
237.06	4.99	1.15	12.07	38.28
781.59	6.01	2.31	26.57	59.47
955.26	35.37	5.90	55.11	40.79
427.77	26.76	4.74	26.69	32.28
200.19	13.20	2.94	13.72	29.48
1 530.54	53.80	8.58	76.35	37.82
458.13	11.55	3.61	26.03	48.32
178.05	8.25	2.13	9.31	46.20
202.35	7.93	1.63	10.59	49.82
2 011.33	66.42	12.36	103.65	40.95
357.74	15.12	3.60	18.63	46.06

3–4 总承包和专业承包建筑企业施工工程情况（2013）

类 别	单位工程施工个数（万个）	#本年新开工	竣工个数（万个）
总 计	**8.83**	**5.54**	**5.05**
按经济类型分			
#国有经济	0.51	0.29	0.23
集体经济	0.16	0.10	0.08
股份制经济	4.50	2.83	2.77
私营经济	3.23	2.13	1.80
外商投资经济	0.16	0.08	0.07
港澳台投资经济	0.26	0.11	0.09
按隶属关系分			
#中 央 属	1.63	0.77	0.82
市(局)属	1.49	0.96	0.92
区、县属	0.71	0.46	0.41
按资质等级分			
#特 级	0.72	0.18	0.22
一 级	3.39	2.02	1.76
二 级	1.67	1.01	0.89
三 级	3.00	2.30	2.14
按行业类别分			
房屋建筑业	2.53	1.12	1.00
土木工程建筑业	2.70	1.90	1.86
建筑安装业	2.99	2.09	1.88
建筑装饰和其他建筑业	0.62	0.44	0.31
按资质标准分			
施工总承包	5.63	3.35	3.22
专业承包	3.20	2.19	1.82

房屋施工面积（万平方米）	#本年新开工	#投标承包	房屋竣工面积（万平方米）	房屋竣工价值（亿元）
29 148.65	**10 268.56**	**25 963.47**	**6 274.25**	**1 215.11**
1 339.16	554.12	1 017.86	377.58	83.55
227.60	143.04	152.89	85.30	13.35
20 213.83	6 685.74	19 489.92	3 434.64	751.92
7 254.84	2 816.79	5 202.77	2 312.07	345.69
104.42	66.07	91.23	64.66	20.61
8.80	2.80	8.80	–	–
10 870.14	3 477.25	10 606.76	1 148.49	269.36
5 626.98	1 846.35	5 492.98	1 281.39	355.99
2 496.31	949.63	2 341.95	704.48	105.35
13 899.15	4 224.52	13 766.73	1 990.62	540.59
10 323.91	3 977.41	9 096.02	2 592.90	429.49
3 918.64	1 531.64	2 622.93	1 289.72	197.37
996.31	531.34	470.99	401.01	47.65
28 357.94	9 940.83	25 418.99	6 016.01	1 164.35
647.74	253.93	452.50	178.40	38.06
122.52	62.58	84.29	65.62	10.44
20.45	11.22	7.68	14.21	2.25
28 968.53	10 152.32	25 885.48	6 208.64	1 207.45
180.12	116.24	77.98	65.61	7.66

3-5 总承包和专业承包建筑企业施工工程情况（2013）

地　区	企业个数（个）	建筑业总产值（亿元）	竣工产值（亿元）	房屋施工面积（万平方米）	#本年新开工
总　计	**3 180**	**5 102.84**	**2 369.06**	**29 148.65**	**10 268.56**
浦东新区	619	1 271.46	680.77	11 247.40	3 633.23
黄 浦 区	189	247.43	60.91	707.50	133.77
徐 汇 区	211	460.85	105.98	663.54	220.73
长 宁 区	153	216.96	144.73	2 212.78	780.90
静 安 区	86	45.49	27.95	63.59	7.11
普 陀 区	245	321.83	205.94	2 405.49	814.62
闸 北 区	111	418.44	134.80	859.58	304.61
虹 口 区	161	411.17	192.50	2 528.57	937.60
杨 浦 区	242	269.60	111.32	781.34	380.83
闵 行 区	172	288.79	138.76	2 317.89	823.84
宝 山 区	228	597.49	274.64	2 250.90	775.43
嘉 定 区	173	100.53	61.29	734.53	465.27
金 山 区	123	99.63	47.27	219.36	103.15
松 江 区	137	123.12	85.62	859.16	464.80
青 浦 区	87	81.23	32.96	530.32	148.81
奉 贤 区	196	114.16	46.97	638.72	209.94
崇 明 县	47	34.66	16.64	127.98	63.92

房屋竣工面积 (万平方米)	#住　宅	从业人员 年末人数 (万人)	计算劳动生产率 的平均人数 (万人)	按建筑业总产值 计算的劳动生产率 (万元/人)
6 274.25	**3 147.69**	**81.54**	**122.28**	**41.73**
1 593.77	755.57	17.82	31.18	40.78
137.19	70.51	3.03	3.95	62.72
226.85	182.34	5.31	7.92	58.19
554.02	348.28	3.72	5.93	36.56
28.49	11.70	1.69	2.28	19.92
595.68	453.33	5.75	10.15	31.69
231.58	134.73	6.87	8.61	48.60
601.68	238.24	3.52	10.72	38.35
203.87	117.19	6.25	7.26	37.15
443.23	244.34	6.47	9.66	29.88
597.48	170.37	6.69	7.97	74.94
173.62	99.41	2.79	2.87	35.09
67.82	0.92	2.62	2.49	39.93
414.56	92.88	3.05	3.47	35.46
90.48	45.73	1.61	2.82	28.85
243.46	136.76	3.49	3.92	29.12
70.47	45.39	0.87	1.07	32.41

3-6 总承包和专业承包建筑企业承包工程完成情况（2013）

单位：亿元

类　别	直接从建设单位承揽工程完成的产值	自行完成施工产值	分包出去工程的产值	从建设单位以外承揽工程完成的产值
总　计	**5 373.71**	**4 621.76**	**751.96**	**481.08**
按经济类型分				
#国有经济	792.57	729.53	63.04	32.03
集体经济	51.27	51.23	0.04	1.39
股份制经济	2 988.50	2 407.46	581.04	254.58
私营经济	1 323.21	1 263.91	59.30	144.63
外商投资经济	128.79	89.19	39.60	28.28
港澳台投资经济	85.57	76.63	8.94	20.00
按隶属关系分				
#中 央 属	1 785.54	1 695.28	90.26	66.24
市(局)属	1 080.50	592.92	487.58	183.80
区、县属	450.19	441.46	8.73	20.59
按资质等级分				
#特　级	1 861.32	1 455.77	405.55	124.20
一　级	2 273.06	2 024.16	248.90	223.63
二　级	847.72	783.32	64.40	78.05
三　级	382.42	350.25	32.17	54.29
按行业类别分				
房屋建筑业	3 174.84	2 621.16	553.68	266.14
土木工程建筑业	1 328.70	1 174.29	154.41	83.61
建筑安装业	415.33	382.41	32.92	47.53
建筑装饰和其他建筑业	454.85	443.90	10.95	83.80
按资质标准分				
施工总承包	4 624.30	3 912.86	711.44	332.04
专业承包	749.42	708.90	40.52	149.04

四、房地产开发建设

4-1 主要年份房地产开发投资

单位：亿元

类别	2005年	2010年	2011年	2012年	2013年
计划总投资	**6 615.35**	**12 818.48**	**15 375.47**	**17 703.63**	**18 088.73**
#本年计划投资	1 827.42	2 903.54	3 358.44	3 398.88	4 014.78
本年完成投资	**1 246.86**	**1 980.68**	**2 170.31**	**2 381.36**	**2 819.59**
按隶属关系分					
中　央	8.86	42.83	68.90	83.94	68.20
市　属	118.35	287.28	318.60	278.93	315.62
区　属	246.09	270.28	350.50	379.83	443.17
县　属	2.17	3.20	20.91	18.42	42.82
乡镇街道属	137.17	101.42	122.44	151.25	194.43
村委居委属	0.01	2.68	4.65	1.95	0.41
其　他	734.22	1 272.99	1 284.32	1 467.03	1 754.95
按经济类型分					
国有经济	117.38	314.62	312.71	314.52	423.36
集体经济	62.92	106.82	61.66	57.37	50.75
联营经济	9.53	5.83	1.44	2.49	4.43
股份制经济	479.78	647.40	913.12	983.05	1 241.04
私营经济	401.98	605.05	540.98	709.09	678.61
其他经济	6.11	4.85	18.60	5.03	30.29
港澳台经济	77.26	179.64	192.47	166.04	228.57
外商经济	91.91	116.47	129.33	143.77	162.54
按资质等级分					
一　级	87.77	33.85	50.94	74.37	67.27
二　级	78.60	230.72	219.48	214.20	270.87
三　级	199.15	168.85	196.23	216.05	169.94
其 他 级	881.34	1 547.26	1 703.66	1 876.74	2 311.51
本年新增固定资产	**1 054.02**	**964.27**	**1 250.88**	**1 388.45**	**1 354.75**

4-2 房地产开发投资规模及构成（2013）

单位：亿元

类　别	计划总投资	自开始建设累计完成投资	#本年完成投资	本年新增固定资产
总　计	**18 088.73**	**12 403.51**	**2 819.59**	**1 354.75**
按隶属关系分				
中　央	493.38	289.72	68.20	20.83
市　属	2 247.73	1 486.03	315.62	99.40
区　属	2 535.04	1 724.72	443.17	227.91
县　属	172.62	90.97	42.82	3.00
乡镇街道属	872.10	547.26	194.43	62.79
村委居委属	2.50	1.73	0.41	–
其　他	11 765.35	8 263.08	1 754.95	940.81
按经济类型分				
国有经济	2 606.53	1 589.47	423.36	169.22
集体经济	268.58	174.30	50.75	29.62
联营经济	53.20	49.70	4.43	4.94
股份制经济	7 161.44	4 993.17	1 241.04	522.80
私营经济	4 294.06	3 078.53	678.61	359.35
其他经济	163.02	46.05	30.29	–
港澳台经济	2 020.71	1 403.03	228.57	73.08
外商经济	1 521.19	1 069.26	162.54	195.73
按资质等级分				
一　级	360.65	239.95	67.27	16.13
二　级	1 968.44	1 216.95	270.87	146.37
三　级	1 504.90	1 093.14	169.94	115.01
其 他 级	14 254.73	9 853.47	2 311.51	1 077.24

4-3 房地产开发投资分类情况（2013）

单位：亿元

类别	本年完成投资	#住宅	#90平方米及以下	#144平方米以上	#别墅	#高档公寓	办公楼	商业营业用房
总计	**2 819.59**	**1 615.51**	**667.66**	**470.58**	**98.02**	**250.58**	**377.18**	**370.03**
按隶属关系分								
中央	68.20	41.44	16.32	14.84	1.06	3.65	10.43	9.80
市属	315.62	208.84	107.79	45.89	5.79	19.88	37.93	20.28
区属	443.17	262.55	162.66	33.75	6.68	21.59	68.65	29.11
县属	42.82	36.21	28.09	0.93	0.57	0.02	–	1.43
乡镇街道属	194.43	145.19	74.72	22.85	0.25	20.41	6.06	15.19
村委居委属	0.41	0.37	0.16	0.21	–	–	–	0.02
其他	1 754.95	920.90	277.92	352.11	83.68	185.02	254.11	294.21
按经济类型分								
国有经济	423.36	292.74	197.48	37.47	6.17	26.22	24.89	22.33
集体经济	50.75	38.60	19.47	0.84	–	–	1.00	3.67
联营经济	4.43	3.92	0.92	0.02	–	2.90	–	0.01
股份制经济	1 241.04	716.27	295.78	198.69	32.88	125.95	169.03	157.75
私营经济	678.61	366.21	120.79	113.56	52.85	45.50	97.75	115.94
其他经济	30.29	12.85	9.03	1.22	–	–	0.97	5.55
港澳台经济	228.57	91.86	11.74	55.59	1.94	38.80	61.53	38.38
外商经济	162.54	93.06	12.45	63.18	4.19	11.21	22.01	26.40
按资质等级分								
一级	67.27	39.38	14.77	14.04	1.45	3.04	8.26	5.91
二级	270.87	169.29	76.46	34.39	7.01	24.07	17.58	34.90
三级	169.94	108.70	33.42	35.52	4.20	31.18	16.81	24.66
其他级	2 311.51	1 298.14	543.01	386.62	85.37	192.29	334.54	304.56

4–4 商品房屋建筑面积及造价（2013）

类别	施工面积（万平方米）	#新开工	竣工面积（万平方米）	竣工房屋造价（元/平方米）
各类房屋总计	**13 516.58**	**2 705.95**	**2 254.44**	**4 670**
住宅	8 125.74	1 643.09	1 417.41	4 309
按户型结构分				
#90平方米及以下	3 607.75	689.20	687.90	3 727
144平方米以上	1 605.33	279.65	282.87	6 742
按类型分				
别墅	375.05	76.86	92.28	4 337
高档公寓	1 073.70	175.42	144.11	5 934
其他住宅	6 676.98	1 390.81	1 181.02	4 108
办公楼	1 431.73	264.06	176.01	7 222
商业营业用房	1 500.72	274.96	253.45	6 116
其他用房	2 458.39	523.84	407.57	3 924

4-5 商品房销售和出租情况（2013）

指标	销售面积(万平方米)		销售额(亿元)		住宅销售套数(万套)		期末面积(万平方米)	
	现房	期房	现房	期房	现房	期房	出租	待售
各类房屋总计	**988.06**	**1 394.15**	**1 271.39**	**2 640.18**	**8.27**	**12.33**	**1 206.37**	**1 809.15**
住宅	796.66	1 219.14	996.14	2 267.89	8.27	12.33	75.32	807.02
按户型结构分								
#90平方米及以下	370.47	513.76	314.61	628.82	4.99	6.88	14.23	248.50
144平方米以上	150.76	221.90	422.44	711.31	0.75	1.13	37.26	346.81
按类型分								
别墅	32.00	33.05	102.86	90.86	0.13	0.16	7.22	88.31
高档公寓	69.20	179.95	215.84	499.02	0.40	1.31	56.39	195.86
其他住宅	695.46	1 006.15	677.44	1 678.01	7.74	10.87	11.70	522.85
办公楼	61.17	100.05	157.09	223.75	–	–	558.19	238.19
商业营业用房	51.49	64.98	83.39	141.33	–	–	364.00	325.16
其他用房	78.74	9.97	34.77	7.21	–	–	208.87	438.77

4–6 各区、县房地产开发建设及销售情况（2013）

地 区	施工面积（万平方米）	竣工面积（万平方米）	#住 宅	销售面积（万平方米）	#住 宅	销售额（亿元）	#住 宅
总 计	**13 516.58**	**2 254.44**	**1 417.41**	**2 382.20**	**2 015.81**	**3 911.57**	**3 264.03**
浦东新区	3 342.19	560.42	341.73	501.66	436.32	833.38	722.11
黄 浦 区	266.90	10.43	1.79	16.08	9.05	78.38	54.23
徐 汇 区	421.12	12.28	11.36	39.88	26.19	138.42	88.44
长 宁 区	282.39	17.21	13.53	8.79	4.99	37.89	28.00
静 安 区	146.06	26.31	–	12.23	2.50	51.69	16.74
普 陀 区	600.62	140.60	90.78	119.40	81.03	319.16	242.93
闸 北 区	356.51	61.92	24.39	51.67	34.00	144.31	97.26
虹 口 区	187.75	7.72	–	17.51	13.88	53.26	48.69
杨 浦 区	418.42	19.12	8.53	54.20	42.77	162.07	139.50
闵 行 区	1 495.64	302.78	239.46	342.77	319.44	488.11	461.08
宝 山 区	1 171.66	237.51	141.61	266.78	234.54	381.34	337.18
嘉 定 区	1 580.39	486.63	280.75	356.91	300.07	440.25	363.78
金 山 区	282.59	17.84	5.06	60.34	51.97	60.90	52.86
松 江 区	910.85	107.96	74.34	153.35	117.64	256.50	200.06
青 浦 区	955.86	92.60	82.88	173.69	162.89	250.11	232.73
奉 贤 区	862.51	96.63	60.34	132.47	115.20	165.60	137.47
崇 明 县	235.13	56.49	40.87	74.45	63.33	50.21	40.98